LES MÉDITERRANÉES
sous la direction de Pierre-Yves Beaurepaire
13

Ce que publier signifie

Ouvrage publié avec le soutien du conseil départemental des Alpes maritimes

DÉPARTEMENT DES ALPES-MARITIMES | 06

Julien Contes

Ce que publier signifie

Une révolution par l'encre et le papier, Nice (1847-1850)

Préface de Jean-Paul Pellegrinetti

PARIS
CLASSIQUES GARNIER
2021

Julien Contes est doctorant en histoire contemporaine à l'université Côte d'Azur après avoir exercé plusieurs années en tant que professeur dans l'enseignement secondaire. Ses travaux portent sur le développement de la presse en France et en Italie durant la première partie du XIXe siècle, à travers ses aspects économiques, sociaux, culturels et matériels encore peu explorés.

ISBN 978-2-406-11194-8 (livre broché)
ISBN 978-2-406-11195-5 (livre relié)
ISSN 2105-4843

PRÉFACE

Le travail de l'historien n'est pas toujours chose aisée car il est celui du rendu de la complexité. Il doit sans cesse de composer avec des sources hétérogènes, fragmentaires et souvent très dispersées. C'est dire combien retracer le passé est loin d'être simple à partir d'informations laconiques ou profuses, complémentaires comme contradictoires et qui se doivent d'être mobilisées. Dans le cadre des études sur la presse, l'exercice, à cause de carences archivistiques, est souvent compliqué. Dès lors, dans leur ensemble, les travaux portent majoritairement sur l'analyse et la force partisane des écrits journalistiques.

L'un des apports fondamentaux du magnifique ouvrage de Julien Contes sur *L'Écho des Alpes maritimes*, grâce à l'existence d'un fonds très riche et exploité de manière inédite, constitué par les archives de presse d'Auguste Carlone, son principal fondateur, est de nous faire pénétrer dans un pan peu exploité par l'historiographie de la presse, celui des coulisses d'un journal du XIXe siècle. En historien averti, son étude méticuleuse s'appuie sur une multitude de documents actionnariaux, de gestion, de brouillons d'articles, de correspondances entre les rédacteurs et des personnalités extérieures ou encore de factures les plus diverses. L'auteur nous fait découvrir l'envers du décor de la presse écrite. Son ouvrage restitue avec précision le contexte, l'ambiance et le fonctionnement interne qui président aux mécanismes de la création d'un journal, depuis les financements, les savoir-faire journalistiques nouveaux, la fabrication, jusqu'à la gestion et la diffusion qui en permettent l'existence.

Si l'analyse de Julien Contes est très convaincante, sa force réside également dans le fait qu'elle possède de multiples entrées de lecture aussi bien « par le haut », pour l'histoire du royaume de Sardaigne, que « vue d'en bas » pour la compréhension du rôle et des mécanismes de fonctionnement des élites provinciales dans leur approche de l'émancipation politique et de la liberté d'expression écrite. L'éloignement de la ville de

Nice, lieu de création de *L'Écho des Alpes maritimes*, par rapport à Turin, capitale du royaume, mais aussi sa proximité avec la France, constituent autant d'éléments complémentaires pour saisir cette histoire sociale, culturelle, matérielle et politique proposée par l'auteur.

Le « printemps des peuples », ou *Quarantotto* dans l'historiographie italienne, est un intense moment politique réformiste et révolutionnaire qui commence simultanément en 1847 dans plusieurs États de la péninsule italienne, avant même la révolution du mois de février 1848 en France. Il se poursuit au cours des années 1848-1850 et prend fin avec une réaction des pouvoirs qui balaie en grande partie les droits acquis, sauf dans le royaume de Sardaigne, n'y empêchant pas, néanmoins, la disparition de plusieurs journaux. Alors que la victoire est déjà acquise depuis le printemps 1847 dans les États pontificaux et le grand-duché de Toscane, la lutte pour la liberté de la presse débute à l'automne de la même année dans le royaume de Sardaigne. À la fin du mois d'octobre 1847, le roi Charles-Albert concède une certaine liberté de publication. Celle-ci demeure relative, car si la censure préventive est supprimée, les conditions de publication sont telles que seules les élites peuvent prétendre à créer des journaux. C'est donc une presse de notables qui naît. Durant l'hiver 1847-1848, de nombreuses feuilles de presse voient le jour. Si la plupart sont éphémères, elles témoignent de l'émulation journalistique et politique qui existe durant cette période. Néanmoins, rares sont les journaux dont la parution s'étend sur plusieurs mois et nombreux sont ceux qui disparaissent, parfois dès les premiers numéros.

Car construire un périodique qui se doit de s'inscrire dans la durée, demande un investissement important, aussi bien au niveau humain que financier. Doivent être ainsi réunies des conditions et des logiques matérielles, géographiques, politiques, sociales et culturelles, comme le démontre avec justesse Julien Contes pour *L'Écho des Alpes maritimes* à Nice. La ville qui compte, à l'époque, environ 35 000 habitants, est parmi les plus importantes du royaume de Sardaigne, après les deux grands centres urbains que sont Turin, la capitale, et Gênes, plus peuplés que la province de Nice tout entière, qui comprend près de 120 000 habitants. Celle-ci est à la périphérie ouest du royaume, à la frontière avec la France, donc relativement isolée de la capitale. Cependant, malgré le manque de voies de communication pour la relier au reste du royaume, elle ne reste pas à l'écart des grands mouvements politiques du « printemps des peuples », dans lesquels elle s'insère à travers *L'Écho des Alpes maritimes*. Comme le souligne l'auteur, ce journal a été l'aboutissement d'un processus de mobilisation d'environ deux mois, de novembre à décembre 1847, principalement mené par le banquier niçois Auguste Carlone et qui s'est concrétisé avec les premières publications en janvier 1848. Le journal s'installe dans la vie politique locale et perdure jusqu'en août 1850, date à laquelle, après un procès de presse, il est supprimé une première fois, avant de renaître sous un autre titre.

L'un des points forts de l'ouvrage de Julien Contes, est d'analyser avec justesse la manière dont Auguste Carlone, notable niçois, réussit par son action à construire une véritable institution journalistique et à devenir un patron de presse. Dès le mois de janvier 1848, il fait paraître le journal au rythme de trois publications par semaine reçues par près de 500 abonnés. C'est un succès remarquable et les chiffres parlent d'eux-mêmes. En effet, au même moment l'un des journaux les plus diffusés dans le royaume de Sardaigne, *Il Risorgimento* du comte de Cavour à Turin, soutenu par un actionnariat grandement plus riche et plus nombreux, ne possède pas plus 1 500 abonnés.

À Nice, les forces dynamiques qui participent à la construction d'une vie politique nouvelle, au travers notamment de l'activité de *L'Écho des Alpes maritimes*, appartiennent toutes à la notabilité locale. Celles-ci sont essentiellement composées par une petite noblesse provinciale, d'anoblissement récent, et une bourgeoisie commerçante. Par leur capital économique et leurs relations, ces deux catégories forment en fait un même groupe social qui adhère massivement aux idées libérales et se réjouit des réformes. Dans le sillon des études de Maurice Agulhon, Julien Contes nous amène à la découverte des lieux de sociabilité que fréquentent régulièrement ces notabilités niçoises sur le *Corso*, l'actuel cours Saleya. Ce dernier est à l'époque le centre culturel, économique, commercial et social de la ville, en passe de devenir le centre organisateur de la vie politique nouvelle. C'est au sein de ce groupe de notabilités, dans lequel est bien inséré Auguste Carlone, que celui-ci trouve des associés pour fonder son journal et rallie des participations actionnariales dans la petite bourgeoisie urbaine, qui dispose des boutiques ou des établissements autour du *Corso*. Pour les commerçants, le journal est perçu comme un investissement, avec la possibilité de passer des annonces en échange d'une participation financière. Auguste Carlone profite également de ce processus de création pour nouer des partenariats pour l'impression et la diffusion du journal, avec respectivement la société typographique Gilletta et la librairie Visconti, dont il a inclus les propriétaires dans l'actionnariat.

L'auteur nous démontre ainsi avec finesse comment un contexte culturel et social (imprimeries, lieux de sociabilité et existence d'une société mondaine disposant d'un capital économique et financier important) associé à un contexte politique nouveau, avec l'instauration d'une liberté de publication, rend possible l'existence d'une feuille de presse. Mais la force de *L'Écho des Alpes maritimes* repose sur l'action d'Auguste Carlone qui grâce à son insertion au sein des réseaux culturels, économiques et financiers niçois insuffle une solidité à l'entreprise journalistique qu'il a fondée. Ainsi, le journal peut perdurer quelques années à une époque où les feuilles de presse durables sont rares en dehors des grandes villes européennes.

Parmi les nombreux apports de l'ouvrage, figure également la découverte de personnages qui semblent « minuscules » aux yeux de la Grande Histoire et qu'elle n'a pas retenus ou a parfois, tout simplement oubliés. Le livre nous entraîne à la découverte de l'épaisseur sociale du monde de la presse. Ainsi, dans cette entreprise quasi-exclusivement masculine, apparaissent deux figures féminines qui sont celles de Clarisse Gilletta, imprimeuse, et de Louise Delatreille, publiciste occasionnelle. Mais l'auteur redonne également vie à la petite armée d'anonymes composée des « *gens de presse* », comme aime à les nommer, avec une ironie critique, Honoré de Balzac dans sa *Monographie de la presse parisienne* de 1842. Julien Contes nous permet ainsi de découvrir une diversité des métiers essentiels à l'existence de la presse (typographes, imprimeurs, comptables, libraires, etc.). Ils ont contribué au développement d'une véritable « civilisation du journal », pour reprendre la formule utilisée par Dominique Kalifa, Philippe Régnier, Marie-Ève Thérenty et Alain Vaillant dans l'ouvrage qu'ils ont dirigé en 2011 aux éditions Le Nouveau Monde, intitulé, *La Civilisation du journal. Histoire culturelle et littéraire de la presse française au XIX*[e] *siècle*.

Si le journal est une production matérielle, il devient aussi une marchandise qui s'insère dans un marché, avec ses logiques et ses hiérarchies. L'ouvrage retrace ainsi l'insertion de *L'Écho des Alpes maritimes* dans le marché de la presse du royaume de Sardaigne. Les journaux y sont des biens dont les procédés de fabrication ne sont pas encore industriels et sont très similaires, que ce soit à Gênes, Turin, Chambéry ou encore à Nice. Ce sont aussi les coulisses de l'organisation matérielle de cette production que le livre explore, avec un éclairage sur l'uniformisation de la production, particulièrement pour ces feuilles régionales que l'on trouve en nombre dans les villes moyennes, dans les États italiens comme dans beaucoup de pays européens. Au fil des pages, l'auteur montre que les journaux sont des objets qui se ressemblent de plus en plus au niveau de leur typographie et de l'organisation de leur contenu. Pour Julien Contes, comprendre ce que publier un journal signifie a donc nécessité d'avoir une vision globale des normes journalistiques de l'époque, aussi bien pour le format, l'organisation de « la Une », le développement de l'information internationale, que pour les annonces en dernière page, les faits divers et les rubriques.

Très rapidement, les solides fondations de *L'Écho des Alpes maritimes* lui permettent de participer pleinement à l'émergence d'une vie politique moderne. Le journal, au moment du « printemps des peuples », joue un rôle fondamental, aussi bien dans la vie politique locale que dans la diffusion d'idées nouvelles qui se propagent en Europe. Des liens se mettent en place entre les différents journaux du royaume de Sardaigne, comme le montre de manière explicite l'auteur avec l'affaire Rodolphe de Maistre, le gouverneur de la province et fils de l'écrivain contre-révolutionnaire Joseph de Maistre. La campagne de presse organisée contre lui par *L'Écho des Alpes maritimes* montre que Auguste Carlone et ses associés sont d'habiles connaisseurs des mécanismes politiques. Ils ont recours aux caricatures et leurs articles trouvent des échos dans les principaux quotidiens de Turin et de Gênes. Comme le souligne Julien Contes, la force de cette presse nouvelle se manifeste dans la manière dont elle sert à susciter des débats, véhiculer des représentations, ou imposer un certain destin politique à un territoire. Les questions fondamentales du « printemps des peuples », qui sont celles des nationalités, en sont les illustrations. Les hommes de presse niçois introduisent ainsi un débat politico-culturel sur l'avenir national de leur territoire. Auguste Carlone tente de faire de *L'Écho des Alpes maritimes* l'organe d'un « parti » français, mais s'attire rapidement les foudres des notabilités niçoises, majoritairement ancrées sur des positions patriotiques italiennes. Pour y faire face, il trouve quelques soutiens extérieurs et noue ainsi des relations fortes avec des feuilles de presse pro-françaises de Savoie. Progressivement des liens journalistiques se tissent et deviennent fondamentaux dans les actions qu'impose la vie politique nouvelle.

Le milieu du XIXe siècle est celui de l'avènement européen d'une « civilisation du journal ». Pour autant, il reste encore de nombreux travaux à mener sur des domaines variés comme ceux de la fabrication du journal, de la professionnalisation du monde de la presse, des individus ou encore des savoir-faire des métiers de la production journalistique. Une étude que suggérait en 2004 Christophe Charle, dans son ouvrage *Le siècle de la presse (1830-1939)*, paru aux Éditions du Seuil en 2004. Le livre de Julien Contes, grâce à l'exploration des coulisses de *L'Écho des Alpes maritimes* vient combler une partie de cette lacune historiographique. Bien que centrée sur un contexte local, la recherche a une portée qui s'étend au-delà d'une simple monographie tant la richesse documentaire exploitée nous dévoile le fonctionnement et les mécanismes de la presse du XIXe siècle. Elle permet de comprendre également la manière dont les réseaux et les solidarités journalistiques se tissent. Enfin, elle dévoile le rôle des notabilités locales dans le monde de la presse, comme le démontre admirablement l'auteur, dans le cadre de la société élitaire niçoise qui découvre progressivement la liberté de publication et l'outil politique que constitue le journal. Une histoire de la presse donc, mais aussi une histoire des élites politiques, que le travail de Julien Contes met en lumière et qui s'inscrit dans la continuité d'un ambitieux programme de recherche, coordonné ces dernières années par le Centre de la méditerranée Moderne et Contemporaine (CMMC UPR 1193) dans le but de combler en partie un vide historiographique sur les élites et les parlementaires de l'espace méditerranéen, dont l'ouvrage de synthèse final intitulé, *Pour une histoire politique méditerranéenne*, paraîtra en 2021.

Jean-Paul PELLEGRINETTI
Professeur d'histoire contemporaine
à l'Université Côte d'Azur
Directeur du Centre de la
Méditerranée Moderne et
Contemporaine

INTRODUCTION

> La presse est un élément jadis ignoré, une force autrefois inconnue, introduite maintenant dans le monde, c'est la parole à l'état de foudre ; c'est l'électricité sociale. Pouvez-vous faire qu'elle n'existe pas ? Plus vous prétendrez la comprimer, plus l'explosion sera violente. Il faut donc vous résoudre à vivre avec elle, comme vous vivez avec la machine à vapeur[1].

Ainsi s'exprime Chateaubriand dans ses *Mémoires d'outre-tombe* lorsqu'il évoque les débats politiques houleux de l'été 1830 après la proclamation par le roi de France Charles X des Ordonnances de Saint-Cloud suspendant la liberté de la presse. Sous la plume de l'écrivain se dévoile un pouvoir qui semble indépassable pour les publicistes qui l'exercent – dont il est – aussi parce qu'ils le pensent comme tel, parce qu'ils essaient de l'imposer *de facto* aux pouvoirs institués et de le faire garantir *de jure* dans des textes constitutionnels et des lois. Cependant, dans la France du premier XIXe comme dans les autres États européens, la possibilité de son exercice est l'enjeu de luttes. Alors que des forces politiques, que l'on tend à nommer libérales, s'organisent pour réclamer la liberté de la presse – et en user pour faire advenir un nouvel ordre politique en la défendant comme « un des droits les plus précieux de l'homme », ainsi que l'énonce l'article 11 de la Déclaration des Droits de l'Homme et du Citoyen de 1789[2] –, les forces conservatrices la perçoivent comme l'une des plus grandes menaces pour l'ordre qu'elles dominent. Honoré de Balzac n'a-t-il pas écrit que « si la presse n'existait pas, il faudrait ne pas l'inventer[3] » ? Elle est l'écrit public, la diffusion des idées par une forme de communication à distance qui, comme l'a écrit Alexis de

---

1 François-René de Chateaubriand, *Mémoires d'outre-tombe*, Paris, Librairie Générale Française, t. 3, 1973, p. 160 (1re éd., 1849-1850).

2 « La libre communication des pensées et des opinions est un des droits les plus précieux de l'homme ; tout citoyen peut donc parler, écrire, imprimer librement, sauf à répondre de l'abus de cette liberté dans les cas déterminés par la loi. »

3 Honoré de Balzac, *Monographie de la presse parisienne*, Paris, Éditions du Boucher, 2002, p. 90 (1re éd., 1842).

Tocqueville, permet de « déposer au même moment dans mille esprits la même pensée[4] » ; elle est un outil de la discussion et de l'action qui se présente inséparablement comme une arme et un enjeu de la lutte politique[5].

Les révolutions européennes du mitan du XIXe siècle sont un moment où dans nombre de territoires un ordre en place – un « vieux monde » pour reprendre une formule dont use Chateaubriand – est voué aux gémonies[6]. La préservation ou la remise en cause plus ou moins profonde de cet ordre, que les révolutionnaires français de la fin du XVIIIe siècle ont nommé « Ancien Régime », est l'objet de luttes, physiques et symboliques, de mobilisations, parfois insurrectionnelles, contre des pouvoirs qui, lorsqu'ils ne sont pas renversés (de manière temporaire ou définitive), louvoient entre réforme et réaction autoritaire. Dans le même temps, des revendications nationales sont exprimées. Les oppositions s'exacerbent. Dans les aires géographiques comme l'Italie, les exhortations formulées à l'égard des pouvoirs en place pour la promulgation de réformes libérales, plus ou moins démocratiques selon les courants, s'enchevêtrent avec l'affirmation d'une adhésion au principe des nationalités. Le mouvement prend la forme d'une lutte pour l'accomplissement de ce que les élites issues des bourgeoisies et d'une partie de la noblesse des différents États italiens imaginent être une reconstitution moderne de l'Ausonie virgilienne[7]. La situation géopolitique complique toutefois ce projet. En effet, à la division politique s'ajoute une occupation impériale des troupes autrichiennes, effective depuis le congrès de Vienne (1814-1815) en Lombardie-Vénétie ainsi que dans les duchés centraux (Modène, Parme et Plaisance). Elle confère à l'idée d'unification nationale italienne un caractère de lutte pour l'indépendance dans un registre revendicatif qui est inhérent à l'idée de nation en tant que projet politique d'affirmation de souveraineté. Il encourage les patriotes à l'action pour la « libération »

4 Alexis de Tocqueville, *De la démocratie en Amérique*, Paris, Robert Laffont, 1986, p. 505 (1re éd., 1835-1840).

5 Jean-Noël Jeanneney, *Une histoire des médias. Des origines à nos jours*, Paris, Seuil, 2011, p. 100.

6 François-René de Chateaubriand, *op. cit.*, t. 1, p. 213.

7 C'est le nom donné, de manière quelque peu hyperbolique, par Virgile dans *L'Énéide* à l'Italie tout entière, une entité alors au cœur de l'Empire romain. La référence devient importante au cours du *Risorgimento*, sur fond de « nationalisation » d'auteurs, antiques ou non, mobilisés par les patriotes italiens et plus globalement par les élites cultivées européennes qui perçoivent l'Italie comme la patrie de Virgile.

du territoire péninsulaire et à la construction d'un État à la souveraineté étendue sur tout cet espace géographique de plus en plus pensé et vécu comme national[8].

Le mouvement libéral et patriotique italien se structure à travers la lutte contre l'ordre autoritaire de la Sainte-Alliance, c'est-à-dire en opposition à la forme absolutiste du pouvoir et contre l'Empire d'Autriche, la puissance étrangère garante de cet ordre dans la péninsule italienne[9]. Les premières agitations politiques sont bien antérieures au printemps 1848 ; elles débutent dans les États pontificaux seulement quelques mois après le soulèvement de Cracovie de février 1846. Les mouvements s'intensifient et dépassent les frontières entre les États italiens, contrôlées mais perméables à la circulation des idées. En quelques mois, au cours du printemps 1847, dans les États pontificaux comme dans le grand-duché de Toscane, plus au nord, des lois relatives à la liberté de publication sont promulguées. À l'automne de la même année, les trajectoires des deux plus grands royaumes de la péninsule tirent à hue et à dia : au sud, Ferdinand II de Bourbon fait montre de son autorité en réprimant par la force l'insurrection de septembre 1847 qui embrase le royaume des Deux-Siciles ; à l'inverse, au nord, Charles-Albert Ier, sur le trône de Sardaigne depuis 1831[10], sous la pression des manifestations, massives à Gênes ainsi qu'à Turin, la capitale, se trouve contraint de suivre la voie du pape et du grand-duc de Toscane en renouant avec les tendances libérales de sa jeunesse[11]. Les Patentes royales du 30 octobre 1847 bousculent l'ordre établi en instaurant une liberté de publication qui, bien que relative, introduit toutefois un changement fondamental. La loi rompt la logique des stricts règlements de contrôle de toute activité politique, de la publication écrite au rassemblement collectif. L'État monarchique n'a plus le monopole des moyens publics de la communication politique légitime, bien qu'il garde celui de

8 Gérard Noiriel, *État, nation et immigration. Vers une histoire du pouvoir*, Paris, Gallimard, 2005, p. 135 (1re éd., 2001).

9 Jean-Claude Caron, « "Printemps des peuples" : pour une autre lecture des révolutions de 1848 », *Revue d'histoire du XIXe siècle*, n° 52, 2016, p. 33-34 et 40-41.

10 Outre la dénomination « royaume de Sardaigne », l'on trouve aussi les mentions « États sardes » ou « États de Savoie » (qui définit le territoire par le nom de la dynastie), toutes acceptables historiquement et qui désignent la même entité au XIXe siècle.

11 Lors d'un premier mouvement insurrectionnel ayant provoqué la chute de Victor-Emmanuel Ier en 1821, Charles-Albert s'était d'abord rangé du côté des constitutionnalistes, leur promettant de promulguer un texte constitutionnel, avant de changer de camp et de se positionner contre les insurgés, derrière le nouveau roi Charles-Félix Ier.

la communication officielle ; dans les plus grandes villes du royaume de Sardaigne, comme Turin et Gênes, qui comptent environ 150 000 habitants, ainsi que dans de plus modestes, les notables libéraux, groupe social divers qui rassemble les individus les plus à même de fournir l'investissement culturel, temporel, économique et social nécessaire à la lutte politique, entrevoient la possibilité de se réunir en « partis » et d'user, comme l'a écrit Alexis de Tocqueville dès 1835, des « deux grandes armes qu'emploient les partis pour réussir [que] sont les journaux et les associations[12] ». Nombre d'organes de presse se fondent prestement et contribuent pleinement à faire émerger une vie politique moderne.

Dans la ville de Nice, l'une des plus importantes des États de Savoie, centre administratif d'un haut-pays auquel elle demeure mal reliée, chef-lieu d'une province d'environ 120 000 habitants, subsiste encore, au milieu du XIXe siècle, une organisation socio-politique traditionnelle. Isolée géographiquement de sa capitale, Turin, située au-delà des Alpes, et frontalière avec la France, Nice n'en connaît pas moins à la fin de l'année 1847 une période d'enthousiasme vis-à-vis des réformes albertines. Des notables locaux bien établis dans le microcosme mondain de la ville saisissent l'occasion pour fonder un premier journal politique : *L'Écho des Alpes maritimes*[13]. Celui-ci est publié pour la première fois durant le mois de janvier 1848 avec une périodicité trihebdomadaire, un format et une physionomie qu'il garde tout au long de ses publications : un *in-folio* de 33 centimètres de largeur pour 45 de hauteur, avec trois colonnes sur chacune des quatre pages. L'initiative revient à Auguste Carlone (1812-1873), banquier niçois issu de la frange la plus aisée de la bourgeoisie locale qui mobilise son capital social, « réseau durable de relations plus ou moins institutionnalisées », essentiellement mondain, pour former un collectif rédactionnel et réunir un actionnariat[14]. Le journal connaît rapidement le succès puisqu'il compte près de 500 abonnés dès ses premières publications en janvier 1848, un nombre non négligeable dans

12 Alexis de Tocqueville, *op. cit.*, p. 183.

13 Tous les numéros du journal depuis le prospectus du 1er janvier 1848 jusqu'au dernier numéro du 10 août 1850 ont été numérisés par les Archives départementales des Alpes maritimes (désormais ADAM) et toutes les références à *L'Écho des Alpes maritimes* renvoient à la base documentaire « Presse Ancienne » disponible en ligne : http://www.basesdocumentaires-cg06.fr/archives/indexPA.php.

14 Pierre Bourdieu, « Le capital social », *Actes de la Recherche en sciences sociales*, n° 31, janvier 1980, p. 2-3.

un territoire où moins d'un quart des habitants a une maîtrise plus ou moins poussée de la lecture ; un lectorat, donc, essentiellement urbain mais pas uniquement puisque *L'Écho des Alpes maritimes* se diffuse aussi dans les villages de l'arrière-pays niçois[15].

NICE — DIMANCHE 16 JANVIER 1848. — 1re ANNÉE.

L'ÉCHO
DES ALPES MARITIMES
JOURNAL POLITIQUE, COMMERCIAL ET LITTÉRAIRE.

NICE, 15 JANVIER.

Bulletin Théâtral.

FIG. 1 – Premier numéro de *L'Écho des Alpes maritimes*, 16 janvier 1848.

Un paysage journalistique émerge au sein du royaume de Sardaigne, et même dans toute la péninsule italienne, à la faveur de la concordance

15 ADAM, Fonds Carlone, 7 J 26, Devis réalisé par la société typographique Gilletta sur la demande d'Auguste Carlone pour l'impression de 500 exemplaires de *L'Écho des Alpes maritimes*.

des lois sur la presse dans les différents États. Des processus similaires s'observent en Allemagne à la même période, que Jonathan Sperber décrit comme un moment de transformation de l'univers journalistique existant alors limité à quelques journaux clandestins à l'existence brève et aux publications littéraires et scientifiques tolérées par les pouvoirs en place[16]. La nouvelle liberté autorise la discussion publique sur les affaires politiques et étend ainsi la sphère des sujets que les publicistes sont en droit de traiter. Cependant, il faut préciser d'emblée que dans le royaume de Sardaigne, comme dans les autres États italiens, ce qui prévaut, c'est surtout une « presse de notables » pour reprendre l'expression que Marc Martin applique à la France des monarchies constitutionnelles (1814-1848)[17] ; une presse qui, outre quelques quotidiens importants, est surtout composée de feuilles bihebdomadaires ou trihebdomadaires faites et lues (essentiellement) par des notables d'une même ville ou province. C'est ce que tendent à prouver les tirages moyens de la presse régionale française qui, pour l'année 1845, sont similaires à ceux de *L'Écho des Alpes maritimes* en 1848, soit 500 exemplaires[18] ; ils se rapprochent des chiffres avancés par Franco Della Peruta pour les villes italiennes dans lesquelles, durant les années 1847 et 1848, pour une presse politique qui n'en est qu'à ses linéaments, rares sont les journaux à dépasser les 1 500 exemplaires distribués[19]. *Ipso facto*, la situation doit être distinguée du printemps 1848 français durant lequel se déroule une « révolution médiatique » qui, bien qu'elle soit en « trompe l'œil » pour reprendre la formule d'Anne-Claude Ambroise-Rendu, a tout de même fait émerger une presse plus populaire (dans sa production comme dans sa consommation)[20]. Néanmoins, le *Quarantotto* (littéralement « quarante-huit »), terme utilisé dans l'historiographie

---

16 Jonathan Sperber, « "The Persecutor of Evil" in the German Revolution of 1848-1849 », dans Jeremy D. Popkin (dir.), *Media and Revolution*, Lexington, University Press of Kentucky, 1995, p. 98-99.

17 Marc Martin, *La presse régionale. Des affiches aux grands quotidiens*, Paris, Fayard, 2002, p. 87-104.

18 *Ibid.*, p. 88.

19 Franco Della Peruta, *Il giornalismo italiano del Risorgimento. Dal 1847 all'Unita*, Milan, Franco Angeli, 2011, p. 66-68 (1re éd., 1979). Un des principaux journaux de Turin, *Il Risorgimento*, dispose au moment de sa création à la fin de l'année 1847 d'environ 1 500 abonnés. Il faudra plusieurs années à la presse italienne pour que des journaux dépassent les 10 000 abonnés.

20 Anne-Claude Ambroise-Rendu, « Les journaux du printemps 1848 : une révolution médiatique en trompe-l'œil », *Revue d'histoire du XIXe siècle*, nº 19, 1999, p. 35-64.

pour désigner les révolutions de 1848 dans les États italiens, consacre un inévitable premier épanouissement d'une « civilisation du journal » dans tous les territoires où se trouve un environnement favorable, aux niveaux politique – une certaine liberté de la presse – et culturel – un savoir-faire dans l'imprimerie et des structures typographiques assez développées[21]. Le processus ne concerne pas seulement les grands centres urbains plus ou moins touchés par les agitations révolutionnaires (Rome, Turin, Palerme, Naples, Gênes, Milan, Venise). Les villes moyennes (telles que Nice, Chambéry, Lucques, Sienne), dotées de quelques dizaines de milliers d'habitants, ont aussi un rôle non négligeable dans la production journalistique[22]. Polycentrisme et municipalisme caractérisent le mouvement[23] : bien qu'il y ait une certaine hiérarchie entre les journaux des grandes villes dont l'aura est presque « nationale » et dont la diffusion dépasse les frontières de l'État dans lequel ils sont produits, et une presse plus régionale, cette dernière demeure indépendante et solidement implantée dans son lieu de production.

L'objet journal s'impose comme un instrument important de diffusion de l'information et de politisation. La presse nouvelle ne se cantonne pas aux seules villes et arrive jusque dans les bourgs et villages, bien que les conditions de production d'un journal ne se rencontrent que dans les centres urbains d'une certaine importance. Les institutions de presse sont marquées par le contexte local et cultivent leurs particularités régionales – géographiques et culturelles pour *L'Écho des Alpes maritimes*, avec la position frontalière de Nice par rapport à la France et le choix de la langue française qui lui est corrélatif, permettant aussi une diffusion dans la principauté de Monaco et le département du Var. Les caractéristiques particulières de la situation niçoise, bien qu'elles doivent être précisées et éclairées par le présent ouvrage, n'effacent pas son insertion dans le contexte du *Quarantotto*, que l'on désigne communément dans l'historiographie française comme le « printemps des peuples ».

21 Dominique Kalifa, Philippe Régnier, Marie-Ève Thérenty, Alain Vaillant (dir.), *La Civilisation du journal. Histoire culturelle et littéraire de la presse française au XIXe siècle*, Paris, Le Nouveau Monde, 2011.

22 Simonetta Soldani, « Approaching Europe in the Name of the Nation. The Italian Revolution, 1846-1849 », dans Dieter Dowe, Heinz-Gerhard Haupt, David Higgins, Jonathan Sperber (dir.), *Europe in 1848. Revolution and Reform*, Oxford, Berghahn Books, 2000, p. 65.

23 Enrico Francia, *1848. La rivoluzione del Risorgimento*, Bologne, Il Mulino, 2012, p. 7 et 12.

« PRINTEMPS DES PEUPLES », *QUARANTOTTO*
Une nécessaire mise au point historiographique

Manifestations, banquets, fêtes et célébrations, élections, associations, représentations théâtrales, journaux, places publiques forment une kyrielle de lieux et de moyens d'organisation ou d'expression politiques qui s'enchevêtrent et définissent ce qu'a été le *Quarantotto*. La participation populaire plus ou moins massive en fait une expérience politique particulière qu'Enrico Francia a qualifiée de « révolution du *Risorgimento* » et qu'il ne limite pas, contrairement à ce qu'indique le titre de son ouvrage, à la seule année 1848[24]. La formule n'est pas de son invention – elle se trouve déjà dans un ouvrage publié en 1851 par Giuseppe Montanelli[25] – mais il lui donne un véritable contenu historiographique en inscrivant ce moment révolutionnaire dans le processus politique et culturel risorgimental. Une certaine pratique démocratique s'affirme, alors que s'élaborent un langage politique et des modes d'action collective qui favorisent l'émergence d'une vie politique protéiforme et multiscalaire inconnue jusqu'alors[26]. Une triple lutte, déjà énoncée par Simonetta Soldani, dont les travaux sur la période sont incontestablement précurseurs, s'observe au cours cette révolution : celle pour les libertés politiques, celle pour la construction nationale de l'Italie et enfin, en certains lieux, une lutte des classes qui se joue sur fond de crise économique[27]. Le *Quarantotto* est un formidable moment de politisation et de mobilisation populaire. Les aspirations politiques ne sont pas l'apanage des seules classes supérieures ; certes, la presse est lue (et produite) par elles, mais elle contribue à une effervescence

24 *Ibid.* Cela n'a rien de propre à l'historiographie italienne. Maurice Agulhon débordait déjà largement la date de 1848 dans son ouvrage *1848 ou l'apprentissage de la République*, Paris, Seuil, 1973.

25 Giuseppe Montanelli, *Introduzione ad alcuni appunti storici sulla Rivoluzione d'Italia*, Turin, La tipografia subalpina, 1851.

26 Enrico Francia, *op. cit.*, p. 7.

27 Simonetta Soldani, « Approaching Europe in the Name of the Nation. The Italian Revolution, 1846-1849 », *op. cit.*, p. 60 ; Simonetta Soldani, « Il lungo Quarantotto degli Italiani », dans Giovani Cherubini, Franco Della Peruta et Giorgio Mori (dir.), *Storia della società italiana*, vol. 17, *Il movimento nazionale e il 1848*, Milan, Nicola Teti Editore, 1986, p. 259-343.

plus générale par le simple fait, difficile à mesurer mais indéniable, que les idées et les informations circulent, notamment par l'oralité, de la même manière que les rumeurs. Dans ce contexte, les mobilisations se font aussi bien pour – les libertés ou la cause nationale – que contre – en opposition à la politique impérialiste autrichienne ou aux mesures autoritaires prises par les souverains italiens. Un autre fait majeur du *Quarantotto* est que les concepts politiques (nation, liberté, fraternité, démocratie) sortent des circuits fermés d'organisations patriotiques, parfois formées en exil, comme celles de Giuseppe Mazzini, pour devenir des idées-forces, discutées dans les journaux, dans des assemblées et dans la rue[28]. Et les publicistes jouent un rôle majeur dans la définition publique de celles-ci, de même qu'ils contribuent à forger des symboles ou des mythes (celui de Giuseppe Garibaldi par exemple, dont il est question dans cet ouvrage du fait de son lien particulier avec Nice, sa ville natale) qui participent de l'élaboration et de la diffusion de ce que l'on peut appeler avec Benedict Anderson un « imaginaire national[29] ».

Ces quelques remarques liminaires permettent d'éviter l'écueil de ne considérer de manière téléologique le « printemps des peuples » italien que comme « un pas sur la route de l'unité[30] ». Cette perspective fait du *Quarantotto* un simple moment préparatoire aux événements de 1859 et de la décennie 1860. L'important est donc de bien cerner ce moment historique particulier du *Quarantotto*, terme que Simonetta Soldani invite à ne pas prendre au pied de la lettre, pour lui donner un sens qui ne le limite pas à la seule année 1848. Ainsi, il semble plus efficient d'envisager un « long *Quarantotto*[31] », « *from Rome to Rome* », depuis l'élection du pape Pie IX en 1846 jusqu'à la chute de l'éphémère République romaine de 1849[32]. Ou bien alors, comme l'a fait Giovanni

28 Enrico Francia, *op. cit.*, p. 237.

29 Benedict Anderson, *L'imaginaire national : réflexions sur l'origine et l'essor du nationalisme*, Paris, La Découverte, 2002, p. 18 (1re éd., 1983).

30 Simonetta Soldani, « Approaching Europe in the Name of the Nation. The Italian Revolution, 1846-1849 », *op. cit.*, p. 59-60.

31 Simonetta Soldani, « Il lungo Quarantotto degli Italiani », *op. cit.* Déjà en 1960, dans le troisième volume – consacré au *Quarantotto* – de sa *Storia dell'Italia moderna*, l'historien Giorgio Candeloro envisageait un « *triennio* » révolutionnaire entre 1846 et 1849 qu'il présentait comme la période de la « révolution nationale ». Voir : Giorgio Candeloro, *Storia dell'Italia moderna. La rivoluzione nazionale, 1846-1849*, Milan, Feltrinelli, vol. 3, 1960.

32 Simonetta Soldani, « Approaching Europe in the Name of the Nation. The Italian Revolution, 1846-1849 », *op. cit.*, p. 60.

Ponzo, il est possible aussi d'étudier un long *Quarantotto* de la presse, de 1846 à 1852, période d'un premier épanouissement de la liberté de la presse dans les États italiens[33]. Rien ne doit être figé, l'analyse devant considérer les linéaments et les évolutions immédiatement postérieures aux événements quarante-huitards, en se laissant la liberté de choisir une délimitation chronologique qui soit adaptée à chaque contexte. La chose n'est d'ailleurs en rien propre au seul cas de l'Italie puisque, le « printemps des peuples » européen peut se définir comme « l'ensemble des mouvements révolutionnaires qui travers[ent] la quasi-totalité de l'Europe de 1847 à 1849[34] » ; mais il peut aussi débuter au moment de l'insurrection de Cracovie en février 1846, le premier des épisodes insurrectionnels continentaux, comme invitait à le faire l'historien François Fejtö dans son introduction générale à l'ouvrage collectif *1848 dans le monde. Le Printemps des peuples* publié en 1948 à l'occasion du centenaire des événements et qui consacre d'ailleurs l'utilisation de l'expression française[35]. En élargissant la focale temporelle, il est même possible d'établir des rapprochements avec les révolutions de 1830 ou, comme l'a fait Eric J. Hobsbawm, de définir une « ère des révolutions » qui s'étend de la Révolution française de 1789 à celles, européennes, de 1848[36]. La question de la chronologie est, en fait, inséparable de celle de l'espace. Une grande production historiographique, souvent issue d'ouvrages collectifs, a contribué à alimenter la discussion sur les repères chronologiques et spatiaux, avec des travaux plus ou moins anciens qui ont aussi pu adopter une perspective plus internationale (bien que le plus souvent chaque cas national soit traité séparément)[37].

---

33 Giovanni Ponzo, *Le origini della libertà di stampa in Italia (1846-1852)*, Milan, Giuffrè, 1980.

34 Jacqueline Lalouette, *Les mots de 1848*, Toulouse, Presses universitaires du Mirail, 2008, p. 101.

35 François Fejtö, « Tableau chronologique », dans François Fejtö (dir.), *1848 dans le monde. Le Printemps des peuples*, Paris, Les Éditions de Minuit, vol. 1, 1948, p. 11.

36 Eric J. Hobsbawm, *L'ère des révolutions, 1789-1848*, Paris, Fayard, 1969. On peut aussi mentionner l'ouvrage récent de Jonathan Sperber qui reprend la même idée d'une ère révolutionnaire européenne de la fin du XVIIIe siècle au milieu du XIXe siècle : *Revolutionary Europe, 1780-1850*, Londres, Routledge, 2000. Le même auteur a par ailleurs réalisé également une étude, toujours dans une optique transnationale, mais centrée sur le seul « printemps des peuples » : *The European Revolutions, 1848-1851*, Cambridge, Cambridge University Press, 1994.

37 Citons, de manière non exhaustive, les ouvrages suivants qui ont en commun la dimension transnationale de l'analyse : François Fejtö (dir.), *1848 dans le monde*, *op. cit.* ; Jacques

S'interroger sur les chrononymes qui désignent cette période, comme l'a fait récemment Jean-Claude Caron, est essentiel tant les mots peuvent charrier des représentations et des interprétations différentes[38]. L'expression « printemps des peuples », bien qu'elle ne fût pas d'un usage contemporain des événements, peut, tout comme le terme *Quarantotto*, continuer d'être pertinente pour décrire ce moment révolutionnaire européen du mitan du XIXe siècle, à condition d'être utilisée avec une prudence critique multiple. De la même manière que le mot italien, elle pose la question essentielle de la temporalité et du dépassement de la seule séquence printanière définie *a priori*. Mais elle révèle aussi, dans sa formulation même, plusieurs aspects fondamentaux. Son « pluriel significatif » permet d'interroger la similarité des expériences révolutionnaires dans la diversité (un long « printemps » pour différents peuples)[39]. Et immédiatement se pose la question de la définition des groupes sociaux en action ; ces « peuples » qui entrent dans une effervescence politique et sociale, sont-ils des peuples nationaux (ou en train de se définir comme tels), ou des peuples divisés dans le sens classiste que leur donne Karl Marx dans son analyse du mouvement français intitulée *Les luttes de classes en France*[40] ? Certes, et comme l'admet ce dernier lui-même de manière critique, la première conception a largement dominé le « printemps des peuples » européen, notamment dans les mouvements de libération nationale comme en Italie. Cependant, celle-ci pose toujours problème, car quel sens cela peut-il avoir de considérer le « peuple allemand » ou le « peuple italien » comme *un seul* peuple, dans un moment où la commune et la

Godechot, *Les révolutions de 1848*, Paris, Albin Michel, 1971 ; Sylvie Aprile, Raymond Huard, Pierre Lévêque, Jean-Yves Mollier (dir), *La Révolution de 1848 en France et en Europe*, Paris, Éditions Sociales, 1998 ; *Les Révolutions de 1848 : l'Europe des images*, Paris, Assemblée nationale, 1998 ; Jean-Luc Mayaud (dir.), *1848 : actes du colloque international du cent cinquantenaire, tenu à l'Assemblée nationale à Paris, les 2325 février 1998*, Paris, Créaphis, 2002. Et pour l'historiographie anglosaxonne, dont nombre de chercheurs ont produit des approches enrichissantes de la période, citons : Dieter Dowe, Heinz-Gerhard Haupt, David Higgins, Jonathan Sperber (dir.), *Europe in 1848. Revolution and Reform*, *op. cit.* ; Robert J. W. Evans, Hartmut Pogge von Strandmann (dir), *The Revolutions in Europe, 1848-1849 : From Reform to Reaction*, Oxford, Oxford University Press, 2000 ; Axel Körner, *1848, a European Revolution ? International Ideas and National Memories of 1848*, New-York, Palgrave, 2000.

38 Jean-Claude Caron, « "Printemps des peuples" : pour une autre lecture des révolutions de 1848 », art. cité, p. 31-45.

39 *Ibid.*, p. 32.

40 *Ibid.*, p. 33.

province demeurent le cadre premier de la vie et des représentations pour la grande masse des Européens[41] ?

Dans son œuvre sur le « long XIXe siècle », et particulièrement dans les deux premiers tomes, dont 1848 est le moment de transition (*L'ère des révolutions, 1789-1848* et *L'ère du capital, 1848-1875*), Eric Hobsbawm incitait déjà les historiens à mener une analyse multiscalaire qui considère les liens complexes entre le caractère européen ou national des événements et leurs manifestations particulières au niveau local[42]. L'historien britannique défendait une analyse du « printemps des peuples » des nations aux régions et aux villes, mais sans abandonner la perspective transnationale. C'est pourquoi l'étude des événements particuliers de Nice et sa province ne doit jamais se départir d'un effort d'analyse des événements italiens, et plus généralement européens : de la lutte contre les pouvoirs autoritaires en place à l'affirmation (parfois militaire et guerrière) de revendications nationales sur fond de remise en cause de l'ordre géopolitique européen de la Sainte-Alliance ; du développement sans précédent de la presse à l'épanouissement de modes d'action plus ou moins nouveaux (barricades, associations, insurrections, élections, assemblées constituantes) ; de l'atmosphère romantique jusqu'à un certain utopisme qui, en France, s'est nommé « quarante-huitard », dont l'analyse a été faite par Maurice Agulhon[43], et qu'Eric Hobsbawm décrit comme une « impression initiale de libération », un « espoir sans bornes et [une] confusion optimiste[44] ». Le mélange de similarité et de diversité des processus s'observe bien au sein de la péninsule italienne. Du fait de la division entre les différents États, il existe, une indéniable partition régionale de l'historiographie. Les travaux privilégient une approche du *Quarantotto* par un État, une région ou une ville en particulier (et c'est dans la synthèse de cet éparpillement historiographique que réside le principal intérêt de l'ouvrage d'Enrico Francia). Un certain nombre d'études, dans une perspective plus régionale, et parfois non concentrées sur la seule période révolutionnaire du milieu du XIXe siècle, ont approfondi la connaissance des événements. En ce qui concerne le royaume

41 *Ibid.*, p. 33-34.

42 Eric J. Hobsbawm, *L'ère des révolutions, 1789-1848*, Paris, Fayard, 2002 (1re éd., 1969) ; *L'ère du capital, 1848-1875*, Paris, Fayard, 2010, p. 31, (1re éd., 1975).

43 Maurice Agulhon, *Les quarante-huitards*, Paris, Gallimard, 1973.

44 Eric J. Hobsbawm, *L'ère du capital*, *op. cit.*, p. 31.

de Sardaigne, il est nécessaire de mentionner les travaux d'Umberto Levra[45]. Dans tous ses ouvrages, les analyses sont amples mais bien souvent centrées sur la capitale turinoise ; elles débordent le moment du *Quarantotto* (avant et après) et elles n'accordent – de la même manière que l'historiographie italienne en général – qu'une place infime aux provinces frontalières de la Savoie et de Nice. En effet, les historiens italiens ne considèrent généralement pas l'histoire de ces territoires comme relevant d'une histoire italienne et ne portent que peu d'intérêt à ceux-ci, bien que les membres de la dynastie régnante du royaume de Sardaigne portent encore le nom de leur Savoie d'origine – ce qui, au XIXe siècle, apparaît essentiellement comme un reliquat du passé. Le constat est encore plus valable pour Nice, province plus modeste dans son poids démographique et symbolique, malgré une évolution récente avec les recherches de Mario Riberi qu'il est nécessaire de saluer[46]. Toutefois, l'historiographie locale n'a pas non plus été extrêmement prolifique. Nonobstant les quelques articles consacrés à la question et de grandes synthèses offrant des jalons, aucune étude n'a véritablement tenté de cerner ce qu'a impliqué cette période révolutionnaire, plus que cruciale pour l'évolution historique de la ville et son arrière-pays.

45 Umberto Levra, Rosana Roccia (dir.), *Milleottocentoquarantotto : Torino, L'Italia, L'Europa*, Turin, Archivio storico della città di Torino, 1998 ; Umberto Levra (dir.), *Il Piemonte alle soglie del 1848*, Actes du Congrès international tenu à Turin du 7 au 10 octobre 1998, Turin, Carocci, 1999 ; Umberto Levra (dir.), *Storia di Torino. VI : La città nel Risorgimento (1798-1864)*, Turin, Einaudi, 2000.

46 Mario Riberi, « I deputati nizzardi al Parlamento subalpino. Appunti per una ricerca storico-giuridica », *Studi Piemontesi*, décembre 2016, p. 542-553 ; « Les franchises face au Statut Albertin. La fin du port franc de Nice », *Nice Historique*, n° 1-2, 2017, p. 87-100 ; *Les députés du pays niçois à la Chambre subalpine de Turin (1848-1860). Un itinéraire historique et juridique*, Nice, ASPEAM/Serre, 2019.

LE « *PRINTEMPS DES PEUPLES* » DANS L'ANCIEN COMTÉ DE NICE
Une révolution méconnue

La polarisation de l'historiographie italienne sur le moment de l'accomplissement de l'unité nationale a son pendant dans les travaux sur l'histoire de Nice. En effet, les historiens ont eu tendance à se concentrer sur les enjeux de l'annexion à la France en 1860 – événement fondamental dont l'approche a été renouvelée de manière stimulante par les recherches récentes d'Henri Courrière[47]. L'inventaire des publications et conférences diverses que le cent-cinquantenaire de l'annexion de Nice à la France a suscitées, alimentant les commémorations organisées par les pouvoirs locaux, est parlant[48]. Cependant, l'une des contreparties de l'investissement historiographique et mémoriel du moment annexionniste est une certaine éclipse du *Quarantotto*. En effet, ces travaux traitent les années 1847-1850 parfois de manière téléologique (à l'aune de l'annexion de 1860), ou alors, puisque tel n'est pas leur objet d'étude, ne mesurent pas réellement l'importance des bouleversements qu'elle a introduits. Un vide historiographique s'est créé, comblé partiellement par des articles ou bien des ouvrages de synthèse sur l'histoire de Nice.

À partir du milieu du XXe siècle, nombre de publications, souvent destinées à un public plus large que les seuls historiens, ont adopté une

47 Citons principalement sa thèse, fondamentale pour comprendre l'enjeu de l'annexion de Nice et surtout le processus d'intégration par la France de ce nouveau territoire dans la seconde moitié du XIXe siècle. Elle a été publiée sous le titre : *Le comté de Nice et la France. Histoire politique d'une intégration, 1860-1879*, Rennes, PUR, 2014.

48 De la même manière qu'en Savoie, outre les nombreuses conférences qui ont eu lieu en 2010, on peut mentionner un nombre important de publications parmi lesquelles : Jérôme Bracq, Hélène Cavalié, Jean-Bernard Lacroix, *Napoléon III et les Alpes maritimes : la naissance d'un territoire*, Nice, Conseil général des Alpes maritimes, 2009 ; Louis-Gilles Pairault, Alain Ruggiero, *Le choix des couleurs : 1860, quand Nice devint française*, Nice, Mémoires Millénaires, 2010 ; Jenny Barbizet, Steve Betti, Henri Courrière (dir.), *Vive la France : regards croisés sur l'union du comté de Nice à la France 1860-1947*, Nice, Serre, 2010 ; Colette Bourrier-Raynaud, Olivier Vernier (dir.), *Personnalités et familles du comté de Nice face à l'annexion de 1860 à la France*, Nice, ASPEAM, 2010 ; Henri Courrière, Ralph Schor (dir.), *Le comté de Nice, la France et l'Italie : regards sur le rattachement de 1860*, Actes du colloque organisé à l'Université de Nice Sophia-Antipolis le 23 avril 2010, Nice, Serre, 2011.

perspective temporelle pluriséculaire voire plurimillénaire. Depuis les travaux de Robert Latouche dans les années 1950[49], et ceux d'André Compan ainsi que l'ouvrage collectif dirigé par Maurice Bordes dans les années 1970[50], en passant par les écrits de Roger Rocca et d'Hervé Barelli[51], jusqu'à la publication collective plus récente sous l'égide d'Alain Ruggiero[52], tous s'inscrivent dans une perspective historique de longue durée. Ils ont donc un caractère synthétique qui ne peut les rendre que brefs sur le *Quarantotto* niçois. Ainsi, pour accéder à une connaissance un tant soit peu approfondie de cette période, il faut se tourner vers des articles qui comblent quelque peu le vide historiographique énoncé sans offrir toutefois un équivalent aux travaux de Sylvain Milbach sur la Savoie, dans une région qui partage, jusqu'à un certain point, la situation de Nice[53]. Ces articles sont parus dans différentes revues locales (principalement *Nice Historique* et *Recherches régionales*)[54], et plus sporadiquement dans d'autres moins centrées sur la seule histoire de Nice et de son arrière-pays – les *Cahiers de la Méditerranée* notamment[55]. D'une manière moindre que pour les ouvrages, mais tout de même évocatrice,

---

49 Robert Latouche, *Histoire de Nice*, Nice, Ville de Nice, 3 t., 1951-1955. Cette œuvre, rédigée à partir du début des années 1950, fourmille d'informations précises et opère la jonction entre les travaux des érudits locaux du XIXe siècle ou du début du XXe siècle et une approche plus universitaire et scientifique de l'histoire locale dans les années 1970.

50 André Compan, *Histoire de Nice et de son comté*, Toulon, L'Astrado, 2 vol., 1973 ; Maurice Bordes (dir.), *Histoire de Nice*, Toulouse, Privat, 1976.

51 Hervé Barelli, Roger Rocca, *Histoire de l'identité niçoise*, Nice, Serre, 1995.

52 Alain Ruggiero (dir.), *Nouvelle histoire de Nice*, Toulouse, Privat, 2006.

53 Les recherches de Sylvain Milbach sur la Savoie sont connues à travers deux ouvrages : *Entre Piémont et France : la Savoie déroutée, 1848-1858*, Chambéry, Université de Savoie, Laboratoire Langages, Littératures, Sociétés, 2008 ; *L'éveil politique de la Savoie, 1848-1853 : conflits ordinaires et rivalités nouvelles*, Rennes, PUR, 2008.

54 On peut mentionner les articles suivants touchant des thèmes divers : André Compan, « La révolution de 1848, ses répercussions dans l'ancien comté de Nice », *Nice Historique*, n° 1, 1949, p. 43-47 ; Léonce Boniface, Ernest Hildesheimer, « La condition ouvrière à Nice en 1848 », *Nice Historique*, n° 1, 1959, p. 22-30. Il est également important d'évoquer la revue du Conseil général des Alpes maritimes, *Recherches régionales* : Olivier Vernier, « Nice et la représentation parlementaire de son comté à Turin, 1848-1860 », *Recherches Régionales*, n° 111, 1990, p. 2-11 ; Jean-Bernard Lacroix, « La correspondance de Teodoro di Santa Rosa à Auguste Carlone, 1re partie 1850-1853 : le député d'Utelle », *Recherches Régionales*, 2009, n° 194, p. 16-54.

55 *L'identité niçoise*, Actes du colloque tenu les 12 et 13 juin 1991 à Nice, *Cahiers de la Méditerranée*, Nice, Centre de la Méditerranée moderne et contemporaine, n° 43, 1991 ; Alain Ruggiero, « La bourgeoisie niçoise au milieu du XIXe. Essai de caractérisation », *Cahiers de la Méditerranée*, 1993, n° 46-47, p. 85-95. Se référer aussi à : Paul Gonnet, « La presse et l'opinion à Nice en 1848 », *Provence Historique*, t. X, n° 39, 1960, p. 5-10.

la différence d'intérêt historiographique entre 1848 et 1860 apparaît aussi à travers les articles : il suffit de mettre en comparaison le triple numéro publié en 2010 pour le cent-cinquantenaire de l'annexion de Nice à la France par la revue *Nice Historique*, qui s'ajoute aux différentes contributions parues dans des numéros immédiatement antérieurs ou postérieurs, avec les quatre articles publiés en 1997 dans un numéro de la même revue consacré au *Quarantotto* niçois au moment de son cent-cinquantenaire[56]. Toutefois, ces articles constituent des références incontournables pour comprendre certains événements et évolutions à l'œuvre à la fin de la décennie 1840 et au début de la suivante. L'un des objectifs du présent ouvrage est de livrer une étude un tant soit peu exhaustive des ruptures et continuités de ce moment de naissance d'une vie politique moderne. L'occasion est donnée de revenir sur une idée, parfois répandue dans l'historiographie niçoise, d'un territoire perçu comme un monde clos vivant dans une certaine autarcie alors même que c'est un temps durant lequel s'observe un cosmopolitisme alimenté par le tourisme hivernant, une presse politique naît et pénètre dans les vallées montagnardes de l'arrière-pays, les lieux de sociabilité s'épanouissent à la faveur d'une atténuation du contrôle politique et social qu'exercent les pouvoirs royal et clérical et durant lequel s'affirment des sentiments patriotiques (français ou italiens)[57].

Le *Quarantotto* niçois, que l'on peut faire débuter à la fin de l'année 1847, est un moment de genèse de la vie politique qu'il intéressant à appréhender. Il s'insère dans un processus général d'avènement de ce que les hommes qui œuvrent pour la faire advenir se représentent comme une modernité politique. Les historiens, comme le note Jean-Claude Caron à propos du cas français, ont souvent opté pour une perspective

56 Michel Bottin, « Le Roi, la Constitution, l'Unité. Les événements de 1848 vus par *L'Écho des Alpes maritimes* », *Nice Historique*, n° 1, 1997, p. 2-8 ; Olivier Vernier, « Les réformes institutionnelles de Charles-Albert (1847-1848) », *op. cit.*, p. 9-13 ; Hervé Barelli, « Les premières élections législatives dans la province de Nice, 1848-1850 », *op. cit.*, p. 14-31 ; Steve Betti, « L'éveil d'une conscience politique : discours, odes, libelles et pamphlets niçois du "printemps des peuples" », *op. cit.*, p. 32-50.

57 Paul Gonnet, « Capitale d'un monde clos (1814-1860) », dans Maurice Bordes (dir.), *op. cit.*, p. 247-303. Cette contribution est importante pour la connaissance de la période mais doit être reformulée car, justement, elle montre bien dans ses développements en quoi la province de Nice n'est pas un monde aussi clos que le caractère communautaire de la vie villageoise dans l'arrière-pays et la faiblesse des voies et moyens de communication peuvent le laisser penser.

nationale des mouvements européens, concentrée sur un seul pays[58], ce qui est paradoxal tant les événements sont parfois similaires dans leur déroulement et dans leur essence en Europe, comme en atteste la question des nationalités. Axel Körner constate qu'un fossé demeure entre la dimension continentale des logiques qui sous-tendent les révolutions européennes de 1848 et la nationalisation persistante de leur étude et de leur mémoire[59]. Cela explique en partie, dans le cas de Nice, l'absence de véritable intérêt pour le *Quarantotto*, événement qui, à l'inverse de l'annexion de 1860, n'a pas une portée aussi fortement « nationale », et ainsi n'entre pas dans une historiographie qui l'est tout autant. Pour dépasser cette « nationalisation », la logique voudrait que s'impose une perspective plus macroscopique, transnationale ; cependant, telle n'est pas la seule option. En effet, ce que le présent ouvrage ambitionne de démontrer, c'est qu'un travail concentré sur un contexte local – la province de Nice, territoire frontalier inséré dans le royaume de Sardaigne et pris entre les événements italiens et français –, ne replie pas nécessairement la recherche sur une monographie locale. Il peut permettre d'outrepasser l'analyse purement nationale – du mouvement français ou du mouvement italien – pour interroger des phénomènes communs aux révolutions européennes de 1848 : la question des nationalités, celle de l'émergence d'une vie politique à travers la naissance de la presse ou encore le renversement d'un ordre politique ancien. Une attention particulière doit être portée aux moyens et aux processus de la circulation des informations et des hommes, à la manière dont se façonnent et se diffusent des représentations du monde ainsi qu'aux perspectives comparatistes et aux « jeux d'échelles » pour reprendre la formule de Jacques Revel[60]. Une telle approche permet de révéler à quel point les

---

58 Jean-Claude Caron, art. cité, p. 36-37. L'auteur note qu'au moment du cent-cinquantenaire de 1848, dans les trois numéros que la *Revue d'histoire du XIXe siècle* a fait paraître, 20 articles sur 22 ont la France pour cadre. La même année, le colloque du cent-cinquantenaire organisé par la Société d'histoire de la révolution de 1848 et des révolutions du XIXe siècle consacre, certes, une partie de son programme aux mouvements européens du « printemps des peuples », mais l'étude (à l'exception de la contribution de Christophe Charle sur les intellectuels) est principalement fondée sur une série d'approches nationales (France, Italie, Suisse, Allemagne, Autriche, Royaume-Uni, Portugal).

59 Axel Körner « The European Dimension in the Ideas of 1848 and the Nationalization of Its Memories », dans Axel Körner (dir.), *1848. A European Revolution? International Ideas and National Memories of 1848*, London, Palgrave Macmillan, 2002, p. 4-5.

60 Jacques Revel (dir.), *Jeux d'échelles. La micro-analyse à l'expérience*, Paris, Seuil-Gallimard, 1996.

phénomènes et les enjeux peuvent être communs dans les États italiens, mais aussi allemands, de même qu'en France et dans l'Empire d'Autriche. Partout le rôle fondamental de la presse se dévoile, et incite à interroger d'une manière plus profonde le principe de publication – que le titre du présent ouvrage place au cœur de l'analyse – et ses implications philosophiques, matérielles, culturelles, politiques, sociologiques, historiques et même géographiques.

QUE SIGNIFIE SE DEMANDER CE QUE PUBLIER SIGNIFIE ?

« Tout pays où il n'est point permis de penser et d'écrire ses pensées doit nécessairement tomber dans la stupidité, la superstition et la barbarie » écrivait le chevalier Louis de Jaucourt, grand contributeur de *L'Encyclopédie*, dans l'article sur le libelle[61]. Liant l'idée de progrès, au sens d'évolution incontournable et souhaitable à venir, aux libertés de pensée et d'expression, c'est une considération qui puise sa source dans les idéaux des philosophes des Lumières qu'il exprimait, ceux que se sont appropriés nombre d'hommes de presse du siècle suivant. Qu'on les dise « publicistes » ou, de plus en plus, l'activité journalistique se développant et se structurant, « journalistes », ils s'imposent au cours du XIXe siècle. Ils sont l'une des figures politiques majeures du temps ou, pour reprendre les mots de Chateaubriand, placés en épigraphe du présent ouvrage, « une force autrefois inconnue, introduite maintenant dans le monde ». Une fois la liberté de publication conquise, les organes de presse s'imposent comme un des *media* – au sens de moyen, d'outil de médiation, donc de pouvoir à la disposition de ceux qui les possèdent – pour construire et diffuser des principes de vision et de division du monde, pour mener la lutte politique en tentant d'universaliser une conception particulière de la société et de l'État. À travers l'affirmation publique de leur légitimité de penser et d'écrire sur les questions de pouvoir, dont la force repose bien souvent sur leur position élevée dans la hiérarchie

61 Louis de Jaucourt, « Libelle », *L'Encyclopédie*, t. 9, Neuchâtel, Samuel Faulche & Compagnie, 1765, p. 459.

sociale, les hommes de presse – catégorie quelque peu générique qu'il s'agit d'appréhender dans toute sa diversité et dans toute son historicité dans la présente étude – ont une croyance ferme de contribuer, contre des pouvoirs jugés obscurantistes et despotiques, à « l'avènement d'une ère générale des lumières » évoqué par Emmanuel Kant dans un texte quasi programmatique de la fin du XVIIIe siècle[62]. S'ils ont les capacités de provoquer une « électricité sociale » contre un pouvoir officiel, pour reprendre encore une fois la formule de Chateaubriand, c'est parce qu'ils sont capables d'émettre des idées dont la force réside dans l'importance des publics qu'elles peuvent toucher et mobiliser[63].

Ce que l'on voit poindre sous les réflexions, littéraires ou philosophiques, qu'elles fussent de Kant ou de Chateaubriand, c'est un processus historique : l'avènement d'une vie politique nouvelle. Il met en jeu une kyrielle de concepts et de notions philosophico-politiques relatives aux logiques de l'action, aux principes et formes de l'organisation des pouvoirs ou bien à la question de la publicité. Comprendre philosophiquement ce qu'est l'espace public, le sens que revêt l'idée de publication, la manière dont on peut définir tout ce que recouvre le concept d'opinion (personnelle, éclairée ou publique), ou bien encore ce que peut être un public, est une condition nécessaire, bien que non suffisante, à l'analyse de la manière dont naît une vie politique moderne. La notion de modernité politique fait question, et nécessite quelques précisions épistémologiques tant elle a toujours été délicate à manipuler pour les historiens, et même dans les sciences sociales en général. Comme l'avait montré Maurice Agulhon dans un ouvrage qui a fait date, *La République au village*, introduire une telle notion suppose de questionner le concept de politisation et d'appréhender les pratiques politiques existantes à une période donnée ainsi que la manière dont se nouent les relations collectives. Il importe aussi de considérer le rôle des groupes (comme les notables) et le processus d'intégration de vies politiques locales à une autre qui est nationale et elle aussi en construction[64]. Si la notion de

---

62 Emmanuel Kant, « Qu'est-ce que les Lumières ? », textes réunis par Jean-François Poirier et Françoise Proust, Paris, Garnier-Flammarion, 2006. Il s'agit d'une réflexion publiée en 1784 dans la revue *Berlinische Monatsschrift*.

63 Pierre Bourdieu, « Questions de politique », *Actes de la recherche en sciences sociales*, vol. 16, 1977, p. 88 ; Pierre Bourdieu, Philippe Fritsch, *Propos sur le champ politique*, Lyon, Presses Universitaires de Lyon, 2000, p. 13.

64 Maurice Agulhon, *La République au village. Les populations du Var de la Révolution à la Seconde République*, Paris, Plon, 1970.

modernité politique questionne, elle a quelque chose de commode pour énoncer simplement un changement qui s'opère par la mise en place de régimes plus ou moins démocratiques dans lesquels s'observe la constitution d'un champ politique pluriel, plus ou moins autonome de la sphère du pouvoir. La modernité politique, pour les forces libérales qui la font advenir contre ce qu'elles estiment être des systèmes despotiques, implique des pratiques et des droits inédits. Ceux-ci sont organisés et énoncés par des œuvres philosophiques et des textes fondamentaux, comme la Déclaration des Droits de l'Homme et du Citoyen de 1789. L'idée de modernité politique, telle qu'elle est utilisée dans la présente étude, permet aussi de dévoiler un processus européen pluriel. Si les chronologies diffèrent, les révolutions de 1848 ont une incontestable perspective transnationale. Les luttes pour de nouveaux droits ou libertés politiques dépassent les frontières. Les contextes italien et allemand, par exemple, sont similaires en bien des points, notamment par cette coïncidence des mouvements libéraux et nationaux qui font irruption entre 1846 et 1849 dans un espace de plus en plus pensé à travers le principe des nationalités.

Durant le long *Quarantotto* du royaume de Sardaigne, la presse a la particularité d'être un enjeu et un moyen de la lutte politique. Elle joue un rôle fondamental dans la construction d'une vie politique multiscalaire comme tentent de le montrer les deux premiers chapitres du présent ouvrage. L'accent est mis sur le rôle central des publications dans la rupture avec le système socio-politique de la période de la Restauration sarde (entre 1814 et 1848) dans un contexte social partiellement bouleversé dans ses pratiques et ses hiérarchies. Dans cette analyse, il faut s'armer d'une vigilance critique puisque la notion de modernité peut tendre à donner une vision linéaire du changement qui répercute une philosophie historique du progrès, potentiellement déformante et téléologique[65]. Christine Guionnet a bien traduit cet écueil à éviter : les actes politiques ne naissent pas avec la modernité, mais ce sont les moyens utilisés, les formes de leur réalisation ainsi que la manière dont ils sont pensés qui changent[66]. Ainsi, pour la presse, s'il est impossible de nier la circulation de journaux clandestins dans les États sardes tout

65 Jack Goody, *La raison graphique. La domestication de la pensée sauvage*, Paris, Les Éditions de Minuit, 2013, p. 37 (1re éd., 1977).

66 Christine Guionnet, *L'apprentissage de la politique moderne. Les élections municipales sous la monarchie de Juillet*, Paris, L'Harmattan, 1997, p. 11-13.

au long de la Restauration, le *Quarantotto* consacre un épanouissement sans précédent de la presse. Une telle évolution permet à ceux qui détiennent les nouveaux journaux de jouer un rôle politique, culturel, économique et social nouveau. Cependant, il faut garder à l'esprit que tout n'est pas que bouleversement puisque 1848 est marqué par ce que l'on peut nommer, avec Arno J. Meyer, une certaine « persistance de l'Ancien Régime », visible dans des formes de vie communautaires, dans des manières de gouverner, mais aussi dans les structures sociales, dans la répartition de la propriété foncière ou bien encore dans le profil des personnels qui occupent des postes de pouvoir[67]. Les forces dominantes l'ordre restauré en 1814 mises à mal en 1848, l'Église, l'aristocratie et les dynasties royales, continuent de détenir une grande partie des pouvoirs, même si elles ne peuvent plus les exercer comme auparavant. Dans le royaume de Sardaigne, le roi Charles-Albert s'attache à ce que l'ordre politique nouveau soit très favorable à son pouvoir, qu'il veut préserver autant que possible dans ses formes antérieures.

La connaissance des forces politiques nouvelles est indispensable pour comprendre la manière dont elles tendent à se structurer et dont elles contribuent à la construction du nouveau champ politique sarde. Il est donc nécessaire de ne pas se défaire d'une étude politique somme toute classique des courants d'opinion et des différents journaux qui les font exister. Étudier les idées nouvellement développées est indispensable, de même que d'appréhender la manière dont elles sont organisées en rubriques et en articles – ce que Jacques Kayser, l'un des précurseurs de l'historiographie de la presse, nommait la « physionomie » des journaux[68]. Si la méthode d'analyse du contenu des organes de presse qu'il a développée a eu une grande influence sur les travaux des historiens dans les années 1970 et surtout 1980 en France, elle n'a pas été diffusée en Italie, mais les études ont aussi adopté un prisme essentiellement politique. Une place réduite a été donnée à l'étude des aspects culturels, sociologiques et économiques du champ journalistique. L'évocation des structures de financement et d'organisation des rédactions a été quelque peu négligée, alors que les mécanismes de diffusion, réception et appropriation de la presse n'ont été abordés qu'à travers le prisme bien incomplet du nombre

67 Arno J. Mayer, *La persistance de l'Ancien Régime. L'Europe de 1848 à la Grande Guerre*, Paris, Aubier, 2010.

68 Jacques Kayser, *Le quotidien français*, Paris, Armand Colin, 1963, p. 64.

d'abonnés. Toutefois, il ne s'agit pas de refuser les apports de ces travaux qui ont permis une connaissance fondamentale du développement des journaux. Pour ce qui est de la péninsule italienne, la première des deux études à mentionner est celle de Franco Della Peruta publiée en 1979. Elle était une contribution à une grande entreprise collective qui a fait date dans l'historiographie italienne, la *Storia della stampa italiana* dirigée par Valerio Castronovo et Nicola Tranfaglia[69]. Sa republication dans une version quelque peu augmentée en 2011 à l'occasion du cent-cinquantenaire de la naissance du royaume d'Italie confirme le constat de la faiblesse des avancées historiographiques depuis les années 1970[70]. La seconde étude importante est celle sur les origines de la liberté de la presse en Italie entre 1846 et 1852 publiée par Giovanni Ponzo en 1980. Elle est bien moins citée que la précédente et souffre d'un certain oubli alors même qu'elle demeure incontournable[71]. L'auteur y affirme dès l'introduction qu'il entend se situer dans une perspective de science politique pour analyser le passage simultané dans les États italiens d'un régime de censure à un temps de liberté de la presse[72].

Quiconque voudrait étudier la naissance de la presse moderne en Italie ne peut s'exonérer de la consultation de ces travaux qui permettent de caractériser – dans leurs positionnements politiques, leur ancrage géographique, leur relation au pouvoir et parfois leurs équipes rédactionnelles – les institutions de presse et d'établir une chronologie précise des lois, libérales ou répressives, ayant trait à la réglementation de cette activité. Néanmoins, il est important de ne pas se limiter à une telle

---

69 Franco Della Peruta, « Il giornalismo dal 1847 all'Unita », dans Alessandro Galante Garrone, Franco Della Peruta, *Storia della stampa italiana.* vol. 2, *La Stampa italiana del Risorgimento*, Roma, Laterza, 1979, p. 247-572. L'étude collective, chronologique (de la Renaissance jusqu'aux années 1970), publiée en pas moins de six volumes entre 1976 et 1980, s'inspire de celle effectuée en France quelques années auparavant. Elle est encore une ressource encyclopédique essentielle pour les historiens : Claude Bellanger, Jacques Godechot, Pierre Guiral, (dir.), *Histoire générale de la presse française*, Paris, PUF, 5 vol., 1969-1976.

70 Franco Della Peruta, *Il giornalismo italiano del Risorgimento. Dal 1847 all'Unita*, Milan, Franco Angeli, 2011. C'est cette version qui est utilisée dans le présent ouvrage.

71 Giovanni Ponzo, *Le origini della libertà di stampa in Italia (1846-1852), op. cit.* On constate que l'étude de la censure demeure un champ historiographique fécond qui a été renouvelé : Gian Paolo Romagnani, « La censura nel Regno di Sardegna, 1814-1859 », dans Bruni Domenico Maria (dir.), *Potere e circolazione delle idee : stampa, accademie e censura nel Risorgimento italiano*, Milan, Franco Angeli, 2007, p. 195-212.

72 Giovanni Ponzo, *op. cit.* p. V.

analyse. De même, il faut éviter l'écueil d'une approche que Jeremy D. Popkin et Jack. R. Censer nomment « intentionnaliste », dont la logique est de choisir un titre de presse particulier ou un ensemble de journaux et d'étudier, à partir de leurs discours, leur rôle dans le déroulement des événements[73]. En procédant ainsi, c'est tout un contexte culturel et toutes les formes matérielles de la production des discours ainsi que les déterminations sociologiques sous-jacentes qui leur donnent leur force sociale et symbolique qui seraient évacués. Publier implique un découvert (la publication en tant que telle, distribuée dans l'espace public), mais aussi un caché (le processus de création des journaux qui met en jeu des savoir-faire). Toute publication nécessite une production de la pensée mais aussi une mise en support qui la fait exister physiquement et la rend distribuable. Tout comme il y a une historicité des métiers de presse, de l'organisation gestionnaire et financière des journaux, il y a aussi une historicité du processus de mise en forme matérielle de l'objet journal (son format, sa présentation, ses caractéristiques techniques, ses colonnes, sa composition typographique). C'est tout l'objet du quatrième chapitre que d'analyser ces dimensions pour comprendre comment cette matérialité se construit et s'organise. Car le « printemps des peuples » pose un problème fondamental pour les historiens qui est celui des « rapports entre l'événementiel politique et le flot supposé plus lent des mutations culturelles[74] ». Une différence existe entre l'accord d'une certaine liberté de publication et sa mise en œuvre par ceux qui, comme Auguste Carlone, entendent exercer ce droit nouveau. Divers éléments entrent en compte : les moyens et savoir-faire qu'il leur est possible de mobiliser ainsi que l'état de développement de l'imprimerie dans le lieu de publication du futur journal – la ville de Nice par exemple ne dispose pas de pléthore d'entreprises typographiques, et celles existantes n'ont pas toutes la capacité de faire composer et imprimer une publication régulière.

Une rédaction journalistique est un véritable collectif de production spécialisé dans l'élaboration d'un discours public qui prend la forme d'un imprimé-marchandise. Comme cela est étudié dans les premier et

73 Jack. R. Censer, Jeremy D. Popkin, « Lesson from a symposium », dans Jeremy D. Popkin (dir.), *Media and Revolution*, Lexington, University Press of Kentucky, 1995, p. 2.

74 Anne-Claude Ambroise-Rendu, « Les journaux du printemps 1848 : une révolution médiatique en trompe-l'œil », art. cité, p. 37.

quatrième chapitres du présent ouvrage, un journal est une entreprise capitaliste classique, gérée comme telle, et insérée dans un marché de la presse naissant. Les sociétés par actions s'imposent comme un modèle économique privilégié, alors que s'observe un épanouissement de la division des tâches au sein des rédactions ainsi qu'une certaine standardisation de la typographie et de la physionomie de l'objet journal. Il est important d'explorer toute cette dimension matérielle, ce qu'incite à faire le terme même de « presse » qui renvoie historiquement au procédé de fabrication, donc aussi aux coulisses de la création et de l'organisation des journaux. Encore faut-il disposer d'une matière archivistique rendant possible leur reconstitution, relativement difficile à avoir, notamment pour la presse régionale. Des carences archivistiques que Jean-Noël Jeanneney notait dès la fin des années 1980, alors que la presse (et les médias en général) s'était déjà imposée comme un objet d'étude de première importance[75]. La remarque est d'autant plus valable pour une période d'avant l'âge d'or des journaux des dernières décennies du XIXe siècle comme le constatait Gilles Feyel en insistant sur les errements des sources des imprimeurs[76]. Ainsi, bien que le champ historiographique ne soit pas vierge[77], les travaux d'histoire de la presse, même sous une forme monographique, ne percent que rarement le mystère des « coulisses » des journaux, ou alors seulement pour grands quotidiens financés par des actionnariats pléthoriques[78]. L'historien doit alors composer avec le déséquilibre entre l'importante quantité de papier imprimé (anciens numéros conservés) et les lacunes des archives qui permettent de décrire l'institution. Or

75 Jean-Noël Jeanneney, « Les médias », dans René Rémond (dir.), *Pour une histoire politique*, Paris, Seuil, 1988, p. 186.

76 Gilles Feyel, « Un journal départemental et son budget, *Le Glaneur d'Eure-et-Loir* (1830-1851) » *Presse, radio et histoire, 113e congrès national des sociétés savantes*, Paris, CTHS, 1989, p. 59-84.

77 *Ibid.* On peut également mentionner les travaux de Gérard Bonet : *L'Indépendant des Pyrénées-Orientales. Un siècle d'histoire d'un quotidien, 1846-1950. L'entreprise, le journal, la politique*, Perpignan, Publications de l'Olivier, 2004. Une étude inscrite dans une optique politique qui s'intéresse aux finances mais sans se concentrer sur la division des tâches et l'organisation de la production journalistique, et sans dépasser le cadre du chiffre des ventes pour analyser la diffusion du journal et la réception de ses idées.

78 On peut citer la synthèse de Patrick Éveno sur les grands organes de presse parisiens : *L'argent de la presse française des années 1820 à nos jours*, Paris, CTHS, 2003. C'est le même cas de figure pour l'Italie. Dans sa synthèse, Franco Della Peruta ne s'étend pas sur les structures financières mais donne simplement quelques données pour les grands organes comme *Il Risorgimento.* Franco Della Peruta, *Il giornalismo italiano del Risorgimento*, *op. cit.*, p. 69.

la production journaux implique parfois, même pour ceux ayant une portée régionale, des dizaines de personnes (un ou des directeurs, des rédacteurs, des correspondants, un actionnariat varié, des partenaires pour l'impression et la diffusion du journal). Cependant, les patrons de presse n'avaient pas forcément la « tête historienne », c'est-à-dire un sens de la conservation des archives[79]. En cela, *L'Écho des Alpes maritimes* est un objet d'étude pertinent car son principal directeur, Auguste Carlone, a pris le soin minutieux de conserver nombre de documents qui offrent la possibilité de retracer l'envers du décor de l'institution journalistique qu'il a créée[80]. Ils permettent d'interroger la façon dont un groupe, essentiellement formé de notables, organise une rédaction et s'officialise en obtenant une autorisation de publication. Cela impose de comprendre, au-delà du fonctionnement rédactionnel, la manière dont ils mobilisent leurs capitaux notabiliaires (social, économique, culturel) et construisent ce qu'Eugène Dubief nommait, à la fin du XIXe siècle, une « influence sociale » journalistique, c'est-à-dire qui touche de multiples domaines de la vie en société, au-delà de la seule action politique[81]. Et c'est l'objectif principal du cinquième chapitre que de saisir ce processus, en mettant en lien les mécanismes de diffusion, de réception et d'appropriation d'un journal. Il est toutefois important de ne pas verser dans une analyse trop diffusionniste. À travers l'étude de l'ancrage de *L'Écho des Alpes maritimes* dans la province de Nice et ses territoires alentour, il faut aussi considérer la manière dont les populations s'approprient et utilisent ce nouveau journal. Les curés et notables des villages de l'arrière-pays tendent à le solliciter pour émettre des doléances dans la capitale provinciale, de même que les hivernants et notables de la ville font bien vite de lui un guide mondain. Auguste Carlone et ses collaborateurs essaient d'imposer certaines pratiques ou visions du monde mais, contraints économiquement par la nécessité de disposer d'un nombre assez important d'abonnés, ils adaptent aussi leur activité journalistique aux diverses demandes sociales, culturelles et politiques.

79 Jean-Noël Jeanneney, *Une histoire des médias*, *op. cit.*, p. 8.

80 Ce sont notamment les papiers personnels d'Auguste Carlone conservés par les Archives départementales des Alpes maritimes. On y trouve à la fois sa comptabilité personnelle et celle des journaux qu'il a fondés et gérés (Fonds Carlone, 7 J 26 à 30) mais également les documents de leur gestion ainsi que les correspondances avec ses collaborateurs (Fonds Carlone, 7 J 34 à 38).

81 Eugène Dubief, *Le journalisme*, Paris, Hachette, 1892, p. 303-313.

Pour comprendre tous ces mécanismes, des travaux récents ont ouvert la voie à une meilleure connaissance de ce qu'est la presse du XIXe siècle, en dépassant la prééminence de l'approche politique. L'une des contributions majeures est sans doute l'ambitieux ouvrage collectif dirigé par Dominique Kalifa, Philippe Régnier, Marie-Ève Thérenty et Alain Vaillant, qui n'a d'ailleurs pas d'équivalent dans l'historiographie italienne. Les différents contributeurs insistent tous sur l'importance de l'approche « culturelle et littéraire » dans une analyse de ce que ces historiens nomment la « civilisation du journal[82] », qui prend essentiellement forme au XIXe siècle. L'aspect civilisationnel est important car il inclut l'idée de l'évolution, pour ne pas dire de la révolution, qu'est ce temps du développement et de l'épanouissement de la presse moderne. Au moment où la machine à vapeur contribue à réduire les distances physiques, la presse participe à la mise en communication massive et régulière des esprits à distance – voilà pourquoi Chateaubriand dit de la seconde qu'elle est, en son époque, aussi incontournable que la première. Dans une autre perspective, plus monographique, quelques travaux ont ouvert la voie dans l'historiographie italienne, non à une étude culturelle et littéraire, mais plutôt sociale. L'une des recherches les plus stimulantes est sans doute l'étude de Donatella Cherubini sur le milieu journalistique de Sienne dans le grand-duché de Toscane qui fait partie, comme Nice, de ces villes moyennes qui ne sont pas des capitales mais qui connaissent un épanouissement de la presse, essentiellement à partir de l'action des notabilités locales[83].

Les évolutions récentes de l'historiographie nous apprennent donc qu'il est important de ne pas opposer les histoires sociale, économique, culturelle et politique de la presse. L'une des solutions pour l'historien peut être le recours à l'analyse socio-historique telle que proposée, entre

82 Dominique Kalifa, Philippe Régnier, Marie-Ève Thérenty, Alain Vaillant (dir.), *La Civilisation du journal. Histoire culturelle et littéraire de la presse française au XIXe siècle*, Paris, Le Nouveau Monde, 2011.

83 Donatella Cherubini, *Stampa periodica e Università nel Risorgimento. Giornali e giornalisti a Siena*, Milan, Franco Angeli, 2012. Son travail débute au XVIIIe siècle et englobe tout le premier XIXe siècle. C'est la troisième partie qui est consacrée au *Quarantotto* toscan (1847 à 1849). Le premier chapitre de celle-ci pose la question du rôle des milieux estudiantins de Sienne dans l'émergence de groupes de publicistes qui participent à l'élaboration d'une nouvelle presse périodique (profil journalistique répandu que l'on ne retrouve pas dans le contexte niçois) et le second interroge le lien entre le municipalisme et le mouvement national à travers la presse.

autres, par Gérard Noiriel, afin de mener ce qu'il nomme en reprenant une expression de Marc Bloch une « histoire-problème[84] ». Celle-ci tente de se défaire de la logique de hiérarchisation des domaines du savoir en promouvant l'étude par des grands axes analytiques, par exemple celui des relations à distance. En saisissant les appartenances collectives constituées ou en construction au XIXe siècle (à un groupe social, à un État, à une religion, à une nationalité, à une communauté locale), il s'agit de comprendre la manière dont se nouent des relations « à distance », subjectives ou objectives, conscientes ou inconscientes, à travers des *media*[85]. Et le développement inédit de la presse durant le premier XIXe siècle a bien été un moment de bouleversement des relations à distance sous-tendu par des pratiques et des savoir-faire nouveaux, par la mise en action nouvelle de groupes sociaux (surtout notabiliaires), par l'apparition de marchés journalistiques et par des formes inédites et variées de l'action politique. Dans un temps où le terme de *media* n'est pas encore devenu leur nom générique, les institutions de presse sont déjà médiatrices parce qu'elles contribuent sans cesse à façonner les représentations du monde social ; elles s'avèrent des moyens d'action pour légitimer des pratiques sociales et culturelles, distiller des mots d'ordre politiques ainsi que faire vivre des émotions et partager des sentiments à distance[86].

UNE SOCIO-HISTOIRE DE LA PRESSE

Qu'elle soit dite « de masse » ou « industrielle », la presse de la fin du XIXe siècle, lue par des millions de lecteurs, diffère de celle du « printemps des peuples ». Elle est le produit des progrès de l'alphabétisation, d'une familiarisation de plus en plus large avec l'objet journal et des changements techniques et productifs qui ont permis de faire baisser le prix des journaux et d'augmenter fortement leur diffusion. Toutes ces évolutions

84 Gérard Noiriel, *État, nation et immigration*, *op. cit.*, p. 83 et 91.

85 François Buton, Nicolas Mariot, « Socio-histoire », *Dictionnaire des idées*, Paris, *Encyclopaedia Universalis*, vol. 2, 2006, p. 731-733.

86 Gérard Noiriel, *Introduction à la socio-histoire*, Paris, La Découverte, 2006, p. 50.

participent d'une révolution médiatique dont le début, dans un pays comme la France, est daté par Dominique Kalifa des années 1860 – plus tôt pour l'Angleterre, plus tardivement ailleurs[87]. Avec l'apparition de la notion de « grand public », on peut alors parler d'une entrée des sociétés européennes dans un régime « médiatique » – ou, pour reprendre l'expression de Michael B. Palmer, dans une « ère médiatique[88] ». Cependant, ces évolutions ne doivent pas oblitérer le fait que durant les décennies précédentes il existait déjà tout un spectre d'objets (économie, littérature, commerce, politique et géopolitique) et de formes journalistiques, « depuis la petite feuille locale, bornée aux nouvelles et aux annonces de la commune, jusqu'au grand organe politique[89] ». Leur développement, bien qu'entravé par le contrôle des gouvernements (menaces récurrentes de saisies et de procès, obstacles fiscaux pour grever les budgets des institutions de presse), a été important en Europe au cours des décennies 1830 à 1850[90]. C'est la période des premières agences de presse modernes, d'une complexification inédite de la typographie et de la physionomie des journaux, d'un élargissement des lectorats et d'un épanouissement d'une presse provinciale, évolutions plus ou moins avancées selon les territoires considérés. Bien que la presse soit encore essentiellement bourgeoise, des journaux ouvriers apparaissent, comme à Lyon au début des années 1830 ainsi que l'a montré Jeremy Popkin[91]. Les rédactions s'étoffent, la division du travail journalistique s'organise, des fonctions particulières commencent à se distinguer, comme celle de « rédacteur en chef », alors que le terme « journaliste » commence à se répandre.

Dans le royaume de Sardaigne, un champ journalistique se constitue ; sans être totalement autonome, il a des règles qui organisent une hiérarchie

---

87 Dominique Kalifa, « L'entrée de la France en régime "médiatique" : l'étape des années 1860 », dans Jacques Migozzi, *De l'écrit à l'écran. Littératures populaires : mutations génériques, mutations médiatiques*, Limoges, Presses Universitaires de Limoges, 2000, p. 41-47.

88 Michael B. Palmer, *Des petits journaux aux grandes agences : naissance du journalisme moderne*, Paris, Aubier, 1983, p. 11-13.

89 Georges Weil, *L'éveil des nationalités et le mouvement libéral (1815-1848)*, Paris, Alcan, 1930, p. 312-313.

90 Giovanni Ponzo, *Le origini della libertà di stampa in Italia (1846-1852)*, *op. cit.* C'est l'un des principaux objectifs de l'auteur tout au long du livre que de caractériser les mécanismes de censure et de montrer leur remise en cause, leur suppression, leur persistance ou bien leur réinstauration, avec une évolution non linéaire entre 1846 et 1852 et particulière à chaque État italien.

91 Jeremy D. Popkin, *Press, Revolution, and Social identities in France, 1830-1835*, Philadelphia, The Pennsylvania State University Press, 2002.

entre les institutions de presse nouvelles. Mobiliser la notion de champ telle que développée par Pierre Bourdieu pour étudier la presse, comme l'a fait Jeremy Popkin dans son étude sur Lyon, est intéressant pour dévoiler divers axes analytiques. D'abord, cela permet de décrire toutes les stratégies, symboliques, sociales et matérielles dont usent les notables pour créer des journaux, pour remplir les exigences juridiques (fixées par les lois) et tacites (fixées par la pratique) nécessaires pour s'insérer dans le milieu de la presse et s'y pérenniser. Ensuite, le concept de champ journalistique renferme une définition géographique – il a une extension délimitée par les frontières d'un État souverain donné – et comprend aussi les jeux d'échelles et hiérarchies entre les journaux – les institutions journalistiques se positionnent les unes par rapport aux autres, avec des relations de concurrence-collaboration-opposition, pour les publications mais aussi pour les prix dans un marché de la presse naissant. De plus, il s'agit de réfléchir à la manière dont les journaux créent l'actualité journalistique et engagent des rapports avec les autres types de publications. Ils sont des outils pour contredire ou reproduire, promouvoir ou aller contre un livre ou une brochure, les commenter ou les analyser, et ce de manière récurrente, créant ainsi de l'intertextualité. Considérer cela permet de ne pas autonomiser la presse, car son épanouissement durant le long *Quarantotto* italien ne peut se comprendre qu'en considérant sa relation avec les autres pratiques ou moyens de l'expression et de la mobilisation. Elle est prise dans « système multimédiale » mêlant l'oral et l'écrit pour reprendre la formule de Robert Darnton[92]. Mais sa place est particulière parce que les journaux contribuent à faire le lien entre tous les moyens de l'action politique (associations, manifestations et diverses autres formes de sociabilité). La question de la fraternité, prégnante dans les révolutions du milieu du XIXe siècle, en donne une bonne idée. Tantôt civique ou sociale, tantôt plus nationale ou internationale, elle pousse les publicistes qui s'en revendiquent à nouer des relations journalistiques et à promouvoir des actions de solidarité qui sont une mise en acte de leurs idéaux fraternitaires. C'est le but du sixième chapitre de la présente étude que d'analyser la manière dont notables peuvent organiser ou promouvoir des actions pour faire valoir des visions du monde à travers des idées-forces (comme la fraternité).

---

92 Robert Darnton, « An Early Information Society : News and the Media in Eighteenth-Century Paris », *American Historical Review*, n° 105, 2000, p. 30.

Interroger la notabilité permet également d'introduire l'épineuse question des concepts. S'inscrire dans le cadre analytique de la socio-histoire, c'est prendre garde à une double historicité : celle des processus, pratiques, objets, comportements ou structures du passé étudié et celle des notions ou concepts que l'historien manipule dans le présent[93]. L'effort de définition implique de prendre au sérieux l'avertissement déjà formulé par Émile Durkheim à la fin du XIXe siècle vis-à-vis de ce qu'il nommait les « prénotions », ou « notions communes », des termes familiers entrés dans le langage mais utilisés de nos jours dans un sens qui n'est pas le même que celui qu'ils avaient dans le passé[94]. Ainsi, la « nation », la « nationalité », « l'opinion publique », le « journal » et même l'idée de « presse » au milieu du XIXe siècle ne sont pas la « nation », la « nationalité », « l'opinion publique », le « journal » et l'idée de « presse » de l'historien qui étudie la période. La même vigilance s'impose pour les notions de « bourgeoisie » ou « bourgeois », d'« élite » et de « notable ». Tout travail d'historien nécessite de s'extraire de l'« emprise des notions communes » en étant attentif à l'historicité de toutes les « catégories d'analyse sociale et politique » mobilisées[95]. Ainsi, il a été important de définir rigoureusement tous les concepts mobilisés[96]. De même, il a été fondamental de questionner le champ des possibles dans le passé, les expériences ou projets oubliés dans le présent qui ont pu avoir un sens dans un contexte donné – comme le fait qu'une majorité de notables niçois considéraient, en 1848, qu'il était normal d'intégrer Nice et sa région dans la nationalité italienne. Inversement, il existe aussi une force du passé dans le présent, que l'on peut constater par exemple à travers les commémorations, comme celles des deux cent-cinquantenaires, de l'annexion de Nice à la France en 2010, et de l'unification italienne en 2011[97]. Car il est important d'avoir

93 Des réflexions sur l'histoire et l'utilisation des concepts menées par Reinhart Koselleck dans plusieurs de ses œuvres. Voir notamment : *Le futur passé : contribution à la sémantique des temps historiques*, Paris, EHESS, 1990, p. 307-329 (1re éd., 1979) ; *L'expérience de l'histoire*, Paris, Seuil, 1997.

94 Émile Durkheim, *Les règles de la méthode sociologique*, Paris, Flammarion, 1988, p. 111 (1re éd., 1894).

95 Pierre Bourdieu, Jean-Claude Chamboredon, Jean-Claude Passeron, *Le métier de sociologue. Préalables épistémologiques*, Paris, EHESS, 1988, p. 27-28 (1re éd., 1968).

96 *Ibid.* – On peut suivre en cela l'exemple de Roger Brubaker à propos de la catégorie d'« identité » : « Au-delà de l'"identité" », *Actes de la recherche en sciences sociales*, vol. 139, n° 4, 2001, p. 66-85.

97 Gérard Noiriel, *État, nation et immigration*, *op. cit.*, Chapitre II « Le "passé-présent" : une approche différente de l'histoire du temps présent », p. 70-101.

toujours à l'esprit que, comme l'écrivait Bendetto Croce, « toute histoire digne de ce nom est contemporaine[98] ». Le « printemps des peuples » a constitué un moment historique de définition nationale des peuples et des territoires en Europe qui a participé de la construction d'un monde organisé en États-nations[99]. Et c'est l'objet principal du troisième chapitre que de comprendre la manière dont les feuilles périodiques, quelles qu'aient été leur forme et leurs caractéristiques particulières, ont joué un rôle fondamental dans la construction et la diffusion d'un affect commun national. Les publicistes, comme Auguste Carlone et ses collaborateurs à Nice, ont fait partie des « militants » de la nation[100].

À travers l'étude des publications de *L'Écho des Alpes maritimes*, il s'agit aussi de faire le lien entre journalisme et notabilité, par une approche monographique qui met en lumière une figure très répandue dans la presse européenne du milieu du XIXe siècle, le notable publiciste et patron de presse. Auguste Carlone en est un idéal-type : banquier, il s'associe à d'autres notables pour fonder un journal, en s'appuyant sur son ancrage territorial pour dépasser son cercle d'interconnaissance locale et tenter de se faire reconnaître comme un leader d'opinion (de sa province) auprès de l'extérieur[101]. Il n'est pas un journaliste tel que l'on peut l'entendre dans nos sociétés contemporaines ; il est à la fois un écrivain politique, donc un publiciste au sens où l'a fait émerger la Révolution française[102], et un patron de presse gérant le budget et l'organisation de la rédaction – car rares sont les institutions journalistiques assez développées pour séparer l'administratif du rédactionnel. Par cette double fonction, il s'impose comme un faiseur d'opinion capable de mener, à une échelle régionale, une « lutte symbolique pour imposer une certaine vision du monde[103] ». C'est par l'encre et le papier qu'Auguste Carlone et ses associés contribuent à l'intense circulation des idées et des représentations qui caractérise le long *Quarantotto*

98 Bendetto Croce, *Teoria e storia della storiografia*, Bari, Laterza, 1920, p. 4.

99 Gérard Noiriel, *État, nation et immigration*, *op. cit.*, p. 135-137.

100 *Ibid.*, p. 136, 145 et 198-200.

101 Une dimension soulignée par André-Jean Tudesq. Pour un bilan de ses recherches, voir : « Le concept de "notable" et les différentes dimensions de l'étude des notables », *Cahiers de la Méditerranée*, nº 46-47, 1993, p. 2.

102 Pierre Larousse, « Publiciste », *Grand dictionnaire universel du XIXe siècle*, Paris, Administration du Grand dictionnaire universel, t. XIII, 1875, p. 389.

103 Patrick Champagne, *Faire l'opinion. Le nouveau jeu politique*, Paris, Les Éditions de Minuit, 2015, p. 17 et 23 (1re éd., 1990).

italien entre 1847 et 1850. C'est un temps de bouleversements divers durant lequel il est possible de suivre l'action des directeurs de *L'Écho des Alpes maritimes* à Nice, dans une approche empirique, à travers les traces archivistiques qu'ils ont laissées. Avec leur institution journalistique, ils engagent une pensée et des actions politiques, des pratiques culturelles (écriture, lecture ainsi que des savoir-faire pour accomplir le processus de production de l'objet, sa mise en page et son impression) et des habitudes sociales (tantôt anciennes, tantôt naissantes à la faveur de la participation commune à une expérience journalistique). Le choix a été fait de ne rien négliger. Un souci de complétude analytique qui fait courir le risque de conférer à la production finale un caractère quelque peu fastidieux, toutefois atténué par une écriture des chapitres qui a tenté de les rendre relativement autonomes, et ainsi d'en permettre aussi une lecture désordonnée.

UN TEMPS NOUVEAU

La conquête de la liberté de la presse et sa mise en œuvre dans le contexte révolutionnaire du « printemps des peuples »

Durant la seconde moitié du XVIIIe siècle, certains monarques des États de la péninsule italienne se sont ouverts aux idées des Lumières en suivant le mouvement de l'*Illuminismo* (Lumières italiennes). Le royaume de Sardaigne a eu ses despotes éclairés, de Charles-Emmanuel III à son fils Victor-Amédée III, engagés dans une logique de renforcement de l'État qui a rogné, notamment à partir des années 1770, certains privilèges du clergé et de l'aristocratie et a favorisé la disparition de droits féodaux. Cependant, l'invasion des États de Savoie durant la Révolution française a bouleversé cette expérience. Une occupation militaire a été imposée à la fin des années 1790 puis durant toute la décennie 1800 par Bonaparte, Premier consul, puis Napoléon Ier, Empereur. Elle a été vécue comme un temps de pillage des richesses, de « *furia francese* », et une violente atteinte à la souveraineté pluriséculaire de la maison de Savoie. Mais elle a été dans le même temps une période d'uniformisation de l'administration, des finances et de la justice, de recul des statuts particuliers, donc d'avancée rapide d'un mouvement déjà en cours. Lorsque, à partir de 1813, l'Empire français a commencé à s'effondrer dans la péninsule italienne, un retour en force de la présence militaire autrichienne et une restauration autoritaire des États prérévolutionnaires se sont opérés. Si des changements ont alors été imposés par le chancelier autrichien Metternich et la Sainte-Alliance lors du congrès de Vienne (1814-1815) – notamment l'annexion de Gênes et de la Ligurie au domaine de la maison de Savoie –, il a principalement été question d'un retour à l'ordre ancien.

Un peu plus de trois décennies plus tard, et après des actes manqués (les mouvements insurrectionnels de 1821 et du début des années 1830), les régimes restaurés des États italiens se trouvent de nouveau confrontés à des agitations révolutionnaires au mitan du XIXe siècle. Dans le royaume de Sardaigne, l'enjeu est la préservation ou le renversement de l'ordre socio-politique tel qu'il s'est installé à partir de l'effondrement du Premier Empire lorsque, comme l'écrit Victor Hugo dans sa longue et littéraire évocation de la bataille de Waterloo dans *Les Misérables*, « tout un système d'Europe croula », et que la politique de retour presque intégral à un ancien régime élaborée par Victor-Emmanuel Ier (1802-1821) permit qu'à nouveau « l'autel et le trône fraternis(ent) majestueusement[1] ». Retrouvant sa capitale, Turin, le monarque tente de « renouer la chaîne des temps » pour effacer les « funestes écarts » de la Révolution, pour reprendre les termes du préambule de la Charte constitutionnelle française de 1814. Cependant, si cette dernière fut en elle-même, pour la France, un pas à rebours de l'ordre politique antérieur qu'elle prétendait restaurer, dans le royaume de Sardaigne, point de concession constitutionnelle. La destruction de l'œuvre révolutionnaire et napoléonienne s'est voulue plus systématique. Marqué par l'invasion et l'occupation françaises, le roi entend être le souverain d'une *tabula rasa* connue sous le nom de « *buon governo* », vigoureusement contre-révolutionnaire dans les intentions bien que limitée dans les faits.

1 Victor Hugo, *Les Misérables*, Paris, Le Livre de Poche, 2015, t. 1, p. 488-489 (1re éd., 1862).

LE « *BUON GOVERNO* »
Le paradoxe d'un pouvoir restauré entre ruptures et continuités

LA RESTAURATION SARDE : MODERNISATION ADMINISTRATIVE ET CONTRÔLE POLITIQUE ET SOCIAL

« Tout coum'dinans » : *le retour de l'alliance du trône et de l'autel*

Il serait vain de comprendre les évolutions que connaît le royaume de Sardaigne au milieu du XIXe siècle sans porter un intérêt aux décennies de la Restauration sarde. Elles sont marquées par la volonté de retour à un ancien ordre, celui d'avant la Révolution française. Les institutions prérévolutionnaires sont restaurées. Les sénats des principales villes (Turin, Chambéry, Nice) retrouvent leurs prérogatives. Ces cours souveraines – sur le modèle des parlements d'Ancien Régime – disposent, seules, d'un droit de remontrance sur les décisions du souverain. Leurs charges sont à nouveau monopolisées par les élites nobiliaires[2]. Tous les privilèges de ces dernières sont d'ailleurs rétablis alors qu'elles recouvrent les postes les plus importants d'une administration épurée. En sus s'amorce aussi un tournant clérical qui se caractérise par le retour des établissements scolaires dans le giron des jésuites[3], le rétablissement du confinement dans le ghetto pour les juifs[4], ainsi que l'abolition du droit de divorce instauré par le Code Napoléon[5]. Noblesse et clergé, les deux piliers de l'ordre socio-politique prérévolutionnaire, reprennent leurs prérogatives d'antan. Une volonté de *statu quo ante* que résume

2 Isidoro Soffietti, « La Restauration dans le royaume de Sardaigne : un conflit de rémanences », *Bibliothèque de l'École des chartes*, n° 156, 1998, p. 114.

3 Notamment le Collège royal de Nice, actuel Lycée Masséna, construit durant la période napoléonienne.

4 Jérémy Guedj, « La place des juifs à Nice au XIXe siècle : aspects d'une histoire paradoxale », *Recherches régionales*, n° 193, 2009, p. 31. « À Nice, l'on appelait alors ce quartier "Giudaria" ou "Juiverie ", bien qu'il prît plus tard le nom de "Ghetto" ; il était situé dans l'actuelle rue Benoît Bunico. »

5 Gilles Pécout, *Naissance de l'Italie contemporaine : 1770-1922*, Paris, Armand Colin, 2004, p. 73-74 (1re éd., 1997). .

une expression dialectale alors répandue parmi la population niçoise, le « *tout coum'dinans* » (tout comme avant). Le souverain s'inscrit dans la logique contre-révolutionnaire défendue par Louis de Bonald qui, dans sa théorie des pouvoirs, prône alors une restauration des autorités politiques et religieuses qu'il juge traditionnelles[6]. L'appel à la tradition devient un argument de plus en plus invoqué dans la lutte politique, notamment contre le libéralisme. Dans le royaume de Sardaigne, la volonté de contrôle se fait encore plus prégnante qu'à la fin du siècle précédent avec la formation d'un « ministère de la Police générale » et une censure qui profite paradoxalement de la rationalisation administrative que le Premier Empire a introduite[7].

Dès les premières années de son retour sur le trône, Victor-Emmanuel Ier, le plus restaurateur des rois sardes, n'en réalise pas moins une réorganisation du mille-feuille administratif de ses États largement inspirée du modèle français. L'édit du 26 janvier 1816 instaure de nouvelles logiques administratives. Près de trois ans plus tard, le 10 novembre 1818, les anciennes dénominations (« comté », « marquisat » ou « duché ») deviennent caduques, signe qui témoigne d'une volonté de déféodalisation et d'uniformisation du territoire au profit du pouvoir central et de la dynastie[8]. Le royaume est partagé en divisions, entités constituées sur le modèle des départements français et dotées d'une capitale où réside le gouverneur. Celui-ci occupe une fonction de premier plan à laquelle sont attachés des pouvoirs politiques et militaires, alors qu'il délaisse l'administratif à l'intendant général, tous les deux étant nommés par le roi. Chacune de ces divisions est partagée en plusieurs provinces : l'édit élève Nice au rang de capitale d'une division regroupant la province de Nice et celles d'Oneille et de Sanremo[9]. La précision est importante car, comme cela est stipulé dans la première loi

6 Il s'agit de son œuvre majeure publiée à Constance en 1796 : *Théorie du pouvoir politique et religieux dans la société civile, démontrée par le raisonnement et par l'Histoire.*

7 Gilles Pécout, *op. cit.*, p. 73-74.

8 Antoine Nicaeus Emanuel, « L'administration sarde à Nice de 1814 à 1848 », *Nice Historique*, n° 6, 1913, p. 159. Même s'il faut constater un rétablissement de certains droits féodaux, les anciens détenteurs de ces droits qui tentent de les récupérer sont contraints, après la période révolutionnaire qui les a abolis, de négocier avec les populations, de passer des compromis. Voir : Simonetta Tombaccini, *La vie de la noblesse niçoise : 1814-1860*, Nice, Academia Nissarda, 2010, p. 110-116.

9 Paul Gonnet, « Capitale d'un monde clos (1814-1860) », dans Maurice Bordes (dir.), *op. cit.*, p. 249.

sur la presse du 30 octobre 1847, seules les capitales de division ont le privilège de devenir des lieux où se fondent des journaux, ce qui facilite leur contrôle par le pouvoir royal. Les provinces sont, elles, partagées en mandements, des entités judiciaires et fiscales semblables dans leur découpage aux cantons français, avant-dernier échelon administratif avant la commune. La province de Nice est donc composée de quinze mandements, dont deux pour la seule capitale provinciale (Nice *intra-muros* et Nice *extra-muros*)[10].

Malgré les efforts du souverain pour restaurer un État conforme au gouvernement en place avant la Révolution française, le modèle impérial français reste une référence. Alors que les sénats, comme celui de Nice, prennent des décisions de jurisprudence en se fondant sur le droit français[11], le roi accorde l'équivalence entre la lire piémontaise et le franc, monnaie créée par les révolutionnaires et très utilisée sous le Premier Empire à Nice comme en Savoie, mais aussi un peu partout dans la péninsule italienne[12]. La ferme volonté de restaurer un ordre ancien pensé comme traditionnel se trouve rapidement être un obstacle à la modernisation du royaume et ainsi confronte Victor-Emmanuel Ier, comme son frère et successeur Charles-Felix Ier (1821-1831), à un inévitable « conflit de rémanences »[13]. La difficulté est de concilier restauration et modernisation, de ne pas affaiblir l'alliance du trône et de l'autel en préservant le clergé et la noblesse, élites dont le pouvoir royal a besoin, notamment lorsque des mouvements libéraux aux tournures parfois insurrectionnelles se forment, comme en 1821 et au début des années 1830. La situation des monarques sardes durant la période de la Restauration est bien celle que décrit Eric Hobsbawm lorsqu'il évoque les forces, internes et externes, avec lesquelles ils doivent composer durant cette « ère des révolutions » : d'une part, les élites bourgeoises qui portent les idées libérales et nationales ; d'autre part, les puissances extérieures, notamment l'Empire d'Autriche pour les rois sardes, puissance qui a les capacités d'intervenir militairement partout dans la péninsule italienne, comme en 1821 contre le mouvement

10 Olivier Vernier, « La restauration sarde (1814-1848) », dans Alain Ruggiero (dir.), *op. cit.*, p. 159.

11 Isidoro Soffietti, art. cité, p. 112-113.

12 L'indexation sur la monnaie française établit dès 1818 l'équivalence parfaite entre une lire et un franc.

13 Isidoro Soffietti, art. cité, p. 107-115.

libéral[14]. Entre 1831 et 1849, le règne de Charles-Albert Ier, troisième souverain de la Restauration, est un moment où se condensent toutes ces tensions politiques et géopolitiques. À charge pour celui qui, en tant que membre d'une branche voisine de celle des deux rois précédents, doit son accession au trône à un concours de circonstances, de gérer cette situation complexe.

Le règne de Charles-Albert Ier : de la réaction à la révolution

L'arrivée au pouvoir de Charles-Albert est marquée par un renforcement du contrôle politique et social. L'une des caractéristiques du temps de son exercice du pouvoir est la montée de forces politiques auquel il doit faire face, modérées ou plus radicales, parfois révolutionnaires, souvent marquées par un affect national vigoureusement mobilisateur et toutes très actives dans les années 1840. Dès le début de son règne, il se fait l'artisan d'une violente répression face à la tentative insurrectionnelle menée à Gênes en 1833 par des démocrates guidés par Giuseppe Mazzini, qu'il abhorre, et dont est Giuseppe Garibaldi. Cependant, moins de quinze années plus tard, durant l'hiver 1847 et 1848, sous la contrainte de mobilisations politiques d'une ampleur inédite, Charles-Albert devient le souverain des lois sur la presse et du *Statuto* constitutionnel ainsi que le chef opportuniste de la guerre patriotique menée contre l'Autriche à partir du mois de mars 1848. Pourtant, longtemps son exercice du pouvoir n'a en rien rompu avec une application autoritaire des prérogatives royales[15]. La promulgation du Code Albertin en 1837, véritable code civil réglementant la vie sociale ainsi que les prérogatives des intendants, est l'émanation la plus marquante de cette œuvre[16]. Son action est celle d'un souverain qui préserve une forte autorité royale et se veut centralisateur en uniformisant l'administration. Il remet en cause les statuts particuliers – privilèges provinciaux ou communaux – comme l'attestent les velléités de suppression des franchises du port de

14 Eric J. Hobsbawm, *L'ère des révolutions, 1789-1848*, *op. cit.*, p. 37-38.

15 Enrico Francia, *1848. La rivoluzione del Risorgimento*, *op. cit.*, p. 28.

16 Simonetta Tombaccini-Villefranque, « Pères et fils en pays niçois sous la Restauration », *Recherches Régionales*, n° 169, octobre-novembre 2003, p. 48. Voir aussi sur ce point : Paul Gonnet, « Capitale d'un monde clos (1814-1860) », dans Maurice Bordes (dir.), *op. cit.*, p. 286 ; Antoine Nicaeus Emanuel, art. cité, p. 160.

Nice auquel Hilarion de Cessole, le premier président du sénat de la ville, s'est vivement opposé en 1838[17]. Le règne de Charles-Albert correspond aussi à une époque particulière de l'histoire européenne, entre deux moments révolutionnaires, marquée par une émulation politique et intellectuelle. La décennie 1840 est dans toute l'Europe un moment d'intense production et circulation des écrits (souvent clandestines). Le cas de l'Italie est en cela très significatif ; les idées et les programmes qui sous-tendent l'action politique durant le *Quarantotto* émergent pour la plupart de publications patriotiques et libérales des exilés des années 1840 (installés à Londres, Paris, Lausanne ou Bruxelles). Cependant, comme lors des décennies précédentes, leur pénétration dans les territoires italiens se heurte à des lois répressives.

Dans les États sardes une circulaire du 21 juillet 1824 a réaffirmé le contrôle exercé *a priori* par la Grande chancellerie sur toutes les publications. En 1835, et après l'effondrement des espoirs de réformes libérales qu'avait nourris le nouveau souverain à son avènement, Charles-Albert confirme ces dispositions : aucun journal ou périodique ne peut être publié sans une autorisation préalable du premier secrétaire d'État pour les Affaires internes (19 novembre 1835). Des normes rigoureuses sont fixées le 16 décembre suivant pour instaurer un strict contrôle des publications scientifiques et littéraires qui doivent demeurer « complètement étrangères à la politique[18] ». Quelques années plus tard, en 1843, la législation intérieure est renforcée avec de sévères punitions pour tous les auteurs qui tendraient à politiser un périodique littéraire ou scientifique. De même, les contrôles douaniers sont renforcés afin de lutter contre la diffusion des « *foglietti* », feuilles intermittentes laissées volontairement volantes pour en faciliter la distribution[19]. Malgré une certaine inefficacité, ce qu'indique leur réitération et la circulation de livres et de journaux, le plus souvent cachés dans des navires, de telles mesures ont toutefois eu pour effet de limiter les publications politiques, ne serait-ce que par leur existence qui décourage les initiatives. De plus, le gouvernement sarde s'est voulu fermement intolérant aux publications politiques intérieures,

---

17 Filippo Mazzonis, « La monarchia sabaudia », dans Umberto Levra (dir.), *Il Piemonte alle soglie del 1848*, Torino, Carocci, 1999, p. 150.

18 Franco Della Peruta, *Il giornalismo italiano del Risorgimento. Dal 1847 all'Unita*, *op. cit.*, p. 17.

19 *Ibid.*, p. 18.

comme en attestent la censure du *Messaggiere torinese* d'Angelo Brofferio et la suspension des *Letture di famiglia* de Lorenzo Valerio[20].

Les élites de la bourgeoisie et de la noblesse libérales, exilées ou non, protestent contre les régimes de censure. Elles s'organisent dans les années 1840. C'est le temps de la diffusion de penseurs modérés comme Vincenzo Gioberti, Cesare Balbo et Massimo D'Azeglio, dont les écrits ne remettent pas profondément en cause l'ordre socio-politique mais incitent à des réformes libérales conduites par les élites avec une forme participative limitée sur des bases oligarchiques (représentation censitaire). La plupart de ces penseurs doivent encore publier en dehors de la péninsule italienne au milieu des années 1840. Toutefois, leurs idées se diffusent malgré les contrôles et le courant réformateur s'organise aussi au sein du royaume de Sardaigne, notamment à Turin autour de l'*Associazione agraria subalpina* née en 1842. À la veille du *Quarantotto*, en 1846, elle regroupe aussi bien une noblesse libérale, qu'incarne le comte de Cavour, qu'une bourgeoisie intellectuelle dont l'une des plumes éminentes est celle de Lorenzo Valerio – deux hommes de presse de premier plan en 1848[21].

« UNE RÉVOLUTION AVEC UN ROI » ?

Le premier élément décisif dans l'évolution de la situation politique de la péninsule italienne est l'élection de Pie IX au pontificat le 16 juin 1846. Il prend d'emblée une série de décisions réformatrices qui avivent l'enthousiasme d'un mouvement libéral de plus en plus ample. La papauté, perçue sous son prédécesseur Grégoire XVI (1831-1846) comme un pouvoir éminemment réactionnaire devient alors, aux yeux des libéraux italiens, une sorte de phare qui montre la voie du progrès. L'amnistie pour les prisonniers politiques proclamée un mois après son élection attire au souverain pontife les faveurs du mouvement libéral[22]. Si ce dernier n'est pas homogène, une union se noue autour de la volonté partagée de voir les pouvoirs autoritaires entrer dans la voie de la libéralisation. Les réformes pontificales donnent espoir et

20 Gian Paolo Romagnani, « La censura nel Regno di Sardegna, 1814-1859 », dans Domenico Maria Bruni (dir.), *Potere e circolazione delle idee*, *op. cit.*, p. 208-209.

21 Franco Della Peruta, *op. cit.*, p. 30-31.

22 Sylvain Milbach, « Les catholiques libéraux en révolution avant l'heure. Fin 1847 : Suisse – Italie – France », *Revue d'histoire du XIXe siècle*, n° 28, 2004, p. 61.

enthousiasme aux libéraux des autres États italiens qui profitent de la dynamique pour se mobiliser[23]. Ainsi en est-il du mouvement toscan qui contraint le grand-duc Léopold II à accorder une première relative liberté de publication en juin 1847[24]. Cependant, les trajectoires des mouvements qui se développent un peu partout dans la péninsule italienne divergent, notamment du fait des différences de réaction selon les souverains.

Dans le royaume des Deux-Siciles, un mouvement insurrectionnel inquiète le pouvoir. Ferdinand II de Bourbon réagit par une répression sanglante après la prise de la citadelle de Messine par les insurgés. Les libéraux sont écrasés, les condamnations à mort suivent[25]. À rebours de cette voie, dans le royaume de Sardaigne Charles-Albert Ier se résout à ne pas utiliser la force armée tout en prenant, en septembre 1847, des mesures police et de censure, deux éléments fondamentaux du contrôle politique sur la société[26]. Dans les imprimés qui circulent, les mots « Italie » et « liberté » sont encore des termes pouvant servir de prétexte à une saisie[27]. Charles-Albert accorde toujours sa faveur au « parti » conservateur qui a une place importante puisque l'un de ses leaders, Clemento Sollari della Margarita, occupe le ministère des Affaires étrangères. Cependant, la capitale, Turin, sans être révolutionnée, devient un lieu d'effervescence politique : durant le mois d'octobre 1847, elle connaît trois mobilisations conséquentes réclamant la liberté de la presse ainsi qu'une constitution[28]. Le 1er octobre à Turin, bien qu'entonnant des hymnes en l'honneur du roi et du pape, les 5 000 personnes mobilisées sont dispersées par la force pour d'autres slogans, plus subversifs, tels que « Vive Gioberti » ou « À mort les jésuites[29] ». Dans les provinces, c'est aux gouverneurs (comme le comte Rodolphe de Maistre à Nice) qu'échoie la tâche du contrôle de l'ordre public. À Gênes, les forces

23 Christopher Duggan, *La forza del destino : storia d'Italia dal 1796 a oggi*, Roma, Laterza, 2008, p. 190.

24 Sur les réformes toscanes et romaines, voir : Franco Della Peruta, *op. cit.*, p. 21-27.

25 Gilles Pécout, *Naissance de l'Italie contemporaine*, *op. cit.*, p. 109.

26 Daniela Orta, « I prodromi di un'opinione pubblica », dans Valerio Castronovo (dir.), *La nascita dell'opinione pubblica in Italia : la stampa nella Torino del Risorgimento e capitale d'Italia, 1848-1864*, Rome, Laterza, 2004, p. 100.

27 Denis Mack-Smith, *Il Risorgimento italiano*, Roma, Laterza, 1999, p. 159.

28 Daniela Orta, « I prodromi di un'opinione pubblica », dans Valerio Castronovo (dir.), *op. cit.*, p. 103.

29 Enrico Francia, *op. cit.*, p. 87.

potentiellement révolutionnaires sont nombreuses, notamment chez les démocrates mazziniens. Ceux-ci prennent la tête de cortèges populaires qui inquiètent les élites locales. En réaction, elles appuient les mesures autoritaires prises par le ministre Villamarina pour contrôler les places publiques[30]. Néanmoins, la situation se complique pour le roi car ce dernier démissionne. Soucieux de rétablir l'ordre, il n'en est pas moins un réformateur modéré qui refuse des répressions jugées trop autoritaires. La situation est confuse et démontre l'hésitation du souverain puisque quelques jours plus tard intervient la démission quelque peu forcée de Clemente Solaro della Margarita. Le roi de Sardaigne s'oriente vers l'un ou l'autre des « partis » en fonction des événements jusqu'à la fin du mois d'octobre, lorsqu'il sent qu'il ne peut plus échapper à la promulgation de réformes et qu'il décide, contraint et forcé, d'éloigner du pouvoir les plus fervents opposants à celles-ci. Mais s'il cède, il ne se coupe pas pour autant de ces courants conservateurs et n'accorde qu'une relative liberté de la presse, en refusant de répondre favorablement aux demandes constitutionnelles de même qu'à la création de gardes civiques municipales[31].

Changer l'ordre politique sans renverser l'ordre social, ainsi peut être résumé le mot d'ordre des élites libérales du royaume de Sardaigne à la fin de l'année 1847. Sont-ils les acteurs d'une révolution ? Le moment réformateur n'implique pas un renversement total des pouvoirs en place. Néanmoins, si les dynasties sont encore en place dans la péninsule italienne, une rupture inédite s'est opérée, qu'Enrico Francia, à la suite de Simonetta Soldani, qualifie de temps des « réformes révolutionnaires », qui se poursuit jusqu'aux promulgations constitutionnelles de la fin de l'hiver 1847-1848[32]. C'est une période où la noblesse et la bourgeoisie libérales mènent le mouvement ; elles partagent un libéralisme modéré, une volonté de chasser le pouvoir impérial autrichien d'Italie et d'accomplir l'État-nation italien, une défense des monarchies et une croyance en la nécessité de réaliser une transition réformatrice du pouvoir dont elle serait le socle élitiste. Ce courant politique dominant

30 *Ibid.*, p. 88.

31 *Ibid.*, p. 48-49.

32 Simonetta Soldani, « Approaching Europe in the Name of the Nation. The Italian Revolution, 1846-1849 », dans Dieter Dowe, Heinz-Gerhard Haupt, David Higgins, Jonathan Sperber (dir.), *op. cit.*, p. 66 ; Enrico Francia, *op. cit.*, chap. I, « *Le "riforme rivoluzionarie"* », p. 15-98.

est influencé par le catholicisme libéral de Cesare Balbo, le libéralisme économique de Camillo Benso di Cavour et le réformisme de Massimo D'Azeglio (triptyque que représente bien le journal le *Risorgimento* créé en décembre 1847)[33]. Ils incarnent cette noblesse décrite par Marco Meriggi, parfois récente et issue de la bourgeoisie, dominante dans le commerce et bien placée dans l'administration ou l'armée, ralliée à la cause patriotique[34]. Élite du futur Parlement du royaume de Sardaigne, elle joue déjà un rôle de premier plan durant cette période des « réformes révolutionnaires », car elle s'affirme comme une force socio-politique sur laquelle peut s'appuyer le pouvoir royal pour réaliser des réformes modérées et endiguer la progression de courants plus radicaux. Une fois la presse autorisée, elle dispose d'une position dominante dans le champ journalistique qui se constitue au début de l'année 1848. Dans le même temps, les démocrates abandonnent provisoirement le modèle de l'insurrection mazzinienne et opèrent un tournant politique, « de la conspiration aux réformes » pour reprendre l'expression d'Adriano Viarengo[35]. Ils se montrent prêts à accepter la lutte dans la légalité pour revendiquer l'instauration de libertés politiques garanties par une constitution.

Confronté à des forces politiques nouvellement organisées, Charles-Albert se trouve dans la situation du souverain dans l'impossibilité d'agir sur « un état social qui s'est créé sans son concours » ; il doit faire face à des idées qui « impriment à la société des mouvements irrésistibles contre lesquels il lutte en vain et qui l'entraînent à son tour[36] ». Ainsi, c'est sous la contrainte politique qu'il promulgue les Patentes royales des 29 et 30 octobre 1847, que la Couronne présente habilement comme une concession volontaire. La décision bouscule l'ordre en place en instaurant une relative liberté de publication synonyme de liberté de pensée et d'expression – en cela il s'agit bien d'une réforme révolutionnaire. La suppression des tribunaux spéciaux et de toute juridiction d'exception ainsi que de la censure préventive est accompagnée d'une promesse constitutionnelle. Une Cour de cassation

33 Enrico Francia, *op. cit.*, p. 29.

34 Marco Meriggi, « Bourgeoisie italienne et bourgeoisie allemande », dans Jürgen Kocka (dir.), *Les bourgeoisies européennes au XIXe siècle*, Paris, Belin, 1996, p. 191.

35 Adriano Viarengo, « I democratici dalla cospirazione alle riforme », dans Umberto Levra (dir.), *Il Piemonte alle soglie del 1848*, Torino, Carocci, 1999, p. 361-396.

36 Alexis de Tocqueville, *De la démocratie en Amérique*, *op. cit.*, p. 170.

est créée sur le modèle de celle en vigueur en France[37], ainsi qu'un ministère de l'Instruction publique en décembre 1847[38]. L'entrée dans le mouvement des « réformes révolutionnaires » marque un recul du roi en même temps qu'une reprise en main du mouvement : entouré de ses conseillers, il s'applique à contrôler, à son profit (sous son patronage), toutes les manifestations d'enthousiasme politique dans les villes et villages du royaume.

Dans les lettres qu'elle a écrites, Costanza d'Azeglio, la sœur de l'homme politique piémontais Massimo d'Azeglio, offre un témoignage intéressant sur les festivités qui se déroulent à partir de la fin du mois d'octobre 1847. Avec un ton ouvertement enthousiaste, dans un français maîtrisé, elle décrit, depuis Turin où elle reçoit des correspondances qui l'informent des événements, des mobilisations tout autant spontanées que contrôlées par les autorités – tantôt *a priori* (avec une organisation par des notables municipaux) tantôt *a posteriori* (par la police, quoiqu'elle la dise « éclipsée ») :

> Dans les provinces ils [les sujets du roi de Sardaigne] sont encore plus échauffés qu'ici, ils font toutes sortes de démonstration dans toutes les villes, tous les villages, ils ne font que courir les uns chez les autres, pour fraterniser et se réjouir ensemble et partout on doit reconnaître que tout se passe sans désordre, sans accident. Ce qu'il y a de remarquable c'est que la police s'est complètement éclipsée[39].

Caractéristique des expressions enthousiastes du moment, ce témoignage dévoile une réalité que l'on observe dans tout le royaume de Sardaigne en novembre et décembre 1847 ainsi que durant les premiers mois de l'année 1848 : la volonté des autorités de laisser se dérouler ce type de manifestations – en les contrôlant pour éviter qu'elles ne soient le prétexte à un mouvement séditieux. Le souverain s'appuie sur les administrations locales qui lui sont fidèles (avec la mise en place de comités d'organisation composés de notables, sous le contrôle attentif des gouverneurs). Dans le même temps, en donnant son accord aux nombreuses demandes de création de journaux émanant des capitales des divisions

37 Olivier Vernier, « Les réformes institutionnelles de Charles-Albert (1847-1848) », *Nice Historique*, n° 1, 1997, p. 10.

38 Gilles Pécout, *Naissance de l'Italie contemporaine*, *op. cit.*, p. 105.

39 Daniela Orta, « I prodromi di un'opinione pubblica », dans Valerio Castronovo (dir.), *La nascita dell'opinione pubblica in Italia*, *op. cit.*, p. 108.

du royaume, il met tout en œuvre pour réaliser une « révolution avec un roi », selon la formule de Giuseppe Mazzini[40]. Une société civique se met en place progressivement dans le royaume de Sardaigne : « un public émancipé de la société traditionnelle » se forme avec « le soutien décisif – mais contraint – du pouvoir politique[41] ».

La proclamation des réformes crée partout une vague d'enthousiasme : à Nice, la nouvelle est connue le 1er novembre 1847 et provoque une manifestation spontanée sur la place Saint-Dominique (actuelle place du palais de justice), dans le centre-ville, à côté d'un lieu de pouvoir de premier plan : le palais du gouverneur. Les cris de rassemblement ne sont qu'acclamations du monarque et des autres souverains réformateurs italiens, notamment le pape Pie IX. Néanmoins, le contrôle des manifestations est strict de la part du gouverneur Rodolphe de Maistre. Durant l'hiver 1847-1848, il n'hésite pas à mobiliser la troupe au moindre mouvement spontané ou lorsque des cris jugés séditieux sont proférées – et les motifs de « sédition » sont nombreux. Il remet aux autorités municipales la charge d'organiser des festivités officielles autorisées par le pouvoir royal : une illumination générale, une farandole nocturne et une soirée théâtrale le 3 novembre 1847 mais aussi la fête du roi le lendemain, ainsi qu'un événement fondateur, un grand banquet civique et patriotique organisé le 11 novembre 1847.

LES CONDITIONS SOCIALES DE L'ÉMERGENCE D'UN ESPACE POLITIQUE NOUVEAU

Dans ce temps des « réformes révolutionnaires », entre l'automne 1847 et le printemps 1848, les villes d'Italie sont le théâtre de mises en scènes civiques et patriotiques notabiliaires. Elles installent un véritable air du temps libéral – dont le consensus est surtout le fait de l'enthousiasme – et consacrent une sorte de communion festive empreinte de lyrisme. Toutefois, le pouvoir veille à ne laisser que peu de places aux

40 *Ibid.*, p. 101.

41 Sandro Landi, *Naissance de l'opinion publique dans l'Italie moderne. Sagesse du peuple et savoir de gouvernement de Machiavel aux Lumières*, Rennes, PUR, 2006, p. 10.

improvisations ; les célébrations ont une organisation quasi-militaire où le gouverneur a un rôle de premier plan pour assurer l'ordre et entretenir une image de double concorde, celle du peuple avec ses notables et celle des villes avec leur souverain. Les cérémonies sont l'occasion pour le pouvoir royal d'affirmer une mainmise sur l'espace public – contre les manifestations spontanées populaires comme à Gênes, vigoureusement contrôlées sinon réprimées[42]. Les fêtes mêlent des éléments traditionnels et rituels de glorification des monarques à des revendications libérales et patriotiques[43]. Le caractère officiel est en général incarné par une kyrielle de symboles ou pratiques, du *Te Deum* aux arches triomphales ou aux statues dédiées au souverain bienfaiteur, exactement comme lors du banquet donné sur la « Terrasse » publique de Nice le 11 novembre 1847. L'événement n'a rien de particulier, de propre à la ville car d'autres du même type, avec les mêmes pratiques, les mêmes codes symboliques, les mêmes motivations et les mêmes enjeux se déroulent dans toutes les provinces du royaume de Sardaigne, mais aussi dans différentes villes italiennes. De plus, dans son déroulement comme dans son organisation, le banquet et les événements qui l'accompagnent dévoilent bien la hiérarchie sociale sur laquelle s'appuie la nouvelle vie politique.

UN ÉVÉNEMENT FONDATEUR : LE BANQUET CIVIQUE DU 11 NOVEMBRE 1847

Durant la première partie du long *Quarantotto*, à partir de 1847, fêtes et célébrations permettent aux autorités d'avoir la main sur les expressions publiques d'opinions et de contrôler les élites libérales jusque-là exclues du pouvoir politique mais qu'on prend le soin d'associer à celles plus traditionnelles et nobiliaires. Ces dernières, dont la fidélité à la dynastie ne souffre d'aucune hésitation, ont la charge d'organiser le patronage du souverain et le contrôle de l'ordre social[44]. Le grand banquet qui se déroule à Nice le 11 novembre 1847 en est un exemple des plus caractéristiques : les autorités de la ville – choisies par le pouvoir et devant rendre des comptes au gouverneur de la division – définissent la liste des invités et assument l'organisation de l'événement. Cependant, il ne faudrait réduire le banquet à une simple mise en scène publique du

42 Enrico Francia, *op. cit.*, p. 76.
43 *Ibid.*, p. 77-78.
44 Arno Mayer, *La persistance de l'Ancien Régime*, *op. cit.*, p. 136.

pouvoir royal, son existence même est déjà une preuve que celui-ci n'a pas le contrôle total de la situation qu'il s'échine à avoir.

Le caractère officiel de l'événement doit bien le différencier, pour reprendre les catégories établies par Max Weber, d'une réunion conventionnelle d'un « parti » organisée par des personnes privées, comme l'on peut en voir dans la France voisine à la même période durant la campagne des banquets menée par les républicains depuis le mois de juillet 1847[45]. À Nice, c'est bien une cérémonie officielle qui a lieu, durant laquelle le notable doit tenir sa position, entretenir son capital symbolique en se montrant publiquement et un usant de « stratégies de distinction », conscientes ou inconscientes[46]. La participation à ce banquet fait partie des obligations tacites qui s'imposent au notable pour entretenir une position sociale dominante qui perdure à travers des pratiques et une « présentation de soi » en public[47]. Qu'il soit ou non convaincu par les bonnes volontés réformatrices de la Couronne, il ne peut manquer ce rendez-vous (sauf éloignement géographique).

La ville ne possède pas encore d'organe de presse et au-delà des manifestations, il n'y a que les odes et les libelles qui contribuent à l'expression publique. Dans les jours qui précèdent le banquet, nombre d'auteurs se prêtent à l'exercice en publiant tantôt des poèmes, tantôt des odes – dont le caractère favorable à la monarchie est contenu dans le nom même que l'on donne à ce mode d'expression – pour célébrer le souverain et les réformes. Dans son *Ode à l'occasion des ordonnances rendues par sa S. M. le roi Charles-Albert le 29 octobre 1847*, Auguste Bricone célèbre le nouveau droit d'expression comme antidote à la servilité de la parole qui règne lorsqu'existe un pouvoir absolu. Le titre est important car il mentionne une « occasion », ce qui montre qu'il n'est en rien nouveau de dédier un écrit poétique au souverain, comme en atteste, entre autres publications, *Les Sylphides : chants d'une jeune fille dédiés à sa Majesté le Roi Charles Albert* écrit par la poétesse niçoise d'expression française Agathe Sophie Sassernò en 1838. Cependant, une décennie plus tard le contexte a changé. Si la plupart des dits ou écrits contribuent à renforcer une image

45 Max Weber, *Économie et société*, Paris, Pocket, 1995, p. 68-70 (1re éd., 1921).

46 Pierre Bourdieu, *La Distinction. Critique sociale du jugement*, Paris, Les Éditions de Minuit, 2015, (1re éd., 1979) ; Frédérique Leferme-Falguières, Vanessa Renterghem, « Le concept d'élites. Approches historiographiques et méthodologiques », *Hypothèses*, n° 1, 2000, p. 61.

47 Ervin Goffman, *La mise en scène de la vie quotidienne*, t. 1, *La présentation de soi*, Paris, Éditions de Minuit, 1973, (1re éd., 1959).

publique de fidélité unanime de la population niçoise à la dynastie, ils préludent à d'autres formes de publication, comme les journaux, plus réguliers et plus subversifs. Les sociétés typographiques de la ville sont à pied d'œuvre pour l'impression et la diffusion de tous ces écrits. Il est désormais possible de publier, ne serait-ce que pour se féliciter qu'il est possible de publier. C'est dans ce contexte que se déroule la préparation du banquet civique et patriotique du 11 novembre 1847, reprenant une pratique répandue dans la France voisine mais aussi dans les États italiens. Dans des villes comme Rome, un banquet un tant soit peu important à la fin de l'année 1847 compte un minimum de 150 personnes, ce qui donne une idée de l'ampleur du banquet niçois pour lequel sont prévus pas moins de 357 convives[48]. Cette manifestation rompt « la temporalité personnelle ou coutumière » de la cité et la fait entrer dans un nouveau temps politique[49]. Les invités sont conscients de sa double exceptionnalité, aussi bien au sens propre par le caractère inédit d'un tel événement, que figuré par l'importance du nombre de convives.

Au moment de l'organisation, l'un des éléments essentiels de contrôle pour le pouvoir est l'existence d'une liste officielle des invités établie par les autorités municipales. Sa fonction est d'énumérer les convives mais aussi de définir, par un système de commissions, les personnes habilitées à avoir des responsabilités organisationnelles. Dans le cas du banquet niçois du 11 novembre 1847, le titre même de la liste est sans équivoque :

> *Elenco dei sottoscrittori al banchetto civico organizzato dalla popolazione di Nizza Marittima in onore di Sua Maestà l'ottimo Re Carlo Alberto a festeggiamento dei generosi provvedimenti da lui sanciti in Consiglio di conferenza del 29 ottobre 1847.*
>
> « Liste des souscripteurs au banquet civique organisé par la population de Nice en l'honneur de Sa Majesté l'excellent Roi Charles-Albert pour la célébration des mesures généreuses ratifiées par lui lors du Conseil de conférence du 29 octobre 1847[50]. »

Cet énoncé officiel dit bien la ligne suivie par les secrétaires de la « commission directrice » du banquet, le notaire Adrien Barralis et

48 Enrico Francia, *op. cit.*, p. 80.

49 Vincent Robert, *Le temps des banquets. Politique et symbolique d'une génération (1818-1848)*, Paris, Publications de la Sorbonne, 2010, p. 72.

50 Archives départementales des Alpes maritimes (désormais ADAM), Fonds Levrot, 6 J 21, Liste des souscripteurs pour le banquet civique du 11 novembre 1847.

l'avocat Auguste Montolivo. Ces derniers sont aussi en charge du choix des invités puisqu'ils gèrent la « commission de la presse » qui s'occupe de la rédaction, de l'impression et de l'envoi des invitations. La diffusion de la liste, outre l'apport de précisions quant à la date et au lieu de la tenue de l'événement, définit aussi un but officiel à la manifestation : la célébration du souverain et des « mesures généreuses ratifiées par lui » présentées d'une manière volontairement tronquée comme une preuve de sa magnanimité[51]. Les mots trouvent d'ailleurs une concrétisation lors de l'événement puisque tout l'apparat décoratif place la célébration sous l'autorité du pouvoir de Turin, la tutelle de référence.

Le 11 novembre 1847 à Nice à l'entrée de l'énorme tente élevée pour l'occasion sur la « Terrasse », et sur laquelle se trouve l'inscription « *A Carlo Alberto* », trône le buste du roi à côté des drapeaux déployés. Le banquet est à la fois public et officiel, autant civique et patriotique que dynastique, ce que confirme le compte-rendu qu'en fait à son ministère de tutelle le consul de France à Nice, le marquis de Châteaugiron :

> Le festin civique a eu lieu aujourd'hui, 350 convives environ y ont assisté [...]. La santé du roi a été portée au bruit du canon, de la musique et des acclamations générales des convives[52].

La parole publique demeure contrôlée puisqu'elle est surtout permise à travers les toasts saluant le monarque, sorte de « bénédicité politique » comme les nommait Alphonse de Lamartine en soulignant leur caractère conformiste[53]. S'ils s'inscrivent dans la lignée des odes et poèmes précédemment évoqués, leur portée politique est différente du fait qu'ils sont parfois accompagnés de discours ou d'adresses orales à la foule rassemblée sur le *Corso*. À ce titre, l'exemple de François Guisol est pour le moins évocateur, lui qui, poète de son état, célèbre, dans la langue niçoise, généralement inusitée dans ce genre de manifestation officielle, « *la libertà de la pressa e dou poble* » (la liberté de la presse et

51 Le même constat est fait par Sylvain Milbach pour les célébrations qui ont lieu en Savoie à la même période : *Entre Piémont et France : la Savoie déroutée, 1848-1858*, *op. cit.*, p. 13.

52 ADAM, Consulat de France à Nice, 1 Z 20, Lettres du consul de France, le marquis de Châteaugiron au ministre des Affaires étrangères français, 11 novembre 1847. La lettre est un témoignage écrit sur le vif, rédigé le jour même du banquet aux environs de 17 heures.

53 Vincent Robert, *Le temps des banquets*, *op. cit.*, p. 189.

du peuple)[54]. En adresse directe à la foule, son hommage se veut plus populaire que dynastique ; il entend célébrer la liberté du peuple à travers celle de la presse plus que la personne du monarque. Le poète est de ceux qui, d'élévation sociale récente, parlent une langue synonyme d'une forme d'assimilation au peuple. Quand bien même des hommes comme Auguste Carlone, banquier, futur fondateur du premier journal politique de Nice, *L'Écho des Alpes maritimes*, la maîtrisent, il est de coutume pour eux d'en refuser l'utilisation publique. Cependant, l'attitude de François Guisol, si elle tranche quelque peu avec les codes et pratiques symboliques d'un tel événement, s'intègre dans le rôle médiateur que jouent les notables en confortant la reconnaissance des classes populaires à leur égard, dans la même logique que les initiatives philanthropiques ou charitables. L'une des commissions qui comptent le plus de membres, sur les huit qui constituent l'ossature de l'organisation du banquet, est d'ailleurs celle dédiée à « la distribution aux pauvres », dénomination assez explicite qui permet de comprendre l'importance de l'aspect philanthropique de l'événement, dans un but évident de concorde sociale. L'occasion est donnée aux notables libéraux de se montrer publiquement comme les garants d'une mobilisation disciplinée, pour une conquête pacifique de l'espace public, et en même temps comme les interprètes privilégiés de la volonté populaire[55].

Le jeudi 11 novembre 1847, sur la « Terrasse », à partir de 13 heures, s'établit une sociabilité masculine entre les convives qui se fonde sur une double exclusion : celle des femmes, restriction de genre coutumière de l'époque, qui en accompagne une autre économique et sociale, imposée aux habitants les plus modestes par la cherté de la souscription. Le banquet ne remet en aucun cas en cause les règles plus ou moins tacites de la société, la division genrée des rôles sociaux avec l'opposition entre les événements publics (homme) et le domestique (femme). Ainsi, et d'autant plus qu'il est une cérémonie officielle, car l'officiel a aussi pour fonction de figer des usages sociaux, il perpétue en même temps qu'il consacre l'exclusion féminine – qui se retrouve ensuite dans la vie politique naissante. Ainsi, les femmes sont le plus souvent écartées de la production de discours publics telle qu'elle peut se faire, par exemple,

54 Steve Betti, « L'éveil d'une conscience politique : discours, odes, libelles et pamphlets niçois du "printemps des peuples" », *Nice Historique*, n° 1, 1997, p. 37.

55 Enrico Francia, *op. cit.*, p. 82.

dans l'activité journalistique – bien que ce soit l'une des exclusions contre lesquelles œuvrent les journaux féministes naissants au cours du « printemps des peuples », comme ceux de Désirée Gay, Eugénie Niboyet et Jeanne Deroin en France[56]. Malgré des exceptions notables, la norme perdure, aussi pour le périodique niçois qui se fonde à la fin de l'année 1847 autour de l'action du banquier Auguste Carlone. Toutefois, l'absence populaire et féminine autour de la table ne signifie pas la non-participation ; en effet, on observe au moment du banquet la présence d'une foule réunie sur le *Corso* devant l'escalier conduisant à la « Terrasse » où se situe la tablée qui surplombe la place[57]. Comme le souligne Vincent Robert dans ses travaux, la mobilisation d'une foule ne fait pas du banquet un moment populaire, car il reste une manifestation élitiste, mais elle est « un élément du succès[58] ». Il faut pour le pouvoir susciter l'adhésion la plus large possible sans bouleverser les hiérarchies sociales[59], en faisant de l'événement un moment d'« expression des hiérarchies communautaires », de distinction symbolique entre les 357 convives qui y participent et les sujets les plus modestes qui ne peuvent qu'observer passivement le déroulement de la fête[60].

La configuration du banquet est en elle-même, de la même manière que le suffrage censitaire par la suite, une définition de ce que sont les élites dans la province de Nice ; la liste des convives se confond avec celles des notables, c'est en quelque sorte la représentation dans l'espace de la distinction formulée par Royer-Collard sous la monarchie de Juillet entre un « pays légal », une minorité fortunée que l'on retrouve sur la « Terrasse » publique et qui par la suite aura le droit de vote et de candidature dans le système censitaire sarde, et un « pays réel », la grande masse des exclus, du droit de vote comme du banquet. Tout cela se perçoit d'une manière limpide dans un dessin réalisé au cours

---

56 Michèle Riot-Sarcey, *La Démocratie à l'épreuve des femmes. Trois figures critiques du pouvoir, 1830-1848*, Paris, Albin Michel, 1994. Un travail consacré à ces trois figures importantes de l'engagement politique féminin.

57 Le *Corso*, de sa dénomination d'alors, désigne l'actuel Cours Saleya. Il est le cœur de la cité, l'un des principaux lieux de la vie mondaine et de la vie politique niçoise naissante.

58 Vincent Robert, *Le temps des banquets*, *op. cit.*, p. 85.

59 C'est le constat que fait Rosario Romeo concernant la politique albertine, et la manière dont le souverain gère la période d'octobre-novembre 1847. Voir : *Cavour e il suo tempo*, *t. II* : 1842-1854, Bari, Laterza, 1977, p. 252.

60 Sylvain Milbach, *Entre Piémont et France : la Savoie déroutée*, *op. cit.*, p. 38.

du banquet et présenté comme un véritable « reportage[61] ». Attribuée au peintre Joseph Fricero, l'image fige une représentation spatiale qui permet d'appréhender la manifestation comme un moment d'expression des hiérarchies sociales au niveau local. Cependant, ce témoignage, comme les autres, qu'ils soient iconographiques ou scripturaux, émane de la partie dominante du corps social, de ceux qui étaient autorisés à participer banquet et ont eu intérêt à en donner l'image d'une festivité consensuelle. Il est certain que l'un des enjeux pour les notables niçois réunis est une triple reconnaissance publique : verticale, « par le haut », à travers le patronage royal – les organisateurs et participants de l'événement sont autorisés à se réunir par le pouvoir et ainsi reconnus comme dignes de ce privilège social et symbolique ; verticale encore mais « par le bas », avec la présence passive d'une foule populaire rassemblée sur le *Corso* et par rapport à laquelle les convives sont placés en hauteur, spatialement autant que symboliquement ; et enfin, une interreconnaissance notabiliaire, plus horizontale, entre les participants eux-mêmes qui se sentent et se reconnaissent mutuellement comme appartenant à un groupe social dominant. Cependant, il ne faut aucunement en tirer l'idée d'une osmose entre les élites de la province puisque le banquet ne fait que transcender momentanément les oppositions politiques qui traversent la société niçoise et que l'on ne peut comprendre sans une étude sociologique plus poussée des classes dominantes. L'occasion est donnée de livrer des définitions plus précises des notions de notabilité, de bourgeoisie ou d'élite telles qu'elles sont employées dans la présente étude.

L'INDISPENSABLE DÉFINITION DES GROUPES SOCIAUX

La liste officielle des invités du banquet dévoile les noms de ceux qui localement composent les classes dominantes. L'expression a pour elle une certaine complétude. Tout en intégrant un pluriel désignant leur diversité, elle peut renvoyer à une domination multiple sans en donner

61 Malgré des recherches pour obtenir le droit de reproduction, la démarche n'a pu aboutir. Pour consulter cette représentation, voir : Hervé Barelli, « Les premières élections législatives dans la province de Nice, 1848-1850 », *Nice Historique*, n° 1, 1997, p. 14. L'auteur, Joseph Fricero, est un ami d'Auguste Carlone et un futur actionnaire de *L'Écho des Alpes maritimes*. Voir aussi : Serge Romain, *Joseph Fricero 1807-1870. Ses voyages, Nice, Saint-Pétersbourg, la cour de Nicolas Ier*, Paris, J. Ferrand, 1993, p. 62.

la forme *a priori*, ce qui la rend adaptable dans le temps et l'espace. Ainsi, peuvent être considérées toutes les formes de la domination : culturelle, politique, sociale, économique et symbolique (ce que traduit aussi l'expression de classes supérieures). Les évolutions récentes de la discipline ont poussé l'historien à redoubler d'attention dans la manière de qualifier et d'appréhender les groupes sociaux, en renouvelant sans cesse les réflexions sur la terminologie usitée et ce qu'elle peut charrier comme réification du corps social. Il s'agit de refuser les catégories « assimilées à des choses dotées de qualités intrinsèques[62] ». Si le constat est valable pour la notion de « classes dominantes », il l'est tout autant pour celles de « notable », d'« élite » ou encore de « bourgeoisie ». On ne peut les ignorer et les refuser parce qu'elles demeurent, à condition d'être clairement définies, des outils conceptuels fondamentaux pour la compréhension des sociétés.

Dans un énoncé général, l'on pourrait dire que dans l'Europe du XIXe siècle les classes dominantes sont le produit de relations complexes entre noblesse et bourgeoisie. Les rapports entre les deux groupes sociaux étant divers selon les territoires, et leur fusion plus ou moins avancée, leurs contours diffèrent en fonction des États et des situations nationales (voire régionales ou provinciales)[63]. L'espace peut être pensé comme déterminé par la distribution des différentes espèces de capital : le capital social (les réseaux relationnels, les sociabilités, l'interconnaissance et l'interreconnaissance), le capital culturel (un ensemble de savoir-faire, de connaissances, de dispositions assimilées et accumulées), le capital économique (la propriété et la richesse, qu'elles soient terriennes ou sous forme de capitaux – dans l'industrie, la banque etc.), auxquels on peut ajouter le capital symbolique (une sorte de prestige social qui, dans la période étudiée, est souvent patronymique, familial et atavique, et peut se fonder sur les autres espèces de capitaux et servir de fondement à la notabilité)[64]. Il convient d'ajouter un élément fondamental : la conscience d'appartenance ; car elle détermine en partie les stratégies

62 Christophe Charle, « Du bon usage de la biographie sociale comparée ou les trois âges de la biographie », dans Michel Dreyfus, Claude Pennetier, Nathalie Viet-Depaule (dir.), *La part des militants*, Paris, Éditions de l'Atelier, 1996, p. 58.

63 Youssef Cassis, « Monde des affaires et bourgeoisie en Europe de l'Ouest », dans Jürgen Kocka (dir.), *Les bourgeoisies européennes au XIXe siècle, op. cit.*, p. 51.

64 Pierre Bourdieu, *La Distinction*, *op. cit.*

collectives et individuelles, habituelles ou exceptionnelles, d'action et de distinction. C'est à l'aune de ces remarques épistémologiques qu'il convient de progresser dans l'analyse socio-historique de ce que l'on peut nommer les classes dominantes de la province de Nice, celles qui se sont exceptionnellement réunies dans un même temps et dans un même lieu lors du banquet du 11 novembre 1847.

La liste officielle des invités dévoile certains statuts ou professions des convives. Ce qui prévaut, en première analyse, c'est une certaine diversité : avocat, négociant, médecin, banquier, notaire, géomètre, architecte, ingénieur, peintre, pharmacien, imprimeur-libraire, bibliothécaire, typographe et professeur[65]. Toutes ces activités relèvent de ce que l'on a l'habitude d'appeler pour le XIXe siècle les capacités ; elles nécessitent un capital culturel important, acquis par transmission familiale ou formation universitaire, souvent les deux, et une certaine aisance financière – qui permette, par l'acquisition (ou l'héritage), la possession d'un cabinet, d'une société typographique, d'un établissement littéraire ou pharmaceutique, d'un atelier ou d'un bureau. Ce sont des activités qui correspondent à celles que Christophe Charle attribue à la bourgeoisie ou à une petite bourgeoisie aisée – la différence est souvent ténue dans les villes modestes où les hiérarchies sociales sont plus atténuées. Dans son *Histoire sociale de la France au XIXe siècle*, il désigne ce groupe comme englobant les propriétaires et les acteurs les plus importants d'affaires commerciales et financières qui détiennent des « leviers de commande » dans « l'économie nouvelle (les sociétés capitalistes en voie d'émergence) et la culture[66] ». Dans le royaume de Sardaigne, au cours du premier XIXe siècle, une « bourgeoisie émergente », pour reprendre l'expression de Silvano Montaldo, s'est épanouie, diverse dans ses développements selon qu'elle est plus provinciale ou plus présente dans les grandes villes que sont Gênes et Turin. Son émergence, due principalement aux transformations économiques du Premier Empire et de la Restauration sarde, est bien observable dans une ville portuaire comme Nice[67]. Bien qu'elle comprenne un large éventail de groupes aux statuts et fortunes divers, la bourgeoisie caractérise avant tout des familles à l'abri de tout besoin

65 ADAM, Fonds Levrot, 6 J 21, Liste des souscripteurs au banquet civique du 11 novembre 1847.

66 Christophe Charle, *Histoire sociale de la France au XIXe siècle*, Paris, Seuil, 1991, p. 41.

67 Silvano Montaldo, « La borghesia emergente », dans Umberto Levra (dir.), *Il Piemonte alle soglie del 1848*, *op. cit.*, p. 49-99.

matériel dans lesquelles les enfants et l'épouse n'ont pas la nécessité de contribuer au revenu familial[68]. Beaucoup fondent leur richesse sur une affaire qu'ils tiennent d'un héritage, comme Auguste Carlone avec la banque de son père[69].

L'expression de bourgeoisie provinciale permet de désigner ce groupe social qui tend à se différencier des autres : d'abord des classes populaires à travers des pratiques de distinction, régulières ou plus exceptionnelles comme le banquet du 11 novembre 1847 ; ensuite, par rapport aux élites nobiliaires privilégiées, qui, outre qu'elles jouissent de privilèges juridiques, ont, avant les réformes des années 1847 et 1848, un certain monopole des plus hautes fonctions politiques, administratives, militaires, du président du sénat au gouverneur. Il faut toutefois apporter une nuance, comme l'a montré Simonetta Tombaccini dans son étude, puisque la noblesse provinciale du royaume de Sardaigne a souvent perdu des biens durant la Révolution française, et est moins aisée que beaucoup de bourgeois[70]. Il est possible néanmoins d'établir une différence encore valable à la fin de l'année 1847 – remise en cause par les réformes par la suite – entre les familles d'une noblesse plus ancienne et plus prestigieuse (avec un grade plus élevé dans l'ordre nobiliaire des Saints-Maurice-et-Lazare), comme le comte Audiberti di Santo Steffano, premier consul de la ville, le baron de Boccard, intendant général, le comte Rodolphe de Maistre, gouverneur, et des personnes occupant des charges non revêtues d'un pouvoir décisionnel au sein des autorités municipales ou du sénat (conseiller, trésorier, secrétaire). Ces dernières fonctions sont occupées en majorité par la bourgeoisie ou par la petite noblesse de la province (souvent récente et d'origine bourgeoise). Il y a une certaine coalescence entre ces deux groupes sociaux, qui partagent une sensibilité commune aux idées libérales. Ils forment la base sociale du groupe des notables qui s'affirme à partir de la fin de l'année 1847 et prétend occuper un rôle politique de premier plan (ce sont les futurs électeurs censitaires, responsables municipaux et pour certains députés ou directeurs de journaux).

---

68 Sarah Maza, « Construire et déconstruire la bourgeoisie : discours politique et imaginaire social au début du XIXe siècle », *Revue d'histoire du XIXe siècle*, n° 34, 2007, p. 21-22.

69 Marco Meriggi, « Bourgeoisie italienne et bourgeoisie allemande », dans Jürgen Kocka (dir.), *op. cit.*, p. 195.

70 Simonetta Tombaccini, *La vie de la noblesse niçoise : 1814-1860*, *op. cit.*

Dans la sixième édition du *Dictionnaire de l'Académie française* de 1835, les notables sont définis comme étant les membres « principaux et plus considérables d'une ville, d'une province, d'un État[71] ». L'idée véhiculée par l'adjectif – qui est digne d'être noté ou remarqué – est perpétuée par le substantif qui désigne des personnes qui apparaissent, à l'échelle d'une entité territoriale, comme notables au sens de remarquables. La notion de « notable » ne peut donc être séparée de la possession d'un capital symbolique notabiliaire qui nécessite d'être entretenu par des pratiques ancrées dans les habitudes de vie (sociabilité mondaine, philanthropie) ou plus exceptionnelles (ce que sont les banquets). L'influence qu'exercent des notables dans un monde social dont ils constituent l'élite peut s'appréhender à travers l'analyse des institutions particulières auxquelles ils prennent part, comme les journaux. Car c'est bien de l'action politique nouvelle de cette petite noblesse et de cette bourgeoisie provinciales portées vers les idées libérales que naît *L'Écho des Alpes maritimes*.

LES COULISSES DE LA CRÉATION D'UN JOURNAL
Quand le notable se fait patron de presse

Dans le paysage journalistique du milieu du XIXe siècle, nombre d'organes de presse sont l'œuvre d'un groupe très réduit ou d'un imprimeur isolé qui n'ont ni le temps ni les moyens de produire une feuille régulière de qualité. Or, à Nice, à la fin de l'année 1847, sous l'impulsion du banquier Auguste Carlone, c'est une véritable entreprise journalistique qui se crée, impliquant dans sa direction, sa rédaction et son actionnariat plusieurs dizaines de personnes. Elle est une « collectivité multiple qui sous-tend l'écriture journalistique » qui est « le résultat d'un travail social et d'une sociabilité[72] ». Pour le sociologue Daniel Cefaï, lorsqu'on analyse la mise en mouvement d'un tel groupe, il est nécessaire de retracer « les logiques d'action et de situation » pour déterminer,

71 *Dictionnaire de l'Académie française*, Paris, Imprimerie et librairie de Firmin Didot frères, Sixième édition, 1835, p. 2273.

72 Guillaume Pinson, « Travail et sociabilité. Une œuvre collective », dans Dominique Kalifa, Philippe Régnier, Marie-Ève Thérenty, Alain Vaillant (dir.), *La Civilisation du journal*, *op. cit.*, p. 654.

dans la mesure de ce que les sources permettent, la manière dont les « acteurs s'y prennent pour produire du sens, pour se comprendre les uns les autres et collaborer, [...] pour critiquer ou justifier des discours ou des actions, pour configurer des visions du monde et résoudre des situations problématiques[73] ». Un programme de recherche dont la portée est générale mais que l'on doit aussi réaliser en se focalisant « sur des micro-contextes où soient observables des processus et des activités ».

RÉUNIR UN COMITÉ FONDATEUR EN MOBILISANT UN CAPITAL SOCIAL NOTABILIAIRE

Le banquet du 11 novembre 1847 a été une manifestation publique opportune pour renforcer publiquement des affinités, personnelles ou idéologiques, déjà existantes. Comme le souligne Maurice Agulhon, la sociabilité est bien souvent ordinaire et s'appréhende à la fois dans l'espace et dans le temps, mais elle peut aussi relever d'événements exceptionnels[74]. Il est intéressant de constater que moins de deux mois après le banquet intervient la création du premier journal politique niçois avec la publication du prospectus de *L'Écho des Alpes maritimes* le 1er janvier 1848. Première livraison d'une longue série, celui-ci est composé exceptionnellement de deux pages et fait office de publicité, pour faire connaître le nouveau journal ainsi qu'en définir la ligne éditoriale. Il n'est que le premier aboutissement d'une aventure journalistique qui s'est construite pendant plusieurs semaines durant lesquelles il a fallu, pour Auguste Carlone, le principal artisan du projet, réunir une véritable équipe journalistique : des rédacteurs, des actionnaires, mais aussi des partenaires pour l'impression et la distribution. Cette phase, cruciale pour la pérennisation des journaux au milieu du XIXe siècle, s'avère généralement, faute d'archives, difficile à reconstruire pour les historiens. Cependant, dans le cas de *L'Écho des Alpes maritimes* elle peut l'être à la faveur des documents conservés par le banquier niçois.

Auguste Carlone se présente au banquet du 11 novembre 1847 comme un jeune notable, âgé de 35 ans, issu d'une des familles les plus aisées de la ville. Il incarne bien cette bourgeoisie provinciale qui a profité

73 Daniel Cefaï, « Expérience, culture et politique », dans Daniel Cefaï (dir.), *Cultures politiques*, Paris, PUF, 2001, p. 94-96.

74 Maurice Agulhon, *Le cercle dans la France bourgeoise : 1810-1848, étude d'une mutation de sociabilité*, Paris, Armand Colin, 1977, p. 9.

de la première période française pour s'élever socialement. En effet, son grand-père, Jean-Pierre Carlone, fut trésorier de la commune après l'annexion de Nice par la République française en 1793, avant d'exercer les fonctions de président du Tribunal de commerce puis de conseiller de préfecture. Le fils de ce dernier, Étienne Carlone, père d'Auguste, occupa un poste au Comité des subsistances gérant le ravitaillement des troupes, notamment celles de Napoléon Bonaparte stationnées dans la ville[75]. Par la suite, il fut le fondateur de l'entreprise qui a assuré dans la durée l'élévation sociale de la famille, la banque « Etienne Carlone & compagnie » créée en 1811. Auguste Carlone naît à Nice en 1812 à un moment où sa famille est déjà bien établie parmi les élites de la ville. Suivant la volonté de son père, il effectue ses études en France, d'abord au Collège royal de Tournon pour passer son baccalauréat ès-lettres, puis à Paris pour étudier le droit, une voie dans laquelle il échoue avant de revenir dans sa cité natale. Dans des manuscrits rédigés au cours de la décennie 1830, il explique que la principale raison de l'abandon de ses études est une ophtalmie violente qui s'est infectée et lui a ôté une partie de ses capacités visuelles[76]. Une autre cause est son peu d'aise à l'oral ; c'est un homme qui préfère manier la plume et le pinceau plutôt que pratiquer l'art oratoire[77]. Profitant de la fortune paternelle, il dépasse cet échec en entreprenant de multiples voyages à travers l'Europe, notamment à Florence durant l'année 1832, mais aussi, au début des années 1840, à Marseille, à Naples ou encore en Angleterre[78]. En plus de réaliser quelques œuvres picturales, il tient un journal personnel dans lequel il conte ses voyages et note quelques poèmes de sa composition, quelquefois en français et en italien, mais le plus souvent en anglais, la langue de la littérature romantique à ses yeux.

Auguste Carlone a vécu à Paris durant la fin de la Restauration et le début de la monarchie de Juillet, s'intéressant pleinement à

75 Joseph Suppo, « Augustin Théophile Carlone : 1812-1873 », *Armanac Nissart*, 1910, p. 3.

76 Bibliothèque Romain Gary, Manuscrits d'Auguste Carlone, MS 89, p. 14-16.

77 François Brun, « Pierre François Augustin Théophile Carlone : notice biographique », *Annales de la Société des Lettres, Sciences et Arts des Alpes maritimes*, vol. II, 1873, p. 70.

78 Jean-Paul Potron, « Carlone Auguste », dans Ralph Schor (dir.), *Dictionnaire historique et biographique du comté de Nice : hommes et événements, droits et institutions, art et culture, lieux de mémoire*, Nice, Serre, 2002, p. 76. Voir aussi : Jean-Paul Potron, « Auguste Carlone (1812-1873) », *Le pays de Nice et ses peintres au* XIX*e siècle, Nice Historique*. [En ligne] : http://peintres.nicehistorique.org/pge/pge_biographie.php?rubrique=biographies&id=7.

l'effervescence littéraire et politique[79]. Dans la capitale française, il a découvert l'importance de la presse et des journaux dans les débats publics pour lesquelles il se passionne tout autant que pour les arts. Durant l'année 1847, rentré dans sa ville natale, il est un homme qui possède le goût de la culture bien plus que celui de la gestion de la banque familiale ; il préfère se complaire dans sa passion pour l'art et la littérature, activités économiquement désintéressées auxquelles il peut se permettre de consacrer du temps grâce à la fortune familiale[80]. La mort de son père Étienne cette même année fait de lui, en tant qu'aîné de la famille, l'héritier de la banque familiale, dont il délègue bien vite la gestion à son cousin, Pierre de Ricordy[81]. Telle est sa situation lorsque prend forme le mouvement politique libéral au cours de l'automne 1847. À la faveur des premières réformes sur la presse, l'occasion lui est donnée d'investir l'action politique dans sa ville, où il dispose d'attaches relationnelles, indispensables pour se construire une position dans le champ politique naissant. Lorsqu'Auguste Carlone se rend sur la « Terrasse » le 11 novembre 1847, il mesure déjà l'importance du bouleversement que les réformes introduisent. Il veut profiter de la situation et s'attèle dès le mois de novembre 1847 à obtenir la participation de futurs collaborateurs.

L'illégalité de la presse politique n'est plus. Cependant, si les notables ont la conviction d'avoir un droit légitime de fonder des feuilles journalistiques, sa mise en œuvre doit se conformer aux barrières persistantes, c'est-à-dire à la survivance d'une censure et aux obstacles financiers (cautionnement, timbre). Créer une entreprise de presse coûte cher ; cela nécessite la formation d'une rédaction, plus ou moins élargie, puis d'une société par actions. Au moment du banquet, Auguste Carlone a déjà la volonté de chercher des collaborateurs pour réaliser ce dessein, en sachant, selon le mot qu'Eschyle attribue à Étéocle dans *Les Sept contre Thèbes*, qu'en « toute entreprise, il n'y a rien de plus funeste que de mauvais associés ». Les sources ne permettent pas de connaître le déroulement exact des événements, cependant elles confirment l'importance pour *L'Écho des Alpes maritimes* du banquet du 11 novembre 1847. En se penchant sur la liste des convives, il est pour le moins intéressant

79 Henri Sappia, « Augustin Carlone », *Nice Historique*, 1900, n° 9, p. 129.
80 Joseph Suppo, art. cité, p. 5-7.
81 Pierre de Ricordy est largement au fait de la gestion de la banque car dès 1819 son oncle, Etienne Carlone, l'avait associé à ses affaires et lui avait légué un bénéfice direct de 10 %.

de constater que six des neuf membres du futur comité de direction ont pris part aux festivités et dégusté les mets de la tablée, certains en étant même des organisateurs[82]. Sans entrer avec force détails dans les parcours biographiques de chacun de ces personnages – ce qui serait du reste impossible étant donné le caractère sporadique des informations disponibles – il est crucial de les situer sociologiquement pour comprendre le caractère notabiliaire de la nouvelle rédaction.

Dans la « commission directrice » du banquet se trouve Henri Verani-Masin de Castelnuovo, issu d'une famille jouissant d'une certaine ancienneté nobiliaire, titrée bien avant la Révolution française, puis appauvrie par cette dernière. Il est titulaire du plus modeste insigne de l'ordre des Saints-Maurice-et-Lazare, celui de chevalier[83]. Ses nombreux frères ont fortement investi les carrières des armes et de l'administration[84]. Lui a fait des études de droit à l'Université de Turin qui lui ont permis de travailler un temps au ministère des Affaires étrangères[85]. Après un retour dans sa ville natale, à la fin de l'année 1847 il exerce des fonctions dans l'administration municipale, ce qui explique sa présence parmi les principaux organisateurs du banquet. Il partage ce rôle, ainsi que sa condition nobiliaire, avec deux autres personnages associés à la création de *L'Écho des Alpes maritimes* : Charles Laurenti-Roubaudi et Gonzague Arson[86]. Outre leur appartenance à l'ordre de la noblesse du royaume

---

82 ADAM, Fonds Levrot, 6J 21, Liste des souscripteurs pour le banquet civique du 11 novembre 1847. L'analyse se fonde sur la liste des participants au banquet déjà présentée précédemment. Elle est croisée avec les papiers personnels d'Auguste Carlone qui permettent de savoir qui sont les fondateurs de *L'Écho des Alpes maritimes* : ADAM, Fonds Carlone, Journalisme et activités culturelles 7 J 34 à 38.

83 L'ordre des Saints-Maurice-et-Lazare a été créé en 1573 par Emmanuel-Philibert Ier. Seuls les nobles – encore au XIXe siècle – pouvaient accéder à cette distinction qui servait aussi à anoblir un sujet que le roi voulait récompenser. On y trouve cinq grades bien distincts : Chevalier, Officier, Commandeur, Grand'officier et Chevalier de la Grand'croix. D'après les statuts édictés par Emmanuel-Philibert au XVIe siècle, remis au goût du jour par les lettres patentes du 27 décembre 1816, pour devenir membre de l'ordre, le candidat « devait prouver l'existence de quatre générations de noblesse notoire des côtés paternel et maternel, sans exercer aucun art passible de souiller la noblesse ». Il fallait également des témoignages qui garantissent la moralité et la considération sociale des candidats. Mais le plus souvent le souverain pouvait s'arranger avec ces règles, comme le démontre l'anoblissement de Pierre-Joseph Arson. Voir : Simonetta Tombaccini, *La vie de la noblesse niçoise : 1814-1860*, *op. cit.*, p. 39-40.

84 *Ibid.*, p. 169-170.

85 *Ibid.*, p. 164.

86 Dans plusieurs documents l'on trouve différentes orthographes pour les noms des fondateurs de *L'Écho des Alpes maritimes* : pour Étienne Bonafons (Bonnefoy, Bonafous),

de Sardaigne, le premier en tant que chevalier et le second en tant que commandeur, donc à un grade non négligeable, tous deux sont aussi des membres de la « commission pour la disposition de la table ». Charles Laurenti-Roubaudi, fils de Vitalin Laurenti, appartient à une famille d'origine piémontaise installée à Nice et fidèle à la dynastie de Savoie – en récompense de cette fidélité son père a même été fait comte à la Restauration par une patente du roi Charles-Félix et ainsi a pu occuper la charge de trésorier de la province de Nice[87]. C'est une noblesse récente, sans aisance financière trop affirmée, mais qui permet à Laurenti-Roubaudi de se lier avec une autre famille nobiliaire, notamment par un mariage avec une fille des Crespel de Roquebillière[88]. Après avoir quitté l'armée sarde au début des années 1840, il se fait une réputation de mécène entretenue par un héritage familial qu'il continue de faire fructifier – notamment issu de son grand-père maternel, François Roubaudi, qui faute d'héritier masculin a laissé son héritage aux enfants de sa fille[89]. Gonzague Arson pour sa part, plus familier d'Auguste Carlone qui connaît bien sa famille, est le fils d'un négociant d'origine avignonnaise ayant émigré à Nice, ville d'origine de sa femme, durant la période napoléonienne. Pierre-Joseph Arson possédait des affaires commerciales prospères de Paris à Nice en passant par le Vaucluse, sa région de naissance. Par sa fortune, il s'est construit des relations et une solide réputation, un capital symbolique et un capital social appuyés sur son capital économique, lui permettant d'obtenir une reconnaissance dans la société niçoise. Avignonnais d'origine, il s'est installé dans la ville pendant la période révolutionnaire dans l'intention de fonder une banque. Il put se construire en quelques années une bonne position par l'acquisition de biens des émigrés, c'est-à-dire de grandes propriétés bradées par les autorités, notamment l'une de la famille Lascaris, une luxueuse villa qui disposait aussi d'un domaine important et très productif dans les environs immédiats de la ville[90]. Bien inséré parmi les

pour Charles Laurenti-Roubaudi (Laurenti-Robaudi) et pour Édouard Borelly (Boreli, Borelli). Dans le cadre de cette analyse nous nous en tiendrons à l'orthographe que l'on trouve dans les signatures des intéressés sur les documents de création du journal.

87 Simonetta Tombaccini, *op. cit.*, p. 33 et 164.

88 *Ibid.*, p. 27.

89 *Ibid.*, p. 37-38. Voir aussi : Michel Derlange (dir.), *Les Niçois dans l'histoire*, Toulouse, Privat, 1988, p. 128.

90 Simonetta Tombaccini, *op. cit.*, p. 40-41.

élites locales, même après la Restauration, malgré un enrichissement qui s'est fait au détriment de certaines familles illustres, en 1830 le roi Charles-Félix consent à lui accorder la charge de premier consul, soit une consécration officielle de sa promotion sociale puisqu'il devient aussi commandeur de l'ordre des Saints-Maurice-et-Lazare. Malgré une réputation particulière lié à son attrait pour l'ésotérisme, il entrait dans cette noblesse provinciale à la fidélité dynastique affirmée[91]. Il a laissé à ses enfants, dont son fils Gonzague, à la fois la gestion de ses rentes et de sa fortune – l'une des plus importantes de la province de Nice – mais aussi un honneur nobiliaire et une position symbolique qui rejaillissent sur son nom de famille, Arson, et lui permettent de s'insérer dans le champ politique en construction.

La petite noblesse provinciale qui participe à la création de *L'Écho des Alpes maritimes*, se différencie des grandes familles nobiliaires. S'il n'y a ni prince ni duc parmi ces dernières, elles ont toutefois une certaine ancienneté dans leur noblesse, généralement acquise au XVIIe siècle[92]. Leur fidélité à la dynastie les met en lien avec le pouvoir de Turin et leur permet de monopoliser les plus importantes charges provinciales en pouvant parfois aspirer à des fonctions ministérielles. La famille Tonduti de l'Escarène par exemple fait partie de cette élite de la noblesse niçoise, tout comme les Thaon de Revel – à l'automne 1848, Octave Thaon de Revel est ministre des Finances de Charles-Albert. Si la possession foncière est importante, le prestige de ce groupe social ne passe pas essentiellement par ce biais. En effet, elle a été en partie dépossédée durant la Révolution française et, malgré les mesures de dédommagements prises par le pouvoir royal, sur le modèle du « milliard aux émigrés » français de 1825, elle est, au milieu du XIXe siècle, souvent moins aisée que la bourgeoisie provinciale, anoblie ou non. Celle-ci est en ascension sociale.

---

91 Paul Gonnet, « L'ultime projet constitutionnel à Nice : l'autonomie provinciale sous l'union dynastique », *Recherches Régionales*, n° 158, 2001, p. 73-81. Une hypothèse veut que Pierre-Joseph Arson ait inspiré Honoré de Balzac pour le personnage de Balthazar Claës dans *La recherche de l'absolu*. En effet, on lui prête la qualité de disciple du scientifique et philosophe polonais Josef Hoëné-Wronski. Sensible à la prétendue découverte messianique de ce dernier, celle de « l'absolu », il aurait voulu lui racheter ce secret pour un montant de plusieurs dizaines de milliers de francs. Au-delà de son attrait pour l'ésotérisme, Pierre-Joseph Arson a aussi marqué la ville. Sa grande villa sur la colline de Saint-Barthélémy est aujourd'hui un monument culturel important de Nice et porte encore son nom (Villa Arson).

92 Simonetta Tombaccini, *op. cit.*, p. 18-20 et 25.

Elle a pu profiter d'anoblissements, comme les familles Laurenti-Roubaudi et Arson, soit par l'achat de lettres de noblesse, soit en récompense de services civils ou militaires (comme pour la famille Laurenti)[93]. À charge ensuite pour les anoblis d'assumer ce statut, notamment par des stratégies symboliques. L'une des pratiques communes en Italie pour cette noblesse provinciale récente est de demander de joindre les noms paternel et maternel pour rendre leur patronyme plus nobiliaire[94]. Ainsi, François Roubaudi, lorsqu'il a transmis son héritage à son petit-fils, dont il savait qu'il hériterait du titre nobiliaire que venait d'acquérir son gendre, Vitalin Laurenti, demanda aux autorités d'accepter qu'à sa mort, intervenue en 1831, les deux noms fussent réunis ; ainsi Charles Laurenti devint le comte Charles Laurenti-Roubaudi[95]. Mentionner ces statuts et stratégies de distinction est important, car la présence d'une partie de cette petite noblesse fidèle au pouvoir royal (Gonzague Arson, Charles Laurenti-Roubaudi et Henri Verani-Masin) dans le projet journalistique apparaît comme un gage contre toute radicalité politique pour les autorités centrales de Turin. Leur contribution est autant économique, par la participation actionnariale, que symbolique, pour rendre l'entreprise légitime auprès des autorités.

À ces premiers soutiens s'ajoutent ceux d'autres notables locaux, tel Jules Avigdor. Présent dans la « commission pour la disposition de la table » du banquet civique du 11 novembre 1847, il s'engage dans l'aventure journalistique sur la sollicitation du principal fondateur qui est aussi l'une de ses connaissances. Alors que les lois sardes l'empêchent, du fait de son judaïsme, de prétendre aux honneurs nobiliaires, son prestige et sa richesse sont tels qu'ils ont permis à sa famille d'échapper à la claustration du ghetto[96]. Comme l'explique bien Jürgen Kocka, dans les pays de l'Europe de l'ouest au milieu du XIXe, ce n'est qu'une fois devenus « bourgeois » dans leurs pratiques, leur richesse, leur langage, leur éducation, leurs mœurs et leurs manières de vivre que les juifs pouvaient espérer s'intégrer aux

93 Michel Bottin, « La noblesse niçoise au XIXe siècle. Éléments pour une étude politique », *Cahiers de la Méditerranée : L'identité niçoise*, Actes du colloque tenu les 12 et 13 juin 1991 à Nice, Nice, Centre de la Méditerranée moderne et contemporaine, n° 43, décembre 1991, p. 20-22.

94 Arno Mayer, *La persistance de l'Ancien Régime*, *op. cit.*, p. 84-86.

95 Simonetta Tombaccini, *op. cit.*, p. 37-38.

96 Jérémy Guedj, « La place des juifs à Nice au XIXe siècle : aspects d'une histoire paradoxale », art. cité, p. 37.

notabilités et à la société mondaine d'une ville[97]. Un constat qu'atteste l'évolution de la famille Avigdor, implantée dans le comté de Nice depuis le XVIIe siècle, et dont la fortune conséquente provient de la prospérité de la banque « Avigdor Isaac et fils » fondée en 1768[98]. Isaac Avigdor, le père de Jules, l'associe dès 1845 à ses affaires, alors même qu'il exerçait aussi les fonctions, reprises par son fils à sa mort en 1849, de consul de Prusse et de conseiller de commerce de Frédéric-Guillaume IV[99]. L'insertion dans les milieux bancaires de plusieurs pays et ses relations d'affaires dans des grandes villes européennes (Paris, Londres) ont permis à la banque de prospérer ; et à Jules Avigdor, en 1848, de se présenter au banquet en tant qu'un des hommes les plus riches de la province. D'autres protagonistes moins fortunés et dont les patronymes sont moins réputés se joignent aussi au projet d'Auguste Carlone. L'un de ceux-ci, Romain Roux, est également impliqué dans l'organisation du banquet à travers son rôle dans la « commission de réception ». Il doit plus à son grade de lieutenant de l'armée royale qu'à une fortune personnelle l'honneur de participer à l'accueil des convives et de s'attabler avec eux, notamment avec Henri Verani-Masin avec qui il a noué une solide amitié.

Fort de ces premiers soutiens, Auguste Carlone continue de multiplier les sollicitations, aussi auprès de Niçois absents du banquet du fait de leur éloignement de la ville en novembre 1847. En premier lieu, c'est vers Victor Juge qu'il se tourne pour renforcer sa future équipe rédactionnelle. Fils d'André Juge, conseiller municipal de seconde classe dans les années 1830, il est diplômé de l'École des mines de Paris dans laquelle il s'est formé comme ingénieur civil[100]. Les hommes comme lui sont écartelés entre deux mondes, celui des notables où ils sont quelque peu éclipsés

97 Jürgen Kocka, « Modèle européen et cas allemand », dans Jürgen Kocka (dir.), *Les bourgeoisies européennes au XIXe siècle*, *op. cit.*, p. 18-19.

98 Charles-Alexandre Fighiera, « Famille Avigdor », dans Michel Derlange (dir.), *Les Niçois dans l'histoire*, *op. cit.*, p. 20-23. Voir aussi : Michel Derlange, « Famille Avigdor », dans Ralph Schor (dir.), *Dictionnaire historique et biographique du comté de Nice*, *op. cit.*, p. 32. Isaac Avigdor eut des responsabilités importantes à Nice. Dès le 24 mars 1800, il devint officier municipal et en juin 1806, il fut choisi par le préfet Dubouchage pour représenter la communauté israélite de Nice à la grande assemblée (Grand Sanhédrin) convoquée par Napoléon Ier pour son projet de nouvelle législation pour la communauté juive.

99 Jusqu'en 1847 il est aussi consul à Nice pour le duché souverain de Lucques avant que celui-ci ne soit annexé au grand-duché de Toscane. Voir : *Almanach de la division de Nice et indicateur niçois pour l'année bissextile 1848*, Nice, société typographique, 1848, p. 208.

100 René Tresse, « Un Niçois francophile, Victor Juge (1817-1886) », dans *Actes du 96e congrès national des sociétés savantes (Toulouse 1971). Section d'histoire moderne et contemporaine*, Paris,

par les familles les plus richement dotées en biens et en réputation, mais dans lequel ils ont des relations, et celui de la petite bourgeoisie dont ils représentent la partie la plus élevée socialement. Dans toutes les villes européennes, c'est dans ce groupe social que se recrutent généralement les troupes démocrates, celles qui se mobilisent en France en faveur du suffrage universel, car ils sont ceux pour qui le système censitaire est toujours synonyme d'une certaine exclusion[101]. Bien souvent, c'est par la réussite scolaire qu'ils arrivent à s'élever dans la hiérarchie sociale ; et pour les Niçois comme Victor Juge, cela signifie partir accomplir un cursus ailleurs, par exemple à Paris. De ce fait, au mois de novembre 1847, c'est dans la capitale française qu'il se trouve lorsqu'il s'engage à distance à participer à la création de *L'Écho des Alpes maritimes.*

Dans le même temps, et de manière à renforcer son comité de directeurs-fondateurs, Auguste Carlone prend l'initiative de joindre au projet des membres de son entourage proche. Il s'attache d'abord la participation d'un de ses plus anciens amis, Étienne Bonafons ; d'une origine sociale équivalente, ils ont fréquenté ensemble les bancs de l'Université de Paris dans la même filière juridique, dans laquelle ce dernier a mieux réussi que le premier puisqu'il a obtenu son diplôme d'avocat[102]. Les manuscrits rédigés dans sa jeunesse par le banquier niçois permettent d'établir une amitié de longue date entre les deux hommes qui se connaissent depuis leur adolescence. Au cours des décennies 1830 et 1840, Étienne Bonafons et Auguste Carlone ont passé de nombreux étés ensemble, particulièrement dans la Vallée d'Aoste, ou encore dans un établissement de Saint-Dalmas-de-Tende où se rendent les familles niçoises de la bourgeoisie ou de la petite noblesse pour esquiver les fortes chaleurs estivales[103]. Lui aussi, de la même manière que Victor Juge et Auguste Carlone, a connu l'effervescence politique de Paris au début des années 1830 et y a perçu la force de la presse, notamment d'un journal comme *Le National.* C'est fort de cette conscience politique qu'en novembre 1847, alors qu'il se trouve à Marseille où il gère ses affaires commerciales qui lui permettent d'alimenter un magasin

---

Bibliothèque nationale, 1976, p. 207-226. Voir aussi : Ralph Schor, « Juge Victor », Ralph Schor (dir.), *Dictionnaire historique et biographique du comté de Nice*, *op. cit.*, p. 202.

101 Christophe Charle, *Histoire sociale de la France au* XIX*e siècle*, *op. cit.*, p. 50.

102 François Brun, « Pierre François Augustin Théophile Carlone : notice biographique », *op. cit.*, p. 69-70.

103 Bibliothèque Romain Gary, Manuscrits d'Auguste Carlone, MS 89.

de savon qu'il possède sur la place Saint-François à Nice[104], qu'Étienne Bonafons décide de répondre favorablement à la sollicitation de son ami. Enfin, le dernier des membres du comité de direction du journal n'est autre que le beau-frère du principal fondateur, Édouard Borelly, marié depuis 1839 avec Agathe Carlone, la sœur d'Auguste, mariage qui dénote par ailleurs une certaine proximité dans leurs origines sociales[105]. Lorsque se déroule le banquet, lui aussi se trouve dans la cité phocéenne dans laquelle il s'est installé avec sa femme durant les années 1840 pour pratiquer le négoce. Néanmoins, et malgré son éloignement, se tenant au courant des affaires sa ville natale, notamment à travers la correspondance entretenue avec son beau-frère, il assure ce dernier de sa participation au projet journalistique.

À travers ces collaborations nouées par Auguste Carlone, l'on constate que « le fait d'être amis, parents [...], d'entretenir des liens plus ou moins étroits dans le registre familier favorise une communauté de perspectives, des relations de confiance personnelle ou civique et des incitations réciproques à l'engagement public[106] ». Si les fondateurs du journal se côtoient dans le cadre d'une activité nouvelle, c'est essentiellement parce qu'ils se connaissaient avant la création de *L'Écho des Alpes maritimes*. Tous ne se fréquentaient pas personnellement, mais chacun possède, en 1847, un capital social nourri de relations mondaines ou familiales dans lequel s'intègre obligatoirement au moins un des fondateurs du journal (et souvent plusieurs). Qu'ils aient une noblesse récente ou non, tous sont issus de familles où l'on constate un attachement à l'éducation qui forge la culture bourgeoise, le goût pour le savoir, la musique, la littérature et les arts, toutes sortes de choses permises par leur aisance et par le temps libre qu'elle offre. Une culture qui ne peut fleurir que dans les villes, même moyennes, car il faut des pairs à rencontrer dans des clubs, dans des réunions, dans des réceptions ou des spectacles. Si cela permet à la nouvelle rédaction de disposer d'hommes cultivés aptes à rédiger des articles et qui ont les moyens d'appuyer l'entreprise financièrement et par leur notoriété, un problème demeure : aucun n'est familier des démarches à engager pour concrétiser la création d'un journal, ni ne

104 *Almanach de la division de Nice et indicateur niçois pour l'année bissextile 1848*, *op. cit.*, p. 213.

105 ADAM, État civil, 5MI89/111, Acte de mariage d'Édouard Borelly et d'Agathe Carlone, célébré le 2 mai 1839 à Nice.

106 Daniel Cefaï, *Pourquoi se mobilise-t-on ? Les théories de l'action collective*, Paris, La Découverte MAUSS, 2007, p. 371.

peut faire valoir d'expérience dans le domaine de la presse. Ainsi, le Auguste Carlone requiert la collaboration d'un individu dont il est assez proche pour savoir qu'il possède l'expérience nécessaire pour mener à bien la création de *L'Écho des Alpes maritimes* : Hippolyte de Rangouse.

Quelque peu sibylline est la vie de cet homme qui n'est passé à la postérité que part de rares traces archivistiques alors qu'il a pourtant eu un rôle nodal dans la création puis la gestion du premier véritable journal politique niçois. Néanmoins, des éléments subsistent et permettent de cerner quelques traits biographiques. Antoine Hippolyte de Rangouse de Beauregard, de son nom complet, est issu d'une famille de la noblesse d'Agen, lui-même y étant né en 1793. Il est le fils d'un modeste noble du Lot-et-Garonne, Jean Chrysostome de Rangouse, seigneur de Beauregard et de Teste. La présence de ce ressortissant français dans la cité niçoise s'explique vraisemblablement par une émigration de sa famille dans le royaume de Sardaigne durant les années 1790[107]. Quoi qu'il en soit, Hippolyte de Rangouse semble bien établi à Nice au cours du premier XIXe siècle puisqu'il se marie en 1838 et que, sur l'acte de mariage, il est déjà inscrit comme professeur, fonction qu'il exerce toujours en 1848[108]. L'*Almanach de la division de Nice* pour cette année-là le présente comme un ancien élève de l'École polytechnique installé à Nice en tant que « professeur de mathématiques pures et appliquées, de français et de littérature » donnant des cours à la maison Grandis, son local de la rue des Ponchettes tout proche du *Corso*[109]. C'est sa qualité de client de la banque Carlone qui a permis au principal fondateur du périodique niçois de tisser des liens avec Hippolyte de Rangouse. Bien qu'éloigné des affaires, qu'il a déléguées à son cousin Pierre de Ricordy, Auguste Carlone n'en connaît pas moins, pour avoir été associé à la gestion de la banque, beaucoup des hommes qui en sont clients[110].

107 C'est en tout cas ce que l'on peut deviner si l'on s'en tient à un état détaillé dressé pour l'année 1826 à la suite de la loi du 27 avril 1825 pour l'indemnisation des émigrés de la Révolution française. Son père Jean-Chrysotome Rangouse de Beauregard, et son oncle, Jean-Arnaud de Rangouse, sont consignés comme émigrés. Voir : *États détaillés des liquidations faites par la commission d'indemnité, à l'époque du 31 décembre 1826*, Paris, Imprimerie royale, 1827, Lot-et-Garonne, p. 5.

108 ADAM, État civil, 5MI89/67, Acte de mariage d'Antoine Hippolyte Rangouse de Beauregard et Jeanne Guiglia, célébré le 18 octobre 1838 à Nice.

109 *Almanach de la division de Nice et indicateur niçois pour l'année bissextile 1848*, *op. cit.*, p. 249.

110 ADAM, Fonds Carlone, 7 J 34, Correspondances entre Auguste Carlone et Hippolyte de Rangouse. Dans plusieurs correspondances il est fait mention des comptes du second

S'il choisit ce professeur de mathématiques ce n'est pas tant pour ses qualités d'enseignant mais parce qu'il a été à l'origine de la création d'un journal du nom de la *Gazette de Nice* en 1832[111]. Nonobstant la brièveté de son existence, quelques semaines seulement, et la vacuité de son contenu, due à la léthargie imposée par la censure, la position de rédacteur en chef occupée par Hippolyte de Rangouse lui permet tout de même d'être au fait des démarches à accomplir pour concrétiser juridiquement un journal.

DE L'INFORMEL AU FORMEL : L'OFFICIALISATION DE *L'ÉCHO DES ALPES MARITIMES*

La première fonction d'une institution, quelle qu'elle soit, est d'assurer sa survie en se donnant une « légitimité[112] » ; ainsi, un journal doit obtenir une reconnaissance officielle de l'État en respectant les règles – plus ou moins contraignantes – en vigueur. Son principal fondateur, lorsqu'il entreprend une action politique et réunit pour cela un collectif, quelque forme qu'il prenne, doit aussi entretenir « la croyance du groupe dans la nécessité et la légitimité de son action[113] ». C'est une étape fondamentale pour trouver des partenaires politiques qui soient aussi des contributeurs économiques, pour faire du dessein individuel une œuvre collective. L'initiateur du projet doit s'investir plus que la normale, au point que ses fonctions journalistiques deviennent son activité principale ; il doit se faire, comme Auguste Carlone, un homme de presse à plein temps, pas seulement publiciste mais aussi un patron de journal – s'il continue à gérer ses propriétés, il n'effectue plus de voyages en Europe ni n'a de rôle dans la gestion de la banque familiale. Son statut est différent de celui de beaucoup de ses collaborateurs qui, à l'instar de l'ingénieur Victor Juge, n'ont pas l'aisance financière suffisante pour se permettre de renoncer à leurs activités principales et devenir des collaborateurs à temps plein. Ainsi, le rôle prééminent

---

dans la banque du premier.

111 ADAM, Fonds Carlone, 7 J 35, Documents relatifs aux activités journalistiques d'Auguste Carlone. C'est ce qui ressort de documents produits par Auguste Carlone dans le but d'organiser la création du journal.

112 Frédéric Lordon, *La société des affects. Pour un structuralisme des passions*, Paris, Seuil, 2013, p. 136.

113 Luc Boltanski, Pierre Bourdieu, « La production de l'idéologie dominante », *Actes de la recherche en sciences sociales*, 1976, n° 2-3, p. 6.

que tient Auguste Carlone fait qu'il peut jouir de la direction effective de l'institution de presse. Mais cette position prééminente lui impose d'agir pour la rendre légitime auprès du pouvoir royal, en donnant des gages de respect de l'ordre social et des lois.

Dans divers brouillons et dans sa demande officielle d'autorisation pour *L'Écho des Alpes maritimes*, Auguste Carlone affirme que l'essentiel dans la réussite de l'entreprise qu'il a lancée est qu'elle soit « soutenue par les plus riches capitalistes et les familles les plus considérables du pays[114] ». En liant ainsi la richesse et la considération, comme une assurance donnée au pouvoir souverain dans le but d'obtenir une autorisation, il dévoile plusieurs mécanismes sociaux. Ce rapport à la considération rejoint l'idée que l'on retrouve dans la définition déjà citée du « notable » de l'édition 1835 du *Dictionnaire de l'Académie française* qui évoque les hommes « plus considérables d'une ville, d'une province, d'un État[115] ». La possession d'un capital économique est éminemment liée à un « honneur social » (un capital symbolique), à une position de considération (« considérable » écrit aussi le notable niçois) reconnue par les autorités au sommet de l'échelle socio-politique, par les classes populaires en bas, et que les notables se reconnaissent mutuellement[116]. L'entrée dans l'activité politique – qu'il s'agisse de fonder un journal ou par la suite de présenter une candidature aux élections – se fait nécessairement par la transformation de cette « estime sociale » en une « estime politique[117] ». Les dispositions sociologiques qui déterminent la possibilité d'entrer dans l'action politique, particulièrement au milieu du XIXe siècle, reposent fondamentalement sur la « distribution du capital et du *temps libre* » dans la société[118]. Les notables sont dans la situation de l'homme « économiquement disponible » pour reprendre la formule de Max Weber, ou, pour le dire de manière plus précise, économiquement disposé (à investir dans un journal par exemple) et temporellement disponible (c'est-à-dire que « l'acquisition de revenus n'oblige pas à consacrer constamment et personnellement toute sa puissance de

114 ADAM, Fonds Carlone, 7 J 35, Brouillons de la demande officielle d'autorisation de *L'Écho des Alpes maritimes* auprès du pouvoir royal sarde.

115 *Dictionnaire de l'Académie française*, Paris, Imprimerie et librairie de Firmin Didot frères, Sixième édition, 1835, p. 2273.

116 Max Weber, *Le savant et le politique*, Paris, Bibliothèques 10/18, 2002, p. 129 et 137-138 (1re éd., 1959).

117 Max Weber, *Économie et société*, Paris, Pocket, 2014, p. 378.

118 Pierre Bourdieu, *Langage et pouvoir symbolique*, Paris, Seuil, 2001, p. 252.

travail et de pensée à sa subsistance[119] »). La richesse permet donc à celui qui la possède de consacrer du temps à l'action politique (quelque forme qu'elle prenne) en lui donnant la possibilité de « diriger et d'administrer effectivement de façon continue un groupement quelconque, sans salaire ou contre un salaire nominal ou honorifique[120] ». C'est exactement la situation d'Auguste Carlone et de ses collaborateurs dans la rédaction de *L'Écho des Alpes maritimes*.

À Nice, à la fin du mois de novembre 1847, le banquier niçois s'investit pleinement avant même l'officialisation du journal et endosse le rôle de patron de presse. Il tâtonne, il réfléchit au titre ainsi qu'à la périodicité. Avec l'aide d'Hippolyte de Rangouse, il reprend ses brouillons pour rédiger en bonne et due forme une demande officielle d'autorisation de publication envoyée au pouvoir de Turin. Nombre de décisions doivent être prises prestement pour se plier aux contraintes juridiques encore existantes dans la nouvelle loi sur la presse. Celle-ci impose d'insérer dans la demande officielle d'autorisation de publication la liste des matières traitées, les noms des principaux collaborateurs et de celui qui assume le rôle de gérant-responsable – qui engage sa responsabilité juridique en cas de procès de presse –, le nombre de pages, la périodicité, le titre du journal ainsi que sa langue de rédaction[121]. Dans un territoire frontalier où les mœurs et les pratiques culturelles et linguistiques sont marquées par des influences françaises et italiennes, les hommes qui composent le collectif sous-jacent à l'institution journalistique doivent statuer sur la langue d'écriture. Ayant le français comme langue natale (il l'utilise dans ses documents personnels), Auguste Carlone profite de son rôle prééminent dans le processus de création de *L'Écho des Alpes maritimes* pour l'imposer, justifiant ainsi son choix :

> Il sera rédigé en français, non pas qu'il ne doive se montrer constamment animé des plus vives sympathies italiennes, mais parce que la langue française, qui est en quelque sorte le truchement des nations européennes, semble mieux convenir à un mélange de population au sein duquel toute l'Europe apporte un contingent annuel[122].

119 Max Weber, *Le savant et le politique*, *op. cit.*, p. 138.

120 Max Weber, *Économie et société*, *op. cit.*, p. 378-379.

121 Daniela Orta, « I prodromi di un'opinione pubblica », dans Valerio Castronovo (dir.), *La nascita dell'opinione pubblica in Italia*, *op. cit.*, p. 106.

122 ADAM, Fonds Carlone, 7 J 35, Brouillons rédigés par Auguste Carlone pour la demande officielle d'autorisation du journal *L'Écho des Alpes maritimes* auprès du pouvoir royal.

L'argument de la diffusion du journal aux hivernants qui, déjà en ce milieu du XIXe, fréquentent la ville de Nice, démontre que le public visé est essentiellement mondain, familier des établissements littéraires du *Corso*, sans fermer la porte à une diffusion dans les départements français de l'outre-Var. Cependant, le choix est clairement celui d'Auguste Carlone puisqu'il est certain que, dans cette période d'affirmation patriotique, nombre de collaborateurs eussent préféré que la rédaction s'en fît en italien, notamment ceux qui, comme Charles Laurenti-Roubaudi ont réalisé tout leur cursus scolaire dans cette langue, à Nice puis à l'Université de Turin. Cependant, aucun ne prend le parti de s'opposer à ce choix, en partie parce que dans la bourgeoisie et la petite noblesse provinciales niçoises, malgré les préférences personnelles, le français est tout de même une langue familière, comme en attestent les correspondances d'Auguste Carlone avec Charles Laurenti-Roubaudi ou Henri Verani-Masin[123].

Une fois réglée la question de la langue de rédaction, le choix du nom de l'institution journalistique se présente comme l'étape suivante, accomplie là encore sous l'impulsion du principal fondateur. Ainsi que l'écrit ce dernier, le titre choisi, *L'Écho des Alpes maritimes*, se veut d'abord un hommage à l'œuvre monumentale sur l'histoire du comté de Nice de l'abbé Gioffredo (1629-1692), historiographe du roi de Sardaigne qui a rédigé durant le second XVIIe siècle une *Storia delle Alpi marittime* (*Histoire des Alpes maritimes*) que le roi Charles-Albert a fait publier en 1839[124]. Cependant, associer « Alpes » et « maritimes » peut aussi être une référence au nom du département français durant la première annexion de Nice (1793), ce qui lui donne un sens politique bien différent ; le nom peut aussi, comme le précise Auguste Carlone, « rappeler les antiques origines historiques » de la région puisqu'il s'agit là d'une référence à l'action de l'empereur romain Auguste qui, après avoir vaincu les peuples ligures, a constitué la province militaire des *Alpes Maritimae* en 14 avant J. C., avant que ne soit édifié le trophée d'Auguste à La Turbie en l'an 7 avant notre ère[125]. Le titre choisi est

123 ADAM, Fonds Carlone, 7 J 35 et 36, Correspondances entre Auguste Carlone et Henri Verani-Masin et entre Auguste Carlone et Charles Laurenti-Roubaudi.

124 Michel Bottin, « Les Alpes maritimes selon Pierre Gioffredo. Éléments pour une histoire transfrontalière », *Histoire des Alpes*, Istituto di Storia delle Alpi, Università della Svizzera italiana, Lugano, n° 6, 2001, p. 56.

125 ADAM, Fonds Carlone, 7 J 35, Brouillons rédigés par Auguste Carlone pour la demande officielle d'autorisation du journal *L'Écho des Alpes maritimes* auprès du pouvoir royal.

en fait le produit d'un consensus ; chacun peut l'interpréter à sa guise selon ses sensibilités politiques et culturelles.

L'Écho des Alpes maritimes dispose désormais d'une véritable « identité » qui doit encore être validée par le pouvoir, tout comme les autres éléments inscrits dans la demande d'autorisation de publication, tels que la définition des sujets traités et la périodicité choisie. Les collaborateurs réunis par Auguste Carlone s'accordent sur une publication trihebdomadaire et fixent une première ligne éditoriale dans des termes que l'on sait orientés par la volonté de donner des gages de respectabilité au pouvoir :

> C'est répondre à la sollicitude de Sa Majesté pour le bien de Ses peuples que fonder à Nice un journal commercial, politique et littéraire qui traite de tout ce qui se rattache aux intérêts moraux et matériels du pays, sans jamais s'écarter du respect dû aux institutions, aux lois et aux convenances. Ce journal discutera les actes de l'administration municipale et [...] s'occupera subsidiairement : des sciences naturelles, de questions de politique et d'économie, d'histoire et d'archéologie, de commerce et d'industrie. Précis exact des nouvelles de l'intérieur, résumé impartial de nouvelles extérieures [...], les réflexions seront constamment dictées par une sagesse de principe que ne démentira point son attachement au gouvernement et au pays[126].

Derrière ces formules nécessairement lissées, se trouve un objectif clair, et que l'on pressent être le principal pour *L'Écho des Alpes maritimes* : n'avoir officiellement de vision critique que sur l'administration de la province, épargnant ainsi les institutions étatiques. L'important dans un tel document est surtout d'insister sur le « respect dû aux institutions, aux lois et aux convenances » et l'« attachement au gouvernement » ; des promesses faites pour rassurées, et jugées suffisamment rassurantes par la Commission supérieure de la presse de Turin pour qu'une autorisation officielle soit accordée le 15 décembre 1847[127]. La réponse du pouvoir royal officialise *L'Écho des Alpes maritimes* et toutes les démarches effectuées depuis plusieurs semaines par Auguste Carlone :

> *Presi gli ordini di S. M. in udienza del 14 corrente mese, Si autorizza il Signore Hippolyte de Rangouse ad istituire e pubblicare sotto la sua direzione e risponsabilità, tre volte alla settimana, nella suddetta città di Nizza marittima, un giornale politico, letterario, e commerciale, col titolo L'Écho des Alpes maritimes.*

---

126 *Ibid.*

127 *Cf.* Annexes, document n° 1 pour consulter la transcription intégrale de ce document, rédigé originellement en italien mais inséré dans sa traduction française.

« Suivant les ordres pris par Sa Majesté durant l'audience du 14 du mois courant, Elle autorise Monsieur Hippolyte de Rangouse à fonder et à publier sous sa direction et sa responsabilité, trois fois par semaine, dans ladite ville de Nice, un journal politique, littéraire et commercial avec le titre *L'Écho des Alpes maritimes*[128]. »

Dès lors, le 15 décembre 1847, le journal est officiellement autorisé et c'est Hippolyte de Rangouse qui en assume la responsabilité juridique en devenant gérant-responsable. Cette fonction n'est pas propre aux lois sardes puisqu'elle existe de la même manière, quoique sous un nom différent, dans d'autres États. Cependant, la pratique majoritaire, ainsi que nous l'apprend Eugène Hatin dans son étude sur la presse en France, est de choisir pour occuper cette fonction un homme qui n'a aucune implication dans la rédaction et qui est rémunéré par l'entreprise de presse pour être un « bouc-émissaire des articles dont le coupable désire garder l'anonyme[129] ». Or, Hippolyte de Rangouse s'écarte de ce profil car il s'impose comme un collaborateur de première importance pour concrétiser le journal dans la période qui suit la réception de l'autorisation, qui ne signifie en aucun cas que *L'Écho des Alpes maritimes* peut d'ores et déjà être publié. En effet, bien qu'aucune réserve sur les caractéristiques (nom, périodicité, langue de rédaction et objets traités) n'ait été émise par le pouvoir royal, des conditions obligatoires doivent encore être pourvues. Les patentes royales ont préservé un système de censure : les néopublicistes doivent s'acquitter d'un « dépôt de la somme de deux mille lires qui doit se faire à la Caisse des dépôts et des consignations » et réaliser un « enregistrement préalable dans le registre de la Commission provinciale[130] ». Cette dernière est une institution présente dans toutes les villes du royaume autorisées à disposer d'une presse (les chefs-lieux des divisions). Chaque journal doit impérativement y être enregistré sous peine de s'exposer à des poursuites ; l'avocat fiscal général, qui représente le « ministère public » à l'échelle de la province, peut ordonner la saisie des numéros publiés clandestinement et renvoyer l'affaire directement devant la Commission supérieure de Turin qui a

128 ADAM, Fonds Carlone, 7 J 34, Autorisation officielle pour *L'Écho des Alpes maritimes* délivrée par Charles-Albert Ier le 15 décembre 1847.

129 Eugène Hatin, *Histoire du journal en France, 1631-1853*, Paris, P. Jannet, 1853, 2e édition, p. 304.

130 ADAM, Fonds Carlone, 7 J 34, Autorisation officielle pour *L'Écho des Alpes maritimes* délivrée par Charles-Albert Ier le 15 décembre 1847.

le pouvoir de revenir sur l'autorisation accordée et de faire condamner le gérant-responsable[131].

Dans les coulisses, les directeurs du journal s'activent pour parer à toutes les obligations administratives. Malgré les contraintes, les choses avancent rapidement puisque dès le 20 décembre 1847 se diffuse un spécimen du programme de *L'Écho des Alpes maritimes* dans la ville de Nice, dont on n'a pu garder trace mais qui est connu par la mention qu'en fait Auguste Carlone[132]. S'il est diffusé pour attirer de futurs abonnés, il a aussi pour fonction de mobiliser d'éventuels contributeurs souhaitant investir. En effet, conformément à l'article 4 des patentes royales des 29 et 30 octobre 1847, ses fondateurs, après la réception de l'autorisation officielle, ne disposent que de quelques jours pour déposer la somme de 2 000 francs à la Caisse des dépôts et consignations[133]. La situation impose alors à Auguste Carlone, Hippolyte de Rangouse et leurs associés la mise en place de structures financières solides, notamment à travers une société par actions, pour ne pas voir leur dessein péricliter devant les barrières imposées par le pouvoir. Une nécessité d'autant plus impérieuse que les frais d'imprimerie et de distribution du nouvel organe de presse seront immédiats une fois la création entérinée. Ainsi, Auguste Carlone et Hippolyte de Rangouse s'attèlent à la rédaction d'un premier brouillon d'un document en quatorze articles pour la fondation d'une société par actions[134]. S'il est issu de la plume du second, c'est bien le premier qui sollicite son réseau relationnel pour concrétiser l'organisation financière du journal, notamment l'un de ses plus proches amis, Dominique Galli, lui aussi convive au banquet du mois de novembre 1847. Bien qu'il n'ait pas eu la volonté de s'engager dans l'aventure journalistique, les sources nous apprennent qu'il est

131 Ugo Bellagamba, « Les mutations de la justice administrative à Nice durant la Restauration sarde : le cas du tribunal de préfecture (1822-1842) », dans Marc Ortolani, Olivier Vernier (dir.), *La justice administrative à Nice (1800-1953) : du conseil de préfecture au tribunal administratif*, Actes de la journée d'étude organisée par l'Université de Nice Sophia-Antipolis le 25 novembre 2005, Nice, Serre, 2006, p. 36.

132 Paul Messié, « Albin Mazon, Notes inédites, suivies des commentaires d'Auguste Carlone », *Nice Historique*, janvier-décembre 1960, Numéro spécial du centenaire, p. 186.

133 Le montant est exprimé en lire, cependant, dans tous les documents de la création du journal, les sommes sont en francs. L'analyse qui suit reprend les critères des sources d'Auguste Carlone, les sommes y sont donc exprimées en francs, cela ne posant aucune complication du fait de l'équivalence exacte entre les deux monnaies.

134 ADAM, Fonds Carlone, 7 J 35, Brouillons ayant trait à la fondation d'une société par actions pour la publication de *L'Écho des Alpes maritimes*.

disposé, en tant qu'avocat, à apporter une aide juridique à son ami Auguste Carlone dans ses démarches[135].

Le 24 décembre 1847, les fondateurs du journal apposent leur signature et actent juridiquement leur partenariat, à l'exception Victor Juge qui n'a pu être présent, mais dont le nom est mentionné dans le document et qui dispose bien d'un statut équivalent à celui de ses collaborateurs. Dans le même temps, les bureaux de l'institution journalistique sont fixés au numéro 10 du *Corso*, dans un bâtiment situé sous la « Terrasse » où s'est déroulé le banquet de novembre 1847. Le lieu répond à une double fonction : l'obligation fixée par le pouvoir royal de fournir une adresse officielle où, lorsque la loi n'est pas respectée, les saisies des numéros sont effectuées ; et un lieu où se déroulent les réunions entre les rédacteurs nécessaires à la préparation puis à la publication du journal, mais aussi pour recevoir des annonces, du courrier ou des réclamations de la part des lecteurs. Ainsi, l'entreprise de presse se concrétise spatialement, elle marque l'espace urbain, avant même de se réaliser matériellement par ses premières publications. Petit à petit tous les éléments se mettent en place. Comme le souligne Maurice Agulhon, « plus une association a d'activité, plus elle a besoin de renforcer son organisation interne » pour entrer dans un cadre formel en se fixant une hiérarchie organisationnelle fondée sur un « informel préexistant[136] ». *De facto*, un organigramme se détermine pour *L'Écho des Alpes maritimes*, qu'il est plus qu'intéressant de reconstituer tant les documents dans lesquels se trouvent exposés les détails des coulisses du fonctionnement d'un journal sont rares pour l'histoire de la presse du premier XIXe siècle[137].

La maîtrise du langage écrit, ainsi que l'explique bien Jack Goody, implique des savoir-faire et permet une communication à distance qui favorise l'organisation d'un groupe[138]. Que ce soit dans les relations avec les pouvoirs, lorsqu'il s'agit de formuler une demande officielle d'autorisation, ou dans la gestion administrative, pour récolter des souscriptions ou encore créer des statuts, ou bien, de manière plus officieuse, communiquer à distance entre les membres de la direction ou établir

135 *Ibid.* L'un des brouillons est signé par Dominique Galli.

136 Maurice Agulhon, *Le cercle dans la France bourgeoise : 1810-1848*, *op. cit.*, p. 12 et 39.

137 *Cf.* Annexes, document n° 2 pour la reproduction du texte en entier. L'analyse présentée par la suite met en relation ce document officiel avec les papiers personnels d'Auguste Carlone qui permettent de connaître avec une précision accrue la répartition des rôles.

138 Jack Goody, *La raison graphique*, *op. cit.*, p. 17.

une comptabilité, la maîtrise poussée de l'écrit sous différentes formes est indispensable. Ainsi en est-il pour les statuts du journal, document établi devant notaire dont la production a nécessité des compétences juridiques. Au fil du XIXe siècle, l'organisation de collectifs qui perdurent dans le temps a concordé avec un recours massif à l'écrit, comme l'a bien montré Delphine Gardey dans un ouvrage plus qu'intéressant pour les historiens de la presse. L'écrit est nécessaire dans le rapport avec le pouvoir, mais aussi, et c'est ce qui participe de cette « révolution de papier » qu'évoque l'auteure, pour l'auto-organisation d'un groupe ou d'une association[139]. Si l'écriture à valeur officielle relève d'une technique précise et de codes (la taille des lettres, la forme de celles-ci, les formules, le positionnement des mots et phrases), la codification vaut également lorsqu'on institue officiellement un collectif en définissant, à partir de principes juridiques en vigueur, des statuts. C'est un acte qui permet à un groupe de passer de l'informel au formel, de s'officialiser tout en auto-définissant son fonctionnement, c'est-à-dire des règles régissant les relations entre ses membres mais aussi entre ces derniers et les autorités. Il est alors nécessaire de recourir à un savoir-faire professionnel, donc à des personnes qui le possèdent – ce qu'Auguste Carlone n'a pas eu de mal à faire en sollicitant son capital relationnel[140].

La première information importante de l'acte pour organiser juridiquement le journal est une confirmation du rôle d'Hippolyte de Rangouse. C'est lui qui, « de concert avec les sociétaires susdits [Arson, Avigdor, Borelly, Bonafons, Carlone, Juge, Laurenti-Roubaudi, Roux et Verani-Masin] », a effectué « les démarches nécessaires auprès des autorités compétentes, et obtenu sous la date du 15 du mois [décembre 1847] un brevet du ministère de l'Intérieur portant autorisation de publier en cette ville trois fois par semaine le journal projeté sous le titre *L'Écho des Alpes maritimes*[141] ». Un des éléments fondamentaux du document est la cession des droits d'exploitation du journal, échus légalement à Hippolyte de Rangouse du fait qu'il est, en tant que gérant-responsable, l'auteur de la demande officielle auprès du pouvoir royal, au comité de direction qui comprend tous les propriétaires. Le gérant-responsable

139 Delphine Gardey, *Écrire, calculer, classer. Comment une révolution de papier a transformé les sociétés contemporaines (1800-1940)*, Paris, La Découverte, 2008.

140 *Ibid.*, p. 76.

141 ADAM, Fonds Carlone, 7 J 35, Actes de création de *L'Écho des Alpes maritimes*.

ne peut en être tout comme il ne lui est pas permis d'être actionnaire. Cependant, il perçoit en échange de la caution juridique qu'il offre « la somme de 1 200 francs par an » ainsi qu'une fois les premiers exemplaires publiés « un cinquième sur les bénéfices nets de la société[142] ». Outre les dispositions concernant la propriété et les droits d'exploitation du journal, l'acte notarié expose une répartition des prérogatives : le comité de direction est partagé en deux entités bien distinctes, celui de rédaction et celui de surveillance. Hippolyte de Rangouse n'est intégré à aucun des deux, même si les dispositions fixées l'obligent à « avoir toujours prêts les articles nécessaires pour la composition et la publication du journal[143] ». Le dépassement de son rôle de gérant-responsable est donc inscrit dans les statuts. Il est chargé de contrôler que les numéros soient bien mis en forme et envoyés auprès des abonnés selon la périodicité trihebdomadaire annoncée, ainsi que d'offrir une contribution sporadique à la rédaction, réalisée par les membres du comité éponyme : Gonzague Arson, Jules Avigdor, Étienne Bonafons, Auguste Carlone et Victor Juge. Les articles composant le journal sont principalement issus de leur plume sans que l'on ne connaisse l'importance prise par chacun dans le travail rédactionnel, bien que l'on puisse subodorer, du fait de son implication, une prééminence du principal fondateur de *L'Écho des Alpes maritimes*, Auguste Carlone. Une fois rédigées, les contributions sont transmises au gérant qui se charge du travail préalable à l'impression. Dans le second comité, Édouard Borelly, Charles Laurenti-Roubaudi, Romain Roux et Henri Verani-Masin, tout en contribuant à certains articles, contrôlent la gestion financière. Leur incombe la répartition des ressources générées par les actions ainsi que d'éventuels futurs bénéfices. Outre le premier cinquième reversé à Hippolyte de Rangouse, les sommes sont divisées en deux : la première est allouée aux fondateurs du journal, ceux répartis dans les deux comités, et la seconde aux actionnaires, divisée au *prorata* des actions dont ils sont porteurs, sachant que la qualité de directeur-fondateur n'est point un obstacle à une participation actionnariale (donnant droit à une double part des éventuels bénéfices). Il est toutefois important de préciser que ces dispositions sont surtout préventives, pour parer juridiquement à toute éventualité, les directeurs du journal étant conscients que toute

142 *Ibid.*
143 *Ibid.*

entreprise de presse de cette époque a beaucoup plus de chance de péricliter rapidement que de dégager des bénéfices.

Ce qu'il faut déduire du document, au-delà de la définition du rôle de chaque collaborateur, c'est surtout qu'il est l'aboutissement de tout un processus. Les sources permettent de dévoiler la manière dont, au fil des semaines, une dizaine d'hommes, jamais liés à quelque entreprise de presse que ce soit (à la seule exception d'Hippolyte de Rangouse, et de manière sporadique), réussissent à fonder un organe de presse avec une organisation assurant la pérennité de l'entreprise prenant assise dans les affinités relationnelles mais aussi dans le capital économique de chacun d'eux. Toutefois, la mise en place de ces structures fonctionnelles ne marque pas la fin du « travail d'instauration et d'entretien [...] nécessaire pour produire et reproduire des liaisons durables [...] propres à procurer des profits matériels et symboliques », en l'occurrence ceux qu'offre la possession d'un organe de presse. Autrement dit, les « stratégies d'investissement social » des fondateurs de *L'Écho des Alpes maritimes* ne sont pas achevées[144]. En effet, il manque encore un soutien financier plus affirmé pour renforcer la société par actions et élargir le réseau des contributeurs. Ainsi, le premier cercle, celui des cofondateurs – tous actionnaires et directeurs – doit se fondre dans un second cercle qui élargit la perspective et intègre les autres actionnaires. Dans ces deux zones imaginées se trouvent des individus ayant des activités et des statuts sociaux différents mais qui, bien que ne se connaissant pas tous personnellement, sont liés entre eux par leur participation plus ou moins importante à l'entreprise de presse.

PÉRENNISER UNE INSTITUTION JOURNALISTIQUE
Stratégies actionnariales et partenariales

Si l'on devait quelque peu simplifier l'analyse sociologique du collectif impliqué dans la création de *L'Écho des Alpes maritimes*, l'on pourrait dire ceci : les cofondateurs du journal appartiennent à ce groupe social assez

144 Pierre Bourdieu, « Le capital social », *Actes de la Recherche en sciences sociales*, n° 31, janvier 1980, p. 2-3.

mêlé qui comprend la bourgeoisie et la petite noblesse provinciales ; ils se différencient des autres actionnaires, qui eux relèvent pour la plupart, d'une petite bourgeoisie aisée dont les commerces se situent dans le centre mondain de la ville, le *Corso*, et qui ont les précédents comme clients (dans leurs pharmacies, leurs boutiques ou leurs ateliers) et profitent aussi de la « douceur d'être inclus » dans le microcosme de la bonne société niçoise[145]. L'espace de détente de la bourgeoisie et de la petite noblesse de la province est finalement le lieu de travail de la petite bourgeoisie commerçante. Outre un modeste concours financier par l'actionnariat, celle-ci apporte aussi des services, comme celui de l'imprimerie, essentielle pour la publication d'un journal. C'est la mise en rapport de ces deux groupes sociaux qui permet la création de *L'Écho des Alpes maritimes.*

LA SOCIÉTÉ PAR ACTIONS : ÉLÉMENT FONDAMENTAL D'UNE ENTREPRISE DE PRESSE

La plupart des journaux des départements français du milieu du XIXe siècle, comme le souligne Marc Martin – mais la remarque s'applique avec encore plus de vigueur au royaume de Sardaigne –, ne disposent souvent que d'un ou deux collaborateurs, et leurs gérants sont des imprimeurs en quelque sorte « multitâches[146] ». Ils effectuent seuls, ou quasiment, toutes les étapes pour la publication de leur feuille. Cependant, toute entreprise journalistique qui s'inscrit dans la durée doit être dotée d'une organisation plus solide si elle ne veut pas disparaître à la moindre difficulté (et il n'en manque pas pour les journaux – procès, censure, manque d'abonnés). C'est cela que réussissent à accomplir les notables niçois qui s'investissent dans la fondation de *L'Écho des Alpes maritimes.* La pérennisation de leur entreprise de presse passe par la mise en commun d'un capital économique dont la forme privilégiée est la société par actions. Karl Marx a bien expliqué bien comment, dans une économie capitaliste, celle-ci est un des moyens pour réaliser la « fusion d'une foule de capitaux », accumulés selon diverses formes en divers endroits par leurs détenteurs, et opérer une « centralisation du capital » pour investir en commun[147]. C'est à ce travail que s'attèle

145 Michel Morineau, « La douceur d'être inclus », dans Françoise Thelamon *(dir.), Sociabilité, pouvoir et société*, Rouen, Université de Rouen, 1983, p. 19-32.

146 Marc Martin, *La presse régionale. Des affiches aux grands quotidiens*, *op. cit.*, p. 87-104.

147 Karl Marx, *Le Capital*, Paris, Gallimard, 2014, Livre I, p. 687-688 (1re éd., 1867).

Auguste Carlone à partir du mois de novembre 1847. L'objectif est de rassembler *hic et nunc* une somme conséquente afin de pourvoir le plus rapidement au cautionnement de 2 000 francs, mais aussi aux frais de fonctionnement pour l'impression et la diffusion du journal. Ainsi, le banquier niçois œuvre pour recueillir des signatures formalisant des engagements actionnariaux sur une feuille qu'il a ensuite reprise pour en réaliser la version définitive. Deux documents que l'auteur a conservés et qui autorisent un approfondissement de l'étude des coulisses de l'institution de presse[148].

Lucrative est la quête puisque pas moins de 29 actionnaires assurent Auguste Carlone d'un soutien financier, ce qui, à raison de 100 francs par action et en considérant que certains en souscrivent deux, représente 3 100 francs de capital de départ. Le rôle des actionnaires, comme le précise Jeremy Popkin, se limite souvent – pour ceux qui ne sont pas membres du comité de direction, c'est-à-dire dans le cas de *L'Écho des Alpes maritimes* pour une majorité (20 sur 29) – à une participation simplement financière (pour 17 d'entre eux) ou un peu plus poussée, pour l'impression et la distribution du journal (pour trois d'entre eux)[149]. Leur investissement sert leurs intérêts commerciaux car un journal permet de passer des annonces et en être actionnaire signifie accéder plus aisément à l'espace commercial réservé à cet effet. Mais ils n'ont aucune part dans la rédaction des articles ni n'ont la capacité d'en influencer la ligne éditoriale (sauf à posséder un pourcentage conséquent voire majoritaire d'actions, ce qui n'est pas le cas ici). Quoi qu'il en soit, il est pour le moins intéressant de constater que sur ces 29 individus, 21 ont participé au banquet du 11 novembre 1847. Si l'on excepte les six cofondateurs, ce ne sont pas moins de quinze actionnaires qui ont pris part à la fête, confirmant l'importance de celle-ci dans le processus de création du journal. L'acte notarié de la création de la société qui gère l'entreprise de presse, déjà évoqué précédemment, s'est réalisé avec l'aide de l'avocat, ami d'Auguste Carlone, Dominique Galli, mais aussi avec la participation de Jacques Nicolas et Victor Tiranty qui ont chacun souscrit une action de 100 francs[150]. Le premier est un homme dont

148 ADAM, Fonds Carlone, 7 J 35, Documents pour la constitution d'une société par actions pour *L'Écho des Alpes maritimes*.

149 Jeremy D. Popkin, *Press, Revolution, and Social Identities in France*, *op. cit.*, p. 74-76.

150 ADAM, Fonds Carlone, 7 J 35, Documents pour la constitution d'une société par actions pour *L'Écho des Alpes maritimes*.

on ne sait que peu de choses si ce n'est que sa fortune personnelle s'est constituée par la rente. Il loue à de riches hivernants des propriétés immobilières situées dans le quartier de Cimiez, qui entame alors son développement touristique[151]. C'est un profil actionnarial répandu puisqu'il exerce les mêmes activités rentières qu'un dénommé Pollan, propriétaire de deux maisons dans le quartier de la Croix-de-Marbre, et engagé, avec son fils Joseph, dans l'actionnariat pour un total de deux actions de 100 francs[152]. Victor Tiranty, est pour sa part bien plus familier pour Auguste Carlone : il est l'un de ses amis d'enfance. Si l'on en croit le tableau des impositions dressé en 1836, il est le petit-fils de l'homme le plus riche de la province de Nice, qui est son homonyme, et seul contribuable de la province à payer plus de 1 000 lires d'impôt foncier[153]. Originaire de Levens, notaire de formation, il a acquis au fil du temps un patrimoine considérable qui prend sa source dans les acquisitions de biens nationaux qu'il a effectuées durant la période de la Révolution française. Victor Tiranty (aîné) possédait aussi une énorme villa sur la partie de la rive droite du Paillon (avant que le fleuve ne fût recouvert), à l'emplacement de l'actuelle Place Masséna (quartier Camplong). Il a eu deux enfants d'un premier mariage contracté à l'âge de 15 ans en 1780, dont Pierre-Joseph Tiranty, né en 1781, qui a récupéré de conséquentes propriétés de son père au moment de son mariage en 1811 (près de 36 000 francs de biens immeubles, une somme considérable pour l'époque). C'est de cette union qu'en 1813 est né Victor Tiranty (le jeune) qui prend alors le prénom de son grand-père – il en est le premier petit-fils[154]. À la mort de son père, en 1845, il hérite de sa fortune et avec celle-ci peut investir dans l'actionnariat du journal de son ami Auguste Carlone à la fin de l'année 1847. Il n'est pas le seul Tiranty à s'engager puisque son oncle Camille acquiert aussi une action de 100 francs[155]. La chose notable est que, puisque le père de ce dernier, Victor Tiranty (aîné), a contracté un premier mariage alors qu'il n'avait qu'une quinzaine d'années en 1780, Camille Tiranty est

151 *Almanach de la division de Nice*, *op. cit.*, p. 244.

152 *Ibid.*, p. 248.

153 Charles-Alexandre Fighiera, Ernest Hildesheimer, « Le Levensan Victor Tiranty, avant, pendant et après la Révolution française », *Nice Historique*, n° 137, 1989, p. 59.

154 *Ibid.*, p. 60.

155 ADAM, Fonds Carlone, 7 J 35, Documents pour la constitution d'une société par actions pour *L'Écho des Alpes maritimes*.

plus jeune de quatre ans par rapport à son neveu Victor né en 1813. Bien que fils adultérin, puisque né en 1817 de la maîtresse de son père, que celui-ci n'épousera qu'à la mort de sa première femme en 1822, il est reconnu dans la société niçoise comme un Tiranty et a d'ailleurs hérité d'une partie conséquente de la fortune de son père à la mort de ce dernier en 1836[156]. L'une de ses sœurs (donc la tante de Victor Tiranty) est mariée avec le consul-général Castellinard, représentant du royaume de Sardaigne à Marseille, en poste en 1848, alors qu'une autre, Victorine Tiranty, a épousé Adolphe de Foresta, fils du futur sénateur et ministre de la Justice du royaume de Sardaigne, Jean de Foresta. Les Tiranty sont une famille influente à l'échelle de la province et donc un soutien important pour le nouveau journal, au-delà même du seul aspect financier. Leur engagement familial n'est pas unique ; il rappelle celui des Avigdor. En effet, alors que, comme on l'a vu, le fils aîné, Jules, participe activement à la direction de *L'Écho des Alpes maritimes* et qu'il soutient financièrement le journal en souscrivant deux actions à hauteur de 200 francs, il convainc son petit frère, Nephtali Avigdor, qui a aussi été un convive du banquet de novembre 1847, de participer. Ainsi, avec cet investissement, un sixième du total des actions (environ 15 %) est détenu par deux des familles les plus riches de la province de Nice : les Avigdor et les Tiranty. Les relations familiales sont d'une importance cruciale pour la réussite du projet journalistique, comme en attestent aussi la participation des Pollan père et fils, mais également celle du beau-frère d'Auguste Carlone, Édouard Borelly. Le lien familial est donc essentiel pour rallier des participations actionnariales, même si celui-ci ne suffit pas pour construire une entreprise pérenne.

Lors du banquet de novembre 1847, dans la « commission pour l'ornementation de la salle » se trouve le peintre niçois Joseph Fricero, un artiste réputé au-delà même de la ville[157]. Il est l'un des anciens élèves de

156 Charles-Alexandre Fighiera, Ernest Hildesheimer, art. cité, p. 60-61. Camille est un des deux fils adultérins que Victor Tiranty (aîné) a eus avec sa maîtresse, Angélique Salietti, alors qu'il était encore engagé dans son premier mariage avec Marie Giuge, la mère de Pierre-Joseph Tiranty. Victor Tiranty n'a pu épouser sa maîtresse qu'en 1822, à la mort de sa première femme. De ce fait, son fils n'est pas enregistré dans les registres d'état civil, mais il est tout de même reconnu comme héritier légitime. Camille Tiranty et son frère Jérôme, lui aussi adultérin, reçoivent en 1836 une pension viagière annuelle de 400 francs, une moitié chacun de toutes les possessions de Levens et de Saint-Blaise de leur père ainsi qu'une partie de la propriété de Camplong.

157 Serge Romain, *Joseph Fricero 1807-1870*, *op. cit.*, p. 73.

l'école de dessin, d'ornementation et d'architecture ouverte au début des années 1820 par Paul-Émile Barberi, peintre et architecte romain installé à Nice. Il est aussi un client régulier du salon Visconti dans lequel il retrouve Auguste Carlone, l'un de ses plus proches amis, qu'il a assuré à la fin de l'année 1847 d'une contribution de 100 francs (une action) dans le nouveau journal. D'autres protagonistes ont aussi eu une part active dans l'organisation officielle du banquet. Ainsi dans la « commission de réception », celle-là même dans laquelle se trouve l'un des cofondateurs, Romain Roux, l'on note la présence du docteur François Ardoin. Celui-ci, qui possède un cabinet dans la rue du Gouvernement, à proximité du *Corso*, donc des bureaux du nouveau journal, s'engage dans l'actionnariat pour la somme de 100 francs[158]. Il reçoit ses patients dans un local qui se trouve tout proche de la boutique d'un autre actionnaire, engagé lui aussi à hauteur de 100 francs, Ange Dalmas. Au numéro 2 de la même rue Gouvernement, à côté de la place Saint-Dominique, se situe sa pharmacie-droguerie, *The old english dispensary*, souvent fréquentée par les hivernants anglais. La boutique n'est d'ailleurs pas exclusivement prisée par ces derniers car, si l'on en croit les papiers personnels d'Auguste Carlone, lui aussi en est un client régulier. Pour continuer la visite du cœur mondain de la ville, le *Corso* et les rues et places limitrophes, dans le but de reconstituer l'actionnariat, il suffit de se déplacer de quelques dizaines de mètres et de traverser la place Saint-Dominique afin de passer de la rue du Gouvernement à celle du Pont-Neuf où se situe la boutique d'un autre actionnaire, Honoré Gent. Marchand en vins et en thés des colonies anglaises d'Asie, il tient son échoppe à proximité de celle d'un autre commerçant de la même rue qui s'engage également dans l'aventure journalistique : Isidore Jaume, dont la boutique de vêtements est autant prisée par les dames de la bonne société niçoise que par les hivernantes. Leur contribution de 100 francs chacun est la même que celle de la plupart des commerçants ou artisans. Tous sont plus ou moins connus d'Auguste Carlone, mais certains, comme Jaume, lui sont plus familiers puisque, comme il le raconte dans ses manuscrits des années 1830, ils ont suivi ensemble le même cursus au Collège royal de Tournon dans lequel se trouvait également Étienne Bonafons[159]. Encore une fois, c'est un capital social qui est mobilisé par le banquier niçois pour nourrir l'actionnariat du journal qui s'étoffe au fil des promesses de

158 *Almanach de la division de Nice*, *op. cit.*, p. 206.
159 Bibliothèque Romain Gary, Manuscrits d'Auguste Carlone, MS 89.

souscription au cours du mois de décembre 1847. Une autre contribution est celle de Joseph Ciaudo, ébéniste installé dans la voie parallèle à celle du Pont-Neuf, la rue Saint-François-de-Paule, adjacente au *Corso*, où il vend les meubles qu'il produit dans son atelier. Son soutien est notable car il est un artisan réputé, bien au-delà de la ville de Nice. La qualité de ses œuvres a été reconnue dans nombre de concours par des médailles d'argent et de bronze glanées lors de diverses manifestations à Gênes, en 1838, 1844 et 1846, et dans des expositions à New-York et à Londres[160]. Un tel investissement est crucial pour les néo-publicistes, mais aussi pour les artisans niçois comme le prouve une annonce publiée dans *L'Écho des Alpes maritimes* le 30 avril 1848 consacrée aux œuvres de Joseph Ciaudo :

> M. Ciaudo vient de vendre à un Anglais la magnifique table à incrustations de bois divers du pays qui lui a valu à l'exposition de 1846 à Gênes une médaille d'argent-doré. Nous nous empressons d'annoncer que cette pièce d'une rare perfection restera exposée pendant quelques jours dans ses ateliers, et nous ne doutons pas que tous les connaisseurs veuillent juger par leurs propres yeux de la beauté des ciselures, de la finesse des incrustations et de l'habile agencement des bois à nuances diverses[161].

Joseph Ciaudo n'est pas qu'un artisan qui jouit d'une certaine réputation, il est aussi engagé comme conseiller dans l'administration municipale et a fait partie de la « commission pour l'ornementation de la salle » lors du banquet de novembre 1847[162]. Il n'est pas le dernier convive à s'être engagé à souscrire une action de 100 francs. Désiré Pollonais, né dans une famille juive d'origine polonaise installée à Nice, a aussi eu vent du projet d'Auguste Carlone ; il s'engage en participant au financement et devient, à 25 ans, l'un des plus jeunes actionnaires. Les activités de son père Joseph, avec qui il a participé au banquet, sont à l'origine de la fortune familiale constituée grâce à un commerce de tissus situé à l'autre bout du *Corso* par rapport à la boutique de Joseph Ciaudo, sur la place de la Poissonnerie à côté de la rue des Ponchettes où se trouve la salle dans laquelle Hippolyte de Rangouse dispense ses cours[163]. Le père et le fils Pollonais sont aussi associés à une activité

160 *Almanach de la division de Nice*, *op. cit.*, p. 176 et 218.

161 *L'Écho des Alpes maritimes*, 30 avril 1848.

162 *Almanach de la division de Nice*, *op. cit.*, p. 119.

163 La place de la Poissonnerie est l'actuelle place Charles-Albert. Sur Désiré Pollonais, voir : André Cane, « David Désiré Pollonnais, premier conseiller général du Canton de

assez répandue, le prêt à court terme à des gens modestes des alentours du *Corso*, principalement des pêcheurs et des marchands de poissons[164]. Il n'est d'ailleurs pas le seul actionnaire à pratiquer cette activité. En effet, en reprenant la liste qu'a établie Auguste Carlone, apparaissent les noms de Paul Gautier et d'Eugène Abbo, chacun ayant souscrit à une action de 100 francs pour soutenir la création du périodique niçois. Ces deux négociants, qui se côtoient en tant qu'associés dans les affaires, s'engagent dans le journal auprès d'un homme qui leur est familier. Tout comme Auguste Carlone, Joseph Ciaudo et le Mentonnais Eugène Abbo, qui a fait fortune en profitant de ses relations dans le port de sa ville natale, située en principauté de Monaco[165], participent aux activités de la Chambre d'agriculture et de commerce[166]. Une telle institution est génératrice de relations entre les élites négociantes et favorise des associations et des participations. Ainsi, les deux contributions s'ajoutent aux précédentes pour donner à *L'Écho des Alpes maritimes* la forme d'une véritable institution de presse, dont la direction doit toutefois encore nouer des partenariats pour la confection matérielle et la diffusion du journal[167].

Villefranche après le rattachement du comté de Nice à la France (1860-1902), ancien maire de Villefranche (1874-1900) », *Nice Historique*, n° 29, 1978, p. 159-160.

164 Henry Sappia, *Nice contemporaine*, Nice, France-Europe, 2006, p. 110 (1re éd., *Nizza contemporanea*, 1871, Londres). La traduction et la publication de cet ouvrage en 2006 sont dues à une entreprise d'Alain Roullier-Laurens. En faisant fi de l'avant-propos et des thèses développées par ce dernier, saluons surtout l'utilité de l'initiative qu'il a entreprise pour la traduction des écrits d'Henri Sappia. Cela permet au chercheur de disposer, par la diffusion d'une œuvre dont il ne reste que très peu d'exemplaires difficilement accessibles, d'une source précieuse de renseignements sur des hommes qui n'ont parfois laissé que de très sporadiques traces archivistiques.

165 En 1847, Menton fait partie de la principauté de Monaco. C'en est même le bourg principal aux niveaux démographique et commercial.

166 La Chambre de commerce de Nice créée par décret 27 avril 1803 fut supprimée en 1814 avant de réapparaître à la faveur des patentes royales de Charles-Félix du 4 janvier 1825 sous le nom de Chambre d'agriculture et de commerce. Une des nombreuses institutions qui confirment que la modernisation du royaume de Sardaigne durant le premier XIXe siècle s'est faite en reprenant le modèle français, révolutionnaire puis napoléonien.

167 *Cf.* Annexe, document n° 3 pour consulter le tableau récapitulatif complet des hommes engagés dans le journal (actionnaires et des directeurs-fondateurs, rôle dans l'institution journalistique, activité et présence ou non au banquet du 11 novembre 1847).

ORGANISER L'IMPRESSION ET LA DIFFUSION D'UNE FEUILLE DE PRESSE NOUVELLE

Si l'on se plonge à nouveau dans la liste des actionnaires, apparaît le nom d'André Gilletta. Ce dernier a racheté et développé une enseigne fondée en 1787 jusqu'à en faire la plus importante société typographique de la ville, qu'il gère en 1848 avec sa femme Clarisse et leur fils Alfred[168]. La famille Gilletta s'intègre plutôt dans une petite bourgeoisie aisée dans laquelle, à la différence de la famille de la bourgeoisie provinciale, tels les Carlone, l'épouse et le fils ne sont pas dégagés de l'obligation de travailler pour contribuer au revenu familial[169]. Cependant, les Gilletta, père et fils, sont intégrés dans l'espace mondain du *Corso* et ont pu participer au banquet du 11 novembre 1847 – ce qui n'augure pas une indifférenciation, tous les convives n'ayant pas la même place au cours de l'événement, pas le même rôle dans son organisation, ni la même capacité à pourvoir parler publiquement lors du toast. Mais, comme on l'a vu précédemment, lorsqu'il s'agit de constituer un actionnariat, dans une ville de taille moyenne comme Nice, il faut nécessairement la participation des deux groupes sociaux. De cela découle aussi le prix des actions, 100 francs, pour ne pas exclure *a priori* une participation active de la petite bourgeoisie aisée alors que dans une grande ville comme Turin, avec un plus grand réservoir de familles aisées ou très aisées, pour un journal comme *Il Risorgimento* la participation actionnariale minimale est fixée à 500 francs[170]. Ainsi, les Gilletta, père et fils, peuvent investir à hauteur d'une action chacun ; cette contribution leur est toutefois profitable, elle est un investissement puisque loin de n'être que de simples actionnaires, ils deviennent les imprimeurs de *L'Écho*, soit un contrat plus qu'intéressant pour une telle société typographique. S'il est certain que remplir ce rôle pour une entreprise de presse naissante au milieu du XIXe siècle apparaît comme un risque tant les faillites sont fréquentes, celle qui se crée à Nice bénéficie large soutien financier qui lui assure dès le début une certaine prospérité, lui permettant ainsi d'honorer les frais liés à l'impression des exemplaires du journal. De plus, la confiance est de mise puisque le choix de la société typographique est une nouvelle

168 Jean-Paul Potron, « La librairie Visconti », *Nice Historique*, n° 3, 1997, p. 131.

169 Jürgen Kocka, « Modèle européen et cas allemand », dans Jürgen Kocka (dir.), *Les bourgeoisies européennes au XIXe siècle*, *op. cit.*, p. 14.

170 Franco Della Peruta, *Il giornalismo italiano del Risorgimento*, *op. cit.* p. 69.

fois à l'initiative d'Auguste Carlone qui en est un fidèle client comme le prouvent ses factures personnelles[171]. Un investissement familial des Gilletta qui n'est pas sans rappeler celui des familles Avigdor, Tiranty et Pollan voire même celui d'Auguste Carlone qui a recouru au soutien de son beau-frère, Édouard Borelly.

Dans cette entreprise qu'est *L'Écho des Alpes maritimes*, toutes les proximités relationnelles et professionnelles reconstituées, familiales ou non, s'enchevêtrent et se concrétisent dans une proximité géographique. La société typographique des Gilletta, établie au 12 de la rue du Gouvernement, se situe à quelques rues des premiers bureaux du journal, puis, à partir d'avril 1849, les deux enseignes se font directement face du fait du déménagement de l'institution journalistique au 13 de la même rue. Dans cet espace mondain qu'est le *Corso*, les interactions dessinent « une géographie cohérente, qui correspond aux lieux de vie, de travail et de sociabilité de la bonne société[172] » ; elle permet d'envisager de manière heuristique une représentation cartographique (ci-après[173]) de cette géographie relationnelle qui est rarement reconstituable dans les études d'histoire de la presse[174].

171 ADAM, Fonds Carlone, 7 J 26, Facture d'Auguste Carlone relative à la sollicitation de services auprès de la société typographique Gilletta, 1847.

172 Judith Lyon-Caen, « Lecteurs et lectures : les usages de la presse au XIXe siècle », dans Dominique Kalifa, Philippe Régnier, Marie-Ève Thérenty, Alain Vaillant (dir.), *La Civilisation du journal*, *op. cit.*, p. 33.

173 Pour le fond de carte : Archives municipales de la ville de Nice, Fonds *Consiglio d'Ornato* O4, Atlas du plan régulateur 1831-1871, 1 Fi 1.

174 Guillaume Pinson, « Travail et sociabilité. Une œuvre collective », dans Dominique Kalifa, Philippe Régnier, Marie-Ève Thérenty, Alain Vaillant (dir.), *op. cit.*, p. 657.

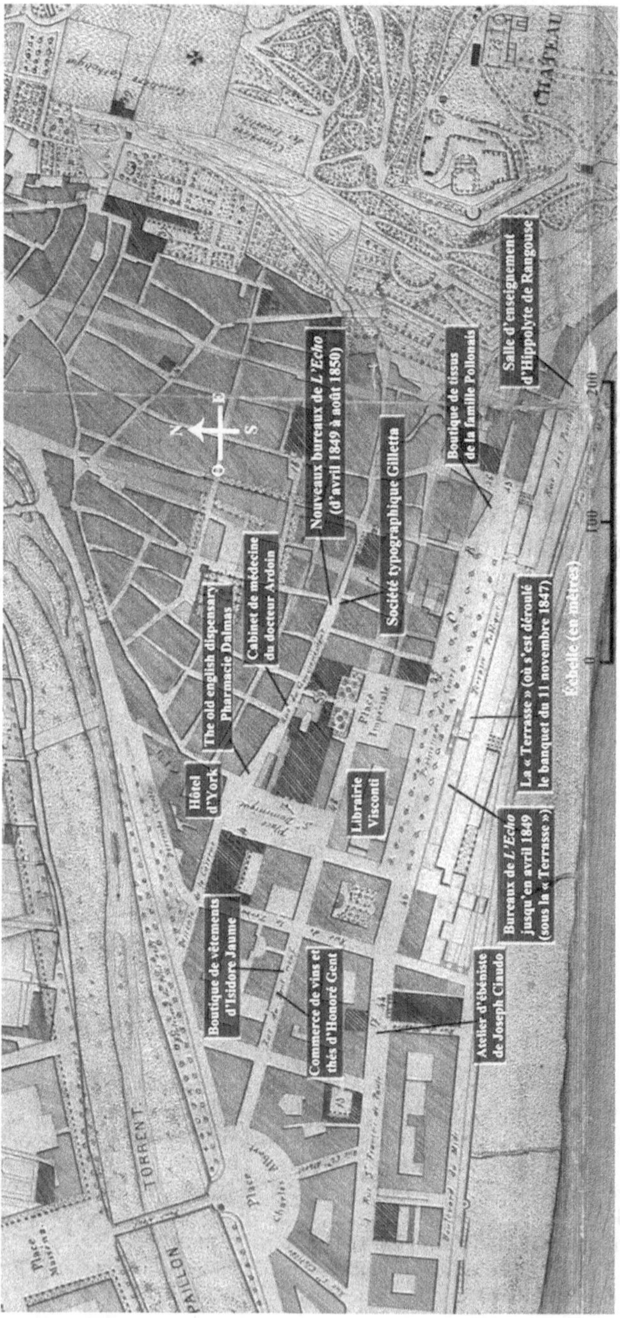

FIG. 2 – Carte représentant l'espace mondain dans lequel s'organise la création de *L'Écho des Alpes maritimes*.

L'une des études les plus intéressantes sur la question est celle de Jeremy D. Popkin sur la presse lyonnaise des années 1830, bien que l'auteur constate aussi la difficulté qu'impose le caractère sporadique des sources sur les institutions de presse[175]. Les coulisses sont difficilement reconstituables, dans leur aspect social, mais aussi, ce qui est peu souvent envisagé, dans leur dimension géographique. À Nice, le caractère mondain de l'espace qui environne le *Corso* préexiste aux réformes albertines, cependant c'est son incidence sur la naissance d'une vie politique moderne durant le « printemps des peuples » niçois qui est un phénomène nouveau. Cet espace ouvert à la population est en même temps assez clos, par toutes les enseignes qui le jalonnent – dont plusieurs appartiennent à des actionnaires de *L'Écho* – qui ne contiennent que des marchandises ou des services que seules les élites aisées peuvent s'offrir. Jeremy D. Popkin dévoile lui aussi dans son étude sur Lyon, une ville alors bien plus grande et plus peuplée que Nice et où la presse connaît un épanouissement important dès les années 1830, comment les quartiers centraux (de la place des Terreaux à la place Bellecour, alors nommée place Louis le Grand) qui abritent les lieux culturels dans le centre-ville (cafés, cabinets de lecture, théâtres, librairies, locaux des journaux) sont les lieux de la formation de la vie politique et journalistique[176]. À Lyon comme à Nice, ces lieux publics accueillent des notables aisés conformés aux modes de vie, de comportement et d'habillement bourgeois ; une clôture sociologique s'observe : les classes inférieures ont accès à ces lieux mais n'y sont pas véritablement actives pour les activités politiques naissantes. Dans ces lieux que Jeremy D. Popkin nomme des « *closed-off spaces* », les droits d'entrée ou le prix des abonnements tout comme la pratique de la cooptation jouent un rôle important de conservation d'une fermeture sociale et genrée[177]. Seules les femmes de la bourgeoisie (ou de la petite noblesse provinciale à Nice) sont admises à condition qu'elles soient accompagnées d'un homme appartenant à la même classe sociale. Ce n'est pas seulement l'élévation sociale de ceux qui les fréquentent qui en fait des espaces à part, mais aussi les activités qui s'y trouvent.

---

175 Jeremy D. Popkin, *Press, Revolution, and Social Identities in France*, *op. cit.*, p. 78-80.

176 *Ibid.*, p. 49-55.

177 *Ibid.*, p. 56.

Outre les établissements des nombreux partenaires qui investissent dans l'actionnariat de l'institution de presse fondée par Auguste Carlone et la société typographique Gilletta qui imprime le journal, un autre lieu important pour le futur journal est installé dans cet espace du centre de Nice : la librairie Visconti. Fondé en 1839 par Benoît Visconti, cet établissement de deux étages situé au numéro 2 du *Corso* apparaît comme le lieu mondain par excellence. Dans la lignée des grands salons du XIXe siècle, cette librairie polyglotte est très appréciée de ses nombreux clients pour ses collections pléthoriques et l'agréabilité de son espace, avec terrasse, jardin et salons[178]. La description la plus précise du lieu est sans doute celle donnée par Auguste Burnel qui, dans son *Étude sur Nice* de 1856, dans un style hyperbolique si propre aux guides touristiques faisant florès à cette époque, le décrit comme « un des établissements les plus complets que l'on puisse rencontrer en Europe[179] ». Un répertoire de plus de 12 000 titres de tous horizons et en diverses langues (français, anglais, italien, allemand) est mis à la disposition des clients. À côté du *National*, du *Constitutionnel*, du *Siècle*, de la *Revue des deux Mondes*, du *Times*, du *New York Herald*, de ces prestigieux journaux des grandes villes, est exposé le modeste périodique niçois. Par ce partenariat fructueux, *L'Écho des Alpes maritimes*, organe à diffusion locale, s'assure une exposition aux yeux des prestigieux clients qui fréquentent le lieu, tels Alexandre Dumas ou Prosper Mérimée. Joseph Fricero, actionnaire du journal, est, comme Auguste Carlone (ainsi que le prouvent ses factures personnelles), un fidèle client du salon Visconti, où il retrouve un de ses amis, le peintre français Paul Delaroche lors de ses passages à Nice[180]. Le peintre niçois est un soutien non négligeable pour une feuille journalistique en cours de lancement, d'autant qu'à la fin des années 1840, il est au faîte de sa réputation artistique, les grands aristocrates hivernants s'offrant souvent le plaisir d'acheter une de ses toiles[181]. En

178 Jean-Paul Potron, « Visconti (librairie) », dans Ralph Schor (dir.), *Dictionnaire historique et biographique du comté de Nice*, *op. cit.*, p. 408.

179 Auguste Burnel, *Étude sur Nice*, Nice, 1856, p. 38-39.

180 ADAM, Fonds Carlone, 7 J 26, Factures d'Auguste Carlone pour divers achats et abonnements à la librairie Visconti.

181 Serge Romain, « Joseph Fricero, peintre de Nice (1807-1870) », *Nice historique*, n° 1, 1988, p. 3 ; Victor Emanuel, « Un peintre niçois, Joseph Fricero », *Nice Historique*, 1914, p. 172-173. Sa contribution à *L'Écho des Alpes maritimes* est décisive bien que provisoire. Il part à Marseille en 1849 où il se marie avec une fille illégitime du

considérant les besoins pour le nouveau journal de disposer de moyens de diffusion, il n'est que peu surprenant de retrouver le nom de Benoît Visconti, patron de l'établissement, sur la liste des actionnaires. Il semble exister un contrat tacite entre lui et l'institution journalistique pour assurer la diffusion du journal. Dès l'approvisionnement sans frais assuré par les directeurs, le numéro du jour est mis à disposition des lecteurs et fidèles abonnés du salon durant un jour. Ce laps de temps écoulé, la possibilité est donnée à ces derniers de souscrire un prêt à domicile payant pour une lecture plus privée. En retour, outre les numéros qui lui sont alloués gratuitement pour être exposés dans son cabinet de lecture, l'établissement profite, sans contrepartie pécuniaire, d'annonces publicitaires régulières dans les colonnes du périodique. Marc Martin note qu'il est de coutume pour les organes de presse régionaux de fonctionner ainsi, de manière informelle, c'est-à-dire sans que les services échangés, sauf pour l'impression du journal qui a un certain coût, ne soient mentionnés dans un contrat écrit[182]. Malgré l'absence de documents formels, l'on peut supposer que, au-delà du seul Visconti, le même avantage a été réservé à tous les collaborateurs et contributeurs de l'institution de presse, qu'ils soient actionnaires, partenaires ou les deux. Les marchands, artisans, et autres typographes ou salonniers, lorsqu'ils s'engagent dans l'actionnariat, agissent en véritable commerçants et effectuent un investissement. En effet, ils supposent que les annonces publicitaires, du fait qu'elles touchent un lectorat assez nombreux, aisé et local, donc qui consomme dans la ville, pourront donner un surcroît d'activité à leurs boutiques. Cette opportunité commerciale est un des facteurs explicatifs de l'engagement de nombreux commerçants et artisans. Des annonces comme celles d'Honoré Gent pour son commerce de vins et thés ou bien d'Isidore Jaume pour son magasin de vêtements apparaissent régulièrement sur la quatrième et dernière page du journal, qui leur est réservée. La contrepartie de ce mode de fonctionnement, courant dans les institutions journalistiques naissantes du milieu du XIXe siècle, est le risque de dépendance de la presse, surtout lorsqu'un ou deux actionnaires détiennent des parts importantes et peuvent imposer aux autres une ligne éditoriale et certaines pratiques commerciales pour

Tsar Nicolas Ier, Joséphine Koberwein, peintre elle aussi, avant de s'installer à St Pétersbourg en 1850.

182 Marc Martin, *La presse régionale*, *op. cit.*, p. 30.

les annonces[183]. Néanmoins, dans le cas de *L'Écho des Alpes maritimes* le risque est faible car l'actionnariat est local et éclaté ce qui empêche une possession majoritaire. Mais cela rend difficile le travail d'Auguste Carlone pour trouver des contributeurs qui permettent d'inscrire l'institution journalistique dans le temps. C'est en sollicitant de la manière la plus large possible ses réseaux relationnels qu'il a pu parachever un processus de fondation complexe mais habilement mis en œuvre et s'imposer comme le métronome du projet.

Le philosophe Alain, dans un petit texte sur *Les barques de l'île de Groix*, écrivait : « c'est la mer qui façonne les bateaux, choisit ceux qui conviennent et détruit les autres ». La maxime pourrait aisément s'appliquer de manière métaphorique à la situation de *L'Écho des Alpes maritimes* : les fondateurs et actionnaires ont bien construit leur bateau – le journal – chacun apportant sa contribution, tantôt modeste, tantôt importante, pour aider Auguste Carlone qui s'impose comme en étant le capitaine ; il a dû le penser comme une construction capable de résister à l'océan de contraintes financières, juridiques, administratives et matérielles. Dans l'Antiquité grecque, un aphorisme affirmait qu'en toute réalisation « le commencement est la moitié du tout[184] ». S'il est difficile de mesurer la part exacte prise dans la prospérité de *L'Écho des Alpes maritimes* par cette phase de création qui se déroule entre les mois de novembre 1847 et janvier 1848, l'on peut affirmer que ce « commencement » a été plus que fondamental pour conférer au journal sa solidité future et en faire un élément incontournable de la vie politique naissante.

183 Jean-Noël Jeanneney, *Une histoire des médias*, *op. cit.*, p. 8.
184 Aristote, *La Politique*, Paris, Vrin, 1982, p. 352.

LA NAISSANCE D'UN ESPACE POLITIQUE MULTISCALAIRE À TRAVERS LA LIBERTÉ DE LA PRESSE

L'essor journalistique du *Quarantotto* engage dans les États italiens des processus qu'il n'est pas toujours aisé de saisir pour l'historien. De nombreux questionnements naissent sur le rôle des journaux dans l'apparition de structures politiques modernes, plus ou moins démocratiques, et dans la fabrique de l'opinion. Ils se confrontent entre eux, et avec le pouvoir, mais peuvent aussi s'associer. Leur activité contribue à la formation d'un champ journalistique, plus ou moins autonome, avec ses jeux d'échelles et ses règles, tacites ou juridiques, et d'une expression publique nouvelle. La liberté de publication contribue donc d'une manière décisive à l'émergence d'un espace politique moderne, selon des dynamiques historiques, sociales, culturelles et matérielles qu'il est tout aussi difficile que nécessaire d'analyser.

FAIRE L'OPINION, LE PREMIER DES ENJEUX DU NOUVEAU JEU POLITIQUE

> Des *idées* ne peuvent jamais mener au-delà d'un ancien ordre du monde, elles peuvent seulement mener au-delà des idées de l'ancien ordre du monde. Des idées ne peuvent absolument *rien réaliser*. Pour réaliser les idées, il faut des hommes qui mettent en jeu une force pratique[1]

Karl Marx, dans sa philosophie, ne sépare jamais l'expression des idées de leurs conditions matérielles de production et de leur force sociale.

1 Karl Marx, « La sainte famille », dans Karl Marx, *Philosophie*, Paris, Gallimard, 1994, p. 264.

En effet, il est important de ne jamais oublier que le processus qui tend à faire que des opinions privées deviennent publiques et s'imposent dépend de conditions et de mécanismes sociaux et matériels particuliers. L'étude de périodes révolutionnaires, de processus de renversement d'un ordre existant ne peut se satisfaire d'une simple analyse des idées sans comprendre qui sont les hommes qui les produisent, quels sont leurs moyens de diffusion et d'action et dans quel contexte ils tentent de les réaliser. Ainsi, la liberté et les moyens de l'expression publique sont indissociablement liés. L'on a vu précédemment, à travers le processus de création de *L'Écho des Alpes maritimes*, les formes que pouvait prendre l'investissement social et économique nécessaire pour créer un journal, qui est un outil politique pour produire et diffuser des opinions. Mais il reste à comprendre comment l'institution de presse, une fois en place, participe à l'émergence d'un espace de la lutte politique en se conformant aux règles fixées par le pouvoir souverain (tout en luttant pour faire que celles-ci lui soient les plus avantageuses possible).

L'ÉMERGENCE D'UN ESPACE DE LA LUTTE POLITIQUE DANS LE ROYAUME DE SARDAIGNE

> Nous entendons par lutte une relation sociale pour autant que l'activité est orientée d'après l'intention de faire triompher sa propre volonté [...]. Nous désignerons par moyens « pacifiques » de la lutte ceux qui ne consistent pas en un acte de violence physique actuel. La lutte « pacifique » s'appellera « concurrence » quand on la mène au sens d'une recherche formellement pacifique d'un pouvoir propre de disposer de chances que d'autres sollicitent également. Nous appellerons cette concurrence une « concurrence réglementée » pour autant qu'elle s'oriente d'après un règlement, aussi bien en ce qui concerne son but que ses moyens[2].

L'émergence d'une vie politique moderne est fondamentalement la construction d'un espace public de la lutte symbolique (ou « pacifique » comme l'écrit Max Weber). Celui-ci est réglementé et conduit à des affrontements autant que des collaborations. Des forces naissent par la mise en place de moyens pacifiés de la lutte politique – c'est-à-dire majoritairement exempts de violence physique, même si celle-ci n'est jamais totalement écartée – comme l'est le journal. C'est bien ce qui s'observe dans le royaume de Sardaigne à partir de l'hiver 1847-1848 :

2 Max Weber, *Économie et société*, *op. cit.*, p. 74-75.

un espace public symbolique se construit à travers l'efflorescence journalistique. Le discours officiel n'est plus le seul légal ce qui ouvre la voie à la discussion et à la critique publiques. La « nécessité de discuter sans mystère » met à mal le principe du secret sur lequel reposait le gouvernement[3].

Dans les sciences sociales contemporaines, la réflexion sur l'avènement d'une modernité politique a été féconde, notamment parce que les sociétés européennes à partir de la seconde moitié du siècle des Lumières et durant tout le XIXe siècle ont presque toute connu une telle évolution, avec des différences de formes et de temporalité. Lorsqu'on évoque l'idée de modernité politique, il ne s'agit pas d'indiquer que la possibilité de contester un pouvoir en place naît à ce moment-là, bien au contraire, cela a toujours été l'un des moteurs des changements historiques. Il n'est pas question ici de naissance de la chose politique, mais d'une organisation nouvelle de celle-ci, institutionnalisée à partir de certains droits et libertés imposés aux différents pouvoirs en place à travers une lutte. L'étude du changement provoqué par l'avènement de principes politiques nouveaux, mis par écrit dans les textes fondamentaux de la fin du siècle des Lumières, n'est en rien nouvelle ; elle fut déjà au centre de la théorisation de l'espace public proposée par Jürgen Habermas en 1962[4]. Le philosophe allemand décrivait alors le processus d'émergence d'un public faisant, selon l'idée de Kant, un « usage public de la raison » pour concurrencer la « sphère publique vassalisée par le pouvoir » afin de constituer une sphère où la critique s'exerce contre ce dernier[5]. L'espace public habermassien est donc une sphère symbolique construite par des élites bourgeoises et entretenue par le principe de publicité (*Öffentlichkeit*), notamment à travers les journaux, pour se poser totalement en faux par rapport à l'idée de secret propre à l'exercice absolutiste du pouvoir. Une société civique distincte de l'État émerge, composée de citoyens dotés de droits pouvant émettre des critiques publiques à la fois sur les administrateurs mais aussi plus largement sur le régime politique en place, tout en proposant d'autres formes d'organisation de la souveraineté. Ce pouvoir nouveau de jugement se met en place,

---

3 Enrico Francia, *1848. La rivoluzione del Risorgimento*, *op. cit.*, p. 50.

4 Jürgen Habermas, *L'espace public : archéologie de la publicité comme dimension constitutive de la société bourgeoise*, Paris, Payot, 1993 (1re éd., 1962).

5 *Ibid.*, p. XVI.

selon Habermas, au cours du XVIIIe siècle, pour être consacré au siècle suivant. Si de nombreuses simplifications du modèle habermassien ont depuis été mises en lumière par les historiens, ses réflexions n'en ont pas moins contribué à susciter des recherches fécondes, notamment pour aborder les crises politiques des modèles de gouvernement de type Ancien Régime, ce que l'on observe bien dans les États italiens au moment du *Quarantotto*[6].

Dans le royaume de Sardaigne, à partir de la fin de l'année 1847, lorsque les premiers journaux commencent à paraître, l'on remarque la formation de ce que l'on pourrait appeler avec Bronislaw Baczko un « espace politique moderne dans un environnement culturel largement traditionnel[7] ». Quelque peu forcé par un grand mouvement libéral de contestation qui a eu lieu à l'échelle de tout le royaume, le pouvoir est désormais contraint de « reposer sur un autre principe que sa seule force », sa symbolique et ses pratiques antérieures[8]. La monarchie s'était construite au cours de l'Époque moderne, et encore durant tout le premier XIXe siècle, jusqu'aux réformes albertines, autour d'un système de gouvernement absolutiste dans lequel le monarque est la source de toutes les autorités. Comme l'écrit l'historien Lothar Schilling, l'absolutisme désigne un régime dans lequel « le détenteur de l'autorité suprême prétend disposer d'un pouvoir illimité qui, tout en respectant les principes du droit divin ou naturel, n'est freiné ni par d'autres organes ou institutions, ni par les lois[9] ». Évoquer l'absolutisme ce n'est pas faire appel à un anachronisme qui n'aurait aucun sens pour les hommes du premier XIXe siècle, car les néo-publicistes comme Auguste Carlone en font un usage courant pour dénoncer cette forme de gouvernement[10]. Le pouvoir royal, même absolutiste, n'avait

6 Le modèle de l'espace public habermassien, notamment son exposé sur la période antérieure à son émergence, qui est celle du XVIIIe et des siècles précédents, a été remis en cause dans ses simplifications. L'étude de Jürgen Habermas fait l'impasse sur nombre de processus politiques à l'œuvre avant même l'avènement d'espaces publics modernes. Elle minimise aussi le rôle de l'oralité, ou encore a tendance à exposer une vision trop élitiste qui occulte les mobilisations et la culture populaires.

7 Bronislaw Baczko, « Lumières », dans François Furet, Mona Ozouf (dir.), *Dictionnaire critique de la Révolution française*, Paris, Flammarion, 2007, vol. 4, *Idées*, p. 289 (1re éd., 1988).

8 Patrick Champagne, *Faire l'opinion. Le nouveau jeu politique*, *op. cit.*, p. 48.

9 Lothar Schilling, « Absolutisme », dans Olivier Christin, *Dictionnaire des concepts nomades en Sciences Humaines*, Paris, Métailié, 2010, p. 25.

10 *Ibid.*, p. 26. La première apparition du mot date de la Révolution française.

toutefois rien de tout puissant ; il a dû composer avec les différences entre les provinces, les privilèges et statuts des villes ou encore de l'aristocratie, mais aussi avec la prééminence du clergé et les résistances populaires qui n'ont jamais totalement cessé. Dans le royaume de Sardaigne, durant la Restauration, en dehors de formes insurrectionnelles, en 1821 et au début des années 1830, la contestation et la critique politiques ont pu aussi prendre des formes littéraires ou artistiques, s'insérant par exemple dans les représentations théâtrales. Reinhart Koselleck a bien décrit ce procédé, expliquant que bien qu'« exclus de toute politique », les sujets « se réunissent en des endroits "extra-institutionnels" [...] où ils peuvent, sinon rendre justice, du moins discuter du droit régnant » et contribuer à l'existence d'une véritable sphère critique, comme dans les salons que l'on trouve sur le *Corso* à Nice[11]. Cependant, s'il ne faut pas nier l'existence de formes de résistance au pouvoir, tantôt mondaines, tantôt populaires, il est évident que les réformes libérales de l'hiver 1847-1848 ont transformé les règles de l'expression publique. Jürgen Habermas soulignait d'ailleurs que « la sphère publique franchit une nouvelle étape de son évolution après qu'on eut supprimé l'institution de la censure préalable », car cette suppression permet à la presse « devenir un organe à l'aide duquel des décisions politiques ont pu être portées devant le public[12] ». Toutefois, la fin de la censure préalable, comme on l'a vu pour la loi sur la presse d'octobre 1847 dans le royaume de Sardaigne, ne signifie pas l'accès de tous à la parole publique par la voie journalistique. Les « nouvelles modalités de contrôle » prévues par les réformes albertines permettent de concilier le principe de pluralisme et les pratiques de surveillance, pour ne pas que la nouvelle liberté de publication soit trop démocratique. En conservant un contrôle des publications et en imposant des obstacles financiers et juridiques (cautionnement, timbre, autorisation officielle), le pouvoir définit les règles du jeu politique et médiatique. La définition des règles établies pour définir le cadre dans lequel sont publiés les discours journalistiques, ce qu'a étudié de manière précise et complète Giovanni Ponzo pour chacun des États italiens entre 1846 et 1852, ne doit pas toutefois accaparer toute l'attention[13]. Au-delà des textes de loi, la manière dont se

11 Reinhart Koselleck, *Le règne de la critique*, Paris, Les Éditions de Minuit, 1979, p. 54 (1re éd., 1959).

12 Jürgen Habermas, *L'espace public*, *op. cit.*, p. 68.

13 Giovanni Ponzo, *Le origini della libertà di stampa in Italia (1846-1852)*, *op. cit.*

construit le paysage de la presse sarde est largement déterminée par des règles moins juridiques, qui sont de l'ordre du social et de la pratique et qui sont tout aussi déterminantes.

Les conditions sociales réduisent *de facto* le champ de ceux qui peuvent « brigu[er] telle ou telle position de pouvoir, s'oppos[er] ou s'associ[er] pour faire prévaloir leur conception de la "chose publique" et faire advenir leur ordre du monde » à travers des feuilles journalistiques[14]. Si officiellement la liberté de publication est garantie pour tous dans une optique d'égalité des droits, elle demeure dans les faits, comme l'écrit Auguste Carlone dans un article du 26 janvier 1848, un « droit modifié et restreint par la loi sociale[15] ». Selon qu'il maîtrise ou non la langue politique légitime des journaux, des administrations et par la suite du Parlement, selon qu'il est reconnu ou non comme doté de considération, comme un notable par le pouvoir et dans la société – capital symbolique qui dépend aussi du capital économique –, un individu ou un groupe aura un accès plus ou moins aisé, plus ou moins *autorisé* (par le pouvoir) aux moyens de la lutte politique. Pour l'exprimer succinctement, l'on pourrait paraphraser la morale des *Animaux malades de la peste* de Jean de La Fontaine : « selon que vous serez puissant ou misérable » (selon que vous serez dans une position sociale dominante ou non, abondamment doté en capitaux – économique, culturel et symbolique – ou non,), « les jugements de cour vous rendront blanc ou noir » (le pouvoir vous reconnaîtra dignes de participer au jeu politique, de porter un discours devant un public, et par la suite d'organiser des associations politiques autorisées comme les cercles ou les comités électoraux). C'est finalement le mot d'ordre « obéissez, mais raisonnez » qu'énonçait Emmanuel Kant un demi-siècle auparavant à l'égard des élites éclairées qui prévaut. Les monarques mis en difficulté et contraints d'accorder des libertés nouvelles entendent faire en sorte que le jeu politique ne soit pas trop démocratique[16]. Ainsi, l'espace public symbolique se construit surtout à partir d'un espace physique mondain, comme le *Corso* à Nice qui abrite les lieux dans lesquelles se construit la vie politique[17].

---

14 Pierre Bourdieu, Philippe Fritsch, *Propos sur le champ politique*, *op. cit.*, p. 7.

15 *L'Écho des Alpes maritimes*, 26 janvier 1848.

16 Emmanuel Kant, « Qu'est-ce que les Lumières ? », textes réunis par Jean-François Poirier, Françoise Proust, Paris, Garnier-Flammarion, 2006, p. 50 (1re éd., 1991).

17 Cette proximité est soulignée par Patrick Boucheron : « Espace public et lieux publics : approche en histoire urbaine », dans Patrick Boucheron, Nicolas Offenstadt (dir.), *L'espace public au Moyen Âge. Débats autour de Jürgen Habermas*, Paris, PUF, p. 99-118.

Les manifestations, les banquets et autres mobilisations participent de l'émergence d'une vie politique dans les États italiens à partir de l'année 1847. Cependant, la presse joue un rôle structurant ; elle seule est capable de faire exister des discours politiques publics qui ne soient pas des discours officiels et qui peuvent être commentés, analysés, critiqués. Ainsi, un espace public de débat relativement indépendant du pouvoir, bien que juridiquement régulé, se constitue[18]. La presse est le médiateur qui permet que se structure le champ politique tout en étant simultanément un acteur qui le compose et y intervient. C'est pour cela qu'à travers l'étude de la création d'un journal provincial, de son insertion dans le jeu politique, il est possible d'appréhender les mécanismes sociaux et juridiques qui règlent la formation d'une vie politique, en l'occurrence celle du royaume de Sardaigne. Les mobilisations sont catalysées et canalisées par les institutions de presse qui en livrent les récits, en rendent compte à longueur d'articles, voire même parfois les suscitent. Elles ont une fonction organisatrice des débats et de la lutte politiques qui repose sur leur capacité à établir des relations à distance. Les publicistes proposent des visions du monde et des opinions selon une régularité qui leur confère, à une échelle donnée, un pouvoir qui repose aussi sur leur capacité à toucher des publics mobilisables dans l'action politique. Et si les lectorats journalistiques du *Quarantotto* sont souvent composés de quelques centaines de personnes, voire d'un ou deux milliers de lecteurs pour les journaux qui se distribuent le mieux, il s'agit le plus souvent de notables donc de personnes dotées d'une grande capacité d'action.

Pour comprendre l'importance du rôle joué par les nouveaux journaux dans la péninsule italienne, il faut tenter de mesurer l'efflorescence journalistique entre les années 1847 et 1849. Elle a inévitablement quelque chose de révolutionnaire. Si bref qu'il soit dans la plupart des États italiens, où l'avènement de libertés du *Quarantotto* est suivi d'une forte réaction, le temps de liberté de la presse a été d'un foisonnement exceptionnel. Franco Della Peruta en donne quelques chiffres éloquents[19]. Dans la ville de Milan, peu après les Cinq Journées de mars 1848, une cinquantaine de périodiques voient le jour, de différents formats, courants politiques et

18 Pierre Bourdieu, *Sur l'État. Cours au Collège de France (1989-1992)*, Paris, Seuil, 2012, p. 103.

19 Franco Della Peruta, *Il giornalismo italiano del Risorgimento*, *op. cit.*, p. 60.

périodicités. À Palerme, dans le royaume des Deux-Siciles, de même qu'à Naples, sa capitale, deux des plus grandes villes d'Italie, entre l'apparition des premières lois libérales au cours du mois de janvier 1848 et la réaction des Bourbon en mai 1849, environ 140 périodiques apparaissent dans chacune des deux villes. En Toscane, au cours des deux années qui séparent la loi sur la liberté de la presse du 6 mai 1847 et le retour au pouvoir du grand-duc en avril 1849, environ 75 feuilles se publient ; sur un laps de temps similaire, d'environ deux ans, à Rome, capitale des États pontificaux, près de 90 journaux font paraître au moins un numéro. Les villes du royaume de Sardaigne ne sont pas en reste puisque pour la seule capitale turinoise on compte, quelques semaines après la loi sur la presse, entre novembre 1847 et janvier 1848, pas moins de cinq nouveaux quotidiens, ainsi que nombre de nouvelles feuilles moins régulières qui se publient. Et, comme on l'a vu précédemment, Turin ne monopolise pas la fièvre journalistique puisque les chiffres sont du même ordre pour Gênes et que dans toutes les capitales de division de nombreuses feuilles de presse apparaissent[20]. Si toutes ne sont pas nouvelles, puisque certaines procèdent de la réorientation politique de périodiques littéraires ou scientifiques existants, il y a un véritable bouillonnement politico-journalistique. Le mouvement n'est pas circonscrit à un seul État ; cependant, pour appréhender d'une manière un tant soit peu précise et approfondie la constitution d'un champ journalistique, dont la forme dépend de la politique souveraine propre à chaque État, il est nécessaire de se concentrer sur l'un d'entre eux, celui qui nous intéresse au premier chef dans cet ouvrage, le royaume de Sardaigne. Il s'agit de dresser un bref panorama de ce paysage journalistique qui prend forme durant l'hiver 1847-1848 car la vie politique nouvelle a pour matrice l'activité des journaux, les liens qu'ils tissent entre eux et leur rapport au pouvoir.

Une fois créée, une rédaction journalistique doit assurer la « publicité » de l'organe de presse qu'elle produit – ce que s'attachent habilement à faire les fondateurs de *L'Écho des Alpes maritimes*. Une annonce paraît dans l'*Almanach de la division de Nice* imprimé et édité par la société typographique Gilletta, la même qui produit le journal. Une autre initiative, encore plus ambitieuse, suit. Le 5 janvier 1848, quatre jours après la publication du prospectus du journal, Auguste Carlone et ses collaborateurs envoient à toutes les rédactions du royaume, à Turin, à Gênes, et même à Chambéry,

20 Enrico Francia, *1848*, *op. cit.*, p. 57.

et à d'autres situées au-delà des frontières, notamment en France et dans le grand-duché de Toscane, un courrier en français annonçant la création de leur journal, sans toutefois préciser qui en sont les hommes à l'origine. Ils y joignent un exemplaire de leur prospectus programmatique. Le caractère imprimé renforce l'hypothèse d'une reproduction conséquente de ce courrier dont l'objectif est de nouer des affinités journalistiques. L'initiative permet à Auguste Carlone et ses collaborateurs de présenter leur journal vis-à-vis de l'extérieur de la province comme l'organe de référence du mouvement libéral niçois[21].

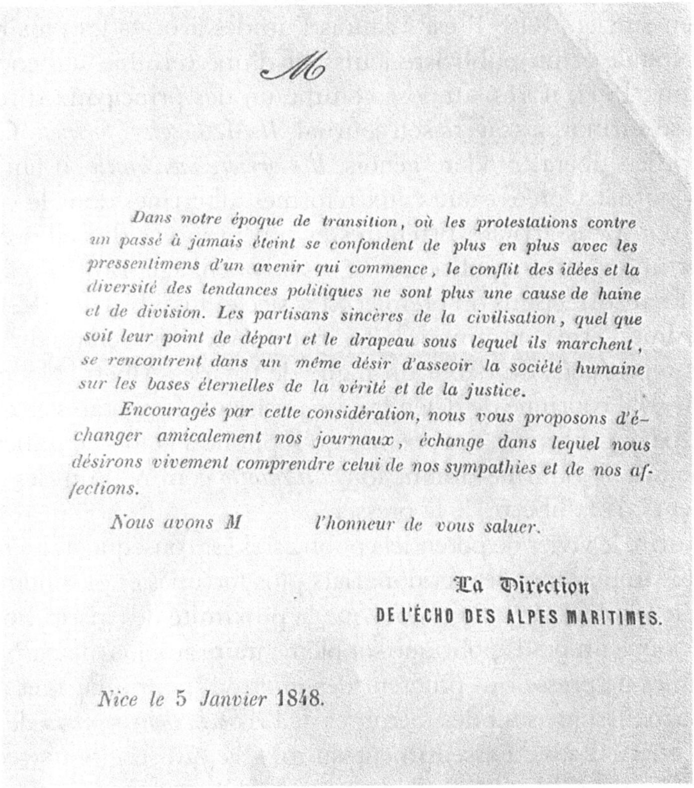

M

Dans notre époque de transition, où les protestations contre un passé à jamais éteint se confondent de plus en plus avec les pressentimens d'un avenir qui commence, le conflit des idées et la diversité des tendances politiques ne sont plus une cause de haine et de division. Les partisans sincères de la civilisation, quel que soit leur point de départ et le drapeau sous lequel ils marchent, se rencontrent dans un même désir d'asseoir la société humaine sur les bases éternelles de la vérité et de la justice.

Encouragés par cette considération, nous vous proposons d'échanger amicalement nos journaux, échange dans lequel nous désirons vivement comprendre celui de nos sympathies et de nos affections.

Nous avons M l'honneur de vous saluer.

La Direction
DE L'ÉCHO DES ALPES MARITIMES.

Nice le 5 Janvier 1848.

FIG. 3 – Prospectus envoyé aux autres rédactions
par les directeurs de *L'Écho des Alpes maritimes*, 5 janvier 1848.

21 ADAM, Fonds Carlone, 7 J 34, Prospectus envoyé aux directeurs d'autres journaux par ceux de *L'Écho des Alpes maritimes*, 5 janvier 1848.

Par cette initiative, les néopublicistes niçois achèvent d'insérer leur périodique dans le champ journalistique naissant. Des contacts sont noués. Ils leur permettent, lorsqu'ils attaquent le gouverneur de la division de Nice au cours du mois de janvier 1848 pour sa gestion répressive des mobilisations libérales, de recevoir le soutien d'influents organes de la presse génoise et turinoise. Une solidarité journalistique qui se fait même durable avec certains journaux : lorsqu'en 1850 Auguste Carlone et ses collaborateurs se trouvent confrontés à un procès pour des publications anticléricales devant la nouvelle Cour de Cassation de Turin, ils obtiennent l'aide d'Angelo Brofferio, qui les avait déjà soutenus en janvier 1848. Il est à la fois l'un des avocats les plus réputés de la capitale et un publiciste jouissant d'une certaine audience. Dès l'automne 1847, il s'est imposé comme un des principaux directeurs de presse turinois à travers son journal, *Il Messaggiere torinese.* Comme le quotidien libéral modéré génois, *Il Corriere mercantile*, il fait partie de ces journaux préexistants aux réformes albertines dont le contenu se limitait à des articles littéraires et qui profitent de celles-ci pour adopter une tournure politique[22]. *Carbonaro* engagé, Brofferio a été de toutes les insurrections du premier XIXe siècle, aussi bien en 1821 qu'en 1831, avant d'être contraint de s'éloigner des sociétés secrètes du fait des sévères répressions du début du règne de Charles-Albert. Nonobstant ces échecs, il continue de défendre des positions démocrates et républicaines, parfois à travers des poèmes qu'il publie à la fois en italien et en piémontais. Il s'affirme durant le *Quarantotto* comme l'un des grands défenseurs de la liberté de la presse.

À Turin, le vivier de potentiels publicistes est conséquent, les moyens sont plus importants, les actionnariats plus fortunés et plus nombreux, le public instruit plus large alors que la proximité des institutions étatiques donne un poids politique supplémentaire aux journaux. Nombre d'hommes de presse qui profitent des réformes pour s'engager dans la voie journalistique sont des membres de l'*Associazione agraria* de Turin, fondée en 1842 avec l'assentiment du roi – ce qui suscite une certaine confiance auprès du pouvoir au moment de solliciter une autorisation de publication. Ainsi, nul obstacle ne se dresse devant le comte de Cavour ou Lorenzo Valerio, hommes forts des mobilisations politiques de l'automne 1847 et de l'hiver suivant, lorsqu'ils décident respectivement

22 Franco Della Peruta, *op. cit.*, p. 46-47.

de débuter une carrière journalistique pour le premier, de politiser la sienne pour le second. Tous deux se côtoient et se connaissent mais ne s'apprécient pas pour autant et se livrent, en ces mois de novembre et décembre 1847, une véritable course à la publication. Cavour a l'habileté de s'attacher l'aide de Cesare Balbo, l'un des membres de la Commission supérieure de censure de Turin. Ensemble, le 15 décembre 1847, ils publient le premier numéro d'un journal très important dans le mouvement libéral et national italien : *Il Risorgimento*, dont le nom évocateur laisse transparaître ses positions patriotiques. Il entre dans une phase de concurrence (pour le lectorat, pour la prééminence journalistique, pour s'attacher les plumes de talent de la capitale) mêlée de collaboration (en faveur du mouvement libéral pour réclamer une constitution auprès du pouvoir royal) avec *La Concordia* de Lorenzo Valerio. Celui-ci a pour lui une expérience de près de dix années durant lesquelles il a successivement publié les *Letture popolari* à partir de 1837 puis, après leur interdiction en 1841 du fait d'une politisation trop visible, les *Letture di Famiglia*. Le programme de *La Concordia* rédigé par Domenico Berti est distribué dans les rues et envoyé dans d'autres villes par un prospectus daté du 9 décembre 1847[23]. La modalité est la même que pour *L'Écho des Alpes maritimes*, ce qui dit bien que l'une des premières étapes de l'insertion dans un champ journalistique est de faire connaître son journal auprès des autres déjà existants.

Les moyens journalistiques et actionnariaux divergent selon les villes du royaume de Sardaigne ; d'inévitables hiérarchies s'installent. Cela n'étonne guère car « les rapports de communication sont toujours inséparablement des rapports de pouvoir qui dépendent, dans leur forme et leur contenu, du pouvoir matériel ou symbolique accumulé par les agents ou les institutions engagés dans ces rapports[24] ». Ainsi, les écarts de fortune, de réseaux relationnels et de réputation entre les actionnaires et fondateurs de différents journaux créent une hiérarchie entre ceux-ci, qui a aussi une dimension géographique (la proximité avec le pouvoir étatique). L'absence de consensus dans les publications entraîne une multiplicité des voix journalistiques qui participe aussi d'une double compétition, symbolique, par la lutte d'influence entre les journaux, et économique, puisqu'il faut se disputer un lectorat

23 *Ibid.*, p. 290-291.
24 Pierre Bourdieu, « Sur le pouvoir symbolique », *Annales ESC*, 32e année, n° 3, 1977, p. 408.

d'autant plus restreint que les feuilles périodiques coûtent cher. Dans les études sur la presse, le plus souvent la focale est centrée sur la relation entre les journaux et les pouvoirs dans un contexte historique donné ; cependant, il tout aussi important d'étudier les réseaux journalistiques, de cerner les liens et les hiérarchies entre les entreprises de presse, les luttes qu'elles se livrent ou les soutiens qu'elles s'apportent, la manière dont elles partagent leur contenu et diffusent des idées. La notion de champ journalistique a ceci d'heuristique qu'elle permet d'introduire une analyse multiscalaire, pour prendre en compte les jeux d'échelles, et de conceptualiser les relations interjournalistiques, tout en n'écartant pas l'analyse plus traditionnelle des rapports entre les pouvoir et les journaux, et entre ces derniers et leurs publics[25]. Les publicistes se lisent entre eux, ils sont une part des lectorats même si les hiérarchies entre institutions de presse introduisent des relations asymétriques. En effet, le rédacteur de *L'Écho des Alpes maritimes* lit les quotidiens turinois mais la réciproque n'est pas nécessairement vraie puisque les hommes de presse de la capitale ne connaissent pas tous les périodiques provinciaux. Toutefois, quelle que soit sa force politique, sa capacité à orienter l'organisation et l'exercice du pouvoir, chaque périodique du royaume de Sardaigne s'insère dans le même champ journalistique régi par les mêmes lois. Les journaux façonnent tous le jeu politique nouveau à leur échelle. Et chacun participe de la fabrique de l'opinion dite publique.

PRINCIPES DE PRODUCTION ET DE CAPTATION DE L'OPINION PUBLIQUE

« Où il n'existe pas de journal, il n'y a pas à proprement parler d'opinion » écrivait le juriste et homme politique français Cormenin[26]. L'aphorisme exprime une vision de l'opinion qui a émergé au XVIIIe siècle. Celle-ci est alors surtout l'opinion dite « éclairée » des élites cultivées contre le secret du pouvoir absolutiste, celle des « gens de lettres » qui se sont érigés en une sorte de tribunal symbolique, ainsi que l'a montré Keith Michael Baker, pour juger les actes perçus comme arbitraires ou despotiques, faisant émerger un espace

25 Jeremy D. Popkin, *Press, Revolution, and Social Identities in France*, *op. cit.*, p. 25.

26 Cité dans : André-Jean Tudesq, « La presse provinciale de 1814 à 1848 », dans Claude Bellanger, Jacques Godechot, Pierre Guiral, Fernand Terrou (dir.), *Histoire générale de la presse française*, t. II, *De 1815 à 1871*, Paris, PUF, 1969, p. 191.

symbolique de discussion[27]. Ensuite, Cormenin pose aussi la question du moyen d'expression, du *medium* par lequel l'opinion est rendue publique et exprime une idée fondamentale de son époque : la presse apparaît comme incontournable. Elle apparaît aux yeux des libéraux du premier XIXe siècle comme le moyen privilégié pour concrétiser matériellement cette « entité métaphysique » peu aisée à saisir et que l'on appelle « opinion publique[28] ».

Pour affronter ce caractère sibyllin, sondeurs et politologues ont tenté, dans l'après-Seconde guerre mondiale, de « scientificiser » la notion apparue au XVIIIe siècle, de créer des instruments de mesure de celle-ci, alors même qu'il ne s'est finalement agi que d'introduire un nouveau moyen de fabrication de l'opinion[29]. Cependant, bien avant l'avènement des sondages, l'opinion publique apparaissait comme un « principe de légitimité » mis en avant publiquement pour présenter une idée ou une action d'une personne ou d'un groupe de personnes comme partagées ou acquiescées par une majorité de membres d'un corps politique. L'opinion publique est la rencontre entre une opinion rendue publique, par l'intermédiaire d'un journal par exemple, et l'opinion du public ; l'objectif pour des publicistes est de faire croire par des artifices rhétoriques qu'ils expriment l'opinion majoritairement partagée, tout du moins celle des esprits dits « éclairés ». Néanmoins, pour que la notion d'opinion publique soit utilisée rhétoriquement, il faut que les hommes de presse aient réussi à conquérir un certain public.

« Déposer au même moment dans mille esprits la même pensée » : le journal et le public

Dans cette formule laconique mais riche de sens, Alexis de Tocqueville a bien résumé l'un des fondements du pouvoir journalistique : la

27 Keith Michael Baker, *Au tribunal de l'opinion. Essais sur l'imaginaire politique au XVIIIe siècle*, Paris, Payot, 1993. Dans la perception de l'opinion publique telle qu'on la trouve dans les travaux de Keith Michael Baker, l'influence du *linguistic turn* est importante car il estime que l'opinion est avant tout une construction discursive qui sert à légitimer une prise de position particulière. On y fait appel de manière rhétorique pour donner autorité à la parole développée et lui conférer la capacité de rapporter la volonté de tous, ou du moins de toutes les pensées jugées raisonnables.

28 Patrick Champagne, *Faire l'opinion*, *op. cit.*, p. 38. .

29 Pierre Bourdieu, « L'opinion publique n'existe pas », *Les Temps Modernes*, n° 378, janvier 1973, p. 1292-1309.

constitution d'un public mobilisable[30]. À l'idée de réception simultanée d'un même contenu politique par une communauté de lecteurs, qui fait de la presse « un moyen de se parler tous les jours sans se voir, et de marcher d'accord sans s'être réunis », il faut ajouter la régularité d'un tel processus de communication[31]. Le journal permet de vivre les émotions, les appartenances et les luttes en commun et à distance, créant un « lien coextensif » entre ceux qui, lecteurs ou non, par un vecteur ou par un autre, s'approprient les publications[32]. Envisagé comme tel, il est un moyen à la disposition de ceux qui le possèdent pour faire valoir leur vision subjective de la société et leur ordre du monde et sous diverses formes – par l'écrit mais aussi par l'oral, car les publications journalistiques, au-delà du lectorat, sont discutées dans les salons, comme dans celui tenu par Benoît Visconti sur le *Corso* à Nice[33]. Cela pose aussi la question de l'extension que peut avoir un public – et le nombre que livre Alexis de Tocqueville dans une formule quelque peu littéraire, les « mille esprits », donne un ordre de grandeur qui correspond bien à son époque.

Le fait que les communications ont de moins en moins « pour condition nécessaire le rapprochement des corps » permet que « se dessinent dans [les] sociétés civilisées des courants d'opinion[34] ». Ainsi, pour Gabriel Tarde, le public apparaît *a priori* comme « indéfiniment extensible[35] ». Il n'est que peu étonnant de trouver sous la plume d'un homme contemporain d'une presse qui s'écoule à des millions d'exemplaires (presque un infini par rapport aux tirages plus confidentiels du premier XIXe siècle), une telle idée, qui est intéressante en ce qu'elle permet de poser la question de ce qu'est un public. Conceptuellement, il est extensible à l'infini car l'une des particularités de l'acte ou de la parole en public est que l'on ne contrôle pas ou peu son audience. De cette logique inhérente à l'action ou au discours publics naît aussi le style journalistique, dont l'usage, la fonction et les caractéristiques particulières seront mises en lumière au cours de l'analyse mais dont on peut déjà dire qu'il repose sur une logique du propos *omnibus* et donc doit s'adapter au fait qu'il peut potentiellement

30 Alexis de Tocqueville, *De la démocratie en Amérique*, *op. cit.*, p. 505.
31 *Ibid.*, p. 506.
32 Christophe Charle, *Le siècle de la presse (1830-1939)*, Paris, Seuil, 2004, p. 12.
33 Hans Robert Jauss, *Pour une esthétique de la réception*, Paris, Gallimard, 1978, p. 35.
34 Gabriel Tarde, *L'Opinion et la foule*, Londres, FV Éditions, 2012, p. 5-6 (1re éd., 1901).
35 *Ibid.*, p. 17.

concerner tout le monde. Cependant, une chose est le principe de publicité d'un discours, théoriquement et potentiellement accessible à tous, une autre chose sont les publics réels, ceux qui reçoivent les publications et se les approprient, manifestent, d'une manière ou d'une autre, passive ou active, approbation ou désapprobation d'un discours public. Une autre chose encore est la figure rhétorique du public, construite notamment par les hommes de presse au fil de leurs articles et à laquelle ils recourent pour prétendre incarner l'opinion publique. Il y a là trois éléments qui, tout entremêlés qu'ils soient, doivent être distingués pour comprendre ce que l'on appelle une publication et ce que l'action de publier signifie et engage. L'activité de presse est au cœur de ces trois conceptions du terme public, et la chose est bien dite par le nom qu'on donne au milieu XIXe siècle à ceux qui l'exercent : ils sont des publicistes plus que des journalistes. C'est un terme qui depuis la Révolution française ne désigne plus l'auteur savant versé dans la connaissance du droit public, mais l'écrivain politique dont le journal devient le moyen par excellence de diffusion de ses écrits auprès d'un public[36].

Historiquement, le « public » était au XVIIIe siècle, comme l'a exprimé Kant, « l'ensemble du public *qui lit* », c'est-à-dire les groupes aptes à la consommation de livres, brochures et autres journaux, et à émettre des jugements écrits sur ces lectures. La définition kantienne permet de comprendre les fondements des évolutions politiques du premier XIXe, notamment dans le royaume de Sardaigne où la lecture demeure une activité réservée aux classes supérieures. Ainsi, pour les néopublicistes libéraux, ce qu'ils se représentent comme étant l'opinion éclairée, celle qui se construit dans les cercles mondains et se retrouvent dans les journaux, tend à se confondre avec l'opinion publique[37]. Toutefois, les publics débordent les sociabilités mondaines qui sont au fondement de la création des périodiques. En effet, ce qu'on appelle alors le « monde » implique « un contact personnel, un échange de visites, de réceptions, qui peut ne pas exister entre les membres d'un même public » puisque la presse se fonde sur « d'impersonnelles communications[38] ». Cependant, le public journalistique du milieu du XIXe siècle n'est pas pour autant

36 Pierre Larousse, « Publiciste », *Grand dictionnaire universel du XIXe siècle*, t. XIII, 1875, p. 389. Pierre Larousse soulignait déjà dans sa définition le caractère polysémique du nom et adjectif « public, que ».

37 Emmanuel Kant, « Qu'est-ce que les Lumières ? », *op. cit.*, p. 45-49.

38 Gabriel Tarde, *op. cit.*, p. 12-13.

démocratique. Il est limité par le fait que les journaux demeurent une marchandise chère et que leur diffusion dépend du taux d'alphabétisation. La restriction sociale marque les lectorats ; mais elle ne change pas le fait que le pouvoir journalistique se construit dans les rapports complexes entre une institution de presse, comme *L'Écho des Alpes maritimes*, et cette communauté hétérogène, plurielle et anonyme qu'est le public[39]. Il se fonde sur la capacité d'un groupe organisé à transformer « une opinion individuelle en une opinion sociale, en "l'opinion" » et à construire un public mobilisable qui fait du journal un moyen d'action d'autant plus efficace que ce groupe est soit nombreux, soit bien placé dans la hiérarchie sociale[40]. Et c'est aux publicistes de le faire exister et agir dans un certain but, tout en prenant en compte le fait qu'un public, au sens de lectorat, n'est jamais passif, et que les directeurs de presse en sont matériellement dépendants puisque sans les abonnements il n'est pas de journal viable.

Le journal, un moyen d'action politique au service de ceux qui le possèdent

Le journal est très lié à deux modes de communication qui l'ont précédé, la conversation et la lettre ; il ne les interrompt pas et même s'en nourrit allègrement, tout en introduisant des logiques nouvelles. L'une d'entre elles est liée à la question de la fabrique de l'opinion. Au XIXe siècle, l'idée était répandue que l'opinion publique, collective, était le produit d'une fusion d'une masse d'opinions individuelles. Une vision contre laquelle s'est élevé André Siegfried dans son *Tableau politique de la France de l'Ouest sous la Troisième République*, qui la considérait comme « une vue tout à fait fausse[41] ». En effet, ce n'est pas dans une fusion des opinions personnelles que se forme une opinion dite publique, mais par l'action de ceux qui sont en position (parce qu'ils possèdent une institution de presse par exemple) d'exprimer publiquement une opinion. Ce sont les rédactions qui publicisent des opinions élaborées plus ou moins

39 Frédéric Lambert, « Introduction. Figures de l'anonymat : médias et société », dans Frédéric Lambert (dir.), *Figures de l'anonymat. Médias et société*, Paris, L'Harmattan, 2001, p. 8.

40 Gabriel Tarde, *op. cit.*, p. 70.

41 André Siegfried, *Tableau politique de la France de l'Ouest sous la Troisième République*, Paris, Armand Collin, 1964, p. X (1re éd., 1913).

collectivement dans leurs coulisses et qu'elles tendent à présenter comme une « opinion publique ». Ainsi, le jeu politique prend la forme d'une lutte entre « un ensemble d'agents » pour « imposer leur définition de l'"opinion publique[42]" ». C'est d'ailleurs ce qu'exprime très bien le titre même du journal d'Auguste Carlone et de ses collaborateurs ; l'enjeu pour eux est de s'imposer comme ceux qui incarnent « l'écho des Alpes maritimes », c'est-à-dire l'opinion générale de la communauté qui habite la province de Nice dont ils seraient des représentants.

Le « singulier collectif » qu'est l'institution de presse, pour reprendre l'expression de Michael Palmer, est doté de la capacité de publiciser des opinions privées[43]. Il s'agit bien d'un pouvoir nouvellement autorisé dans le royaume de Sardaigne dont l'une des forces vient du fait qu'il est exercé de manière continue, quasi quotidienne. Le journal est un outil pour lancer « mots d'explication qui font voir et font croire, ou [des] mots d'ordre, qui font agir de façon concertée[44] » ; il permet de formuler une compréhension immédiate du monde. Les organes de presse s'affirment donc au cours du premier XIXe siècle comme des *media*, au sens de moyens, d'outils à la disposition de ceux qui les détiennent pour imposer dans le monde social et dans les sphères de pouvoir leur vision particulière de la société et de l'État. Le travail de production publique de l'opinion qu'accomplissent les hommes de presse a aussi pour fonction de définir ce que sont les problèmes politiques qui méritent, selon eux, d'être discutés publiquement. Les publicistes suscitent des débats dits publics et forment des « partis », non au sens des organisations qui apparaissent à la fin du XIXe siècle, mais plutôt, comme l'explique Raymond Huard, au sens de groupes producteurs d'opinion[45]. L'intérêt d'étudier le *Quarantotto* est qu'il est un moment durant lequel le jeu politique se met en place dans le royaume de Sardaigne ; des « partis » s'organisent pour la première fois de manière légale par l'action de notables, novices pour beaucoup dans l'activité journalistique, comme Auguste Carlone

42 Patrick Champagne, *Faire l'opinion*, *op. cit.*, p. 83.

43 Michael Palmer, « Sur le "journalisme anonyme", les sources "dignes de foi", et l'identité collective ou "la marque" des entreprises de presse », dans Frédéric Lambert (dir.), *Figures de l'anonymat*, *op. cit.*, 2001, p. 62.

44 Pierre Bourdieu, *Propos sur le champ politique*, *op. cit.*, p. 84.

45 Raymond Huard, *La naissance du parti politique en France*, Paris, Presses de la Fondation nationale des sciences politiques, 1996, p. 14. Le terme de « parti » n'est utilisé dans cette analyse que dans ce sens bien défini.

et ses collaborateurs, qui se font des « détenteurs des instruments de production de problèmes et d'opinions légitimes[46] ».

Les considérations exposées ne sont pas seulement une conceptualisation *a posteriori* des mécanismes de la vie politique. Les publicistes en ont une conscience nette. Dans le prospectus de *L'Écho des Alpes maritimes* publié le 1er janvier 1848, les termes utilisés sont sans équivoque bien que fondus dans un langage mesuré, la liberté de presse étant encore relative dans le royaume de Sardaigne :

> Institutions, lois, réformes, tout doit passer sous les yeux de tous, pénétrer dans tous les esprits, et y être discuté. Alors l'opinion publique apparaîtra dans toute sa force ; ses aspirations et ses vœux se manifesteront revêtus d'autorité. [...] La presse doit discuter les actes d'administration, en appeler, au besoin, à l'opinion publique, et faire passer sous les yeux de l'autorité supérieure les décisions de ce tribunal redoutable, mais impartial[47].

À travers ces mots ressort la conscience d'Auguste Carlone et de ses associés d'avoir ce pouvoir symbolique de se présenter, à travers leur journal, comme des représentants de l'opinion publique et juges impartiaux d'un « tribunal de l'opinion publique ». Au fil de l'exposé « les yeux de tous » deviennent un « nous », celui de la rédaction devant accomplir l'analyse critique des institutions, lois et réformes et exprimer l'opinion de la communauté sur celles-ci. Les publicistes s'assignent une position et une mission politiques par ces discours d'autolégitimation. La pratique répétée et habituelle de l'activité journalistique, bien que souvent peu durable durant les révolutions de 1848, repose sur l'amorce du développement de ce que l'on pourrait appeler un *ethos* journalistique.

« Le soleil qui dissipe les brumes de l'ignorance » : ébauche de définition d'un ethos *journalistique*

Dans une brochure programmatique de 1848 intitulée *Della missione del giornalismo*, Pietro-Giovanni Massino-Turina, un patriote libéral modéré, proche de Cesare Balbo et du journal *Il Risorgimento*, livre quelques éléments qui permettent de comprendre la manière dont le publiciste conçoit son activité et la présente publiquement dans cette

46 Pierre Bourdieu, *La Distinction*, *op. cit.*, p. 465.
47 *L'Écho des Alpes maritimes*, Prospectus, 1er janvier 1848.

époque de presse naissante[48]. Il dévoile pleinement ce que l'on peut appeler un *ethos* journalistique, c'est-à-dire un ensemble de manières de dire ou de faire forgées historiquement qui sont communes aux néopublicistes des États italiens. Elles sont partagées aussi bien par le directeur de presse provincial comme Auguste Carlone, que par le rédacteur de renom proche des milieux de pouvoir de la capitale tels le comte de Cavour et Cesare Balbo. En se faisant publicistes, tous sont entrés dans une logique d'autolégitimation de leur action journalistique. Celle-ci se construit avec plusieurs éléments rhétoriques, dont la symbolique de la lumière mobilisée par les publicistes libéraux qui se présentent comme des esprits éclairés. La presse serait, pour reprendre la formule poétique utilisée dans la feuille milanaise *Il Lombardo* dans un article du 25 mars 1848, une sorte de « soleil qui dissipe les brumes de l'ignorance[49] ». L'affirmation aurait pu tout aussi bien être écrite par Auguste Carlone en français dans les pages de *L'Écho des Alpes maritimes.* L'ignorance dont il est question est politique, c'est celle du système despotique disparu avec les réformes qui maintenait les sujets, non citoyens, dans l'incapacité de connaître les affaires de gouvernement et d'émettre une critique publique.

Dissiper les « brumes de l'ignorance » est une mission que s'assignent les notables publicistes libéraux. Dans leur prospectus du 5 janvier 1848 envoyé aux autres rédactions, Auguste Carlone et ses collaborateurs de *L'Écho des Alpes maritimes* se présentent aux autres rédactions comme incarnant localement les idées des Lumières contre « un passé à jamais éteint », sous-entendu l'ordre ancien obscurantiste de la Restauration[50]. Quelques jours auparavant, dans leur premier numéro, ils affirmaient l'existence d'une « mission de la presse » : la discussion éclairée sur les actes du gouvernement, pour « porter à l'esprit public [leurs] avertissements », un « devoir grave » qu'il leur faut « remplir avec courage[51] ». Dans tous ces discours journalistiques, il s'agit de revendiquer une neutralité qui n'existe pas dans les faits, de se placer

48 Pietro-Giovanni Massino-Turina, *Della missione del giornalismo*, Torino, Giuseppe Pomba e compagnia, 1848.

49 « *Il sole che dirada le nebbie dell'ignoranza* ». Cité dans : Franco Della Peruta, *Il giornalismo italiano del Risorgimento*, *op. cit.*, p. 58.

50 ADAM, Fonds Carlone, 7 J 34, Prospectus envoyé aux directeurs d'autres journaux par ceux de *L'Écho des Alpes maritimes*, 5 janvier 1848.

51 *L'Écho des Alpes maritimes*, Prospectus, 1er janvier 1848.

dans une position supérieure, éclairée, de présenter l'institution de presse comme une œuvre de bien commun. « Nous sommes prêts pour tous les sacrifices, pour toutes les fatigues qui pourront nous faire une part, quelque minime qu'elle soit, dans l'œuvre du bien public » ajoutent les néopublicistes niçois[52]. Deux dimensions d'un *ethos* journalistique en formation transparaissent : la volonté de porter une parole publique présentée comme éclairée, raisonnable et réfléchie, et celle de se présenter comme prompts à faire tous les sacrifices nécessaires, en temps et en argent, pour remplir cette « mission ». L'autolégitimation de leur action n'est pas un discours *ex-nihilo.* Si les publicistes du *Quarantotto* ont investi l'activité journalistique, et s'ils se sentent légitimes pour incarner l'opinion publique, cela prend racine dans des logiques sociologiques[53]. S'élever à une position de pouvoir et œuvrer pour la légitimer permet, ainsi que l'a montré Sara Maza, aux bourgeoisies européennes d'élaborer un discours d'autolégitimation qui s'est élaboré durant tout le premier XIXe siècle[54]. Les notables publicistes présentent leurs journaux comme des œuvres philanthropiques, désintéressées au niveau des profits (politiques et financiers) mais intéressées au bien commun et à la recherche de la vérité. C'est un argument sans cesse répéter, car la légitimation publique du travail journalistique se renouvelle à chaque publication. Ainsi, deux années après le prospectus de janvier 1848 qui établissait déjà la « mission » spéciale qu'ils s'assignaient en tant qu'hommes de presse, Auguste Carlone et ses associés accompagnent la traditionnelle invitation au renouvellement des abonnements par un court texte que l'on peut lire sur la première page de chacun des numéros publiés entre les 2 et 18 janvier 1850 :

> L'administration de *L'Écho des Alpes maritimes* [...] rappelle que le journal n'est point une œuvre de spéculation, mais une œuvre d'une incontestable utilité, pour laquelle elle n'a pas cessé de faire des sacrifices[55].

---

52 *Ibid.*

53 Jeremy D. Popkin, *Press, Revolution, and Social Identities in France*, *op. cit.*, p. 71.

54 Sarah Maza, *The myth of the French bourgeoisie : An Essay on the Social Imaginary 1750-1850*, Cambridge, Harvard University Press, 2003. Pour la traduction de ses conclusions en français : « Construire et déconstruire la bourgeoisie : discours politique et imaginaire social au début du XIXe siècle », *Revue d'histoire du XIXe siècle. La bourgeoisie : mythes, identités et pratiques*, n° 34, 2007, p. 21-37.

55 *L'Écho des Alpes maritimes*, 16 janvier 1850.

Nul intérêt financier dans l'action journalistique, ce qui est réel étant donné la difficulté à dégager des bénéfices. Mais tous les profits symboliques et politiques que permet la possession d'un journal sont occultés dans cette annonce. « Rappeler », pour reprendre le verbe utilisé par les publicistes de *L'Écho des Alpes maritimes*, le caractère désintéressé de l'entreprise permet de la situer une fois encore comme œuvre de bien public.

Le discours journalistique s'émancipe de celui du pouvoir tout en en revêtant certaines de ses caractéristiques. Ainsi, dans sa formulation même il se veut universalisant, c'est-à-dire qu'il se situe sur le même registre, celui du bien public (des journaux comme celui créé en 1843 par Lamartine portent d'ailleurs ce nom). Cela vient de ce que les créateurs de journaux ont une prétention à se mêler des affaires politiques – la loi le leur permet désormais – qu'Arlette Farge nomme une « conviction de légitimité », et que l'on peut même qualifier, avec Max Weber, de « croyance en leur légitimité » tant la chose imprègne leurs actions[56]. Les notables-publicistes sont issus de familles qui, bien qu'écartées des fonctions les plus importantes, ont pu exercer des charges mineures (pour Auguste Carlone, son père et son grand-père ont eu des fonctions municipales et ont été membres de la Chambre de commerce). Cette dimension atavique est essentielle dans l'analyse socio-historique du notable, qu'il soit publiciste ou non. La conviction de disposer d'un « droit de savoir et de juger » contribue à faire, dans l'esprit des notables libéraux, que désormais, dans le jeu politique qui se met en place, « la légitimité de *penser sur* l'emporte sur son interdiction[57] ». *Ipso facto* ce droit (concrétisé juridiquement dans les lois sur la liberté de la presse) alimente les discussions politiques publiques et peut contraindre doublement le pouvoir en place. D'une part, en remettant en cause le système politique, comme lors de la campagne de presse pour la promulgation d'une constitution lancée en janvier 1848 dans le royaume de Sardaigne. D'autre part, à toutes les échelles, les journaux peuvent émettre des jugements sur des manières de gouverner et des agents du pouvoir dont les décisions sont nouvellement soumises à une critique publique[58]. C'est à travers cette seconde modalité que Nice connaît, au

56 Arlette Farge, *Dire et mal dire : l'opinion publique au* XVIII*e* *siècle*, Paris, Seuil, 1992, p. 188 ; Max Weber, *Économie et société*, *op. cit.*, p. 286-287.

57 *Ibid.*, p. 63. C'est l'auteur qui souligne.

58 Keith Michael Baker, *Au tribunal de l'opinion*, *op. cit.*

mois de janvier 1848, une agitation politique durant laquelle s'observent tous les ressorts de la fabrique et de la captation de l'opinion. Il règne alors dans la ville une atmosphère d'« illusion lyrique quarante-huitarde », pour reprendre les mots de Maurice Agulhon, entretenue par les rédacteurs de *L'Écho des Alpes maritimes* qui publient les premiers numéros de leur journal[59]. Depuis la fin de l'année 1847, les célébrations de la liberté de la presse dans les villes du royaume de Sardaigne ont bien souvent été brimées par les gouverneurs, les agents en charge de l'ordre public dans les provinces. Cependant, cela a provoqué de vigoureuses mobilisations contre eux. Et l'une des plus importantes est celle que mènent Auguste Carlone et ses associés contre le gouverneur de Nice, le comte Rodolphe de Maistre, qui a pris une posture particulièrement autoritaire dès le début des manifestations publiques.

LA LIBERTÉ DE PUBLICATION COMME MATRICE DE LA VIE POLITIQUE
Les notables libéraux contre le gouverneur Rodolphe de Maistre

> La liberté d'écrire, comme toutes les autres, est d'autant plus redoutable qu'elle est plus nouvelle[60].
>
> La presse périodique n'a été, et il est dans sa nature de n'être qu'un instrument de désordre et de sédition[61].

Les deux citations sont contemporaines mais expriment deux visions opposées qui façonnent les luttes politiques du premier XIXe siècle européen. Ce qu'énonce Alexis de Tocqueville dans la première, c'est qu'un écrit public, lorsqu'il émane d'individus ou de groupes qui jouissent d'une certaine liberté, peut être un contre-pouvoir redoutable[62]. Source de contradictions, de luttes et de débats divers, la publication est un

59 Maurice Agulhon, *Les quarante-huitards*, *op. cit.*, p. 81.
60 Alexis de Tocqueville, *De la démocratie en Amérique*, *op. cit.*, p. 186.
61 Cité dans : Jean-Noël Jeanneney, *Une histoire des médias*, *op. cit.*, p. 100.
62 Alban Bensa, Jean Bazin, « Préface », dans Jacques Goody, *La raison graphique*, *op. cit.*, p. 25-26.

instrument de subversion qui peut susciter des réactions autoritaires, comme celle qui s'observe en France à la fin du mois de juillet 1830. C'est d'ailleurs de ce contexte qu'est tirée la seconde citation puisqu'elle est issue de l'exposé des motifs de l'une des quatre Ordonnances de Saint-Cloud promulguées par Charles X, celle qui suspend la liberté de la presse. Alors que les forces libérales défendent une liberté de la presse, plus ou moins restreinte socialement, une vision opposée la présente comme un instrument de désordre, un trouble dans l'unité de la société puisque faisant naître des courants ou « partis » politiques qui débattent et entrent en lutte (entre eux et avec le pouvoir). C'est une vision répandue dans l'Europe du premier XIXe siècle, exprimée par des écrivains comme Joseph de Maistre et Louis de Bonald et largement partagée au-delà des frontières entre les États, par tout le courant antilibéral et contre-révolutionnaire de la péninsule italienne[63]. Dans toutes les villes, même modestes, elle se manifeste le plus souvent à travers l'action d'agents du pouvoir, comme à Nice, où le gouverneur Rodolphe de Maistre, qui n'est autre que le fils de Joseph de Maistre, l'incarne presque de manière idéaltypique. À partir de l'automne 1847, lorsque le pouvoir royal dont il dépend directement concède quelques réformes libérales, il doit affronter les agitations politiques de la population contre le contrôle autoritaire et clérical de la vie sociale qu'il imposait dans la ville. Un mouvement que les créateurs de *L'Écho des Alpes maritimes* tentent de canaliser en leur faveur, par l'écrit et la caricature.

UN HOMME EN SON ÉPOQUE : LE GOUVERNEUR DE MAISTRE

Rodolphe de Maistre est à Nice un personnage que le mouvement libéral est loin d'avoir enthousiasmé. Issu d'une famille de la noblesse du royaume de Sardaigne, dans laquelle, selon l'expression de Balzac, « les grandeurs sociales sont héréditaires[64] » et la fidélité à la dynastie de Savoie ancienne[65], c'est un homme imprégné des idées contre-révolutionnaires

---

63 Franco Della Peruta, *Il giornalismo italiano del Risorgimento*, *op. cit.*, p. 59-60.

64 Honoré de Balzac, *Le Père Goriot*, Paris, Le livre de poche, 2004, p. 182 (1re éd. 1835).

65 Ernest Toselli, « La famille de Maistre et Nice », *Nice Historique*, 1914, n° 4-5, p. 309-310. Le père de Xavier et Joseph de Maistre, respectivement oncle et père de Rodolphe, est né à Aspremont (comté de Nice). Il a eu des fonctions importantes au sénat de Nice avant d'être nommé sénateur à Chambéry où sont nés ses deux fils ainsi que, plus tard, en 1789, son petit-fils Rodolphe. Par ailleurs, le grand-père de Rodolphe de Maistre était

de son père, Joseph de Maistre. Dès son plus jeune âge, il le suivit à la cour du tsar Alexandre Ier à Saint-Pétersbourg. Il fut dès lors élevé dans les milieux aristocratiques et diplomatiques pétersbourgeois du temps de Napoléon Bonaparte, ceux qu'explore Leon Tolstoï dans *Guerre et paix*. Après avoir été admis dans la garde impériale en 1805, il devint officier militaire et c'est avec ce grade qu'il prit part à la bataille de Leipzig contre les troupes napoléoniennes en octobre 1813. En 1817, alors que le Premier Empire français n'était plus, Rodolphe de Maistre fit le choix de revenir dans le royaume de Sardaigne avec son père pour entamer une carrière de haut-fonctionnaire, d'abord en tant que commandant de la citadelle d'Alexandrie puis comme secrétaire royal des Affaires étrangères. Fort d'une longue expérience militaire, auréolé de nombreuses décorations, c'est en vertu de cette reconnaissance qu'il est assigné le 6 décembre 1837 au poste de gouverneur de la division de Nice[66]. Cette charge politico-militaire ressuscitée durant la Restauration sarde a une importance capitale dans le contrôle des provinces. Elle est dévolue par les rois aux hauts-fonctionnaires issus de familles importantes de la noblesse. Rodolphe de Maistre occupe alors, de 1838 à 1848, une position de pouvoir d'autant plus forte que les gouverneurs disposaient, depuis 1822 et la création de ce privilège par Charles-Félix Ier, du droit de porter tout procès civil, même ceux les concernant personnellement, devant le sénat local. Un atout non négligeable car cette cour, bien que souveraine, n'en était pas moins une émanation du pouvoir royal sarde duquel elle tire son indépendance et son statut, et se montrait assez fidèle aux hauts-fonctionnaires[67].

Le comte De Maistre a un parcours des plus classiques pour un noble qui œuvre pour le service de l'État dans un système de type Ancien R*égime.*

---

un juriste de renom dans le royaume au point d'avoir participé à la rédaction des Royales constitutions de 1770 promulguées par Charles-Emmanuel III.

66 Anne de Maistre-Petit, *Rodolphe de Maistre et les siens*, Mémoire de maîtrise d'histoire soutenu à l'Université de Nice sous la direction de Francis Pomponi, 1993, p. 14. Rodolphe de Maistre apparaît parmi les membres de l'Ordre des Saints-Maurice-et-Lazare du royaume de Sardaigne, mais aussi ceux de Saint-Louis de France, de Saint-Vladimir et de Sainte-Anne pour l'Empire russe (dans lequel il est aussi titulaire d'une arme d'honneur conférée par le tsar pour son courage militaire, l'épée d'or) ; enfin il a aussi été décoré du mérite du royaume de Prusse, et dispose du plus haut grade de l'Ordre de la Couronne de Fer de l'Empire Habsbourg, celui de Grand-croix, ainsi que du grade de chevalier de l'Ordre suprême de la Très Sainte Annonciade.

67 Olivier Vernier, « Les réformes institutionnelles de Charles-Albert (1847-1848) », *Nice Historique*, n° 1, 1997, p. 10.

Son action est fidèle à ses idées comme le prouvent son engagement dans l'armée impériale russe contre les armées napoléoniennes dans sa jeunesse et, plus tard, son gouvernorat dans la division de Nice. Le contenu en est bien résumé par un manifeste de police particulièrement rigoureux dans le contrôle de la vie sociale édicté en 1840 : outre l'obligation d'obtenir une autorisation du pouvoir pour l'ouverture de tout établissement public (café, hôtel, auberge, brasserie), l'activité de ces lieux de sociabilité est surveillée, les horaires et les jours d'ouverture sont contrôlés ; les interdictions de proposer des jeux de hasard et de laisser un établissement ouvert durant les fêtes catholiques sont la marque d'une emprise cléricale[68]. Par ailleurs, le colportage est aussi soumis à autorisation et à un strict contrôle du pouvoir alors même que circulent clandestinement des brochures produites par les exilés (à Paris, Londres, Lausanne ou Bruxelles), qu'ils fussent démocrates et républicains ou libéraux modérés. Toutefois, rien ne serait plus fallacieux que de particulariser l'action de Rodolphe de Maistre car il s'inscrit dans une pratique autoritaire du pouvoir qui caractérise les gouverneurs du royaume de Sardaigne, même si Nice a une double image quelque peu contradictoire auprès du pouvoir royal. En effet, la ville apparaît comme le chef-lieu d'une province qui ne connaît pas de véritable mouvement insurrectionnel au début des décennies 1820 et 1830[69], fidèle à la dynastie régnante ainsi qu'en atteste son surnom de *fedelissima* qu'elle doit aux preuves de loyauté à l'égard des princes de Savoie de ses grandes familles nobiliaires[70]. Victor-Emmanuel Ier en a fait le lieu de sa retraite provisoire après son abdication en 1821[71], alors que la visite de son successeur, Charles-Félix Ier, a donné lieu à une confirmation des franchises du port (supprimées sous la domination française) et à l'élévation d'une statue sculptée en 1828 en son hommage par l'architecte et peintre romain Paul-Émile Barberi (sculpture encore observable de nos jours sur la place Guynemer, près du port de Nice)[72]. Cependant, elle demeure un territoire dont les souverains se méfient. Son caractère

68 Anne de Maistre-Petit, *op. cit.*, p. 18-19.

69 L'absence de tels mouvements s'explique en grande partie par le fait que la cité compte peu d'étudiants, à l'inverse de Turin par exemple, ces derniers étant les plus actifs dans le mouvement libéral de 1821.

70 Simonetta Tombaccini, *La vie de la noblesse niçoise : 1814-1860*, *op. cit.*, p. 11.

71 Paul Gonnet, « Capitale d'un monde clos (1814-1860) », dans Maurice Bordes (dir.), *op. cit.*, p. 284.

72 Michel Bottin, « Commerce et port-franc », *Nice Historique*, n° 44, 1998, p. 109.

frontalier la rend constamment en butte à un éventuel débordement des événements français. Elle est ainsi soumise à des mesures militaires et politiques rigoureuses, comme lorsque le gouverneur Castelborgo décide de proclamer l'état de défense militaire lors de la Révolution française de 1830. Par ailleurs, le comte Tonduti de l'Escarène, qui s'est occupé en tant que ministre de l'Intérieur de mener la sévère répression contre les tentatives insurrectionnelles organisées par d'anciens *carbonari* comme Giuseppe Mazzini au début du règne de Charles-Albert, est, comme son nom l'indique, un homme du pays niçois. Rodolphe de Maistre, s'inscrit dans sa lignée en tant que garant du strict contrôle de la vie sociale qui caractérise la société sarde de la Restauration. En ce sens, on ne saurait s'étonner qu'il fût qualifié en 1843 d'« anti-Français, ayant été élevé dans les idées de son père, ennemi de la Révolution et des principes qui l'ont amenée » par le consul de France à Nice, Hippolyte le Prestre de Châteaugiron, orléaniste choisi par Adolphe Thiers en 1840 et qui représente bien le libéralisme de la monarchie de Juillet[73].

Le comte De Maistre est l'incarnation de l'ordre qui se présente de plus en plus comme celui de la tradition : une autorité de « l'éternel hier » reposant sur « la croyance quotidienne en la sainteté de traditions valables de tout temps et en la légitimité de ceux qui sont appelés à exercer l'autorité par ces moyens[74] ». Les penseurs contre-révolutionnaires refusent une quelconque division du pouvoir. Le roi doit guider ses sujets et non leur permettre de partager l'exercice de la souveraineté, de devenir des citoyens avec des droits et des libertés politiques[75]. Toutefois, il est important de tenir compte de la mise en garde formulée par Jean-Clément Martin par rapport à une approche déshistoricisée de la Contre-Révolution[76], concept qui recouvre, comme l'avait déjà noté Ran Halevi, « un ensemble de phénomènes assez hétérogène[77] ». La vision « théocratique » de Joseph de Maistre ou Louis de Bonald n'est pas celle d'Edmund Burke ; les projets politiques varient, allant « d'un

73 ADAM, Consulat de France à Nice, 1 Z 20, Lettre du 23 septembre 1843 adressée au ministre français des Affaires étrangères.

74 Max Weber, *Économie et société*, *op. cit.*, p. 285.

75 Massimo Boffa, « Contre-Révolution », dans François Furet, Mona Ozouf (dir.), *Dictionnaire critique de la Révolution française*, *op. cit.*, p. 89.

76 Jean-Clément Martin, *Contre-Révolution, Révolution et nation en France 1789-1799*, Paris, Seuil, 1998, p. 9.

77 Ran Halevi, « La Contre-Révolution », *Histoire, économie et société*, vol. 10, n° 1, 1991, p. 29.

retour pur et simple à l'ancien ordre [non pas une "révolution contraire", disait Joseph de Maistre, "mais le contraire de la Révolution"], à une restauration "aménagée" de la monarchie, aménagée en ce sens qu'elle concède à l'héritage révolutionnaire ce qu'elle ne peut plus conserver de l'Ancien Régime[78] ». Ainsi, il serait erroné de faire de Rodolphe de Maistre l'exact produit des idées de son père car, même si 1848 peut lui apparaître à plusieurs égards comme un 1789 italien, le contexte n'est pas celui de la Révolution française. Comme on l'a vu précédemment, le régime restauré du royaume de Sardaigne n'a pas pu refuser certaines évolutions portées par la Révolution et l'Empire. Cependant, quelles que soient les variations, la Contre-Révolution est toujours une forme de résistance à un socle de valeurs et principes que l'on retrouve dans la Déclaration des Droits de l'Homme et du Citoyen de 1789[79]. À l'aune de ces considérations, l'on peut faire de Rodolphe de Maistre une figure archétypique de la réaction de son époque, de la résistance active, autoritaire, à tout mouvement un tant soit peu porteur d'idées libérales.

Max Weber dans ses écrits a développé la catégorie de « fonctionnaire politique » – dont la figure type est le préfet en France –, nommé par le pouvoir et interchangeable, donc mobile géographiquement[80]. Il se distingue du « fonctionnaire administratif » qui n'a pas de délégation de souveraineté. Le gouverneur du royaume de Sardaigne est dans la première catégorie. Il dispose de prérogatives politiques et militaires délimitées dans l'espace, puisqu'elles s'exercent dans le cadre d'une circonscription administrative (la division), et contrôlées par le pouvoir puisqu'elles lui échoient par délégation du roi qui décide de sa nomination, contrôle l'exercice de ses prérogatives et peut le démettre. Il a ceci du « fonctionnaire politique » qu'il doit servir l'État en servant le roi et n'est qu'usufruitier des moyens de gestion (finances, forces armées) du territoire qu'il gouverne. Cependant, la différence est que la délégation de pouvoir en sa faveur repose sur la société d'ordres, la condition *sine qua non* pour exercer cette charge étant l'appartenance à une noblesse d'un certain rang. C'est aussi ce système que bouleverse le *Quarantotto* avec les réformes et la promotion, aux dépens des gouverneurs, des intendants généraux – qui existent déjà avant 1848 mais sont

---

78 *Ibid.*

79 Jean-Clément Martin, *op. cit.*, p. 10.

80 Max Weber, *Le savant et le politique*, *op. cit.*, p. 140-141.

cantonnés à des fonctions administratives –, auxquels échoie le contrôle de l'ordre public, notamment par l'intermédiaire des milices civiques (ou gardes nationales formées municipalement) qui apparaissent à partir du printemps 1848. Toutefois, au tout début de l'année ces changements ne sont pas effectifs, bien que les gouverneurs sentent le danger que représentent les idées libérales pour leur position. Ils se montrent très hostiles aux mobilisations dans les villes du royaume de Sardaigne dans lesquelles ils assurent encore l'ordre public. Ils n'hésitent pas à mobiliser la troupe pour réprimer des manifestations et deviennent très vite des cibles politiques de choix pour les nouveaux journaux. À Nice, c'est la voie choisie par Rodolphe de Maistre. Cependant, il ne faut pas particulariser son action car elle suit à la lettre les ordres du pouvoir royal. En effet, en janvier 1848, bien qu'il ait renvoyé le ministre considéré comme le chef de file de la tendance réactionnaire, Clemente Solaro della Margarita, pour contenter le mouvement libéral, Charles-Albert Ier est toujours entouré au plus haut niveau de l'État par des hommes qui partagent les mêmes idées que le comte De Maistre. Le rapport de force qui s'engage à Nice entre la population et son gouverneur n'est que la reproduction localisée d'une lutte qui se déroule à l'échelle de tout le royaume de Sardaigne.

UN CONTRE-POUVOIR D'ENCRE ET DE PAPIER : PUBLIER CONTRE L'ORDRE POLITIQUE EN PLACE

> Tant qu'une voix ne s'élevait pas, retentissante, qui prêtât une expression commune à cet état d'esprit, il restait purement individuel, peu intense, encore moins contagieux, inconscient de lui-même. Celui qui l'a exprimé l'a créé comme force collective[81].

Gabriel Tarde énonce limpidement les mécanismes des mouvements d'opinion qu'on observe dans la mobilisation hostile de la population niçoise à l'égard du gouverneur De Maistre au cours des mois de janvier et février 1848. Les expressions de la contestation ne sont plus privées et confinées dans les lieux de sociabilité, elles deviennent publiques et sont exprimées dans *L'Écho des Alpes maritimes*. Si Auguste Carlone et ses associés ne créent pas les expressions de mécontentement à l'égard du gouverneur, ils les rendent publiques, si bien que le mouvement

81 Gabriel Tarde, *L'Opinion et la foule*, *op. cit.*, p. 20-21.

marque toute la ville de son empreinte et a des retentissements au-delà, à Gênes, à Turin et même jusqu'en Toscane.

Durant l'hiver 1847-1848, le comte De Maistre fait montre de la même fermeté qui a caractérisé son gouvernorat ; dès le début du mois de novembre, il veut limiter les célébrations de réformes libérales qu'il honnit. Sa position est affaiblie par ces dernières puisqu'il voit le for de 1822, un privilège qui était une garantie de son impunité, être supprimé sur décision de son souverain. Alors que se prépare le banquet du 11 novembre 1847, dès le 9 du même mois, il prend la décision de faire interdire les chants et autres festivités nocturnes pour limiter les effusions de joie. Fervent catholique, défenseur des jésuites (qui ont la charge de l'enseignement), il utilise leur soutien pour brimer la participation des étudiants à toutes les manifestations[82]. Malgré ces mesures, et à l'image de l'effervescence politique que l'on observe dans nombre de villes italiennes, dans les rues de Nice les mobilisations sont régulières ; l'agitation politique n'a jamais cessé. Durant les ultimes jours l'année 1847 puis lors du jour de l'An 1848, alors que des mobilisations plus ou moins spontanées s'organisent et qu'Auguste Carlone et ses collaborateurs y participent en publiant le prospectus de *L'Écho des Alpes maritimes*, le gouverneur mobilise la troupe et renforce les patrouilles[83]. Le maintien de l'ordre passe par une maîtrise du centre névralgique de la ville, le *Corso* et ses rues adjacentes, et il s'appuie pour cela sur les soldats de la caserne Rusca sur la place Saint-Dominique (actuelle place du Palais de Justice), contribuant ainsi à exacerber les tensions. Le consul de France, le marquis de Châteaugiron, donne quelques détails précieux pour comprendre l'agitation qui règne à Nice :

> Le jour de l'An, trois députés de la jeunesse de Nice se sont présentés chez le gouverneur De Maistre pour solliciter la permission de faire une démonstration paisible dans la ville [...]. Ces démonstrations se font maintenant à tout propos dans les villes d'Italie émancipées. Le gouverneur a refusé et a répondu que si l'on insistait il opposerait la force armée. Les jeunes gens se sont alors retirés en protestant qu'ils se conformeraient aux volontés de S. E. [...]. Le gouverneur a cru ne pouvoir se fier à ces assurances et a pris des précautions militaires tout à fait extraordinaires et inutiles[84].

82 Anne de Maistre-Petit, *Rodolphe de Maistre et les siens*, *op. cit.*, p. 25-26.

83 *Ibid.*, p. 15.

84 ADAM, Consulat de France à Nice, 1 Z 20, Lettre du consul de France à Nice du 14 janvier 1848 adressée au ministre français des Affaires étrangères.

La mobilisation de la force armée suit les directives du pouvoir royal : les places où des réunions spontanées s'organisent doivent être étroitement surveillées[85]. Contre ces mesures autoritaires, la presse nouvelle sert de contre-pouvoir. Le consul précise :

> La défiance du gouverneur a aigri les esprits et comme il n'existe pas encore de journal à Nice [*L'Écho des Alpes maritimes* n'a pas commencé ses publications régulières], on a adressé le récit de cet incident à *La Concordia*, journal nouvellement publié à Turin[86].

Les jeunes notables, meneurs de la contestation, se tournent l'organe de presse fondé par Lorenzo Valerio à Turin qui est une référence pour les bourgeoisies provinciales du royaume de Sardaigne[87]. Il est sollicité pour dénoncer publiquement les agissements autoritaires du gouverneur De Maistre et mettre en lumière la situation niçoise particulièrement tendue, à laquelle s'étaient déjà intéressés les publicistes turinois.

Dans une lettre datée du 29 décembre 1847, publiée dans la rubrique – classique dans les journaux – « *Carteggio della Concordia* » (Correspondance de *La Concordia*) une colonne entière est consacrée à la situation de « *Nizza di mare* » (« *Nizza marittima* » de son nom officiel). Le compte-rendu permet d'entrer dans les coulisses des relations de presse et de la composition d'un journal pour comprendre comment se construit l'information sur un événement. Préservant l'anonymat de la source, *La Concordia* mentionne seulement les informations d'un correspondant à Nice, mais il pourrait bien s'agir d'un des rédacteurs de *L'Écho des Alpes maritimes*, qui sont alors en train de finaliser le prospectus de leur journal qu'ils ont aussi envoyé à Lorenzo Valerio. L'hypothèse paraît stimulante bien que difficile à confirmer. Quoi qu'il en soit, le correspondant expose, avec un certain lyrisme, que l'on retrouve par la suite dans les publications de *L'Écho*, l'enthousiasme qui règne dans la ville lorsqu'arrive la nouvelle du rétablissement de la santé du roi Charles-Albert. Les manifestants utilisent cette occasion, insoupçonnable de subversivité, pour se réunir ; l'annonce est « accueillie par les Niçois avec une indicible joie » dit l'auteur de la correspondance, et aurait « surgit parmi nombre

85 Enrico Francia, *1848. La rivoluzione del Risorgimento*, *op. cit.*, p. 87.

86 ADAM, Consulat de France à Nice, 1 Z 20, Lettre du consul de France à Nice du 14 janvier 1848 adressée au ministre français des Affaires étrangères.

87 Franco Della Peruta, *Il giornalismo italiato*, *op. cit.*, p. 210.

des habitants les plus instruits le désir d'en faire une démonstration publique », au grand désarroi des autorités qui ont du mal à contrôler la foule[88]. Les récits décrivent Rodolphe de Maistre comme s'opposant fermement « à toute sorte de fête publique[89] ». Les rédacteurs de *L'Écho des Alpes maritimes* revenant sur les événements à la mi-janvier précisent le contexte de ce refus :

> On se rendit donc à l'Hôtel de Ville afin de prévenir les consuls et de solliciter la remise des drapeaux nationaux pour consacrer cette fête. Mais à l'étonnement général, le premier consul prétexta de sa qualité d'employé et de son devoir d'en référer au gouverneur. Peu d'heures après, les mêmes personnes qui s'étaient rendues à l'Hôtel de Ville étaient mandées chez le gouverneur qui répondit par un refus formel[90].

Le message est clair : Rodolphe de Maistre entend réaffirmer son autorité en renforçant la présence militaire dans la ville. Cependant, pour ce faire, il n'a d'autre choix que de mobiliser les garnisons de Coni (Cuneo), où se trouve, comme le souligne l'article de *La Concordia*, une majorité de conscrits niçois, donc des frères, des fils, des neveux ou des cousins des manifestants[91]. La situation prête à confusion. Les soldats nouvellement arrivés auraient nécessairement de grands scrupules à réprimer la foule en cas d'évolution insurrectionnelle de la situation. Cependant, le niveau de tension n'a pas encore atteint ce point. Les patrouilles se font dans la ville par petits groupes de quatre à six soldats. Les jésuites bénéficient d'un renfort de sécurité, notamment au Collège royal où ils continuent leurs enseignements, alors même que la garde du palais sarde, dans lequel vit le gouverneur, est doublée.

La militarisation de l'espace public n'empêche en rien les manifestations, notamment celles, spontanées, qui associent des odes à Pie IX ou Charles-Albert à la *Marseillaise*, un chant révolutionnaire symbolique entonné dans les rues de Nice. Beaucoup d'éléments contribuent à rendre l'esprit de Rodolphe de Maistre confus. Lui qui, à la suite de son père, témoigne d'une fidélité totale à la dynastie de Savoie, à laquelle sa famille doit son élévation sociale, en voit le prince régnant défaire en quelques

---

88 *La Concordia*, 7 janvier 1848.
89 *Ibid.*
90 *L'Écho des Alpes maritimes*, 16 janvier 1848.
91 *La Concordia*, 7 janvier 1848.

mois un principe de gouvernement qui lui paraît le seul viable. Il se trouve contraint d'interdire des manifestations qui se réalisent aux cris de « Vive Pie IX ! Vive Charles-Albert ! », alors que sa philosophie politique même, par sa fidélité dynastique et son ultramontanisme, fait que son souverain et le pape sont les deux personnages les plus importants dans son idéal d'organisation politique et religieuse de la société. De plus, le capital symbolique dont est revêtu son nom – du fait de la réputation acquise en Europe par son père Joseph de Maistre comme philosophe de la Contre-Révolution – et sa gestion autoritaire de l'ordre public font de lui le parfait adversaire pour la presse libérale. Par son attitude, mais aussi par ce qu'il représente, il apparaît aux yeux des publicistes libéraux comme un « rétrograde », comme ceux que Chateaubriand, ultra mais favorable à la liberté de la presse, qualifiait lui-même de « demeurants d'un autre âge » et d'« étrangers dans le nouveau siècle[92] ». Sa mise en cause publique (par des manifestations puis par la presse) est une chose nouvelle et jusqu'à présent inconcevable pour un tel fonctionnaire impréparé à un affrontement politique public ou à rendre des comptes à d'autres personnes qu'à son souverain.

À la mi-janvier 1848, dans le premier numéro de *L'Écho des Alpes maritimes*, quinze jours après la publication du prospectus et les manifestations du jour de l'An, Auguste Carlone et ses collaborateurs reprennent le flambeau de *La Concordia*. Ils expriment d'emblée leur « gratitude envers ceux qui ont recueilli les doléances [des Niçois] avec un empressement fraternel » et présentent « publiquement aux rédacteurs de *La Concordia* [de] vifs remerciements » en les répétant « particulièrement à M. Lorenzo Valerio[93] ». Cette solidarité journalistique publique participe de la construction d'un espace politique[94]. Les publicistes se placent ainsi d'une certaine manière comme les représentants de la population niçoise vis-à-vis des autres villes du royaume de Sardaigne, et en l'occurrence de Turin, puisqu'ils disent s'exprimer au nom des Niçois ; une fonction de représentation que tendent à assumer les notables qui s'appuient sur leur ancrage territorial pour tenter de se faire reconnaître comme leaders d'opinion (de leur ville et de leur province). La publication complique

92 Discours à la Chambre des pairs publié en 1827 sous le titre : *Opinion de M. le vicomte de Chateaubriand, pair de France, sur le projet de loi relatif à la police de la presse.*

93 *L'Écho des Alpes maritimes*, 16 janvier 1848.

94 *Ibid.*

la situation du gouverneur De Maistre qui pouvait s'accommoder plus aisément d'une opposition plus lointaine, depuis Turin. Ses actes passent désormais au crible de la critique publique locale.

À la fin du mois de décembre 1847, au cours d'une des nombreuses manifestations qui se déroulent dans les rues de Nice, le gouverneur avait fait arrêter un jeune homme de 18 ans. Emprisonné sous le prétexte de cris séditieux, il a trouvé la mort en prison tout en étant reconnu innocent *a posteriori* par le sénat de Nice. L'affaire n'a pas ébranlé le statut du gouverneur tant qu'elle n'a pas été reprise par le nouveau journal, ce qui est le cas dès les premières publications. « Malgré l'intervalle de temps qui s'est écoulé », une quinzaine de jours, la rédaction de *L'Écho des Alpes maritimes* « ne cro[it] pas hors de propos [de] revenir » sur cette « série de faits tellement étranges, tellement propres à émouvoir encore aujourd'hui toute [la] population[95] ». Dans la rubrique « chronique locale », Auguste Carlone et ses collaborateurs livrent leur résumé des tensions qui ont entouré le changement d'année et insistent sur le contrôle militaire de la ville mis en place par le gouverneur :

> Le premier janvier, les troupes de la garnison étaient consignées dans leurs quartiers, et les carabiniers, renforcés de tous ceux qui avaient été appelés des postes, sillonnaient la ville en tous sens et se donnaient fort peu de peine pour cacher les crosses des pistolets qui garnissaient leurs poches[96].

Des précautions militaires encore en place au mitan du mois de janvier 1848 et qui apparaissent, aux yeux des directeurs de *L'Écho des Alpes maritimes*, bien autoritaires. Selon eux, « nul ne prévoit » que des événements « puisse[nt] exciter le moindre ombrage, tant à cause des manifestations semblables qui sont faites sur tous les points des États de S. M., que pour le bon esprit qui anime tous [les] concitoyens[97] ». Sous les descriptions et les analyses politiques, un vocabulaire nouveau se fait jour ; les personnes mobilisées sont désignées comme des « concitoyens » et appelées à intensifier la lutte contre le gouverneur De Maistre au nom du principe énoncé par l'article 7 de la Déclaration des droits de l'Homme et du Citoyen de 1789 que les néo-publicistes se sont parfaitement appropriés et qui veut que « ceux qui sollicitent,

95 *Ibid.*
96 *Ibid.*
97 *Ibid.*

expédient, exécutent ou font exécuter des ordres arbitraires doivent être punis ». En face de ce nouveau pouvoir en gestation le comte De Maistre, ne pouvant mobiliser la troupe à outrance sans conséquence, n'a plus la possibilité d'user de la censure. Une seule voie s'offre à lui : il en est réduit à faire pression sur la rédaction journalistique niçoise, ce qu'il réalise en adressant à ses membres une lettre pour les « avertir qu'[ils font] fausse route[98] ». Loin d'avoir l'effet escompté, celle-ci leur apparaît comme une aubaine politique dont ils se saisissent en la publiant – sans ajout de commentaire dans un premier temps – le 23 janvier 1848. Une telle publication assure aux premiers numéros de *L'Écho des Alpes maritimes* un certain retentissement et consacre une réussite des publicistes dans leur volonté de se faire les porte-voix de la lutte contre le comte De Maistre. Gabriel Tarde a bien décrit cette phase par laquelle, dans un contexte politique où règne un certain « état d'esprit » d'agitation, mais qui reste assez sibyllin, le publiciste apparaît comme celui capable de donner une voix (et une voie) publique aux aspirations politiques et d'insuffler au mouvement une « force collective » tout en emmagasinant un capital politique symbolique qui se cristallise sur son institution de presse[99].

En attaquant le journal, le comte De Maistre s'en prend *de facto* à tous les libéraux niçois qui peuvent se reconnaître dans ses publications, au-delà même des 500 abonnés, puisque son contenu circule dans la ville (notamment par les discussions). En publiant la lettre et en choisissant d'y donner une réponse argumentée point par point dans le numéro suivant du 26 janvier, les néopublicistes contraignent le gouverneur à dévoiler publiquement ses positions. À partir de cet échange, ils construisent un « débat public » dans lequel le comte De Maistre est pris au piège, ne serait-ce que parce qu'ils ont la maîtrise du support par lequel se fait la bataille des arguments. Il est extrêmement malaisé pour quelqu'un qui n'est pas favorable à cette forme d'échange politique d'être pris dans une polémique publique qu'il a enclenchée mais sur laquelle il n'a aucun contrôle. Un article de presse vaut désormais toutes les mobilisations militaires : la force de la plume prend le pas sur la force des armes, la force symbolique de la communication publique sur la force physique. Cette affaire permet aussi de mesurer la puissance politique de la presse.

98 *L'Écho des Alpes maritimes*, 23 janvier 1848.
99 Gabriel Tarde, *L'Opinion et la foule*, *op. cit.*, p. 20-21.

Une simple lettre, privée, adressée pour faire pression sur des publicistes, entraîne la chute d'un personnage aussi important qu'un gouverneur en moins d'un mois[100]. Plusieurs étapes se dessinent avant ce résultat. Elles interviennent en différents numéros du journal, ce qui démontre la fine connaissance des logiques de la publication de la part de ceux qui ne sont encore que des novices dans le domaine de la presse. En position de force, les néopublicistes niçois font le choix de publier le 26 janvier 1848 une réponse argumentée, rédigée entièrement par le principal directeur du journal[101].

Le gouverneur donne le ton de la polémique dès les premières lignes de sa lettre en accusant les directeurs de *L'Écho* de « marche[r] directement à l'impiété et au despotisme, en un mot au radicalisme[102] ». L'accusation n'est en rien anodine, elle fait partie de sa culture politique – son « ensemble de représentations porteuses de normes et de valeurs » si l'on en suit la définition de Serge Bernstein[103]. Au XIXe siècle, le radicalisme est un courant politique important, transnational, dont les idées démocrates, de réforme sociale et de lutte contre les pouvoirs autoritaires et cléricaux, ont été portées par des personnages comme Giuseppe Mazzini dans le royaume de Sardaigne. Elles s'expriment avec force en janvier 1848, notamment à Gênes. Cependant, pour un adversaire des idées libérales comme Rodolphe de Maistre, le radicalisme renvoie à la Révolution française, au spectre de 1793, de la Convention nationale et de la Terreur ; c'est un courant honni accusé de créer de l'anarchie, de menacer l'ordre social et politique. La référence à la Révolution dans le développement des courants politiques du XIXe siècle n'est pas l'apanage de la vie politique française. Dans toute la péninsule italienne, elle fait partie de la mémoire récente (les événements de la Révolution et de l'Empire n'ont qu'un demi-siècle). N'entonne-t-on pas dans les rues de Nice à l'occasion de quelques manifestations spontanées la *Marseillaise* ? La Révolution y a été aussi « inachevée » pour reprendre l'expression

---

100 *Cf.* Annexes, document n° 4 pour consulter la transcription intégrale de la lettre de Rodolphe de Maistre.

101 *Cf.* Annexes, document n° 5 pour consulter la transcription intégrale de la réponse rédigée par Auguste Carlone.

102 *L'Écho des Alpes maritimes*, 23 janvier 1848.

103 Serge Berstein, « Introduction : nature et fonction des cultures politiques », dans Serge Berstein (dir.), *Les cultures politiques en France*, Paris, Seuil, 1999, p. 9.

de Sylvie Aprile[104], ses affrontements se poursuivent. Elle est présente dans les rues comme dans les débats publics des journaux. Dans le prospectus du 1er janvier 1848, les néo-publicistes niçois avaient pourtant pris le soin de faire acte de modération en se présentant comme « une garantie » dans la province de Nice contre « les révolutions et leurs luttes sanglantes[105] ». Cependant, ce zèle de modération ne touche pas le gouverneur De Maistre pour qui toutes les idées libérales sont radicales, même celles des courants modérés. Ainsi, son accusation radicalise les positions des néopublicistes pour les présenter comme des fauteurs de troubles.

L'échange entre le gouverneur d'un côté et Auguste Carlone et ses collaborateurs de l'autre a cela de précieux qu'il montre deux visions du monde qui s'opposent. Une confrontation qui est l'un des moteurs du *Quarantotto* et plus généralement des révolutions européennes du milieu du XIXe siècle : la lutte entre des forces libérales et d'autres qui incarnent l'ordre autoritaire de la Sainte-Alliance[106]. Dans la presse italienne, l'une des questions prégnantes dans la lutte contre l'ordre en place, outre la mise en cause des agents du pouvoir jugés autoritaires comme Rodolphe de Maistre à Nice, c'est celle des jésuites. À travers eux c'est l'ordre clérical qui est contesté, car il justifie, encore à la fin de l'année 1847 comme on l'a vu avec les mesures prises par le gouverneur de Nice, la fermeture des lieux de sociabilité les jours de fêtes catholiques et un monopole religieux sur l'enseignement. Dès leur première publication le 16 janvier 1848, les journalistes niçois donnent un écho aux critiques contre les jésuites à travers la publication d'une lettre d'un penseur qui devient une référence presque incontournable pour les libéraux italiens à l'hiver 1847-1848, Vincenzo Gioberti. Le prêtre et philosophe turinois est l'un des écrivains politiques les plus lus dans les milieux intellectuels libéraux et les plus repris dans la presse nouvelle. Son aura déborde de beaucoup le seul royaume de Sardaigne et englobe toute la péninsule italienne, dans laquelle il voyage beaucoup pour défendre ses thèses « néoguelfes[107] ». Il a acquis une certaine réputation dans les années

104 Sylvie Aprile, *La Révolution inachevée, 1815-1870*, Paris, Belin, 2010.

105 *L'Écho des Alpes maritimes*, Prospectus, 1er janvier 1848.

106 Jean-Claude Caron, « "Printemps des peuples" : pour une autre lecture des révolutions de 1848 », art. cité, p. 33-34 et 40-41.

107 Ses positions sont qualifiées de « néoguelfes » par la référence aux querelles médiévales dans les villes italiennes des *duecento* et *trecento* (XIIIe et XIVe siècles) entre les guelfes,

1840 à la faveur d'œuvres publiées depuis son exil bruxellois, qui a commencé après son bannissement de Turin lié à ses positions politiques (il a été un temps proche de la *Giovine Italia* de Giuseppe Mazzini). En 1843, il publie l'un de ses ouvrages majeurs, et l'un des plus diffusés clandestinement en Italie durant les années 1840 : le *Primato morale e civile degli Italiani*. Il expose un projet politique libéral et national qui fait de Rome la capitale d'un futur État-nation et du souverain pontife le garant de l'unité italienne actée dans une fédération dans laquelle le catholicisme serait un élément unificateur. La diffusion des idées giobertiennes se fait d'autant plus rapidement qu'en 1846 le pontificat échoit à Pie IX dont les premières décisions – une amnistie et l'accord d'une liberté de la presse en 1847 – lui forgent une réputation de pape libéral et national, soit les deux éléments fondamentaux de la pensée de Vincenzo Gioberti. Si l'on y ajoute les fermes attaques qu'il a formulées contre les jésuites, l'on comprend alors à quel point l'écrivain turinois est le penseur d'un moment particulier, le début du *Quarantotto*.

Il règne dans la péninsule un climat antijésuitique. Une manifestation tumultueuse contre les jésuites se déroule à Gênes les 3 et 4 janvier 1848, quelques jours avant la publication de la lettre de Gioberti dans *L'Écho des Alpes maritimes*. Les manifestants ne réclament rien de moins que leur expulsion en plus de l'autorisation de mettre en place une garde civique (ou garde nationale)[108]. L'intrication entre rejet du cléricalisme, adhésion aux idées libérales et à la cause nationale est indéniable. Goffredo Mameli, fils d'un amiral sarde, ancien commandant de la flotte, qui n'a alors qu'une vingtaine d'années, se fait connaître avec la rédaction en 1847 du *Canto degli Italiani* (plus connu sous le nom de *Fratelli d'Italia*, l'hymne actuel de la République italienne) et devient un des leaders de la manifestation. Une pétition qui doit être remise au roi de Sardaigne est lancée pour l'expulsion des jésuites et l'instauration de gardes civiques dans les différentes villes. Le mouvement est renforcé par la circulation des écrits de Vincenzo Gioberti. La publication de son ouvrage *Il gesuita moderno* à Lausanne a marqué les milieux libéraux italiens[109] ; il est d'abord diffusé dans toute la péninsule de manière clandestine, puis

partisans du pape, et les gibelins partisans des empereurs germaniques (Hohenstaufen).

108 Franco Della Peruta, *Il giornalismo italiano del Risorgimento*, *op. cit.*, p. 46.

109 Vincenzo Gioberti, *Il gesuita moderno*, Lausanne, S. Bonamici et compagnie, 1846.

plus légale une fois les lois sur la liberté de publication entérinées[110]. En accusant les jésuites d'être un obstacle à tout projet d'unification de l'Italie – par le contrôle politique et clérical sur la société qu'il les accuse d'exercer ou de soutenir – Gioberti s'attire les foudres de théologiens tel Carlo Maria Curci, mais gagne la sympathie de tout le courant libéral[111]. Cela n'est pas sans rappeler la querelle de l'enseignement qui s'est déroulée dans la France voisine au milieu des années 1840 et qui est encore vive en 1848. Dans cette polémique d'ampleur, deux historiens français, Jules Michelet et Edgar Quinet, se sont engagés en signant un ouvrage – *Des jésuites*, en 1843 – qui a inspiré Vincenzo Gioberti. Le premier y définissait le jésuitisme comme « l'esprit de la police mis dans la religion », comme un dogme autoritaire ennemi des libertés, et développait un argumentaire pour s'opposer de manière véhémente au retour des établissements des congrégations dans l'enseignement[112]. La question est bien européenne, et elle envahit l'actualité politique de la péninsule italienne à partir de la fin de l'année 1847, à la faveur du développement de la presse qui donne une audience sans précédent aux écrits de Vincenzo Gioberti. Ce dernier gagne en réputation et, rentré d'exil à la faveur d'une amnistie, il participe de plain-pied à l'émulation politique et intellectuelle du *Quarantotto*. Les discours qu'il livre ou les lettres qu'il écrit sont retranscrits et se transmettent entre feuilles de presse comme en atteste la publication sur quatre colonnes entières le 16 janvier 1848, dans le premier numéro de *L'Écho des Alpes maritimes*, de sa lettre datée du 22 décembre 1847.

Dissertant sur les événements suisses, où la lutte entre les radicaux et libéraux d'un côté, tous confédéralistes et pour beaucoup protestants, et les catholiques sécessionnistes de l'autre a pris la forme d'une guerre civile, dite guerre du *Sonderbund*, Vincenzo Gioberti apporte son soutien à la Diète à majorité libérale et radicale. Au début de l'année 1848, la

---

110 Nicola Del Corno, *La formazione dell'opinione pubblica e la libertà di stampa nella pubblicistica reazionaria del Risorgimento (1831-1847)*, Florence, Le Monnier, 1997, p. 2.

111 *Ibid.* En 1845, Gioberti publie ses *Prolegomeni del Primato morale e civile degli Italiani à Bruxelles*. Un an avant la parution de son *Gesuita moderno*, il attaquait déjà vigoureusement la Compagnie de Jésus. Cet ouvrage lui attire les foudres du théologien jésuite Carlo Maria Curci qui publie la même année à Naples une réponse dans laquelle il condamne les thèses giobertiennes : *Fatti ed argomenti in risposta alle molte parole di Vincenzo Gioberti intorno ai Gesuiti nei « Prolegomeni del Primato »*.

112 Jules Michelet, Edgar Quinet, *Des jésuites*, Paris, Hachette-Paulin, 1843, p. 1-3.

situation de la Suisse, devient une référence politique incontournable et immédiate pour les publicistes du *Quarantotto* étant donné la proximité géographique et temporelle des événements. La raison en est limpide : la guerre civile suisse marque l'échec retentissant du *Sonderbund*, une ligue catholique ultramontaine formée en 1845 contre la Diète qui décide de la dissoudre. Gioberti estime que ses leaders ont agi pour « purger le pays d'une secte politique », à savoir le *Sonderbund*, soutenu par les jésuites, et livre une sentence péremptoire qui résume sa doctrine « néoguelfe » : « le catholicisme contient en son sein un principe de vie et un principe de mort : le premier est dans la papauté, le second est dans le jésuitisme[113] ». La papauté est vue comme un potentiel socle de l'unification italienne dans le libéralisme politique, alors que le jésuitisme est présenté comme l'un de ses plus grands obstacles. Nul besoin d'adhérer à la première partie de l'affirmation, c'est-à-dire au projet « néoguelfe », pour acquiescer la seconde, le rejet des jésuites et de l'ordre clérical qu'ils incarnent. Ainsi, la mise en cause par Gioberti de la Compagnie de Jésus est reprise dans les journaux ; les jésuites, selon lui, livrent des « prédications fanatiques », favorisent des « emprisonnements et des exils » et se rendent complices d'« actes sanglants[114] ». Cette critique véhémente trouve un grand écho à Nice où le gouverneur s'est fait le plus grand défenseur des jésuites.

Rodolphe de Maistre s'inscrit bien dans une tendance politico-religieuse réactionnaire. Il n'est aucunement surprenant qu'il réagisse avec véhémence contre la publication dans *L'Écho des Alpes maritimes* de la lettre de l'abbé Gioberti, qu'il pourfend comme l'un des principaux responsables du sentiment antijésuitique qui se répand dans la péninsule italienne :

> Vous débutez par insérer une lettre de M. Gioberti contre les jésuites [...]. Un homme qui ose appeler secte un ordre religieux légalement reçu dans l'Église catholique [...] sera tout ce qu'il voudra, mais il ne peut en conscience se donner le titre de catholique[115].

L'antijésuitisme est assimilé à une sorte d'hérésie moderne qui mériterait l'excommunication. La sentence vaut non seulement pour Vincenzo

113 *L'Écho des Alpes maritimes*, 16 janvier 1848.
114 *Ibid.*
115 *L'Écho des Alpes maritimes*, 23 janvier 1848.

Gioberti mais aussi pour tous « ceux qui auraient les mêmes opinions que lui », c'est-à-dire tous les publicistes libéraux qui ont diffusé ses écrits anti-jésuitiques. La mise en cause a une certaine portée car, en opposition, c'est en revendiquant des principes chrétiens que les libéraux italiens formulent leur critique des jésuites, dans une sorte d'imaginaire de retour à la liberté du christianisme des origines. Le comte De Maistre justifie sa sentence en introduisant un débat très contemporain qui concerne la papauté :

> Je vous observerai seulement que M. Gioberti condamne ce que le pape approuve, et approuve ce que le pape condamne. Ainsi, il n'est plus catholique, [...] car l'essence du catholicisme est l'approbation de ce que le pape approuve et la condamnation de ce qu'il condamne[116].

L'anathème est lancé mais les mots dévoilent aussi une certaine négation de la réalité de sa propre situation, celle d'un homme entamé jusque dans ses propres repères. En effet, les noms de Gioberti et de Pie IX apparaissent mêlés dans les slogans des manifestations libérales et patriotiques, le second étant réputé être un lecteur avisé du premier qu'il n'a jamais désavoué publiquement. L'ultramontanisme de Rodolphe de Maistre honnit celui de Gioberti, mais en janvier 1848, le pape n'a pas tranché et c'est l'idée giobertienne qui se répand.

Rodolphe de Maistre appuie son accusation en évoquant plusieurs événements et débats politiques qui font l'actualité. On perçoit l'importance de l'emboîtement des échelles : les références nationales ou internationales nourrissent les débats locaux lancés par *L'Écho des Alpes maritimes*, ce qui démontre aussi une capacité d'information de la part des notables qui leur permet de discuter l'idéologie du gouverneur et pas seulement son action autoritaire contre les manifestations. Les références citées participent de la construction d'une vision du monde, entrent dans la culture politique des protagonistes, qu'ils mobilisent dès qu'un débat s'engage. L'expression d'un soutien public aux écrits de Vincenzo Gioberti comme aux combats des radicaux suisses dans le seul journal qui se publie dans la province est perçue par le comte De Maistre comme une offense politique. Cependant, à sa grande défaveur le débat intervient dans un moment où, comme le formule Maurice Agulhon, du fait du contexte politique, les idées exprimées par chacun

---

116 *Ibid.*

ont une « capacité de séduction beaucoup plus inégalement partagée[117] ». En effet, le *credo* antijésuitique de Vincenzo Gioberti a un large écho dans toutes les villes italiennes, où, contre les enthousiasmes mobilisateurs, les jésuites tendent à imposer tout au long de l'hiver 1847 et 1848, comme à Nice avec les élèves du Collège royal, des interdictions de manifester à tous les étudiants dont ils ont la charge. Mais au-delà de ces décisions contextuelles, l'une des critiques les plus véhémentes dans les écrits antijésuitiques de l'époque concerne les établissements scolaires jésuites dans lesquels s'enseigneraient une doctrine catholique stricte et l'absolu respect des pouvoirs autoritaires[118]. Rendre publiques des opinions contre un ordre en place nécessite de s'attaquer publiquement à ceux qui sont perçus comme ses défenseurs, qui en contrepartie ne manquent pas de réagir. Les jésuites ont été d'ailleurs assimilés à l'ordre européen de la Sainte-Alliance en Suisse, puisque la Diète a décidé de les interdire sur le territoire qu'elle contrôle. Car c'est bien de la survie des jésuites dont il est question, dans la guerre civile en Suisse, dans la querelle de l'enseignement en France, dans la polémique entre le comte De Maistre et les publicistes niçois, ou plus généralement dans les publications des journaux libéraux des États italiens. Le gouverneur de Nice ne s'y trompe pas lorsqu'il vise ce qu'il nomme de manière méprisante, en renversant la formule de Vincenzo Gioberti à l'égard des jésuites, la « secte Giobertienne[119] ». Il y inclut Auguste Carlone et ses collaborateurs qui prieraient selon lui pour que les « arrêtés de la Diète helvétique soient étendus à toute la catholicité » en œuvrant « pour l'extirpation de la Compagnie de Jésus[120] ». Le mépris qu'il exprime est à la hauteur du rejet que lui inspire cette sorte d'« internationale » de l'antijésuitisme, bien que son impétuosité s'explique aussi par le fait que sa lettre n'était pas destinée à être publiée – une publication implique souvent un ton différent par rapport à un écrit destiné à rester privé.

À son échelle, en tant que gouverneur de Nice, la seule action qu'il puisse entreprendre pour faire valoir ses idées est celle de faire dire des

117 Maurice Agulhon, *La République au village*, *op. cit.*, p. 273-274.

118 Michel Leroy, *Le mythe jésuite. De Béranger à Michelet*, Paris, Presses Universitaires de France, 1992, p. 167.

119 *L'Écho des Alpes maritimes*, 23 janvier 1848.

120 *Ibid.*

prières publiques pour le parti catholique suisse défait. La lutte entre le *Sonderbund* et les radicaux fige des oppositions qui se retrouvent au-delà de la Suisse. Pour les libéraux italiens, la victoire de la Diète helvétique, acquise entre autres grâce à l'action du chef du parti radical suisse, Ulrich Ochsenbein, devient un exemple. Elle fragilise le chancelier Metternich qui a soutenu les troupes du *Sonderbund*, donc représente un coup porté à l'impérialisme autrichien, honni dans la péninsule italienne. Les articles des publicistes libéraux sont animés par l'idée de libération nationale contre l'Empire des Habsbourg dont les troupes, qui occupent la Lombardie-Vénétie en 1848, ont participé – parfois sur demande des souverains italiens eux-mêmes – à la répression contre les mouvements libéraux durant la Restauration. Ainsi, l'on pourrait dire, pour bien comprendre l'emboîtement des échelles, que pour les publicistes niçois le personnage de Metternich s'apparenterait à un comte De Maistre à l'échelle européenne, et vice-versa. Et il semble d'ailleurs qu'outre sa posture autoritaire, l'un des facteurs déclencheurs de la polémique soit les prières dites en faveur du *Sonderbund*. Auguste Carlone et ses collaborateurs dénoncent ces prédications politiques dans le premier numéro de *L'Écho des Alpes maritimes* du 16 janvier 1848. C'est aussi à cette critique que Rodolphe de Maistre répond avec fougue dans sa lettre publiée le 23 du même mois :

> Des fidèles sont rassemblés dans une église pour adorer le saint sacrement [...] : vous les accusez de ne pas prier suivant vos intentions, et vous voulez les faire taire ! Comment, vous qui réclamez la liberté de la pensée, vous refusez aux chrétiens la liberté de la prière[121] ?

Il y a une certaine habileté dans la rhétorique du gouverneur ; Rodolphe de Maistre renverse les critiques qui lui ont été faites publiquement. Ce seraient paradoxalement les libéraux qui agiraient contre la liberté (religieuse en l'occurrence) pour faire cesser la participation de fidèles à des prières pour une cause qu'ils rejettent. Mais l'argument est à double tranchant, car ces prédications politiques peuvent être le signe d'une soumission du clergé à une autorité politique, en l'occurrence celle du gouverneur, pouvant être perçue comme une atteinte à l'autonomie de l'Église – et donc tendre à prouver qu'il fait ce qu'il dénonce, puisqu'il

121 *Ibid.*

accuse les publicistes de *L'Écho des Alpes maritimes* de « vouloir [se] placer entre Dieu et celui qui prie[122] ». Rodolphe de Maistre conclut ainsi son argumentaire, qu'il a voulu agressif jusqu'à l'injure :

> J'irai à cette église pour me venger de vos prétentions stupides, j'y prierai Dieu de vous faire chrétiens, pour que vous puissiez comprendre la liberté [...]. Gentils prêcheurs de concorde, vous me parlez de liberté en me présentant des fers ; arrière, je ne veux pas de vos entraves, si la liberté n'est pour tous, elle n'est pour personne[123].

Il y aurait contradiction à réclamer la liberté de la pensée et des publications et à dénoncer des prières pour une cause qu'ils réprouvent. Voilà ce qu'énonce le gouverneur De Maistre, qui oblitère volontairement le fait que lui-même est un fervent adversaire des libertés dont il parle. Sa critique conservatrice est classique de son époque, il vise le bourgeois derrière le citoyen, le défenseur de libertés nouvelles qui représente la destruction d'un monde perçu comme traditionnel[124]. Or dans ce passage, les publicistes sont accusés d'être à la fois des mauvais chrétiens et des personnes autoritaires, soit exactement ce qu'ils reprochaient avec vigueur au gouverneur. Dans la lutte politique qui se joue entre les forces conservatrices et libérales, c'est aussi un combat à qui sera le plus fidèle aux principes chrétiens qui s'engage, avec des arguments excommunicateurs de part et d'autre. Chaque camp défend sa vision de la papauté, de la religion et de la place de celle-ci dans le champ politique, et promeut un ordre ancien (à conserver, pour le gouverneur) ou un autre nouveau (à construire, pour les publicistes libéraux). Ainsi, Rodolphe de Maistre achève sa réponse en réaffirmant sa défense de ceux qui sont pour lui une composante essentielle de l'ordre qu'il entend préserver, les jésuites. Il revendique le fait que « comme catholique » il a « le droit de choisir le prêtre dont [il] veut suivre la direction pour la santé de [son] âme », et donc de « choisir un jésuite pour directeur », de même que « comme père de famille » de prendre « des jésuites pour instituteurs de [ses] fils[125] ». Cependant, la publication de sa lettre

122 *Ibid.*
123 *Ibid.*
124 Jürgen Kocka, « Modèle européen et cas allemand », dans Jürgen Kocka (dir.), *Les bourgeoisies européennes au* XIX*e siècle*, *op. cit.*, p. 19.
125 *L'Écho des Alpes maritimes*, 23 janvier 1848.

retourne l'argument contre lui car elle tend à prouver l'influence de ces derniers auprès des hommes de pouvoir et donc alimente le « mythe jésuite » auquel souscrivent ses adversaires.

Le gouverneur se trouve dans une position délicate. Et il ne peut pas compter sur la saisie du journal ou la mobilisation de la troupe pour rétablir son autorité. Les pouvoirs, même la Couronne, ne peuvent faire fi de ces modes d'action nouveaux. Mais il est difficile pour un homme tel que Rodolphe de Maistre d'être contraint dans ses actions, non par le pouvoir souverain du monarque, son supérieur, mais par celui de l'opinion. D'autant qu'Auguste Carlone et ses collaborateurs sont à l'offensive ; ils entendent l'attaquer vigoureusement comme l'atteste leur réponse du 26 janvier 1848 dans laquelle ils affirment d'emblée le considérer comme un « adversaire » – et ce n'est pas un acte politique anodin que de qualifier ainsi l'administrateur le plus important de la province, directement nommé par le roi. La lutte entre la rédaction journalistique et le gouverneur, plus que le banquet du 11 novembre 1847, assez consensuel puisque patronné par les autorités, est un moment d'émergence de luttes politiques nouvelles.

L'orateur de talent est celui qui, selon l'expression de Nietzsche, réussit à devenir « la bouche qu'il faut à ces oreilles » et capte l'attention d'un public pour répondre à un sentiment, par exemple de révolte, commun à diverses personnes qui le partagent sans se connaître personnellement[126]. Par paraphrase l'on pourrait dire qu'en pareil contexte, le publiciste doit savoir être la plume qu'il faut aux yeux de ceux qui partagent, par exemple, un même sentiment d'hostilité. C'est ce que s'appliquent à faire Auguste Carlone et ses collaborateurs en critiquant les décisions jugées autoritaires prises par le comte De Maistre. Et à travers leur réponse, ils s'affirment comme les porte-parole de la contestation et tentent d'organiser à leur profit symbolique un véritable contre-pouvoir local. Du fait de la possession d'un organe de presse, ils ont la capacité d'organiser dans les coulisses une mise en scène publique du jeu de l'argumentation (la lettre du gouverneur) et de la contre-argumentation (la réponse). Cette mainmise sur la construction du débat politique est un pouvoir qui leur permet aussi de s'autoriser à formuler une réponse deux fois plus longue

126 Friedrich Nietzsche, *Ainsi parlait Zarathoustra*, Paris, Le Livre de Poche, 1972, p. 13 et 16. .

que la lettre initiale du gouverneur. Les documents qu'il a conservés nous informent que c'est Auguste Carlone qui a couché sur papier, au brouillon, les éléments de la réponse collective de la rédaction[127]. Ils contiennent aussi la lettre manuscrite du comte De Maistre, qui, elle, a été adressée à Hippolyte de Rangouse, le gérant légal du journal, celui qui appose sa signature en fin de chaque numéro comme l'impose la loi. Cela montre de la part du gouverneur une certaine méconnaissance de l'institution de presse et de la prééminence du rôle d'Auguste Carlone. Ainsi, ce dernier est assez libre pour rédiger sa réponse, qui n'est pas personnellement signée et apparaît comme une production collective anonyme. Du fait de cette protection, il peut se montrer plus aisément vigoureux dans ses écrits.

La réponse rédigée par le principal directeur de *L'Écho* dénonce d'emblée une réflexion épistolaire du gouverneur qui n'a été que « l'apologie des jésuites et la critique de Gioberti, toutes choses qui servent de prétexte pour [les] attaquer sur l'orthodoxie de [leurs] doctrines religieuses, et sur [leurs] principes de liberté politique[128] ». Cette remarque liminaire résume bien la teneur des échanges. Les invectives personnelles se mêlent aux débats généraux. Ainsi, les publicistes niçois n'hésitent pas à répondre à tous les points soulevés par le gouverneur, notamment sur la question de l'infaillibilité pontificale, un débat politico-religieux majeur du XIXe siècle. Rodolphe de Maistre avait affirmé des positions ultramontaines, défendant le double pouvoir absolu du pape (temporel et spirituel), marquant une adhésion aux idées développées en 1819 par son père, Joseph de Maistre, dans l'ouvrage intitulé *Du pape*. Les directeurs de *L'Écho des Alpes maritimes* prennent le soin contredire cette position :

> Le pape représente deux personnes bien distinctes : dans l'une nous reconnaissons le chef de l'Église, dans l'autre le souverain temporel. Comme chef temporel, il donne des lois à ses sujets. Comme chef de l'Église, ses attributions sont complexes et se divisent en deux parties dont l'une est relative à la discipline ecclésiastique et l'autre au dogme. Ce n'est qu'à ce dernier égard, vous le savez aussi bien que nous, que l'infaillibilité du pape est admise par les catholiques[129].

---

127 ADAM, Fonds Carlone, 7 J 35, Documents relatifs aux activités journalistiques d'Auguste Carlone.

128 *L'Écho des Alpes maritimes*, 26 janvier 1848.

129 *Ibid.*

C'est une question politique fondamentale qui transparaît en filigrane, celle des formes de pouvoir. Ceux que les libéraux qualifient de rétrogrades sont accusés de défendre une doctrine du pouvoir absolu. Le jésuitisme apparaît, dans le vocabulaire accusateur des directeurs de *L'Écho* comme une forme d'adhésion aux doctrines absolutistes. L'association entre jésuites et pouvoir despotique n'est pas nouvelle car l'antijésuitisme a déjà un long passé au milieu du XIXe siècle. En 1762, dans son article sur les jésuites publié dans *L'Encyclopédie* au moment de leur interdiction dans le royaume de France, Denis Diderot pointait déjà leur volonté, selon lui, de contrôler le pape tout en défendant vigoureusement dans le même temps le principe de l'infaillibilité pontificale, « afin que maître d'un seul ils soient maîtres de tous[130] ». Il précise dans son article :

> Leur régime est monarchique ; toute l'autorité réside dans la volonté d'un seul [...]. Ils prêchent aux sujets une obéissance sans réserve pour leurs souverains ; aux rois, l'indépendance des lois et l'obéissance aveugle au pape ; ils accordent au pape l'infaillibilité et la domination universelle[131].

C'est une sorte de pyramide du pouvoir absolu qu'ils chercheraient à installer et ils sont perçus en cela, encore dans l'Italie du *Quarantotto*, comme les plus importants garants des mesures autoritaires des gouvernements. La prise de position en leur faveur de la part du gouverneur De Maistre n'est apparue que comme une confirmation de ces thèses. C'est tout imaginaire du pouvoir qui transparaît et que René Rémond et Michel Leroy à sa suite ont nommé le « mythe jésuite ». L'idée sous-jacente est la grande influence accordée à la Compagnie de Jésus dans les sphères politico-religieuses (des plus hautes, la papauté et les souverains, aux plus locales, le gouverneur de Nice)[132]. Des arguments historiques sont mobilisés afin d'étayer l'idée que des pouvoirs ont dû prendre des

130 Denis Diderot, « Jésuites », dans Denis D'Alembert, Denis Diderot (dir.), *L'Encyclopédie ou Dictionnaire raisonné des sciences, des arts et des métiers*, Neuchâtel, Samuel Faulche et Compagnie, Volume VIII, 1765, p. 512-516.

131 *Ibid.*

132 René Rémond, *L'anticléricalisme en France, de 1815 à nos jours*, Paris, Fayard, 1999, p. 94-95 (1re éd., 1976). L'auteur, analysant les différentes formes de l'anticléricalisme politique, fait de l'antijésuitisme l'une des plus virulentes au XIXe siècle, alimentée notamment par un mythe autour du pouvoir et de l'organisation de complots que l'on prête aux jésuites. L'idée est reprise et développée dans une étude de Michel Leroy spécifique sur le sujet : *Le mythe jésuite, op. cit.*

mesures radicales contre eux à cause de leur influence. Il s'agit aussi de contrer l'argument du comte De Maistre qui a avancé que de « tout ce qu'on a dit au sujet des jésuites, il n'y a de bien prouvé *que le bien qu'ils ont fait*[133] ». Ainsi, Auguste Carlone enjoint leurs défenseurs à « prouver que les évêques et les universités qui se sont déclarés contre les jésuites [...] (et le nombre en est grand) n'ont eu pour mobile qu'une haine aveugle, que leur vive opposition n'était pas fondée[134] ». Il ajoute, pour renforcer l'argumentaire avec des références historiques :

> Nous désirerions [...] qu'on pût infirmer les arrêts qui ont chassé les jésuites de France en 1594 et en 1762, qu'on expliquât bien certaines pages de l'histoire d'Espagne, de Portugal et de Naples ; qu'on nous prouvât que la France a eu tort de les expulser en 1828 [...]. Pour réhabiliter l'ordre, [...] il faut un livre tout entier, un livre nouveau, nous l'attendons encore. Faites-le, M. le comte, nous ne vous en disputerons jamais le droit.

Cette habile rhétorique nourrie de références historiques a pour objectif de prouver que des autorités peu soupçonnables d'appartenir à la « secte giobertienne » ont œuvré pour « l'extirpation de la Compagnie de Jésus » pour reprendre les mots de Rodolphe de Maistre lorsqu'il prête ce dessein aux publicistes niçois[135]. L'article donne une liste chronologique de pas moins de 28 dates entre 1547 et 1762 qui concernent des mesures prises par un pouvoir quelconque contre la compagnie ou l'un de ses membres influents. L'effet rhétorique se fonde sur l'exhaustivité de l'énumération. La réponse puise également dans un argumentaire antijésuitique qui a traversé le temps, notamment élaboré par les philosophes des Lumières, parfois avec des mots plus accusateurs encore que ceux que l'on retrouve dans les ouvrages ou journaux libéraux en France et en Italie lorsque la question refait surface durant la décennie 1840. Dans le même article de 1762 déjà cité, Denis Diderot écrivait en guise de bilan historique succinct de la Compagnie de Jésus : « dans un intervalle de deux cents ans, il n'y a sortes de forfaits que cette

133 *L'Écho des Alpes maritimes*, 23 janvier 1848. Les mots mis en italique par les rédacteurs de *L'Écho des Alpes maritimes* ont été soulignés par le gouverneur dans son courrier, ce qui indique que les premiers ont eu l'honnêteté de respecter les insistances du second en retransmettant typographiquement ses soulignements. ADAM, Fonds Carlone, 7 J 35, Lettre manuscrite du comte De Maistre à la rédaction de *L'Écho des Alpes maritimes*.

134 *L'Écho des Alpes maritimes*, 26 janvier 1848.

135 *L'Écho des Alpes maritimes*, 23 janvier 1848.

race d'hommes n'ait commis. J'ajoute qu'il n'y a sortes de doctrines perverses qu'elle n'ait enseignées[136] ». À la même période, dans son *Dictionnaire philosophique*, Voltaire contribuait aussi à la vague antijésuitique en insérant un article nommé « Jésuites, ou orgueil » dans lequel l'on pouvait lire :

> Cet esprit d'orgueil était si fort enraciné dans eux qu'il se déployait avec la fureur la plus indécente [...]. Voilà pourquoi tous les parlements du royaume, dont les membres avaient été pour la plupart leurs disciples [leurs étudiants], ont saisi la première occasion de les anéantir, et la terre entière s'est réjouie de leur chute[137].

Ces affirmations péremptoirement hostiles aux jésuites leur prêtent toutes sortes de « forfaits », selon une critique n'a que peu varié en un siècle. L'on ne sait si les publicistes de *L'Écho des Alpes maritimes* ont personnellement lu ces textes, mais leur contenu a circulé en Europe, et s'ils ne sont repris tels quels, l'esprit antijésuitique qu'ils véhiculent se retrouve dans la presse politique libérale du premier XIXe siècle.

Le jésuitisme, voilà l'ennemi pourrait-on dire en paraphrasant Léon Gambetta pour résumer les positions des publicistes libéraux du *Quarantotto*. De la même manière que celui-ci ne visait pas seulement les clercs mais tous les cléricaux, Auguste Carlone et ses collaborateurs visent un « parti » jésuitique regroupant tous les partisans de l'ordre ancien mis à mal par les réformes libérales, à commencer par le comte De Maistre :

> Vous avez déjà remarqué qu'en parlant des jésuites, nous avons dit un parti, et vous seriez mal fondé à vous récrier contre l'emploi de ce mot, puisque étant militaire, vous ne sauriez être ni prêtre, ni moine, et que cependant vous êtes jésuite [...]. Gioberti a appelé le jésuitisme une *secte*, et il a pu le faire à bon droit [...]. Nous dirons nous, qu'il est un *parti* parce qu'il constitue une association politique reconnaissant un centre d'action, agissant avec simultanéité d'efforts et poursuivant un but commun, l'occupation du pouvoir[138].

---

136 Denis Diderot, « Jésuites », dans Denis D'Alembert, Denis Diderot (dir.), *op. cit.*, p. 512-516.
137 Voltaire, « Jésuites, ou orgueil », *Dictionnaire philosophique, portatif*, Londres, 1764.
138 *L'Écho des Alpes maritimes*, 26 janvier 1848.

Le premier élément intéressant de cette réponse est qu'elle livre une définition ce que des publicistes du milieu du XIXe siècle entendent par le terme « parti ». Il ne s'agit évidemment pas des grandes organisations partisanes bureaucratiques qui apparaissent à l'orée du XXe siècle, mais plutôt, comme l'explique Raymond Huard, d'une association, plus ou moins formelle[139]. Elle se forme, selon Alexis de Tocqueville, lorsqu'un nombre assez conséquent d'individus disposant de droits civiques ont la possibilité de porter un intérêt, à la fois critique et public, aux questions qui concernent collectivement une ou plusieurs portions d'un territoire[140]. La définition dit bien que ce sont deux « partis » qui s'affrontent à Nice durant le « printemps des peuples », un libéral et l'autre conservateur. Ce dernier est qualifié à souhait par les libéraux de rétrograde ou de jésuitique selon les contextes et les luttes politiques et le comte De Maistre est présenté publiquement comme son porte-parole local. Dans ce contexte de construction d'une vie politique où les objets de débat sont multiscalaires, il s'agit aussi de cibler d'une manière générale, comme l'explique Simonetta Soldani, un « parti de l'étranger » qui regrouperait tout un courant réactionnaire assimilé à la force d'occupation autrichienne[141]. Celui-ci est mis à mal durant le mois de janvier 1848 et accusé de s'opposer à l'avènement des droits politiques, de la liberté et de la citoyenneté comme l'écrit Auguste Carlone en adresse directe au gouverneur :

> La liberté est le droit absolu de parler, de penser et d'agir [...]. Un peuple peut avoir plus ou moins de liberté politique, mais aucun peuple ne doit être considéré comme politiquement libre, si la loi qui le régit ne reconnaît l'égalité des droits de tous les citoyens. Or, quand nous avons dit que l'Italie entrait dans une ère de liberté, nous avons implicitement admis l'égalité des personnes devant la loi [...]. Parlez-nous souvent de liberté quant à nous nous

---

139 Raymond Huard, *La naissance du parti politique en France*, Paris, Presses de la Fondation nationale des sciences politiques, 1996, p. 14. Le terme de « parti » n'est utilisé dans cette analyse que dans ce sens bien défini. Max Weber soulignait déjà que le parti bureaucratisé moderne, tel qu'il apparaît à la fin du XIXe siècle, organisé pour remporter les compétitions électorales, a été à la fois l'évolution continuatrice mais aussi le plus grand destructeur du « parti » du milieu du XIXe siècle, groupement plus lâche et ancré localement. Voir : Max Weber, *Économie et société*, *op. cit.*, p. 378-379.

140 Alexis de Tocqueville, *De la démocratie en Amérique*, *op. cit.*, p. 178.

141 Simonetta Soldani, « Approaching Europe in the Name of the Nation. The Italian Revolution, 1846-1849 », dans Dieter Dowe, Heinz-Gerhard Haupt, David Higgins, Jonathan Sperber (dir.), *op. cit.*, p. 60.

> usons du droit de discussion, et il ne nous est jamais arrivé, gentils prêcheurs et pauvres despotillons que nous sommes, de violer la liberté individuelle, de faire sans droit incarcérer des citoyens, et de voir nos sentences arbitraires cassées par le sénat[142].

Le publiciste déploie toute la rhétorique et le lexique de la citoyenneté – celui qui n'est pas encore de l'ordre de l'officiel puisque la lutte pour la promulgation d'une constitution se joue dans le royaume de Sardaigne dans le même temps que la polémique en janvier et février 1848. Un vocabulaire particulier émerge et se diffuse pour opposer à l'ancien ordre défendu par le comte De Maistre un nouveau à construire. Et les articles de presse ne sont pas les seuls moyens de l'action. D'autres outils sont mobilisés par les publicistes de *L'Écho des Alpes maritimes* pour mener une disqualification publique non seulement de la personne du gouverneur, de sa fonction et des pratiques qu'elle autorise, mais aussi de ses idées et de ses soutiens. Et dans cette lutte, si l'écrit a une grande importance, l'image y prend aussi toute sa place par la caricature.

LA CARICATURE COMME ARME POLITIQUE

La liberté de publication a ceci de subversif pour les pouvoirs institués que, dans une société marquée par un faible taux d'alphabétisation, elle permet à l'image de devenir une arme politique redoutable à partir du moment où sa diffusion est assurée sur plan matériel. L'étude des seules caractéristiques artistiques et de la signification politique de la représentation ne suffisent pas ; la dimension technique et matérielle de la production doit être prise en compte – dans la mesure de ce que permettent les sources. Le mouvement d'opposition au comte De Maistre se nourrit de ces productions picturales qui alimentent pleinement le climat d'hostilité à l'encontre du gouverneur. Plusieurs caricatures sont produites et diffusées. Si seulement trois d'entre elles sont parvenues à la postérité, l'on ne peut s'interdire d'émettre l'hypothèse qu'il y en ait eu d'autres. Bien qu'elles ne soient pas signées, les traits de la représentation confirment qu'il s'agit de deux auteurs différents : l'un a produit la première caricature au début du mois de janvier 1848 et l'autre a réalisé les deux suivantes quelques semaines plus tard, au tournant des mois de janvier et février. Alors que la première caricature fait essentiellement

142 *L'Écho des Alpes maritimes*, 26 janvier 1848.

écho à l'attitude du gouverneur lors des manifestations qui ont entouré le jour de l'An (la mention « 1er janvier 1848 » est apposée), les deux autres retiennent particulièrement l'attention car elles sont une représentation imagée et symbolique de la lutte menée par la rédaction de *L'Écho des Alpes maritimes* contre le comte De Maistre.

L'impossibilité de connaître l'identité des dessinateurs n'interdit pas de formuler des hypothèses. Au-delà de la proximité politique entre les auteurs des caricatures et les directeurs du journal, l'on ne peut écarter *a priori* l'idée qu'ils soient des membres de la rédaction ou des actionnaires du périodique niçois (parmi lesquels se trouvent des dessinateurs de talent comme Auguste Carlone et Joseph Fricero). Une perspective qui a d'autant plus de vraisemblance que les conditions de productions des caricatures confirment qu'elles ont un rapport direct avec le journal. En effet, toutes trois ont été reproduites avec autorisation – ce que prévoit la loi sur la presse – par un seul et même imprimeur, la société typographique de Nice, la même qui imprime *L'Écho des Alpes maritimes* et dont les propriétaires, André et Alfred Gilletta, père et fils, sont actionnaires dans l'entreprise de presse. Leur société a grandement contribué à la diffusion de ces caricatures, sans que l'on ne puisse mesurer réellement l'ampleur de la production. Au-delà de l'aspect matériel, de la même manière que les publications journalistiques, les lithographies sont pensées comme une arme politique, avec une cible commune : le gouverneur De Maistre. Comme toute caricature, ainsi que le fait remarquer Ségolène le Men, elles font référence à l'actualité dont elles sont une « caisse de résonance[143] ». Elles lui donnent une forme, une direction et une diffusion particulières. Elles peuvent aussi partager des symboles et des codes et être en relation entre elles. En effet, les caricatures publiées à Nice ont une continuité, qui n'est pas seulement due à la volonté du second dessinateur de reprendre les codes symboliques du premier, mais aussi au fait que ce dernier a figé par l'image des impressions (au sens de sentiments) et des expressions (les articles du journal et les manifestations du mois de janvier) qui ont cours parmi la population. D'un personnage perçu comme autoritaire et opposé à

143 Ségolène Le Men, « Le "Michel-Ange de la caricature" », dans *Catalogue de l'exposition « Daumier »*, Paris, Bibliothèque nationale de France, 1999. Voir aussi : Annie Duprat, *Images et histoire : outils et méthodes d'analyse des documents iconographiques*, Paris, Belin, 2007, p. 143.

toutes les formes nouvelles d'expression publique, le premier dessinateur a créé un Don Quichotte réactionnaire, par l'appropriation d'un modèle idéaltypique qui est, dans la littérature, à la figure de la dénégation ce que Tartuffe est à celle du faux dévot hypocrite.

FIG. 4 – Caricature représentant
le comte De Maistre en Don Quichotte chargeant
le moulin à vent de ses opposants libéraux (Anonyme, janvier 1848)[144].

Le gouverneur apparaît en Don Quichotte affilié à ce « parti » des jésuites évoqué par les rédacteurs de *L'Écho* (il en porte le chapeau noir) qui mène une charge contre le moulin à vent des libéraux. Tout comme le personnage principal de l'œuvre de Miguel de Cervantès, *L'ingénieux Hidalgo Don Quichotte de la Manche*, publiée au début du XVIIe siècle et qui est une référence littéraire de premier plan au XIXe siècle, Rodolphe de Maistre est placé dans la posture de la dénégation, dans un refus

144 Bibliothèque de Cessole, Centre de documentation du Musée Masséna à Nice, MAH-1669.

de voir le monde passé disparaître progressivement. Il ne s'agit pas comme dans l'œuvre originale de parodier satiriquement un chevalier qui n'admet pas la disparition du monde chevaleresque médiéval, mais de caricaturer un personnage inscrit dans un univers très sombre – représentation allégorique de l'obscurantisme qui lui est prêté par les libéraux – qui refuse l'avènement d'une société nouvelle fondée sur des principes inspirés de la philosophie des Lumières et de la Déclaration des Droits de l'Homme et du Citoyen de 1789. C'est un combat qu'engage le comte De Maistre : il s'apprête à mener une joute. Dans le roman de Cervantès, le chevalier est accompagné de son écuyer Sancho Panza. Au chapitre VIII, ils arrivent dans une plaine dans laquelle se trouvent une trentaine de moulins à vent que Don Quichotte assimile à « trente démesurés géants », et l'auteur raconte :

> Pour lui, il s'était si bien mis dans la tête que c'étaient des géants, que non-seulement il n'entendait point les cris de son écuyer Sancho, mais qu'il ne parvenait pas, même en approchant tout près, à reconnaître la vérité. Au contraire, et tout en courant, il disait à grands cris : « Ne fuyez pas, lâches et viles créatures, c'est un seul chevalier qui vous attaque[145] ».

La charge inespérée de Don Quichotte est assimilée à celle que mène Rodolphe de Maistre contre le moulin à vent des libéraux, métaphore pour désigner la multitude de manifestations et de publications hostiles qu'il ne contrôle pas et contre lesquelles il réagit par l'offensive. Cependant, les idées se déploient plus vite que les soldats. L'inégalité des dynamiques politiques en présence en défaveur du gouverneur explique l'absurdité de l'attaque ; elle dirigée contre un moulin dont la solidité contraste avec l'effet d'inoffensivité de celui qui veut le détruire. En effet, le « gouverneur-chevalier » apparaît avec une fine lance, un cheval assimilé à Rossinante, la souffreteuse monture de Don Quichotte, et une frêle carrure qui ne lui permet de porter qu'une armure ridiculement rétrécie. La déformation des corps et des objets est un des principes de la caricature pour inscrire la représentation dans un registre symbolique

145 Michel de Cervantès, *L'ingénieux Hidalgo Don Quichotte de la Manche*, Livre premier, chapitre VIII : « Du beau succès qu'eut le valeureux Don Quichotte dans l'épouvantable et inimaginable aventure des moulins à vent, avec d'autres événements dignes d'heureuse souvenance ». La première version de cette œuvre date de 1605.

qui a pour but de provoquer la moquerie par le rire[146]. La représentation lilliputienne du comte De Maistre est en adéquation avec un surnom qui circulent alors en ce mois de janvier 1848 parmi la population niçoise, celui de « *ligouban* », ce qui dans la langue niçoise a la double signification de « crevette » – qui explique sa carrure malingre – et de « rétrograde » – en référence à la démarche de déplacement vers l'arrière (analogie avec le retour vers le passé) de ce crustacé décapode. Ce surnom circule dans la ville. Le poète Joseph Dabray a écrit au même moment :

> *La libertà per triounfà / Vou che si mette a la sartaja / Tout ligouban che si pantaja / De poudé encara l'estoufà. // Lu ligouban che a reculon / Camina couma la lingousta / Si gounfla en van plus ch'un ballon / Eu non vau gaire e touplen cousta.*
>
> « La liberté pour triompher / Veut qu'on mette à la poêle / Toute crevette qui rêve / De pouvoir encore l'étouffer // La crevette qui à reculons / Se déplace comme la langouste / Se gonfle en vain comme un ballon / Elle ne vaut rien et cher nous coûte[147] ».

Les expressions politiques, qu'elles soient physiques (manifestations) ou symboliques (caricatures, pamphlets, libelles et poèmes), se complètent contre le gouverneur De Maistre et mêlent l'écriture et l'oralité. Si celui-ci gouverneur a à sa disposition les ressources officielles du maintien de l'ordre, à savoir la troupe, le rapport de force lui est défavorable du fait de son importante impopularité.

Ce que la première caricature induit, par la référence à Don Quichotte, la seconde caricature le représente quelques semaines plus tard. Produite par un second dessinateur, elle donne le dénouement de la charge lancée par le « gouverneur-chevalier » qui suit le fil de l'histoire de Cervantès.

---

146 Laurence Van Ypersele, « La caricature, miroir de l'histoire », dans Martine Delwart, Jean-Louis Jadoulle, Monique Masson (dir.), *L'histoire au prisme de l'image*, Louvain, Université catholique de Louvain, t. 1, 2002, p. 141-154.

147 Steve Betti, « L'éveil d'une conscience politique : discours, odes, libelles et pamphlets niçois du printemps des peuples », art. cité, p. 39-40.

FIG. 5 – Caricature représentant l'échec
de la charge du comte De Maistre et sa chute
(Anonyme, janvier 1848)[148].

Le comte De Maistre reprend son rôle de frêle chevalier chargeant dans le vent (allégorie du moulin) ses opposants politiques et connaît le même sort que Don Quichotte qui, après avoir cru foncer sur des « démesurés géants », se heurte à un moulin avant de s'en aller « rouler sur la poussière en fort mauvais état[149] ». Son chapeau de jésuite lui en est tombé de la tête, sa fine lance s'est brisée et son destrier est projeté à terre. Alors que la silhouette malingre du gouverneur se retrouve pendue par un pied dans les ailes d'un moulin qui représente, selon

148 Bibliothèque de Cessole, Centre de documentation du Musée Masséna à Nice, MAH-2372.
149 Le récit est dans la suite du chapitre VIII.

l'inscription apposée, la ville de Nice, il est d'autant plus ridiculisé qu'un personnage à l'intérieur effectue un pied de nez à son encontre (geste anticlérical répandu à cette époque). Difficile d'en identifier l'auteur, même si l'on peut faire remarquer que le visage pourrait correspondre à celui de Charles Laurenti-Roubaudi, l'un des directeurs-fondateurs de *L'Écho des Alpes maritimes*, comme le laissent penser les photographies qu'on a conservées de lui, sans toutefois que l'on puisse l'établir de manière certaine[150].

Autre évolution importante, la forêt obscure de la première caricature s'est dissipée au profit d'un soleil constitutionnel allégorique. Symbole récurrent, dès la Révolution française, dans la représentation des idées des Lumières, le soleil est une métaphore porteuse largement utilisée dans les représentations iconographiques du XIXe siècle[151]. À travers la phrase poétique du journal milanais *Il Lombardo*, l'on a vu précédemment que les publicistes libéraux percevaient leur activité de presse comme ayant l'effet d'un « soleil qui dissipe les brumes de l'ignorance[152] ». Dans ses travaux sur les doctrines politiques de l'âge romantique, Paul Bénichou explicite le double niveau d'interprétation qu'il faut avoir vis-à-vis de la lumière : elle désigne d'abord la connaissance, le savoir universel qui enrichit l'esprit pour le faire sortir de l'ignorance, côté épistémique qui rappelle les objectifs des encyclopédistes du XVIIIe siècle ; elle est ensuite la modernité politique fondée sur les principes énoncés par ces mêmes philosophes des Lumières (en premier lieu desquels se trouve la liberté) contre l'obscurantisme clérical et le secret absolutiste[153]. C'est dans cette dernière interprétation qu'il faut saisir ce soleil comme le confirme l'inscription hautement significative qu'il comporte : « Constitution ». Dans son *Petit dictionnaire ultra* (1823), Charles de Saint-Maurice, défenseur du régime constitutionnel, écrit avec ironie que le soleil représente aux yeux des contre-révolutionnaires « un astre qu'[ils] ont rayé de leur

150 Hervé Barelli, « Les premières élections législatives dans la province de Nice, 1848-1850 », *Nice Historique*, n° 1, 1997, p. 22.

151 Michel Vovelle, « La caricature révolutionnaire comme test d'acculturation politique », dans Martine Delwart, Jean-Louis Jadoulle, Monique Masson (dir.), *L'histoire au prisme de* l'image, *op. cit.*, p. 134. Dans le Musée des monuments français fondé en 1795 par Alexandre Lenoir, l'époque précédant celle de la Révolution est représentée par une salle dans laquelle les ténèbres sont dissipées par une lumière éclatante.

152 Franco Della Peruta, *Il giornalismo italiano del Risorgimento*, *op. cit.*, p. 58.

153 Paul Bénichou, *Le temps des prophètes, doctrines de l'âge romantique*, Paris, Gallimard, 1977, p. 28.

manuel astronomique, parce qu'il a aussi ses *révolutions*[154] ». Les caricatures sont imprégnées de tous ces symboles du temps.

Pour lutter contre l'illumination généralisée que provoque le soleil constitutionnel, le comte De Maistre n'est armé que d'un éteignoir à bougie. L'objet est une référence couramment associée aux personnages de tendance ultra (et pas seulement dans les caricatures mais aussi des pamphlets)[155]. Dans celle du début du mois de janvier 1848, le premier dessinateur avait déjà doté le gouverneur de cette « arme », qui prend tout son sens dans la deuxième représentation avec l'apparition du soleil constitutionnel. Avec la même ironie et en reprenant la même métaphore, Charles de Saint-Maurice écrivait à propos de cet outil qu'« il serait bien à désirer que l'on pût en confectionner un assez grand nombre pour éteindre d'un seul coup toutes les lumières du siècle[156] ». Là encore la référence est hautement symbolique : en l'armant d'un simple éteignoir pour tenter d'éteindre l'astre solaire, l'image fige le comte De Maistre dans la posture du chevalier engagé dans une lutte perdue d'avance contre l'inévitable avènement des idées constitutionnelles. Les productions caricaturales s'inscrivent dans une tradition de la critique politique des protagonistes partisans d'une conservation de l'ordre absolutiste. La représentation du gouverneur s'inscrit dans la lignée des caricatures moquant les défenseurs des jésuites. Dans le numéro du 25 décembre 1814, la feuille parisienne le *Nain jaune* prenait déjà pour cible une Société des Chevaliers de la foi, organisation ultra dont les membres sont désignés comme étant des « chevaliers de l'éteignoir », ce qui rappelle l'exacte posture dans laquelle le comte De Maistre est représenté dans ces caricatures imprimées plus de trois décennies plus tard[157]. De la même manière, dans *L'Argus des jésuites*, ouvrage anonyme paru en 1826 à Paris, alors que la querelle concernant l'interdiction des jésuites rejaillissait, leurs défenseurs étaient qualifiés de « chevaliers de l'éteignoir ». Le symbole s'est répandu et est devenu un élément d'une culture politique libérale pour symboliser cette force obscurantiste qu'incarnerait le gouverneur de Nice. Pour lutter contre celui-ci, rapetissé et ridiculisé à travers les symboles qui lui sont attachés, ceux qui représentent la vigueur du mouvement libéral dans

154 Charles de Saint-Maurice, *Petit dictionnaire ultra, précédé d'un essai sur l'origine, la langue et les œuvres des Ultra*, Paris, Mongié Aîné, 1823, p. 32. C'est l'auteur qui souligne.

155 Annie Duprat, *Histoire de France par la caricature*, Paris, Larousse, 1999, p. 80.

156 Charles de Saint-Maurice, *op. cit.*, p. 90.

157 Sylvie Aprile, *La Révolution inachevée, 1815-1870*, *op. cit.*, p. 113. .

un élan politique que représente la troisième et dernière caricature – la deuxième production du second dessinateur – ce sont les rédacteurs de *L'Écho des Alpes maritimes*.

FIG. 6 – Caricature représentant le comte De Maistre chassé de Nice par Auguste Carlone et ses collaborateurs de *L'Écho des Alpes maritimes* (Anonyme, janvier 1848)[158].

L'existence d'une nouvelle caricature publiée peu de temps après la précédente tend à accréditer l'idée qu'il s'agit d'une représentation imagée de l'affrontement entre la rédaction du journal niçois et le gouverneur. La première représenterait la lettre de Rodolphe de Maistre publiée dans *L'Écho* du 23 janvier 1848 et la seconde la réponse des publicistes le 26 du même mois. Une hypothèse que confirme le contenu du dessin. Le premier élément remarquable est le surgissement de la rédaction, ce qui permet de renforcer l'idée d'une connivence certaine entre cette dernière et le dessinateur. Le lieu est nouveau par rapport aux deux autres caricatures : il n'est plus question de moulins mais d'une ville « éclairée »

158 Bibliothèque de Cessole, Centre de documentation du Musée Masséna à Nice, MAH-9696.

protégée d'une obscure forêt symboliquement remplie d'éteignoirs par une palissade en bois. Au centre du dessin se trouve le principal fondateur de *L'Écho des Alpes maritimes*, Auguste Carlone qui, parce qu'il a mené de front la lutte contre le comte De Maistre, est représenté dans une posture de leader du mouvement libéral niçois en train de bouter le gouverneur hors de la ville, de le renvoyer dans sa forêt obscurantiste. Le sentiment de puissance conféré par le dessinateur au personnage de Carlone contraste avec la silhouette malingre du comte qui reparaît en Don Quichotte, avec sa petite taille, son armure lilliputienne et sa frêle lance à éteignoir, mais cette fois dans une position défensive. À son accoutrement précédent s'ajoute le sac dont il dispose pour se défendre, référence directe à la polémique puisque, dans la formule conclusive de sa lettre, le gouverneur assurait aux publicistes n'avoir « pas vidé [son] sac[159] ». En face, Auguste Carlone fige la posture du notable « éclairé » qui, toujours dans la même symbolique, se sert d'une lampe pour combattre par la lumière l'obscurantisme du gouverneur. Son fouet – symbole répandu dans les caricatures antijésuitiques qui raillent la discipline de fer de l'enseignement jésuite – est un renversement de perspective satirique, une « arme » qui se retourne contre ceux à qui elle est censée appartenir[160]. Tel Jésus chassant les marchands du temple, épisode biblique qui a certainement inspiré le dessinateur, Auguste Carlone est présenté comme celui qui va débarrasser Nice d'un fléau, celui de l'obscurantisme jésuitique. Le symbole donne d'autant plus un sentiment de puissance au principal fondateur de *L'Écho* que celui-ci est soutenu par toute sa rédaction qui effectue un pied de nez collectif au gouverneur, geste anticlérical déjà présent dans la précédente caricature.

Plusieurs visages du comité de direction peuvent être identifiés de manière certaine : au premier plan sur la droite, ayant presque un genou à terre, on reconnaît Jules Avigdor, et juste à côté de lui Victor Juge. L'identification des autres personnages est rendue difficile par deux éléments : d'une part, ils sont représentés en second plan et donc moins distincts ; d'autre part, les fondateurs de *L'Écho des Alpes maritimes* n'ont pas tous laissé des représentations photographiques qui les rendent aisément identifiables. On peut toutefois formuler quelques hypothèses. L'homme dont la tête à la chevelure blanchie point au-dessus de l'épaule

---

159 *L'Écho des Alpes maritimes*, 23 janvier 1848.
160 Michel Leroy, *Le mythe jésuite*, *op. cit.*, p. 164.

droite d'Auguste Carlone pourrait être Hippolyte de Rangouse, le plus âgé des fondateurs du journal qui, en 1848, dépasse la cinquantaine d'années alors que tous ses associés ne sont pas encore quadragénaires. Le protagoniste posté derrière Victor Juge pourrait être Gonzague Arson si l'on se fie aux représentations photographiques qu'on a gardées de lui[161]. S'il est difficile de confirmer ces deux hypothèses, il faut souligner la fidélité de la représentation des personnages identifiés de manière certaine, un élément supplémentaire de confirmation de la proximité entre le dessinateur et la direction de *L'Écho des Alpes maritimes*. D'autant que la mise en avant d'Auguste Carlone témoigne d'une connaissance de son rôle prépondérant au sein de l'institution de presse. L'image permet aussi de l'installer dans une position de leader de l'opposition au comte De Maistre. Les néopublicistes qui fondent des journaux en 1848 sont parfaitement conscients de l'importance politique que peuvent revêtir les caricatures. Il ne faut pas oublier que le principal fondateur de *L'Écho* a fait ses études à Paris au début des années 1830 lorsque se publiaient les journaux de Charles Philipon et Honoré Daumier. Il connaît l'importance de cette « arme du rire » qu'est la caricature – dont Fabrice Erre a étudié le développement en France entre 1789 et 1848 et qui prend son essor en Italie à la faveur des lois sur la liberté de publication durant le *Quarantotto*, avec la création des premières feuilles satirico-caricaturales (comme *Il Fischietto* à Turin ou bien *Le Chat* à Chambéry)[162]. Ce constat renforce l'idée que la production des lithographies contre le gouverneur De Maistre a pu être l'œuvre de la rédaction du journal dans une offensive politique calculée.

Quoi qu'il en soit, ces caricatures, qui participent de la critique des pouvoirs institués, ont connu une certaine diffusion, sans que l'on ait le moyen de connaître leur tirage précis. Leur impression avec une autorisation légale laisse à penser qu'elles ont été reproduites en nombre (quelques dizaines ou plusieurs centaines d'exemplaires ?) et ont pu circuler à Nice (et peut-être même au-delà). Elles ont aussi pu être placardées ou insérées à l'intérieur d'exemplaires du journal (ce que permet son grand format). De même, elles se sont probablement

161 ADAM, Fonds Georges Veran, 227 J 16, Portrait photographique de Gonzague Arson (s. d.).

162 Fabrice Erre, *L'arme du rire : la presse satirique en France 1789-1848*, thèse en Histoire réalisée sous la direction de Dominique Kalifa, Université Paris I Sorbonne, 2007, 740 f°.

transmises de main en main dans les espaces mondains, salons et librairies, comme dans l'établissement de Benoît Visconti qui distribue *L'Écho des Alpes maritimes*; ces espaces sont de véritables caisses de résonance qui servent à la diffusion de toutes les productions politiques, écrites ou iconographiques[163]. Ces caricatures ont été de manière certaine largement visibles dans la ville au mois de janvier 1848. Comme images, elles ont l'avantage par rapport aux articles journalistiques de pouvoir atteindre un double public : l'élite cultivée, celle des salons mondains qui lit les journaux et peut identifier la kyrielle de références littéraires et de symboles qu'elles contiennent; et le public plus commun, peu ou pas alphabétisé, des pêcheurs, des paysans à l'entour de la ville, des ouvriers des quelques manufactures que l'on y trouve, des petits artisans et commerçants, qui y voient un agent du pouvoir – dont ils connaissent le visage, fidèlement représenté à l'inverse du reste du corps – moqué, rapetissé, humilié dans sa chute et chassé de la ville. L'image, outre la moquerie que sa forme caricaturale suscite, a un indéniable caractère pédagogique qui lui donne son effet politique. Elle contribue à donner une direction politique au mouvement contre le gouverneur de Maistre qui prend une nouvelle tournure le dimanche 6 février 1848 lorsque s'organise une manifestation.

DE LA PLACE « CÉLÉBRANTE » À LA PLACE CONFLICTUELLE : LE JOURNAL COMME MOYEN DE MOBILISATION

Au début du mois de février 1848, la tension entre la population et le gouverneur est palpable. Craignant que les habitants ne profitent de son habituelle sortie dominicale à la messe pour manifester leur hostilité à son égard, le gouverneur a pris soin d'« ordonner la fermeture et l'évacuation des cafés et autres lieux publics » comme le rapportent les rédacteurs de *L'Écho des Alpes maritimes*[164]. Depuis sa prise de fonction en 1838, Rodolphe de Maistre avait pris l'habitude de se rendre tous les dimanches à pied à la messe, en partant de son palais sur le *Corso* pour se rendre à l'église de la rue Saint-François-de-Paule, environ deux cents mètres plus loin. Après l'office, paré de son uniforme, il se plaît à faire le tour de la place avec tout son état-major devant une population

163 Jeremy D. Popkin, *Press, Revolution, and Social Identities in France, 1830-1835*, *op. cit.*, p. 59.
164 *L'Écho des Alpes maritimes*, 10 février 1848.

juchée sur la « Terrasse », la même qui a servi pour le banquet de novembre 1847. Le contrôle de l'ordre public est alors assuré à chacune de ses sorties. Cependant, à partir de 1847, le refus de cette surveillance policière des lieux de sociabilité est fort. En effet, le dimanche 6 février 1848, dans un contexte d'hostilité redoublée à son égard, la décision de Rodolphe de Maistre, loin d'étouffer toute manifestation, « n'a pas contribué à diminuer l'affluence » autour du *Corso* où des cris séditieux sont exprimés[165]. Se déroule alors sur cette place publique une manifestation de protestation contre un agent du pouvoir comme il y en a partout dans les États italiens. Les places des centres-villes, espaces souvent socialement restreints par la cherté des marchandises que l'on trouve dans les différents commerces, mais physiquement ouverts et libres d'accès, souvent proches des lieux de pouvoir, ont un rôle politique prépondérant dans les mobilisations contestataires comme l'ont montré les travaux de Mario Isnenghi et de Daniela Orta[166]. Durant ce long moment révolutionnaire qu'est le *Quarantotto*, la place se fait le lieu de mobilisations modérées ou plus radicales, consensuelles et contrôlées ou conflictuelles et subversives, mondaines ou populaires, spontanées ou organisées. Les événements oscillent entre « la lutte et la fête[167] » ; la place « célébrante » peut à tout moment devenir une « place conflictuelle[168] ».

Les places des villes italiennes, comme le rappelle Mario Isnenghi, sont caractérisées par un triptyque : commerce, religion et politique[169]. Les éléments se mêlent. Ainsi, de nombreux *Te Deum* ont accompagné les cérémonies civiques de célébration des réformes durant l'année 1847, comme sur le *Corso* à Nice. De même, comme le représentait bien la carte des actionnaires de *L'Écho des Alpes maritimes*, le politique et le commercial s'enchevêtrent[170]. Nombre des participants à l'entreprise de presse ont leur boutique sur la place ou à proximité, ou bien font d'autres

---

165 *Ibid.*

166 Mario Isnenghi, « La place », dans Mario Isnenghi (dir.), *L'Italie par elle-même : lieux de mémoires italiens de 1848 à nos jours*, Paris, École Normale Supérieure, 2006, p. 111-123 (1re éd., 1996) ; Mario Isnenghi, *L'Italia in piazza : i luoghi della vita pubblica dal 1848 ai nostri giorni*, Bologne, Il Mulino, 2004 (1re éd., 1994) ; Daniela Orta, *Le piazze d'Italia, 1846-1849*, Turin, Carocci, 2008. .

167 Mario Isnenghi, « La place », dans Mario Isnenghi (dir.), *op. cit.*, p. 116.

168 Enrico Francia, *1848. La rivoluzione del Risorgimento*, *op. cit.*, p. 73-91.

169 Mario Isnenghi, « La place », dans Mario Isnenghi (dir.), *op. cit.*, p. 115-116 ; Mario Isnenghi, *L'Italia in piazza*, *op. cit.*, p. 19.

170 Pour la carte des actionnaires de *L'Écho des Alpes maritimes*, voir chapitre 1, p. 100.

affaires à l'exemple d'Eugène Abbo qui réalise des prêts à intérêt au petit peuple qui fréquente la place parce qu'elle est un marché où, par exemple, les pêcheurs peuvent écouler le produit de leur pêche (la mer est à quelques dizaines de mètres). Des foules de travailleurs modestes, dont la crise économique de 1846 et 1847 a grandi les rangs, s'y rendent pour chercher une activité de subsistance, parfois simplement pour la journée. Les places sont aussi des espaces de rencontre où se trouvent des lieux de sociabilité divers (salons, cafés, clubs et cercles). Le *Corso* à Nice abrite ceux du microcosme mondain de la ville (salon Visconti) mais est aussi proche des établissements qui ont une clientèle plus modeste. Du fait de cette diversité de fonction et de l'agitation qui y règne, la place publique est contrôlée. Elle est un centre de pouvoir politique et militaire : à Nice, la caserne est située sur la place Saint-Dominique tout proche du *Corso*, où se trouve aussi le palais du gouverneur qui contrôle toutes les autres activités.

Durant la Restauration, les places publiques ont été des lieux monopolisés et façonnés par l'ordre restauré (notamment par le *Consiglio d'Ornato* à Nice, commission municipale créée en 1832 par Charles-Albert en charge de l'embellissement de la ville et présidée par le premier consul, nommé par le roi). De la même manière que l'aménagement, les démonstrations publiques sont le fait du pouvoir alors que les opposants agissent dans la clandestinité[171]. Mais durant l'année 1847, l'ordre des places est de plus en plus contesté à travers le refus du contrôle policier de l'espace public et de la vie sociale. Des manifestations spontanées s'observent, aussi bien dans les grandes villes des États italiens comme à Gênes, Palerme ou Rome que dans de plus modestes comme à Lucques, Sienne ou Nice. Les places deviennent des lieux d'une expression publique d'opinions. Cependant, le contrôle est loin d'avoir disparu ; dans le royaume de Sardaigne, le pouvoir de Turin s'appuie sur les autorités locales pour s'assurer que les démonstrations soient réalisées sous le patronage royal et respectent la hiérarchie socio-politique. Ainsi en a-t-il été pour le banquet du 11 novembre 1847 organisé à Nice par les autorités municipales sous le patronage du roi Charles-Albert. Comme on l'a vu, la cérémonie, très codifiée, a été une mise en scène des hiérarchies sociales (qui sous-tendent les hiérarchies politiques) où la population

171 Mario Isnenghi, *L'Italia in piazza*, *op. cit.*, p. 50.

n'a été que spectatrice. Toutefois, une évolution se produit : au cours de l'hiver 1847-1848, le *Corso* devient aussi une place conflictuelle, où des mobilisations spontanées moins officielles, moins hiérarchiques et plus populaires s'observent. Il ne s'agit plus d'un lieu où les événements politiques consistent seulement à réunir les notables pour célébrer le pouvoir devant le peuple spectateur, mais d'une place où s'expriment des contestations, comme l'est la manifestation du 6 février 1848 contre le comte De Maistre.

Une fois sortis de l'église de la rue Saint-François-de-Paule, le gouverneur et son état-major essuient des sifflets de la population rassemblée sur la « Terrasse » et le *Corso* ainsi que le relate l'article de *L'Écho des Alpes maritimes*. L'auteur use du pronom indéfini « on » pour désigner l'acteur collectif de la mobilisation comme une masse indéterminée – diverse socialement – rassemblée sur la place à la faveur de la campagne offensive contre le comte De Maistre faites de caricatures et d'articles de presse. La description est trop précise pour qu'il n'ait pas été un témoin ou un acteur de la scène, ce qui ne saurait étonner puisque les bureaux du journal se trouvent aussi sur le *Corso*. Le récit se poursuit ainsi : « On a crié "Vive Gioberti !" Et comme on savait l'effet désagréable que produisait ce nom aux oreilles de Son Excellence, on n'a pas ménagé les "Vive Gioberti[172]" ». La référence renvoie ouvertement à la polémique de presse entre le gouverneur et la rédaction journalistique qui avait donné lieu à un débat sur les thèses libérales et antijésuitiques de l'abbé turinois. Une certaine méfiance est permise vis-à-vis de ces affirmations qui ont aussi pour but de construire un lien direct entre la polémique journalistique et le mouvement du 6 février. Néanmoins, il ne faut pas exagérer cet effet rhétorique, car parmi les personnes présentes ce dimanche 6 février, se sont trouvés sans aucun doute des lecteurs, des actionnaires et des rédacteurs de *L'Écho*. Ils participent aux huées qui visent le gouverneur De Maistre qui, sans daigner y répondre pour ne pas envenimer la situation, s'est réfugié dans son palais à quelques mètres de là.

Il serait fallacieux d'attribuer aux publicistes niçois un contrôle total sur cette manifestation. La foule réunie sur le *Corso* déborde de beaucoup le lectorat, elle est composée de milliers de personnes qui n'ont pas précisément répondu à un appel du journal. Toutefois il est indéniable

172 *L'Écho des Alpes maritimes*, 10 février 1848.

que la rédaction journalistique a contribué à entretenir un certain climat politique, forte de ses 500 abonnés environ, essentiellement présents dans la ville de Nice. Le climat est quasi-insurrectionnel ; la population habituellement spectatrice du rituel officiel dominical de la « messe du gouverneur », outrepasse ce rôle. Le « tribunal de l'opinion publique niçoise » rend alors un « verdict » qui n'est plus sous forme d'articles ou de caricatures. La manifestation s'inscrit dans leur continuité, mais elle est l'« affirmation physique d'une opinion[173] ». Si les huées et cris séditieux ne se sont pas transformés en menée insurrectionnelle, la population s'est tout de même attaquée directement et publiquement à l'autorité suprême (par délégation royale) qu'est le gouverneur dans la province. La place autrefois lieu de démonstration de l'autorité, devient celui de l'expression publique d'un contre-pouvoir. Et la situation n'est pas proprement niçoise. Presque toutes les villes italiennes connaissent de tels moments de remise en cause de l'ordre socio-politique plus ou moins spontanés donc difficilement contrôlables pour les autorités[174]. Les populations urbaines sont promptes à prendre les rues et à occuper les places sur lesquelles s'observe une « politisation démocratique » protéiforme sous-tendue par la circulation des écrits et des images[175]. Aux places de concorde où les populations assistaient spectatrices aux cérémonies du pouvoir, succèdent, durant l'année 1848, des places plus conflictuelles, des espaces plus démocratiques. Un mouvement général accompagné autant que provoqué par la presse politique nouvelle, qui contribue au développement d'une vie politique à différentes échelles.

LES JOURNAUX, ÉLÉMENTS STRUCTURANTS D'UNE VIE POLITIQUE MULTISCALAIRE

Les phases de lutte contre les mesures jugées autoritaires prises par les agents du pouvoir favorisent l'organisation de courants d'opinion qui leur sont hostiles. Elles s'enchevêtrent avec des temps non d'opposition mais

173 Patrick Champagne, *Faire l'opinion*, *op. cit.*, p. 62.
174 Mario Isnenghi, *L'Italia in piazza*, *op. cit.*, p. 36.
175 *Ibid.*, p. 21 ; Enrico Francia, *op. cit.*, p. 84.

de proposition politique. Ainsi, dans les journaux libéraux du royaume de Sardaigne, la critique des hommes de pouvoir côtoie des articles écrits dans un autre registre et qui exposent des réformes souhaitées, comme par exemple les velléités constitutionnelles qui prennent une certaine vigueur au début de l'année 1848. Ces luttes pour et contre participent pleinement des dynamiques de politisation. Elles dévoilent bien la force sociale nouvelle dont disposent les institutions de presse ainsi que les logiques multiscalaires de la vie politique.

UNE CAMPAGNE DE PRESSE QUI DÉPASSE SES ENJEUX LOCAUX

> Lorsque nous avons inséré dans nos colonnes la lettre que Monsieur le comte De Maistre nous a adressée, ce n'a pas été sans prévoir qu'elle rendrait en célébrité à son nom ce qu'elle pouvait lui faire perdre de gloire. Nous avions bien prévu qu'en consacrant un jugement si peu solide à soutenir les doctrines d'un parti que la presque totalité de l'Europe repousse comme attentatoires au repos des nations, au libre arbitre et à la dignité de l'homme, il allait provoquer contre son singulier écrit toutes les voies de la presse[176].

Dans un article du 6 février 1848, quelques jours après la publication des caricatures, l'aveu est fait publiquement par les publicistes niçois de l'aubaine politique qu'a été pour eux la réception de la lettre du gouverneur. L'extrait témoigne de leur maîtrise des mécanismes de la presse. Dès lors que Rodolphe de Maistre accepte d'accorder une importance aux attaques émises contre lui dans le premier numéro de *L'Écho des Alpes maritimes* et prend l'initiative d'y répondre, par cette seule action, il offre une considération à l'institution journalistique. Il présente la triple caractéristique d'user d'une fonction militaro-politique contestée pour prendre des décisions arbitraires, de défendre ardemment les jésuites ainsi que d'avoir un nom qui, en plus de symboliser à lui seul les idées perçues comme rétrogrades, est connu à travers l'Europe. Ainsi, le mouvement politique d'hostilité à son égard et la polémique avec le périodique d'Auguste Carlone et ses collaborateurs a attiré l'attention de journaux extérieurs à la province de Nice, reconnus au niveau de tout le royaume de Sardaigne ou au-delà, donc considérés autrement par le pouvoir royal. La polémique permet alors de dévoiler le fonctionnement multiscalaire de la presse et de la vie politique, avec

176 *L'Écho des Alpes maritimes*, 6 février 1848.

les relations à distance et les hiérarchies de pouvoir qu'elle implique. En parlant au nom de la population niçoise, Auguste Carlone et ses collaborateurs s'affirment comme des représentants de la province vis-à-vis de l'extérieur, fonction que tendent à assumer les notables publicistes en s'appuyant sur leur ancrage local et leur moyen de communication à distance qu'est le journal.

À la mi-janvier 1848, les remerciements adressés à Lorenzo Valerio, rédacteur en chef de *La Concordia*, dans le premier numéro de *L'Écho* avaient déjà introduit une relation publique entre journaux. Les événements niçois avaient eu un écho dans la capitale. Auguste Carlone et ses collaborateurs avait envoyé un exemplaire de leur prospectus du 5 janvier 1848 à leur confrère. Les liens journalistiques ont été nombreux à se créer. Les publications de *L'Écho des Alpes maritimes* sont suivies en dehors de la province de Nice. Ainsi, le 27 janvier, lendemain de la publication de la réponse des rédacteurs niçois au gouverneur, le quotidien génois *Il Corriere Mercantile*, l'une des plus anciennes et des plus importantes feuilles du royaume de Sardaigne, publie la lettre du gouverneur De Maistre. L'écrit a circulé rapidement, puisqu'il est repris seulement quatre jours après sa première publication à Nice le 23 janvier. Débute alors une phase de diffusion et d'amplification de l'affaire qui est marquée par un mécanisme propre à la presse : les journaux qui reprennent le débat n'en ont pas forcément pris connaissance en lisant *L'Écho des Alpes maritimes*, mais aussi d'une manière indirecte dans un autre organe de presse qui a repris, lui, la publication originelle. Ce mécanisme, nouveau dans le royaume de Sardaigne, permet en quelques jours seulement de donner à une lutte menée localement une dimension qui dépasse largement le microcosme politique dans lequel elle est née.

Il est difficile de savoir si Giovanni Antonio Papa, rédacteur en chef du *Corriere mercantile*, est un lecteur de *L'Écho* ou si c'est par un quelconque autre moyen qu'il a pris connaissance de la lettre du comte De Maistre. Mais c'est bien lui qui signe, en italien, la présentation qui précède sa publication en français, langue très répandue parmi le lectorat notabiliaire des villes des États sardes. La lettre et l'article, issu de la plume du directeur de la rédaction, sont publiés en première page, ce qui démontre l'importance d'une telle publication. Celui-ci appose même sa signature, ce qui est un acte fort car rare dans cette presse naissante qui cultive l'anonymat, notamment lorsqu'elle publie des textes subversifs – ce qui témoigne de la force politique que représente la presse nouvelle au début de l'année 1848. La publication parvient jusqu'aux directeurs de *L'Écho des Alpes maritimes* qui reproduisent dans une traduction en français l'article de Giovanni Antonio Papa le 3 février 1848. Le rédacteur en chef du *Corriere mercantile* prend la plume, affirme-t-il, pour défendre « le principe de la discussion libre et publique » ; il se félicite que désormais, même un gouverneur qui porte un nom si marqué pense qu'il « convient mieux [de] combattre les autres penseurs politiques avec une colonne de journal plutôt qu'avec une colonne de grenadiers, par le moyen d'une lettre plutôt que par celui d'une commission militaire[177] ». Même si elle est personnellement signée, la publication de Giovanni Antonio Papa engage surtout le « capital politique » de son journal. Il met en jeu l'« autorité spécifique dans le champ politique » dont dispose son journal. Celle-ci passe par la reconnaissance qu'ont à son égard les autres acteurs politiques, individuels ou collectifs, exerçant un pouvoir institué ou non. Une telle autorité se construit dans le temps et est cumulative, mais elle peut aussi s'effondrer (par exemple à la faveur d'un scandale ou de propos politiques trop tranchés) ; elle dépend, pour une institution de presse des capitaux engagés, de la renommée de ses directeurs mais aussi de sa proximité géographique avec les autorités étatiques et de l'importance du public qui lit le journal[178]. Le relais d'une feuille comme le *Corriere mercantile*, outre le surcroît de publicité que cela confère au périodique niçois, touche tout le champ journalistique du royaume de Sardaigne et lance une véritable campagne de presse faite d'une multitude d'attaques simultanées, mais non véritablement concertées, contre le gouverneur De Maistre.

Les débats débordent la presse génoise, et se portent à Turin, notamment à travers les publications de *La Concordia*. Lorenzo Valerio, attentif aux affaire niçoises, ouvre pleinement les colonnes de son journal et publie aussi bien la lettre du gouverneur que la réponse des rédacteurs de *L'Écho des Alpes maritimes*, toutes deux traduites en italien. La première paraît le

177 Biblioteca Universitaria di Genova, Giorn 9, *Corriere mercantile*, 27 janvier 1848. « *Notiamo cosa di maggiore importanza ; il principio di pubblica e libera discussione, il diritto d'opinare e proferire senza molestia l'opinione propria, proclamati, invocati da S. E. il conte De Maistre, il quale sembra persuaso che anche ad uomo costituito in politica autorità meglio convenga combattere gli altri pensieri politici con una colonna di giornale che non con una colonna di granatieri, col ministero delle lettere che non con quello d'una commissione militare* ».

178 Pierre Bourdieu, *Langage et pouvoir symbolique*, *op. cit.*, p. 244.

26 janvier sans qu'aucun commentaire ne soit ajouté, alors que quelques jours plus tard, dans le numéro du 31 du même mois, la publication de la réponse des rédacteurs s'accompagne d'un bref commentaire de Valerio à son tour reproduit dans *L'Écho des Alpes maritimes* le 3 février 1848. Le rédacteur en chef de *La Concordia* salue l'initiative et souligne la nécessité d'opposer une réponse ferme et offensive au gouverneur, et plus généralement à tous les protagonistes qui promeuvent des idées jugées « rétrogrades ». D'autres feuilles journalistiques, parmi les plus importantes de la capitale du royaume de Sardaigne, reprennent le flambeau, offrant un soutien plus ou moins affirmé à Auguste Carlone et ses associés, qui ne manquent pas de traduire et reproduire toutes les publications et de se féliciter ce « tour d'Italie » que fait leur polémique avec le comte De Maistre[179]. C'est une satisfaction certaine pour eux de constater que la feuille la plus diffusée des États sardes, et qui a une aura dans toute la péninsule italienne, *Il Risorgimento* du comte de Cavour et de Cesare Balbo, reprend la lettre de Rodolphe de Maistre en « interrompant le texte par quelques commentaires qui détruisent au passage les arguments de l'auteur[180] ». Ces soutiens prestigieux donnent une certaine une impulsion à *L'Écho* et renforce son insertion dans le champ journalistique sarde.

Dans les solidarités exprimées, toutes n'ont pas la même force. Si la majorité des journaux se limitent à quelques commentaires en plus des retranscriptions de la lettre du comte De Maistre ou de la réponse rédigée par Auguste Carlone, d'autres s'engagent plus ouvertement. « Dans le brillant accueil fait à la lettre de M. le comte De Maistre », peut-on lire dans *L'Écho* du 3 février 1848, « *Il Messaggiere torinese* n'a pas voulu demeurer en reste : la verve piquante de l'avocat Brofferio en a été excitée[181] ». Publiciste influent du royaume de Sardaigne, démocrate convaincu, l'avocat piémontais prend la plume pour livrer un véritable plaidoyer journalistique en soutien au périodique niçois qu'il nomme, avec un ton fraternel, son « confrère de Nice[182] ». C'est avec une ironie piquante contre le gouverneur qu'Angelo Brofferio écrit que *L'Écho des Alpes maritimes* a eu l'heur, le temps d'un numéro, d'avoir un

179 *L'Écho des Alpes maritimes*, 3 février 1848.
180 *Ibid.*
181 *Ibid.*
182 *Ibid.*

« collaborateur d'un tel nom, d'une telle force, d'une telle autorité[183] ». Reprenant les écrits du gouverneur De Maistre, il les renverse rhétoriquement pour essayer d'en démontrer l'absurdité :

> Lisez, vous qui ne croyez pas au progrès, lisez l'article de Monsieur De Maistre et vous resterez pétrifiés en voyant que Son Excellence prononce ni plus ni moins ces propres paroles : « Je suis citoyen comme vous » !… Vraiment ! Son Excellence est citoyen et non seulement citoyen, mais citoyen comme nous !… Comme nous pauvres diables qui marchons avec nos jambes, digérons avec nos estomacs, travaillons avec nos têtes et nos mains et qui n'avons pas même un chien pour nous obéir lorsqu'il nous prend la fantaisie de donner quelque ordre arbitraire[184].

De la même manière que les publicistes niçois, Angelo Brofferio souligne l'hypocrisie qu'il y aurait dans la lettre du gouverneur lorsqu'il dit écrire en tant que simple citoyen exerçant son droit d'expression. C'est bien pour user de la menace du haut de sa fonction officielle qu'il s'est adressé aux publicistes. Toutefois, l'asymétrie des forces imposée par cette situation – un gouverneur investi d'une charge officielle comportant d'importants pouvoirs politiques et militaires contre un groupe de citoyens – a été inversée par le fait que ceux-ci ont organisé collectivement un journal pleinement doté de cette force nouvelle dont dispose la presse. Ainsi, le gouverneur s'est trouvé en position de faiblesse. C'est ce renversement opéré dans le royaume de Sardaigne au cours de l'hiver 1847-1848 qui donne une dimension révolutionnaire au *Quarantotto*. Et il a été rendu possible par les solidarités entre les hommes de presse, celle que construit Angelo Brofferio par une utilisation répétée du « nous » incluant les publicistes niçois et turinois. Le discours prend ainsi une force sociale et politique à toutes les échelles de sa production.

Dans sa contribution de près de deux colonnes entières traduite dans *L'Écho des Alpes maritimes*, l'avocat piémontais fait reposer son argumentation sur des exemples qui dépassent le cadre local de la polémique. La comparaison qu'il établit entre Rodolphe de Maistre et François Guizot dévoile à quel point les événements politiques sont pensés par les publicistes selon l'emboîtement des échelles. « Son Excellence de Paris serait capable d'accuser de plagiat Son Excellence de Nice, et

183 *Ibid.*
184 *Ibid.*

entre excellences les scandales se cachent autant que faire se peut[185] », écrit Angelo Brofferio. Même si des organes plus modérés comme le *Risorgimento* ne se seraient pas prêtés à une telle comparaison, Auguste Carlone et ses collaborateurs s'y associent en la publiant, marquant ainsi une affinité d'opinion plus marquée avec le *Messaggiere torinese*. Dès avant la publication de la lettre du gouverneur de telles positions avaient d'ailleurs été assumées. Le 19 janvier 1848 la rédaction niçoise publiait un panorama général sur l'Europe, en présentant François Guizot comme « effrayé par le réveil des libertés en Italie[186] ». Au-delà de la comparaison, il est intéressant de noter que, désormais, comme dans la presse en française, il est possible dans le royaume de Sardaigne de réclamer le départ d'un homme de pouvoir, quelle que soit l'échelle d'exercice de sa fonction, locale ou étatique. Angelo Brofferio pousse donc l'argumentation jusqu'à détourner la formule conclusive de la lettre du gouverneur dans laquelle celui-ci assurait terminer son écrit « sans adieu » pour espérer « que ce soit au plus tôt[187] ! »

L'investissement de l'avocat piémontais atteste de solidarités journalistiques préférentielles avec les feuilles un peu plus radicales, comme *La Concordia* ou *Il Messaggiere torinese*, par rapport à celles de la presse libérale modérée de Gênes et Turin (*Il Corriere Mercantile*, *Il Risorgimento*). Celles-ci se confirment et s'élargissent avec l'intervention d'une autre feuille journalistique : *La Riforma di Lucca*. L'implication de ce journal toscan marque un moment important d'extension de la polémique, qui dépasse alors le royaume de Sardaigne, à la faveur d'une loi sur la liberté de la presse qui a aussi permis, plusieurs mois avant les États sardes, une révolution journalistique dans le grand-duché de Toscane. Un jeune avocat, Eugenio Giorgi, a réuni un groupe d'associés pour fonder un journal et s'inscrire dans le vaste élan politique libéral. Imprimée et publiée à Lucques, sa ville de naissance – rattachée aux États de Léopold II en 1847 –, cette nouvelle feuille porte le nom explicite de *Riforma di Lucca*, marquant ainsi l'attachement de ses rédacteurs à l'avènement de réformes politiques et rappelant le journal *La Réforme* fondé à Paris en 1843 par Alexandre Ledru-Rollin. Il est intéressant de s'arrêter sur le parcours d'Eugenio Giorgi parce que,

185 *Ibid.*
186 *L'Écho des Alpes maritimes*, 19 janvier 1848.
187 *L'Écho des Alpes maritimes*, 3 février 1848.

bien plus que pour Angelo Brofferio et Lorenzo Valerio, son engagement journalistique rappelle celui d'Auguste Carlone. À l'inverse des deux publicistes piémontais, son journal est aussi à portée locale ; il se publie également dans une ville qui n'a en rien le poids politique d'une capitale comme Turin. Si Lucques compte plus d'habitants que Nice (plus de 60 000 pour la première contre environ moitié moins pour la seconde), elle est toutefois bien dans cette catégorie des centres urbains de taille moyenne où s'affirment en 1847 et 1848 une presse notabiliaire ancrée dans son lieu de publication, lue essentiellement par les autres notables de cette même ville. Autre élément important qui le rapproche des publicistes niçois, Eugenio Giorgi est né en 1817, et fait donc partie de la même génération d'hommes de la bourgeoisie provinciale des villes moyennes du nord de la péninsule italienne. Nés au cours de la décennie 1810, ils ont grandi durant la Restauration, et ont quitté leur ville natale, souvent pour leurs études supérieures, en partant dans une autre ville, voire un autre État, comme Auguste Carlone à Paris, en France, et Eugenio Giorgi à Pise, dans le grand-duché de Toscane. Beaucoup ont effectué un cursus en droit, avec plus ou moins de succès – le second à l'inverse du premier a réussi à devenir avocat. Revenus chacun dans leur ville natale depuis plus ou moins longtemps en 1847 (ou parfois de retour cette même année), ils saisissent l'opportunité de participer à l'effervescence journalistique en s'affirmant comme les forces vives de la nouvelle presse régionale. Parce qu'il avait noué des relations politiques fortes en Toscane, en s'intégrant dès les années 1840 aux réseaux politiques clandestins de Giuseppe Montanelli, professeur de droit à l'Université de Pise, Giorgi est bien inséré dans le champ journalistique toscan. En effet, outre son activité de directeur de *La Riforma*, il est, en 1847, un correspondant de plusieurs autres journaux libéraux et patriotes (*L'Italia* de Pise ou *La Patria* de Florence), notamment lorsqu'il a soutenu l'annexion de sa ville par le grand-duché de Toscane, pensée comme un pas dans le dépassement des frontières entre les États italiens, nécessaire pour réaliser l'unification nationale.

C'est fort de ses différents rôles journalistiques qu'Eugenio Giorgi reçoit, au début du mois de janvier 1848, le prospectus de *L'Écho des Alpes maritimes* imprimé le 5 du même mois. Il en rend compte selon ces mots dans son journal :

Riceviamo il prospetto d'un nuovo giornale fondato a Nizza, « L'Écho des Alpes maritimes ». Siamo lieti di vedere sull'estrema frontiera d'Italia sorgere un giornale il cui spirito concorda con lo spirito della stampa liberale della penisola. Il suo programma si riassume in due parole : la libertà et l'indipendenza d'Italia [...]. Fedele al nome che ha assunto, non solo si farà l'eco dei bisogni e delle questioni che si discutono in Italia, ma farà conoscere ai suoi lettori « la lotta dei principi la cui soluzione si agita presso i popoli stranieri ». Noi auguriamo al nostro confratello lena e fortuna pari all'altezza dello scopo[188].

« Nous recevons le prospectus d'un nouveau journal fondé à Nice, *L'Écho des Alpes maritimes*. Nous sommes ravis de voir sur l'extrême frontière de l'Italie surgir un journal dont l'esprit concorde avec l'esprit de la presse libérale de la péninsule. Son programme se résume en deux mots : la liberté et l'indépendance de l'Italie [...]. Fidèle au nom qu'il s'est donné, il ne se fera pas seulement l'écho des besoins et des questions qui se discutent en Italie, mais il fera connaître à ses lecteurs « la lutte pour les principes dont la solution est agitée parmi les peuples étrangers ». Nous souhaitons à notre confrère un entrain et une réussite à la hauteur de l'objectif. »

Cette présentation nous apprend d'emblée que le courrier adressé aux directeurs d'autres journaux par la direction du périodique niçois s'accompagnait du numéro programmatique publié le 1er janvier 1848 puisqu'Eugène Giorgi mentionne les grands axes éditoriaux de *L'Écho*. Si l'on ne sait si des contacts se sont noués dans les coulisses entre les publicistes toscans et niçois, l'accueil fait au nouveau journal est fraternel. Des liens journalistiques publics se créent entre Nice et Lucques, au-delà des frontières entre le royaume de Sardaigne et le grand-duché de Toscane. Cela ne saurait étonner car les notables provinciaux, qui évoluent dans les villes de taille moyenne, de quelques dizaines de milliers d'habitants, sont des agents du lien de la communauté avec l'extérieur (et pas seulement du lien officiel avec un pouvoir souverain)[189]. Qu'il se soit ou non fait publiciste, le notable n'est pas limité à son cercle d'interconnaissance et au territoire qu'il habite. Du fait qu'il maîtrise l'écrit, et parfois plusieurs langues, et qu'il a le plus souvent passé une période de sa vie en dehors de sa ville natale, pour voyager ou aller faire ses études supérieures, il dispose d'un capital social et culturel qui lui permet par la correspondance écrite (fut-elle imprimée et sous la forme d'un prospectus journalistique), de nouer des relations

188 *La Riforma di Lucca*, 18 janvier 1848.
189 Christophe Charle, *Histoire sociale de la France au XIXe siècle*, *op. cit.*, p. 43.

à distance. Cet aspect est essentiel pour comprendre comment peuvent s'impulser une circulation des informations ainsi que des solidarités interjournalistiques. Les contacts établis ont permis à Eugenio Giorgi de prendre connaissance de l'opposition qui se joue à Nice entre le gouverneur De Maistre et *L'Écho des Alpes maritimes* et de soutenir ceux qu'il appelle ses « confrères ».

Ainsi, le 6 février 1848, les rédacteurs niçois publient une traduction d'un long article de *La Riforma di Lucca* qui prend soin de déconstruire les arguments de Rodolphe de Maistre :

> Il n'y a pas de malintentionné, de rétrograde, d'hypocrite, de jésuite en un mot, qui n'orne son langage des mots indépendance et liberté ; à les entendre eux seuls sont les libéraux, eux seuls veulent le progrès et les réformes. Hypocrites ! Était-ce là votre langage naguère encore ? Maintenant que le torrent de l'opinion nous entraîne, vous l'adoptez mais vous le pliez à vos doctrines. Vils tartuffes[190] !

Eugenio Giorgi prend le même parti qu'Angelo Brofferio. Il dénonce ce qu'il estime être un opportunisme, c'est-à-dire l'utilisation par le gouverneur de Nice des principes libéraux pour affirmer son droit à défendre les jésuites, alors même qu'il s'oppose fermement à ces idées lorsqu'elles s'expriment dans des manifestations ou des articles de presse. L'attaque d'Eugenio Giorgi se conclut par un poncif de l'invective contre les jésuites, le qualificatif de « tartuffe », référence au personnage de Molière qui est déjà devenu un nom commun dans le vocabulaire politique au milieu du XIXe siècle, aussi bien italien que français. Il est utilisé pour viser les jésuites, accusés d'être, comme Tartuffe, des faux dévots hypocrites. Les attaques épousent l'air du temps, elles se font nombreuses et frontales contre la Compagnie de Jésus :

> Que peut donc avoir fait ce journal [*L'Écho*] ? Quels principes a-t-il proclamés pour le conduire à sa perdition ? Ô scandale ! Exemple criminel ! Il a combattu le jésuitisme dès ses premiers pas ! Voilà un péché capital ; et encore de ceux qui ne peuvent être pardonnés ni en ce monde, ni en l'autre ! Et quel malheur pour la pauvre Italie ! Car plus ou moins cette souillure s'est étendue sur chacun de nous […] ! Depuis quand les jésuites se sont-ils faits ennemis du despotisme ? Ne l'ont-ils pas soutenu, ne le soutiennent-ils pas encore de

190 *L'Écho des Alpes maritimes*, 6 février 1848.

> tout leur pouvoir ? Ne sont-ils pas les ennemis les plus acharnés de toutes les libertés, de toutes les réformes accordées au peuple[191] ?

La critique est cinglante, et reprend tous les *topoi* qui circulent durant le *Quarantotto* contre les jésuites, présents dans les écrits anti-jésuitiques de Vincenzo Gioberti, mais aussi dans les publications journalistiques postérieures. Bien qu'il y ait des rumeurs et légendes noires qui construisent ce « mythe jésuite », l'idée d'une proximité de ces derniers avec le pouvoir durant la Restauration n'est pas dénuée de fondement. Jusqu'au *Quarantotto*, les membres de la Compagnie de Jésus ont bien soutenu les pouvoirs autoritaires (comme à Nice au début des années 1830 lorsqu'il interdisaient à leurs étudiants la participation à toute manifestation politique). Dès 1814 et 1815, dans le royaume de Sardaigne, ils avaient regagné les places fortes de l'enseignement perdues pendant la période révolutionnaire et impériale. Ils sont alors très vite assimilés à des défenseurs de l'ordre politique restauré. Pour tous les néopublicistes libéraux, les viser revient à viser le conservatisme des pouvoirs et à impulser un élan réformateur, plus ou moins radical.

Attaqué, avec ses alliés jésuites, par nombre de journaux du royaume de Sardaigne, et même de l'extérieur, Rodolphe de Maistre fait le choix de ne pas alimenter la polémique. Agir ainsi reviendrait à mettre son pouvoir en débat dans l'arène politique. Il se contente donc de confirmer sa stratégie d'action locale en brimant toute manifestation en faveur des idées libérales et patriotiques. Le 3 février 1848, alors que les rédacteurs de *L'Écho* annoncent la tenue d'un service funèbre pour les victimes de la répression autrichienne à Milan et Pavie, le comte De Maistre et les jésuites du Collège royal font interdire toute participation aux étudiants. Mais ils ne peuvent faire obstacle à cet événement qui s'organise dans un contexte d'exaltation de la fraternité patriotique. Les hommages pour les victimes de la répression armée menée en Lombardie par le feld-maréchal Radetzky, commandant des troupes impériales autrichiennes en Italie du Nord, sont très répandus dans les villes des États italiens. Ils confèrent donc à ceux qui s'y opposent une réputation peu flatteuse de défenseurs de l'Autriche absolutiste, donc d'adversaires de la cause nationale et libérale italienne.

191 *Ibid.*

Le gouverneur de Nice est dans une situation tellement délicate au début du mois de février 1848 que le gouvernement central de Turin ne peut ignorer les faits. Il est esseulé et discrédité publiquement mais le roi préfèrerait ne pas avoir à se débarrasser d'un homme fidèle à la dynastie et qui possède une certaine influence. Néanmoins, il ne peut se permettre de le conserver dans son administration car, par son intransigeance, le gouverneur de Nice s'est attiré l'hostilité de tous, jusqu'à ses propres soldats dont certains, lecteurs du journal, ont refusé de suivre plusieurs de ses ordres. Devant ce constat, Charles-Albert Ier décide finalement de lui retirer sa charge, lui accordant tout de même une généreuse rente compensatoire à son éviction. C'est un homme plus enclin à accepter la situation politique qui le remplace, le comte Hippolyte Gerbais de Sonnaz. Il est membre d'une famille aristocratique fidèle, qui a une tradition pluriséculaire de service envers la Couronne – déjà au XIVe siècle, Pierre Gerbais fut trésorier général de Savoie puis grand chancelier du comte Amédée VI (1343-1383). La branche cadette, dite d'Habères, est une grande pourvoyeuse de militaires de premier plan ; en 1814, après l'effondrement du Premier Empire c'est le père d'Hippolyte Gerbais de Sonnaz, Janus, qui est en charge de la reprise de possession de ses États par Victor-Emmanuel Ier. Le frère aîné du nouveau gouverneur de Nice, Joseph-Marie Gerbais de Sonnaz a, lui, servi contre l'armée française durant la période révolutionnaire, puis a eu pour rôle en 1814, sous les ordres de son père, de soulever des volontaires pour le rétablissement de la dynastie de Savoie. Cette fidélité lui a valu une brillante carrière militaire, jusqu'au sommet de la hiérarchie puisqu'il est même devenu vice-gouverneur des deux fils du roi Charles-Albert. Les états de service, l'ancienneté et le prestige de la noblesse de la famille Gerbais de Sonnaz l'inscrivent dans la grande aristocratie militaire du royaume de Sardaigne. Cela témoigne aussi du fait qu'il ne faut en aucun cas exagérer le recul du roi. Les renvois d'un ministre ou d'un gouverneur sont avant tout des exemples publics servant de gage aux libéraux. Le plus souvent, ils sont remplacés par des protagonistes du même rang social ou presque dont la fidélité est tout aussi fermement acquise à la dynastie. Néanmoins, Charles-Albert se doit d'installer des individus plus modérés dont il pense qu'ils n'auront pas tendance à se mettre dans la situation politique des hommes qui, figés dans leurs idéaux, comme le gouverneur De Maistre ou bien, à l'échelle du royaume, le ministre

Clemente Solaro della Margherita, suscitent la réprobation unanime de la presse libérale et en viennent à incarner un certain despotisme du pouvoir. L'éviction de Rodolphe de Maistre dit aussi beaucoup de la centralisation du pouvoir dans le royaume de Sardaigne ; même s'il se doit de préserver la fidélité des hommes qui le servent, le roi peut décider d'écarter un gouverneur comme pourrait être écarté un préfet en France, et le remplacer par un autre qui n'a pas de lien avec le territoire qu'il gouverne.

Quoi qu'il en soit, l'annonce du remplacement du gouverneur De Maistre se répand bien vite à Nice. Elle est reproduite dans *L'Écho des Alpes maritimes* du 13 février 1848 sans qu'elle ne soit encore commentée du fait qu'elle a dû intervenir juste avant la finalisation de l'exemplaire. Elle l'est dans le numéro suivant, sous la forme d'un satisfecit qui accompagne une nouvelle polémique de presse. En effet, informé par un correspondant anonyme de Nice, la *Gazette du Midi*, un journal légitimiste français, met en accusation la rédaction niçoise – ce qui témoigne de l'importance des correspondances dans la circulation de la presse. Fondée à Marseille en 1831, elle est un des principaux organes de l'opposition légitimiste au régime de la monarchie de Juillet[192]. Son orientation politique peut se comprendre aisément si l'on considère qu'avant les réformes libérales de 1847, elle est un des seuls périodiques politiques autorisés à Nice, étant prisée par les hauts-fonctionnaires de l'administration, dont le comte De Maistre[193]. Le journal marseillais, repris dans *L'Écho des Alpes maritimes* du 17 février 1848, met en scène ce correspondant qui s'en prend directement à la légitimité des publicistes niçois de polémiquer contre leur gouverneur. Son invective porte aussi sur l'attitude des soldats de la brigade de Cuneo appelés en renfort pour contrôler la ville mais qui, soutenus par Auguste Carlone et ses collaborateurs, se sont désolidarisés de leur chef. Dans le numéro suivant, le 20 février, les publicistes niçois livrent leur réponse à ces accusations :

> Il n'est pas difficile de reconnaître à quelle nuance d'opinion appartient le narrateur, nous ne sommes surpris ni du haut caractère de véracité dont ses

---

192 André-Jean Tudesq, « La presse provinciale de 1814 à 1848 », dans Claude Bellanger, Jacques Godechot, Pierre Guiral, Fernand Terrou (dir.), *Histoire générale de la presse française*, *op. cit.*, p. 176.

193 René Tresse, « La censure de la presse française à Nice », *Provence historique*, t. XVIII, n° 73, 1968, p. 352-353.

> lettres sont empreintes, ni de sa mauvaise humeur [...]. Nous commençons à croire que le correspondant en question a, par l'éloignement de M. le comte De Maistre, beaucoup plus perdu personnellement qu'il ne semble le dire[194].

Les opinions, jugées « rétrogrades », de l'organe marseillais sont attaquées vigoureusement, de même que la proximité avec le désormais ex-gouverneur. Auguste Carlone et ses collaborateurs accusent leurs nouveaux adversaires de minimiser l'ampleur des mobilisations d'hostilité à celui qu'ils soutiennent, mais en plus attaquent personnellement le correspondant, l'accusant de connivence avec l'administration. Alors que le journal marseillais relate une anecdote faisant la publicité de l'action de la fille du gouverneur dans les hôpitaux de la ville, où « elle pansait les plaies » des malades, les rédacteurs de *L'Écho* répondent, toujours avec cette ironie qui imprègne les polémiques journalistiques, que « même pour une sainte » ils ne voudraient pas « du gouvernement des jésuites et de ses gracieuses conséquences[195] ». Par une remarque teintée d'humour politique, ils ajoutent un trait d'hostilité à l'ex-gouverneur dont ils se réjouissent du départ : « Le comte De Maistre a quitté notre ville. Les jésuites ont pris le deuil[196] ». L'opposition se poursuit par numéros interposés jusqu'à la fin du mois de février. Le correspondant de la *Gazette du Midi* est qualifié, dans un article de *L'Écho des Alpes maritimes* du 24 février 1848, par un autre nom propre devenu commun qui, bien que moins répandu que Tartuffe, est couramment utilisé pour dénoncer les défenseurs des jésuites : celui de Bazile. Le personnage de Beaumarchais, que l'on retrouve dans *Le barbier de Séville*, réalise dans l'acte II de la scène 8 un éloge de la calomnie en défendant son utilité pour décrédibiliser publiquement une personne, et dans le cas présent un journal. Le qualificatif est utilisé de manière disqualifiante. Et la *Gazette du Midi* est accusée de faire le jeu du « parti rétrograde » (ou jésuitique), lequel serait, selon les directeurs de *L'Écho*, largement minoritaire à Nice comme dans la France voisine[197].

L'on perçoit l'importance des procédés rhétoriques dans l'appropriation publique de l'opinion présentée comme majoritaire. L'un des fondements de l'action politique de la presse est soit de discréditer une opinion en la

194 *L'Écho des Alpes maritimes*, 20 février 1848.
195 *Ibid.*
196 *Ibid.*
197 *L'Écho des Alpes maritimes*, 27 février 1848.

faisant passer pour minoritaire, ce qui est d'autant plus aisée lorsqu'elle l'est réellement, soit de vouloir s'incarner en représentants d'une opinion majoritaire, ce que font les directeurs de *L'Écho des Alpes maritimes*. Les rédacteurs de la *Gazette du Midi*, pour leur part, essaient plutôt de nier l'ampleur de la mobilisation des libéraux niçois. La question de l'appel à l'opinion est cruciale dans le processus de politisation car comme l'explique Alain Vaillant, du fait qu'elles sont désormais publiées, les controverses « ont une fonction pédagogique et politique, initiant progressivement le public au débat[198] ». C'est un espace symbolique physiquement plus pacifié qui émerge dans le royaume de Sardaigne, et donc aussi à Nice. La lutte politique y est la plupart du temps « sans risque pour la vie des protagonistes, mais pas sans conséquence sur leur destin[199] ». Cependant, cette pacification est toujours fragile, jamais acquise, comme le montrent les événements de Juin 1848 en France.

Autre élément fondamental pour un journal, l'enjeu du public. Il ne faut jamais oublier qu'il est une entreprise, donc que son lectorat est aussi une clientèle. *Ipso facto*, la capitalisation politique doit être convertie en une capitalisation économique. Celle-ci passe essentiellement pour *L'Écho des Alpes maritimes* par un regain du nombre d'abonnements souscrits que peut lui offrir la publicité, au sens moderne de promotion, qu'offre la polémique avec le gouverneur De Maistre. La décision de publier sa lettre est le signe d'une véritable stratégie menée par Auguste Carlone et ses collaborateurs. Le constat est d'ailleurs confirmé par l'initiative, prise en collaboration avec la société typographique Gilletta et la librairie Visconti, partenaires fidèles, de mettre en vente une brochure regroupant les *Réponses à la lettre adressée par M. le comte De Maistre au journal L'Écho des Alpes maritimes*. Ainsi près d'un mois après la démission forcée du gouverneur, le 12 mars 1848, l'annonce est faite de la mise en vente d'un opuscule reprenant la lettre de ce dernier, mais aussi la réponse rédigée par Auguste Carlone au nom de la rédaction de *L'Écho*, ainsi que les deux contributions extérieures les plus développées et chaleureuses à leur égard, l'article d'Angelo Brofferio dans *Il Messaggiere torinese* et

198 Alain Vaillant, « La polémique », dans Dominique Kalifa, Philippe Regnier, Marie-Ève Thérenty et Alain Vaillant (dir.), *op. cit.*, p. 972.

199 Héloïse Hermant, « La campagne d'opinion de don Juan José de Austria contre le *valido* Nithard : mobilisation, politisation et faux-semblant (1668-1669) », dans Laurent Bourquin, Philippe Hamon, Pierre Karila-Cohen, Cédric Michon (dir.), *S'exprimer en temps de trouble*, *op. cit.*, p. 208.

celui d'Eugenio Giorgi dans *La Riforma di Lucca*[200]. La production de cet ouvrage d'une quarantaine de pages et sa vente effectuée pour une somme assez modique, 50 centimes, permettent de diffuser plus largement les échanges polémiques qui ont marqué la vie politique niçoise et sarde à la fin du mois de janvier et au début du mois de février 1848. Un tel prix rend l'ouvrage plus accessible qu'un numéro du journal puisque celui-ci ne se vend pas au numéro et que le moins onéreux des abonnements, le trimestriel, coûte neuf francs. La cible est donc essentiellement la petite bourgeoisie urbaine ou les notabilités villageoises relativement modestes des alentours de Nice.

L'un des enjeux pour la rédaction de *L'Écho* est la conquête et la fidélisation d'un public en profitant de l'impopularité du comte De Maistre, qui est encore forte en mars 1848, un mois après son départ. En effet, à la même période, d'autres publications expriment le fort ressentiment qui continue de régner dans la ville. L'une d'elle a été conservée. Son auteur est anonyme et son texte est écrit en italien. Si l'on ne peut connaître l'ampleur de sa diffusion, comme pour les caricatures de la fin du mois de janvier 1848 ou bien la brochure de la mi-mars, toutes produites par la société typographique Gilletta, le caractère imprimé de cette feuille recto-verso, d'un format d'une vingtaine de centimètres de largeur sur une trentaine de hauteur, indique une reproduction en nombre. Le document a une dimension éclectique, dans le style comme dans la forme. Son *recto* est un poème en vers libres qui contient des notes, dont les précisions sont données sur le *verso*. Le ton du document est donné dès le titre puisqu'il se veut être « l'adieu des Niçois à un Crétin », c'est-à-dire à l'ancien gouverneur De Maistre[201]. Il y a dans cette publication une invective permanente qui vise les mesures prises mais aussi la personne même du gouverneur, ce qui se rapproche des moqueries sur la taille de exprimées par les caricatures précédemment étudiées. « Pars, infâme Crétin », écrit l'auteur dans son premier vers en adresse directe à l'ancien gouverneur de Nice qu'il qualifie de « féroce Pacha » ou de « stupide bigot ». Le contenu n'est pas différent des publications d'Auguste Carlone et ses collaborateurs. L'auteur accuse Rodolphe

200 Bibliothèque des Archives départementales des Alpes maritimes, BBFP/0065. *Réponses à la lettre adressée par M. le comte De Maistre au journal L'Écho des Alpes maritimes*, Société typographique, Nice, 1848.

201 Bibliothèque de Cessole, Fonds Lubonis, « Addio dei Nizzardi ad un Cretino », Mars 1848. J'aimerais remercier Marc Ortolani pour m'avoir signalé ce document.

de Maistre d'avoir pris des mesures autoritaires et dogmatiques pour « tenir soumis » les Niçois sous un « joug de fer[202] ». À ces vers injurieux et accusateurs, exprimés en adresse directe et usant du tutoiement, est jointe une série de notes pour décrire ce que l'auteur estime être des dérives judiciaires du gouvernorat. On peut lire dans celles-ci :

> *Chi non conosce tutte le prepotenze e gli arbitrari con cui il Cretino flagella questo misero paese [...] ? Tutti sanno come, dappoi tre anni, d'ordine del Cretino, sia severamente vietata al Giudice d'istruzione ed all'accusato la nomina di codifensore. A parte l'inumanità di un tal divieto [...] ognuno sente le lagrimevoli conseguenze che ne derivano, laddove si sa che il Cretino non ha mai ambito qui altra gloria, che quella di ottenere molte condanne.*
>
> « Qui ignore toutes les brimades et les décisions arbitraires avec lesquelles le Crétin flagelle ce pays miséreux [...] ? Tout le monde sait comment, depuis trois ans, sur ordre du Crétin, il est formellement interdit au juge d'instruction et à l'accusé la nomination d'un codéfenseur. Au-delà de l'inhumanité d'une telle interdiction [...] chacun ressent les conséquences larmoyantes qui en découlent, quand il se sait que le Crétin n'a jamais convoité une autre gloire que celle d'obtenir de multiples condamnations[203]. »

La dénonciation concerne la manière dont le comte De Maistre aurait fait du bureau des pauvres un instrument de contrôle social en ayant la main sur ses magistrats[204]. Il est accusé d'avoir instrumentalisé la justice pour imposer des condamnations arbitraires en affaiblissant le système de défense des accusés. Le « procès » public du gouverneur perdure donc même après son départ – car la liberté de publication c'est aussi pouvoir juger le passé. L'auteur formule des accusations qui diffèrent peu de celles énoncées par les publicistes niçois même s'ils évoquaient moins en détail l'action judiciaire du gouverneur et s'appliquaient à dénoncer les mesures autoritaires prises dans le feu de l'actualité politique (qui s'impose aux journaux). Une telle production montre aussi que c'est bien le sort du gouverneur De Maistre qui rythme en grande partie la vie politique naissante à Nice au début de l'année 1848. Cependant, celle-ci ne peut se résumer à cette affaire. Car publier un journal ce n'est pas seulement aller contre – les agents du pouvoir jugés autoritaires – c'est aussi prendre position pour, en l'occurrence en faveur de la proclamation d'une constitution.

---

202 *Ibid.*
203 *Ibid.*
204 *Ibid.*

LA PRESSE ET LE MOUVEMENT CONSTITUTIONNEL DANS LE ROYAUME DE SARDAIGNE

Après la concession de la liberté de la presse à la fin du mois d'octobre 1847, le roi de Sardaigne a pour stratégie de céder le moins de libertés politiques possible. S'il accepte de sacrifier des agents occupant des postes exposés médiatiquement, il reste entouré de conseillers imprégnés des idées dénoncées dans la presse libérale comme rétrogrades. Nombre de partisans de l'absolutisme monarchique sont encore en poste à l'Université, dans certaines administrations, dans la magistrature ou même dans les évêchés[205]. Une épreuve de force fondatrice pour la vie politique nouvelle s'engage alors durant les deux premiers mois de l'année 1848 à travers une campagne de presse en faveur de la proclamation d'une constitution. Les publicistes libéraux, très majoritaires mais loin d'incarner une corporation unifiée, partagent la volonté d'imposer au pouvoir en place un texte constitutionnel. Il servirait à proclamer l'égalité en droit, à affermir la nouvelle la liberté de publication ainsi qu'à faire advenir un véritable système représentatif. Et la problématique n'est pas seulement journalistique car les publications sont complémentaires des autres moyens d'action politique, tels les banquets ou les mobilisations plus ou moins spontanées sur les places publiques. Dans les journaux ou dans les rues, la revendication d'une constitution déborde aussi largement les frontières entre les États italiens. Un embryon d'espace politique national semble apparaître, à la faveur aussi des relations à distance permises par la simultanéité et la similarité des lois sur la presse dans le royaume de Sardaigne, le grand-duché de Toscane et les États pontificaux. Si les organes de presse les plus dotés en moyens économiques et les plus réputés mènent le mouvement, ils n'ont pas le monopole des revendications. Les feuilles plus modestes et provinciales comme *L'Écho des Alpes maritimes* y prennent leur part et introduisent ces débats généraux dans la vie politique locale.

La campagne constitutionnelle, si elle laisse place à l'expression de courants plus radicaux, démocrates et républicains, consacre toutefois la tendance modérée, monarchiste et libérale, qui s'est affirmée dans la décennie 1840. Sous l'impulsion de penseurs tels que Massimo d'Azeglio, une partie de la noblesse et la bourgeoisie a adhéré aux idées politiques réformistes et

205 Enrico Francia, *1848. La rivoluzione del Risorgimento*, *op. cit.*, p. 213.

patriotiques. Un courant qui est influencé par les idées des Lumières et se structure par son opposition aux tendances contre-révolutionnaires mais aussi par un rejet plus que vigoureux des courants radicaux et socialistes naissants[206]. Lors du temps de l'exil, avant les réformes et amnisties de 1847, le journal emblématique de ces idées était la *Gazzetta italiana* de Marino Falconi publiée à Paris à partir de l'année 1845, au moment où paraissaient les ouvrages de même tendance écrits par Vincenzo Gioberti et Cesare Balbo[207]. Les futurs clivages politiques se jouaient déjà dans l'exil. Cependant, le propre de ces journaux d'émigration est qu'ils sont très irréguliers et souvent brefs, et que leur diffusion et leur influence n'ont rien de comparable à ceux qui se créent à la faveur des lois sur la presse en Italie-même et qui deviennent des institutions assez solides pour impulser des courants d'idée durables. Les principales feuilles sont *Il Risorgimento* du comte de Cavour et de Cesare Balbo à Turin et *Il Corriere mercantile* à Gênes. Ils se rapprochent journaux comme *La Patria* de Florence, dans le grand-duché de Toscane, ou bien *L'Italico* de Rome, de tendance giobertienne, dans les États pontificaux ou bien, dans la même ville, *La Bilancia*, accusée par *L'Alba*, autre journal florentin d'avoir des positions si modérées qu'elle paraît être entre les mains du gouvernement[208]. *L'Alba* s'inscrit dans une tendance plus radicale, qui s'affirme aussi en cet hiver 1847-1848, avec des orientations parfois républicaines et démocrates, suivant les positions de Giuseppe Mazzini, que l'on retrouve aussi dans *Il Contemporaneo* à Rome ou *Il Messaggiere torinese* voire dans *La Concordia* à Turin[209]. Bien qu'il y ait une réelle diversité des opinions, ce qui est l'essence même de la vie politique, les mois de janvier et février 1848 dans le royaume de Sardaigne sont un temps où s'installe un esprit public, c'est-à-dire une union *de facto* entre les différentes forces politiques pour imposer au pouvoir en place la proclamation d'un texte constitutionnel. Les démocrates mazziniens, alors encore en exil pour la plupart, rompent avec la stratégie d'opérer par le coup de force rejoignent l'idée qu'il faut construire une opposition légale réformatrice, dont la première phase doit être accomplie avec l'aide des libéraux modérés[210].

---

206 Christophe Charle, *Histoire sociale de la France au XIXe siècle*, *op. cit.*, p. 45.
207 Franco Della Peruta, *Il giornalismo italiano del Risorgimento*, *op. cit.*, p. 13.
208 *Ibid.*, p. 27-30.
209 Enrico Francia, *op. cit.*, p. 58-59.
210 Franco Della Peruta, *op. cit.*, p. 14.

« Peuples et trônes grandiront l'un par l'autre » : l'idéal des réformes dans la concorde

> Peuples et trônes grandiront l'un par l'autre ; mais la franchise, la sincérité doit être des deux côtés : les peuples doivent toujours avoir foi dans l'amour de leurs souverains, ceux-ci sanctionnant les droits légitimes de leurs nations par des lois fermes et généreuses. Les libertés d'un pays, pour venir à bien, ont besoin d'avoir une origine sans tache : quel berceau plus pur pour les nôtres que le cœur d'un noble prince[211] !

L'idéal de la concorde entre le souverain et son peuple, tel qu'il se trouve formulé dans le prospectus de *L'Écho des Alpes maritimes* du 1er janvier 1848, caractérise bien la pensée dominante de cet air du temps libéral qui marque la première période réformatrice du *Quarantotto.* Les hommes de presse font profession de modération et exaltent la nécessité d'instaurer une harmonie entre le peuple (qu'eux se sentent en position de représenter) et son souverain. L'idée est également clairement exprimée dans le titre du journal créé par Lorenzo Valerio à Turin à la fin de l'année 1847 : *La Concordia*. Il s'agit de construire, comme l'exprime Massimo d'Azeglio, une libre discussion « sage » qui soit là pour « conseiller » les souverains et non mettre en cause radicalement l'ordre politique et social[212]. L'objectif, qui s'inscrit dans la tradition de l'*illuminismo* de la seconde moitié du XVIIIe siècle, est d'imposer des réformes jugées « éclairées » aux souverains mais aussi d'enclencher une voie réformatrice au détriment de courants plus radicaux, afin d'éviter que cette période revendicatrice ne prenne une tournure plus révolutionnaire.

Le cœur de la modération libérale est l'idée d'harmonie, sociale et politique, jugée impossible aussi bien dans un régime de monarchie absolue que dans un contexte plus insurrectionnel. Il s'agit de transformer l'ordre politique de la Restauration sans tomber dans la logique des « révolutions et [de] leurs luttes sanglantes » ainsi que le formulent les rédacteurs de *L'Écho des Alpes maritimes* dans leur prospectus, avec une référence qui vise essentiellement les souvenirs de la Révolution française, vivaces dans l'Europe du milieu du XIXe siècle[213]. Les feuilles provinciales ne sont pas en reste dans l'expression de cet idéal de concorde qui repose sur la croyance dans le progrès modéré et dans la paix entre les

211 *L'Écho des Alpes maritimes*, Prospectus, 1er janvier 1848.
212 Enrico Francia, *op. cit.*, p. 54-55.
213 *L'Écho des Alpes maritimes*, Prospectus, 1er janvier 1848.

classes sociales. Le fait ne doit pas être tant mis à l'actif d'une influence de la presse des grandes villes sur les organes de villes plus modestes, qu'attribué au partage d'une même culture politique dont la matrice est incontestablement la philosophie des Lumières. Et l'aboutissement de ces idées libérales n'est autre que la proclamation d'une constitution, perçue comme un achèvement du progrès politique : un contrat social organisant la concorde entre le souverain et son peuple. Dans ce mouvement réformateur, les journaux ont une part majeure mais coexistent avec d'autres productions : odes, libelles ou encore poèmes. Les élites, bourgeoisies et noblesses libérales, pensent exercer là leur rôle de conseil au souverain et de diffusion d'une pensée éclairée, pour faire en sorte que « peuples et trônes » puissent « grand[ir] l'un par l'autre ».

À Nice, dès de la fin du mois d'octobre 1847, donc avant la concrétisation de *L'Écho des Alpes maritimes*, nombre de productions littéraires se répandent dans la ville pour saluer la nouvelle liberté de publication. Dans son *Ode à l'occasion des ordonnances rendues par sa S. M. le roi Charles-Albert le 29 octobre 1847*, Auguste Bricone célèbre ce nouveau droit d'expression comme antithèse et antidote à la servilité de la parole publique sous un pouvoir absolu :

> Du pouvoir absolu, qui ne laisse aux paroles / Exprimer hautement que la servilité, / Déposant le fardeau, Roi ! Dès ce jour tu voles / À l'immortalité[214].

Sous une rhétorique flatteuse, l'hommage au roi ne se justifie dans l'extrait que par le fait qu'il a cédé aux revendications de l'automne 1847. Au reste, l'auteur mobilise tout un vocabulaire lié à l'absolutisme, dont on constate qu'il est parlant pour les contemporains et n'est pas une reconstruction *a posteriori* des historiens ; tout un champ lexical prend sens publiquement au moment du *Quarantotto* en Italie, pour nommer ce qu'était l'avant avec lequel les notables libéraux entendent rompre. Les revendications ne sont donc pas achevées après l'instauration d'une première liberté de la presse. Comme l'a montré Steve Betti, sous couvert d'un hommage exalté au souverain, les odes, libelles et poèmes produits à Nice, de la même manière que les toasts lors du banquet du 11 novembre 1847, se veulent avant tout revendicatifs. La plupart des

214 Steve Betti, « L'éveil d'une conscience politique : discours, odes, libelles et pamphlets niçois du "printemps des peuples" », *Nice Historique*, n° 1, 1997, p. 35.

productions littéraires soulignent l'incomplétude des réformes – qui n'ont pas modifié l'organisation du pouvoir ni n'ont garanti une égalité des droits en instaurant une véritable citoyenneté. C'est cette position qu'adoptent les publicistes de *L'Écho des Alpes maritimes* en janvier 1848. L'idée sous-jacente est bien celle de la concorde entre le souverain et son peuple, qui se doit de respecter les avis « éclairés » ou « raisonnés » exprimées dans toutes ces productions, journalistiques ou poétiques. Auguste Bricone l'exprime ainsi dans son *Ode* :

> Libre dans son essor, Prince ! à ta voix la presse / Secouant son linceul en sortant du tombeau / Viendra dans les conseils inspirer ta sagesse, / Apporter son flambeau[215].

La rhétorique du conseil éclairé au prince reprend la référence à la lumière contre l'obscurantisme dont on a déjà vu la signification au cours de la polémique contre le comte De Maistre. Elle est un symbole fondamental de cet air du temps libéral. L'opinion publique, sous entendu l'ensemble des publications, odes, libelles ou bien des articles de presse, est construite par ceux qui raisonnent, les notables éclairés, dont les néopublicistes niçois se sentent faire partie :

> Institutions, lois, réformes, tout doit passer sous les yeux de tous, pénétrer dans tous les esprits, et y être discuté. Alors l'opinion publique, cette voix de Dieu, apparaîtra dans toute sa force ; ses aspirations et ses vœux se manifesteront revêtus d'autorité, et elle entrera dans le cabinet des gouvernants pour éclairer leurs résolutions.

Gens de presse et gens de Lettres qui publient des journaux, des odes, des libelles et des poèmes s'assignent le devoir de faire émerger une opinion publique jugée éclairée qui doit « entrer dans le cabinet des gouvernants » pour que les décisions prises ne soient plus despotiques. L'important est donc l'advenue de gouvernements qui, affirment les publicistes niçois dans un article du 10 février 1848, sont « toujours forts parce qu'ils s'appuient sur les intérêts généraux et les capacités[216] ». La rhétorique de la lumière ressort à nouveau avec force. Mais il est intéressant de noter aussi que l'opinion publique est présentée comme une « voix de Dieu », lui conférant une légitimité incontestable. Une formule

---

215 *Ibid.*, p. 37.

216 *L'Écho des Alpes maritimes*, 10 février 1848.

qui ne saurait étonner puisque, dans la première moitié du XIXe siècle, les penseurs libéraux percevaient la concorde entre le peuple et son souverain comme voulue par la providence divine. C'est une influence chrétienne qu'a bien analysée Paul Bénichou dans son ouvrage sur les doctrines à l'âge romantique[217]. La volonté de Dieu s'est déplacée du souverain (droit divin) aux peuples. Dans une interprétation particulière de la doctrine chrétienne, le progrès des droits politiques, de même que l'avènement des nations, est présenté comme une œuvre voulue par Dieu.

Pour accomplir la mise en place de cet ordre politique libéral, la liberté d'expression ne suffit pas ; il faut aussi une organisation constitutionnelle ou, pour reprendre les mots du prospectus de *L'Écho des Alpes maritimes* du 1er janvier 1848, des « droits légitimes » garantis par des « lois fermes et généreuses[218] ». Ces idées sont répercutées dans les publications journalistiques comme dans toutes les productions politico-littéraires du moment, textes qui à Nice peuvent paraître en italien, en français mais aussi en niçois, comme ceux de François Guisol qui publie en 1848 un *Discours liberal ai poble*[219]. Les publications des journaux demeurent toutefois les plus importantes car par leur régularité elles dictent véritablement le temps politique. Une chose dont les contemporains sont conscients comme l'exprime à Nice Charles Semeria dans sa *Nova poesia*, un opuscule qui compile quelques poèmes dont l'un dans lequel il affirme que « *lu giournal que ligen n'estruisson asses* » (« les journaux que nous lisons nous instruisent assez ») en faisant notamment référence à *L'Écho des Alpes maritimes*. L'habileté rhétorique des journaux libéraux, qui exercent une influence auprès des notables qui composent l'essentiel des lectorats et sont aussi pour certains des producteurs de publications politiques éphémères, est de défendre l'idée que le souverain a désormais des contraintes envers son peuple. Les publicistes libéraux de tout le royaume de Sardaigne œuvrent continuellement pour appeler Charles-Albert à se conformer à cette pensée et à concéder une réforme plus générale du système institutionnel. Leur force repose aussi sur le fait

217 Paul Bénichou, *Le temps des prophètes, doctrines de l'âge romantique*, *op. cit.*

218 *L'Écho des Alpes maritimes*, Prospectus, 1er janvier 1848.

219 François Guisol, *Discours liberal au poble mon fraire*, *Poèma Nassional*, Nice, Caisson et Compagnie, 1848. Ami d'enfance de Giuseppe Garibaldi, François Guisol joue sur la fibre populaire, pas seulement par la langue utilisée mais aussi parce qu'il se revendique « poète ouvrier ». Cependant, sa participation au banquet civique et patriotique de 1847 atteste incontestablement de son insertion dans les milieux mondains de la ville.

que la période correspond à un moment où, comme en France durant la monarchie de Juillet, et même la Restauration, ainsi que l'a montré Pierre Karila-Cohen, le pouvoir est de plus en plus contraint de prendre en compte les volontés des gouvernés[220]. L'affaire De Maistre avait déjà été un exemple marquant de ce processus en cours, mais la campagne de presse en faveur de la constitution en est une marque encore plus éclatante.

La lutte pour la constitution : une feuille journalistique régionale dans une campagne de presse multiscalaire

L'analyse n'a aucunement pour but de renouveler l'étude des différentes constitutions italiennes écrites entre 1848 et 1849. L'historiographie a été féconde sur la question, notamment sur le *Statuto* albertin qui concerne au premier chef la province de Nice[221]. Il s'agit plutôt ici d'étudier le rôle structurant de la presse dans les luttes constitutionnelles et toutes les mobilisations politiques multiscalaires qui les accompagnent, des villages relativement isolés de l'arrière-pays niçois jusqu'aux grandes villes du royaume de Sardaigne, en passant par la capitale provinciale qu'est Nice. Il est crucial de considérer la simultanéité des pratiques festives ou des actions politiques (banquets, manifestations, lectures collectives de journaux, représentations à l'opéra ou au théâtre, souscriptions philanthropiques, *Te Deum*). Toutes ces manifestations ou pratiques ne sont pas l'apanage des notables urbains puisque les mobilisations populaires ont aussi toute leur place. Néanmoins, la presse nouvelle joue un rôle

220 Pierre Karila-Cohen, *L'État des esprits : l'invention de l'enquête politique (1814-1848)*, Rennes, PUR, 2008.

221 Dans les années 1970, une œuvre conséquente sur l'histoire des parlements et des constitutions a été produites, dans une perspective de plus longue durée que le seul *Quarantotto* : Carlo Ghisalberti, *Storia costituzionale d'Italia, 1849-1948*, Bari, Laterza, 1974 ; Niccolò Rodolico, Giuseppe Sardo (dir.), *Storia del parlamento italiano : dal 1848 al 1968*, Palerme, Flaccovio, 20 vol., 1978. Depuis deux décennies de nouvelles perspectives ont été développées, notamment sur la question de la participation populaire ou bien le déroulement des processus constitutants. On peut citer, entre autres publications : Pier Luigi Ballini (dir.), *1848-1849. Costituenti e Costituzioni. Daniel Manin e la Repubblica di Venezia*, Venise, Istituto veneto di scienze, lettere ed arti, 2002 ; Giorgio Rebuffa, *Lo Statuto albertino*, Bologne, Il Mulino, 2003 ; Laurent Reverso (dir.), *Constitutions, républiques, mémoires : 1849, entre Rome et la France*, Paris, L'Harmattan, 2011.

structurant, contribuant à l'insertion d'un territoire provincial dans des mouvements politiques et des pratiques culturelles que l'on peut observer au même moment dans tout le royaume de Sardaigne, mais aussi bien au-delà dans toute la péninsule italienne et dans de nombreux autres pays européens.

La première des deux caricatures visant le comte De Maistre diffusées à Nice à la fin du mois janvier 1848 contenait déjà, on l'a vu, un soleil dans lequel était inscrit une revendication : « Constitution ». Le dessinateur mettait là en image le mouvement constitutionnel. Le principe même d'instaurer un contrat entre le roi et ses sujets, qui contraindrait politiquement le pouvoir du premier tout en faisant des seconds des citoyens égaux devant la loi et jouissant de droits politiques, rencontre de sévères oppositions. Nicola Del Corno a bien étudié la manière dont elles ont été exprimées avant même le *Quarantotto*, lorsque les publications favorables à l'ordre de la Restauration pouvaient, elles, se diffuser (comme la *Gazette du Midi* à Nice)[222]. Au-delà même des débats italiens, des penseurs lus dans toute l'Europe ont exposé une critique ferme de la modernité politique et du principe constitutionnel au cours du premier XIXe siècle. L'un des plus connus, Joseph de Maistre, est un sujet du roi de Sardaigne, et n'est autre que le père du gouverneur de Nice. Dans ses écrits, la seule constitution qui puisse exister de manière viable n'est pas une loi qui organise un corps politique, mais un état des choses façonné par la tradition. Il lui paraît inconcevable de définir l'organisation fondamentale du pouvoir par un texte écrit qui en fixe les règles et peut être débattu publiquement et donc être révisé, modifié voire renversé. Il postule des lois « naturelles » d'essence divine qui ne peuvent être aliénées :

> Une des grandes erreurs d'un siècle qui les professa toutes, fut de croire qu'une constitution politique pouvait être écrite et créée *a priori* tandis que la raison et l'expérience se réunissent pour établir qu'une constitution est une œuvre divine, et ce qu'il y a précisément de plus fondamental et de plus essentiellement constitutionnel dans les lois d'une nation ne saurait être écrit[223].

---

222 Nicola Del Corno, *La formazione dell'opinione pubblica e la libertà di stampa nella pubblicistica reazionaria del Risorgimento (1831-1847)*, Florence, Le Monnier, 1997.

223 Joseph de Maistre, *Essai sur le principe générateur des constitutions politiques et des autres institutions humaines*, Paris, Société typographique place Saint-Sulpice, 1814, p. 1. Joseph de Maistre s'est auparavant attaché à préciser que « les droits des peuples ne sont jamais

La mise par écrit affaiblit, selon lui, l'ordre socio-politique que le texte organise. Le respect des coutumes et de la tradition, ou du moins de ce qui est de plus en plus pensé comme s'y intégrant dans une réflexion essentialisante des corps politiques qui contient une grande part de reconstruction, aurait une force sociale permettant d'organiser la société selon la volonté divine. Nombre de conseillers de Charles-Albert souscrivent à une telle vision. Néanmoins, le souverain doit affronter toute la force du mouvement libéral au cours de l'hiver 1847 et 1848.

Le 7 janvier 1848, dans l'auberge *L'Europa* de Turin, les principaux directeurs de journaux de la ville se réunissent. Des délégués génois d'une députation venue apporter au souverain une pétition réclamant l'instauration d'une garde civique ainsi que des mesures contre les jésuites sont aussi présents[224]. Les directeurs d'*Il Risorgimento*, Cavour et Balbo, et de *La Concordia*, Valerio, y participent. Et dans les semaines qui suivent ils impulsent une véritable campagne de presse constitutionnelle. Le champ journalistique est saturé par une revendication principale, consensuelle, sans perdre toutefois ses hiérarchies puisque les journaux turinois et génois ont une grande influence et prévalent sur les organes provinciaux. Néanmoins, ces derniers contribuent à faire exister les revendications libérales partout dans le royaume, participant à donner cette impression d'unanimité. La situation est difficile pour la Couronne au début de l'année 1848 puisque ce sont les journaux impliqués dans cette campagne de presse pro-constitutionnel qui font l'actualité. L'instrument de ce mouvement d'opinion est bien souvent ce que l'on appelle encore de nos jours l'éditorial. Il est publié en première page des numéros et émane le plus souvent de la principale plume de la rédaction, qui est aussi la plupart du temps le directeur. C'est un texte plus ou moins long mêlant l'analyse de situations politiques concrètes inscrites dans l'actualité – et c'est aussi le rôle des publicistes d'utiliser leurs éditoriaux pour *faire* l'actualité, imposer des problèmes politiques définis comme urgents – et le dévoilement de principes politiques plus généraux qui définissent la ligne politique du journal (que l'on dit éditoriale). Dans l'action se forge une pratique journalistique, des habitudes et des manières de faire ou d'écrire adoptées pour servir cette lutte constitutionnelle. Et elles ne sont pas que pure imitation, même pour les organes de presse

écrits ou ils ne le sont que comme de simples déclarations de droits antérieurs non-écrits », c'est-à-dire par une mise à l'écrit de ce qu'il estime être la coutume ou la tradition.

224 Enrico Francia, *1848*, *op. cit.*, p. 110.

provinciaux. Dans leurs rédactions s'élaborent des textes d'une haute qualité littéraire et politique. Pour *L'Écho des Alpes maritimes*, c'est Auguste Carlone qui écrit le plus souvent les éditoriaux de la première page, dans un style original et suivant une ligne indépendante (bien que nourrie par ses lectures d'autres journaux).

Il y a bien une pensée politique qui se construit aussi à l'échelle locale dans le royaume de Sardaigne, mais il y a un contexte proprement italien qui influence le mouvement constitutionnel. En effet, à la fin du mois de janvier 1848, alors que la campagne de presse est à son paroxysme, le roi des Deux-Siciles, Ferdinand II – le plus hostile aux idées libérales de tous les souverains de la péninsule –, est contraint par des mobilisations populaires et notabiliaires d'accorder une constitution. Il est le premier à prendre cette décision alors même qu'il avait refusé toute introduction d'une liberté de publication. La décision accentue la pression politico-journalistique sur Charles-Albert, si bien qu'il décide de réunir un Conseil de conférence, sorte de conseil des ministres élargi[225]. Le ministre de l'Intérieur, le comte Borelli, perçoit tout l'intérêt qu'il y aurait à reprendre les propositions formulées dans les organes de la presse libérale modérée comme le *Risorgimento* pour promouvoir un texte qui ne soit pas trop démocratique. La promulgation de celui-ci ne doit cependant se faire, selon lui, qu'à la condition pour le pouvoir royal de « dicter les conditions, non de se les faire imposer[226] ». C'est ainsi que, non sans quelques réticences, le 8 février 1848 intervient l'annonce officielle d'une constitution, proposée sous le nom de *Statuto* et dont une partie du contenu est d'ores et déjà délivrée. La nouvelle se répand dans toutes les provinces du royaume en peu de temps à travers la presse. Le 13 février, à Nice, les publicistes de *L'Écho des Alpes maritimes* s'empressent de publier les articles les plus importants du projet de *Statuto*. Ils font œuvre de traducteurs, de la langue italienne officielle au français, et contribuent à diffuser le texte dans la province, notamment dans l'arrière-pays niçois où leur journal est lu, comme en attestent les documents recensant les abonnements dans les papiers personnels d'Auguste Carlone[227]. Un article au titre évocateur de « Vive le roi »

225 *Ibid.*, p. 112.

226 *Ibid.*, p. 113.

227 ADAM, Fonds Carlone, 7 J 30, Documents d'Auguste Carlone relatifs à la gestion, aux finances et à la comptabilité de *L'Écho des Alpes maritimes*.

accompagne la publication des articles ; il est une nouvelle expression de cet idéal de concorde puisqu'il célèbre le fait que, par sa décision, le souverain « unit par un lien indissoluble et sacré les intérêts de la nation aux intérêts du trône[228] ».

Au fil de la diffusion de la nouvelle dans tous les États de Savoie s'organisent prestement des manifestations publiques de célébration du *Statuto*, de la simple lecture collective du texte dans les cafés suivie d'applaudissements à de véritables défilés populaires dans les rues[229]. Les villes n'ont pas le monopole de la célébration ; les villages les plus reculés n'échappent pas à cet enthousiasme patriotique et libéral qui suit l'annonce constitutionnelle. Lorsque la nouvelle est connue à Nice, une « foule toujours grossissant » se rassemble spontanément sur le *Corso*. Arborant aux fenêtres des bureaux du journal un drapeau « aux trois couleurs de l'indépendance italienne », les rédacteurs de *L'Écho des Alpes maritimes* participent activement à cette manifestation durant laquelle, selon leur témoignage, « il n'y a ni trouble, ni confusion, ni désordre » – l'idée de concorde transparaît encore dans le discours journalistique[230]. Seulement, les autorités redoutent l'enthousiasme populaire. Partout dans les villes les carabiniers veillent, comme à Nice où ils s'interposent en donnant « l'ordre de faire disparaître des fenêtres le drapeau[231] ». Seule une vive réaction de la foule aux cris de « Vive le roi ! Vive Pie IX ! » contre cette injonction les oblige à faire marche arrière. Le comte De Maistre, toujours en poste à ce moment-là, est désigné à la vindicte populaire comme le responsable de cet ordre autoritaire puisque, comme le conclut le publiciste de *L'Écho* qui décrit les événements, après une sorte d'enquête journalistique pour « connaître avec certitude d'où émanait cet ordre », les rédacteurs niçois ont pu « s'assurer qu'il a été donné par le gouverneur[232] ». S'il peut brimer les manifestations, Rodolphe de Maistre ne peut toutefois pas échapper aux obligations qu'impose sa fonction ; lorsque le courrier annonçant la proclamation du *Statuto* arrive à Nice le 10 février 1848 dans une enveloppe aux trois couleurs italiennes, il doit en faire une lecture publique depuis la terrasse de son

228 *L'Écho des Alpes maritimes*, 13 février 1848.
229 Sylvain Milbach, *Entre Piémont et France : la Savoie déroutée, 1848-1858*, *op. cit.*, p. 29.
230 *L'Écho des Alpes maritimes*, 10 février 1848.
231 *Ibid.*
232 *Ibid.*

palais près du *Corso*[233]. Il se fait un devoir de servir fidèlement le roi et se plie à l'exercice devant une foule rassemblée sur la place. L'atmosphère enthousiaste ainsi que le contenu du texte éprouvent ses plus profondes convictions et il se trouve tiraillé entre sa pensée politique et sa fidélité à la dynastie de Savoie. Dans un compte-rendu, écrit le 11 février 1848 et adressé à son ministère de tutelle, le consul de France donne un aperçu de ce malaise : « Le gouverneur avait un rôle bien difficile à remplir et sa patience a dû être mise à une épreuve bien rude[234] ». La scène se déroule seulement quelques jours après la manifestation hostile lors de la « messe du gouverneur » du 6 février 1848. Du haut de leur position de force, les rédacteurs de *L'Écho des Alpes maritimes* ne manquent pas, pour leur part, d'interroger le paradoxe de la situation : « [le pouvoir] peut-il s'appuyer sur des agents dont la parole, les écrits et la conduite proclament des principes en pleine révolte contre ceux dont il poursuit l'application[235] ? ». Cette proclamation est une défaite pour le gouverneur qui réjouit ses adversaires qui expriment leur satisfaction dans une petite anecdote satirique et caricaturale à la véracité douteuse :

> On nous raconte qu'un personnage fort connu à Nice, qu'on dit être M. de Ligouban, entra jeudi [10 février] dans la boutique d'un coiffeur pour se faire raser, et que le facétieux barbier lui dit : « – Monsieur, vous me paierez double aujourd'hui pour votre barbe. – Pourquoi donc ? – C'est que vous avez la figure plus longue de moitié qu'à l'ordinaire[236] ».

M. de Ligouban correspond bien au surnom donné ironiquement au comte De Maistre dans la ville. Au-delà des moqueries des publicistes, il doit aussi affronter la foule réunie « dans une joie universelle » selon les termes du consul de France à Nice[237]. C'est en allant à l'encontre de toute sa philosophie politique, qui honnit les textes constitutionnels, que Rodolphe de Maistre honore une dernière fois le rôle lié à sa charge de gouverneur. Le 10 février 1848, il déclame les articles du texte devant

233 Paul Gonnet, « Capitale d'un monde clos (1814-1860) », dans Maurice Bordes (dir.), *op. cit.*, p. 288.

234 ADAM, Consulat de France à Nice, 1 Z 20, Lettre du consul de France, le marquis de Châteaugiron du 11 février 1848.

235 *L'Écho des Alpes maritimes*, 13 février 1848.

236 *Ibid.*

237 ADAM, Consulat de France à Nice, 1 Z 20, Lettre du consul de France, le marquis de Châteaugiron, du 10 février 1848.

un « peuple ivre d'enthousiasme et de bonheur » si l'on en croit les rédacteurs de *L'Écho des Alpes maritimes*, toujours prompts à exagérer les réactions[238]. Malgré cette propension, qu'il ne faut jamais négliger, il est certain que la célébration du *Statuto* a été un intense moment de mobilisation de la population encadrée par les élites.

Aux notables familiers des lieux de la sociabilité mondaine du *Corso*, dans les rues de la ville se mêlent des artisans et commerçants plus modestes, mais aussi des soldats, des pêcheurs ou même paysans présents en ville l'hiver pour travailler. Si l'encadrement est certain, il ne faut pas négliger la spontanéité des formes de la mobilisation des classes populaires dans une période comme le *Quarantotto* dont Gian Luca Fruci a montré, pour sa part à travers la question des votations plébiscitaires en Italie, qu'elles étaient encadrées mais pas toujours contrôlées par les notables[239]. La volonté de contrôle notabiliaire est une constante des sociétés qui entrent dans la modernité politique lors d'intenses moments de politisation. Dans la province de Nice, l'exemple le plus marquant se trouve dans les récits des célébrations du *Statuto* que l'on trouve dans *L'Écho des Alpes maritimes*. Les textes insistent pour faire ressortir un certain clivage, ou du moins une différence, entre les mouvements plus spontanés et populaires et les festivités mondaines très codifiées, selon une évidente stratégie de distinction. D'un côté, les notables les plus importants de la ville se mobilisent, par exemple lors de la représentation donnée à l'opéra de Nice dans la salle du théâtre, rue Saint-François-de-Paule, durant la soirée 10 février 1848 lors de laquelle, devant des « loges garnies de dames qui port(ent) des cocardes tricolores » est « entonné l'hymne au roi[240] ». De l'autre côté, se déroule une manifestation bien moins contrôlée ; une « foule immense se presse en dehors et dans les rues voisines », notamment au moment du *Te Deum* du 11 février, passage inévitable de tout type de manifestation publique dans les États italiens au milieu du XIXᵉ siècle[241].

238 *L'Écho des Alpes maritimes*, 10 février 1848.

239 Il s'agit notamment de sa thèse : *Il popolo elettore. Discorso, norma e pratiche del primo voto a suffragio universale in Italia e in Francia (1848-1849)*, Thèse d'histoire soutenue à l'École des Hautes Études en Sciences Sociales sous la direction d'Alberto Mario Banti et de Pierre Rosanvallon, 2007, 3 vol.

240 *L'Écho des Alpes maritimes*, 13 février 1848.

241 *Ibid.*

La position des publicistes niçois est particulière car, bien qu'impliqués personnellement dans les événements plus mondains, dont ils livrent les récits à la première personne du pluriel, ils ont une fonction de médiation politique. Ils disposent d'un pouvoir d'informer, au sens étymologique, c'est-à-dire de donner forme aux récits publics des événements. Les numéros de *L'Écho des Alpes maritimes* circulent et il est certain que les articles, lus à haute voix dans cafés ou sur les places publiques, n'ont pas une diffusion limitée à leur habituel lectorat notabiliaire. En tant que notables, l'enjeu est pour eux de renvoyer l'image d'une ville dans laquelle les mobilisations populaires se sont faites dans la concorde et sans remettre en cause les hiérarchies sociales :

> Rien n'avait été préparé, ni ordonné. Du défaut de dispositions prises d'avance, il résultait même une espèce de désordre qui avait son caractère de grandeur. C'était vraiment l'abandon, l'ivresse d'une fête et non le froid appareil d'une cérémonie [...]. Qu'on se figure la population tout entière, des hommes de tout âge et de toute condition, les officiers marchant avec les citoyens, et portant le même drapeau dans leurs mains et la même patrie dans leur cœur[242].

Leur motif principal de satisfaction réside bien dans la communion entre les classes sociales partageant le même drapeau, les mêmes idées libérales et patriotiques. Ils se félicitent que, de même qu'à la fenêtre des bureaux du journal sur le *Corso* et devant l'Hôtel de Ville de la place Saint-François, les « couleurs italiennes flott[ent] dans toutes les rues », associées aux couleurs et emblèmes de la ville[243]. Une représentation diffuse les mêmes impressions, montrant les manifestants guidés par des notables se rendant avec enthousiasme à l'Hôtel de Ville pour y récupérer des drapeaux supplémentaires : celui de la ville, avec l'aigle, et le second, probablement italien, sur lequel on semble apercevoir la croix de Savoie, symbole de la dynastie[244]. C'est une mise en image des publications journalistiques. La représentation montre bien une concorde. Toutefois, cela ne signifie pas un effacement des hiérarchies sociales, qui se manifestent notamment à travers les célébrations mondaines, comme on l'a vu, mais aussi par des initiatives philanthropiques – ce

242 *L'Écho des Alpes maritimes*, 10 février 1848.
243 *Ibid.*
244 Hervé Barelli, « Les premières élections législatives dans la province de Nice, 1848-1850 », *Nice Historique*, n° 1, 1997, p. 32.

qui témoigne de cette continuité (des pratiques sociales) dans la rupture (politique) qui caractérise le *Quarantotto*. Après avoir présenté « une requête à Sa Majesté pour la supplier d'accepter une amnistie générale à tous les condamnés politiques », demande classique lors de tels événements, Charles Laurenti-Roubaudi, l'un des directeurs de *L'Écho des Alpes maritimes*, propose avec ses collaborateurs de mettre en place une souscription. La chose est présentée ainsi le 13 février 1848 :

> Les classes malheureuses de notre population ont été appelées à prendre leur part dans cette joie publique. Une souscription a été spontanément ouverte en leur faveur[245].

Celle-ci atteste de l'importance prise par la rédaction journalistique dans de telles initiatives notabiliaires à l'échelle de la ville, puisqu'elle s'organise dans les bureaux du journal sur le *Corso*, où les habitués de cet espace mondain qui composent en grande partie le lectorat de *L'Écho* peuvent venir participer. Publiquement, de telles initiatives permettent de renforcer le capital symbolique du journal, lui conférant un rôle public et un certain prestige social, tout en restant un outil au service des pratiques notabiliaires de ceux qui le dirigent. Mais pour renforcer cette influence, il faut à Auguste Carlone et ses associés dépasser le cadre urbain et pénétrer aussi dans l'arrière-pays niçois.

Un tel journal, d'autant plus lorsqu'il est le seul de la province, se doit d'être aussi une tribune ouverte aux notables villageois ; dans le cas présent, il s'agit d'ouvrir les colonnes de *L'Écho des Alpes maritimes* aux récits des célébrations qui se sont tenues dans les villages et bourgs plus ou moins isolés des vallées montagnardes de l'arrière-pays niçois. L'enthousiasme populaire s'est répandu dans toute la province. Les publicistes annoncent recevoir des « lettres de toutes parts », probablement de la part d'abonnés. Celles-ci dévoilent une atmosphère générale d'adhésion au *Statuto*, confortant ainsi l'idée « qu'il n'y a point de ville [et de village] du royaume qui n'ait fait éclater son enthousiasme à la nouvelle de la Constitution[246] ». Dans pas moins de quatre numéros publiés en l'espace de dix jours, entre le 17 et le 27 février 1848, de nombreux récits content tantôt des manifestations populaires spontanées, tantôt des initiatives plus notabiliaires, sans que les unes ne

245 *L'Écho des Alpes maritimes*, 13 février 1848.
246 *L'Écho des Alpes maritimes*, 17 février 1848.

prennent le pas sur les autres. Une certaine politisation s'accomplit et permet de comprendre que loin de former un espace clos, notamment par l'isolement qu'impose la faiblesse des voies de communications, les villages de la province de Nice ont aussi une vie politique naissante – les notables municipaux et les curés jouant un rôle d'intermédiaires pour informer la communauté villageoise des évolutions politiques autant que pour décrire à la ville les réactions et festivités qui s'observent dans les villages et bourgs.

Un article du 17 février 1848 évoque un « enthousiasme général dans toutes les communes », le plus souvent contrôlé par une participation active de l'administration locale ; lorsqu'elle « n'a pas pris [d]'initiative, comme à Utelle, des fêtes n'en ont pas moins été organisées et tout s'est passé avec le plus grand ordre[247] ». Dans d'autres lieux, les festivités collectives ont pris une tournure intervillageoise, comme à Roquebillière où « des feux de joie, des cris de "vive le roi, vive la liberté" ont témoigné des sentiments d'une population à laquelle se [sont] réunies celles de Lantosque et Belvédère[248] ». Il est aussi important de mentionner, comme le font les rédacteurs de *L'Écho* le 24 février, le « grand banquet » organisé le 16 du même mois à Sanremo durant lequel, d'une manière quelque peu inhabituelle dans ce type d'événement, « toutes les classes de la société ont été admises indistinctement[249] ». Il s'agit surtout d'une mise en scène de la concorde sociale assurée par l'encadrement du clergé ou des autorités municipales. Leur mainmise prend aussi, comme en ville, une forme charitable ou philanthropique avec des dons aux pauvres. À Villars-sur-Var comme à Sigale, à Saint-Étienne-de-Tinée comme à Lantosque, dans tous ces villages de l'arrière-pays niçois s'organisent des souscriptions alors qu'un peu partout dans la province se déroulent des *Te Deum*, similaires à celui du 11 février à Nice. À Villefranche, c'est le « le corps municipal à la tête de la population [qui] a fait chanter » alors qu'à Puget-Théniers, à Sanremo et à Sigale le *Te Deum* du 19 février « a rassemblé une grande partie de la population[250] ». Les curés ont répondu favorablement à la circulaire de l'évêque Monseigneur Galvano les incitant à prendre une part active aux célébrations, non tant par

247 *Ibid.*
248 *L'Écho des Alpes maritimes*, 27 février 1848.
249 *L'Écho des Alpes maritimes*, 24 février 1848.
250 *L'Écho des Alpes maritimes*, 20 février 1848.

adhésion que pour assurer une place prépondérante à l'Église, affaiblie par les réformes – le *Te Deum* est en cela essentiel dans un moment où la liberté de culte s'installe pendant que les tribunaux et la censure ecclésiastiques sont remis en cause. Quoi qu'il en soit, les témoignages publiés dans le numéro du 2 mars 1848 font état de scènes similaires à Saint-Martin-de-Lantosque, ainsi qu'à Guillaumes, Entraunes et Clans où, à chaque fois, des banquets ont été organisés et la population a publiquement « chanté un *Te Deum* » alors que « les drapeaux ont été bénis[251] » – un mélange du religieux et du civique qui peut rappeler, par certains côtés, la bénédiction par des prêtres des arbres de la liberté dans la France voisine durant le printemps 1848.

Les banquets, le déploiement de drapeaux, les *Te Deum*, les bénédictions publiques, les souscriptions philanthropiques et autres manifestations plus ou moins spontanées ou contrôlées dans les rues ou sur les places publiques montrent la pénétration, dans l'espace urbain comme rural, de pratiques et d'idées politiques nouvellement tolérées. Un constat qui déborde largement la seule histoire du pays niçois pour dévoiler des mécanismes généraux qui s'observent dans l'Italie du *Quarantotto*, encore très rurale mais quadrillée par des villes moyennes à partir desquelles les territoires ruraux environnants se politisent, tout en ayant aussi des dynamiques endogènes. Le temps de la célébration marque la vie politique naissante du royaume de Sardaigne, mais il reste encore à fixer les principes constitutionnels, le *Statuto* ayant seulement été annoncé en février 1848 mais pas encore dévoilé.

Le Statuto*, aboutissement des « réformes révolutionnaires »*

La décision d'un souverain aussi important que Charles-Albert Ier, après celle de Ferdinand II des Deux-Siciles, de céder à la pression de la presse et de la rue pour accorder une constitution contraint les autres princes. Léopold II de Toscane les imite quelques jours plus tard et fait paraître un texte juste après l'annonce du *Statuto* albertin. À Rome, Pie IX choisit de nommer une commission le 14 février 1848 pour écrire une constitution. En l'espace d'une quinzaine de jours, le nouvel ordre politique prend une dimension supplémentaire. L'important n'est

251 *L'Écho des Alpes maritimes*, 2 mars 1848.

pas d'entrer précisément dans l'analyse de chacun des textes mais de souligner leur concomitance et la grande similarité de leur contenu ; tous sont largement favorables aux souverains qui les promulguent et organisent un ordre politique plus oligarchique que démocratique tout en garantissant de nouveaux droits politiques, ainsi que certains déjà acquis, telle la liberté de la presse.

L'instauration d'un régime constitutionnel est vécue comme un mal inévitable par Charles-Albert, qui prend soin de le faire autant que possible avantageux pour son pouvoir[252]. Il ne se passe, durant le mois de février 1848, aucun débat constituant sur l'écriture du texte. La première des actions des autorités est d'imposer un certain vocabulaire politique pour montrer que le pouvoir garde la main. Comme a été rejeté en France en 1814 le terme de constitution au profit de celui de charte, le souverain préfère celui de « statut » (*statuto*). La raison a été bien identifiée par les historiens, puisqu'il s'agit d'une référence habilement choisie pour installer une « continuité imaginaire avec la tradition médiévale italienne », induisant aussi qu'il est question d'une concession volontaire et surtout limitée de la part du pouvoir[253]. Néanmoins, comme pour la Charte française de 1814, le préambule justificatif qui accompagne le texte est déjà une preuve que désormais le pouvoir doit expliquer ses décisions, notamment auprès de la presse[254]. Dans une négation volontaire de la contrainte, Charles-Albert affirme avoir décidé par « désir du bonheur » de ses sujets de leur accorder un « statut fondamental[255] ». De plus, il est dit que le souverain ne s'est « jamais séparé de la pensée que le prince et la nation [sont] unis par les liens les plus étroits pour le bien de la patrie ». Cette adhésion opportuniste à l'idéal de concorde entre la « nation » (au sens de peuple) et le roi apparaît déjà comme une concession car il s'agit de reconnaître que la concorde doit être obtenue des deux côtés, donc aussi par une action du roi qui soit conforme à

252 Arno J. Mayer, *La persistance de l'Ancien Régime*, *op. cit.*, p. 151.

253 Simonetta Soldani, « Approaching Europe in the Name of the Nation. The Italian Revolution, 1846-1849 », dans Dieter Dowe, Heinz-Gerhard Haupt, David Higgins, Jonathan Sperber (dir.), *op. cit.*, p. 68 ; Denis Mack-Smith, *Il Risorgimento italiano*, Roma, Laterza, 1999, p. 189. Le juriste Giorgio Rebuffa défend aussi cette thèse de la contrainte du souverain et donc de l'adaptation de sa stratégie politique : *Lo Statuto albertino*, Bologne, Il Mulino, 2003.

254 Enrico Francia, *op. cit.*, p. 114.

255 *L'Écho des Alpes maritimes*, 13 février 1848.

ce que désire la « nation ». Cependant, les néocitoyens ne s'y trompent pas puisque les rassemblements se font au mot d'ordre de « Vive la Constitution ! ». De même que les manifestants, les publicistes ne sont pas dupes du vocabulaire du pouvoir ; dans un article du 13 février 1848, Auguste Carlone et ses collaborateurs annoncent que « Sa Majesté Charles-Albert vient de couronner son œuvre de réformes en accordant à son peuple une constitution ». Au début du mois de mars, lorsqu'il est rendu public, presqu'un mois après son annonce, le texte du *Statuto* est publié dans la presse avec son préambule et commenté à loisir. Si des droits nouveaux sont concédés, les articles façonnent un système politique extrêmement favorable au pouvoir monarchique.

Catherine Brice a bien souligné que sur les 84 articles du texte final, promulgué le 4 mars 1848 et présenté dans le supplément spécial de *L'Écho des Alpes maritimes* le 9 du même mois, pas moins de 36 sont consacrés aux pouvoirs du souverain[256]. L'article 5 fait du roi le seul détenteur du pouvoir exécutif, le chef suprême de l'État et des armées, le seul décideur de la paix et de la guerre et des traités de commerce ou d'alliance. Sa personne est dite « sacrée et inviolable » (article 4) et il « sanctionne seul les lois et les promulgue » (article 7) ; il « peut faire grâce et commuer les peines » et garde la pleine et entière initiative en matière de justice (articles 8 et 68). De même, concernant le gouvernement, celui-ci n'est pas responsable devant les Chambres car le roi nomme et révoque à souhait les ministres (articles 65 et 67). L'énonciation de tous ces articles permet de saisir tout ce que le texte a de conservateur, même si plusieurs évolutions incitent les hommes de presse à le placer sous des auspices patriotiques et libéraux pour ce qu'il contient de droits civiques[257]. Certains des principes contenus dans la Déclaration des Droits de l'Homme de 1789 sont garantis à la satisfaction des publicistes comme Auguste Carlone et ses collaborateurs qui se félicitent de ce qu'ils appellent une « transfusion des codes politiques français » dans les États italiens[258].

Karl Marx dans *La lutte des classes en France*, à partir de son analyse du cas français, dont la constitution du 4 novembre 1848 est pourtant

256 Catherine Brice, « Monarchie, État et nation en Italie durant le *Risorgimento* (1831-1870) », dans Catherine Brice, Gilles Pecout (dir.), *L'Italie du Risorgimento. Relectures. Revue d'histoire du XIXe siècle*, n° 44, 2012, p. 89.

257 L'étude se fonde sur le texte final publié le 9 mars 1848 dans *L'Écho des Alpes maritimes*.

258 *L'Écho des Alpes maritimes*, 9 mars 1848.

plus démocratique que celle accordée par le roi de Sardaigne, décrit les textes constitutionnels à tournure conservatrice comme le *Statuto* comme un cadre permettant aux « fractions rivales de la classe dominante » de « poursuivre la lutte entre elles tout en excluant les masses populaires[259] ». En effet, si les célébrations, comme on l'a vu, ont incontestablement inclus ces dernières, la logique censitaire du texte suit celle de la loi sur la liberté de la presse d'octobre 1847. Un droit qui est d'ailleurs inscrit dans l'article 28 de la constitution[260]. Reprenant les termes de l'article 8 de Charte française de 1814, le texte garantit une presse libre mais avec des « lois qui doivent réprimer les abus de cette liberté[261] », comme le prévoyait déjà l'article 11 de la Déclaration des droits de l'Homme et du Citoyen de 1789[262]. La question est alors le sens que prennent ces lois, avec une lutte engagée par nombre de publicistes du royaume pour qu'elles soient assez libérales, sans être trop démocratiques. Autre élément important du *Statuto*, l'instauration d'une égalité en droits dans l'article 24 qui est une copie des articles 1 et 3 des Chartes royales françaises de 1814 et de 1830, ce qui confirme l'influence de la vie politique de l'État-nation voisin sur le royaume de Sardaigne. La suppression des distinctions dues à la naissance le confirme. Elle voue définitivement aux gémonies la Restauration sarde dont l'un des moteurs essentiels était le rétablissement d'une société de privilèges[263]. Dans la même logique, l'article premier du texte constitutionnel sarde, tout en préservant le catholicisme comme religion d'État, instaure une liberté de culte. La noblesse libérale était favorable à la préservation d'une religion d'État, sauf quelques exceptions comme Cavour, qui conçoit plutôt un « hommage » à la religion catholique comme il l'écrit dans le *Risorgimento* du 18 mai 1848[264]. Le *Statuto* dit des autres cultes qu'ils sont « tolérés » (article 3). Encore une fois l'article énonce un principe général, mais il faut attendre des lois pour qu'il soit précisé. Si la mise

259 Karl Marx, *La lutte des classes en France*, *op. cit.*, p. 52.

260 Giovanni Ponzo, *Le origini della libertà di stampa in Italia (1846-1852)*, *op. cit.*, p. 217-220.

261 *L'Écho des Alpes maritimes*, 9 mars 1848.

262 « La libre communication des pensées et des opinions est un des droits les plus précieux de l'homme ; tout citoyen peut donc parler, écrire, imprimer librement, sauf à répondre de l'abus de cette liberté dans les cas déterminés par la loi ».

263 « Les hommes naissent et demeurent libres et égaux en droits. Les distinctions sociales ne peuvent être fondées que sur l'utilité commune ».

264 Enrico Francia, *op. cit.*, p. 194.

à l'écart des masses populaires est consacrée par le texte constitutionnel, fortement censitaire, la discrimination religieuse disparaît. En effet, la loi du 17 mars 1848, qui fixe les contours juridiques de l'électorat actif, garantit par décret royal la citoyenneté active à tous ceux qui remplissent les conditions de cens quel que soit leur culte. Ensuite, la loi du 29 mars reconnaît la pleine jouissance des droits civils et politiques pour les juifs, avant qu'enfin une autre loi promulguée le 19 juin confirme, pour tous les cultes, les mêmes droits civiques ainsi que l'admissibilité dans les carrières civiles et militaires.

Au-delà des droits et libertés pour les citoyens, le deuxième axe fondamental concerne le système politique. Ce sont les articles 33 à 64 qui l'organisent. Désormais le pouvoir est « exercé collectivement par le roi et les deux chambres ». Le système bicaméral est similaire à celui de la monarchie de Juillet, avec un Sénat, apparenté à la Chambre des pairs, dont les membres sont nommés à vie par le roi et ne peuvent être destitués que par sa seule volonté, et une Chambre des députés élue au suffrage censitaire avec un cens relativement élevé. Le pouvoir de cette dernière, qui peut être dissoute à tout moment par le roi, concerne surtout le vote des impôts qui doit être débattu en premier lieu en son sein alors que pour le reste elle partage, de même que le Sénat, le pouvoir législatif avec le souverain. Il est important aussi de mentionner l'article 52 du *Statuto* qui instaure la publicité des discussions dans les chambres, permettant une nouvelle pratique dans laquelle les journaux, qui diffusent les comptes-rendus des débats parlementaires, ont un rôle politique affermi.

Le *Statuto* introduit un système électif pour la Chambre des députés qui, comme les lois sur la presse, est censitaire. Il est d'autant plus intéressant de s'arrêter sur celui-ci qu'il a eu une certaine postérité puisque, étendu à l'Italie après l'unification, il prévaut dans une forme quasi similaire jusqu'à l'élargissement du suffrage qui n'intervient que progressivement à partir des années 1880. Eric J. Hobsbawm avait déjà insisté dans une perspective transnationale sur la manière dont le suffrage universel est perçu comme une potentielle menace pour l'ordre social, notamment chez les publicistes libéraux modérés[265] ; Cavour n'a-t-il pas écrit dans son journal que ce principe était l'« un des plus dangereux

265 Eric J. Hobsbawm, *L'ère du capital (1848-1875)*, *op. cit.*, p. 30.

sophismes des temps modernes[266] » ? Bien des penseurs des systèmes représentatifs des XVIIIe et XIXe siècles conçoivent la gestion affaires publiques non par une représentation démocratique mais, pour le dire comme James Madison, à travers un « corps choisi de citoyens dont la sagesse est le mieux à même de discerner le véritable intérêt du pays, et dont le patriotisme et l'amour de la justice seront les moins susceptibles de sacrifier cet intérêt à des considérations éphémères et partiales[267] ». Ainsi pensé, le système représentatif est la traduction constitutionnelle de l'idée d'opinion éclairée. Dans la France révolutionnaire, la Constitution de 1791 établissait déjà un *distinguo* entre les citoyens « actifs » et ceux qui ne peuvent l'être, que l'on peut dire passifs, les premiers ayant seuls le droit d'élire et d'être élus[268].

Dans la presse libérale, qui se satisfait majoritairement du texte, le caractère censitaire de la vie politique est expliqué par l'idée qui associe action politique et indépendance de la personne. Cela permet aux publicistes libéraux modérés de justifier l'exclusion des femmes, dépendantes de leur mari[269], des salariés, dépendants de leur patron, et des personnes les plus pauvres, dépendantes de l'assistance[270]. Ainsi, le *Statuto* installe une logique de participation « censitaire-capacitaire », pour reprendre l'expression de Gian Luca Fruci, puisqu'il a une forte connotation oligarchique tout en intégrant ce que l'on appelle les capacités – pour les élections législatives comme municipales[271]. En effet, outre les grands propriétaires terriens, seuls les membres des professions libérales ayant suivi un cursus universitaire (notaires, pharmaciens, architectes, avocats), les membres des chambres de commerce, les banquiers, les membres des académies culturelles et les fonctionnaires

266 Enrico Francia, *op. cit.*, p. 203.

267 Bernard Manin, *Principes du gouvernement représentatif*, *op. cit.*, p. 13.

268 *Ibid.*, p. 126.

269 Anne Verjus, *Le cens de la famille. Les femmes et le vote, 1789-1848*, Paris, Belin, 2002. Anne Verjus explore l'exclusion féminine qui se fait en France au nom du fait que le mari représenterait politiquement sa famille. Une idée en partie remise en cause en 1848, mais qui demeure structurante dans le royaume de Sardaigne au moment du *Statuto*.

270 Jürgen Kocka, « Modèle européen et cas allemand », dans Jürgen Kocka (dir.), *Les bourgeoisies européennes au XIXe siècle*, *op. cit.*, p. 18.

271 Gian Luca Fruci, « "Il fuoco sacro della Concordia e della Fratellanza". Candidati e comitati elettorali nel primo voto a suffragio universale in Francia e in Italia (1848-1849) », dans Fulvio Venturino (dir.), *Elezioni e personalizzazione della politica*, Roma, Aracne, 2005, p. 19-20. Se référer aussi sa thèse déjà mentionnée : *Il popolo elettore*, *op. cit.*

civils et militaires disposent du droit de vote[272]. Ainsi, le corps électoral du royaume de Sardaigne pour l'élection législative demeure limité à environ 80 000 personnes, soit moins de 2 % de la population[273]. Le système censitaire, s'il contribue à contenir une démocratisation de la vie politique naissante, renforce les organes de presse qui jouent un rôle majeur dans les élections législatives. Et l'on comprend d'autant mieux la propension du pouvoir à contrebalancer l'existence d'une Chambre des députés par l'instauration d'une chambre haute, un Sénat. Une telle institution affaiblit en partie les notabilités provinciales en renforçant la centralisation du royaume de Sardaigne comme le nom choisi nous en donne l'indication. En effet, alors qu'auparavant existaient des sénats dans les capitales provinciales comme Nice ou Chambéry, ces cours souveraines de justice, typiques des modèles d'Ancien Régime, ont été transformés en simples cours d'appel. Le Sénat de Turin a une fonction différente. Il est une chambre législative et non judiciaire, et il permet au roi de faire émerger ou de récompenser une élite fidèle, ou d'offrir des perspectives de carrière intéressantes à des opposants politiques. Une telle chambre installe aussi un certain effet de cour, devenant un repaire pour l'aristocratie au service de la monarchie, celle qui se rapproche des positions politiques du comte De Maistre, hostile à la constitution. À l'inverse de la Chambre des députés, qui introduit un changement fondamental, le Sénat est la marque d'une certaine « persistance de l'Ancien Régime[274] ». De telles chambres hautes, et plus généralement le système bicaméral, sont d'ailleurs un des points communs à toutes les constitutions italiennes, de même que le suffrage censitaire.

Les souverains italiens se retrouvent tous dans une situation plus ou moins similaire à la fin de l'hiver 1847-1848 car les revendications ont circulé dans la péninsule, notamment à travers la presse. Une fois la lutte constitutionnelle gagnée, celle-ci participe largement aux festivités qui suivent. Dans *L'Écho des Alpes maritimes*, l'on peut saisir les jeux d'échelles à l'œuvre. À la mi-février 1848, les descriptions enthousiastes des festivités villageoises de l'arrière-pays niçois côtoient celles des célébrations de la capitale provinciale mais aussi des « grandes fêtes pour la

272 Marco Meriggi, « Bourgeoisie italienne et bourgeoisie allemande », dans Jürgen Kocka (dir.), *op. cit.*, p. 193.
273 Enrico Francia, *op. cit.*, p. 205.
274 Arno J. Meyer, *La persistance de l'Ancien Régime*, *op. cit.*, p. 151.

Constitution qui vient d'être proclamée à Naples » ou qui se sont déroulées à Rome[275]. Les liens se font ainsi entre les territoires dans la presse et semblent dessiner un espace politique national imaginé, à la faveur de la concomitance et de la similarité des textes constitutionnels concédés par les souverains italiens. Il est d'ailleurs notable que les célébrations constitutionnelles dans les différents États ont aussi été un moment d'expression patriotique[276]. Les revendications libérales et patriotiques s'enchevêtrent, particulièrement dans les discours journalistiques qui permettent de faire le lien entre elles. L'idéal national d'indépendance et d'unification de l'Italie prend la forme d'articles de presse, de brochures, de slogans dans les rues, de symboles réappropriés, comme le drapeau tricolore, mais aussi d'expression d'une haine contre l'Autriche, perçue comme un ennemi du fait de son occupation d'une grande partie de l'Italie du nord. Le mouvement national pèse aussi fortement que les mobilisations réformatrices sur les souverains en place, de même qu'il impulse une certaine euphorie patriotique, avec un versant inévitablement guerrier. Cependant, dans les espaces frontaliers comme Nice et la Savoie où les cultures et influences sont plus diverses, il contribue aussi à faire émerger des tensions et des débats dans un moment où les élites libérales des « petites » patries œuvrent à les intégrer dans une « mère » patrie, c'est-à-dire dans un espace politique national.

---

275 *L'Écho des Alpes maritimes*, 10 février 1848.

276 Jürgen Kocka, « Modèle européen et cas allemand », dans Jürgen Kocka (dir.), *Les bourgeoisies européennes au* XIX*e siècle*, *op. cit.*, p. 25-27.

LA CONSTRUCTION D'UN DÉBAT PUBLIC

La détermination nationale de Nice entre France et Italie

> Ce n'est jamais chose facile que de se représenter nettement ce qu'on nomme une nation [...]. D'ailleurs l'idée même de nation en général ne se laisse pas capturer aisément. L'esprit s'égare entre les aspects très divers de cette idée ; il hésite entre des modes très différents de définition [...]. Cette idée nous est autant familière dans l'usage et présente dans le sentiment qu'elle est complexe ou indéterminée devant la réflexion[1].

Dans ces considérations, l'écrivain et philosophe Paul Valéry souligne bien l'importante difficulté d'analyser une chose aussi prégnante dans les sociétés contemporaines que la nation. Tout chercheur, membre d'une communauté nationale et donc tributaire d'une langue et d'une culture assimilées au cours d'une éducation (en grande partie nationale), doit éviter l'écueil de penser la nation avec une pensée nationale. Le risque est prégnant et inévitable car « les programmes nationaux, écrits ou non écrits, produisent des cerveaux nationalement "programmés[2]" ». La nation est une « prénotion », au sens d'Émile Durkheim, c'est-à-dire que l'appréhender scientifiquement est une tâche rendue complexe par le fait qu'elle est entrée dans le langage commun. Le sociologue la jugeait déjà comme « une idée mystérieuse, obscure », une notion du sens commun – contre lequel la sociologie s'est construite – d'autant plus difficile à analyser qu'il vivait à une période, le tournant des XIXe et XXe siècles, où les savants contribuaient au roman national et répandaient majoritairement une vision plus politique que scientifique de la nation[3]. Ainsi, avec cette notion, peut-être plus qu'avec aucune autre, il faut remettre en cause le langage commun.

1 Paul Valéry, *Regards sur le monde actuel*, Paris, Stock, 1931, « Notes sur la grandeur et la décadence de l'Europe ».

2 Pierre Bourdieu, *Méditations pascaliennes*, Paris, Seuil, 2003, p. 49 (1re éd., 1997).

3 Gérard Noiriel, *État, nation et immigration*, *op. cit.*, p. 141-144 et 156-159.

L'une des premières difficultés est « l'obstacle essentialiste », qui, parce qu'il postule une identité naturalisée, apparaît comme une négation de la contingence historique[4]. Pour résoudre ce problème, les historiens ont insisté sur l'importance de considérer la nation comme une construction socio-historique complexe, passionnelle et familière, dont on peut faire ressortir l'historicité en en retraçant la genèse[5]. Et tel est bien l'objet de la socio-histoire qui, mêlant les outils conceptuels de l'histoire et de la sociologie, insiste sur l'étude des objets sociaux qui construisent des relations à distance entre les individus par le dépassement de la sphère des échanges directs fondés sur l'interconnaissance. L'État-nation est incontestablement un ensemble de liens politiques, sociaux et culturels à distance qui s'imposent aux individus, qu'ils en soient conscients ou non. Avant de s'institutionnaliser, ces liens se sont forgés historiquement selon des processus de long terme qui ont connu, au gré des événements, des périodes d'accélération, comme durant le « printemps des peuples », moment nodal dans la construction des États-nations européens. Ce constat impose de donner de succinctes mais essentielles précisions historiques et historiographiques sur le concept de nation, en lien avec le contexte des révolutions européennes de 1848.

« L'unicité formelle de la référence à la "nation" dissimule mal la diversité considérable des significations que cette référence contient pour des individus ou des groupes », prévient Louis Pinto[6]. La remarque est fondamentale pour comprendre l'historicité du vocable de « nation » (son évolution dans le temps) mais aussi, à une même période, les variations de son sens selon les personnes, les groupes, les territoires et les langues. Comprendre le sens subjectif que lui donnaient les protagonistes d'une période permet de rappeler qu'elle a été revendiquée comme un projet culturel et politique, avant de devenir un objet d'analyse scientifique. Le sens le plus contemporain de la nation s'est construit à partir de la fin du XVIIIe siècle et surtout durant le siècle suivant selon une logique de classement du monde qui, au milieu du XIXe siècle, dans les États italiens, est sociologiquement déterminée. Et celle-ci, pour s'officialiser, a été portée par des mouvements qui ont mené ce que l'on peut nommer une

4 Louis Pinto, « Une fiction politique : la nation. À propos des travaux de Jenö Szücs », *Actes de la recherche en sciences sociales*, vol. 64, n° 1, 1986, p. 46.

5 Gérard Noiriel, *Introduction à la socio-histoire*, *op. cit.*, p. 4.

6 Louis Pinto, art. cité, p. 45.

lutte nationale ; durant le *Quarantotto*, il s'agit d'une intense mobilisation dans différents États italiens pour construire une nation moderne contre l'ordre géopolitique de la Sainte-Alliance. Ce combat a pu prendre des formes militaires, notamment à travers la lutte de libération nationale contre l'Empire d'Autriche. Ce qui est en jeu c'est la définition d'un « nous » contre un « eux », l'occupant autrichien présent sur une partie d'un territoire de plus en plus perçu et vécu comme national. Et dans ce processus, comme dans toute tentative de définition publique de l'« identité » d'un groupe (national ou autre), les organes de médiation à distance tels que les journaux jouent un rôle majeur.

John Stuart Mill dans sa courte analyse des questions nationales développée dans ses *Considérations sur le gouvernement représentatif* de 1861 exprimait déjà le fait que la construction des nationalités a mis en jeu des processus concomitants dans les différents territoires européens – ce qu'exprime bien le singulier pluriel que consacre l'expression « principe des nationalités[7] ». L'appartenance politique commune à un État pré-national et la communauté de langage, de culture voire de religion favorisent l'apparition d'une revendication nationale. Les situations sont parfois complexes et chaque mouvement national a ses particularités. À l'inverse des États-nations constitués, comme l'Angleterre et la France, où la nationalité, en se liant à la citoyenneté, commence à prendre la définition juridique qui prédomine de nos jours, et de la même manière que dans les États allemands, le sentiment d'appartenance nationale qui s'exprime en Italie durant les révolutions de 1848, notamment à travers la presse, contribue à composer une « communauté imaginée », pour reprendre l'expression utilisée par Benedict Anderson dans son étude de référence[8]. Celle-ci repose sur des représentations collectives qui forgent des imaginaires nationaux constitués selon un processus historique qui débute en Europe à partir de la seconde moitié du XVIIIe siècle et qu'Anne-Marie Thiesse décrit comme celui de la « création des identités nationales[9] ». Il paraît plus qu'intéressant, en prenant garde d'esquiver toute perspective téléologique, de revenir sur les décennies

---

7 John Stuart Mill, *Considérations sur le gouvernement représentatif*, Paris, Guillaumin et Cie, 1877, p. 383 (1re éd., 1861).

8 Benedict Anderson, *L'imaginaire national : réflexions sur l'origine et l'essor du nationalisme*, Paris, La Découverte, 2002, p. 18 (1re éd., 1983).

9 Anne-Marie Thiesse, *La création des identités nationales. Europe* XVIIIe-XXe *siècle*, Paris, Seuil, 2001.

précédant le *Quarantotto*, un passé de ce passé que l'on étudie. En effet, les œuvres culturelles et politiques posant les fondements d'un sentiment d'appartenance nationale qui ont été appropriées par les acteurs des événements de 1848 ont été produites pour beaucoup durant cette période.

Le mouvement national n'est alors pas lié à un État en particulier comme ce sera le cas par la suite avec le royaume de Sardaigne[10]. Mais le *Quarantotto* est déjà un moment où l'on peut voir les prémices de ce lien, notamment au cours du printemps 1848 lorsque Charles-Albert se réapproprie certains symboles de la lutte nationale et se fait le leader d'une guerre qu'il veut patriotico-dynastique contre les Autrichiens en Italie du Nord. Le contexte est celui d'un temps qui précède l'accomplissement de l'État national italien et la massification du sentiment d'appartenance. L'insistance doit être mise sur les acteurs principaux à l'œuvre dans le processus de définition d'une appartenance à une communauté politique imaginée, les élites (surtout bourgeoises) disséminées dans les différents États de la péninsule italienne[11]. En effet, la nation relève du registre revendicatif et ce sont ces « militants de la nation », comme les nomme Gérard Noiriel, qui œuvrent à sa construction, c'est-à-dire à l'imposition d'une vision particulière du monde guidée par le principe des nationalités[12]. Ils entrent en action et agissent pour accomplir un dessein national, tantôt en s'emparant d'un pouvoir et en mobilisant les moyens étatiques dont permet de disposer la maîtrise d'une souveraineté (une armée par exemple), tantôt à travers une action extra-étatique, usant de moyens modernes de communication à distance – l'imprimé sous toutes ses formes, et particulièrement le journal. La revendication nationale trouve dans la presse naissante l'un de ses moyens d'expression privilégiés. Ce sont ces « militants de la nation » qui, durant les révolutions de 1848, diffusent un imaginaire patriotique et contribuent à faire que les peuples, dont il est question dans l'expression française consacrée (« le printemps des peuples »), acquièrent une définition nationale et se mobilisent pour faire coïncider à une nationalité un État et une citoyenneté uniques[13].

---

10 Catherine Brice, *La monarchie et la construction de l'identité nationale italienne (1861-1900)*, Paris, EHESS, 2010. Comme l'a bien montré Catherine Brice, un lien spécial se crée entre le mouvement national et le régime monarchique qui est l'origine de la construction de l'État-nation italien au cours du second XIXe siècle.

11 Gérard Noiriel, *État, nation et immigration*, *op. cit.*, p. 233-234.

12 *Ibid.*, p. 136, 145 et 198-200.

13 Jean-Claude Caron, « "Printemps des peuples" : pour une autre lecture des révolutions de 1848 », art. cité, p. 32.

Historiographiquement, l'étude du processus de construction de la nation italienne, le *Risorgimento*, a été rendue complexe par l'interprétation officielle qui en a été donnée durant la période fasciste. S'il est incontestable que des analyses ont continué à être produites dans les décennies suivantes, notamment dans la lignée des *Quaderni di carcere* d'Antonio Gramsci, avec une tradition d'analyses marxiste dans les années 1960 et 1970 qu'incarne bien l'œuvre monumentale de Giorgio Candeloro, la décennie 1990 a marqué un important renouvellement[14]. Une réappropriation du thème risorgimental dans sa dimension nationale s'observe alors, encouragée par plusieurs auteurs, comme l'historienne Simonetta Soldani. Elle invite les historiens à dépasser ce que Gian Enrico Rusconi nomme, dans un ouvrage publié en 1993, la « confiscation fasciste[15] ». L'interrogation porte sur une multitude de questions qui préoccupent les chercheurs, italiens comme étrangers[16] : à quel moment de l'histoire cela a-t-il pris du sens de parler de peuple italien ? Comment la nation s'est-elle construite au cours d'un long processus culturel et politique, d'un *lungo Risorgimento* pour reprendre l'expression de Gilles Pécout[17], et par la suite, comment l'État-nation s'est-t-il mis en place ? Comment les masses se sont-elles nationalisées ? À travers ces interrogations des perspectives nouvelles et variées sont proposées, dont certaines suivent la tendance historiographique nouvelle qui interroge la nation par le prisme mémoriel[18].

Quelques années plus tard, cette effervescence historiographique connaît un nouveau tournant avec les publications d'Alberto Mario

---

14 Giorgio Candeloro, *Storia dell'Italia moderna*, Milan, Feltrinelli, 11 t., 1956-1986.

15 Simonetta Soldani, Gabriel Turi (dir.), *Fare gli Italiani, scuola e cultura nell'Italia contemporanea*, Bologne, Il Mulino, 2 vol., 1993 ; Gian Enrico Rusconi, *Se cessiamo di essere una nazione*, Bologne, Mulino, 1993.

16 Bruno Tobia, *Una patria per gli Italiani : spazi, itinerari, monumenti nell'Italia unita, 1870-1900*, Rome, Laterza, 1991 ; Lucy Riall, *The Italian Risorgimento. State, Society and National Unification*, Londres, Routledge, 1994 ; Gilles Pécout, *Naissance de l'Italie contemporaine 1770-1922*, Paris, Nathan, 1997.

17 Il s'agit du titre de la traduction italienne de son livre : Gilles Pécout, *Il lungo Risorgimento : la nascita dell'Italia contemporanea (1770-1922)*, Milan, B. Mondadori, 1999 (1re éd., 1997).

18 Umberto Levra, *Fare gli italiani. Memoria e celebrazione del Risorgimento*, Turin, Comitato di Torino dell'Istituto per la Storia del Risorgimento Italiano, 1992. On peut citer aussi le travail de Mario Isnenghi qui participe du même mouvement mais dans une perspective différente, qui suit l'évolution des travaux sur la mémoire nationale impulsés dans les années 1990 par Pierre Nora en France avec les *Lieux de Mémoire* : Mario Isnenghi, *I luoghi della memoria. Simboli e miti dell'Italia unita*, Rome, Laterza, 1996.

Banti qui interroge la période pré-unitaire. Dans la lignée des travaux de Benedict Anderson, il étudie la manière dont s'est forgé, parmi les élites des différents États italiens, un imaginaire patriotique et finalement une communauté nationale imaginée à travers des pratiques sociales et culturelles, de la musique, des textes et des symboles[19]. Introduisant une dimension plus culturelle et littéraire, il part du postulat que l'idée d'une nation italienne n'avait rien d'évident du fait de la division politique de la péninsule, de la faiblesse des échanges économiques entre les États et de l'absence moyens de communication interétatiques. Ainsi, Alberto Mario Banti approche le processus risorgimental comme un dépassement de l'hétérogénéité des élites de la péninsule, dont la cohésion se fait autour d'un discours national qui prend ses origines dans les périodes restauratrices du premier XIXe siècle, entre les décennies 1820 et 1850. Il connaît une diffusion sans précédent durant le *Quarantotto* à la faveur de la liberté de la presse, contribuant à une mise en action politique (et guerrière) un tant soit peu massive (qui déborde largement les initiatives clandestines des groupes patriotiques comme ceux de Giuseppe Mazzini). Le discours national n'est toutefois pas qu'une simple rhétorique. Il s'appuie sur des préalables historiques, qu'Eric Hobsbawm nomme proto-nationaux et a aussi une force sociale particulière car il est élaboré par des élites culturelles qui, seules, ont une position sociale assez importante pour le diffuser et ont des liens au-delà des frontières des différents États. Le *Quarantotto* est un moment particulier parce que ce sont ces élites qui arrivent à se construire des positions de pouvoir politiques, dans les rédactions journalistiques ou dans les institutions nouvelles issues du mouvement des réformes révolutionnaires[20]. Dans ce contexte, il faut mettre en lumière les déterminations sociologiques qui font que les groupes sociaux qui perçoivent le monde à travers le principe des nationalités sont aussi ceux qui investissent la vie politique nouvelle (et les journaux), principalement les bourgeoisies et noblesses libérales de la péninsule italienne. Ce sont ces élites culturelles qui contribuent, à travers une kyrielle d'ouvrages, de brochures et de périodiques, à

19 Alberto Mario Banti, *La nazione del Risorgimento. Parentela, sanità e onore alle origini dell'Italia unita*, Turin, Einaudi, 2000 ; *Sublime Madre Nostra. La nazione italiana dal Risorgimento al fascismo*, Rome, Laterza, 2011.

20 Simonetta Soldani, « Approaching Europe in the Name of the Nation. The Italian Revolution, 1846-1849 », dans Dieter Dowe, Heinz-Gerhard Haupt, David Higgins, Jonathan Sperber (dir.), *op. cit.*, p. 60.

imposer un vocabulaire politique nouveau et à définir un imaginaire national ; des idées et concepts (nation, liberté, patrie) deviennent des idées-forces, mobilisatrices, et sont discutés dans les journaux, dans les assemblées, dans les lieux de la sociabilité politique, sur les places et dans les rues. Les études, en se concentrant sur l'action des pouvoirs et des institutions étatiques dans la construction nationale – par exemple sur le rôle du royaume de Sardaigne en Italie –, ont quelque peu minoré le rôle, pourtant fondamental, des acteurs extra-étatiques, dont sont les journaux.

Dans le processus de définition des nationalités et de leur construction politique et culturelle en États-nations, les publicistes jouent un rôle majeur parce qu'ils détiennent un pouvoir de communication à distance. Ils contribuent à la définition des identités et des problèmes collectifs par un processus d'universalisation de leurs propres sentiments d'appartenance et représentations du monde[21]. Cependant, il est certaines régions où les influences culturelles sont diverses, ce qui induit que les affects nationaux peuvent entrer en concurrence et introduire une opposition entre des groupes revendiquant des nationalités différentes pour une même « petite » patrie[22]. Ainsi, le choix de la province de Nice, territoire frontalier entre la France et le royaume de Sardaigne, est loin de replier l'étude sur une monographie locale. Il permet plutôt, comme incite à le faire l'historien Axel Körner, d'outrepasser l'analyse purement nationale – du mouvement français, du mouvement italien – pour interroger ce phénomène européen des révolutions de 1848, prégnant dans toute l'histoire contemporaine, de concurrence entre deux nationalités sur un même territoire[23]. Cela implique de refuser toute perspective téléologique, c'est-à-dire de ne pas analyser le processus d'émergence des États nationaux à partir de leur évolution postérieure[24]. Les presque cent soixante années d'intégration du comté de Nice à la France ne doivent pas oblitérer le fait que cette évolution n'avait rien de certain au milieu du XIXe siècle lorsqu'émerge la lutte pour la détermination nationale de ce territoire. Il faut se garder de traiter les débats du *Quarantotto* à travers le prisme de l'annexion de

21 Pierre Bourdieu, « Sur le pouvoir symbolique », art. cité, p. 411.

22 Benedict Anderson, *op. cit.*, p. 33-34.

23 Axel Körner « The European Dimension in the Ideas of 1848 and the Nationalization of Its Memories », dans Axel Körner (dir.), *1848. A European Revolution ?*, *op. cit.*, p. 4-5.

24 Gérard Noiriel, *État, nation et immigration*, *op. cit.*, p. 173.

Nice à la France en 1860. De même, dans une perspective plus large, il ne faut pas oublier que la formation de l'État-nation italien à partir de 1860-1861 est une évolution postérieure qui ne doit pas être un filtre déformant pour l'étude des événements de 1848. Il est important de se détacher des constructions mémorielles contemporaines tant elles peuvent avoir pour effet d'effacer ou de marginaliser les possibles du passé. Les commémorations, de même que les discours politiques et l'enseignement, ont, vis-à-vis des citoyens, une fonction sociale d'inculcation et d'entretien de la conscience, voire de la « fierté » d'appartenir à une entité[25]. Nul besoin qu'elles soient nationales pour jouer ce rôle, parfois leur déroulement est seulement concentré dans une partie du territoire où une commémoration particulière construit le lien entre les citoyens et leur État-nation. Les pouvoirs locaux participent du travail de création, de mobilisation ou de reproduction des sentiments d'appartenance nationale. Autrement dit, la commémoration est un acte qui contribue à créer et à entretenir ce « plébiscite de tous les jours » nécessaire à la construction d'un affect national qu'évoquait Ernest Renan dans sa conférence *Qu'est-ce qu'une nation ?* prononcée à la Sorbonne en 1882[26].

Au cours du printemps 2010 à Nice, les pouvoirs municipaux ont organisé les commémorations officielles du cent-cinquantenaire de l'annexion à la France. La mise en avant d'un tel événement historique, qui consacre la souveraineté française préférentiellement à une autre (italienne, par exemple), participe du processus de sélection de l'histoire. Elle procède inévitablement d'un « oubli » du passé nécessaire, toujours selon Renan, à la construction et à la massification d'un sentiment d'appartenance nationale[27]. Et un an plus tard, c'est en Italie qu'a été organisée – cette fois à une échelle nationale – la célébration du cent-cinquantième anniversaire de l'intronisation en 1861 de Victor-Emmanuel II de Savoie comme premier roi d'un État-nation italien en voie d'unification. La désaffection relative qu'ont connue ces deux manifestations mémorielles interroge[28]. Elle s'explique au moins en partie par le fait que les expressions publiques contemporaines de l'affect

---

25 *Ibid.*, p. 205.

26 Ernest Renan, *Qu'est-ce qu'une nation*, Paris, Mille et une nuits, 2015, p. 32 (1re éd., 1882).

27 *Ibid.*, p. 13-15. « L'oubli, et je dirai même l'erreur historique, sont un facteur essentiel de la création d'une nation ».

28 Massimo Baioni, Fulvio Conti, Maurizio Ridolfi (dir.), *Celebrare la nazione. Anniversari e commemorazioni nella società contemporanea*, Milan, Silvana, 2012.

national ont pris d'autres formes ; en matière de commémoration ce sont celles qui sont ancrées dans les habitudes, itératives (souvent annuelles), qui ont le plus de succès, si l'on évalue ce dernier à l'implication des citoyens. Celles-ci jouent finalement le même rôle que l'école dans la construction sans cesse opérante des affects nationaux. C'est une des caractéristiques des États-nations que d'organiser leur persévérance dans le temps par l'écriture et l'enseignement de l'histoire. À ce titre, la comparaison avec la principauté de Monaco s'avère féconde. Son statut de ville-État souverain lui permet de façonner une histoire qui est tout à la fois étatique et locale comme l'on peut le constater dans le manuel d'enseignement édité par la Direction de l'Éducation nationale, de la jeunesse et des sports[29]. Ainsi, pour ne prendre que la période qui nous intéresse, si les événements européens des révolutions de 1848 sont présentés, une attention particulière est accordée à tous les territoires de la principauté (et notamment à la ville de Menton, auparavant principal centre urbain des États de la famille Grimaldi). Or, à Nice, de même d'ailleurs qu'à Menton, passées sous la souveraineté française à la même période en 1860 et 1861, rien de tel. Du fait qu'elles appartiennent à l'État-nation français, entité nationale bien plus vaste dont ces villes ne sont pas le cœur mais seulement une (toute) petite partie, et pas la principale (la partie « capitale »), seuls les événements français et européens sont enseignés ; ceux qu'il va s'agir d'étudier ici n'y ont aucune place. L'histoire nationale ne se confond pas avec l'histoire locale et ainsi s'installe la situation paradoxale qui fait qu'une grande partie de l'histoire moderne et contemporaine concerne des entités politiques auxquelles le territoire où elle est enseignée n'appartenait pas et dans une langue, le français, qui n'est devenue, sur la longue durée historique, la plus communément parlée que véritablement au XXe siècle. Le corolaire en est un effacement d'une histoire qualifiée de locale (souvent de manière péjorative), de même qu'ont été longtemps écartées les langues dites locales (« patois »). Au niveau scolaire, seule prévaut une histoire nationale enseignée en langue nationale. Ainsi, c'est aux origines de ce processus de nationalisation d'un territoire que se propose de revenir la présente étude[30]. Et le *Quarantotto* niçois s'y prête bien puisqu'il est

29 Thomas Fouilleron, *Histoire de Monaco : manuel pour l'enseignement secondaire*, Monaco, Direction de l'Éducation nationale, de la jeunesse et des sports, 2010.

30 Les travaux déjà cités d'Henri Courrière sont précieux à cet égard pour la période d'après l'annexion de Nice : *Le comté de Nice et la France. Histoire politique d'une intégration,*

le moment où émergent des forces opposées façonnant, par les discours publics et l'action politique, des visions nationales divergentes.

L'enjeu est de montrer que la détermination nationale d'un territoire est une question qui a été posée et imposée publiquement, notamment par des groupes disposant des moyens politiques de le faire (journaux, manifestations etc.). Tout singulier qu'est le cas de Nice, il dévoile des mécanismes généraux de la construction d'une nation. Des dissensions entre italophiles et francophiles se font jour à partir de 1848. Elles sont telles qu'elles pourfendent l'unité régnante au sein de la rédaction du seul organe de presse existant, *L'Écho des Alpes maritimes*, provoquant même une scission du comité de direction. Ainsi, se saisir du cas du périodique niçois offre la possibilité de reconstituer la genèse d'une opposition publique qui met en jeu des « partis » nationaux naissants, français et italien, qui s'affrontent dans le champ politique niçois. Il s'agit d'interroger leurs préalables socio-historiques, la manière dont ils se construisent en fonction d'expériences personnelles et familiales qui ont déterminé les classes supérieures de la province à vouloir inclure – en plus d'elles-mêmes – leur terre natale et sa population tantôt dans la communauté nationale imaginée italienne, tantôt dans l'État-nation français. La perspective est d'autant plus enrichissante qu'elle n'est pas uniquement niçoise, car en Savoie se posent aussi les mêmes questions autour de la francité ou de l'italianité du territoire, impulsant par exemple des solidarités entre les « parti » français des deux provinces, par le truchement d'échanges journalistiques publics.

LES FONDEMENTS CULTURELS ET LES FORMES DE L'EXPRESSION D'UNE REVENDICATION NATIONALE

Nation et liberté deviennent au cours du premier XIXe siècle deux termes inséparables pour les patriotes, renvoyant aux deux idées essentielles du *Quarantotto* : l'émancipation du pouvoir absolutiste et la

1860-1879, *op. cit.*

libération vis-à-vis d'un pouvoir d'occupation[31]. Dans son *Discours à la nation allemande* de 1807, le philosophe Johann Gottlieb Fichte indiquait déjà que la réalisation de l'Allemagne en tant que nation passait par l'éviction simultanée de l'occupation étrangère des armées napoléoniennes et de la domination séculaire des princes allemands. Une telle perspective est similaire à celle adoptée par les patriotes italiens au cours du premier XIXe siècle, et elle s'exprime avec force dans les organes de presse du *Quarantotto*. Nourris de références culturelles et politiques communes, bien que mus par des projets divers, les patriotes partagent un horizon d'attente national forgé à l'aune d'un champ d'expérience, c'est-à-dire d'un passé réinterprété à travers le prisme national[32]. Comme le souligne Anne-Marie Thiesse, ce processus s'est déroulé dans nombre de pays européens selon un « même modèle, dont la mise au point s'est effectuée dans le cadre d'intenses échanges internationaux » ; il « s'est ouvert en Europe au XVIIIe siècle et a connu sa plus haute productivité au siècle suivant[33] ». C'est un processus culturel de quelques décennies qui a fait émerger des héritages nationaux qui sont au fondement des revendications nationales.

« UN HÉRITAGE QUI N'EST PRÉCÉDÉ D'AUCUN TESTAMENT »

À la différence de l'Angleterre ou de la France, la péninsule italienne, morcelée en divers États, n'a pu être unifiée par une dynastie dominante et a connu, depuis la Renaissance, une longue période de déclin de sa civilisation – du moins c'est le sentiment qu'ont éprouvé certains hommes de plume à la fin du XVIIIe siècle[34]. De cette idée de déclin a été tirée la nécessité de faire « renaître » ou « resurgir » (*risorgere*) une culture italienne. Ainsi, apparaît pour la première fois l'idée de « *risorgimento* » (renaissance ou résurrection). Le terme est une invention littéraire de Saverio Bettinelli qui s'intéressait aux œuvres de Virgile ou encore de

31 Gérard Noiriel, *État, nation et immigration*, *op. cit.*, p. 133-135.

32 Sur l'« horizon d'attente » (futur souhaité dans un présent défini) et le « champ d'expérience » (passé assimilé dans un présent défini) comme catégories historiques, voir le chapitre V de la troisième partie de l'ouvrage de Reinhart Kosellec : *Le futur passé : contribution à la sémantique des temps historiques*, Paris, EHESS, 1990, p. 307-329 (1re éd., 1979).

33 Anne-Marie Thiesse, *La création des identités nationales*, *op. cit.*, p. 11-13.

34 Lucy Riall, « Guerre et nation dans l'Italie du *Risorgimento* », dans Catherine Brice, Gilles Pécout (dir.), *L'Italie du Risorgimento. Relectures. Revue d'histoire du XIXe siècle*, n° 44, 2012, p. 51.

Dante et a publié, en 1775, un ouvrage inscrit dans une perspective pluriséculaire, *Del Risorgimento d'Italia negli studi, nelle arti e nei costumi dopo il Mille*[35]. Des hommes de lettres de la fin du XVIIIe siècle pensent alors l'Italie comme une entité culturelle à faire renaître. Ils participent pleinement à ce mouvement que les historiens nomment le « *Risorgimento delle Lettere* », qui se poursuit sous des formes diverses durant tout le XIXe siècle, mais qui a entre-temps nourri les revendications politiques nationales[36]. Les écrits des folkloristes et hommes de plume de la fin du siècle des Lumières ont une grande influence sur les générations postérieures qui ont donné forme au mouvement national. Cela vaut même dans le vocabulaire comme l'attestent les titres des feuilles journalistiques patriotiques, et particulièrement celle du comte de Cavour et de Cesare Balbo créée à la fin de l'année 1847, qui, trois quarts de siècle après la publication de Bettinelli, reprend son terme pour s'en faire un titre : *Il Risorgimento.* Quelques semaines plus tard, dans *L'Écho des Alpes maritimes*, la même idée ressurgit puisque les premières lignes du prospectus publié le 1er janvier 1848 évoquent la nécessité de « reconstituer la patrie » italienne, ce qui montre bien la réappropriation, sous des formes désormais bien plus politiques, de conceptions littéraires qui ont émergé à la fin du XVIIIe siècle[37].

Linguistes, folkloristes autres hommes de plume n'avaient pas l'impression d'effectuer un travail de création mais simplement de s'engager dans un combat pour le réveil d'une culture qu'ils jugeaient endormie. De la même manière, au cours du premier XIXe siècle, lorsque les nationalités se constituent, les penseurs qui participent à ce processus ont simplement l'impression de les « éveiller » après un endormissement – c'est pour cela que le terme « *Risorgimento* » en vient à désigner tout le processus national. L'historien qui entend comprendre le travail politique et culturel qu'effectuent les « militants » de la nation doit prendre du

35 Gilles Pécout, *Naissance de l'Italie contemporaine*, *op. cit.*, p. 15. Voir aussi sur ce point : Bongiovanni Bruno, « Storiografia e periodizzazione », dans Bruno Bongiovanni, Nicola Tranfaglia (dir.), *Dizionario storico dell'Italia unita*, Bari-Roma, Laterza, 1996, p. 886-887 ; Pierre Musitelli, « Rythmes et périodisations de l'historiographie littéraire italienne de l'Arcadie aux Lumières (1690-1790) », dans Aurélie Gendrat-Claudel, Stéphanie Lafranchi, Pierre Musitelli, Vincenza Perdichizzi (dir.), « *Risorgimento delle Lettere* : l'invention d'un paradigme », *Laboratoire italien.* Lyon, ENS Éditions, 2013, p. 26-27 et 31.

36 Aurélie Gendrat-Claudel, Stéphanie Lafranchi, Pierre Musitelli, Vincenza Perdichizzi (dir.), « *Risorgimento delle Lettere* : l'invention d'un paradigme », *op. cit.*

37 *L'Écho des Alpes maritimes*, Prospectus, 1er janvier 1848.

recul par rapport au vocabulaire. Il s'agit de prendre de la distance avec les expressions comme celle d'« éveil des nationalités » pour évoquer le processus d'émergence des luttes nationales dans l'Europe du XIXe siècle. Bien qu'elle ait pu être utilisée par les historiens au cours du XXe siècle[38], elle ne peut demeurer une catégorie d'analyse car elle conduit à reprendre une vision qui est celle des militants de la nation[39]. Elle conduit à négliger tout le caractère inédit de leur action qui s'appuie, certes, sur un déjà-là, sur des éléments « pré-nationaux », mais qui les transforme totalement travers des principes modernes comme la souveraineté et la citoyenneté nationales.

Les marques littéraires qui évoquent un réveil de la nationalité italienne sont nombreuses au milieu du XIXe siècle, dans toutes les villes de la péninsule. À Nice, Agathe Sophie Sassernò l'exprime de manière éloquente dans un poème :

> Italie ! Italie, ah ! sors de ton sommeil, / L'Éternel a marqué l'heure de ton réveil / Tout s'émeut, tout s'ébranle, et de la Doire au Tibre, / Dans ton sein a couru le frisson d'être libre ! / Lève-toi, lève-toi, par le vent apporté / Entends-tu retentir l'hymne de liberté[40] ?

Les vers de la poétesse expriment bien ce qu'est le *Risorgimento* pour ceux qui y concourent, en quelque langue qu'ils le fassent : un réveil de la nation italienne, pour reconstruire une unité jugée perdue au cours de l'histoire. Dans des manuscrits écrits durant les années 1830, lors d'un voyage en Toscane, Auguste Carlone, qui n'est pas encore trentenaire,

---

38 Georges Weil, *L'éveil des nationalités et le mouvement libéral (1815-1848)*, Paris, Alcan, 1930 ; Félix Ponteil, *L'éveil des nationalités et le mouvement libéral (1815-1848)*, Paris, PUF, 1960. Le second ouvrage peut se voir comme une édition augmentée du premier. Ils sont riches pour leur contenu, pour la diversité de leurs thèmes, leur analyse des relations diplomatiques et leur récit des événements dans une optique internationale. Mais l'analyse conceptuelle est absente, et l'idée « d'éveil des nationalités » reprise telle quelle, sans interrogation sur ce qu'elle implique.

39 Gérard Noiriel, *Introduction à la socio-histoire*, *op. cit.*, p. 75 ; Gérard Noiriel, *État, nation, immigration*, *op. cit.*, p. 175-176.

40 Ce texte a été reproduit dans un recueil de poésies d'Agathe Sophie Sassernò élaboré par Maria Adria Prolo et publié à Milan en 1937, du temps du régime fasciste, lorsqu'il s'agissait de démontrer l'italianité de Nice pour justifier les prétentions irrédentistes. Il faut souligner ici l'important travail de Maurice Mauviel pour avoir rassemblé de nombreux extraits de recueils de publications qui concernent l'histoire de Nice : *Nice et l'unité italienne*, première partie 1834-1855, 2010, p. 12. [En ligne] https://www.maurice-mauviel.fr/wa_files/publication2.pdf..

a consigné les lectures et les auteurs qui ont contribué à parfaire sa formation intellectuelle. Il s'attache à évoquer toute son admiration pour un ensemble d'œuvres qui forment pour lui une véritable culture nationale italienne, de sa passion pour les poèmes de Vittorio Alfieri à sa découverte de Dante et de Virgile[41]. Il se familiarise avec les trois de manière concomitante, ce qui montre bien que dans l'esprit des hommes qui conçoivent l'existence d'une nation italienne, qu'ils soient patriotes italiens ou non, des œuvres pluriséculaires nationalisées sont associées à celles plus récentes qui ont directement participé au mouvement culturel de la fin du XVIIIe siècle et du début du siècle suivant. Un corpus d'œuvres, non véritablement formalisé – ce qui est par la suite l'action d'une éducation nationale qui fige les références incontournables d'une nation –, s'impose dans l'esprit des élites des États italiens. Ainsi, dans les milieux mondains des villes, les discussions se font aussi sur ces références partagées, par exemple à Nice par les directeurs de *L'Écho des Alpes maritimes*. Le 27 février 1848, en première page du journal est publié un chant écrit par le notable niçois, cofondateur et actionnaire du journal, Gonzague Arson, qui en appelle à l'unification nationale. Avec une référence toute virgilienne, il défend la nécessaire reconstitution de l'Ausonie :

> Hâtons-nous, hâtez-vous, filles de l'Ausonie / Venez avec Florence, en vous donnant la main / Avec Naples et Turin compléter l'harmonie / De ce royaume surhumain[42].

Si les territoires ausoniens désignent à l'origine une région au sud du Latium, dans l'Énéide Virgile intègre aussi sous ce vocable toute la péninsule italienne, soit un territoire avec un statut politique particulier durant l'Empire romain. La référence est incontournable dans le répertoire patriotique ; avant même le *Quarantotto*, la princesse Cristina Trivulzio di Belgiojoso, patriote milanaise en exil à Paris, avait été à l'origine d'un journal – interdit dans les États italiens – dont le titre, *L'Ausonio*, valorisait déjà la référence virgilienne. Cette feuille mensuelle

41 Bibliothèque Romain Gary, Manuscrits d'Auguste Carlone, MS 89, p. 14-16. Auguste Carlone évoque particulièrement sa lecture des deux livres de *La Tirannide*, opéra de Vittorio Alfieri écrit en 1777 contre la tyrannie et toutes les formes qu'elle peut prendre dans la société.

42 *L'Écho des Alpes maritimes*, 27 février 1848.

périodique, conçue sur le modèle de la *Revue des Deux Mondes*, était nourrie de contributions d'écrivains issus de différents territoires italiens et de différentes tendances, comme Massimo D'Azeglio, libéral modéré, et Angelo Brofferio, démocrate, plus radical, mais tous animés par des idées patriotiques[43].

Au-delà de Virgile, c'est tout un ensemble de références culturelles plus ou moins anciennes (plurimillénaires, ou pluriséculaires comme Dante) qui sont mobilisées politiquement par les patriotes du milieu du XIXe siècle. Dans les décennies 1820 à 1840, les élites cultivées des différents États de la péninsule italienne s'approprient un « héritage qui n'est précédé d'aucun testament », pour reprendre une formule de René Char énoncée dans ses *Feuillets d'Hypnos*, en nationalisant des références culturelles qui n'avaient pas été pensées comme telles[44]. Elles nourrissent l'idée qu'il existe une nation italienne et contribuent à alimenter une production nouvelle, littéraire ou musicale. En suivant les mises en garde formulées par Axel Körner sur l'opéra, il ne faut pas accorder une trop forte connotation nationale à ces productions, qui ne sont pas simplement un art au service de la cause patriotique et ont leurs propres influences extérieures (notamment françaises et allemandes pour l'opéra italien)[45]. Néanmoins, elles sont propices à une appropriation culturelle et constituent un répertoire de références qu'Alberto Mario Banti décrit comme un « canon risorgimental[46] ». Plusieurs productions s'imposent comme incontournables, la principale étant sans doute le roman d'Alessandro Manzoni, *I promessi sposi* (*Les fiancés*, 1827), précurseur du « romantisme national » italien. Dans un autre registre, il est important de mentionner les écrits de Silvio Pellico qui publie à Turin en 1832, après son emprisonnement par les Autrichiens pour sa participation active aux mouvements insurrectionnels de 1820-1821 en

43 Franco Della Peruta, *Il giornalismo italiano del Risorgimento*, *op. cit.*, p. 14.

44 Il s'agit du feuillet numéro 62 qui ne contient que cette phrase : René Char, *Feuillets d'Hypnos*, Paris, Gallimard, p. 190. Si dans l'utilisation qu'en fait le poète la phrase ne concerne pas le processus décrit ici, elle s'avère évocatrice pour entrer dans la question épineuse des héritages culturels qui construisent les sentiments d'appartenance nationale.

45 Axel Körner, « Opera and Nation in Nineteenth-Century Italy : Conceptual and Methodological Approaches », *Journal of Modern Italian Studies*, vol. 17, 2012, p. 393-399.

46 Alberto Mario Banti, *La nazione del Risorgimento*, *op. cit.*, p. 27. C'est durant le premier XIXe siècle que le thème de la nation devient l'« un des lieux littéraires les plus à la page », ce qu'Alberto Mario Banti analyse à travers un échantillon de 33 témoignages de jeunes patriotes.

Lombardie, *Le mie prigioni* (*Mes prisons*). Son œuvre s'impose d'autant plus aisément comme une référence qu'elle pointe l'occupation autrichienne et participe de la désignation d'un ennemi commun à tous les patriotes. L'autre domaine important est le répertoire musical, avec les nombreux opéras de compositeurs tels que Gioachino Rossini, Vincenzo Bellini, Gaetano Donizetti et surtout Giuseppe Verdi. Toutes leurs œuvres musicales n'ont pas nécessairement une orientation patriotique marquée mais certaines le sont ouvertement comme le *Nabucco* de Verdi (1842) qui fait un parallèle entre la population italienne oppressée par les Autrichiens et les Hébreux soumis aux Babyloniens[47].

Dans un pamphlet (*Filosofia della musica*) publié en 1836 dans le périodique littéraire parisien mais italophone qui paraît sous le nom explicite de *L'Italia*, Giuseppe Mazzini remarquait la formation d'un « art italien » façonnant un imaginaire national dans l'esprit des élites cultivées qui assistent aux représentations et lisent les œuvres littéraires[48]. Le fondateur de la *Giovine Italia*, l'un des principaux penseurs de l'unité nationale italienne et qui a contribué à faire le lien entre un processus culturel et une revendication politique, percevait d'ailleurs l'art romantique comme une pédagogie nationale. La génération qui est née dans les années 1810, très active durant le *Quarantotto*, dont est Auguste Carlone, a été marquée par le romantisme des années 1830. Celui-ci raconte aussi dans ses manuscrits sa découverte de ces œuvres musicales au cours de représentations auxquelles il assiste, notamment lors de ses passages à Florence[49]. Dans un contexte de contrôle politique dans les différents États italiens, les œuvres culturelles, plus aisément tolérées, sont un moyen de susciter des rassemblements et de diffuser des représentations. Celles-ci sont permises par le fait que durant les dernières décennies du XVIIIe siècle et les premières du siècle suivant, les villes de la péninsule italienne, surtout celles de moyenne importance qui n'en avaient pas, se sont pour beaucoup dotées d'un théâtre permettant d'accueillir ces opéras

---

47 *Nabucco* est une œuvre qui devient un hymne officieux de l'indépendance et de la liberté italiennes qui a marqué des générations entières de patriotes. Il est intéressant de noter qu'en 2011, le chef d'orchestre Riccardo Muti a choisi de la faire jouer à l'opéra de Rome pour célébrer le cent-cinquantenaire de l'unification italienne.

48 Carlotta Sorba, « Il Risorgimento in musica : l'opera lirica nei teatri del 1848 », dans Alberto Mario Banti, Roberto Bizzocchi (dir.), *Immagini della nazione nell'Italia del Risorgimento*, Rome, Carocci, 2002, p. 134-135.

49 Bibliothèque Romain Gary, Manuscrits d'Auguste Carlone, MS 89.

auxquels viennent assister bourgeoisies et noblesses provinciales. À Nice, le théâtre moderne commence à être construit en 1777 dans la rue Saint-François-de-Paule, tout près du *Corso* ; le bâtiment, en bois à l'origine, semblait précaire et a été renforcé par une construction en dur en 1826 grâce au soutien du pouvoir royal[50]. Les élites locales se l'approprient bien vite alors que le programme de ses représentations s'étoffe tout au long du premier XIXe siècle. Auguste Carlone et ses collaborateurs, familiers du microcosme mondain de la ville, en sont des habitués, et ce avant même leur collaboration pour la création de *L'Écho des Alpes maritimes*. Mais l'effervescence politico-journalistique du *Quarantotto* permet d'amplifier cette nationalisation d'œuvres culturelles, à travers des éditoriaux, des annonces publiques pour les représentations, mais aussi des récits publiés *a posteriori* pour décrire publiquement celles-ci. Il en est ainsi pour les premiers numéros de *L'Écho*. Le 23 janvier 1848 un article revient longuement sur un important concert qui s'est tenu quelques jours auparavant, le 14 du même mois. Précision notable, dans le récit qu'il livre l'auteur indique que Gonzague Arson (codirecteur du journal et actionnaire) y a eu pour rôle de rendre toute l'« expression sentimentale que réclament les inspirations parfois si mélancoliques de la musique de Bellini[51] ». Les élites libérales s'impliquent dans ces représentations qui leur donnent le sentiment de voir à l'œuvre l'expression localisée d'une culture de plus en plus assimilée comme nationale. Gonzague Arson, qui a écrit quelques chroniques littéraires pour *L'Écho des Alpes maritimes*, est d'ailleurs l'auteur d'un article publié le 17 février 1848 exposant le regret que soit joué un mauvais vaudeville français alors que le répertoire des grands compositeurs italiens est si riche :

> Rue Saint-François-de-Paule s'élève une de ces gracieuses salles que l'Italie seule a le secret de construire et de posséder. C'est elle qui a droit à nos premiers hommages. Est-ce le *gran maestro*, est-ce Rossini que nous allons entendre ? Le suave et tendre Bellini, enlevé trop vite hélas ! à notre ardente admiration ? N'est-ce pas plutôt ce Verdi dont les échos de Naples, de Milan, de Paris, de Saint-Pétersbourg redisent en ce moment les larges et mélodieux accents[52] ?

50 Robert Latouche, *Histoire de Nice. Des origines à 1860*, Nice, Ville de Nice, t. 1, 1951, p. 67 et 119. C'est dans la même rue que se trouve l'église de l'épisode de la « messe du gouverneur » évoqué dans le chapitre précédent.

51 *L'Écho des Alpes maritimes*, 23 janvier 1848.

52 *L'Écho des Alpes maritimes*, 17 février 1848.

L'auteur évoque un art italien – et rejoint en cela les considérations patriotiques de Giuseppe Mazzini sur la culture –, qui a une portée internationale certes, mais qui se fait en Italie, avec des Italiens, dans des salles italiennes. L'éloge envers les compositeurs montre bien l'admiration que leur portent les rédacteurs de *L'Écho des Alpes maritimes* qui sont familiers de leurs œuvres qu'ils ont découvertes durant leur jeunesse (tous sont plus ou moins de la même génération). En tant que publicistes, ils contribuent à la nationalisation de l'art et à faire émerger ou à diffuser des projets ou des luttes patriotiques.

SINGULIERS PLURIELS : LE PRINCIPE DES NATIONALITÉS LORS DU « PRINTEMPS DES PEUPLES »

> Le principe des nationalités est la principale base du droit des Nations : elles sont les grandes familles de l'Humanité auxquelles la Providence a fixé certaines délimitations de territoire, d'origine et d'intérêts en rapport avec leurs besoins, leurs sympathies et tout ce qui peut en être la conséquence. Voilà les véritables conditions d'une Nationalité, d'une Patrie[53].

Il ne pourrait y avoir formulation plus explicite de la manière dont la question nationale est pensée dans les milieux libéraux au mitan du XIXe. Les publicistes niçois revendiquent le principe des nationalités comme devant guider la construction des États-nations, qui se fait à travers une souveraineté s'exerçant sur territoire, des intérêts et une diplomatie en commun. Pour Auguste Carlone et ses collaborateurs de *L'Écho des Alpes maritimes* comme pour bon nombre de protagonistes du « printemps des peuples » européen, l'organisation des nationalités existantes en nation constitue l'avenir de l'humanité. Il s'agit d'un progrès à construire.

Néologisme du premier XIXe siècle, l'utilisation du mot « nationalité » se répand en France dans les années 1820 et 1830 sous la plume de savants et d'écrivains au point qu'il apparaît, au milieu du siècle, comme une notion familière[54]. Elle trouve des équivalents contemporains dans les autres langues européennes (dont beaucoup adoptent une traduction littérale du français, comme l'italien *nazionalità*). Des centres intellectuels abritent ceux qui participent de la construction du concept, autant qu'ils s'imprègnent du principe des nationalités. Ainsi, comme l'écrit Gérard Noiriel, dans les années 1830 et 1840, « Paris devient la

53 *L'Écho des Alpes maritimes*, 8 janvier 1849.

54 Gérard Noiriel, *État, nation, immigration*, *op. cit.*, p. 226-231.

capitale "officielle" des "nationalités[55]" » ; c'est bien durant ses études dans la ville à cette période-là qu'Auguste Carlone, de même que plusieurs de ses collaborateurs de *L'Écho*, tel Victor Juge, se familiarise avec ce langage revendicatif relatif à la question nationale. Nombre de patriotes italiens y ont vécu en exil avant les réformes libérales de 1847. Ceux-ci, bien que provenant de différents États de la péninsule et alors même qu'il n'existait pas d'État-nation italien, ont été regroupés sous la même catégorie « nationalité italienne » par l'administration française de la monarchie de Juillet, notamment à partir des années 1840. C'est là un signe extérieur de reconnaissance d'une communauté nationale imaginée[56]. Cela n'a rien d'anodin, car les décennies 1830 et 1840, de même qu'elles sont un moment de développement de la presse, sont aussi un temps fort de la publication de programmes politiques patriotiques. Les exilés (pas seulement à Paris) participent à l'élaboration de ce qu'ils conçoivent comme la nationalité italienne.

Une attention particulière doit être accordée à l'action de Giuseppe Mazzini. Il est un pionnier dans les publications politiques patriotiques et dans la création de groupes de « militants » de la nation (dans lesquels sont passés beaucoup d'acteurs majeurs du *Quarantotto*, de Vincenzo Gioberti à Giuseppe Garibaldi) comme la *Giovine Italia* fondée en 1831 depuis son exil marseillais. Comme l'a bien exprimé Laura Fournier-Finocchiaro, il est celui « qui fait passer les revendications unitaires de l'espace culturel à l'espace politique[57] ». Dans une lettre du 10 octobre 1835 adressée à sa mère, Mazzini écrit : « L'Italie est la plus grande de toutes les nations depuis que Paganini joue du violon[58] ». L'aphorisme permet de comprendre la manière dont la culture contribue, dans l'esprit

55 *Ibid.*, p. 232-233.

56 *Ibid.*, p. 411.

57 Laura Fournier-Finocchiaro, « Le paradoxe Mazzini : ennemi et père de l'Italie du *Risorgimento* », *Italies. Littérature, civilisation, société. L'envers du Risorgimento. Représentations de l'anti-Risorgimento de 1815 à nos jours*, Centre Aixois d'Études Romanes, n° 15, 2011, p. 360-362.

58 Maurizio Ridolfi, « Radicali, repubblicani, azionisti », dans Bruno Bongiovanni, Nicola Tranfaglia (dir.), *Dizionario storico dell'Italia unita*, Bari-Roma, Laterza, 1996, p. 714 ; Jean-Yves Fretigne, *Giuseppe Mazzini. Père de l'unité italienne*, Fayard, 2006, p. 188. Cet ouvrage comble un certain vide historiographique puisque le personnage n'est qu'assez peu étudié en France, à l'inverse de Camillo Benso di Cavour ou de Giuseppe Garibaldi. La dernière biographie en français, œuvre de Georges Bourgin et de Maria Dell'Isola, datait de 1956 : *Mazzini : promoteur de la République italienne et pionnier de la fédération européenne*, Paris, M. Rivière, 1956.

des patriotes italiens, à forger ce sentiment de fierté ou d'admiration ; c'est le même qui est exprimé dans la revue littéraire du mois de février 1848 de *L'Écho des Alpes maritimes* lorsque Gonzague Arson se félicite que les compositeurs italiens soient joués dans les plus grandes villes européennes. L'on voit comment des visions se transmettent au fil des générations. D'autant que le violoniste Niccolò Paganini est une référence parlante pour les élites niçoises car c'est à Nice qu'il s'est éteint en 1840. Il est probable que les fondateurs du journal aient pu se rendre dans leur jeunesse à l'une de ses représentations au théâtre de la rue Saint-François-de-Paule. De plus, leurs articles écrits en 1848 permettent de mesurer leur degré de familiarisation avec les œuvres des artistes ainsi que des théoriciens politiques qui ont proposé un programme patriotique dans les années qui précèdent la « révolution du *Risorgimento* » qu'est le *Quarantotto*, qu'ils fussent démocrates, comme Giuseppe Mazzini, ou libéraux modérés, comme Massimo D'Azeglio, Vincenzo Gioberti et Cesare Balbo. Leur point commun dans les années 1840 est de ne pas disposer de positions officielles de pouvoir dans un État et d'œuvrer principalement depuis leur exil. Dans la seconde moitié du XIXe siècle, la construction de l'État-nation italien a fait que beaucoup d'hommes politiques, d'écrivains, de professeurs d'université et autres gens de plume et de savoir qui ont élaboré et diffusé un sentiment d'appartenance nationale se sont liés à l'État et ont participé à l'écriture d'une histoire nationale officielle enseignée dans les écoles[59]. Il faut bien se représenter à quel point les choses sont différentes quelques décennies auparavant, au temps de l'Italie divisée.

L'historien Miroslav Hroch dans son modèle de l'émergence des mouvements nationaux, pensé pour les « petites nations » mais adapté jusqu'à un certain point au cas italien, a bien établi que la phase de construction culturelle de la nation, qui n'est pas pensée comme telle par ceux qui en sont les acteurs, créait un climat favorable à la formulation, par des minorités agissantes, de programmes politiques nationaux[60]. Dès la fin du XIXe siècle, le philosophe français Ernest Renan – qui a connu l'Italie du *Quarantotto* dans son parcours personnel – a théorisé

59 Gérard Noiriel, *État, nation, immigration*, *op. cit.*, p. 141.
60 Miroslav Hroch, *Social Preconditions of National Revival in Europe. A Comparative Analysis of the Social Composition of Patriotic Groups among the Smaller European Nations*, New-York, Columbia University Press, 1985.

la nécessité pour les individus animés d'un sentiment d'appartenance nationale de croire en l'existence d'un passé qu'ils jugent commun car construit à travers des références culturelles puis politiques partagées[61]. La « nation géographique, culturelle et historique des Italiens a précédé l'Italie comme État-nation[62] » comme le souligne Gilles Pécout. Ensuite naissent des projets nationaux. Et pour le mouvement italien, la condition préalable pour opérer la translation vers l'action politique a été bien souvent celle de l'exil[63]. Les exilés sont ceux qui formulent des « programmes », avant de s'impliquer dans des journaux qui naissent durant le *Quarantotto* à la faveur des réformes libérales[64].

Le temps n'est plus aux tentatives insurrectionnelles menées par Giuseppe Mazzini. Néanmoins, sa pensée continue de circuler et il apparaît toujours comme un homme qui a dirigé une organisation politique dépassant la simple coterie et dans laquelle nombre de théoriciens de l'unification et de l'indépendance nationales italiennes se sont formés, dont Vincenzo Gioberti ou Giuseppe Garibaldi. Mazzini défend une vision démocratique et républicaine guidée par son idée de « *terza Roma* » (troisième Rome), qui a une vraie résonance durant le *Quarantotto* comme en atteste le chant, déjà évoqué, publié par Gonzague Arson en première page de *L'Écho des Alpes maritimes* du 27 février 1848[65] :

> Rome qui tour à tour de l'univers antique / Et du monde chrétien a régi l'unité / Doit encore devenir le centre politique / De la future humanité[66].

Giuseppe Mazzini estimait, dans ses écrits des années 1830, qu'au cours de l'histoire, la Ville éternelle avait été à deux périodes différentes la cité guide de l'humanité : d'abord la Rome impériale de l'Antiquité, puis la Rome papale de la Renaissance qui aurait unifié spirituellement

61 Ernest Renan, *Qu'est-ce qu'une nation ?*, *op. cit.*

62 Gilles Pécout, *Naissance de l'Italie contemporaine*, *op. cit.*, p. 7.

63 Laura Fournier-Finocchiaro, « Les exilés politiques italiens, vecteurs et médiateurs de la langue et de la littérature italienne en France au XIXe siècle », dans Laura Fournier-Finocchiaro, Cristina Climaco (dir.), *Les exilés politiques espagnols, italiens et portugais en France au XIXe siècle : questions et perspectives*, Paris, L'Harmattan, 2017, p. 121-144. Voir aussi : Agostino Bistarelli, « Esilio e identità nazionale italiana », *Parolechiave*, n° 41, 2009, p. 103-123.

64 Eric J. Hobsbawm, *Nations et Nationalisme depuis 1780 : programme, mythe, réalité*, Paris, Gallimard, 1992, p. 78-79.

65 Gilles Pécout, *op. cit.*, p. 88-90.

66 *L'Écho des Alpes maritimes*, 27 février 1848.

l'Europe. Le temps serait désormais venu de la Rome du peuple, capitale d'un État-nation italien. Trois étapes historiques pluriséculaires de la pensée mazzinienne que l'on retrouve sous la plume du publiciste niçois en 1848. Cependant, dans ce temps de paroxysme du militantisme national, ce ne sont pas les idées radicales qui sont le plus en vogue parmi les patriotes mais bien celles professant un libéralisme modéré, particulièrement dans le royaume de Sardaigne dont la capitale a donné plusieurs penseurs de renom comme Vincenzo Gioberti, Cesare Balbo et Massimo d'Azeglio, tous Turinois. Dès les années 1840, malgré les mesures de censure contre les écrits patriotiques, ils contribuent à faire circuler des productions patriotiques dans la péninsule italienne, à commencer par le *Primato morale et civile degli Italiani* de Vincenzo Gioberti écrit en exil à Bruxelles en 1843.

Les chiffres de diffusion donnent une bonne idée de l'influence dans les États italiens de ce « *best-seller* patriotique » puisque puisqu'il s'écoule à près de 80 000 exemplaires entre 1843 et 1848[67]. L'une des explications de ce succès tient dans le fait que l'abbé turinois livre un projet qui réconcilie libéralisme, patriotisme et catholicisme dans un système fédéral qui prend en compte la diversité des régions. Il énonce le projet d'un État-nation organisé en une monarchie constitutionnelle gouvernée par « pape-roi », un chef modéré qui garantirait les réformes libérales et l'unité fédérale[68]. Dans le royaume de Sardaigne, d'autres projets tendent à influencer toute la presse libérale modérée au début de l'année 1848. L'un des ouvrages de référence est celui d'un des directeurs journal *Il Risorgimento*, Cesare Balbo, qui a publié à Paris en 1844, en exil, *Le Speranze d'Italia*. Tout comme Massimo d'Azeglio dans sa *Proposta di un programma per l'opinione nazionale* de 1847, Cesare Balbo accorde un rôle prééminent non au pape mais au souverain du royaume de Sardaigne[69]. Une proposition qui circule encore plus dans la presse nouvelle d'après les réformes et que l'on retrouve dans le prospectus programmatique de *L'Écho des Alpes maritimes* du 1er janvier 1848 dans lequel les néopublicistes niçois font de Charles-Albert « le bouclier et le glaive de l'union et de l'indépendance italiennes[70] ».

---

67 Enrico Francia, *1848. La rivoluzione del Risorgimento*, *op. cit.*, p. 16-17.

68 *Ibid.*, p. 20.

69 Daniela Orta, « I prodromi di un'opinione pubblica », dans Valerio Castronovo (dir.), *La nascita dell'opinione pubblica in Italia*, *op. cit.*, p. 99 ; Enrico Francia, *op. cit.*, p. 46.

70 *L'Écho des Alpes maritimes*, Prospectus, 1er janvier 1848.

Les débats concernant les programmes nationaux sont réels et animés, ils occupent les colonnes de la presse nouvelle. Au-delà des divergences, le point commun à toutes les propositions est l'adhésion au principe des nationalités[71]. Celui-ci n'est pas encore investi de tout l'arsenal juridique qui l'a figé par la suite en l'étatisant ; il est un mot d'ordre pour vouer aux gémonies l'Europe de la Sainte-Alliance et construire une Europe des nationalités (constituées en États-nations). Il met en avant le caractère paradoxalement universel du concept de « nation » comme le soulignait déjà Jules Michelet, dans une version républicaine élevant la France au rang de mère de toutes les nations. L'on retrouve cette universalité lors des révolutions européennes de 1848. Et l'expression « printemps des peuples » revêt bien cette dimension ; comme le note Jean-Claude Caron, elle est un « pluriel significatif » révélateur[72]. Si elle n'est pas contemporaine des événements, elle permet, à la condition de refuser son *a priori* temporel qui pose des problèmes par rapport la temporalité réelle des événements, d'exposer la pluralité des expériences révolutionnaires dans un même moment européen. Le singulier de « printemps » tout comme le pluriel de « peuples » forment un couple qui est similaire à celui que l'on trouve dans l'expression « principe des nationalités » : le principe est un des moteurs de ce « printemps » et les peuples sont les nationalités. La reproduction des processus culturels et politiques pour faire émerger différentes nationalités contribue à diviser le monde, européen tout au moins, en plusieurs nationalités. Des individus ou des groupes, comme une rédaction journalistique, peuvent s'approprier les récits culturels et politiques qui ont construit en eux la conviction d'appartenir à une nationalité, puis se faire « militants » de la nation et agir à l'échelle de leur communauté pour l'intégrer dans cette nationalité. Ils développent et diffusent, surtout à travers des journaux, un principe universel de vision et de division du monde en nationalités[73]. Néanmoins, lorsqu'il est question de peuples nationaux, il est important prendre garde à toute interprétation téléologique. En effet, au milieu du XIXe siècle, la pertinence même de la notion de « peuple italien »

71 Axel Körner « The European Dimension in the Ideas of 1848 and the Nationalization of Its Memories », dans Axel Körner (dir.), *1848. A European Revolution ?*, *op. cit.*, p. 4.

72 Jean-Claude Caron, « "Printemps des peuples" : pour une autre lecture des révolutions de 1848 », art. cité, p. 32-33.

73 Benedict Anderson, *op. cit.*, p. 18.

mérite d'être interrogée tant la division politique et culturelle et les appartenances régionales et municipales demeurent fortes[74]. En jouant sur les mots, l'on pourrait même se demander s'il n'y a pas un « printemps des peuples italiens », avec différentes populations qui rentrent en même temps dans un mouvement qui contient des similarités mais prend des formes diverses selon les États. « L'unité doit s'opérer par la communauté compacte des institutions et des lois politiques de tous *les peuples* de notre péninsule », peut-on lire dans le prospectus de *L'Écho des Alpes maritimes* du 1er janvier 1848[75]. L'on ne saurait mieux dire que la construction d'une nation italienne est pensée comme un dépassement des particularismes dont sont conscients les patriotes. Le terme de *popolo* (peuple) est d'ailleurs fortement lié à un certain municipalisme dans les États italiens, notamment du fait de son héritage médiéval. Le dépassement des ancrages locaux fait naître des tensions durant le *Quarantotto* ; certains patriotes qui soutiennent que soit abolie la société de privilèges s'il s'agit du clergé ou de la noblesse sont actifs pour défendre les exemptions et statuts particuliers de leur ville. Cela pose aussi la question fondamentale du travail d'intégration des « petites » patries dans « la grande nationalité italienne », pour reprendre les mots d'un article de *L'Écho* du 19 janvier 1848, et finalement aussi celle du seuil de définition des nationalités[76].

Ernest Renan expliquait dans sa conférence *Qu'est-ce qu'une nation ?* de 1882, en puisant ses exemples dans l'Antiquité, que ce n'est qu'à cause de leur petitesse qu'il aurait refusé le qualificatif de nation à Athènes et Sparte, tout en reconnaissant qu'elles furent des centres « d'admirable patriotisme[77] ». Sans qu'il soit besoin de s'étendre sur l'historicité qu'il faudrait introduire dans la notion de patriotisme telle qu'elle est utilisée pour deux époques très différentes, l'important est que Renan évoque un élément fondamental du principe des nationalités : la question du seuil. Cela permet aussi de comprendre les nuances qu'il faut opérer entre patrie et nation. La patrie peut exister sans être une nation ; elle est la terre des pères et a une existence très ancienne. Cicéron dans son dialogue avec Atticus au début du deuxième livre de son *De legibus*,

---

74 Jean-Claude Caron, art. cité, p. 34.
75 *L'Écho des Alpes maritimes*, Prospectus, 1er janvier 1848. C'est nous qui soulignons.
76 *L'Écho des Alpes maritimes*, 19 janvier 1848.
77 Ernest Renan, *Qu'est-ce qu'une nation*, *op. cit.*, p. 10.

écrit vers 52 avant notre ère, expliquait à son interlocuteur comment son « berceau » comme il dit, c'est-à-dire sa ville natale, Arpinum, ne pouvait être considéré comme une patrie à l'égale de Rome mais bien plutôt devait s'inclure dans la République romaine (sa terre natale n'étant qu'une patrie d'affection alors que sa patrie civique est Rome)[78]. S'il ne faut en rien considérer le terme de patrie tel qu'il l'utilise comme ayant la même signification pour les patriotes du XIXe siècle, le dialogue de Cicéron a le mérite de poser un problème politique très ancien, celui de l'intégration d'un territoire dans un corps politique plus large, avec le jeu d'échelles qu'induit la double appartenance. Le mot de patrie peut désigner pour les hommes du XIXe siècle ce que l'on nomme alors la « petite » patrie, le pays niçois pour Auguste Carlone et ses collaborateurs – ainsi, le municipalisme serait une forme de patriotisme. Mais la nation est aussi autre chose. Le sentiment national donne lieu à des formes de patriotisme modernes qui postulent l'existence d'une « mère » (ou « grande ») patrie qui englobe la première sans la faire disparaître. Ainsi, le principe des nationalités est aussi un principe de fusion dont la réalisation peut s'appuyer sur divers programmes. La question du lien entre le local et le national est un moteur de la construction des États-nations[79]. Les théoriciens comme Giuseppe Mazzini et John Stuart Mill n'appliquaient l'idée d'autodétermination nationale qu'aux nations jugées viables, assez grandes et peuplées, contre la prolifération d'États trop modestes pour peser sur la scène géopolitique européenne. John Stuart Mill dans ses *Considérations sur le gouvernement représentatif* évoque une « force » des nationalités, ce qui traduit la pensée des libéraux qui estiment qu'une nationalité se compose d'une population

78 Cicéron, *De la République*, *Des lois*, Paris, Garnier-Flammarion, 1965, Livre II, p. 152-153. Atticus – [...] Mais que voulais-tu dire tout à l'heure en parlant de ce lieu que je t'entends nommer Arpinum, comme étant ta patrie et celle de ton frère ? Avez-vous deux patries ? N'y a-t-il pas une patrie commune ? La patrie de Caton ne serait-elle pas Rome, mais Tusculum ? Marcus – Oui certes, et Caton et tous les citoyens des municipes ont, je crois, deux patries, une naturelle, l'autre politique ; ainsi ce Caton dont tu parles, né à Tusculum avait droit de cité à Rome. Donc Tusculan d'origine, Romain par droit de cité, il avait une première patrie, le lieu de sa naissance, et une autre de par le droit [...]. La patrie qui nous a engendrés [...], je ne la renierai jamais, ce qui n'empêche que Rome soit ma grande patrie, où ma petite est contenue.

79 Jean-Claude Caron, *1848, le printemps des peuples*, Paris, Société éditrice du Monde, 2012, p. 10-11.

assez importante qui pourra former un État-nation[80]. Ce « principe de seuil », pour reprendre l'expression d'Eric Hobsbawm, a largement été revu par la suite, surtout au XXe siècle, mais il fait partie de la pensée des « militants de la nation » au milieu du XIXe siècle, contre une vision démocratique de l'autodétermination nationale qui induit que chaque peuple peut se faire nation et prétendre à son État[81].

Toutes ces réflexions se retrouvent dans la presse nouvelle de la péninsule italienne au-delà des frontières entre les États. Les journaux, qui sont l'œuvre des bourgeoisies ou noblesses patriotes et libérales, interrogent les enjeux et mobilisent le champ lexical de l'affect national. Cette unanimité, relative mais réelle, amorce un dépassement de la division politique de l'Italie qui est rendu possible par les communications à distance que permet la presse. Cela lui confère un rôle tout à fait particulier qu'il s'agit désormais de mieux comprendre, toujours à travers le cas monographique mais généralisable du périodique fondé à Nice par Auguste Carlone et ses collaborateurs.

LE JOURNAL, VECTEUR PRIVILÉGIÉ DE LA DIFFUSION D'UN AFFECT NATIONAL

> N'est-ce pas aux grands progrès de la presse périodique que nous devons surtout la délimitation plus nette et plus large, le sentiment nouveau et plus accusé des nationalités, qui caractérise politiquement notre époque contemporaine [...] ? La raison en est que le sentiment national a été ravivé par le journalisme [...]. L'existence nationale est bien attestée par les littératures, mais ce sont les journaux qui attisent la vie nationale, qui soulèvent les mouvements d'ensemble des esprits et des volontés en leurs quotidiennes fluctuations grandioses[82].

Au tout début du XXe siècle, Gabriel Tarde énonce avec acuité le rôle fondamental joué par la presse dans le processus historique de

80 John Stuart Mill, *Considérations sur le gouvernement représentatif*, *op. cit.*, p. 388.

81 Eric J. Hobsbawm, *Nations et Nationalisme depuis* 1780, *op. cit.*, p. 49-52 et 66-67 ; Karl Polanyi, *La Grande Transformation*, Paris, Gallimard, 2015, p. 43-44 (1re éd., 1944). Comme le décrit bien Karl Polanyi, les petits États ne se construisent pas en lien avec une nationalité « locale », mais bien, comme le Luxembourg, pour des questions géopolitiques, afin de neutraliser un territoire. L'idée de faire de Nice un petit État neutre entre la France et l'Italie a surgi dans les années 1850, notamment sous la plume de Gonzague Arson, cofondateur de *L'Écho des Alpes maritimes*. Ce projet a été essentiellement motivé par la déception qu'a provoquée la marginalisation de Nice et sa province au sein des États sardes, notamment avec la suppression des franchises du port en 1851.

82 Gabriel Tarde, *L'Opinion et la foule*, *op. cit.*, p. 81-82.

construction des États nations au cours du siècle précédent. Dans un temps d'avant l'audiovisuel, il faut toujours avoir à l'esprit que « les luttes politiques visant à promouvoir le "principe des nationalités" en Europe sont étroitement liées à la diffusion de la culture écrite[83] ». Les mouvements nationaux du XIXe siècle ont développé un langage patriotique éclectique, écrit, corporel (embrassades), vestimentaire (écharpes, cocardes, bretelles tricolores). Si cela, tout comme les festivités, tels les banquets, contribue à « la symbolisation nécessaire du patriotisme », c'est à l'écrit qu'il revient de le figer. Imprimée et diffusée, il contribue à diffuser des idées, des symboles et des pratiques, et à les faire partager à distance, ou bien encore à désigner des adversaires communs[84]. « L'écrit, figure la nation », il l'informe, dans la double acception du mot, étymologique – il permet de lui donner forme en figeant des représentations – et plus contemporaine – il contribue à donner des informations sur elle-même à une communauté nationale imaginée[85]. Presse et nation sont éminemment liées. Par ses publications répétées, la première, en tant que moyen de communication à distance, joue un rôle fondamental en permettant dans un même temps à un public plus ou moins nombreux d'avoir « les moyens techniques de se "représenter" le genre de communauté imaginée qu'est la nation[86] ». Il n'est pas étonnant d'observer que dans la péninsule italienne, le mouvement national prend une acuité et une intensité inédites au moment même où une certaine liberté de publication est acquise dans les différents États. La cause de l'indépendance et de l'unité italiennes empreint les publications. Les publicistes de *L'Écho des Alpes maritimes*, dans un article du 19 janvier 1848, se disent « convaincus que, dans les intérêts du moment », la lutte nationale doit permettre de dépasser les oppositions entre « ce qui ne constitue que des nuances d'opinion[87] » ; comme ils l'énonçaient déjà dans leur premier numéro trois jours auparavant, leur périodique se veut une œuvre motivée par « de purs sentiments de nationalité » pour contribuer à ce que l'Italie « ressaisi[sse] le rang

83 Gérard Noiriel, *État, nation, immigration*, *op. cit.*, p. 177-178.

84 Michel de Certeau, Dominique Julia, Jacques Revel, *Une politique de la langue. La Révolution française et les patois : l'enquête de l'abbé Grégoire*, Paris, Flammarion, 2002, p. 174 (1re éd., 1975).

85 *Ibid.*, p. 176.

86 Benedict Anderson, *L'imaginaire national*, *op. cit.*, p. 37.

87 *L'Écho des Alpes maritimes*, 19 janvier 1848.

qu'elle doit occuper parmi les nations civilisées[88] ». Les publicistes se font « militants » de la nation[89] :

> Pour appeler chaque citoyen à la connaissance des intérêts nationaux, quelle est la voix qui peut pénétrer les masses assez profondément pour que tout homme soit averti, pour que tout pays, quelles que soient les barrières dont la nature et les circonstances l'aient entouré, puisse l'entendre ? Cette voix, c'est la presse[90].

L'on n'aurait pu énoncer plus explicitement la conscience journalistique de participer à la popularisation d'un affect national. Cela dévoile aussi une conscience de son caractère élitiste parmi les bourgeoisies et noblesses patriotes et libérales du *Quarantotto.*

« L'Italie est faite, il reste à faire les Italiens » aurait déclaré en 1861 Massimo D'Azeglio après la constitution de l'État-nation unifié. Cette formule apocryphe daterait en réalité des années 1890, témoignant ainsi, encore un demi-siècle après 1848, du déficit d'intégration des populations dans les structures d'un État national alors pluridécennal[91]. Il y a une sociologie de l'affect national : ce sont des élites plutôt urbaines qui l'éprouvent et se trouvent en capacité de le construire rhétoriquement, d'en énoncer le programme et de le diffuser. Ainsi, dès 1847, lorsqu'apparaissent les premiers journaux politiques, les néopublicistes des villes italiennes œuvrent pour imposer les idées nationales à d'autres classes sociales et à d'autres espaces, plus ruraux. Bien qu'ayant des publics mondains assez restreints, les hommes de presse pensent leurs journaux comme des outils pour « faire triompher » les idées patriotiques « en les popularisant dans les esprits » ainsi que le formulent ceux de *L'Écho des Alpes maritimes* dans leur prospectus programmatique du 1er janvier 1848. « Dans ce grand travail de régénération qui commence pour l'Italie, il n'est pas d'individualité à laquelle il ne faille demander une part d'assistance » ajoutent-ils[92]. S'attribuer une telle mission n'est pas nouveau. L'un des plus importants publicistes de la Révolution française, Jacques Pierre Brissot, chef de file girondin, écrivait déjà en avril 1789,

---

88 *L'Écho des Alpes maritimes*, 16 janvier 1848.

89 Gérard Noiriel, *État, nation et immigration*, *op. cit.*, p. 135-137.

90 *L'Écho des Alpes maritimes*, Prospectus, 1er janvier 1848.

91 Simonetta Soldani, Gabriele Turi, *Fare gli Italiani. Scuola e cultura nell'Italia contemporanea*, Bologne, Il Mulino, 1993, p. 17.

92 *L'Écho des Alpes maritimes*, Prospectus, 1er janvier 1848.

dans le prospectus du *Patriote français*, que le journal est « l'unique moyen d'instruction d'une nation nombreuse[93] ».

Dans ses travaux, Alberto Mario Banti, reprenant les thèses de Benedict Anderson, insiste sur le fait que la construction d'une « communauté nationale imaginée » passe par les liens à distance que forgent les journaux qui se veulent les organes par excellence de l'expression publique d'un sentiment partagé. Le discours national est une « forme communicative extraordinairement séduisante » ; il se mêle avec les affects, embrasse les émotions et fait se mobiliser les corps[94]. Pour cela, l'expression journalistique d'un affect national se décline en deux niveaux de pensée, que l'on retrouve dans les publications de *L'Écho des Alpes maritimes* : les éditoriaux, généraux, qui fixent la ligne politique des rédacteurs avec une vision à plus long terme en défendant le projet final de réalisation d'un État-nation italien souverain ; et les articles, plus factuels, qui rendent comptes des événements contemporains, exprimant le plus souvent soit un « sentiment de colère que suscite la violation » du principe d'unification ou bien au contraire le « sentiment de satisfaction que procure sa réalisation[95] ». Au milieu du XIXe siècle, la presse écrite joue en Italie le même rôle, *mutatis mutandis*, que la radio dans l'Algérie que décrit Franz Fanon un peu plus d'un siècle plus tard[96]. Dans les deux cas, la lutte, que l'on peut dire de libération nationale, dirigée contre un pouvoir jugé d'occupation, perçu comme étranger et oppresseur (l'Autriche ou la France selon le cas), prend appui sur une technique particulière de communication à distance qui a pris un essor nouveau et inédit dans le territoire considéré. La radio en Algérie, comme la presse écrite dans l'Italie du mitan du XIXe siècle, apparaît comme l'instrument par excellence qui permet de faire qu'à « la pédagogie révolutionnaire

93 Jean-Noël Jeanneney, *Une histoire des médias*, *op. cit.*, p. 63.

94 Alberto Mario Banti, *Sublime madre nostra. La nazione italiana dal Risorgimento al fascismo*, Bari, Laterza, 2011, p. 4.

95 Ernest Gellner, *Nations et nationalisme*, Paris, Payot, 1994, p. 11. En anthropologue, il définit la nation avant tout comme une forme de vivre-ensemble de l'homme, avec la nécessité pour ce dernier de se sentir appartenir à cette structure. L'avènement des nations à l'échelle de l'humanité est, pour lui, un processus récent qui découle de la foi en le progrès mais aussi du progrès en lui-même, notamment matériel. Pour Ernest Gellner, trois facteurs sont cruciaux : la culture (l'émergence culturelle de l'idée nationale), le pouvoir (l'étatisation) et l'éducation (la massification).

96 Franz Fanon, *L'an V de la révolution algérienne*, Paris, La Découverte, 2011, II. « Ici la voix de l'Algérie… », p. 51-82 (1re éd., 1959).

de la lutte de libération, se substitu[e] la pédagogie révolutionnaire de la construction de la nation[97] ».

L'un des moyens pour les journaux de faire émerger un mouvement national mobilisateur est de promouvoir des discours ainsi que des symboles, matériels, comme les drapeaux, mais aussi vivants. Et durant les premiers mois de l'année 1848, la figure majeure de l'Italie est bien le pape, dont les discours perçus comme libéraux et patriotiques sont diffusés dans les feuilles de presse au point de créer une sorte de mythe national autour du souverain pontife.

LE *QUARANTOTTO*, UNE COMMUNION PATRIOTIQUE ?

En tant que principe d'appartenance, de vision et division du monde, le principe des nationalités n'est pas n'est pas exclusif, il en existe d'autres (comme la religion) qui sont parfois concurrents voire conflictuels et parfois complémentaires[98]. En quelques mois, tous ces cas de figure s'observent dans l'Italie du *Quarantotto.* Durant l'hiver 1847 et 1848, sur les places publiques, les *Te Deum* pour fêter les réformes se mêlent aux cris de « Vive Pie IX » qui retentissent lors de manifestations patriotiques et libérales plus ou moins massives ; ils complètent les articles de journaux qui élèvent le souverain pontife au rang de figure mythique que l'on pousse à épouser la cause nationale.

LE « MYTHE » DU PAPE LIBÉRAL ET PATRIOTE

Dans sa conférence sur le concept de nation, Ernest Renan consacre une réflexion à la question du lien entre la religion et le mouvement national. Pour lui, elle peut contribuer en certains cas à catalyser la mobilisation patriotique, ce que l'on observe bien au moment du *Quarantotto*[99]. L'archevêque de Pise n'a pas hésité à affirmer à la fin du mois de mars

97 *Ibid.*, p. 81.

98 Louis Pinto, « Une fiction politique : la nation. À propos des travaux de Jenö Szücs », art. cité, p. 45.

99 Ernest Renan, *Qu'est-ce qu'une nation*, *op. cit.*, p. 27-28 .

1848 que la religion de Jésus inculquait « à ses fils un amour franc et constant envers la patrie[100] ». Près d'un demi-siècle plus tôt, en 1802, dans le *Génie du christianisme* Chateaubriand présentait déjà les nations comme un avènement de la liberté humaine voulue par Dieu. Une pensée très répandue au XIXe siècle. Cependant, une chose est de lier la construction nationale à la providence divine et une autre chose est la position de l'Église catholique vis-à-vis des mouvements nationaux. L'on a vu la portée des projets néoguelfes de Vincenzo Gioberti en son sein. Les journaux libéraux, s'ils n'adhèrent majoritairement pas à cette thèse, mettent néanmoins en avant l'action de l'abbé turinois pour chasser de l'Église les forces jugées antilibérales et antinationales, en visant notamment les jésuites, et présentent, comme le dit Giuseppe Montanelli dans ses *Memorie*, les slogans « Vive Pie XI » qui fleurissent lors des manifestations diverses comme un « cri national[101] ». C'est dans ce contexte qu'émerge un *topos* des publications journalistiques, l'idée d'un pape acquis à la cause nationale.

Lorsqu'il a été élu au pontificat, Pie IX (1846-1878) a quelque peu rompu avec son prédécesseur, Grégoire XVI, par des amnisties politiques dès l'été 1846. Simonetta Soldani a bien montré l'importance de cette rupture qui bouscule dans l'esprit des élites libérales et patriotes l'idée d'incompatibilité entre l'Église et la civilisation moderne – libertés politiques, textes constitutionnels et avènement des États-nations[102]. Cependant, Roger Aubert a bien montré que cette période entre 1846 et 1848 relève largement de ce qu'il nomme le « mythe » du pape libéral et patriote[103]. Au-delà des amnisties, celui-ci se construit surtout avec les réformes de l'année 1847 qui enclenchent une réelle popularité, de l'instauration d'une garde civique a la première loi sur la liberté de publication. À bien les analyser, ces mesures ne bouleversent pas radicalement la théocratie pontificale. Cependant, l'image de Grégoire XVI

100 Enrico Francia, *op. cit.*, p. 142.

101 Giuseppe Montanelli, *Memorie sull'Italia e specialmente sulla Toscana dal 1814 al 1850*, Torino, 1853, p. 182. Cité dans : Enrico Francia, *op. cit.*, p. 37.

102 Simonetta Soldani, « Approaching Europe in the Name of the Nation. The Italian Revolution, 1846-1849 », dans Dieter Dowe, Heinz-Gerhard Haupt, David Higgins, Jonathan Sperber (dir.), *op. cit.*, p. 63.

103 Roger Aubert, *Le pontificat de Pie IX (1846-1878)*, Paris, Bloud et Gay, 1963 (1re éd., 1952). L'idée a été reprise dans l'historiographie italienne, notamment par Enrico Francia : *1848*, *op. cit.*, « Il mito di Pio IX », p. 34-46 ; mais aussi par Ignazio Veca dans une approche plus complète : *Il mito di Pio IX. Storia di un Papa liberale e nazionale*, Rome, Viella, 2018.

était si fortement celle d'un pape attaché à l'ordre autoritaire de la Restauration et hostile à toute réforme qu'elles valent à Pie IX une réputation de pape libéral. Dans le même temps, il s'impose dans le paysage politique des États italiens comme un soutien du mouvement national en août 1847 par sa protestation officielle contre l'occupation de Ferrare (ville du nord-est des États pontificaux) par les troupes autrichiennes. Le souverain pontife est célébré par les écrivains, les publicistes et autres crieurs de rue comme celui qui a tenu tête au chancelier Metternich et a remis en cause la politique de soutien indéfectible de la papauté aux Habsbourg et à la Sainte-Alliance, nommée auparavant « conjuration austro-grégorienne[104] ». Cette action contribue à développer l'aura de Pie IX auprès de tous les patriotes d'Italie alors que Metternich s'inquiète « du spectacle du pape faisant du libéralisme » dans une lettre écrite le 22 août 1847 au chef des armées d'Italie du nord, le feld-maréchal Radetzky[105]. Au mois de novembre 1847, les patriotes de la péninsule s'enthousiasment lorsque le pape accepte de former une ligue douanière avec Charles-Albert Ier de Sardaigne et Léopold II de Toscane – sur le modèle du *Zollverein* allemand – avec l'objectif de la transformer en une ligue de défense militaire[106]. L'initiative est perçue immédiatement comme un pas en direction de l'unité nationale. Un des journaux modérés prend d'ailleurs le nom de *Lega Italiana* qui rappelle le mot d'ordre des patriotes toscans de septembre 1847 qui lors de manifestations en appelaient à la réalisation d'une « ligue italienne[107] ». Fondé à Gênes le 5 janvier 1848 par le philosophe et homme politique patriote d'inspiration giobertienne Terenzio Mamiami et l'avocat Domenico Buffa – ancien partisan mazzinien et ex-collaborateur des *Letture popolari* de Lorenzo Valerio[108] – ce trihebdomadaire bénéficie d'une grande diffusion. Il est connu de la rédaction niçoise puisqu'elle diffuse une annonce pour en faire sa publicité dans le premier numéro de *L'Écho des Alpes maritimes* le 16 janvier 1848. L'idée d'une ligue sous sa domination et les mesures libérales et autres interventions diplomatiques de Pie IX dissimulent pour

104 Enrico Francia, *op. cit.*, p. 40-41.

105 Cité dans : Simonetta Soldani, « Approaching Europe in the Name of the Nation. The Italian Revolution, 1846-1849 », dans Dieter Dowe, Heinz-Gerhard Haupt, David Higgins, Jonathan Sperber (dir.), *op. cit.*, p. 84.

106 Christopher Duggan, *La forza del destino*, *op. cit.*, p. 192.

107 *Ibid.*, p. 193.

108 Franco Della Peruta, *op. cit.*, p. 47-48.

un temps l'orientation politique réelle de la papauté[109]. Elles répondent à une volonté du pape de se concilier le soutien de la population des États pontificaux et des journaux apparus à la faveur des réformes, dont le principal est *Il Contemporaneo* publié à Rome[110].

La reconnaissance publique donnée à Pie IX dépasse de beaucoup la seule presse romaine[111]. Dans le royaume de Sardaigne, nombreuses sont les publications qui élèvent le pape au rang de protecteur de la future nation italienne. Les publicistes, en relayant une certaine interprétation des actions du souverain pontife, jouent un rôle majeur dans diffusion de ce « mythe ». Ce n'est pas la logique d'un raisonnement politique qui prime mais les envolées lyriques. Dès ses premières publications en janvier 1848, la rédaction de *L'Écho des Alpes maritimes* n'échappe pas à cet enthousiasme idéalisateur momentané :

> Le souffle impérissable de la liberté, qu'on croyait éteint à jamais, se ranima alors à la voix du prêtre qui venait de ceindre la tiare, et bientôt embrasa tous les cœurs d'une seule ardeur, d'une seule pensée, celle de l'union et de l'indépendance italiennes[112].

Un lyrisme non dissimulé empreint tous les articles qui font du pape le défenseur du mouvement national italien. De ce point de vue le journal est représentatif de la ville. En effet, lors du banquet du 11 novembre 1847, les convives avaient déjà porté un toast en l'honneur de Pie IX, célébré conjointement au roi Charles-Albert. De même, lors des manifestations célébrant les réformes qui se font dans les rues de la ville aussi aux cris de « vive Pie IX ». Mêmes les républicains démocrates animés par un esprit anticlérical souscrivent au « mythe » du pape patriote. Ainsi, dès la fin de l'année 1847, depuis l'Uruguay où il a aidé (victorieusement) les indépendantistes, Giuseppe Garibaldi, envoie une proposition d'aide militaire au pape dans le cas où ce dernier concourrait à la lutte de libération nationale italienne[113]. L'information est rapportée dans *L'Écho des Alpes maritimes* du 27 février 1848 :

---

109 Andrea Riccardi, « Les papes », dans Mario Isnenghi (dir.), *L'Italie par elle-même : lieux de mémoires italiens de 1848 à nos jours*, *op. cit.*, p. 475-500.

110 Franco Della Peruta, *op. cit.*, p. 27.

111 Mario Isnenghi, *L'Italia in piazza*, *op. cit.*, p. 52-53.

112 *L'Écho des Alpes maritimes*, Prospectus, 1er janvier 1848.

113 Hervé Barelli, « Joseph Garibaldi à Nice, 21-26 juin 1848 », *Nice Historique*, n° 2, 2007, p. 108-110 ; Christopher Duggan, *La forza del destino*, *op. cit.*, p. 191-192.

> Notre compatriote Garibaldi, chef de la Légion italienne à Montevideo, avait écrit à monseigneur Bedini, internonce apostolique au Brésil, pour lui offrir de mettre ses services à la disposition de Sa Sainteté[114].

Les radicaux se veulent avant tout patriotes. Et ils sont aussi reconnaissants des nombreuses amnisties – qui les concernent au premier chef – que les souverains italiens ont accepté de concéder sur le modèle de ce qu'a fait le pape dès son accession au pontificat en 1846.

Des slogans aux publications, de nombreuses initiatives participent de la construction de la réputation de Pie IX. Outre les articles de journaux, il existe aussi un certain nombre d'ouvrages dont les prix, plus modiques que ceux de la presse, peuvent ponctuellement élargir le lectorat journalistique. Plus que concurrents des articles, ils en sont complémentaires et sont mis en avant par les publicistes dans des annonces commerciales. Ainsi, Auguste Carlone et ses collaborateurs font la promotion de ceux mis en vente par la librairie Visconti, celle qui distribue leur journal, comme on peut le voir dans le numéro du 24 février 1848 dans lequel paraissent différentes annonces, dont celle pour le livre intitulé *Rome et Pie IX* publié en 1847 par l'historien et homme de lettres français Alphonse Balleydier. Ce flot de publications dans un temps réduit contribue à créer une sorte d'unanimité. Le mouvement dépasse le pape qui n'a aucun contrôle sur la fabrication du « mythe », si ce n'est qu'il ne fait rien pour contredire les affirmations des journaux libéraux et patriotes. Il n'a fait qu'agir pragmatiquement pour assurer son pouvoir, mais il se trouve pris en étau au mois de mars 1848 lorsque la guerre contre l'Autriche devient de plus en plus inévitable. Il sait qu'il ne peut se permettre d'engager une lutte militaire contre un État catholique de première importance telle que l'Autriche, mais en la refusant catégoriquement il prendrait le risque de devenir aussi rapidement impopulaire que ce qu'il est devenu populaire. Toutefois, dans la presse l'espoir d'une telle intervention prévaut plusieurs mois durant. Ce qui peut s'expliquer en grande partie par l'importance de la religion dans le mouvement national italien, le catholicisme apparaissant comme un facteur de dépassement des frontières entre les États.

---

114 *L'Écho des Alpes maritimes*, 27 février 1848.

RELIGION, CITOYENNETÉ ET NATION

La religion est un « ciment paradoxal du protonationalisme » selon Eric Hobsbawm ; si elle renferme « une force susceptible de défier le monopole de la loyauté que la "nation" revendique de la part de ses membres », elle n'est pas aussi opposée au principe national qu'on l'a longtemps cru[115]. Des historiens, tel Maurizio Isabella, dans une perspective transnationale sur l'Europe méditerranéenne, ou bien Pierre-Marie Delpu, dans son étude centrée sur le royaume des Deux-Siciles, ont récemment entrepris de montrer la particularité des expériences nationales du *Mezzogiorno* européen[116]. Ils prennent pour objet d'étude les mouvements révolutionnaires du début des années 1820 pour montrer comment émerge une pensée qui concilie la croyance et la citoyenneté (appelée à devenir nationale), par les sermons religieux, les écrits des exilés, la littérature et la presse. C'est aussi dans la lignée de leurs travaux que s'inscrit le prochain développement, car leur démonstration a une valeur indéniable pour le *Quarantotto*, à condition de la mobiliser en prenant en compte les particularités de la période.

Le lien religion (libérée de tous les dogmatismes qui sont dénoncés en 1848, comme on l'a vu, sous le nom de « jésuitisme »), citoyenneté (droits politiques et constitution) et nation (indépendante et unifiée avec la formation d'un État) est sans cesse réactivé dans le discours journalistique patriotique et libéral. Le prospectus publié le 1er janvier 1848 par les directeurs de *L'Écho des Alpes maritimes* en donne une bonne idée :

> Dans le grand mouvement qui porte l'Italie à ressaisir le rang qu'elle doit occuper parmi les nations civilisées, il semble que la Providence se soit complue à lui aplanir la voie vers cette destinée nouvelle, par le concours général des opinions et des tendances[117].

La croyance d'une réalisation de la providence divine dans l'advenue de libertés politiques nouvelles et dans la lutte nationale est enracinée

115 Eric J. Hobsbawm, *Nations et nationalisme depuis 1780*, *op. cit.*

116 Maurizio Isabella, « Citizens or Faithful ? Religion and the Liberal Revolutions of the 1820s in Southern Europe », *Modern Intellectual History*, n° 12, 2015, p. 1-24 ; Pierre-Marie Delpu, « Patriotisme libéral et nation catholique : les prêtres libéraux dans la révolution napolitaine de 1820-1821 », *Studi storici. Rivista trimestrale dell'Istituto Gramsci*, n° 58, 2017, p. 545-571.

117 *L'Écho des Alpes maritimes*, Prospectus, 1er janvier 1848.

dans les esprits. Elle s'incarne dans des moments de communion de la communauté, sur la place publique d'une ville par exemple, comme lors de *Te Deum* ou de prédications des prêtres-patriotes. De même, elle se transmet dans des publications journalistiques, qui d'ailleurs donnent une publicité aux cérémonies susmentionnées. Le discours national a une dimension religieuse fortement mobilisatrice, jusqu'à l'incitation à la mort pour la patrie qui en est en quelque sorte le stade ultime et reprend l'idée du martyre. Elle se ressent aussi dans les symboles, avec notamment l'ajout de croix sur les drapeaux tricolores. La foi en le progrès qui guide les patriotes libéraux leur fait percevoir le catholicisme comme une doctrine religieuse contenue dans l'Évangile qui devrait, selon l'interprétation qui en est faite, annoncer l'avènement de la liberté et du progrès humain – qui pour eux prennent la forme de la construction d'un État-nation constitutionnel[118]. L'un des éléments qui participent à cimenter cette triple association religion-citoyenneté-nation est la liberté : elle est appliquée à la croyance, catholique (contre le « jésuitisme ») ou en général (liberté de culte), à la citoyenneté (libertés de publication, de pensée et d'association) et enfin à la nation (une Italie libérée de toute occupation). Cette association entre les trois notions se retrouve aussi dans la question des juifs d'Italie, qui s'affirment généralement comme des soutiens du processus de construction d'un État-nation, notamment parce que celui-ci porte une promesse d'émancipation[119]. Ils souhaitent une véritable intégration dans une future communauté nationale. La défense d'une telle perspective est bien celle de la famille Avigdor à Nice qui est impliquée dans la participation au banquet civique et patriotique du 11 novembre 1847 (les frères Jules et Nephtali Avigdor y sont présents) ainsi que dans la création du premier journal politique qu'est *L'Écho des Alpes maritimes* (Jules Avigdor en est un des directeurs alors que son frère est actionnaire). Au-delà des seules familles juives, les notables libéraux niçois soutiennent l'émancipation des juifs. Au début de l'année 1848, François Guisol exige leur intégration dans la citoyenneté naissante, finalement acquise dans le *Statuto* au mois de mars de la même année, ainsi que la fin de leur exclusion de la société, donc du ghetto, finalement supprimé à la fin du même mois :

118 Paul Bénichou, *Le temps des prophètes*, *op. cit.*, p. 153.
119 Enrico Francia, *1848*, *op. cit.*, p. 197-198.

Donca ahura veiren, de qualonca nassion, / Decorar lu talent de touta religion. / En fraire dapertout, sensa plus de tumult, / Trionfar, mé splendour, la libertà dei culte ! / Perché donc un gieidieu, mé de talent e d'or, / Virtuous benfatour, sage coma Avigdor, // Non poudia, en haven ren su d'èu de sinistre / Devenir gouvernour, president o ministre ? / Perché lu separar de nouostra sossietà, / E dintre d'un pais, lu metre de costà ?

« Donc désormais nous verrons, de toutes les nations / Honorer les talents de toute religion. / En frères partout, sans plus de tumulte, / Triompher, avec splendeur, la liberté des cultes ! / Pourquoi donc un juif, avec du talent et de l'or, / Bienfaiteur vertueux, sage comme Avigdor, // Ne pouvait-il, sans avoir rien fait de sinistre, / Devenir gouverneur, président ou ministre ? / Pourquoi les séparer de notre société / Et dans un même pays les mettre de côté[120] ? »

Comme le souligne Jérémy Guedj, dans l'esprit des notables joue aussi le souvenir de l'accès à la citoyenneté française des juifs niçois durant la période d'existence du premier département des Alpes-Maritimes. La famille Avigdor a profité de ce nouveau statut pour faire fructifier ses affaires, notamment dans le commerce des huiles[121]. Mais la fin de l'occupation française à la suite de l'effondrement du Premier Empire en 1814 a marqué le retour des mesures vexatoires et de la claustration dans le ghetto pour la communauté juive. Si la famille Avigdor ne subit alors plus cet état de fait en 1848, l'on comprend aisément que ses membres soient largement favorables au mouvement national et aux réformes constitutionnelles. De même que la constitution et les libertés et droits politiques nouveaux, la fin des grandes lois vexatoires contre les juifs n'est en rien une chose consensuelle. Il s'agit bien de renverser un autre pan de l'ordre ancien. Une telle mesure heurte fortement les convictions des courants réactionnaires favorables à la conservation de l'ordre de la Restauration. La question ne met pas seulement en jeu une position politique contre une autre, car il existe dans ces milieux un esprit de haine contre les juifs et une volonté de les maintenir dans une condition d'infériorité qui ont parfaitement été reconstitués par Umberto Eco dans son livre *Il cimitero di Praga*. Dans le quatrième chapitre, l'auteur nous plonge dans la période de la Restauration sarde. Il se livre à une reconstruction des souvenirs du personnage principal

120 Steve Betti, « L'éveil d'une conscience politique : discours, odes, libelles et pamphlets niçois du Printemps des peuples », art. cité, p. 36-37.

121 Robert Latouche, *Histoire de Nice*, *op. cit.*, p. 112.

et met en scène son grand-père, Giovanni Battista Simonini, militaire turinois, dont les discours sont imprégnés de la rhétorique antisémite caractéristique des milieux contre-révolutionnaires[122]. Cependant, au printemps 1848, les forces qui avaient été un des piliers de l'ordre restauré sont dans une position de faiblesse.

La liberté de culte est une des questions politiques fondamentales en 1848. Mais elle ne résume pas le lien qui se fait entre citoyenneté, religion et nation. Dans cette « Italie des prêtres », pour reprendre la formule de Giuseppe Montanelli, fondateur du journal patriotique toscan *L'Italia*, ce lien passe aussi par un discours national qui se fait théologique. La croyance catholique s'affirme comme un « formidable instrument de mobilisation patriotique et d'alphabétisation politique[123] ». Au cours du *Quarantotto*, les *Te Deum* deviennent l'un des outils de la prédication politique. Ils sont récurrents dans les villes, certes, mais aussi dans les bourgs et villages, encouragés notamment par le bas clergé, qui, avant 1848, ainsi que l'a montré Pierre-Marie Delpu, est en réalité bien plus impliqué dans le mouvement national que les prélats et la papauté[124]. Dans le pays niçois, les *Te Deum* participent de cette dimension spirituelle et religieuse du patriotisme et accompagnent les bénédictions de drapeaux tricolores. Si la messe dominicale demeure un événement du temps ordinaire fondamental pour transmettre des idées, les manifestations moins habituelles contribuent aussi fortement à l'enthousiasme du moment. Dans l'arrière-pays niçois, l'engagement du bas clergé rural, plus proche de la population que les prélats urbains, a dépassé parfois le stade du *Te Deum* ; lors des festivités pour l'annonce du *Statuto* au mois de février 1848, à Contes « le curé lui-même animait par sa présence les réjouissances et les farandoles » alors qu'à Saint-Étienne-de-Tinée « le clergé s'est uni au peuple pour promener fraternellement les drapeaux italiens[125] ». Un peu à la manière de ce qui se passe en France quelques mois plus tard avec l'implication des prêtres pour bénir les arbres de la liberté, l'on observe dans les États italiens une sorte de transfert de la prédication religieuse à la prédication politique. Cependant, les évêques

122 Umberto Eco, *Il cimitero di Praga*, Milan, Bompiani, 2010, chapitre 4 « *I tempi del nonno* », p. 59-100.

123 Enrico Francia, *op. cit.*, p. 248 et 263.

124 Pierre-Marie Delpu, « Patriotisme libéral et nation catholique : les prêtres libéraux dans la révolution napolitaine de 1820-1821 », art. cité, p. 548-550.

125 *L'Écho des Alpes maritimes*, 20 février 1848.

comme le pape s'imposent comme des freins à ces mobilisations patriotiques et libérales du clergé, même si les patriotes poussent l'Église à une implication au plus haut niveau, celle de la papauté, comme on l'a vu avec le développement du « mythe » du pape libéral et patriote.

L'enjeu est aussi une laïcisation de notions, pratiques ou images religieuses ; c'est le cas pour la figure du martyr qui devient un attribut de l'action nationale. On voue un culte à ceux qui sont tombés pour la patrie. Il s'agit aussi d'un moyen de politisation dans les États pré-unitaires qui relèvent, pour Pierre-Marie Delpu, d'une véritable « religion politique[126] ». L'interroger est une façon d'entrer dans l'étude de ce que George L. Mosse nommait dans ses travaux précurseurs la « nationalisation des masses », qui prend des formes différentes selon les lieux et les époques, mais qui est indéniablement à l'œuvre durant le *Quarantotto*[127]. Des foules parfois nombreuses investissent les places, lieux privilégiés de ces manifestations – annoncées voire organisées par les journaux – pour honorer les « martyrs » de la cause nationale. En janvier 1848, alors qu'à Nice les manifestants fustigeaient les choix du gouverneur De Maistre de leur interdire les drapeaux italiens, la ville de Milan et ses alentours, notamment Pavie au sud, connaissaient des mouvements insurrectionnels contre l'occupation autrichienne, violemment réprimés par les soldats du feld-maréchal Radetzky. Les soulèvements lombards ont été salués dans la presse politique naissante comme d'authentiques actes patriotiques. Partout des hommages ont été rendus aux victimes devenues des martyrs de la cause italienne et célébrées lors de cérémonies plus ou moins officielles. À Nice, les publicistes de *L'Écho des Alpes maritimes* incitent à la tenue de services funèbres en faveur des « frères lombards » tués durant la répression autrichienne[128]. Le récit du service funèbre en faveur des victimes de Milan et de Pavie est publié le 3 février 1848

126 Pierre-Marie Delpu, « Une religion politique. Les usages des martyrs révolutionnaires dans le royaume des Deux-Siciles (années 1820-années 1850) », *Revue d'histoire moderne et contemporaine*, n° 64, janvier-mars 2017, p. 7-31.

127 George L. Mosse, *The Nationalization of the Masses : Political Symbolism and Mass Movements in Germany from the Napoleonic Wars Through the Third Reich*, New-York, Howard Fertig, 1975. Il est d'autant plus nécessaire de mentionner ce travail que l'historiographie italienne, de la même manière que l'allemande et nettement plus que la française, s'est inspirée de ses ouvrages (son travail a été traduit italien l'année même de sa publication en anglais : *La nazionalizzazione delle masse : simbolismo politico e movimenti di massa in Germania dalle guerre napoleoniche al Terzo Reich*, Bologne, Il Mulino, 1975).

128 Enrico Francia, *op. cit.*, p. 90.

dans le journal d'Auguste Carlone et ses collaborateurs[129]. Les feuilles de presse contribuent largement à diffuser cette « mystique du martyr » qui fait de la mort de celui que l'on reconnaît publiquement comme un compatriote le vecteur d'une fraternité patriotique à distance[130]. Il ne faut pas supposer ce lien comme étant similaire chez tous les individus puisqu'il est très inégalement ressenti – comme toutes les émotions collectives. Cependant, il est inévitable de constater qu'il s'inscrit dans la rhétorique journalistique pour mettre en scène un *pro patria mori*, une mort noble, celle pour la patrie et qui construit ainsi un imaginaire national sur fond de religiosité chrétienne[131].

Le culte de ceux que Pierre-Marie Delpu nomme les « martyrs révolutionnaires », protéiformes dans ses manifestations, a été un vecteur essentiel de politisation, pas seulement durant le *Quarantotto*, même s'il est un moment charnière. Il revêt une dimension patriotique dans toute la péninsule italienne, mais se réalise dans des manifestations localisées. Tous les villages peuvent avoir le leur, de la même manière que durant la guerre en Lombardie conflit ils ont leur(s) combattant(s), que les journaux locaux suivent. C'est aussi une manière de montrer que le conflit contre l'Empire autrichien concerne la population et n'est pas un événement lointain. Et dans ce processus, les publicistes ne sont pas les seuls à l'œuvre puisque les poètes contribuent aussi à honorer la mémoire des martyrs comme l'exprime la poétesse niçoise Agathe Sophie Sassernò :

> Oui la voix du Poète est sainte, / Elle bénit le souvenir ; / Elle peut s'élever sans crainte / Car elle parle à l'avenir / [...] La muse a des chants de gloire / Pour les martyrs et les guerriers, / Et sur les noms chers à l'histoire / Elle effeuille de verts lauriers[132].

Les poètes alimentent une certaine religiosité dans le discours patriotique, de la même manière qu'ils nourrissent aussi les pensées bellicistes,

129 *L'Écho des Alpes maritimes*, 3 février 1848.

130 Benedict Anderson, *L'imaginaire national*, *op. cit.*, p. 24-25.

131 Alberto Mario Banti, *La nazione del Risorgimento*, *op. cit.* Voir particulièrement les troisièmes parties des chapitres II et III, respectivement nommés : « *La mistica del martirio* » et « *Pro patria mori* ».

132 Agathe Sophie Sassernò, « Eglantine », dans *Glorie e sventure : chants sur la guerre de l'indépendance italienne, et poésies nouvelles*, vol. 2, Turin, Fory et Dalmasso, 1852, p. 101. C'est un poème dédié à la duchesse de Gênes.

comme dans le *Canto degli Italiani* de Goffredo Mameli. Une mémoire collective contemporaine des événements émerge en rapport avec les « martyrs ». Elle est très liée au contexte de l'époque qui est celui d'une guerre imminente des États italiens contre l'Autriche au mois de mars 1848.

« LA GUERRE EST LA CONTINUATION DE LA POLITIQUE PAR D'AUTRES MOYENS »

Il est difficile de définir une économie générale de l'action des « militants » de la nation mais l'on peut en cibler une essentielle : la guerre. Dans l'histoire du *Risorgimento*, le *Quarantotto* a été un moment important aussi parce qu'il été celui d'une première guerre d'indépendance italienne. Celle-ci succède à une période d'intense mobilisation pour la cause patriotique, et de désignation d'un ennemi, en l'occurrence l'Autriche. La guerre est bien, pour reprendre l'aphorisme de Carl von Clausewitz, « la continuation de la politique par d'autres moyens ». La formule du général prussien, utilisée dans le traité *Vom Kriege* (*De la guerre*, 1832), décrit parfaitement la situation des premiers mois de l'année 1848 dans les États italiens lorsque les publicistes libéraux et patriotes, après l'acquisition de la liberté de publication, présentent la guerre contre l'Autriche comme une nécessité inévitable et une suite logique de la lutte politique menée depuis 1847. Le mois de mars 1848 est un moment de fièvre patriotique à connotation guerrière dans les villes italiennes dont Nice n'est pas exempte. Celle-ci met en jeu des représentations territoriales et symboliques – comme l'idée qu'il existe un territoire national à défendre – que l'on observe bien dans les discours journalistiques.

UN TERRITOIRE NATIONAL ET UN ENNEMI COMMUN

> L'unité doit s'opérer par la communauté compacte des institutions et des lois politiques de tous les peuples de notre péninsule, et par la plus large fusion de leurs intérêts industriels[133].

Dans cette phrase extraite du prospectus de *L'Écho des Alpes maritimes* sont résumées les perspectives du projet national italien tel qu'il est pensé durant le « printemps des peuples ». L'unité se construirait par le dépassement des différences entre les « peuples » italiens, par une convergence culturelle et linguistique, certes, mais aussi économique et politico-institutionnelle. La signature d'un pacte douanier entre Pie IX, Charles-Albert Ier et Léopold II en novembre 1847 atteste du fait que les patriotes ont réussi à imposer l'idée d'une nécessaire convergence d'intérêts entre les différents États. Le processus n'est pas propre à l'Italie puisqu'il s'observe aussi, avec un avancement supérieur, en Allemagne où s'élabore à la même période une *nationalökonomie*[134]. Mais pour qu'une telle unification se réalise, il faut qu'existe un territoire défini comme national. Et c'est ce que s'applique à réaliser les publicistes du *Quarantotto* qui œuvrent à ancrer dans les esprits la définition d'un territoire national italien en même temps que la naturalisation de ses limites – qui ressort dans la recherche de frontières pensées comme naturelles et vécues comme nationales. Dans le cinquième point de sa conférence de 1882, Ernest Renan établit que la question des frontières naturelles prend « une part considérable dans la division des nations[135] ». « Sont-ce les montagnes ou bien sont-ce les rivières qui forment des frontières naturelles ? » questionne l'auteur après avoir pointé le caractère « arbitraire » d'un tel processus. Pour la grande majorité des hommes de presse patriotes du « printemps des peuples », l'argument est pourtant récurrent : dans les discours, la naturalité des frontières du territoire national est présentée comme le fruit d'une volonté divine. Les nationalités « sont les grandes familles de l'Humanité auxquelles la Providence a fixé certaines délimitations de territoire » peut-on lire dans *L'Écho des Alpes maritimes* du 8 janvier 1849[136]. La presse joue un

133 *L'Écho des Alpes maritimes*, Prospectus, 1er janvier 1848.
134 Eric J. Hobsbawm, *Nations et Nationalisme depuis 1780*, *op. cit.*, p. 44.
135 Ernest Renan, *Qu'est-ce qu'une nation*, *op. cit.*, p. 28-29.
136 *L'Écho des Alpes maritimes*, 8 janvier 1849.

rôle fondamental dans la diffusion des représentations et dans la définition d'un territoire imaginé comme national.

Que l'Italie soit une entité géographique, péninsulaire, qui a une histoire commune, même le chancelier autrichien Metternich ne le nie pas lorsqu'il affirme vouloir la faire demeurer dans cet état ; mais pour les « militants » de la nation, la péninsule italienne est pensée un espace national devant servir de fondement à un État unifié[137]. Dans *L'Écho des Alpes maritimes*, Gonzague Arson, l'un des directeurs-fondateurs du journal, dans un chant poétique (déjà mentionné) publié le 27 février 1848, évoque, en parlant de l'enthousiasme quarante-huitard partagé dans de nombreuses villes italiennes, « un concert de bonheur, d'ivresse et de folie » qui « jaillit des Alpes à l'Etna[138] ». L'identification du territoire à des éléments naturels rappelle le *Canto degli Italiani* écrit par Goffredo Mameli à Gênes durant l'automne 1847 et qui définissait, au début de son quatrième couplet, le sol italien comme s'étendant « des Alpes à la Sicile ». L'Italie géographique devient un véritable territoire national. Un tel discours s'intègre dans une manière plus générale de percevoir le monde, guidée par le principe des nationalités. Dans les journaux, la division territoriale des rubriques devient une division nationale. La chose est particulièrement visible dans les pages de *L'Écho des Alpes maritimes* où l'on remarque une rubrique « Italie » qui regroupe les informations sur les affaires italiennes, du royaume des Deux-Siciles au sud jusqu'au royaume de Sardaigne au nord, en passant par le grand-duché de Toscane, les États pontificaux mais aussi les territoires de l'Italie du nord, la Lombardie et la Vénétie. Ainsi, l'occupation autrichienne est le prétexte à une hostilité patriotique contre les Habsbourg qui redouble dans les publications journalistiques du printemps 1848. Les « militants » de la nation œuvrent pour fixer un *nous* national, contenu dans une certaine extension territoriale, qui s'oppose à un *eux*, qui cible un ennemi commun. Cela nourrit un objectif belliqueux, celui de chasser les Autrichiens du territoire « national[139] ».

La dimension de l'identité, comme l'a bien souligné Gérard Noiriel, est « inhérente au concept de nation », mais elle doit s'entendre avant tout dans son sens étymologique de similarité – les patriotes se sentent

137 Denis Mack-Smith, *Il Risorgimento italiano*, *op. cit.*, p. 172-173.
138 *L'Écho des Alpes maritimes*, 17 février 1848.
139 Gérard Noiriel, *État, nation, immigration*, *op. cit.*, p. 136.

identiques dans leur affect national[140]. Avant l'avènement de la presse, l'étape décisive a été celle des livres produits par les patriotes en exil, notamment au cours des années 1840. Ils contenaient des représentations du territoire national mâtinées de rhétorique antiautrichienne. Cesare Balbo dans *Le Speranze d'Italia* de 1844 rejoint la position giobertiste qui prône l'éloignement vers les Balkans de l'Empire d'Autriche, alors que Massimo D'Azeglio insiste encore plus sur la question en faisant de la lutte contre les Autrichiens et de leur départ de ce qu'il se représente comme étant une partie du territoire national italien, la Lombardie et la Vénétie, une condition *sine qua non* de la construction d'un État-nation[141]. La répulsion de l'occupant autrichien transparaissait déjà auparavant dans les écrits politiques de Giuseppe Mazzini. Les représentations ne naissent donc pas durant le *Quarantotto*, mais elles se diffusent de manière inédite avec la presse.

L'Autriche impériale concentre tous les antagonismes des publicistes « militants » de la nation. Elle est décrite comme une puissance d'occupation dirigée par des « oppresseurs » instaurant la tyrannie en Italie selon le mot utilisé dans le prospectus du 1er janvier et dans le numéro du 16 janvier 1848 par les journalistes de *L'Écho des Alpes maritimes*. La domination autrichienne est particulièrement mal vécue car l'imaginaire culturel national italien qui a émergé depuis la fin du XVIIIe siècle est marqué par l'idée d'une grandeur passée perdue (ce qu'attesterait l'occupation étrangère). Ernest Gellner a bien souligné le fait que des peuples dont les élites s'imaginent représenter ou incarner une haute culture associée à un passé glorieux et présentée comme nationale sont plus prompts à s'élever contre une bureaucratie et une armée étrangères[142]. La chose est d'autant plus prégnante qu'elle se double de considérations sur la « germanité » de l'ennemi, considéré comme un barbare extérieur à la culture latine. Une rhétorique qui s'amplifie dans les situations conflictuelles, une fois la guerre commencée, comme on peut le lire dans *L'Écho des Alpes maritimes* du 21 avril 1848 :

140 *Ibid.*, p. 136-137.

141 Massimo d'Azeglio, *Degli ultimi casi di Romagna*, Italia, 1846, p. 215. L'auteur souligne notamment le fait que la censure pontificale, encore dans les années 1840, ne tolère pas le terme « italien » dans les écrits.

142 Ernest Gellner, *Nations et nationalisme*, *op. cit.*, p. 88-89.

> C'est en vain que l'Autriche pousse en Lombardie de nouveaux bataillons de barbares, qu'elle vide ses arsenaux, qu'elle aiguise de nouvelles lames [...]. Que vienne une bataille et la régénération sera sanctionnée dans le sang de l'étranger[143].

L'article rend bien compte de la rhétorique belliciste qui remplit les colonnes des journaux. Qu'elle soit sanglante, comme dans cet extrait, ou plus froide, celle-ci réactive le mythe du Germain barbare contre le Romain civilisé. Elle alimente aussi le mythe du pape patriote à travers une réinterprétation historique médiévale qui fait du souverain pontife le défenseur de la péninsule italienne contre l'empereur germanique (désormais Habsbourg) – le projet de Vincenzo Gioberti est d'ailleurs bien dit « néoguelfe[144] ». Les pensées bellicistes contre Metternich et sa politique italienne affleurent dans les journaux patriotiques et libéraux. Un discours qui se nourrit aussi du fait que l'ingérence a été érigée en système de politique étrangère par le chancelier autrichien en Italie durant le premier XIXe siècle, avec plus qu'une complicité de la part des souverains régnants qui bien souvent appelaient eux-mêmes à l'aide l'Empire Habsbourg pour réprimer des tentatives révolutionnaires. Des souvenirs historiques nourrissent la rhétorique belliciste :

> Ce régime de dure compression sous lequel l'Autriche étreint encore le centre de notre pays annonce déjà sa dislocation par des craquements sourds ; et malgré toutes les violences qu'elle emploie pour perpétuer un ordre des choses impossible aujourd'hui, en appesantissant de plus en plus son bras meurtrier à chaque tressaillement des opprimés, elle risque de voir bientôt ces fers serrés avec tant d'acharnement se briser d'eux-mêmes par cette compression, et tomber tout à coup aux pieds de la grande nationalité italienne[145].

Les mots traduisent le climat insurrectionnel qui règne en Lombardie où la résistance contre les troupes autrichiennes s'organise. Les publications journalistiques transmettent les informations et les émotions à distance et contribuent à initier un mouvement de solidarité envers les Lombards et les Vénitiens dont il est envisagé que l'issue en soit une guerre contre l'Autriche comme on peut le lire dans *L'Écho* en février 1848 :

---

143 *L'Écho des Alpes maritimes*, 21 avril 1848.

144 Simonetta Soldani, « Approaching Europe in the Name of the Nation. The Italian Revolution, 1846-1849 », dans Dieter Dowe, Heinz-Gerhard Haupt, David Higgins, Jonathan Sperber (dir.), *op. cit.*, p. 67-68.

145 *L'Écho des Alpes maritimes*, 19 janvier 1848.

> Au reste, il ne se passera pas longtemps, il faut l'espérer, avant que l'Italie ne soit en mesure de fournir elle-même à ses besoins d'armes par les progrès de son industrie nationale ; et alors, s'il lui fallait défendre, à main armée, ses institutions contre les agressions étrangères, elle saurait les repousser victorieusement par les inépuisables moyens qu'un peuple qui veut s'affranchir trouve toujours dans son dévouement pour la cause patriotique[146].

Au-delà des supputations optimistes sur les capacités militaires des États italiens, en induisant une unité d'action qui est loin d'être de mise – les peuples d'Italie sont devenus « un peuple » – les publications journalistiques contribuent à la mobilisation patriotique.

L'enjeu en février et mars 1848 est d'abord la course à l'information, pour que les actions des insurgés lombards soient connues dans toutes les villes italiennes. Auguste Carlone et ses collaborateurs rapportent dans *L'Écho des Alpes maritimes* du 20 février 1848 les troubles dans les cités de Pavie et de Mantoue, situées près des duchés centraux de Parme et Modène, ainsi qu'une extension des heurts à la Vénétie, particulièrement à Padoue où a eu lieu « une collision sanglante entre les troupes autrichiennes et les étudiants dans la journée du 8 février[147] ». Les insurgés sont alors considérés comme faisant partie de la même communauté nationale imaginée, ce qui forge un lien de fraternité patriotique à distance dans la vie, par le soutien à l'insurrection, comme dans la mort, avec les hommages aux « martyrs » de la cause nationale. Si la lutte est engagée en Italie, ce sont finalement les mouvements internes à l'Empire d'Autriche qui aboutissent à une intensification de l'insurrection. À la faveur de la révolution parisienne de la fin du mois de février 1848, Vienne, la capitale impériale, connaît un véritable mouvement révolutionnaire, très estudiantins, dont le récit est livré seulement quelques jours après les événements dans *L'Écho* du 23 mars 1848 :

> Vienne a enfin poussé son cri de liberté ; Milan a répondu et la Lombardie s'est soulevée tout entière : elle lutte contre ses oppresseurs avec l'énergie d'un peuple qui ne craint pas de mourir et qu'animent l'amour de la patrie, la haine du despotisme et le désir d'une indépendance glorieuse[148].

---

146 *L'Écho des Alpes maritimes*, 20 février 1848.
147 *Ibid.*
148 *L'Écho des Alpes maritimes*, 23 mars 1848.

L'article exprime on ne peut mieux le lien intrinsèque entre libéralisme et patriotisme ; l'oppression et le despotisme de l'Autriche contre les droits politiques modernes mais aussi contre l'unification nationale concomitante. Cependant, elle est ébranlée en son cœur même. Le chancelier Metternich est plus occupé à envoyer la troupe contre les étudiants viennois le 13 mars 1848 qu'à s'occuper des territoires italiens où les informations sur les événements circulent rapidement. L'envahissement du palais du chancelier autrichien le pousse à prendre la fuite alors que l'empereur doit promettre de proclamer une constitution, à la manière de ce qu'ont fait les souverains italiens quelques semaines auparavant[149]. Le moment est idéal pour faire vaciller l'Empire Habsbourg. Lorsque la nouvelle est connue à Milan et à Venise, le 17 mars, des mouvements populaires s'organisent[150]. C'est le début des *Cinque Giornate* milanaises (18-22 mars) et du mouvement de création de la république de Saint-Marc à Venise (qui se réapproprie l'héritage républicain de la ville). Gilles Pécout a bien décrit le modèle de ces deux insurrections : d'abord, des manifestations se développent avec un peuple qui s'arme comme il le peut et s'organise sous des auspices patriotiques avec le déploiement de symboles nationaux comme les drapeaux tricolores ; ensuite, les lieux décisionnels sont pris d'assaut pour organiser de nouvelles institutions et combler le vide laissé par le retrait des troupes autrichiennes[151].

La capitale lombarde forte de 170 000 habitants était alors occupée par près de 30 000 soldats commandés par le feld-maréchal Joseph Radetzky, ce qui en fait une véritable poudrière[152]. Le plus gros du récit des journées vénitiennes et lombardes se retrouve dans *L'Écho des Alpes maritimes* du 23 mars qui informe les Niçois que le 18 du même mois, devant la mobilisation des insurgés, le « vice-roi est parti de Milan et la chancellerie se dispose à le suivre », alors que Radetzky recule à Vérone avec les troupes impériales[153]. À Venise après la libération des chefs, Daniele Manin et Niccolò Tommaseo, le 22 mars 1848 les édifices publics sont occupés par les insurgés qui chassent les soldats autrichiens et proclament la république[154]. L'insurrection milanaise se développe

149 *Ibid.*
150 Gilles Pécout, *Naissance de l'Italie contemporaine*, *op. cit.*, p. 110.
151 *Ibid.*
152 Denis Mack Smith, *Il Risorgimento italiano*, *op. cit.*, p. 192.
153 *L'Écho des Alpes maritimes*, 23 mars 1848.
154 Denis Mack Smith, *op. cit.*, p. 192.

dans un contexte marqué par l'activisme des coteries politiques, celle de Carlo Cattaneo et de Cesare Correnti, deux des principaux meneurs. Le second est l'auteur des *Domande degli Italiani di Lombardia* affichées publiquement dans la matinée du 18 mars dans les rues de Milan, réclamant notamment la liberté de la presse, l'abolition de l'ancienne police et l'instauration d'une garde municipale, soit les droits et libertés obtenus par les bourgeoisies libérales et patriotes des différents États italiens[155]. La proclamation, parce qu'elle est un pas vers l'unification des droits politiques dans toute l'Italie, est reprise par les journaux ; elle est publiée dans *L'Écho des Alpes maritimes* le 23 mars 1848[156].

Les rédactions ne font pas que suivre à distance les événements. Elles veulent contraindre les pouvoir à la mobilisation armée pour soutenir ceux qui sont considérés comme des « frères » insurgés :

> Il n'y a parmi nous aujourd'hui qu'une seule préoccupation, un seul désir ardent, un seul intérêt puissant, immense qui nous saisit et nous domine tous : Milan et le triomphe de nos frères de Lombardie. D'une extrémité du royaume à l'autre nous n'avons tous qu'un cœur, une pensée, un même enthousiasme : tout un peuple crie aux armes ! Écoutez-le ! Il veut que la liberté triomphante à Rome, à Naples, à Florence, à Turin, le soit aussi à Milan et à Venise ! Autrichiens arrière ! Et place à la liberté italienne[157] !

L'article exprime bien l'enthousiasme patriotique qui accompagne le traitement des événements milanais. Il s'inscrit clairement dans la rhétorique patriotique étudiée par Alberto Mario Banti qui mobilise, sur fond de discours politique, le registre de l'émotion et de la parentèle (en l'occurrence la fraternité patriotique, qui est justifiée par l'existence d'une « mère » patrie intégrant toutes les « petites » patries). L'article dévoile bien une nouvelle expression de la représentation du territoire national qui sert à la mobilisation patriotique. Les villes citées, dispersées en différents États, sont considérées comme faisant partie d'une même nation et leurs habitants comme étant des frères se devant une solidarité nationale. Cependant, l'exprimer est une chose, mais la concrétiser en est une autre, malgré la diffusion dans tous les journaux de ces villes, et d'autres plus modestes comme Nice, d'un discours national mobilisateur.

155 Bruno Tobia, « Les Cinq Journées de Milan », dans Mario Isnenghi (dir.), *L'Italie par elle-même*, *op. cit.*, p. 277.

156 *L'Écho des Alpes maritimes*, 23 mars 1848.

157 *Ibid.*

Celui-ci prend la tournure d'une prédication patriotique et se transforme en un appel à mener une « croisade » nationale, alors même que la figure du pape patriote est mise à rude épreuve par le conflit qui se profile.

UNE « CROISADE » NATIONALE ?

La perspective d'une guerre contre l'Empire d'Autriche favorise diverses expressions qui relèvent bien de la « religion patriotique » identifiée précédemment. Celle-ci se manifeste d'emblée à travers la croyance en le destin providentiel de la nation italienne encore à réaliser. Les publicistes patriotes sont les plus grands théoriciens de cette idée comme la question des frontières a permis de le constater. Elles sont pensées comme nationales mais aussi naturalisées, c'est-à-dire présentées comme tracées par Dieu, selon une interprétation très libre des dogmes catholiques. Ce serait donc accomplir la volonté divine que de réaliser un État national qui soit compris dans les limites qu'elles dessinent. Une dimension théologique qui contribue indéniablement à la naturalisation du discours national et fait de la guerre patriotique l'équivalent d'une croisade.

Un acte « de civilisation contre la barbarie, une guerre non seulement nationale, mais hautement chrétienne » : c'est en ces mots que Massimo d'Azeglio qui, dès les années 1840, avait avancé la nécessité d'un conflit contre l'Autriche pour faire accéder l'Italie à l'indépendance et à l'unité, décrit la guerre qui advient au printemps 1848[158]. La rhétorique repose sur une vision particulière de la nation italienne en devenir, présente aussi dans des textes comme le *Canto degli Italiani* écrit à l'automne 1847. Dans ce chant guerrier Goffredo Mameli évoque l'Italie comme une création divine ou du moins une nation dont l'unification est un projet guidé par la providence. L'une des nombreuses voix qui promeuvent une telle vision est celle de Cristina Trivulzio di Belgiojoso. Exilée politique du temps de la Restauration, elle est l'une des femmes qui ont eu une certaine influence dans les réseaux patriotiques de l'exil, notamment à Paris. De retour en Italie à la faveur des amnisties, elle tente au début du printemps 1848 d'initier la mobilisation de volontaires patriotes et fonde un journal qui porte le nom explicite d'*Il Crociato* (*Le Croisé*)[159]. Le titre

158 Enrico Francia, *1848. La rivoluzione del Risorgimento*, *op. cit.*, p. 144.
159 *Ibid.*, p. 145.

atteste bien des représentations qui entrent en jeu dans la mobilisation patriotique ; une sorte d'hystérie collective pousse la presse nouvelle à chercher confirmation dans chaque événement de l'aide que Dieu apporte à la cause nationale. Le 23 mars 1848, à Rome, une mobilisation de près de 40 000 personnes a lieu pour célébrer le début du conflit contre l'Autriche. Dans une atmosphère d'enthousiasme patriotique exalté, on inscrit sur des listes les volontaires pour le combat, alors que le père Gavazzi exhorte les foules à la guerre en la présentant comme une volonté divine[160].

L'idée de guerre sainte patriotique exprimée en 1848 est un produit des discours et représentations de la période du romantisme national durant laquelle s'est fait le lien entre croyances religieuse et patriotique. C'est un discours qui a perduré par la suite, et s'est exprimé sous une autre forme, mais toujours dans le même registre, dans des guerres postérieures de l'histoire contemporaine, comme lors de la Première guerre mondiale. Des ressorts communs sont identifiés comme le fait de présenter la guerre comme sainte et l'ennemi comme un barbare non civilisé éloigné de la chrétienté. Durant le *Quarantotto*, cette rhétorique a pour but de faire pression sur Pie IX, de le pousser à endosser le rôle du pape patriote. Ce ne sont pas seulement les discours journalistiques qui alimentent l'imaginaire de la croisade patriotique, mais aussi des objets et des représentations iconographiques. Des cocardes de volontaires portent le motif *Evviva Maria*, accompagné de la mention « *viva Pio IX*[161] ». De même, une lithographie française, dont Gian Luca Fruci nous dit qu'elle a énormément circulée dans la péninsule italienne, représente clairement l'idéal croisé de la guerre patriotique[162]. Le souverain pontife y apparaît en chef de la croisade nationale contre les Autrichiens. Un personnage féminin tient l'Évangile qui guide ce combat et brandit une grande croix alors qu'un autre tient ce qui semble être un drapeau tricolore dans la main gauche posée sur son épaule, et une épée dans la main droite. Elle est surmontée par un soleil constitutionnel similaire à celui que l'on a vu dans les caricatures produites à Nice contre Rodolphe

160 *Ibid.*, p. 144.

161 Gian Luca Fruci, « Un sentiment en action : la fraternité combattante du long 1848 italien », dans Catherine Brice (dir.), *Frères de sang, frères d'armes, frères ennemis. La fraternité en Italie (1820-1924)*, Rome, École française de Rome, 2017, p. 104.

162 *Ibid.*, p. 102-103. « Tous les Italiens à la voix du Saint Pontife terrassent les Autrichiens oppresseurs de leur belle patrie ».

de Maistre, ce qui dit bien la circulation des modèles iconographiques. Dans cette lithographie, citoyenneté, religion et nation se mêlent encore une fois dans les symboles qui marquent les représentations du début de la première guerre d'indépendance italienne.

Durant la dernière décade de mars 1848, les publications des journaux comme *L'Écho des Alpes maritimes* se remplissent d'articles en faveur de l'union des souverains italiens et de l'intervention de Pie IX. L'idée sature l'espace public, ce qui semble faire céder le pape dans un premier temps. Ainsi, il décide de l'envoi de troupes régulières vers la Lombardie conduites par le général Giovanni Durando. En réalité, il s'agit plus de s'assurer d'une présence militaire sur le terrain pour contrôler les opérations, celles des autres souverains italiens et des volontaires, que de céder à la presse libéral et patriote. En effet, dans le même temps Pie IX continue d'avoir des relations diplomatiques avec l'Autriche. Cependant, si la curie soutient les positions du pape, dans l'armée et le gouvernement il est des voix qui expriment des positions contradictoires. Une tension croissante se fait jour au mois d'avril 1848. Finalement, contraint de s'exprimer publiquement, le pape donne une Allocution au consistoire des cardinaux le 29 avril. Son discours est publié dans la presse et, en quelques jours, il fait le tour de toute l'Italie voire de l'Europe ; il est traduit en français et publié dans *L'Écho* du 10 mai. Pie IX se déclare le guide de tous les chrétiens, « de tous les gentils, peuples et nations », et prend ce prétexte pour refuser la guerre contre une puissance catholique, l'Autriche. Il invite les peuples d'Italie à la concorde et à la modération – soit tout l'inverse du discours belliciste et austrophobe des publicistes patriotes. Lui n'a jamais souscrit à ce rôle de guide dans la lutte nationale qu'on lui a prêté, mais il ne l'a pas contredit tant que cela ne remettait pas en cause son magistère religieux et son pouvoir temporel. Cependant, sa situation était devenue intenable en avril 1848 notamment à cause d'une menace de schisme des évêques autrichiens, soutiens de l'empereur Habsbourg, en cas de participation des troupes pontificales à la guerre d'indépendance italienne[163]. « Nous avons donné ordre aux troupes envoyées sur les frontières des États pontificaux de se borner à défendre l'intégrité et la sûreté des États de l'Église », affirme Pie IX dans sa déclaration. Puis il ajoute, pour préciser sa pensée :

163 Andrea Riccardi, « Les papes », *op. cit.*, p. 480-484.

> Mais puisque quelques-uns désirent que, conjointement aux princes d'Italie, nous entreprenions la guerre contre l'Autriche, nous croyons enfin qu'il est de notre devoir de protester ouvertement dans cette assemblée solennelle [le consistoire] qu'une pareille guerre est tout à fait loin de notre pensée [...]. Fidèles aux devoirs de notre suprême apostolat, nous embrassons tous les hommes, tous les peuples, toutes les nations dans un même sentiment de paternelle affection[164].

Le pape pour préserver ses intérêts s'exprime en pontife plus qu'en souverain italien. La précision est importante car ce qui se joue durant le *Quarantotto* est aussi le débat sur le statut des États de l'Église, qui sont perçus par certains patriotes comme un obstacle à l'unité italienne. D'autres, comme les publicistes de *L'Écho des Alpes maritimes*, estiment que le pape est avant tout un prince italien qui a « des devoirs inséparables d'une principauté civile », notamment celui, selon eux, de participer à la guerre[165]. Les questions sont posées dans la presse alors que la déclaration détruit le mythe du pape patriote et provoque un sentiment de trahison. La perspective d'une contribution directe de la papauté à la lutte nationale italienne suscitait de grands espoirs puisque, outre l'apport en hommes des armées pontificales et le bénéfice des réseaux diplomatiques pontificaux, d'un point de vue plus spirituel, elle confirmait le statut spécial de la nation italienne, bénie par Dieu.

Les réactions à la décision de Pie IX sont immédiates. Les publicistes niçois y accordent une large place. « Les actes des troupes autrichiennes et leurs attentats sacrilèges ne sont-ils pas suffisants pour justifier une guerre de la part de Pie IX ? », interrogent Auguste Carlone et ses collaborateurs[166]. Dans de nombreux journaux sont publiés des articles antipapaux alors même que Léopold II, le grand-duc de Toscane, se retire aussi de la guerre, ce qui accentue la possibilité d'un échec. Une grande agitation s'observe dans les rues de Rome sur fond de sentiment de trahison. La décision de Pie IX provoque la démission de certains ministres et la nomination du comte Terenzio Mamiani, patriote modéré fondateur de la *Lega Italiana*, à la tête du nouveau ministère ne suffit pas à calmer les

164 *L'Écho des Alpes maritimes*, 10 mai 1848.
165 *Ibid.*
166 *L'Écho des Alpes maritimes*, 14 mai 1848.

protestations[167]. La déclaration du souverain pontife a balayé le mythe du pape libéral et patriote :

> Ici, nous ne pouvons nous abstenir de rejeter les discours trompeurs manifestés par quelques journaux et par divers écrits qui voudraient faire le pontife romain président d'une nouvelle république pour tous les peuples d'Italie[168].

L'attaque est directe et prend acte du discrédit désormais de l'option « néoguefle » de Vincenzo Gioberti. Paradoxalement, dans le même moment le retrait du pape est attribué à une influence cardinaux proches des jésuites, contre lesquels l'abbé turinois avait écrit[169]. C'est une confirmation de la diffusion du « mythe jésuite » dans la presse ; plus que jamais la Compagnie est accusée d'avoir une influence directe auprès de la papauté.

L'heure est à l'explication mais aussi à la mise en action pour contrer le retrait du pape. À Rome, les tensions atteignent un paroxysme ; les chefs de l'armée bloquent le palais pontifical pour demander des comptes au souverain, lui donnant un jour pour qu'il change d'avis. Sur le champ de bataille, en Lombardie-Vénétie autrichienne, le général Durando refuse de suivre les ordres pontificaux et encourage les troupes à continuer la lutte dans une adresse qui fait le tour de l'Italie. Elle est reproduite dans nombre de journaux, et traduite en français dans *L'Écho des Alpes maritimes* du 10 mai 1848 où elle fait contrepoids à l'allocution de Pie IX :

> Soldats,
> L'empressement et l'enthousiasme avec lequel vous avez été accueillis depuis que vous avec mis le pied sur le sol vénitien [...] et plus encore vos cœurs italiens vous ont avertis que vous veniez au milieu de vos frères avec la sainte et générale mission d'exposer votre vie pour le salut de ces provinces menacées par les derniers efforts d'un ennemi sauvage et inhumain[170].

Le discours reprend les codes des écrits journalistiques. Il s'inscrit pleinement dans la rhétorique de la religion patriotique en mobilisant le

167 Jean-Claude Lescure, « Italie », dans André Guillaume, Jean-Claude Lescure, Stéphane Michonneau, *L'Europe des nationalismes aux nations : Italie, Espagne, Irlande*, Paris, Sedes, 1996, p. 19-20.

168 *L'Écho des Alpes maritimes*, 10 mai 1848.

169 Enrico Francia, *op. cit.*, p. 152.

170 *L'Écho des Alpes maritimes*, 10 mai 1848.

pro patria mori, c'est-à-dire en incitant les soldats de l'armée pontificale au sacrifice suprême pour la patrie. De même, il reprend la vision qui fait de l'Autrichien un barbare qui travestit la vraie religion catholique. Les représentations débordent les écrits journalistiques et imprègnent tous les discours de l'époque. Elles servent à faire pression sur les pouvoirs. Cependant, comme le seul souverain pontife, les monarques italiens refusent majoritairement de s'engager contre la puissance impériale autrichienne.

Après les retraits du grand-duc de Toscane Léopold II et de Pie IX, c'est Ferdinand II des Deux-Siciles qui rejette vigoureusement la perspective d'une guerre. Ses forces militaires sont mêmes plutôt concentrées contre la population napolitaine. Dans la nuit du 14 au 15 mai 1848 il envoie « plus de 20 000 hommes disséminés sous les armes avec 18 pièces de canon » réprimer militairement la population et la garde nationale qui exprimaient des revendications patriotiques[171]. La répression tourne au massacre ; « Ferdinand II vient de se baigner dans le sang du peuple » tonnent les fondateurs de *L'Écho des Alpes maritimes* qui évoquent même une véritable « Saint-Barthélemy contre les libéraux » orchestrée par le roi[172]. L'événement est un choc en Italie. Le roi est accusé de mener une lutte à mort contre les idées libérales et patriotiques et la presse en appelle à son renversement. Un article de *La Riforma di Lucca*, reproduit dans le périodique niçois, encourage explicitement les Napolitains et Calabrais à se révolter contre le pouvoir de celui qui est désigné comme « fou couronné[173] ». Mais si le fait de partager une indignation à distance crée d'inexorables solidarités patriotiques, cela ne peut changer la situation sur place. À Naples, la peur engendrée par la répression et l'état de siège bloque toute initiative. C'est la plus meurtrière des réactions contre-révolutionnaires du moment, même si la reprise en main des pouvoirs s'opère partout, notamment dans les États pontificaux et le grand-duché de Toscane. Seule la stratégie de Charles-Albert de Sardaigne diffère au printemps 1848 car il sent qu'il peut rallier à sa cause (qui est dynastique) les enthousiasmes patriotiques guerriers dirigés contre l'Autriche.

---

171 *L'Écho des Alpes maritimes*, 24 mai 1848.
172 *Ibid.*
173 *Ibid.*

UNE GUERRE NATIONALE OU DYNASTIQUE ?

> Le sentiment national s'est révélé et se concentre sur un point décisif, [il] éclate en des manifestations indubitables et générales, un gouvernement en a reconnu l'importance et la justesse, [il] règle sur lui sa marche et son action[174].

L'article résume bien la position de la presse du royaume de Sardaigne vis-à-vis de la guerre, et les espoirs qu'elle place dès le début du conflit dans son souverain. Les publicistes érigent Charles-Albert en protecteur des libertés italiennes, alors même que ce dernier perçoit surtout dans le contexte géopolitique une occasion unique de tirer des profits dynastiques en Lombardie. Le système de la Sainte-Alliance, préservé par le chancelier Metternich en Italie, n'est plus en vigueur après sa fuite de Vienne, ce qui modifie les équilibres diplomatiques. Le 21 mars 1848, le comte Enrico Martini, est envoyé de Turin par le roi de Sardaigne pour rallier la population milanaise à l'idée d'une intervention militaire de soutien contre l'Empire d'Autriche[175]. Deux jours plus tard, le 23 mars, la guerre est officiellement déclarée par Charles-Albert qui savait par cet acte le soutien qu'il allait s'attirer de toute la presse patriotique du royaume dont la « seule préoccupation » concerne la victoire contre les Autrichiens en Lombardie[176]. L'atmosphère est empreinte d'un « enthousiasme difficile à décrire » selon la rédaction de *L'Écho des Alpes maritimes*[177]. Bien qu'exprimés en français, les articles des publicistes niçois adoptent le même ton, le même vocabulaire et les mêmes positions que la presse patriotique turinoise, génoise ou d'autres villes du royaume de Sardaigne et même au-delà d'Italie. Le comte de Cavour dans *Il Risorgimento* du 23 mars 1848 réclame la mobilisation immédiate pour mener un conflit qui lui apparaît comme la « seule voie ouverte pour la nation, pour le gouvernement, pour le roi[178] ».

Charles-Albert ne croit pas à la nationalité italienne, comme le rappelle bien l'historien Rosario Romeo, tout au plus perçoit-il une certaine proximité culturelle entre Piémontais et Lombards. Son implication dans la guerre est motivée par l'accaparement des fertiles vallées du Pô

174 *L'Écho des Alpes maritimes*, 13 février 1848.
175 Enrico Francia, *op. cit.*, p. 282-283.
176 *L'Écho des Alpes maritimes*, 23 mars 1848.
177 *L'Écho des Alpes maritimes*, 12 mars 1848.
178 Enrico Francia, *op. cit.*, p. 141.

en Lombardie et la perspective de la formation d'un puissant royaume d'Italie du Nord (dit de la Haute-Italie)[179]. Cependant, sans contrepartie il ne saurait tirer avantage de l'énergie mobilisatrice déployée dans les journaux ou lors de manifestations patriotiques, comme le rapporte la rédaction de *L'Écho des Alpes maritimes* le 12 mars 1848 en évoquant une mobilisation ayant eu lieu à Nice « aux cris répétés de "Vive la patrie[180] !" ». C'est le seul souverain qui fait le choix de satisfaire un tant soit peu les « militants » de la nation. Anne-Marie Thiesse évoque un processus de « nationalisation des monarques », déjà noté par Eric J. Hobsbawm, qui est en fait une adaptation à un contexte révolutionnaire dans un but de préservation du pouvoir. Ce choix est le plus souvent une façade publique car les souverains continuent de raisonner en termes dynastiques et d'alliances matrimoniales[181]. La défection des autres princes italiens lui laisse la voie libre pour intervenir en Lombardie, mais Charles-Albert sait qu'il doit montrer un minimum de fermeté et de sincérité dans son engagement, par des « signes extérieures » de patriotisme[182]. Il s'agit de donner des gages tout en prenant un risque certain car le soutien des patriotes milanais est loin d'être acquis et que, comme le pape, cette image de roi national peut se retourner contre lui.

Le « printemps des peuples » est le moment où se fait un premier lien, entre dynastie de Savoie et lutte nationale[183]. Il ne faut pas l'analyser de manière téléologique, c'est-à-dire à l'aune du destin national de la dynastie de Savoie à partir de 1859-1860, car Charles-Albert a surtout une vision opportuniste de la guerre. Néanmoins, dès le printemps 1848, il n'hésite pas à s'accaparer symboles et discours des patriotes pour s'attirer leur soutien ; il fait sien le drapeau tricolore en réalisant une « *captatio* au profit de sa dynastie », plaçant les armes de celle-ci au cœur du blanc de la *bandiera*[184]. Lorsque le projet politique qui découle de l'affect national

179 Rosario Romeo, *Cavour e il suo tempo. T. II : 1842-1854*, Bari, Laterza, 1977, p. 249.

180 *L'Écho des Alpes maritimes*, 12 mars 1848.

181 Anne-Marie Thiesse, *La création des identités nationales*, *op. cit.*, p. 15 ; Eric J. Hobsbawm, *Nations et nationalisme depuis 1780*, *op. cit.*, p. 160-161.

182 Enrico Francia, *op. cit.*, p. 154-155.

183 Catherine Brice, *La monarchie et la construction de l'identité nationale italienne (1861-1900)*, Paris, EHESS, 2010.

184 Catherine Brice, « Monarchie, État et nation en Italie durant le Risorgimento (1831-1870) », dans Catherine Brice, Gilles Pécout (dir.), *L'Italie du Risorgimento. Relectures*, *op. cit.*, p. 88. La *bandiera*, selon le nom qui lui est consacré par les patriotes italiens, est un héritage du *triennio* et plus particulièrement de la création, voulue par les forces révolutionnaires

devient porté par un État pré-national, comme l'a remarqué Benedict Anderson, il y a *de facto* une « officialisation de l'idée nationale[185] ». Dans le cas sarde, la « nationalisation » du monarque résulte aussi de la force politique des notables patriotes qui œuvrent pour imposer leur sentiment d'appartenance nationale au roi. Le souverain n'accepte cette position provisoire que parce qu'il perçoit des intérêts pour la Couronne en Lombardie. Il s'agit aussi de ne pas laisser le champ libre à une action des démocrates et républicains en Lombardie. Il se méfie fortement de ces courants politiques, au point que l'historien Gaetano Salvemini, à la fin du XIXe siècle, dans un aphorisme simplificateur mais pas dénué d'une certaine réalité, affirmait que Charles-Albert s'en était allé en guerre « non contre l'Autriche, mais contre la république[186] ». Il prend soin de garder la main sur le conflit et refuse la proposition d'aide du chef du Gouvernement provisoire de la République française, Alphonse de Lamartine, aussi en charge des Affaires étrangères, formulée dans une circulaire du 4 mars 1848, reproduite le 12 dans *L'Écho des Alpes maritimes.* On peut y lire :

> Si les États indépendants de l'Italie étaient envahis ; si l'on imposait des limites ou des obstacles à leurs transformations intérieures ; si on leur contestait à main armée le droit de s'allier entre eux pour consolider une patrie italienne, la République française se croirait en droit d'armer elle-même pour protéger ces mouvements légitimes de croissance et de nationalité des peuples[187].

Charles-Albert contre cette proposition avec habileté en promouvant un mot d'ordre patriotique : « *l'Italia farà da se* » (« l'Italie se fera d'elle-même »)[188]. Il a d'emblée une certaine efficacité car il peut rallier des patriotes démocrates comme Giuseppe Mazzini et Giuseppe Garibaldi qui, comme le rappelle Daniel Stern (Marie d'Argoult) dans son *Histoire de la Révolution de 1848*, s'opposent aussi à une intervention

---

françaises menées par Napoléon Bonaparte, de la République transpadane en 1796, dont la République cisalpine a pris la suite en 1797, et pour lesquelles cette bannière tricolore a fait office de drapeau.

185 Benedict Anderson, *L'imaginaire national*, *op. cit.*, p. 95.

186 Simonetta Soldani, « Approaching Europe in the Name of the Nation. The Italian Revolution, 1846-1849 », dans Dieter Dowe, Heinz-Gerhard Haupt, David Higgins, Jonathan Sperber (dir.), *op. cit.*, p. 71.

187 *L'Écho des Alpes maritimes*, 12 mars 1848.

188 Simonetta Soldani, *op. cit.*, p. 71.

française, non par hostilité à la révolution de Février, mais parce qu'ils estiment que le mouvement national doit être le fruit d'une forte mobilisation populaire sans intervention extérieure[189]. Il ne faut pas sous-estimer la peur que peuvent nourrir certains patriotes qu'une intervention française aboutisse finalement, si le pouvoir républicain venait à tomber dans les mains de forces conservatrices, à substituer une domination étrangère nouvelle à celle de l'Autriche.

Quoi qu'il en soit, dans le royaume de Sardaigne, les organes de presse continuent à entretenir un esprit belliciste. À Nice, la déclaration de guerre et l'ordre de réunir les troupes et d'en recruter de nouvelles sont relayés dans *L'Écho des Alpes maritimes* du 26 mars 1848 avant même que n'arrivent les affiches officielles. Le contexte guerrier accentue le travail de mobilisation qu'effectue la presse à différentes échelles ; mais pour entretenir cet esprit belliqueux, les journaux ne sont pas les seuls actifs, les poètes œuvrent aussi, ce qui accentue une sorte de saturation de l'espace public par les opinions guerrières. Eugène Emanuel compose un chant, *La mièu bella Nissa*, qui invite les habitants du « pays de Ségurane » à suivre la bannière italienne[190]. L'appel au combat est sans ambiguïté :

> *Libertà ! Au crit de guerra / Qu'en Italia as fach levà / Ai suivit la tiéu bandièra / Lou paisan s'es fà sourdà : / Tra la poussiera dei combat / Com'un brave ai caminat / Sensa cregne, ni mousquet / Ni boulet.*
>
> « Liberté ! Au cri de guerre / Qu'en Italie tu as fait lever, / J'ai suivi ta bannière / Le paysan s'est fait soldat. / Dans la poussière des combats / Comme un brave j'ai marché / Sans craindre, ni mousquet / Ni boulet[191]. »

Le texte est d'autant plus intéressant qu'il est écrit en niçois, c'est-à-dire dans la langue populaire, et peut ainsi, lu en public, toucher des populations différentes du lectorat de *L'Écho des Alpes maritimes*. En ces mois d'avril et mai 1848, ce n'est pas Giuseppe Garibaldi – qui n'arrive dans la ville qu'à la fin du mois de juin – qui incarne le patriotisme italien, mais plutôt les notables niçois qui soutiennent d'une manière fervente les idées nationales, comme Eugène Emanuel, mais aussi le poète François Guisol et la poétesse Agathe Sophie Sassernò. Si les femmes sont présentes

189 Daniel Stern, *Histoire de la Révolution de 1848*, Paris, Le Chevalier, 1869, p. 192.

190 Steve Betti, « L'éveil d'une conscience politique : discours, odes, libelles et pamphlets niçois du printemps des peuples », art. cité, p. 45-46.

191 *Ibid.*

dans les manifestations patriotiques dans les rues, rares sont celles qui prennent la plume. Elle le fait pour écrire à destination de ceux qu'elle décrit comme appelés par « la Sainte voix de la Patrie[192] ». La phrase dit bien encore une fois le caractère « religieux » du discours national. Elle recourt aussi dans le même texte à un autre *topos* du discours national, celui de la fraternité patriotique, en demandant à ses « frères » de se mettre « debout, au nom d'Albert ». Enfin, même s'il elle s'exprime en français, son objectif rejoint finalement les poèmes écrits dans la langue populaire niçoise, c'est-à-dire d'établir un lien entre « petite » et « grande » patries. Elle l'accomplit par une « nationalisation » d'une figure mythique locale, Catherine Ségurane :

> Le bras d'une vierge inspirée / Chassa les étrangers prêts à nous asservir : / Car pour cette cause sacrée / Jusqu'aux femmes sauraient mourir.

Tout en rattachant l'histoire de Nice à l'histoire nationale italienne en train de s'accomplir, ces vers utilisent un symbole féminin pour encourager les femmes à contribuer à l'effort de guerre. Si elles ne se mobilisent pas militairement, elles peuvent participer à la mobilisation. Et par la référence utilisée elle peut toucher aussi les classes populaires car la légende de Catherine Ségurane leur est connue au XIXe siècle. Cette *bugadiera* (lavandière), fille du peuple, aurait contribué de manière décisive à mobiliser la population dans la résistance de la ville au cours du siège franco-turc de 1543, alors que les troupes ottomanes avaient réussi à débarquer. Lorsqu'il s'agit de parler aux Niçois de guerre pour repousser un envahisseur étranger, elle apparaît comme la figure idoine. Elle est commémorée dans la ville encore trois siècles plus tard, et Eugène Emanuel, dans son chant déjà cité, tout comme le poète et écrivain François Guisol qui publie aussi, en niçois, des poèmes mobilisateurs et bellicistes, la mentionnent également. Elle est une figure idéale pour rattacher le « petite » patrie de Nice à une « mère » patrie italienne. Un lien qui est exprimé publiquement. Ainsi, Charles Semeria, toujours dans ce flot de publications bellicistes du début du printemps 1848, lui aussi dans la langue populaire niçoise, explicite bien le lien entre Nice, le roi et la nation italienne :

192 *Ibid.*, p. 45.

> *O cors de la nassion de Nissa... / Ai segnau de temult e de revolussion / Ieu t'ai vist esaltat per lou Rei, la Nassion.*
>
> « O corps de la nation de Nice... / Aux signes de tumultes et de révolution / Je t'ai vu, exalté, pour le Roi, la Nation[193]. »

La « nation de Nice », sans majuscule, qui se réfère à un sens plus ancien du terme, synonyme de peuple, doit s'intégrer dans la « nation » avec une majuscule, sens moderne, désignant cette fois l'Italie, son peuple, son territoire et son État à construire. Toutes ces voix poétiques s'inscrivent dans un registre différent par rapport aux publications journalistiques de *L'Écho des Alpes maritimes*, mais sont complémentaires car elles font passer un même message. Partout existe dans villes italiennes cette nécessité pour les notables de faire le lien entre le local et le national, ce qui n'est pas parfois sans générer des tensions. Pierre-Marie Delpu a bien montré comment cela se manifestait à Naples autour de la question de l'élection des députés, dont il est difficile de savoir s'ils se pensent avant tout comme des acteurs politiques napolitains ou italiens[194]. La question est partout posée. L'enjeu est de savoir comment se fait le passage d'un sentiment d'appartenance à une « petite » patrie à un véritable affect national, qui en Italie en 1848 peut justifier la mobilisation guerrière contre l'Autriche.

À travers la liberté de parole permise dans le royaume de Sardaigne et sa volonté de mener la guerre, Charles-Albert a répondu pleinement aux attentes patriotiques. Une satisfaction exprimée dans *L'Écho des Alpes maritimes* du 29 mars 1848 :

> L'armée marche à la frontière, le roi la commande et toutes les populations se lèvent comme un seul homme pour secourir nos frères Lombards qui seront bientôt délivrés des serres de l'aigle autrichien ; la victoire accompagnera partout l'Italie et le drapeau de Charles-Albert[195].

Le langage patriotique des journaux est toujours imagé, empli de représentations ou de symboles. Ainsi, les « serres de l'aigle autrichien » renvoient aux armories des Habsbourg, selon une référence répandue,

193 *Ibid.*, p. 45.

194 Pierre-Marie Delpu, « Les députés au Parlement national du royaume des Deux-Siciles (1848), des acteurs politiques napolitains ou italiens ? », *Cahiers de la Méditerranée*, n° 96, 2018, p. 137-149.

195 *L'Écho des Alpes maritimes*, 29 mars 1848.

utilisée aussi dès 1847 dans le dernier couplet de son *Canto degli Italiani* par Goffredo Mameli[196]. Les articles aux accents bellicistes n'effacent toutefois pas la crainte de la puissance d'un Empire Habsbourg, certes affaibli, mais se reposant sur l'expérience du feld-maréchal Radetzky qui, bien qu'octogénaire, dirige toujours les troupes repliées à Vérone. La peur est présente malgré l'enthousiasme, d'autant que la mobilisation est rendue compliquée par le fait que l'armée sarde manque de cadres formés et d'armement. Elle n'est pas faite pour mener une guerre offensive d'ampleur, mais pour assurer la défense du royaume. Si la conscription est obligatoire, elle prévoit des exemptions pour les fils de la bourgeoisie, courantes à cette époque, par la pratique du remplacement en échange d'un paiement. Exempter une partie du corps social de l'impôt du sang est contraire à l'idéal national. Et il est intéressant de constater que les plus épargnés par la mobilisation (les élites, notamment bourgeoises puisque les nobles participent au commandement militaire) sont celles qui s'affirment dans leurs journaux comme les plus fervemment patriotes et bellicistes. Eric J. Hobsbawm notait d'ailleurs avec justesse qu'il faut prendre garde de ne pas confondre les discours avec les faits, en ne considérant les exhortations à « mourir pour la patrie » que pour ce qu'elles sont, sans exagérer la masse des volontaires qui y sont sensibles ou l'engagement personnel de ceux qui les émettent[197]. Il paraît vain de chercher un volontariat soudain et nombreux pour la guerre en Lombardie parmi les leaders du « parti » italien à Nice ; la plupart des notables ne s'engagent que dans la garde nationale, à des postes de commandement. Ce sont encore largement les armées régulières qui mènent la guerre dans le nord de la péninsule italienne en 1848. Charles-Albert est méfiant des groupes de volontaires patriotes et de leurs chefs plus ou moins charismatiques et expérimentés comme Giuseppe Garibaldi[198]. Celui-ci est d'ailleurs en train d'organiser son retour à Nice au début de la guerre.

Auréolé de sa victoire dans le combat pour l'indépendance uruguayenne – où il s'est illustré lors de la bataille de San Antonio en février

196 *Già l'Aquila d'Austria / Le penne ha perdute. / Il sangue d'Italia / Il sangue Polacco, / Bevé, col cosacco, / Ma il cor le bruciò.* « L'Aigle d'Autriche / A déjà perdu ses plumes. / Le sang d'Italie, / Le sang Polonais, / Il le but, avec le cosaque, / Mais le cœur lui en brûla. »

197 Eric Hobsbawm, *Nations et nationalisme depuis 1780*, *op. cit.*, p. 150.

198 Enrico Francia, *op. cit.*, p. 158.

1846 –, Garibaldi dispose d'une certaine aura. Il a acquis une réputation et une expérience qu'il désirerait mettre au service de la cause nationale italienne[199]. Au mois de mars 1848, en pleine période d'enthousiasme patriotique dans les villes du royaume de Sardaigne, sa femme Anita, venue à Nice avec ses enfants, sollicite l'aide des autorités municipales et de *L'Écho des Alpes maritimes* pour réclamer l'amnistie pour son mari auprès du roi après sa condamnation prononcée près de quinze années auparavant. Présent en 1834, lors de la tentative révolutionnaire échouée menée par Giuseppe Mazzini à Gênes, Giuseppe Garibaldi a dû fuir sa ville natale une fois l'échec constaté et a choisi l'exil pour ne pas subir une arrestation et une condamnation à mort, finalement prononcée par contumace. Mais en 1848, le contexte a changé. Le souverain ne peut se permettre de mépriser des offres d'aide, d'où qu'elles viennent. Son amnistie est donc acceptée en mars 1848 et la nouvelle est accueillie à Nice le 23, au moment où la guerre est déclarée contre l'Autriche, dans un double enthousiasme qui se traduit par une démonstration de la garde nationale sous les fenêtres de la chambre d'Anita Garibaldi. Une fois que la nouvelle a traversé l'Atlantique, Giuseppe Garibaldi organise son retour dans sa ville natale. Fêté à Montevideo lors de son départ, il arrive à Nice à la fin du mois de juin 1848. Les autorités royales restent méfiantes car il débarque avec des volontaires ; leur attitude contraste avec l'accueil triomphal populaire qui est réservé par la population niçoise à celui n'est pas encore le « héros des deux mondes[200] ». 1848 c'est un moment où naissent des mythes, comme celui de Garibaldi. Mario Isnenghi a d'ailleurs fait commencer ses travaux sur la mémoire patriotique en 1848 et non en 1860[201]. Les journaux jouent un rôle très important dans cette dynamique, en suivant les actions de celui qui se forge au fil des événements du *Quarantotto* une réputation de *condottiere* patriote[202]. Après quelques jours à Nice, Giuseppe Garibaldi s'engage

199 Hervé Barelli, « Joseph Garibaldi à Nice, 21-26 juin 1848 », *Nice Historique*, n° 2, 2007, p. 108-110.

200 *Ibid.*, p. 112.

201 Mario Isnenghi, *Le guerre degli Italiani : parole, immagini, ricordi, 1848-1945*, Bologna, Il Mulino, 2005 ; Mario Isnenghi (dir.), *L'Italie par elle-même : lieux de mémoires italiens de 1848 à nos jours*, *op. cit.*

202 Simonetta Soldani, « Approaching Europe in the Name of the Nation. The Italian Revolution, 1846-1849 », dans Dieter Dowe, Heinz-Gerhard Haupt, David Higgins, Jonathan Sperber (dir.), *op. cit.*, p. 61.

dans les combats en Lombardie, dans un moment où les troupes sardes sont en difficulté.

L'enthousiasme observé durant les premiers temps de la mobilisation au mois de mars 1848, avait pourtant perduré au cours du printemps, lorsqu'ont été organisées les élections législatives. Les consultations tenues dans les quatre grands États constitutionnels entre avril et juin 1848, ont eu « une fonction symbolique unificatrice qui outrepasse les singulières réalités régionales[203] ». À Nice comme dans de nombreuses villes du royaume de Sardaigne, le départ des députés au début du mois de mai tel qu'il est raconté dans *L'Écho des Alpes maritimes* du 5 mai 1848, se fait dans une atmosphère enthousiaste alimentée par des cortèges populaires dans lesquels les drapeaux italiens sont déployés. Le sentiment d'exaltation patriotique est favorisé par des premières nouvelles favorables du front, malgré la lenteur de la mobilisation de l'armée sarde. Les journaux informent la population et suivent quotidiennement le déroulement des affrontements. Une nouvelle rubrique apparaît, celle des « Nouvelles de l'armée », inaugurée le 2 avril 1848 dans *L'Écho des Alpes maritimes*. Cependant, les publicistes sont dépendants des comptes-rendus réguliers donnés dans la *Gazzetta piemontese*, journal officiel. L'un des enjeux de la guerre est celui de l'information dans un moment où l'on observe une tendance chez les publicistes de se faire uniquement les relais du discours du pouvoir, aussi par facilité matérielle d'accès à celui-ci. Lorsque la situation est favorable à la Couronne, en avril ou mai 1848, question est esquivée, mais elle se pose avec vigueur par la suite avec les premières difficultés. Il est crucial pour les journaux de disposer de sources alternatives d'information.

La presse joue un rôle fondamental en permettant aux habitants du royaume de Sardaigne de vivre la guerre à distance et d'avoir une solidarité avec les combattants. La victoire de Goito acquise par les troupes piémontaises dans cette commune au nord du Pô est annoncée le 16 avril par les directeurs de *L'Écho*. C'est avec une réjouissance non dissimulée qu'ils s'empressent de relayer l'information officielle pour qu'elle soit connue et fêtée dans leur province. Elle permet aussi de suivre les « enfants du pays » engagés dans la guerre. Dans le numéro du 19 avril 1848, les publicistes mettent en avant les Niçois qui se

203 Gian Luca Fruci, « L'abito della festa dei candidati. Professioni di fede, lettere e programmi elettorali in Italia (e Francia) nel 1848-1849 », *Quaderni Storici*, n° 117, 2004, p. 666.

sont illustrés lors de la victoire de Goito et ont, à ce titre, été décorés par Charles-Albert[204]. Le major commandant Maccarani est félicité pour sa promotion prestigieuse au grade de colonel, alors que le baron Durante est promu à sa place. Les honneurs du journal, et à travers celui-ci, les honneurs des Niçois, sont aussi adressés au lieutenant des tirailleurs Lions ou encore aux capitaines d'infanterie Paul et Bianchi. Il s'agit là de célébrer le dévouement de « compatriotes » de la « petite » patrie niçoise à la cause de la « grande » patrie italienne. L'enjeu est aussi celui d'une course à l'information. Féliciter des soldats permet de les recenser et d'essayer d'entrer en contact avec eux et donc de diversifier les sources d'information, de disposer de nouvelles précises qui ne sont pas extraites des bulletins officiels. Des correspondances sont publiées, comme celles envoyées par un soldat du nom d'Orengo qu'Auguste Carlone et ses collaborateurs suivent selon ses déplacements en fonction des avancées de la guerre. Son prénom n'est jamais dévoilé mais l'on sait qu'il occupe le grade de sergent dans le deuxième bataillon des tirailleurs et qu'il a été félicité publiquement pour avoir réussi, avec l'aide de la milice communale de Turin, à intercepter des communications autrichiennes entre Mantoue et Vérone à la mi-juin 1848[205]. Lorsqu'au tout début du mois de juillet, l'embourbement du conflit contraint les troupes sardes à l'inaction et leur fait subir de plein fouet les premières chaleurs, ce n'est que par ces correspondances que les publicistes niçois peuvent connaître la souffrance des soldats sur le terrain. Le sergent Orengo écrit :

> Un quart de ma compagnie est à l'hôpital par suite des fortes chaleurs et du mauvais air que l'on respire dans ces contrées remplies de marécages ; nous sommes campés dans une vaste plaine où tout est calciné par le soleil ; il nous faut quelquefois prendre les armes à midi pour aller en reconnaissance à 4 ou 5 lieues, vêtus de drap et le sac sur le dos. Quelques-uns de mes camarades plus robustes que moi ont succombé. Toute l'armée jure contre cette longue oisiveté[206].

Daniela Orta a souligné l'importance pour les journaux de se procurer des nouvelles valables du front dans ce contexte de reflux pour

204 *L'Écho des Alpes maritimes*, 19 avril 1848.
205 *L'Écho des Alpes maritimes*, 23 juin 1848.
206 *L'Écho des Alpes maritimes*, 7 juillet 1848.

les forces sardes où la communication officielle est très contrôlée[207]. En effet, pendant que les soldats de l'armée du royaume de Sardaigne souffrent des chaleurs, l'adversaire autrichien s'est remis des premières défaites. L'arrivée de renforts a créé une disproportion des forces. Charles-Albert doit alors miser sur les élites lombardes pour impulser une union au Piémont dans un royaume de la Haute Italie qu'il veut faire accepter par un plébiscite au suffrage universel masculin. Cependant, cette ambition, qui paraissait l'aboutissement de ses intérêts dynastiques, n'a pas véritablement pu se concrétiser, du fait des renforts autrichiens, certes, mais aussi du manque de soutien des princes italiens dans le conflit, des dissensions régnant à Milan entre radicaux démocrates et libéraux modérés partisans de l'union avec les États sardes et du temps qu'a nécessité l'organisation des différentes votations. La mobilisation des volontaires du début de l'été 1848, avec l'entrée en guerre de Giuseppe Garibaldi et de ses partisans, ne permet pas non plus de changer le nouveau cours de la guerre. La situation persiste ainsi jusqu'à la terrible défaite des troupes sardes face aux armées de Radetzky lors de la bataille de Custozza à la fin du mois de juillet 1848 (23-25). Elle scelle le sort du conflit qui se règle avec l'armistice de Salasco le 9 août suivant, vécu comme une humiliation par les défenseurs de la cause nationale italienne. Nombreux sont les patriotes comme Garibaldi à refuser cette issue. La décision du roi est impopulaire, ce qui fait naître la crainte d'éventuelles insurrections, d'autant que les volontaires sont encore armés. Charles-Albert décide alors d'installer un ministère plus conservateur dirigé par Cesare Alfieri di Sostegno qui est chargé de négocier la paix et de reprendre en main fermement les affaires politiques intérieures. L'objectif est d'affaiblir la presse libérale. Le contexte qui s'installe alors durant l'été 1848 est bien différent de celui du printemps. Cependant, le *Statuto* est préservé, et le régime parlementaire et les nouvelles institutions comme la garde nationale continuent de fonctionner. Le patriotisme s'exprime encore avec vigueur, comme lors des mois précédents, ce qui n'est pas sans occasionner des luttes acerbes dans des villes comme Nice, frontalières et aux influences culturelles diverses.

207 Daniela Orta, « I prodromi di un'opinione pubblica », dans Valerio Castronovo (dir.), *La nascita dell'opinione pubblica in Italia*, *op. cit.*, p. 125.

LE PRINTEMPS 1848 À NICE, LA NAISSANCE D'UNE LUTTE PUBLIQUE ENTRE AFFECTS NATIONAUX DIVERGENTS

> Quand les citoyens diffèrent entre eux sur des points qui intéressent également toutes les portions du pays [...] alors on voit naître ce que j'appellerai véritablement des partis[208].

Dans ses écrits sur la démocratie en Amérique, Alexis de Tocqueville pose une définition du « parti » qui permet de cerner ce que ce terme signifie au milieu du XIXe siècle. L'insistance est mise non sur l'organisation d'une structure bureaucratique, mais sur le rapprochement qui tend à s'opérer (qu'il soit organisé autour d'un journal ou d'un club ou de tout autre collectif plus ou moins formel) entre des protagonistes ayant des positions politiques communes. Les oppositions entre les « partis » se concentrent alors surtout sur des questions politiques fondamentales pour l'avenir d'un État ou d'une région ; et l'une de celles-ci au moment du « printemps des peuples » est inévitablement la question nationale. Dans certains territoires en position frontalière, comme le pays niçois, du fait d'une histoire particulière et d'influences culturelles diverses, naissent des oppositions lorsque les sentiments patriotiques commencent à s'exprimer et que des institutions nationales, ou du moins pensées telles, apparaissent[209].

ANCRER LOCALEMENT LA NATION À TRAVERS DE NOUVELLES INSTITUTIONS : LA GARDE NATIONALE OU « L'OPINION PUBLIQUE LÉGALEMENT ARMÉE »

La guerre contre l'Autriche a dévoilé les divisions stratégiques des souverains italiens et n'a pas enclenché la constitution d'un élément jugé essentiel par John Stuart Mill dans la constitution d'un État-nation : la naissance d'une armée nationale[210]. Cependant, avec la similarité des constitutions et des droits qu'elles garantissent, il existe une dynamique d'unification nationale qui se traduit dans des institutions officielles. Ainsi,

208 Alexis de Tocqueville, *De la démocratie en Amérique*, Paris, Robert Laffont, 1986, p. 178.
209 Gérard Noiriel, *État, nation et immigration*, *op. cit.*, p. 198-200.
210 John Stuart Mill, *Considérations sur le gouvernement représentatif*, *op. cit.*, p. 386-387.

les nouvelles lois autorisent la formation de « milices communales » qui sont perçues dans les journaux comme des « gardes nationales » – dans un mélange si propre à l'Italie de cette période entre municipalisme et affect national. Il s'agissait d'une revendication de premier ordre dans l'Italie du premier XIXe siècle héritée de la Révolution française[211]. Pensée comme un outil de « résistance à l'oppression », donc comme une mise en œuvre de l'article 2 de la Déclaration des Droits de l'Homme et du Citoyen de 1789, la garde nationale est un moyen de contester le monopole de contrôle de l'ordre public qu'avaient polices autoritaires du temps de la Restauration, qui sont frappées d'une légende noire dans les milieux libéraux à cause d'une certaine corruption et de comportements arbitraires. Elle apparaît également comme un gage de sûreté pour la bourgeoisie libérale dans un contexte d'agitation politique et sociale[212].

À partir de l'année 1846, dans les villes de Toscane et des États pontificaux des projets de formation d'une milice civique bourgeoise émergent[213]. L'année suivante, des patrouilles improvisées s'organisent à Bologne et Ravenne alors que des pétitions sont envoyées pour faire pression sur les gouvernements afin d'obtenir un accord sur la constitution de telles milices. Les souverains se méfient fortement de ces initiatives, ne serait-ce que par le risque que représente pour leur pouvoir la perte du contrôle policier. La réticence est renforcée par l'aspect patriotique de la milice urbaine pensée comme une « opinion publique légalement armée », selon les mots de Roberto Berlinghieri, démocrate toscan qui, à Sienne en 1847, a adressé au grand-duc de Toscane de « ferventes prières » sous forme d'une brochure pour réclamer la création d'une garde civique[214]. L'apparition d'une presse nouvelle au cours de l'année 1847

---

211 Sur la question de la garde nationale, voir les travaux d'Enrico Francia : *Le baionette intelligenti : la guardia nazionale nell' Italia liberale, 1848-1876*, Bologne, Il Mulino, 1999. Il a repris les éléments principaux de ses travaux pour son livre sur *1848. La rivoluzione del Risorgimento*, *op. cit.*, p. 65-73.

212 Enrico Francia, *1848*, *op. cit.*, p. 67.

213 *Ibid.*, p. 65-66.

214 *Ibid.*, p. 67. Le titre complet de la brochure de Roberto Berlinghieri est le suivant : *Della necessità di porgere al principe fervorose preci onde impetrare la concessione ai Toscani della guardia civica*, Sienne, Ancora, 1847. On peut également citer la brochure suivante : *Della responsabilità morale che peserebbe su quei ministri i quali non consigliassero a S. A. R. la pronta concessione della Guardia civica o nazionale ai Toscani*, Livourne, P. Vannini, 1847. Voir : Donatella Cherubini, *Stampa periodica e Università nel Risorgimento. Giornali e giornalisti a Siena*, Milan, Franco Angeli, 2012, p. 166.

change les choses ; elle joue un grand rôle pour faire céder les souverains et en intégrer le principe dans les constitutions italiennes. Si elle cède sur le principe, la Couronne sarde, de la même manière qu'elle a refusé le terme de constitution pour le *Statuto*, rejette l'expression « garde nationale ». Néanmoins, dans la pratique ainsi que dans les journaux, les notables urbains qui organisent ces nouvelles gardes les qualifient ainsi. Ils se réapproprient le drapeau tricolore, symbole de l'unité partagé dans toute la péninsule, et s'affirment comme des forces mobilisables[215].

Aux mois de mars et d'avril 1848, au moment où l'exaltation patriotique est à son comble, la garde nationale est organisée à Nice par les notables qui ont été des convives au banquet civique et patriotique de novembre 1847. Les volontaires se mobilisent :

> Il nous est agréable de dire que la garde urbaine provisoire qui s'est organisée avec une rapidité si louable est déjà parfaitement habituée au maniement des armes. Chaque compagnie s'exerce journellement, matin et soir, et peu de citoyens manquent à l'appel. Des officiers et des sous-officiers de la brigade de Coni se prêtent avec le plus grand empressement à instruire les recrues civiques. Maintenant il serait à désirer que le conseil municipal mît autant d'activité à former les cadres de la garde nationale, qu'en ont déployé les citoyens à s'organiser[216].

L'utilisation sans distinction des termes de garde civique ou de garde nationale, de milice urbaine ou communale, que l'on peut trouver indistinctement dans les journaux et brochures (comme celles de Roberto Berlinghieri) pour évoquer ces institutions nouvelles, témoigne bien de leur rôle de lien entre le municipal et le national. Les démonstrations publiques de ces gardes, autorisées dans le royaume de Sardaigne par le *Statuto* de mars 1848, animent fortement les places centrales des villes. Il est d'ailleurs plus qu'intéressant de noter qu'au-delà de Nice, à Menton, ville qui fait sécession avec Roquebrune de la principauté de Monaco durant le même mois de mars, une garde nationale menée par des leaders pro-sardes et patriotes italiens se forme également. Et à Menton comme à Nice, de même que dans nombre de villes des États sardes (et de la péninsule italienne) les places publiques, celle du Cap pour la première ville, et le *Corso* pour la seconde, sont le lieu de démonstrations

215 Sylvain Milbach, *L'éveil politique de la Savoie, 1848-1853*, *op. cit.*, p. 104-106.
216 *L'Écho des Alpes maritimes*, 19 mars 1848.

patriotiques contribuant à rattacher la ville à une communauté nationale imaginée (italienne en l'occurrence), avec bien souvent le déploiement simultané de drapeaux municipaux et nationaux. Ces manifestations semi-officielles entretiennent un enthousiasme patriotique, déjà exacerbé par la guerre, que l'on peut mieux comprendre à travers la description qu'en donne le consul de France à Nice dont les écrits corroborent ceux des rédacteurs de *L'Écho des Alpes maritimes* :

> Il règne pour la cause de la liberté un grand enthousiasme à Nice ainsi que dans les autres villes du Piémont. Toute la population, qui doit faire partie de la réserve ou de la garde nationale, s'exerce aux armes et le tambour qui bat continuellement nous réveille le matin ou nous empêche de dormir la nuit[217].

Une ferveur toutefois placée sous le contrôle des autorités :

> Dimanche dernier [25 mars] après la publication de la proclamation que le roi a adressée aux peuples de la Lombardie, le gouverneur, accompagné de M. l'intendant général et des consuls de la ville, a passé en revue la garde nationale provisoire et lui a adressé une courte allocution qui a été accueillie par les cris de « Vive le roi, vive l'Italie[218] ! ».

Le gouverneur, qui n'est plus depuis février Rodolphe de Maistre mais le comte Hippolyte Gerbais de Sonnaz, l'intendant général Felice de Boccard ainsi que les consuls de la ville (choisis par le roi) surveillent de manière stricte les opérations de mobilisation patriotique.

L'une des marques du contrôle exercé par le pouvoir sur la « milice communale », de son nom officiel, est la manière dont les chefs sont désignés : c'est par une ordonnance du 21 avril 1848 qu'ils ont été choisis par Victor-Emmanuel de Savoie, le fils aîné de Charles-Albert et son successeur désigné. Ainsi, le pouvoir royal s'assure qu'elle soit bien la milice communale de maintien de l'ordre public et social qu'il voulait faire d'elle. Cependant, pour ses membres, et notamment les officiers niçois, elle apparaît comme une garde nationale mobilisable dans une optique patriotique. Le modèle qui s'impose est celui d'une garde civique sur laquelle les notables libéraux ont la mainmise. *L'Écho des Alpes maritimes* livre la liste complète des officiers désignés pour celle

217 ADAM, Consulat de France à Nice, 1 Z 20, Lettre consul de France à Nice, le marquis de Châteaugiron, du 23 mars 1848, adressée au ministre des Affaires étrangères français.
218 *L'Écho des Alpes maritimes*, 29 mars 1848.

de Nice dans son édition du 28 avril 1848. La rédaction est bien placée pour avoir l'information car certains de ses directeurs et actionnaires y jouent un rôle de premier plan. Pas moins de quatre fondateurs et cinq actionnaires occupent différents grades, parfois élevés : Gonzague Arson est sous-lieutenant dans la compagnie Sainte-Réparate (B) dirigée par le capitaine Charles Laurenti-Roubaudi ; Jules Avigdor et Henri Verani-Masin ont le même grade qu'Arson mais dans des compagnies différentes, respectivement celles de Saint-Martin (I) et de Saint-Jacques (F). Les actionnaires ont aussi des postes à responsabilité puisqu'ils sont tous sous-lieutenants. Le médecin François Ardoin est affecté dans la compagnie Sainte-Réparate (C), Isidore Jaume dans celle de Saint-Dominique (A), alors que Paul Gautier, Jacques Nicolas et Victor Tiranty sont respectivement présents dans celles de Saint-Martin (H), de Saint-Jean-Baptiste (M) ou de la Croix-de-Marbre (N). On perçoit donc l'influence de *L'Écho des Alpes maritimes* sur la garde nationale nouvellement formée. Cependant, cet engagement dénote aussi une divergence d'engouement qui préfigure de réelles oppositions au sein de la rédaction, qui existaient déjà auparavant mais sans véritablement s'exprimer.

Livrant une opinion collective, l'organe journalistique n'a jamais été une production uniforme. Tous ceux qui y participent approuvent les réformes libérales et le *Statuto* ainsi que la guerre menée en Lombardie mais ils se divisent sur le slogan « *l'Italia farà da se* » élevé en stratégie militaire. La liste précédemment dressée est aussi importante par ses absences. Étienne Bonafons, Édouard Borelly, Victor Juge, Hippolyte de Rangouse et surtout Auguste Carlone ne prennent aucune part dans la garde nationale. À rebours de leurs collaborateurs, ils se montrent réservés quant à la conduite de la guerre menée par Charles-Albert, notamment en raison de l'absence d'un soutien de la nouvelle République française qu'ils jugent indispensable à une éventuelle victoire. Des tensions émergent en interne au cours du mois d'avril et révèlent des divergences d'affects nationaux qui finissent par faire éclater l'unité journalistique construite par l'enthousiasme libéral des premiers mois du *Quarantotto*.

UN PRINCIPE DE DIVISION DU MONDE QUI DIVISE : LUTTES PHYSIQUES ET SYMBOLIQUES POUR LA DÉTERMINATION NATIONALE D'UNE « PETITE » PATRIE

Lors du banquet du 11 novembre 1847, s'est dessinée entre les fondateurs du journal une certaine osmose dans laquelle ils ont fait fi de divergences. L'opposition au gouverneur De Maistre, la célébration des réformes constitutionnelles et la volonté commune de voir les troupes autrichiennes être expulsées de Lombardie-Vénétie ont entretenu l'unanimité des débuts. Cet engagement commun a fortement contribué au développement de la vie politique locale. Il a ouvert la discussion publique sur des questions brûlantes du « printemps des peuples », et notamment celle des nationalités et de la détermination nationale de Nice et sa province. Dans ce territoire frontalier entre France et Italie les affects nationaux n'ont rien d'évident ; ils peuvent entrer en concurrence. Le fait d'avoir en commun une même manière de diviser le monde en nations, à partir d'une adhésion au principe des nationalités, n'est pas sans créer de fortes divergences si la nationalité à laquelle les notables d'un même territoire se sentent appartenir diverge.

Au fil de l'avancée de la guerre patriotico-dynastique en Lombardie, une partie, minoritaire, des directeurs du journal a commencé progressivement à exprimer des opinions divergeant avec celles jusqu'alors retranscrites dans les articles. L'heure n'est plus à l'unité. Auguste Carlone, le principal directeur du journal est à la manœuvre. Il publie dans un premier temps plusieurs articles pour dénoncer la stratégie d'absence d'alliance extérieure choisie par Charles-Albert. Il insiste sur ce qu'il estime être une sous-estimation du danger que représente l'Autriche de la part de la presse patriotique :

> Les journaux de l'Italie se sont trompés quand, au milieu de l'ivresse causée par la glorieuse victoire des Milanais, ils annonçaient qu'au bout de quinze jours il ne resterait plus un seul soldat autrichien en Italie. Ils se trompent encore, ou ils s'illusionnent, quand ils donnent comme imminente et prochaine la délivrance de l'Italie [...]. Charles-Albert n'est guère plus avancé aujourd'hui qu'il ne l'était il y a trois semaines [fin avril], il n'a pas été secondé par le reste de l'Italie comme elle pouvait et devait le faire[219].

219 *L'Écho des Alpes maritimes*, 17 mai 1848.

L'article se détache de l'optimisme guerrier ambiant mais il surprend car l'ivresse dénoncée a aussi été largement relayée dans *L'Écho des Alpes maritimes*. C'est un bouleversement éditorial qui s'opère. Dans ce contexte de tensions du printemps 1848, la critique est vite reçue comme antipatriotique. De telles positions affaiblissent l'unité de la rédaction du journal au sein de laquelle plusieurs membres du comité de direction reprochent à Auguste Carlone une critique du pouvoir malvenue en période de guerre et une trop grande francophilie. Le principal directeur du périodique niçois entend imposer une nouvelle ligne éditoriale en considérant que « la seule nation qui ne doive inspirer aucun soupçon et aucune crainte à l'Italie, c'est la France » dont « les sentiments généreux ne sauraient être révoqués en tout que par les faux patriotes et les mauvais Italiens[220] ». Les partisans d'un fervent engagement patriotique refusent les nouvelles positions francophiles qui considèrent qu'il n'est pas de victoire italienne possible dans alliance avec la France.

Au sein de la rédaction niçoise, des divergences importantes se font jour. Elles ont été mentionnées par toutes les études précédentes qui se sont intéressées au journal, sans toutefois que leur déroulement ne soit véritablement mis en lumière[221]. De plus, une autre évolution se produit dans le même temps : l'affirmation de positions républicaines et démocratiques qui tranchent avec le libéralisme modéré de janvier 1848. Approfondir l'étude des étapes majeures qui ont conduit au tournant éditorial du plus important journal de la division de Nice avant l'annexion de 1860 – *L'Écho des Alpes maritimes* puis *L'Avenir de Nice* qui prend sa suite pour une décennie en 1850 –, c'est comprendre les origines d'un « parti » français, qui est aussi un premier vrai mouvement démocrate inscrit dans la durée. Il est important d'interroger la manière dont naissent des conflictualités sur fond de divergences d'affect national qui forment l'une des trames de la vie politique nouvelle.

Il est inutile de chercher dans les publications des informations sur ces oppositions car les lecteurs ne sont prévenus de la scission qui s'opère à la mi-mai 1848 au sein de la rédaction que par une annonce laconique publiée le 31 du même mois :

220 *L'Écho des Alpes maritimes*, 24 mai 1848.

221 Les publications évoquant cette scission ne s'y attardent pas. Ce sont soit des articles brefs (Michel Bottin, « Le Roi, la Constitution, l'Unité. Les événements de 1848 vus par *L'Écho des Alpes maritimes* », *Nice Historique*, n° 1, 1997, p. 2-8) soit des ouvrages ayant un cadre temporel très large qui ne permet qu'un traitement succinct de *L'Écho*.

> Depuis le 15 mai, MM. J. Avigdor, Bonafons, Borelly, Verani-Masin et Gonzague Arson, ainsi que MM. Romain Roux et Laurenti-Roubaudi, absents, ont cessé de faire partie de la direction du journal. Cependant, M. Bonafons reste attaché à la rédaction[222].

Le coup est rude pour l'institution de presse puisque six de ses dix cofondateurs la quittent, interrompant toute forme de participation, à l'exception notable d'Étienne Bonafons sur laquelle nous reviendrons. Avant de percevoir plus précisément les raisons de cette scission, il est important de s'attarder quelque peu sur les conséquences immédiates pour une institution journalistique pérenne, certes, mais modeste, donc extrêmement sensible à de tels changements. Une nouvelle direction doit être organisée dans l'urgence par celui qui reste le principal directeur du journal, Auguste Carlone. Il peut compter sur l'implication de ceux qui sont en accord avec la ligne francophile qu'il veut imposer : Victor Juge devient son principal codirecteur et Hippolyte de Rangouse demeure gérant-responsable. Ils doivent redoubler d'implication pour ne pas faire subir à leurs abonnés une brutale interruption des publications et ainsi entamer le sérieux de leur entreprise. L'épreuve permet de constater la solidité des structures fonctionnelles mises en place à l'origine puisque les numéros continuent d'être publiés, avec, certes, des inflexions d'opinion mais qui ne traduisent pas de suite le changement qui vient de s'opérer dans les coulisses du journal. Les protagonistes restants refusent dans un premier temps de publier la nouvelle. Ce n'est qu'à la demande de leurs désormais ex-collaborateurs qu'ils s'y plient, ces derniers ne souhaitant pas que les publications se fassent encore en leur nom. Jules Avigdor rédige alors une lettre de départ signée par tous les partants et adressée nominativement au gérant-responsable, Hippolyte de Rangouse, pour réclamer que soit faite, dans les colonnes de *L'Écho* l'annonce officielle de leur départ. Si cette lettre du 15 mai 1848 n'a pas été conservée, en revanche celle réclamant la publication d'une note pour informer le public de ce changement a été conservée par Auguste Carlone. Hippolyte de Rangouse, en tant que gérant-responsable devait nécessairement être le destinataire car lui seul, du fait de ses obligations légales, peut engager la procédure de modification des statuts officiels. La scission est ainsi définitivement actée le 28 mai 1848 :

---

222 *L'Écho des Alpes maritimes*, 31 mai 1848.

> D'après notre lettre du 15 de ce mois où nous vous déclarions que nous cessions, dès le même jour, de faire partie de la direction de *L'Écho des Alpes maritimes*, nous venons vous prier, Monsieur, de vouloir bien annoncer nominativement notre retraite dans le plus prochain numéro de votre journal. Nous espérons, Monsieur le gérant, que vous ferez droit à notre juste demande, et vous présentons nos salutations empressées[223].

La demande est exprimée de manière succincte et courtoise ; elle ne permet pas de déterminer les raisons qui poussent la majorité des directeurs de *L'Écho* à cesser leurs activités journalistiques. Auguste Carlone les révèle dans des notes inédites écrites à la fin de sa vie, au début des années 1870, dans lesquelles il s'exprime ainsi à propos du départ de ses anciens collaborateurs :

> Ils se disaient effrayés des débours qu'il aurait fallu faire pour soutenir le journal pendant ses débuts. Ceci n'était qu'un prétexte vu l'état de fortune de chacun des fondateurs [...]. Le dissentiment vint de ce que, m'étant chargé de la rédaction, j'entendais la faire suivant mon opinion tandis que ces messieurs m'imposaient la leur qui s'en écartait diamétralement. Comme vous le pensez bien, mon refus fut péremptoire[224].

Il est important de constater que les noms des partants coïncident tous avec un engagement personnel dans l'armée piémontaise ou la garde nationale. Ainsi, outre le cas de Romain Roux qui confie à son ami Henri Verani-Masin le soin de confirmer son retrait en signant pour lui, Jules Avigdor, Gonzague Arson, Charles Laurenti-Roubaudi, lui aussi absent et confiant à Arson sa signature, sont tous des membres de la milice communale. Ces cinq fondateurs du journal possèdent des convictions patriotiques italiennes. Les familles Arson, Laurenti-Roubaudi et Verani-Masin disposent d'un lien particulier avec le pouvoir royal : la possession d'un titre de noblesse et l'appartenance à l'ordre des Saints-Maurice-et-Lazare. Elles conservent une fidélité à la monarchie

223 ADAM, Fonds Carlone, 7 J 34, Lettre envoyée à Hippolyte de Rangouse pour acter le départ de plusieurs directeurs et fondateurs de *L'Écho des Alpes maritimes*. *Cf.* Annexes, document n° 8 pour consulter la lettre retranscrite dans son intégralité.

224 Paul Messié, « Albin Mazon, Notes inédites, suivies des commentaires d'Auguste Carlone », *Nice Historique*, janvier-décembre, 1960, Numéro spécial du centenaire, p. 210. En 1871, Albin Mazon, un de ses anciens collaborateurs dans le journal qui a pris la suite de *L'Écho*, *L'Avenir de Nice*, entreprend de retracer les événements de l'annexion de Nice en 1860 et demande à Auguste Carlone des commentaires personnels. Ce dernier y dévoile certains éléments des coulisses de ses diverses aventures journalistiques.

et défendent un libéralisme modéré et un patriotisme qui ne correspond pas aux idées d'Auguste Carlone, Victor Juge et Hippolyte de Rangouse. Cela se confirme si l'on étudie les cas particuliers d'Étienne Bonafons et d'Édouard Borelly, respectivement ami proche et beau-frère d'Auguste Carlone. Leur désengagement se veut moins opinionnel que fonctionnel. Ce n'est que parce que se présente l'occasion de se mettre un peu en retrait du journal qu'ils s'associent à la signature des autres partants et non pour des raisons d'opinion. Leurs nombreuses absences, causées par leurs activités commerciales marseillaises, ne permettent pas à Bonafons et Borelly de contribuer activement à *L'Écho des Alpes maritimes*. Il est d'ailleurs précisé dans l'annonce officielle faite dans le numéro du 31 mai 1848 qu'Étienne Bonafons se maintient en tant que rédacteur ponctuel, statut prouvant qu'il ne conteste pas l'évolution de la ligne éditoriale. Ami fidèle d'Auguste Carlone depuis leur enfance, il l'assure de la poursuite de sa collaboration avant même sa signature du document du 28 mai 1848 :

> Mon ami E. Bonafons se retira comme les autres, mais j'avais sa parole qu'il m'assurerait de son concours dans le travail de rédaction, bien qu'il restât en dehors de la direction proprement dite et de la propriété du journal. Sa collaboration, plus ou moins active, me fournit un excellent appui et elle dura plusieurs années[225].

Édouard Borelly, pour sa part, continue de correspondre activement avec son beau-frère, même après la scission, ce dernier le convainquant finalement, le 13 juin, de réintégrer la rédaction du journal avant que l'information ne soit publiée le lendemain. Ces deux cas témoignent de l'importance des relations personnelles dans la réussite d'un projet journalistique. Les liens familiaux ou d'amitié favorisent la fidélité dans la participation et ainsi permettent la stabilité de l'entreprise de presse qui aurait pu péricliter avec le départ de la plupart des forces vives qui avaient contribué à sa création. En effet, en plus de la perte d'intelligences capables de concourir à la rédaction des articles, le préjudice est aussi financier, car les partants représentent 20 % des contributions actionnariales.

Pour surmonter la crise, Auguste Carlone s'appuie sur l'aide précieuse d'Hippolyte de Rangouse alors que la nouvelle ligne éditoriale

225 *Ibid.*

leur permet de se concilier le soutien de l'importante communauté française présente à Nice (dont fait partie le gérant-responsable). Lorsque survient le décès du consul de France, le marquis de Châteaugiron, le 6 juin 1848, les publicistes niçois assument pour la première fois publiquement les sentiments francophiles qui les animent. Dans un premier temps, Auguste Carlone se félicite du « grand nombre de Français et de Niçois [qui] a voulu accompagner le digne consul dans sa dernière demeure[226] ». Dans un second temps, il ouvre les colonnes de *L'Écho des Alpes maritimes* au vice-consul Borg pour une communication officielle :

> J'ai vu avec satisfaction l'affluence immense des assistants au convoi d'hier matin tant à l'église qu'à la translation du corps au Var l'après-midi. Ces deux cérémonies ont produit les sympathies les plus touchantes. Ne pouvant en exprimer toute ma gratitude à chaque citoyen individuellement, j'ai recours à votre journal en vous priant de faire connaître mes sentiments à ce sujet[227].

Ce choix démontre que le journal s'est imposé comme médiateur entre les institutions officielles, ici le consulat, et la communauté française de Nice. La francophilie explicite nouvellement exprimée et la rédaction en langue française font de *L'Écho* un organe prisé par celle-ci qui peut aussi se diffuser au-delà de la frontière du Var, dans les villes françaises voisines. Le lien avec le consulat est une affirmation publique d'un patriotisme qui peut d'autant plus heurter les partisans de la cause nationale italienne – majoritaires parmi les notables – que le journal dispose d'un monopole de presse.

Les positions francophiles de *L'Écho des Alpes maritimes* s'affirment à travers un biais particulier : une analyse de ce qui est présenté comme un état de sous-développement de la province de Nice et une dénonciation de la marginalisation de celle-ci au sein des États de Savoie. Le 12 juin 1848, Auguste Carlone et ses collaborateurs publient un article de fond qui questionne leur présent à partir d'une argumentation historique faisant un retour sur les origines de l'appartenance du comté de Nice aux États de Savoie actée en 1388. Selon leur interprétation du passé, le compromis entre la ville et le comte Amédée VII établit que le « peuple du comté de Nice [a fait] acte de donation volontaire en l'accompagnant de belles et bonnes conventions pour sauvegarder ses franchises et libertés,

226 *L'Écho des Alpes maritimes*, 9 juin 1848.
227 *Ibid.*

conventions acceptées sous serment[228] ». À travers cet acte, « Nice et les autres communes du comté [ont stipulé] [...] une foule de privilèges, de droits, de franchises et de libertés en leur faveur[229] ». L'événement que l'on nomme aujourd'hui la « dédition » de Nice à la Savoie, concept que Laurent Ripart invite à interroger de manière critique et à utiliser avec de grandes précautions, est donc pour les publicistes niçois un argument historique en faveur de l'autonomie de la ville. Il peut justifier le droit pour les citoyens niçois de réclamer des comptes aux pouvoirs publics quant au respect des clauses initiales[230]. Prenant le prétexte des débats parlementaires sur la question du chemin de fer, dont le tracé n'inclut pas leur ville, Auguste Carlone, Victor Juge et Hippolyte de Rangouse développent une rhétorique fondée sur l'idée d'une progressive marginalisation du comté de Nice dans les États sardes qu'il serait difficile, pour eux, de ne pas imputer à la dynastie régnante :

> Depuis environ 200 ans, nous avons vu successivement disparaître tous nos privilèges ; aucun des travaux publics exécutés par l'État n'a pu nous prouver que l'on ait jamais songé à notre malheureux pays, et quand on y songe, c'est pour achever de le ruiner [...]. Maintenant nous devons craindre qu'on nous réponde, comme il n'y a pas bien longtemps encore, que Nice n'appartient plus à la maison de Savoie par suite d'une donation volontaire mais bien par droit de conquête depuis 1815. Si nous devons être traités en pays conquis, si par suite de la configuration de notre sol et pour ménager les intérêts de Gênes et de Turin, nous devons mourir de faim derrière nos montagnes n'ayant pour communiquer avec le Piémont qu'une route qui traverse trois chaînes de montagnes, et avec Gênes une route qui n'est pas encore classée et qui est coupée par des milliers de torrents, si l'on nous ferme les portes de la France, en un mot si la Savoie et Nice sont bien destinées à devenir l'Irlande de l'Italie, eh bien ! nous aussi nous aurons des *repealers*[231] !

Jamais une critique aussi frontale du pouvoir royal n'avait été émise auparavant dans les colonnes de *L'Écho des Alpes maritimes*. Les mots relèvent d'un véritable séparatisme remettant en cause l'appartenance de Nice et sa province au royaume de Sardaigne à partir de considérations économiques

228 *L'Écho des Alpes maritimes*, 12 juin 1848.

229 *Ibid.*

230 Laurent Ripart, « La "Dédition" de Nice à la Maison de Savoie : analyse critique d'un concept historiographique », *Cahiers de la Méditerranée. L'événement dans l'histoire des Alpes maritimes*, n° 62, 2001, p. 17-45.

231 *L'Écho des Alpes maritimes*, 12 juin 1848.

et sociales. La comparaison avec l'Irlande est plus qu'explicite, avec la mention du mouvement politique irlandais de Daniel O'connell (*Repeal Association*), partisan non-violent de la rupture avec le Royaume-Uni mort à Gênes en 1847. Sans une protection de ses droits (comme les franchises du port) et sans un investissement dans les infrastructures (pour construire des routes notamment), Nice pourrait avoir ses « *repealers* », c'est-à-dire ses partisans séparatistes défendant l'idée que la région se porterait mieux détachée de la Couronne sarde – et réunie à la France comme semble le suggérer Auguste Carlone sans le formuler explicitement. Une telle publication, à un moment où la censure existe encore et le fort patriotisme guerrier du printemps n'est pas retombé, ne pouvait manquer de susciter de vives réactions.

Un journal est une institution qui affecte un nombre plus ou moins grand de personnes et cherche à les mettre collectivement en mouvement dans le sens que ses rédacteurs espèrent. Cependant, il peut aussi provoquer des affects de colère entraînant des réactions plus ou moins vigoureuses contre lui[232]. C'est ainsi que le jour même de la publication de l'article de *L'Écho des Alpes maritimes*, des premières agitations s'observent dans la ville. Et le lendemain, 13 juin 1848, s'organise une grande manifestation. Selon le récit qu'en fait Jean-Baptiste Toselli, historien local contemporain et témoin– non neutre – des faits, l'article a soulevé « l'indignation de la plus grande partie de la population niçoise », car les sentiments séparatistes exposés étaient en contradiction, selon lui, avec l'attachement des Niçois à la maison de Savoie[233]. Comme nombre de notables locaux, il a participé au banquet de novembre 1847. Son opposition aux idées francophiles des rédacteurs de *L'Écho des Alpes maritimes* est nourrie par sa position de fonctionnaire. Bien que postérieur, son récit, intéressant en ce qu'il fait la synthèse des arguments utilisés en 1848 par les patriotes italiens, montre bien qu'il s'agit, le 13 juin 1848, de disputer publiquement le monopole dont dispose *de facto* le journal pour l'expression publique d'opinions, et finalement de contester qu'il soit « l'écho des Alpes maritimes ». Toselli précise qu'une « députation » – le mot est habilement choisi pour indiquer une

232 Frédéric Lordon, *La société des affects. Pour un structuralisme des passions*, Paris, Seuil, 2013, p. 147-148.

233 Jean-Baptiste Toselli, *Précis historique de Nice, de sa fondation jusqu'en 1860*, Nice, C. Cauvin, vol. 4, Depuis la Restauration jusqu'en 1860, 1869, p. 311.

notion de représentation – est allée « prévenir l'Intendant général et le comte Palma, commandant de la garde nationale » pour exiger que « cet écrit fait au nom des Niçois » soit dénoncé par un défilé public « sous les fenêtres du palais du gouverneur *per acclamare al re, all'Italia, a Nizza italiana*[234] ». Le vice-consul de France Borg évoque aussi un groupe de « huit ou dix jeunes avocats, médecins ou propriétaires italiens » qui ont agi pour « qu'une démonstration fût faite par la garde nationale en défilant devant les bureaux de *L'Écho* » afin de donner « un désaveu manifeste à l'article du 12 juin[235] ». Afin de lutter contre une institution journalistique qui s'est construit un certain monopole de la parole publique, les notables protestataires estiment qu'il faut opposer la mobilisation d'une autre institution politique, officielle cette fois : la garde nationale.

C'est une lutte d'affects patriotiques au sein d'une classe sociale – composée de la bourgeoisie et de la petite noblesse provinciales – où les individus, par leurs parcours, leurs études – à Turin ou à Paris –, leur environnement familial et leur capital culturel, ont été portés à intégrer un sentiment d'appartenance à une « grande » patrie ; une croyance qu'ils projettent sur leur « petite » patrie niçoise qu'ils intègrent dans la précédente. Cependant, cela crée une lutte entre deux affects nationaux qui fait émerger un débat public parce qu'elle se fait entre des personnes qui disposent de moyens d'action politiques en 1848. D'un côté, le journal, qui a pour lui la récurrence des publications, donc une production continue d'opinions, et l'avantage matériel et symbolique de toucher des centaines de personnes à distance. De l'autre côté, la garde nationale, qui a pour elle le nombre – plusieurs centaines de membres – et sa force d'autorité officielle qui a la charge de la préservation de l'ordre public. Ainsi, le 13 juin 1848, comme lors de la polémique avec le comte De Maistre en janvier, il n'est plus simplement question d'encre et de papier car une manifestation s'organise, contre *L'Écho des Alpes maritimes* cette fois. Elle est « l'affirmation physique d'une opinion », ou bien, dans le cas de juin 1848, d'une contre-opinion, pour contester le monopole journalistique d'Auguste Carlone et ses collaborateurs[236]. Cela suscite leur inquiétude,

234 *Ibid.* p. 313. « Pour acclamer le roi, l'Italie et Nice italienne ».

235 ADAM, Consulat de France à Nice, 1 Z 20, Lettre du vice-consul de France Borg à son ministère de tutelle datée du 14 juin 1848.

236 Patrick Champagne, *Faire l'opinion. Le nouveau jeu politique*, *op. cit.*, p. 62.

d'autant que le groupe d'une dizaine de patriotes italiens qui a mobilisé la garde nationale a soutenu son action par la publication d'une brochure en langue italienne, la *Sentenza dell'Eco*, dans laquelle ils accusent le journal de présenter publiquement les habitants de Nice comme « un peuple de bâtards » franco-italien en remettant en cause la sincérité de leurs sentiments patriotiques envers l'Italie[237]. Dans ce moment d'agitation politique, la rumeur et l'injure sont indissociables de la politisation.

La manifestation du 13 juin 1848 se prépare dans les discussions qui se tiennent dans les rues et sur les places, notamment autour du *Corso*, mais aussi dans les cafés. Deux décennies après les faits, en 1870, dans les mêmes notes inédites déjà mentionnées, Auguste Carlone donne sa version des faits :

> La première manifestation de nos dispositions séparatistes fut faite dans un article que je publiai dans le numéro du 12 juin 1848. Nos ennemis s'en émurent un peu, mais ce qui amena l'explosion ce furent surtout les provocations auxquelles Juge se laissait aller dans les bavardages de café[238].

Il décrit l'un de ses deux principaux collaborateurs comme un homme engagé mais provocateur, capable d'attiser publiquement les tensions autour des questions sensibles soulevées par l'article du 12 juin dans les discussions politiques qui agitent tous les lieux de sociabilité de la ville. Victor Juge n'hésite pas revendiquer publiquement ses opinions francophiles. Il est personnellement investi dans la défense de la culture française à Nice, comme le prouve, en janvier 1850, sa participation à la commission théâtrale municipale – qui gère le choix des représentations, en fixe la date et la régularité – dans laquelle il défend le théâtre français. Celui-ci a pendant longtemps a souffert d'interdictions de la part du gouverneur De Maistre et il continue de susciter l'hostilité des autorités ecclésiastiques ainsi que d'une partie des notables italophiles – ceux qui sont à l'œuvre dans la manifestation du 13 juin 1848. En effet, à Nice, le point de départ de celle-ci semble bien être l'agissement d'un groupe d'opposants à *L'Écho* – ces « ennemis » qu'évoquent Auguste Carlone dans ses souvenirs – qui s'appuie sur les autorités locales que sont la garde nationale et l'intendance générale.

237 *L'Écho des Alpes maritimes*, 16 juin 1848.

238 Paul Messié, « Albin Mazon, Notes inédites, suivies des commentaires d'Auguste Carlone », art. cité, p. 210.

Hans Robert Jauss a bien théorisé ce moment crucial où la réception passive d'un écrit devient active, où le lire provoque le faire[239]. La phase du passage à l'action n'a rien d'automatique, elle requiert des mécanismes politiques particuliers ; et dans le cas analysé elle dure une journée entière puisque l'article mis en cause est publié le 12 juin alors que la protestation ne se déroule que le lendemain. Un groupe bien placé dans la hiérarchie sociale, qui a eu accès à cet article, par la lecture ou lors de discussions, se sent tellement affecté par celui-ci qu'il veut organiser une manifestation pour monter publiquement son opposition. Gabriel Tarde évoquait déjà au tout début du XXe siècle la manière dont se noue l'émulation collective qui pousse à l'action et qui fait qu'un nombre réduit d'individus peut mobiliser en peu de temps plusieurs centaines voire plusieurs milliers de personnes. Il évoque une « contagion des sentiments » qui, durant le *Quarantotto*, se fait dans les rues, sur les places et dans les lieux de sociabilité[240] ; comme l'a confirmé Auguste Carlone dans ses souvenirs, de nombreuses discussions ont lieu dans les cafés de la ville avec la participation de son principal collaborateur, Victor Juge[241]. Dans un temps d'agitation comme l'est le printemps 1848 dans beaucoup de villes européennes, ces lieux sont de véritables « temples de la rumeur et de la politique[242] ». De ces discussions de la journée du 12 juin naît l'idée de la manifestation du lendemain.

Jean-Baptiste Toselli décrit une forte tension dans la ville le 13 juin, avec des rues adjacentes au *Corso* « encombrées de monde[243] ». Les gardes nationaux battent le rappel, selon ce qui a été décidé la veille par le major commandant Palma, et « vers les 4 heures, 7 à 800 hommes se trouv[ent] alors réunis sous les armes et, tambour en tête et bannières déployées, se [mettent] en marche pour aller faire le défilé devant le gouverneur[244] ». Toselli évoque une « foule immense » sur le *Corso* accueillant les gardes aux cris de « Vive l'Italie ! » ou encore « À bas *L'Écho* » en passant devant les bureaux du journal dont l'enseigne est décrochée par des individus présents sur la « Terrasse » publique. C'est

239 Hans Robert Jauss, *Pour une esthétique de la réception*, *op. cit.*, p. 45.
240 Gabriel Tarde, *L'Opinion et la foule*, *op. cit.*, p. 43.
241 Mario Isnenghi, *L'Italia in piazza*, *op. cit.*, p. 36.
242 Alain Corbin, *Le village des « cannibales »*, Paris, Flammarion, 2002, p. 77 (1re éd., 1990).
243 Jean-Baptiste Toselli, *Précis historique de Nice*, *op. cit.*, p. 313.
244 *Ibid.*

bien l'institution journalistique qui est visée. L'article de la veille était inévitablement séparatiste, sous-entendant, sans jamais l'énoncer, la perspective d'inclure Nice et sa région dans l'État-nation français. Une proposition qui est vécue comme une attaque personnelle par toute une partie de la population. Pour un fonctionnaire, un magistrat ou un soldat, c'est à la fois le menacer dans ses convictions et dans sa position sociale – les deux étant liées – puisqu'un changement de souveraineté ne lui garantirait en rien la préservation de sa situation. Les hommes qui vivent d'une fonction vivent également en partie pour elle, comme les fonctionnaires qui sont des agents d'un État et par ce fait, bien souvent, des défenseurs de celui-ci[245].

Les publicistes de *L'Écho des Alpes maritimes* n'ont jamais été mis en cause avec une telle virulence. Mais leur réaction ne se fait pas attendre. La une du 14 juin 1848 est sans équivoque : « Attentat contre la liberté de la presse » peut-on y lire, dans une typographie non habituelle qui montre que l'utilisation des caractères gras pour souligner une chose est une convention typographique déjà très répandue dans la presse. Le récit qu'Auguste Carlone livre de l'événement diffère en plusieurs points de celui de Jean-Baptiste Toselli. L'insistance est mise sur les heurts comme dans les comptes-rendus du vice-consul de France Borg. Ce dernier consacre plusieurs lignes à l'agissement de quelques hommes qui ont fait tomber l'enseigne avant de la brûler sur la place Saint-Dominique devant le regard passif de la garde nationale réunie en ce même lieu pendant que des individus commençaient « à lancer des pierres contre la porte d'entrée de *L'Écho*, avec intention de l'enfoncer et d'y pénétrer[246] ». La similarité de sa description avec celle donnée par les publicistes ne saurait étonner au regard de la proximité existant entre l'institution consulaire et la rédaction journalistique. Mais le récit de cette dernière n'a pas le même statut : il est public. Il a pour but de déconsidérer politiquement des ennemis en usant d'une rhétorique offensive qui ne se prive pas de quelques exagérations. Auguste Carlone met l'accent sur le caractère cabalistique de la mobilisation qui serait le seul fait de « quelques meneurs ténébreux » qui ont voulu « ameuter le peuple » et « ont cherché à exploiter la bonne foi du public en lui dépeignant [leur]

245 Max Weber, *Le savant et le politique*, *op. cit.*, p. 137.

246 ADAM, Consulat de France à Nice, 1 Z 20, Lettre du vice-consul de France Borg à son ministère de tutelle datée du 14 juin 1848.

journal sous les couleurs les plus noires[247] ». La manifestation est présentée une manipulation politique accomplie par la rumeur et le mensonge :

> Ils [les meneurs] insinuaient aux ouvriers que nous demandions la suppression des travaux et la diminution des salaires ; ils disaient aux marchands que nous prêchions le pillage et l'incendie, aux bourgeois que nous voulions l'anarchie ; enfin aux patriotes et aux libéraux que nous n'étions que des rétrogrades, des aristocrates. Voilà les manœuvres que l'on a mises en jeu pour ameuter contre nous le peuple, qui cependant n'est pas tombé dans ce piège grossier[248].

Comme dans toute situation où les rumeurs entrent en jeu, il est difficile pour l'historien de dénouer le vrai du faux. L'important est surtout de constater que cette défense est quelque peu mise à mal par le caractère massif de la manifestation. Mais elle enclenche une lutte *a posteriori* pour imposer une version de l'événement.

« La pensée est une chose et l'action en est une autre, et une autre encore l'image de l'action » écrivait Friedrich Nietzsche[249]. Le triptyque décrit bien un mécanisme de la vie politique moderne. Les discours sur les événements construisent postérieurement une image publique puis une mémoire de ceux-ci ; ils font intégralement partie de la lutte. Une logique qui s'est accentuée durant l'époque contemporaine avec l'avènement de la diffusion des images. Vouloir imposer une « vérité publique » est une stratégie politique qui consiste à se servir de la possession d'un moyen de communication pour s'accaparer « l'interprétation publique de la réalité », c'est-à-dire pour faire triompher son interprétation de « ce que les choses ont été, sont et seront[250] ». Les publicistes niçois prennent le prétexte des attaques commises contre leur journal pour imposer l'idée qu'il s'est agi d'une manifestation violente orchestrée par une minorité. Ainsi, les heurts devant la porte des bureaux du journal et le décrochage de l'enseigne sont qualifiés de « grave atteinte à la propriété individuelle et à la liberté de la presse[251] ». Les « 7 à 800 gardes nationaux » de Jean-Baptiste Toselli ne sont plus que 500 individus dont « trois quart d'entre eux ne savaient même pas de quoi il s'agissait ou ont été induits en erreur

247 *L'Écho des Alpes maritimes*, 14 juin 1848.
248 *Ibid.*
249 Friedrich Nietzsche, *Ainsi parlait Zarathoustra*, Paris, Le Livre de Poche, 1972, p. 47.
250 Pierre Bourdieu, *Raisons pratiques. Sur la théorie de l'action*, Paris, Seuil, 1996, p. 91.
251 *L'Écho des Alpes maritimes*, 14 juin 1848.

par de faux rapports[252] ». De plus, insister sur les faits de violence permet de dénoncer le fait que la garde nationale aurait été utilisée « à son insu et sans la participation morale de la grande majorité des citoyens » comme un « instrument d'oppression et de violence[253] ». Une stratégie qui permet d'oblitérer la présence de nombreux manifestants pacifiques venus affirmer publiquement leur opposition avec les idées séparatistes du journal.

Pour dépasser les contradictions de sa version, la rédaction de *L'Écho des Alpes maritimes* présente son journal comme l'incarnation de la liberté de la presse à Nice et une œuvre du bien commun. S'en prendre à cette institution serait s'attaquer directement à un principe qui a été célébré dans toutes les villes du royaume de Sardaigne. Cet argument d'autolégitimation passe par une présentation publique de soi. Les publicistes niçois tentent d'imposer l'idée d'une condamnation unanime de la manifestation de la part de la population niçoise. L'article du 12 juin 1848 mobilisait déjà le même registre puisqu'Auguste Carlone se faisait le défenseur des Niçois, utilisant un « nous » (« nos droits et nos franchises ») pour généraliser un point de vue subjectif[254]. Dans la continuité, dans *L'Écho* du 16 juin, la manifestation du 13 est présentée comme le fait de l'égoïsme des opposants au journal qui n'apprécieraient guère la « défense des intérêts publics contre les intérêts individuels » que mènerait sa rédaction[255]. Il y a dans ces publications une réaffirmation publique de cet *ethos* du bien commun et de l'intérêt général, construit rhétoriquement, qui devient une constante chez les journalistes au cours du XIXe siècle. Auguste Carlone et ses collaborateurs en appellent au « tribunal suprême de l'opinion publique » pour « faire comparaître [...] les fauteurs de cette misérable cabale » qu'a été selon eux la manifestation[256]. L'appel à cette « cour d'appel abstraite », comme la nomme Keith Michael Baker, sert à donner un crédit public à leurs arguments en jouant de leur position de propriétaires d'un moyen de communication publique[257]. Cette stratégie discursive est

252 *Ibid.*
253 *Ibid.*
254 *L'Écho des Alpes maritimes*, 12 juin 1848.
255 *L'Écho des Alpes maritimes*, 16 juin 1848.
256 *L'Écho des Alpes maritimes*, 19 juin 1848.
257 Keith Michael Baker, *Au tribunal de l'opinion*, *op. cit.*, p. 262.

habilement appuyée par la mise en scène du retour d'Édouard Borelly dans la rédaction du journal :

> Nice, 13 juin,
> Nous recevons de M. Borelly les lignes suivantes :
>
> « Monsieur le gérant,
> Après ce qu'il s'est passé aujourd'hui, il peut y avoir quelque danger à faire partie de la collaboration de *L'Écho des Alpes maritimes* ; veuillez me considérer de nouveau comme faisant partie du journal[258]. »

En réalité, Édouard Borelly n'a jamais véritablement quitté le journal et a continué d'appuyer son beau-frère, Auguste Carlone, même si sa participation active a été réduite à cause de son éloignement – il habite à Marseille pour ses affaires commerciales. L'annonce de ce retour donne de la consistance à l'idée qu'il y aurait une menace pesant sur la presse libre représentée en fait par une minorité responsable de la tournure violente de la manifestation. Les cris à l'encontre du journal n'auraient été le fait que de « deux ou trois pelotons », et non de toute la population réunie sur le *Corso*, et auraient été accompagnés d'autres plus significatifs à l'encontre de la liberté de la presse en général[259]. De plus, les directeurs de *L'Écho* revendiquent aussi des soutiens spontanés. Ainsi, alors que Jean-Baptiste Toselli n'en fait nulle mention, ce qui peut s'expliquer par son parti pris, Auguste Carlone évoque un « attroupement de citoyens indignés » qui auraient pris « fait et cause pour la défense du journal[260] ». Étant donné le soutien de la communauté française au journal, il est tout à fait envisageable qu'il y ait eu de telles réactions, sans qu'on puisse s'en assurer.

Quoi qu'il en soit, dans tous les récits évoqués, la manifestation se termine par retour au calme grâce à l'intervention, jugée bien tardive par les directeurs de *L'Écho des Alpes maritimes*, de l'intendant général de la division de Nice, Felice de Boccard, qui a adressé à la foule « quelques paroles de paix et de conciliation[261] ». L'heure est à l'apaisement dans les rues de la ville, car si les agents du pouvoir sont sur les mêmes positions d'opposition au journal que les manifestants, ils ne peuvent

258 *L'Écho des Alpes maritimes*, 19 juin 1848.
259 *Ibid.*
260 *Ibid.*
261 Jean-Baptiste Toselli, *Précis historique de Nice*, *op. cit.*, p. 314.

se permettre qu'un désordre s'installe. Ainsi, un homme de la garde nationale est laissé devant les bureaux de *L'Écho* sur le *Corso* pour prévenir d'éventuels nouveaux débordements. Les rues ont vite retrouvé leur calme, alors que la polémique a continué plusieurs jours. Les publicistes niçois n'hésitent pas à remettre une nouvelle fois en cause les autorités locales, accusées de laxisme et d'approbation de ce qu'ils estiment avoir été une « orgie nationale[262] ». C'est la première fois qu'est formulée une accusation de nationalisme. Le *Quarantotto* est aussi un moment de tension nationaliste où l'on constate des violences certaines contre des comportements jugés antipatriotiques, sans qu'il ne faille les exagérer. La manifestation du 13 juin 1848 à Nice a pu comprendre quelques actes violents dans cette veine, mais elle a surtout été une manifestation patriotique comme il en a existé des dizaines dans les villes européennes au même moment.

Le fait que la question nationale suscite de telles luttes dit bien qu'elle n'est ancrée dans aucune naturalité mais est un enjeu politique. Et les membres de la rédaction de *L'Écho des Alpes maritimes* apparaissent quelque peu en infériorité dans la lutte pour la détermination nationale de Nice. Cependant, le fait d'avoir organisé une feuille de presse pérenne leur permet de disposer d'une arme politique de choix. Auguste Carlone et ses associés peuvent autant attaquer leurs ennemis que mettre en cause les autorités locales. Ils accusent ainsi publiquement le chef de la garde nationale, le major commandant Palma, d'avoir laissé la manifestation se dérouler :

> Que penser des hommes dont [la garde nationale] reçoit les ordres et qui l'ont convoquée, non pour rétablir la tranquillité publique mais pour la troubler et la compromettre sérieusement[263] ?

Pour accréditer leurs accusations, ils reproduisent l'ordre du jour donné le 13 juin par l'état-major à certains capitaines pour faire battre le rappel afin de réaliser « une démonstration générale de toute la garde dans le but de diffamer le journal inique, *L'Écho*, à cause de l'article inséré dans le numéro d'hier [12 juin][264] ». C'est une institution qu'ils ont voulue qu'ils entendent défendre, pour qu'elle ne soit pas un outil

262 *L'Écho des Alpes maritimes*, 19 juin 1848.
263 *L'Écho des Alpes maritimes*, 14 juin 1848.
264 *Ibid.*

politique dans la main des partisans d'un patriotisme exalté. Dans l'ordre du jour suivant, le 14 juin, le major commandant Palma, dont les mots rappellent inexorablement les descriptions postérieures de Jean-Baptiste Toselli, argue du fait que « toute la population a pris part à cette démonstration » dans le but de dénoncer des positions antipatriotiques[265]. Auguste Carlone, Victor Juge et Hippolyte de Rangouse contestent fermement ; la bataille sur les chiffres se relance. Ils évoquent « 300 gardes nationaux » joints à la mobilisation ce qui aurait, selon eux, provoqué une vive réaction de rejet de la population du fait de la tournure violente des événements[266]. Le commandant Palma est fait responsable du désordre :

> Vous parlez tantôt au nom de toute la population qui vous blâme et vous condamne, vous parlez maintenant au nom de la garde nationale dont une grande partie vous renie et proteste contre vous[267].

En effet, le 19 juin est publiée une protestation signée par des gardes nationaux contre la manifestation qu'ils qualifient de « prise d'armes qui n'a eu pour résultat que de faire assister la milice à une déplorable violation du droit de propriété et de la liberté de la presse, violation commise au préjudice du journal *L'Écho des Alpes maritimes*[268] ». Il est difficile de déterminer le rôle des publicistes dans cette protestation. Néanmoins, la publication est un coup de force réussi pour décrédibiliser de l'intérieur le major commandant Palma. Ce dernier est pris dans la polémique sans disposer d'outil de communication pour répondre. Il ne peut le faire que dans le seul journal existant, celui de ses adversaires, dans lequel il accepte de reconnaître publiquement que les débordements ont été un échec pour la garde nationale. Un communiqué qu'Auguste Carlone et ses associés s'empressent de publier le 21 juin 1848. Et c'est par ce succès acquis qu'ils closent les débats sans toutefois que cela ne change la réalité de leur situation politique car leurs opinions demeurent minoritaires dans la ville.

Les articles publiés dans *L'Écho des Alpes maritimes* ont bafoué les convictions profondes d'une partie importante du lectorat du journal.

265 *Ibid.*
266 *Ibid.*
267 *Ibid.*
268 *L'Écho des Alpes maritimes*, 19 juin 1848.

Des 500 abonnés de janvier 1848, il ne reste alors qu'une masse fidèle d'environ 250 abonnés qui n'ont pas déserté la publication – et qui ont renouvelé leur abonnement en janvier 1849 – malgré l'affirmation d'idées nouvelles, plus francophiles et moins modérées. Mais la perte d'un peu plus de la moitié de leurs abonnés est un coup dur politiquement et financièrement. Loin de les faire renoncer à leurs idées, la situation pousse les publicistes niçois à être offensifs en jouant la carte de la défense de l'intérêt général de la ville contre des opposants qui auraient pour but de protéger des intérêts particuliers :

> Il est des gens qui s'imaginent naïvement que la mission d'un journal est d'être l'expression de toute une ville ou de tout un pays [...]. Nous ne dissimulons pas que nos tendances politiques ne conviennent point à tout le monde, et nous croyons plus fermement encore que nous réunirons autour de nous d'autant moins de prétendus amis que nous nous attacherons à la défense des intérêts publics contre les intérêts individuels[269].

L'argumentaire s'intègre bien à cet *ethos* journalistique en train de naître, celui qui veut que le publiciste soit le défenseur du bien commun. Auguste Carlone et ses associés donnent alors une tournure municipaliste à leurs positions politiques. La prétexte de la défense des intérêts niçois leur sert à justifier leurs articles séparatistes imputant aux autorités centrales de Turin une volonté manifeste de marginalisation de la province de Nice – l'article du 12 juin qui a tout déclenché s'appuyait sur le constat d'exclusion de la ville dans le nouveau tracé de chemin de fer élaboré à Turin. L'objectif est aussi de faire passer l'idée qu'il serait bien plus avantageux pour Nice et sa région de se tourner vers la France. En habiles publicistes, ils n'hésitent pas à montrer aussi que leurs adversaires locaux, ainsi que les patriotes italiens, notamment turinois et génois, qui sont sur les mêmes positions politiques, attaquent tous les « privilèges douaniers du comté de Nice » au profit du port de Gênes, comme le fait Lorenzo Valerio dans *La Concordia*[270]. Cela contribue à sortir les discussions du seul champ politique local, d'autant que des débats similaires ont lieu dans une province frontalière avec la France, la Savoie, où s'exprime aussi, une même rhétorique francophile.

269 *L'Écho des Alpes maritimes*, 16 juin 1848.

270 L'article de *La Concordia* prône la suppression de tous les « *privilegi doganali del contado di Nizza* » (privilèges douaniers du comté de Nice). *L'Écho des Alpes maritimes*, 14 juin 1848.

LA DÉTERMINATION NATIONALE DE NICE ET DE LA SAVOIE
Une lutte politique multiscalaire

> Les Alpes font naturellement partie de la Provence, de même que les Alpes de Savoie s'identifient avec celles du Dauphiné. Les positions de Nice et de la Savoie étant analogues, nous devons éprouver les mêmes besoins, incliner aux mêmes tendances et manifester les mêmes désirs [...]. Or, si l'Italie a le droit et la volonté de reconquérir sa nationalité, nous avons, nous aussi, le droit et la volonté de réclamer la nôtre : l'Italie ne doit pas plus garder pour elle ce qui appartient par droit de nature à la France que l'Autriche n'a le droit de posséder la Lombardie. Faisons donc cause commune avec nos frères de Savoie ! Que nos représentants fraternisent avec les leurs dans la même pensée, que nos intérêts et nos sympathies se confondent et se traduisent par le même vœu, que notre mot de ralliement soit : Nice et Savoie[271] !

La revendication nationale exposée dans cet article qui fait la une de *L'Écho des Alpes maritimes* du 8 janvier 1849 verse d'une manière bien plus affirmative qu'en juin 1848 dans le séparatisme pro-français. Comme toute rhétorique nationale, elle est fondée sur des arguments géographiques et un « droit de nature » qui mobilise le concept de frontières naturelles, en l'occurrence les Alpes. L'opposition qui se joue à Nice depuis le printemps 1848 entre un « parti » italien et un « parti » français n'a rien de proprement locale. Elle existe aussi en Savoie. Les débats pour déterminer la nationalité de ces deux territoires ne sont plus indépendants l'un de l'autre, à la faveur de la relation établie entre *L'Écho des Alpes maritimes* et plusieurs journaux de Savoie qui partagent son patriotisme pro-français.

LES FONDEMENTS D'UNE SOLIDARITÉ JOURNALISTIQUE ENTRE NICE ET LA SAVOIE

Durant toute la période d'existence de *L'Écho des Alpes maritimes*, entre 1848 et 1850, et même encore par la suite dans le journal qui en prend sa suite, les solidarités les plus solides nouées par Auguste Carlone et ses collaborateurs le sont avec des journaux de Savoie.

---

271 *L'Écho des Alpes maritimes*, 8 janvier 1849.

Bien qu'elle partage avec Nice la situation de province frontalière avec la France et une pauvreté marquée de la population, la Savoie se différencie par une superficie bien plus importante (elle est la plus grande des provinces du royaume) et une population cinq fois plus nombreuse, environ 600 000 habitants – ce qui signifie *de facto* un lectorat journalistique potentiel bien plus important. La vie politique qui s'y organise n'est pas centrée sur une seule ville ; Annecy et Chambéry ont chacune plusieurs organes de presse. Ceux-ci réussissent, comme *L'Écho*, à se doter de structures assez solides pour perdurer dans le temps et développer une indépendance leur permettant à la fois d'émettre une critique envers le pouvoir et de façonner le débat public en introduisant des questions fondamentales comme celle de la nationalité du territoire. La Savoie est aussi plus tournée que Nice vers la France, au niveau culturel notamment comme le prouve le fait que la langue de l'administration locale est le français[272]. Bien que berceau historique de la dynastie – on parle encore de maison de Savoie au XIXe siècle –, de la même manière que Nice elle n'apparaît depuis Turin que comme une périphérie outre-alpine. Au printemps 1848, le développement de la politique italienne de Charles-Albert, tournée vers Milan et la Lombardie, accentue le sentiment de marginalisation éprouvé dans ces provinces que la presse nouvellement créée contribue à formuler publiquement.

Le premier journal à mentionner est le *Patriote savoisien* de Nicolas Parent, un avocat de Chambéry dont le père avait été engagé dans la tentative carbonariste de 1821. De la même génération que ses homologues niçois (il est né en 1817, comme Victor Juge), il dispose aussi d'un capital économique qui lui permet l'investissement matériel pour fonder le journal de même que d'un réseau relationnel lui permettant de solliciter des associés en mesure de lui apporter un soutien, pas seulement financier. Nicolas Parent profite des réformes libérales de l'hiver 1847-1848 pour entrer de plain-pied dans l'action politique : avant même la création du *Patriote savoisien*, il a participé à un événement qui a marqué la Savoie, l'éphémère proclamation républicaine des Voraces. Le 30 mars 1848, une colonne d'ouvriers est partie de Lyon en direction de Chambéry pour

272 Dès le XVIe siècle, Emmanuel-Philibert Ier avait accordé l'utilisation de la langue française aux autorités locales, ce qui ne fut pas le cas à Nice. Au XIXe siècle, elle la langue majoritaire dans le territoire, même pour les journaux les plus conservateurs.

tenter d'y proclamer la République[273]. Malgré l'avancée rapide au-delà de la frontière entre la France et le royaume de Sardaigne, l'entreprise a été un échec, bien qu'elle ait reçu le soutien d'ouvriers lyonnais, les Voraces, qui ont donné leur nom à l'expédition. Plutôt pacifiques et bien encadrés par des membres de la milice citoyenne de Lyon, les insurgés ont provoqué une panique parmi la population locale et les autorités de Chambéry ont tant bien que mal réussi à les repousser par les armes après la proclamation de la République le 3 avril, restée donc éphémère. Au sein de l'ancienne capitale des États de Savoie, des complices ont œuvré à la réussite de cette tentative, parmi lesquels Nicolas Parent. L'échec, qui a valu finalement peu d'ennuis judiciaires à ses participants, ne le fait en rien renoncer à la volonté de faire valoir ses idées démocratiques, républicaines et pro-françaises. Il fonde avec d'autres démocrates engagés dans l'entreprise des Voraces, Dupasquier et Supiot, un cercle démocratique qui appuie en mai 1848 la création du *Patriote savoisien* dont le prospectus paraît le 31 du même mois. Ils reçoivent le soutien de deux publicistes français, Aimé Ferraris et Antony Luyrard, précieux car ils ont déjà eu une expérience dans la presse avec la fondation en janvier 1848 d'une première feuille alignée sur les positions politiques du *Patriote* : *L'Abeille savoisienne*[274]. Les similarités entre Nice et la Savoie sont importantes, à ceci près que dans la seconde il n'existe pas de monopole journalistique comme celui dont jouissent Auguste Carlone et ses collaborateurs ; la presse démocrate nouvelle doit affronter l'hostilité d'autres feuilles locales, dont *Le Courrier des Alpes*, conservateur et monarchiste.

Alors que les publications trihebdomadaires du *Patriote savoisien* ont commencé le 15 juin 1848, deux semaines plus tard, en Savoie du Nord, à Annecy, se fonde un autre journal : le *National savoisien*. Un peu plus modéré dans ses positions politiques, il n'en adopte pas moins la même ligne pro-française. C'est à l'initiative d'un publiciste du nom de Saillet qu'il paraît pour la première fois le 1er juillet 1848, adoptant d'abord une périodicité quotidienne avant de devenir trihebdomadaire, comme *L'Écho* et le *Patriote*[275]. Si les titres des journaux ne sont jamais

---

273 Voir notamment le chapitre « L'éphémère république du 3 avril 1848 : la folle entreprise des Voraces » dans l'ouvrage de Sylvain Milbach : *Entre Piémont et France : la Savoie déroutée, 1848-1858*, *op. cit.*, p. 53-95.

274 *Ibid.*, p. 79-80.

275 *Ibid.*, p. 134-135 et 291.

anodins et affirment des ambitions politiques (souvent complétées par une précision géographique, sauf pour ceux ayant une diffusion nationale), celui de chacun des deux organes de presse de Savoie ne souffre d'aucune ambigüité. Ils revendiquent leur action pour leur « petite » patrie dite savoisienne (« savoyard » a alors une forte connotation péjorative[276]). Utiliser le terme de patrie (ou patriote) et de nation (ou national) devient, à l'époque considérée, interchangeable dans le langage commun journalistique – leur utilisation fait référence à l'intégration du local dans une nation, ici la France. Au milieu du XIXe, les « militants » de la nation se disent plus volontiers « patriotes », terme qui a une connotation politique révolutionnaire depuis la fin du XVIIIe siècle (révolutions américaine et française). Ainsi *Patriote* et *National savoisien* sont des journaux synonymes qui adhèrent à la même ambition : rattacher la Savoie à la France. La diffusion de ces termes génériques dans la presse européenne, dans différentes langues, démontre bien le caractère transnational du concept de nation ; l'adhésion au principe des nationalités est partagée par nombre d'élites européennes. Dans les États de la péninsule italienne existent des journaux qui ont pris l'un ou l'autre terme, à Florence par exemple où se publient *La Patria* en 1847 et 1848 puis *Il Nazionale* entre 1848 et 1850 qui ont des positions politiques proches et défendent un même projet national fédéral. Ces notions revendicatives, familières pour les élites libérales, inspirent des titres de journaux et sont mobilisées pour exprimer une vision du monde et œuvrer à sa réalisation.

En Savoie, un troisième journal qui s'approprie aussi le vocabulaire patriotique mobilisateur (bien qu'il ne le fasse pas apparaître dans son titre) et adopte les mêmes positions pro-françaises est créé à Chambéry en août 1848. L'hebdomadaire satirico-caricatural *Le Chat* a un titre original qui préfigure le ton de ses articles. Jean-Barthélémy Montmayeur, son principal fondateur, s'est attaché les services de deux caricaturistes, Mermoz et Matraire, ainsi que de rédacteurs, tel Joseph Dessaix[277]. Il s'inscrit dans la lignée de feuilles illustrées italiennes comme *L'Arlecchino*,

276 De nos jours le terme a tendu à perdre sa connotation péjorative et à devenir commun mais le qualificatif de « savoisien » est toujours employé, notamment par les mouvements indépendantistes comme la Ligue savoisienne de Jean de Pingon. Ce qui est intéressant, c'est qu'à l'époque du *Quarantotto*, le qualificatif est revendiqué par les journaux qui entendent rattacher la Savoie à la France, alors que de nos jours il est la marque de ceux qui contestent ce lien.

277 Sylvain Milbach, *Entre Piémont et France*, *op. cit.*, p. 288.

l'un des journaux les plus diffusés dans la ville de Naples, bien qu'il ait eu une courte existence, ou *Il Don Pirlone* à Rome qui, par ses récurrentes caricatures désacralisantes contre le pape Pie IX, se rapproche politiquement et artistiquement du *Chat*. Dans le royaume de Sardaigne, c'est *Il Fischietto*, dont le registre libéral-modéré lui vaut le soutien de Cavour, qui s'illustre en tant que feuille satirico-caricaturale de première importance.

La Savoie compte donc un « parti » français fort de trois journaux nouveaux qui, comme *L'Écho des Alpes maritimes*, sont des entreprises de presse modestes mais pérennes. Outre leur organisation, elles partagent avec le périodique niçois un même format de 45x33 cm et quatre pages de trois colonnes. Le partage de la forme se joint à celui du fond : la défense d'un affect national commun qui les pousse à revendiquer un axe Nice-Savoie en faveur de l'intégration des deux provinces à l'État-nation français. Ces institutions de presse organisent une sorte de « parti » français transprovincial qui s'attirent les foudres des autorités et de bon nombre de journaux de Turin et Gênes à cause de sa proposition politique séparatiste qui bafoue la souveraineté du roi et concurrence la vision nationale des patriotes italiens. Il faut alors surmonter les distances pour impulser une solidarité afin de faire face à cette hostilité. Journalistes de Nice et de Savoie se rapprochent ; à la fin du mois de juillet 1848, Auguste Carlone et ses collaborateurs reproduisent des articles du *Patriote savoisien* pour la première fois. Cela intervient à un moment de tension car se profile la défaite militaire contre l'Autriche et donc la fin (provisoire) des espoirs patriotiques. Pour prévenir toute critique trop virulente et toute tentative insurrectionnelle, le pouvoir sarde prend une tournure autoritaire. Cesare Alfieri di Sostegno est chargé par le roi de former un nouveau ministère pour négocier une paix coûteuse avec l'Autriche qui ravive les tensions entre le gouvernement et la presse libérale et patriote. C'est dans ce contexte politique que les alliances ou les oppositions journalistiques se nouent autour de la question nationale.

PARTAGER À DISTANCE UN MÊME AFFECT NATIONAL

L'été 1848 est un tournant politique dans le royaume de Sardaigne. L'approche libérale du printemps s'éloigne avec les mesures de contrôle du nouveau gouvernement. Celles-ci sont vigoureusement dénoncées par Auguste Carlone et ses collaborateurs dans un article intitulé « Les mouchards » publié le 11 septembre :

> Partout où un rassemblement se forme, où une conversation politique s'engage, on rencontre inévitablement le mouchard [...]. Cette engeance policière tend à envahir la société, elle fréquente les églises et les processions, pénètre dans les bureaux et les ateliers, se glisse même comme un serpent dans l'intérieur des ménages ; mais elle abonde spécialement autour des cafés et des cabarets [...]. Mais ni les mouchards, ni les baïonnettes n'empêcheront les idées de passer et de pénétrer dans le sein du peuple qui commence enfin à ouvrir les yeux et à voir la vérité qu'on cherche à lui cacher avec tant de soin[278].

Le temps des articles consensuels et modérés des premiers mois de l'année 1848 est bien loin. La critique de la politique gouvernementale n'est aucunement voilée, dans la lignée des productions des démocrates du royaume de Sardaigne qui sont à l'œuvre pour dénoncer le renforcement de la surveillance policière. Cet article est repris par Jean-Barthélémy Montmayeur et ses collaborateurs du *Chat* dans le numéro du 17 septembre 1848. Les publicistes sont des cibles prioritaires pour les autorités, particulièrement à Nice et en Savoie car ils défendent des positions de plus en plus ouvertement démocrates et un séparatisme pro-français. Le mois de septembre 1848 est à cet égard intéressant car il marque, après les premiers échanges de l'été, le début d'une véritable solidarité qui ne se dément pas dans les années suivantes. Quelques jours avant la publication de l'article « Les mouchards », Auguste Carlone et ses collaborateurs apprennent, au début du mois de septembre, que Nicolas Parent et *Le Patriote savoisien* ont subi une première saisie de leurs exemplaires qui annonce la tenue prochaine d'un procès :

> Nous avons annoncé dans un de nos derniers numéros la saisie du *Patriote savoisien*, journal de Chambéry, bien connu par les vexations qu'on a fait subir à deux de ses rédacteurs. Nous venons d'apprendre que M. l'avocat général a interjeté appel de l'arrêt de la chambre des mises en accusation qui avait déclaré n'y avoir lieu à suivre contre l'article incriminé. Nous souhaitons bonne chance à notre ami *Le Patriote*[279].

Les positions démocrates et francophiles exprimées par Nicolas Parent et ses collaborateurs ont provoqué l'ire de l'avocat général, personnage

278 *L'Écho des Alpes maritimes*, 11 septembre 1848.
279 *L'Écho des Alpes maritimes*, 6 septembre 1848.

clé du système de censure de la presse encore en vigueur. Il estime qu'exprimer de telles opinions revient à nier la légitimité de Charles-Albert à régner sur la Savoie. Devant l'hostilité de la magistrature locale, les affinités extérieures se renforcent, facilitées par le partage de la même langue de publication, le français. Divers moyens sont mis en œuvre au sein de chacun des organes de presse : le premier, le plus ample et le plus régulier, est la reproduction réciproque d'articles ; le second, bien que plus sporadique, est fondamental, comme on l'a vu, car il concerne la solidarité lors des saisies et procès de presse ; enfin, le troisième moyen concerne la publication d'annonces en quatrième page pour promouvoir une institution journalistique partenaire. Dans *L'Écho des Alpes maritimes* celles-ci sont récurrentes : pour le seul mois de mars 1849, moment le plus intense des relations journalistiques entre Nice et Savoie, Auguste Carlone et ses collaborateurs publient une dizaine d'annonces pour promouvoir leurs alliés journalistiques. Les 2, 5, 9 et 23 mars des annonces paraissent pour *Le Chat*, tout comme le 21 mars pour *Le National savoisien* et les 14, 16, 21 et 30 mars pour *Le Patriote savoisien*. La faiblesse des annonces pour le second organe de presse cité n'a pas d'explication autre que conjoncturelle, elles sont aussi nombreuses que pour les deux autres journaux au cours de l'année 1849 mais plus espacées dans le temps. Le plus important est de constater que la réciprocité est avérée puisque les organes savoisiens publient aussi plusieurs annonces en faveur du périodique niçois, comme dans *Le Chat* du 25 mars et *Le Patriote savoisien* du 14 avril 1849.

Au-delà de la promotion réciproque, la proximité politique se constate à travers les reproductions d'articles ou de feuilletons. *Le Chat*, *Le National savoisien* et *Le Patriote Savoisien* représentent à eux seuls plus d'un quart (28 %) du total des articles ou feuilletons (dont la source est mentionnée) de *L'Écho des Alpes maritimes* partagés à partir d'autres organes de presse entre 1848 et 1850. Plus de la moitié, environ 15 %, correspond au seul *Patriote* (8 % pour *Le National savoisien* et 5 % pour *Le Chat*)[280]. La forte complicité politique entre le périodique niçois et *Le Patriote* est

280 Il s'agit d'une analyse réalisée à partir d'un recensement de tous les articles dont les sources sont précisées publiés durant les deux années et demie d'existence de *L'Écho des Alpes maritimes* (un prospectus et 385 numéros entre le 1er janvier 1848 et le 10 août 1850). Les pourcentages sont calculés par rapport aux articles qui ont été repris d'un autre journal et non à tous les articles de *L'Écho* en général.

comparable à celle avec *Le Chat*, car le pourcentage plus faible doit se regarder à l'aune du fait que le second n'est qu'hebdomadaire, donc publie environ trois fois moins de contenu que le premier, et laisse une grande place aux caricatures qui, elles, ne sont pas reprises puisque *L'Écho* n'est pas un journal illustré. *Le National savoisien*, plus modéré, demeure un peu en retrait, mais la relation est réelle : les chiffres de reprise d'articles le donnent au même niveau que *Le Siècle*, qui est une référence pour Auguste Carlone, qui y est personnellement abonné[281]. Au-delà de la presse francophone de Savoie, le périodique niçois s'inscrit clairement dans la vie journalistique française puisque, au-delà du *Siècle*, le journal le plus cité est *La Démocratie pacifique* (18 % environ du total des articles repris par les publicistes niçois). Bien qu'il ne fût pas un des plus diffusés de la presse française, ce journal parisien, fondé en 1843 par le groupe fouriériste réuni autour de Victor Considerant, est, en 1848, une référence pour les républicains démocrates en France et dans les territoires voisins francophones[282]. Il faut bien différencier les échanges journalistiques de la reprise d'une publication. Un journal comme *Le Siècle*, à vocation nationale voire internationale est le quotidien le plus important en France (32 000 abonnés pour l'année 1846). Il ne peut être dans la réciprocité avec des organes de la presse provinciale, fussent-ils de la même tendance politique[283]. Mais ses articles irriguent nombre de feuilles provinciales comme *L'Écho des Alpes maritimes* et les organes démocrates de Savoie, contribuant à structurer un courant de pensée républicain et démocrate. La circulation des publications connaît un certain paroxysme en 1848 et participe à une internationalisation de la presse. Celle démocrate de Nice et de Savoie se tourne bien plus vers la vie journalistique française. Pour *L'Écho* l'orientation francophile est nette puisque le journal italien le plus repris pour ses articles d'opinion est *La Concordia* de Turin (5,5 %). Cela s'explique aussi parce que les relations avec la presse turinoise ou génoise se fait le plus souvent sur un registre polémique. En effet, les

281 ADAM, Fonds Carlone, 7 J 30, Journaux comptables personnels d'Auguste Carlone pour les années 1847-1850. Le journal *Le Siècle* est explicitement mentionné au mois de février 1848.

282 Paul Bénichou, *Le temps des prophètes, doctrines de l'âge romantique*, Paris, Gallimard, 1977, p. 360.

283 André-Jean Tudesq, « La presse provinciale de 1814 à 1848 », dans Claude Bellanger, Jacques Godechot, Pierre Guiral, Fernand Terrou (dir.), *Histoire générale de la presse française*, *op. cit.*, p. 146.

publicistes de Nice et de Savoie, par leurs échanges et leur solidarité, constituent une force collective à distance qui est assez indépendante pour dénoncer la politique italienne menée par Charles-Albert puis par son fils Victor-Emmanuel II qui lui succède en mars 1849.

Les échanges sont cruciaux pour nouer des solidarités un tant soit peu durables. Ainsi, alors qu'ils n'avaient jamais diffusé de feuilleton, en septembre 1848 les directeurs de *L'Écho des Alpes maritimes* font le choix symbolique de publier comme premier feuilleton, sur pas moins de huit numéros entre le 8 et le 29 septembre, une longue présentation de sa région rédigée pour *Le Patriote savoisien* par le député Léon Brunier. Intitulé « la Savoie en 1848 », le feuilleton est un plaidoyer pour l'intégration de son territoire à la France à travers des considérations géographiques, économiques, commerciales, politiques et culturelles. L'existence d'argumentaires conformes publiés au même moment dans deux territoires différents alimente la conscience de partager à distance un même sentiment d'appartenance nationale[284]. Les explications de cette similarité sont historiques, géographiques, culturelles et sociologiques. Les journaux démocrates et francophiles de Nice et de Savoie ont été créés par hommes qui ont un rapport privilégié avec la nation française (par leurs parcours familiaux et personnels). Ils se sentent légitimes pour étendre cet affect à l'ensemble de la population par le moyen de leur feuille de presse. La chose est exprimée de manière explicite dans un article de *L'Écho des Alpes maritimes* du 8 janvier 1849 :

> Le sentiment qui dominait alors exclusivement [durant les premiers mois de 1848] était celui du premier enthousiasme du succès, et d'une profonde vénération pour la monarchie : l'idée qui domine aujourd'hui est le principe démocratique de la souveraineté populaire, et surtout le principe de notre nationalité [...]. Cette dernière question, dont le germe a toujours existé malgré la terreur de l'absolutisme d'autrefois, a paru pour un instant devoir être étouffée sous la pression grossière de l'inintelligence [...]. Si l'Italie a le droit et la volonté de reconquérir sa nationalité, nous avons, nous aussi, le droit et la volonté de réclamer la nôtre. Faisons donc cause commune avec nos frères de Savoie[285] !

Et dans le même numéro, quelques lignes plus loin, toujours en première page, c'est le partage d'un article du *National savoisien* qui vient confirmer cette volonté de lutte commune :

---

284 Benedict Anderson, *L'imaginaire national*, *op. cit.*, p. 72.

285 *L'Écho des Alpes maritimes*, 8 janvier 1849.

> L'annexion à la France, nous l'entrevoyons comme une éventualité plus ou moins prochaine, mais inévitable. Nous la désirons comme devant mettre un terme à des anxiétés autrement sans fin. Nous la voulons, non d'une manière violente, non comme le produit de l'invasion, non comme le résultat de l'émeute ou d'une guerre intestine, mais comme effet logique et pacifique d'un traité volontairement consenti, […] comme une invincible nécessité […]. L'idée de cette annexion, repoussée d'abord par des injures, supportée ensuite comme l'aberration d'une minorité, adoptée plus tard comme une éventualité possible, cette idée grandit peu à peu, vulgarisée aujourd'hui chez nous[286].

De manière sous-jacente, dans la revendication d'une annexion pacifique comme dans l'exposition de ce que les publicistes de Savoie pensent être une dynamique ascendante de leurs idées politiques, l'on sent une sorte de croyance en l'action de la presse, leur outil pour faire valoir la cause annexionniste. Il existe une sorte de confiance dans l'inéluctabilité d'une telle perspective dans le futur, comme s'il était naturel que la Savoie passe sous la souveraineté française. Cela renvoie à la manière dont les « militants » de la nation naturalisent les frontières : ils estiment que les échanges économiques et les liens extérieurs sont déterminés par ces obstacles naturels pensés comme des frontières nationales, comme les Alpes pour Nice et la Savoie qui pousseraient les populations de ces territoires vers la France.

Les revendications politiques affirmées dans ces articles ne souffrent d'aucune ambiguïté, mais l'importance de ces écrits est plus large ; au-delà de la convergence d'opinion, il s'agit d'impulser une communauté dans l'action qui dépasse le seul cadre journalistique. « Que nos représentants fraternisent avec les leurs dans la même pensée, que nos intérêts et nos sympathies se confondent », réclament les directeurs de *L'Écho des Alpes maritimes*[287]. Le 28 novembre 1848, Nicolas Parent et ses collaborateurs du *Patriote savoisien* reproduisent une contribution de *L'Écho des Alpes maritimes*[288]. Dans celle-ci, les publicistes niçois développent un argumentaire selon lequel Nice et la Savoie, eu égard à leur pauvreté et à leurs difficultés de développement, sont victimes d'un manque cruel

286 *Ibid.*

287 *Ibid.*

288 *Le Patriote Savoisien*, 28 novembre 1848. Les numéros de ce journal sont conservés par les Archives départementales de Savoie et ont été numérisés par la Région Auvergne-Rhône-Alpes [En ligne] : https://www.lectura.plus/3043-le-patriote-savoisien.html.

d'attention de la part du gouvernement sarde. Le rédacteur en chef de l'organe de presse de Chambéry accompagne la publication de l'extrait d'une intervention à la Chambre d'un député de Savoie, Joseph Chenal, qui exprime dans ce lieu officiel du débat politique légitime, en français – langue finalement autorisée par le roi dans les débats parlementaires sous la pression de la presse francophone – la vision des « partis » français de Savoie et de Nice. Les publicistes niçois se reconnaissent dans ces discours au point qu'en janvier 1849, après la dissolution de la Chambre, saisissant l'opportunité des nouvelles élections législatives, Auguste Carlone et Victor Juge prennent l'initiative de proposer les candidatures de Joseph Chenal, pour le premier collège de Nice, et de Léon Brunier dans le collège d'Utelle, l'auteur pour *Le Patriote* du feuilleton « la Savoie en 1848 » reproduit dans *L'Écho*. Leur proximité avec les organes de presse francophiles de Savoie en fait de parfaits candidats, particulièrement pour leur vive opposition au projet d'emprunt du ministre des Finances, Octave Thaon de Revel, originaire de la province de Nice et adversaire des publicistes niçois, dont les décisions pour financer les dépenses de la guerre contre l'Autriche sont jugées – à Nice comme en Savoie – extrêmement funestes pour des provinces fortement touchées par la pauvreté. La démarche ne peut se concrétiser car les deux députés sont ancrés dans leur territoire et ne peuvent se présenter à Nice. La tentative montre la difficulté pour le « parti » français de Nice de trouver des candidats locaux pour le représenter au Parlement – ceux appuyés par leur journal défendent certes les intérêts de la province mais ne partagent pas ses tendances francophiles. Elle témoigne toutefois d'une volonté de construire une véritable coopération politique transprovinciale.

Si les distances entre les deux territoires jouent en défaveur de ces rapprochements, d'autant que les axes de communication sont peu développés, la solidarité politique perdure. Au mot de ralliement « Nice et Savoie ! » lancé en première page de *L'Écho des Alpes maritimes* des 5 et 8 janvier, les directeurs du *National savoisien* d'Annecy ne manquent pas de répondre par un article reproduit dans le périodique niçois :

> L'opinion dont nous nous sommes fait les promoteurs sur la nécessité que démontreront les événements futurs de la réunion de la Savoie à la France fait chaque jour des progrès marqués. Cette opinion vilipendée naguère comme une utopie insensée est aujourd'hui vulgarisée […]. Ce qui est vrai pour nous, Savoisiens, est vrai également pour les habitants de Nice. Même situation par

> rapport aux Alpes, même langue, mêmes mœurs, mêmes souvenirs et par suite mêmes sympathies, mêmes désirs. *L'Écho des Alpes maritimes* a fait ressortir cette solution de position et de but ; il a exprimé le vœu de voir Nice et la Savoie suivre les mêmes destins. Nous acceptons cette alliance avec bonheur et comme lui nous inscrirons sur notre bannière SAVOIE ET NICE[289].

L'auteur se félicite de la solidarité à distance entre partisans d'une « réunion » de la Savoie et de Nice à la France. Les publicistes pro-français ont le sentiment partagé à distance de vivre le territoire de leur « petite » patrie comme appartenant à la nation française : géographiquement (au-delà des Alpes par rapport à l'Italie), culturellement (communauté de langue et de mœurs, toutes deux françaises) mais aussi historiquement (une histoire commune, les « mêmes souvenirs »). Tous les éléments qui fondent une vision nationale sont énoncés et déterminent ce qu'ils estiment être un destin commun. Pour l'accomplir, le premier pas est l'alliance journalistique qui permet l'expression de leur revendication commune et de brandir la « bannière Savoie et Nice ». Les publicistes niçois s'empressent de reproduire les articles qui entretiennent des solidarités à distance tout en continuant à produire une analyse pour prouver la francité de Nice.

INTÉRÊT NATIONAL ET INTÉRÊT GÉNÉRAL DU PAYS NIÇOIS

> Toute la question est là. Où est située Nice ? En Provence. Qui sont nos fondateurs ? Les Marseillais. Où s'écoulent nos produits ? En France. Qui pourrait nous protéger en cas de besoin ? La France. Enfin notre position, notre origine, notre langue, nos intérêts, en un mot, notre nature, où nous font-ils pencher ? Vers la France, notre mère-patrie ! Voilà les bases de notre discussion ; voilà notre drapeau que nous déployons au grand jour et qui ne saurait être déchiré, pas plus qu'on peut décapiter une idée[290].

L'argumentaire est extrait d'un article au titre plus qu'explicite publié le 29 janvier 1849 : « De nos droits naturels ». L'intégration de Nice à la nation française serait un processus tout aussi naturel que le caractère frontalier des Alpes entre la France et l'Italie. En ce début d'année 1849, à la faveur de leurs liens avec les publicistes francophiles de Savoie, Auguste Carlone et Victor Juge se montrent de plus en plus offensifs

289 *L'Écho des Alpes maritimes*, 12 février 1849.
290 *L'Écho des Alpes maritimes*, 29 janvier 1849.

dans leurs revendications séparatistes. Dans cet article, ils essaient de lister une série d'éléments, historiques ou culturels, qui les justifient, de même qu'ils énoncent de manière plus prosaïque ce que seraient les intérêts immédiats, économiques ou militaires, d'une annexion de Nice à la France. En filigrane, se pose la question de savoir qui définit l'intérêt général d'un territoire et d'une population et comment les intérêts particuliers peuvent entrer en compte. Auguste Carlone et ses collaborateurs s'arrogent le droit d'énoncer publiquement l'intérêt général, monopole qui leur a déjà été vivement contesté lors de la manifestation du 13 juin 1848.

Le 21 juin 1848 le courrier d'un abonné dénonçant les violences qu'ils ont subies est publié dans *L'Écho*. Celui-ci n'en énonce pas moins clairement les questions qu'ont posées publiquement les événements du 13 juin. « Êtes-vous Français ? Êtes-vous Italiens ? Voilà, à mon avis, toute la question » demande ce lecteur anonyme, en se proposant de « provoquer de [leur] part une explication franche et loyale sur [leur] nationalité[291] ». Les archives ne livrent pas le secret de cette lettre mais sa reproduction pose le débat dans le temps. L'abonné conteste le rôle de porte-parole de « l'opinion publique » niçoise que s'attribuent les publicistes et qui ressort dans le titre même de leur journal. Il écrit :

> J'ai la naïveté de croire que, quand on se nomme, par exemple *L'Écho des Alpes maritimes*, et qu'en exposant ses griefs au pouvoir, on parle au nom de tout un pays, on est naturellement exposé à rencontrer d'énergiques protestations, s'il advient que *L'Écho*, entraîné par l'optimisme de ses propres tendances se hâte trop de répondre fidèlement à la voix de la minorité qui l'entoure sans se donner la peine de consulter la majorité. Car il faut bien que cette majorité ait le droit de faire entendre sa voix, de faire retentir ses échos pour désavouer les sentiments qu'on lui prête et qui ne sont pas les siens[292].

Le « parti » français représenterait une cause loin d'être majoritaire à Nice – c'est aussi ce qu'entendait signifier la manifestation du 13 juin. Le monopole journalistique de cette minorité politique que représenteraient Auguste Carlone et ses collaborateurs constituerait une anomalie politique, ce que tend à confirmer la perte de plus de la moitié de leur lectorat après les premiers articles francophiles. Les

291 *L'Écho des Alpes maritimes*, 21 juin 1848.
292 *Ibid.*

colonnes du journal sont ouvertes à cette pensée qui contraste avec la leur car la publication permet de répondre en se présentant comme dans une position de surplomb de la vie politique par leur défense des intérêts niçois :

> Nice unie de cœur à l'Italie en est réellement trop séparée par ses intérêts matériels. Voulez-vous maintenant qu'elle reste à jamais unie par des liens indissolubles à la patrie italienne, cela est facile, donnez-lui des intérêts matériels en Italie[293].

Ernest Renan énonçait déjà dans sa conférence de 1882 l'idée que la « communauté des intérêts » était un argument des patriotes ; elle permet de créer « un lien puissant entre les hommes », bien qu'elle ne suffise pas à faire une nation[294]. Cependant, l'argument ne peut convaincre car ce que les uns décrivent comme des intérêts particuliers apparaît à leurs adversaires, à l'inverse, comme l'intérêt général. L'article des publicistes niçois ne peut convaincre les notables locaux italophiles que la France est l'avenir de Nice ; il s'agit plutôt d'installer un discours public, pour commencer à diffuser cette idée et la faire admettre comme légitime. Cependant, elle n'a rien de consensuel et leur attire des hostilités diverses, pas seulement locales.

À la fin du mois de juin 1848, les attaques auxquelles Auguste Carlone et leurs collaborateurs doivent faire face proviennent du *Corriere mercantile*, journal libéral modéré de Gênes qui est l'un des plus diffusés dans les États sardes. Refusant de laisser libre cours aux accusations d'antipatriotisme qui font d'eux des traitres à la cause italienne, ils saisissent l'occasion de la polémique pour réaffirmer (en lui donnant un écho supplémentaire) leur dénonciation de la marginalisation de la province de Nice au sein des États sardes :

> Nous répétons, pour le repos de certains esprits mal faits, que nous ne discutons point ici une question de nationalité, mais nous devons dire au *Corriere Mercantile* qui voit une frontière naturelle dans les eaux torrentielles du Var (dont l'état de frontière ne se maintient que dans un développement de 20 kilomètres) que cette frontière est purement politique et que les vraies frontières naturelles de l'Italie sont les Alpes[295].

---

293 *Ibid.*
294 Ernest Renan, *Qu'est-ce qu'une nation ?*, *op. cit.*, p. 28.
295 *L'Écho des Alpes maritimes*, 26 juin 1848.

Encore une fois, la rhétorique nationale naturalisante est mobilisée : les Alpes constituraient un obstacle trop important pour que le développement de Nice se fasse par des échanges avec les autres villes italiennes. Pour faire du pays niçois une partie du futur État-nation italien, il faudrait qu'il puisse y avoir des intérêts matériels qui suscitent un sentiment d'appartenance. Mais pour Auguste Carlone, Victor Juge et Hippolyte de Rangouse, cela ne se peut car, estiment-ils, la « frontière naturelle » des Alpes l'empêche. L'affirmation provoque les mêmes accusations d'antipatriotisme que leurs précédents articles. Les publicistes sont accusés de « pousser à déserter indignement » la guerre patriotique contre la puissance autrichienne alors même qu'elle « étouffe la nationalité italienne par les armes[296] ». L'accusation se retrouve dans la presse génoise, notamment dans un article, reproduit le 3 juillet 1848 dans *L'Écho*, qui émane de la plume de Gerolamo Boccardo, jeune étudiant en droit et patriote convaincu. Il accuse nommément les publicistes niçois d'attiser des « polémiques particulières » dans un moment critique où « l'ennemi dévast[e] le sol de la patrie[297] ». Pour protester contre un journal dont il estime qu'il revendique une forme de « dédition de Nice à la France », Boccardo, tout en condamnant les violences du 13 juin 1848, appelle les Niçois à lutter contre les idées diffusées par Auguste Carlone et ses associés. Pour lui, la « nationalité » de la ville est incontestable : « par la langue, par les coutumes et par sa position géographique, Nice pour toutes ces raisons est italienne[298] ». Mais le jeune journaliste du *Corriere mercantile* pose un autre problème épineux, pas encore véritablement entré dans le débat. Il conteste aussi les franchises du port, rejoignant en cela d'ailleurs *La Concordia* de Lorenzo Valerio pour dénoncer les privilèges communaux. Les libéraux défendent le renforcement de la liberté commercial contre les aspirations à la défense de droits anciens (collectifs ou corporatifs) et privilèges communaux au nom de l'unification territoriale[299]. Simonetta Soldani note qu'à partir

---

296 *L'Écho des Alpes maritimes*, 21 juin 1848.

297 *Il Corriere Mercantile*, 3 juillet 1848. « *Noi vediamo l'inimico devastare il suolo della patria e prendervi tale atteggiamento che comanda il concorso di tutte le nostre forze. Non è questa l'ora delle polemiche particolari* ».

298 *Ibid.* « *Per lingua, per costumi, per positura geografica, Nizza per tutte queste ragioni è italiana* ».

299 Simonetta Soldani, « Approaching Europe in the Name of the Nation. The Italian Revolution, 1846-1849 », dans Dieter Dowe, Heinz-Gerhard Haupt, David Higgins, Jonathan Sperber (dir.), *op. cit.*, p. 60-61.

de 1847, une fois le droit de publication acquis, s'observe une floraison de brochures, d'articles et de pamphlets vantant les avantages et les succès du libéralisme économique et demandant l'abolition des lois communales et des pratiques corporatives. Ces évolutions incarnent le progrès pour les élites libérales, de la même manière que la construction de routes ou de voies de chemin de fer[300]. Les affaires économiques et commerciales constituent un point crucial souvent sous-estimé dans les questions de nationalité alors qu'elles contribuent à façonner les affects nationaux. L'intérêt personnel façonne l'idée que chacun se fait de ce qu'est l'intérêt général d'une ville ou d'une région. Ainsi, à Nice, contre l'offensive patriotique et libérale venue de Gênes et de Turin, le « parti » français organisé autour de *L'Écho* s'empare de la défense publique des franchises du port, qui favorisent le commerce avec la France. Cette position est motivée par le fait que nombre de membres de la rédaction font du commerce depuis Nice avec la France et vice-versa (notamment avec le port de Marseille, où deux membres de la rédaction sont installés, Édouard Borelly et Étienne Bonafons).

Depuis l'entrée de Gênes et de son port dans le royaume de Sardaigne en 1815, les franchises portuaires dont jouit la ville de Nice cristallisent les tensions. Elle a perdu son statut de seul débouché maritime pour la Couronne. Seule la persistance des franchises permet aux négociants locaux de compenser la concurrence génoise. Dès 1838, Hilarion de Cessole, ancien premier président du Sénat de Nice, avait présenté au gouvernement un mémoire en langue française dans lequel il défendait la préservation du port-franc avec les mêmes arguments économiques avancés une décennie plus tard par les rédacteurs de *L'Écho des Alpes maritimes*[301]. Ils reprennent d'ailleurs de larges extraits de cet ouvrage dans pas moins de cinq numéros entre le 28 mars et le 13 avril 1849, pour montrer que leurs idées ne sont pas celles de francophiles acharnés – ce dont on ne pourrait soupçonner l'ancien premier président du Sénat – mais de défenseurs de l'intérêt général. Auguste Carlone et ses collaborateurs décident même opportunément en 1850 de faire éditer l'ouvrage par leur imprimeur, la société Gilletta, afin de promouvoir ce mémoire qui demeurait jusqu'à présent un texte relativement confidentiel, destiné au gouvernement royal. Par leur monopole de presse, ils ont le

300 *Ibid.*
301 Hilarion de Cessole, *Réflexions sur le port-franc de Nice*, Nice, Société typographique, 1850.

loisir de s'accaparer le combat pour la défense des intérêts de la province de Nice. Ils ont l'habileté de se mettre en première ligne dans une lutte qui, en 1847 et 1848, mobilise les notables locaux de différentes tendances. Dans sa *Chorographie du comté de Nice depuis sa fondation jusqu'à l'année 1792* parue en 1847 sous le patronage de Charles-Albert (avec une épitre dédicatoire de quatre pages), le baron Louis Durante insistait aussi sur la ruine que constituerait pour la cité et son *hinterland* la suppression des franchises du port[302]. Militaire et noble, celui-ci est un fervent partisan de l'unification italienne : au printemps 1848, il participe à la guerre de Lombardie contre l'Autriche. Cependant, il n'en défend pas moins les intérêts locaux, comme plusieurs députés niçois parfois accusés de municipalisme à la chambre de Turin. « Sans la ressource de ses franchises, notre port serait désert » affirme le baron Durante[303]. En effet, depuis la fin du XVIIIe siècle, Nice a connu une certaine prospérité commerciale grâce aux franchises de son port qui lui ont permis de jouer un rôle de transit entre Marseille et le Piémont[304]. La circulation des marchandises est intense (plusieurs dizaines de millions de francs d'huiles et de blé essentiellement, mais aussi d'agrumes, de riz et de denrées coloniales)[305]. Les bulletins commerciaux publiés dans *L'Écho des Alpes maritimes* mettent en évidence la dépendance économique de la région vis-à-vis de la nation voisine. La publication des réflexions d'Hilarion de Cessole a été précédée de plusieurs articles (14, 16 et 19 février 1849) dans lesquels est défendue la nécessité du port-franc pour préserver les prix du sel et du blé, denrées alimentaires de première nécessité. La comparaison réalisée entre les prix français et sardes, à l'avantage des premiers, permet de justifier qu'en cas de suppression des franchises, seule une appartenance à la France permettrait de compenser la perte. Ainsi se construit une démonstration économique qui va dans le sens des positions francophiles des publicistes niçois. Cependant, cette défense d'un privilège communal passe mal dans la presse libre-échangiste du royaume de Sardaigne, alors que fleurissent des accusations de

302 Louis Durante, *Chorographie du comté de Nice, depuis sa fondation jusqu'à l'année 1792*, Turin, Favale, 1847, Chapitre VI, p. 443-459.

303 *Ibid.*, p. 445.

304 Robert Latouche, *Histoire de Nice*, *op. cit.*, p. 127. Sur la question du commerce maritime et du port-franc, se reporter aussi au numéro de la revue *Nice Historique* : « Commerce et port-franc », *Nice Historique*, n° 4, 1998.

305 Olivier Vernier, « Commerce de Nice », *Nice Historique*, n° 44, 1998, p. 139-142.

« municipalisme[306] ». Elles sont un des *topoi* de la lutte menée par les bourgeoisies libérales et patriotes qui disposent de journaux à Gênes ou à Turin. Cependant, dans le cas présent cette mise en cause prend une vigueur toute particulière puisqu'elle se double d'une accusation d'antipatriotisme.

Dans le numéro du 30 janvier 1849 de *L'Opinione*, un nouveau journal de tendance libérale modérée – il affiche un ferme soutien à Cavour – une offensive vigoureuse est menée contre Auguste Carlone et ses associés. Celle-ci est le fait d'Aurelio Bianchi-Giovini, directeur de la feuille turinoise, homme reconnu dans le milieu de la presse, à l'instar d'autres publicistes ayant acquis quelque notoriété dès avant le *Quarantotto*. Celui-ci se veut l'un des pourfendeurs de ce « municipalisme » considéré comme un archaïsme féodal qui est un frein à la construction d'un État-nation italien dans les frontières duquel règnerait le libre-échange. Bianchi-Giovini réclame donc l'abolition des franchises du port de Nice et accuse nommément ses confrères de *L'Écho des Alpes maritimes* de cultiver un sentiment de haine envers le Piémont à travers leurs « prétentions insatiables[307] ». En ces temps de patriotisme exacerbé, au moment où le gouvernement de Vincenzo Gioberti, arrivé aux affaires en décembre 1848, avance de plus en plus l'idée d'une reprise de la guerre contre l'Autriche, la défense des privilèges municipaux et les idées séparatistes des organes niçois et savoisiens sont très mal perçues dans la presse patriote et libérale de Turin et de Gênes. Parmi les élites libérales, se développe « la crainte, pas tout à fait infondée, de la prédominance des intérêts locaux », ce qui est dénoncé comme un « vice » et une « fermeture[308] ». Cependant, forts de leur indépendance financière, les publicistes de Nice et de Savoie ne manquent pas de répondre fermement aux attaques d'Aurelio Bianchi-Giovini :

> Oui, nous avouons que la maison de Savoie ne se trouve plus dans les mêmes conditions qu'à l'époque du pacte conclu, que de nouvelles nécessités ne lui permettent plus de rester à notre égard dans les termes où nous étions en 1388 ; le futur roi de la Haute-Italie [Charles-Albert] ne saurait être pour nous le protecteur que l'on a cherché dans le duc de Savoie [...]. Que le pacte

306 Simonetta Soldani, « Contadini, operai e "popolo" nella rivoluzione del 1848-1849 », *Studi storici*, vol. XIV, n° 3, 1973, p. 588-589.

307 *L'Écho des Alpes maritimes*, 2 février 1849.

308 Mario Isnenghi, « Introduction. Unité et absence d'unité de l'Italie : un profil », dans Mario Isnenghi (dir.), *L'Italie par elle-même*, *op. cit.*, p. 33.

> soit donc rompu ; mais non pas seulement pour nous priver de nos moyens d'existence, pour nous arracher une à une toutes les garanties que nos pères avaient stipulées quand ils engageaient l'avenir de leurs descendants, mais pour nous rétablir dans la plénitude de nos droits et nous laisser rentrer sous les lois que la nature nous a faites[309].

La volonté séparatiste de rompre le pacte pluriséculaire qui lie le comté de Nice à la dynastie de Savoie est clairement exprimée. La publication d'un tel article signifie une remise en cause la souveraineté du roi de Sardaigne, qui se préoccupe bien plus, selon Auguste Carlone, de l'union du Piémont avec la Lombardie que des provinces outre-alpines de ses États frontalières avec la France.

Si les débats se font si vifs en 1849, c'est que la suppression des franchises du port est d'actualité et qu'elle devient un enjeu de lutte pour plusieurs années pour les notables niçois. En 1851, lorsque l'idée revient au cours d'une séance parlementaire, Auguste Carlone mène la fronde contre le gouvernement sarde, avec Jules Avigdor. Cette opposition commune est significative car le second avait rédigé de sa main la lettre de rupture des directeurs-fondateurs de *L'Écho des Alpes maritimes* en mai 1848 pour cause d'opposition sur leurs affects nationaux. Mais en 1851, ces clivages sont momentanément dépassés. La bourgeoisie niçoise se mobilise pour défendre les privilèges locaux, alors que la décision de suppression des franchises contribue à éloigner une partie des notables patriotes italiens du roi de Sardaigne car elle marque aussi en quelque sorte une officialisation par le pouvoir du délaissement de Nice et sa province. Jules Avigdor est de ceux-là. N'ayant pas rompu sa relation cordiale avec Auguste Carlone, malgré leur opposition sur l'évolution politique du journal, ils ont signé conjointement, avec plusieurs autres notables, une déclaration publique le 14 mai 1851 énonçant explicitement qu'en cas de non rétablissement des franchises du port et de non-suppression d'impôts sur le blé et le sel jugés injustes, « le peuple de Nice, plaçant le droit au-dessus de la force, serait réduit à considérer le contrat d'annexion comme rompu par le gouvernement lui-même, et à revendiquer son indépendance[310] ». La protestation sécessionniste reprend

309 *L'Écho des Alpes maritimes*, 2 février 1849.

310 ADAM, Fonds Levrot 6 J 21, Protestation officielle publiée à Nice le 14 mai 1851 contre la réforme douanière et le projet de suppression des franchises du port du gouvernement sarde. Comme le rapporte Michel Bottin, la tradition voudrait que le doigt perdu par

les termes des articles de *L'Écho des Alpes maritimes*. Elle vaut à Auguste Carlone un bref exil en France et à Jules Avigdor un emprisonnement succinct. L'affaire montre bien que la défense des intérêts d'une « petite » patrie peut entrer en confrontation avec un affect national – pour Jules Avigdor qui privilégie les franchises du port à l'intégration de Nice à l'Italie –, ou bien à l'inverse le conforter – pour les rédacteurs de *L'Écho* qui pensent que la solution à ce problème économique se trouve dans l'annexion de Nice à la France.

Si la question des franchises du port cristallise les oppositions, elle n'a pas été le seul élément qui a pu donner du poids au « parti » français à Nice. En effet, plusieurs articles d'Auguste Carlone et ses collaborateurs insistent sur l'idée que l'économie de la montagne ne serait que favorisée par une intégration du pays niçois à la nation voisine. Les nombreux troupeaux des vallées alpines de la province, notamment de la Vésubie, effectuent leur transhumance dans les plaines provençales, ce qui induit pour les bergers des coûts certains lorsqu'il faut traverser la frontière et des heurts réguliers avec les agents de la douane sarde[311]. Il s'ajoute aussi la question cruciale de la carence en voies de communication. Les routes sont peu nombreuses et mal entretenues ; Teodoro di Santa Rosa, intendant général de la division de Nice, l'a lui-même reconnu. Bien qu'il ait noué une relation amicale avec Auguste Carlone durant l'exercice de sa fonction, il ne peut être soupçonné d'une adhésion aux positions pro-françaises. Dans une adresse aux électeurs d'Utelle de décembre 1849, il dresse le même constat d'abandon et s'attire le soutien des publicistes qui voient en lui un défenseur des intérêts du pays niçois auprès du pouvoir central[312]. Il souligne que la seule portion de route construite entre 1815 et 1850 l'a été entre Nice et Levens alors que beaucoup d'habitants des villages de l'arrière-pays continuent de se déplacer, faute de mieux, en suivant le cours des torrents ou sur des chemins muletiers étroits et dangereux[313]. De plus, au même moment

la statue de Charles-Félix sculptée par Paul-Émile Barberi lui fût enlevé lors d'une vive manifestation d'opposition à la suppression des franchises du port en 1851, comme un signe d'opposition à la politique du gouvernement royal. Voir : « Commerce et port-franc », *Nice Historique*, n° 44, 1998, p. 109.

311 Robert Latouche, *Histoire de Nice*, *op. cit.*, p. 130.

312 Théodore di Santa Rosa, *Les compensations ou le passé et l'avenir de la province de Nice, par M. Théodore Santa Rosa, député d'Utelle*, Nice, Canis Frères, 1852, 42 p.

313 *Ibid.*, p. 11 et 27.

s'observe une mise à l'écart de la province des plans de développement du chemin de fer qui font florès à Turin en 1849, notamment sous l'impulsion de Cavour. Auguste Carlone et Victor Juge avancent l'idée qu'une annexion à la France permettrait, ainsi qu'on peut le lire dans un article du 7 février 1849, de donner un accès au chemin de fer qui arrive à Toulon et pourrait être étendu à Nice. Ils s'efforcent au fil de leurs publications de rendre souhaitable économiquement et commercialement la perspective d'une annexion de Nice à la France. Ils n'hésitent pas à mobiliser les écrits de protagonistes bien étrangers à leur lutte pour renforcer cette position qu'ils revendiquent comme éclairée et raisonnée. Pour se faire les porte-parole de la défense des intérêts du pays niçois, ils soutiennent aussi les députés qui agissent en ce sens à la Chambre, comme Barthélémy Leotardi qui y a porté les 18 et 20 octobre 1848 une pétition pour dénoncer l'enclavement et le paupérisme du mandement de Puget-Théniers. Celle-ci fut présentée lors d'une séance du 25 novembre 1848. Il dénonçait le manque d'écoles et le mauvais état des routes en demandant explicitement au gouvernement un investissement pour l'amélioration des structures dans les vallées de l'Estéron, de la Tinée et du Var[314]. *L'Écho des Alpes maritimes* est bien implanté dans celles-ci ; ses directeurs veulent en faire un organe de la défense des intérêts de tout le pays niçois, pas seulement de la capitale provinciale et de son port. La réponse à la pétition de la part du ministre des Finances Octave Thaon de Revel, qui est alors aussi député d'Utelle, donc potentiellement plus attentif au sort de sa province d'origine, est brève et sans appel :

> Comme député de la province de Nice, je m'associerais volontiers aux insistances de mon collègue, mais comme ministre du roi, je ne puis vouloir que des choses possibles[315].

Le gouvernement, en ce temps d'après-guerre coûteux pour le royaume de Sardaigne, n'est pas disposé à engager des frais pour répondre aux doléances des députés niçois. La réponse du ministre n'est guère étonnante : Auguste Carlone et ses collaborateurs avaient d'ailleurs fait campagne contre lui pour présenter un candidat pour le collège d'Utelle, critiquant sa position gouvernementale et son manque d'attention pour le pays niçois.

---

314 Mario Riberi, *Les députés du pays niçois à la Chambre subalpine de Turin (1848-1860). Un itinéraire historique et juridique*, Nice, ASPEAM/Serre, 2019, p. 126-127.

315 *Ibid.*

La pétition de Barthélémy Leotardi a eu un certain écho à Nice. Elle a été relayée dans pages de *L'Écho* car ses positions tendent à conforter les publicistes sur leur constat d'abandon de la province de Nice de la part des autorités gouvernementales ; d'autant que le député de Puget-Théniers a introduit une comparaison avec le temps de la première annexion de Nice à la France. En effet, dans son discours à la Chambre, il a réclamé officiellement le rétablissement d'institutions ou services que la République française avait mis en place à partir de 1793 (collège national et tribunal de première instance entre autres). Il identifie explicitement la déconstruction de tout ce qui avait été mis en place par l'administration française comme l'une des causes majeures du sous-développement et de l'enclavement de la province de Nice. Au début du mois de décembre 1848, Barthélémy Leotardi et son collègue député Benoît Bunico réaffirment ces positions. Ils demandent au gouvernement un investissement sans envisager aucunement la perspective d'une nouvelle annexion française de Nice. À l'inverse des publicistes de *L'Écho*, ils sont animés par un véritable patriotisme italien, qu'ils ne jugent pas incompatible avec des revendications pour l'amélioration du sort de leur terre natale. Néanmoins, ils alimentent involontairement le discours pro-français d'Auguste Carlone et Victor Juge qui s'empressent de retranscrire leurs argumentaires en les tournant en leur faveur et appuient ces publications par des démonstrations qui se veulent autant d'analyses objectives de la situation niçoise.

On ne compte plus les articles qui remplissent les colonnes de *L'Écho des Alpes maritimes* d'analyses économiques et matérielles pour dénoncer la marginalisation de la province de Nice au sein du royaume de Sardaigne et énoncer l'intérêt à qu'il y aurait à l'intégrer à la nation française. Entre décembre 1848 et mars 1849, la plus grande série d'articles jamais publiée par la rédaction paraît sous le titre : « Intérêts matériels de la province de Nice ». Il s'agit d'une étude générale de la situation géographique, historique, commerciale et économique de la province de Nice réalisée par Victor Juge. Elle est diffusée dans pas moins de 21 numéros entre le 20 décembre 1848 et le 21 mars 1849, par extraits d'environ deux colonnes. Tout ce qui a trait au développement de la province de Nice, à sa topographie et à ses ressources est abordé. C'est de ce travail effectué en 1848 et 1849 et enrichi au cours des années suivantes qu'il a pu tirer, en 1860, son *Mémoire sur l'annexion du comté de Nice à la France* publié au moment où le destin du pays niçois est en train de basculer[316]. Il n'a pas le rôle d'Auguste Carlone dans le journal puisqu'il exerce toujours son activité d'ingénieur, notamment au service de la municipalité. Ce n'est pas un notable publiciste et patron de presse qui appartient à la bourgeoisie la plus aisée de la province ; son origine sociale est un plus modeste. Lui s'est élevé grâce à l'École polytechnique. Il doit son statut à cet établissement français et à sa profession, à laquelle il ne peut financièrement se permettre de renoncer pour s'engager à temps plein dans une activité journalistique non rémunérée. Ainsi, à la différence de son principal associé, il ne dirige pas le journal au quotidien (même s'il a le statut de codirecteur) et s'affirme plutôt comme un solide collaborateur, accaparé par d'autres tâches mais toujours très impliqué dans la rédaction.

Il n'est pas anodin que ce soit Victor Juge, fort de son statut d'ingénieur, et non Auguste Carlone, qui réalise l'étude pour prouver que Nice et sa province sont bien françaises. L'*ethos* du dévouement à l'intérêt général du journaliste rejoint celui du dévouement à la recherche de la vérité propre au scientifique à une époque où les deux sont en train d'émerger comme des principes structurant leurs champs respectifs. Victor Juge met une nouvelle fois au cœur de l'argumentaire la question dite des frontières naturelles en faisant du Var une « frontière politique purement conventionnelle[317] ». À l'inverse, les Alpes sont bien cet accident topographique qui donnerait une certaine naturalité à une frontière entre deux États-nations. L'argument se trouverait confirmé par les chiffres du commerce puisque l'ingénieur niçois évalue à deux tiers l'écoulement des produits de la province de Nice vers la France[318]. L'un des exemples qu'il cite à l'appui de sa démonstration qui se veut scientifique est celui de la savonnerie, production en pleine expansion mais dont l'élément indispensable, la soude, est importée de France. Ainsi, le développement d'une industrie savonnière serait largement

316 Victor Juge, *Mémoire sur l'annexion du comté de Nice à la France*, Nice, Canis Frères, 1860. Par commodité, l'analyse se fonde sur ce mémoire qui a l'avantage de regrouper tous les articles. Pour les retrouver se reporter aux numéros des 20, 22, 24, 27 et 31 décembre 1848, 1, 5, 10, 15, 17, 19, 22 et 26 janvier 1849, 9, 16, 21 et 26 février 1849 et enfin des 2, 9, 19 et 21 mars 1849.

317 *Ibid.*, p. 8-10.

318 *Ibid.* p. 30 à 34.

favorisé par une annexion[319]. Mais l'exemple n'est pas anodin. En effet, Victor Juge côtoie Étienne Bonafons dans la rédaction de *L'Écho des Alpes maritimes* qui n'est autre que le propriétaire d'un magasin de savons à Nice qu'il approvisionne grâce à ses affaires à Marseille – où il passe le plus clair de son temps. L'intérêt personnel entre dans la démonstration à prétention scientifique qui se veut nourrie d'un souci de l'intérêt général. Dans une lutte pour la détermination nationale d'un territoire, l'important est d'imposer sa vision (subjective) de ce qu'est l'ordre *naturel* (censé être objectif) des choses. Et les journaux sont des outils politiques qui permettent cela en tant qu'institution affectante ; les journalistes essaient de s'arroger un pouvoir de dire le réel. Pour le contester, il faut opposer publiquement une autre vision. Et la démonstration de Victor Juge n'a pas manqué de susciter des réactions d'autres journaux (turinois et génois) ainsi que des patriotes italiens de Nice. Se dresser contre les affirmations publiques du « parti » français a été un des buts de la manifestation de juin 1848. Et au fil des débats sur la détermination nationale du pays niçois, l'opposition prend une nouvelle tournure, notamment en 1849 lorsque Giuseppe Garibaldi commence à y prendre part.

UNE LUTTE À DISTANCE POUR LA DÉTERMINATION NATIONALE DE NICE : GIUSEPPE GARIBALDI CONTRE *L'ÉCHO DES ALPES MARITIMES*

À la fin de l'hiver 1848 et 1849, l'on a dépassé le stade des « réformes révolutionnaires » pour entrer dans un « *Quarantotto* des masses[320] ». À Rome, depuis sa déclaration d'avril 1848, Pie IX apparaît aux patriotes comme un obstacle à la lutte nationale. Dans un contexte de retour à un contrôle politique et policier, les tensions s'exacerbent. Dans les rues de la ville les manifestations des démocrates submergent les autorités qui ne contrôlent plus ce mouvement de masse qui conduit même, le 15 novembre 1848, à l'assassinat du chef du gouvernement Pellegrino Rossi, pourtant adversaire des jésuites et figure européenne du libéralisme[321]. Pie IX, qui l'avait choisi comme une figure du consensus, se

319 *Ibid.*, p. 42.

320 Enrico Francia, *1848. La rivoluzione del Risorgimento*, *op. cit.*, Chapitre V : « *Quarantotto di massa* », p. 237-295.

321 Michel Leroy, *Le mythe jésuite*, *op. cit.*, p. 102-103.

retrouve acculé. Craignant pour sa vie, il prend la fuite à Gaète dans le royaume des Deux-Siciles et demande asile à Ferdinand II[322]. Les démocrates romains prennent le pouvoir et décident, en janvier 1849, d'élire une assemblée au suffrage « universel », avec une exclusion de genre pour les femmes, coutumière de l'époque et pas remise en cause malgré l'engagement de certaines figures féminines emblématiques comme Cristina Trivulzio di Belgiojoso. Les patriotes républicains et démocrates se pressent pour aider le mouvement romain. Giuseppe Mazzini – qui y voit l'occasion de réaliser la Troisième Rome qu'il a théorisée – et Giuseppe Garibaldi contribuent à la proclamation de la République le 9 février 1849. L'initiative est soutenue les rédacteurs de *L'Écho des Alpes maritimes* qui s'enthousiasment par fraternité pour les espoirs de réalisation d'une grande nation républicaine italienne que fait naître la révolution romaine, sans qu'ils n'imaginent le comté de Nice en faire partie. Leur estime pour leur compatriote (qui partage la même « petite » patrie) ressort dans les publications car Garibaldi est un républicain démocrate qui partage les mêmes opinions anticléricales que Carlone et ses collaborateurs qui, pour leur part, en juin 1848 se sont impliqués dans l'organisation du banquet célébrant son retour d'Amérique. Ils voient en lui un combattant de la cause italienne et souhaitent la réussite du mouvement patriotique italien dans une optique de fraternité quarante-huitarde qui est extérieure ; dans pas moins de cinq numéros entre août et septembre 1848 (21, 23 et 28 août et 4 et 11 septembre), ils lui ont exprimé un franc soutien lorsque, bravant l'armistice avec l'Autriche, le héros de l'indépendance uruguayenne continuait la lutte contre l'armée autrichienne.

Giuseppe Garibaldi est, comme Auguste Carlone et Victor Juge, attaché au principe des nationalités tel qu'il se manifeste durant le « printemps des peuples ». C'est cet accord préalable qui permet le désaccord sur le cas particulier de leur ville natale. Le premier, à l'inverse de deux publicistes, se sent un véritable patriote italien et il lui paraît tout à fait naturel d'inclure Nice dans une future nation italienne. Son affect national est exacerbé. En 1848 et 1849, la nationalité n'est pas une question politique parmi d'autres, mais elle met en jeu ce qu'est

322 Jean-Claude Lescure, « Italie », dans André Guillaume, Jean-Claude Lescure, Stéphane Michonneau, *L'Europe, des nationalismes aux nations : Italie, Espagne, Irlande*, Paris, Sedes, 1996, p. 22-23.

l'individu, la manière dont durant sa vie il a construit ses représentations du monde (à travers un *habitus* devenu « national »), et dont il perçoit l'existence de nationalités. La lutte se fait alors sur la confrontation de deux affects nationaux qui entrent en concurrence pour fixer le destin d'un territoire.

Malgré ses nombreux déplacements dans la péninsule italienne, Giuseppe Garibaldi demeure toujours attentif à l'évolution politique de sa ville natale. Il ne peut manquer de connaître le seul journal qui s'y publie depuis 1848, et les vifs débats qu'a fait naître son orientation pro-française. S'il prend la plume dans le feu des événements romains c'est qu'il estime devoir user de son influence pour apporter une voix d'opposition au monopole de l'expression publique de l'opinion qui a échu *de facto* à *L'Écho des Alpes maritimes*. Il se tourne vers un autre organe de presse, *Il Pensiero italiano*, publié à Gênes et diffusé à Nice, pour faire paraître le 28 février 1849 une tribune sous la forme d'une lettre aux Niçois qui parvient aux publicistes de *L'Écho* qui la reproduisent dans sa traduction française le 5 mars. Le fait qu'un homme doté d'un certain capital symbolique (due à la réputation qu'il se constitue en 1848) se sente le devoir de prendre du temps, depuis Rome, pour leur donner la réplique prouve l'influence acquise par les publicistes niçois. Ce capital rejaillit *de facto* leur journal car entrer en polémique nécessite déjà d'accorder à l'adversaire une forme de reconnaissance. Cependant, l'aubaine d'une telle attention est contrebalancée par le fait que leur contradicteur est un renfort de premier ordre pour le « parti » italien de Nice.

Giuseppe Garibaldi prend la plume pour s'adresser à ses « compatriotes bienaimés » habitant la « belle terre de Nice » et partager avec eux ses « volontés d'action » pour la lutte nationale et affirmer l'italianité profonde de Nice[323] :

> Lorsque je combattais dans des contrées lointaines en faveur des opprimés, et que la renommée donnait à mes batailles plus de prix qu'elles n'en méritaient, mon seul désir était que leur bruit parvienne jusqu'à toi. Je te les consacrais, ô ma belle terre natale, avec tout le dévouement d'un fils [...]. Et lorsque de mes lèvres sortait le cri de guerre et de liberté, mon âme n'a jamais pu séparer Nice de l'Italie [...]. La terre qui me rappelait les jeux de mon enfance, qui a soutenu mes premiers pas dans la vie et dont chaque pierre m'est plus

323 *L'Écho des Alpes maritimes*, 5 mars 1849.

chère que moi-même, cette terre, par Dieu !... je la voulais incarnée dans la pensée italienne[324].

Son attachement à sa terre natale, celle de ses souvenirs d'enfance et dont il se dit un fils, est indissociable de celui à l'Italie. Giuseppe Garibaldi lie les deux et entend s'opposer à quiconque contesterait ce lien :

> Et cependant, ô Niçois, il existe un journal, *L'Écho*, qui répand une grande amertume par son obstination gallicane sur ces biens que vous prodigue l'heureuse situation politique de votre pays. Ce journal arrive parmi nous comme une malédiction, parce qu'en nous blâmant de la part que nous avons prise à la fortune, aux joies et aux douleurs de l'Italie, il voudrait nous séparer d'elle ; peut-être parce qu'un Français [Hippolyte de Rangouse] qui a reçu l'hospitalité sur notre terre veut en faire la conquête à force de sophismes et de sollicitations inutiles. Qu'il poursuive l'apostolat démocratique qu'il a entrepris et nous le saluerons comme frère [...]. La nation française n'a pas besoin de nous pour être grande, mais il faut à l'Italie toutes ses forces pour se reconstituer. Nous ne répondrons pas à toutes les inepties mises en avant par cette feuille périodique pour nous prouver que nous sommes Français[325].

Garibaldi use du même « nous » pour désigner la population niçoise qu'Auguste Carlone et Victor Juge dans leurs articles, ce qui prouve bien qu'il s'agit d'une lutte pour se présenter publiquement comme représentant de l'intérêt général des Niçois. S'en prenant directement à Hippolyte de Rangouse qu'il pense, à tort, être le principal rédacteur du périodique niçois – ce qui ne lui est pas imputable car c'est bien le gérant-responsable qui signe les numéros du journal – Giuseppe Garibaldi n'hésite pas à verser dans l'invective (« malédiction », « sophismes », « inepties »). L'insistance sur la nationalité française du gérant n'est qu'une manière d'appuyer l'accusation de trahison de la cause patriotique italienne. Les mots utilisés ne relèvent toutefois pas de la « tentation xénophobe » qu'évoque Maurice Agulhon à propos du « printemps des peuples » puisqu'il n'attaque pas une quelconque présence française à Nice – il se dit même frère de tous ceux qui œuvrent pour la cause démocratique – mais bien un militantisme patriotique qui entend

---

324 *Ibid.*
325 *Ibid.*

prouver la francité de Nice et sa région[326]. L'attaque n'en demeure pas moins virulente contre le « parti » français.

Auguste Carlone et ses collaborateurs ne se privent pas de réagir avec la même fougue le 5 mars 1849 par un article et des notes qui accompagnent la traduction française de la lettre de Giuseppe Garibaldi. On peut lire dans l'une d'elles :

> Nous lui apprendrons aussi, puisqu'il lui plaît de l'ignorer, que la rédaction de *L'Écho* n'est pas seulement confiée à un Français, mais à de véritables Niçois [...] dont les opinions connues leur ont mérité l'honneur d'être choisis par leurs concitoyens pour les représenter dans notre conseil municipal[327].

En faisant valoir leur position d'élus municipaux, Auguste Carlone et Victor Juge défendent leur légitimité à parler en public. Le premier est même l'adjoint principal du nouveau syndic – l'équivalent d'un maire dans le nouveau système d'administration municipale – Dominique Galli, qui avait apporté une aide à son ami Auguste Carlone pour la création de *L'Écho* à la fin de l'année 1847. Leur réponse ne s'arrête pas là puisqu'à la légitimité qu'ils s'attribuent pour représenter les Niçois s'ajoute l'argument de l'implantation locale qui tourne même à une surenchère de « nissardité ». Giuseppe Garibaldi est qualifié de « Ligurien d'origine, Niçois par le hasard de sa naissance qui prétend [leur] apprendre l'histoire de [leur] pays », en référence aux origines liguriennes de son père, Domenico[328]. L'argument est teinté d'une certaine xénophobie, le Ligurien étant dénoncé comme étranger à Nice, et finalement par extension l'Italien qui n'aurait aucun sens de l'intérêt général du territoire local. Mais l'argument est surtout contextuel, en réponse à celui de Garibaldi. Plus qu'une italophobie – puisqu'ils soutiennent la lutte nationale italienne – c'est l'éloignement de leur adversaire qui est visé, ses pérégrinations dans les villes italiennes au détriment d'une présence dans sa ville natale. Eux estiment, à l'inverse, être impliqués dans la défense des intérêts locaux et donc mieux connaître la vie, les mœurs et l'histoire du comté de Nice.

La lutte n'est pas que personnelle. Elle est aussi un combat pour faire valoir une certaine interprétation publique des faits passés qui participe de

326 Maurice Agulhon, *Les Quarante-huitards*, *op. cit.*, p. 111-112.
327 *L'Écho des Alpes maritimes*, 5 mars 1849.
328 *Ibid.*

la détermination nationale d'une communauté. Ainsi, Giuseppe Garibaldi pense que Nice ne peut être française car le seul apport des Français à la ville, affirme-t-il avec ironie, a été la destruction de son château par les troupes de Louis XIV (en 1705-1706). Il convoque aussi l'une des figures légendaires niçoises, Catherine Ségurane, l'héroïne mythifiée d'un autre moment d'hostilité de la France vis-à-vis de Nice : le siège franco-turc de 1543. La nation voisine serait synonyme d'hostilité et de destructions pour la ville. Le général niçois consacre près d'un cinquième de sa réponse à l'argumentation historique et s'applique à déconstruire l'idée que Nice est provençale car fille de Marseille. C'est l'un des fondements de la justification historique des idées pro-françaises construite par Auguste Carlone et Victor Juge, d'autant qu'il permet d'appuyer leurs développements économiques insistant sur le fait que relations commerciales avec Marseille sont d'une importance capitale pour le port de Nice. Le débat sur les origines ne saurait être évité tant il est consubstantiel à toute lutte pour l'affirmation d'une mémoire collective nationale dans ce territoire frontalier qui a varié dans ses appartenances. Le « passé-présent » induit une traversée des siècles par rebond, en passant d'un à l'autre, avec une réinterprétation qui contient des biais car elle se veut nationalisante. L'opposition sur le passé alimente celle sur le présent et le futur de Nice et sa place dans une entité nationale.

Giuseppe Garibaldi croit à la « révolution italienne » en cours pour sortir Nice de la marginalisation dans laquelle elle semble être au sein du royaume de Sardaigne :

> Si je ne devais apporter mon concours à d'autres affaires, il me serait facile de répondre à toutes les fausses assertions de *L'Écho* ; mais je me contenterai d'annoncer à mes concitoyens que la révolution italienne pour laquelle nous donnons la vie est une révolution de liberté, d'autonomie [...]. Et Nice ne sera certainement pas un village de Ligurie ou de Provence, où un proconsul de Turin et de Paris, ignorant de l'histoire et des mœurs de ce pays, viendrait exercer une puissance anti-démocratique, mais elle sera l'égale de Rome, de Florence et de Naples, ayant un chargé d'affaires dans son propre territoire qui la gouverne, et un autre à Rome qui la représente, l'un et l'autre élus par tout le peuple niçois. Ainsi donc mes frères, annoncez au rédacteur de *L'Écho* qu'il cesse de gallicaniser avec tant d'obstination et de rendre amère l'existence de celui qui combat pour l'émancipation de la patrie[329] !

---

329 *Ibid.*

À travers ces mots s'exprime une indéniable idéalisation quarante-huitarde d'un futur État-nation italien fédéral et démocratique – Garibaldi est influencé par l'enthousiasme de la révolution romaine à laquelle il participe lorsqu'il écrit sa lettre. L'heure n'est pas à la « gallicanisation » de Nice, terme péjoratif utilisé à dessein pour dénoncer l'œuvre de francisation de Nice qu'il prête au « parti » français, mais à la mobilisation patriotique. Le combattant niçois se garde bien de préciser le caractère irréaliste du projet qu'il expose (l'Autriche, les pouvoirs italiens en place, les patriotes libéraux modérés s'opposent tous à son projet républicain), ce que les publicistes de *L'Écho* n'hésitent pas à souligner en réponse. Néanmoins, en mettant son aura au service des patriotes italiens de Nice, par une intervention dans un important journal génois sur une double colonne publiée en première page, les principaux visés sont mis dans une situation de faiblesse et n'ont pour riposter que leur journal, dont la portée et la force politique sont plus limitées. Néanmoins, Victor Juge et Auguste Carlone veulent gagner la bataille locale de l'opinion :

> Le parti italianissime à Nice est bien malade et pour le sauver il a besoin d'un grand docteur, d'un médecin introuvable à ce jour. Vainement, le fameux Garibaldi est descendu des hauteurs du Capitole pour accourir à son secours, armé cette fois, non point de son épée, mais de sa plume qui n'est pas à beaucoup près aussi vaillante ni victorieuse[330].

Pour la première fois, ils visent explicitement un « parti italianissime », formulation assez vague qui regroupe les partisans de l'intégration de Nice à un futur État-nation italien, qu'ils soient dans la magistrature ou l'administration ou bien qu'ils soient des notables locaux (dont certains, tel Charles Laurenti-Roubaudi, ont d'ailleurs participé à la direction de *L'Écho des Alpes maritimes* avant son tournant francophile). Le « parti » français est bien organisé ; Auguste Carlone et Victor Juge disposent d'une véritable institution de presse qui a une influence locale importante. Néanmoins, les convictions patriotiques défendues par Giuseppe Garibaldi sont majoritaires à Nice. Et son adresse a été un soutien de poids à celles-ci, notamment du fait de son statut de héros de la lutte nationale italienne dans sa ville natale, qui l'avait déjà dignement fêté à son retour d'Amérique du Sud en juin 1848. Les publicistes pro-français ne peuvent que reconnaître avoir perdu une bataille symbolique : « les

330 *L'Écho des Alpes maritimes*, 5 mars 1849.

Niçois anti-français et italianissimes applaudissent et triomphent à leur aise [...] car ils viennent de remporter une *fameuse* victoire[331] ». Cependant, cet aveu n'est pas un renoncement. Pour continuer la lutte il leur reste encore des soutiens, et pas seulement locaux. En effet, Auguste Carlone et ses collaborateurs se tournent vers leurs alliés de Savoie qui sont la cible d'attaques similaires au même moment.

Les mois de février et mars 1849 sont un temps où la rhétorique patriotique est de nouveau exaltée à la faveur de la perspective de reprise de la guerre contre l'Autriche en Italie du nord. Les patriotes traquent les propos jugés antipatriotiques. Lorenzo Valerio, lance une offensive contre la presse francophile de Savoie dans son journal *La Concordia*. Il publie un article, reproduit dans le périodique niçois le 12 mars 1849, avec pour intention de prouver que « la Savoie et l'Italie ne forment qu'un seul et même peuple, n'ayant qu'un seul et même intérêt[332] ». L'on perçoit bien l'emboîtement des échelles et le caractère multiscalaire de la question nationale ; les publications de Giuseppe Garibaldi et de Lorenzo Valerio sont simultanées, sans être concertées, et présentent une même vision qui veut que la communauté nationale imaginée italienne ne s'arrête pas aux Alpes. Ils partagent un même sentiment d'appartenance qui les fait agir contre les courants annexionnistes pro-français de Nice et de Savoie. Mais en retour la solidarité journalistique entre ces derniers s'enclenche : Auguste Carlone et Victor Juge reçoivent un soutien de leurs homologues de Chambéry et d'Annecy et vice-versa. Ainsi, à peine leur réponse à Giuseppe Garibaldi achevée, ils apportent, le 12 mars 1849, leur soutien au *National savoisien* contre Lorenzo Valerio. Et avant même que cet article ne parvienne en Savoie, il trouve une réciprocité puisque le 10 mars paraît dans le journal d'Annecy un article de solidarité à l'égard publicistes niçois, contribution qu'ils reproduisent le 14 du même mois :

> M. le général Garibaldi vient d'adresser aux Niçois, ses compatriotes, une lettre par laquelle il cherche à les prémunir contre les tendances françaises dont *L'Écho des Alpes maritimes* est le chaleureux organe dans cette province [...]. [Il] peut être un excellent homme de guerre, mais à coup sûr il n'est pas un profond politique. Nous regrettons de voir un chef qui s'est distingué à la tête d'un corps de volontaires dans la dernière guerre de Lombardie se ranger

331 *Ibid.*

332 *L'Écho des Alpes maritimes*, 12 mars 1849.

> dans la catégorie de ces fanfarons italiens qui s'établissent redresseurs de torts pour le genre humain[333].

Les rédacteurs du *National savoisien* ont pris connaissance de l'adresse aux Niçois de Garibaldi, qu'ils publient avec les notes critiques de *L'Écho*. Pour déconstruire à leur tour l'argumentaire patriotique italien, ils ajoutent un commentaire pour le moins offensif. Nul argument nouveau dans cet article. Les publicistes du *National* poussent surtout Giuseppe Garibaldi à se concentrer sur la lutte patriotique comme il l'a fait dans la guerre contre l'Autriche en Lombardie plutôt que de chercher le conflit avec le « parti » français de Nice. La polémique s'étend à d'autres feuilles de Savoie ; *Le Chat*, hebdomadaire satirico-caricatural de Chambéry intervient à son tour dans un article significativement intitulé « Nice et Savoie ». Jean-Barthélémy Montmayeur et ses collaborateurs moquent la conclusion de Garibaldi qui affirmait que les limites naturelles de l'Italie ne sont pas les Alpes mais le Rhône – non qu'il crût à la réalité d'une frontière rhodanienne mais, par une tournure provocatrice, il entendait surtout insinuer que les Alpes n'ont pas plus la fonction de frontière naturelle que le fleuve susmentionné[334]. Néanmoins, l'affirmation est moquée par les rédacteurs du *Chat* qui se plaisent à insister sur son absurdité dans un article publié le 11 mars 1849 et repris dans *L'Écho des Alpes maritimes* :

> Ah ! Vous croyez que Nice et la Savoie sont françaises parce qu'on y parle français, qu'on y trouve les mœurs et les usages français, et que les Alpes sont des limites naturelles qui doivent les séparer à tout jamais de l'Italie ; sornettes et billevesées que tout cela ! Les pays de Nice et Savoie ne sont pas français, car une bonne partie de la France n'est pas française ! ! Ah ! ah ! vous plaisantez ; serait-elle chinoise par hasard ? Riez, MM. riez à votre aise, mais inclinez-vous devant le grrrand général Garibaldi ! Qu'a à faire, je vous prie, l'illustre *condottiere*, le héros fameux de Montevideo, de Saint-Antonio, de Luino et d'Arona, avec ce que vous nous chantez-là ? Le général Garibaldi est non seulement le plus habile homme de guerre des temps modernes, mais il joint encore à son savoir belliqueux des connaissances excessivement approfondies en géographie. Et maintenant, malheureux habitants de Nice, bercez-vous de l'idée de devenir un jour Français, *le Rhône est la limite naturelle de l'Italie*, et tous les habitants de la rive gauche de ce fleuve jusqu'aux Alpes sont Italiens, c'est-à-dire, les départements du Var, des Alpes maritimes, des

333 *L'Écho des Alpes maritimes*, 14 mars 1849.
334 *L'Écho des Alpes maritimes*, 5 mars 1849.

> Bouches-du-Rhône, de l'Isère, du Rhône, la Savoie et une partie du Valais, Toulon, Marseille, les quartiers des Brotteaux et de la Guillotière à Lyon, tout cela est italien ! ! Mais au fait, autant être Italiens que Français : ce diable de Garibaldi[335] !

En adresse directe au lecteur, dans un style ironique assumé, l'auteur tente de défaire l'aura de celui qui en 1849 est en train de s'imposer comme un « illustre *condottiere* ». La mention de ses hauts faits militaires est mise en parallèle avec ce que le rédacteur considère comme des aberrations géographiques. Le style volontairement absurde accentue la critique. Le registre est différent des publications de *L'Écho*, mais l'argumentaire est commun : il s'agit de défendre l'idée que les Alpes sont une frontière naturelle. L'article atteste de la vigueur de la solidarité politique entre les journaux francophiles de Nice et de Savoie qui permet à la rédaction de *L'Écho des Alpes maritimes* de continuer la lutte. Ses directeurs le font avec d'autant plus de conviction que les réactions italiennes n'ont pas toutes le caractère hostile de celles des publicistes turinois et génois et de Giuseppe Garibaldi vis-à-vis de leurs idées pro-françaises.

UNE PROMESSE POUR NICE ET LA SAVOIE : LA LETTRE DE CRISTINA TRIVULZIO DI BELGIOJOSO

Le *Quarantotto* n'a pas un caractère exclusivement masculin. Les femmes s'investissent. Leur présence est décisive et numériquement importante, notamment dans certains cortèges ou lors d'actions plus insurrectionnelles comme les *Cinque giornate* de mars 1848 à Milan[336]. Leur implication comme « militantes » de la nation est un sujet d'étude récemment mis en lumière, notamment à travers les travaux précurseurs de Simonetta Soldani[337]. Il est porteur de perspectives pour renouveler la compréhension d'un moment comme le « printemps des peuples » en Europe[338]. Différents points de vue permettent d'entrer dans cette

335 *Le Chat*, 11 mars 1849.

336 Enrico Francia, *1848*, *op. cit.*, p. 284.

337 Simonetta Soldani, *L'educazione delle donne : scuole e modelli di vita femminile nell'Italia dell'Ottocento*, Milan, F. Angeli, 1989 ; « Donne e nazione nella rivoluzione italiana del 1848 », *Passato e Presente*, n° 46, janvier-avril 1999, p. 75-102 ; « Il Risorgimento delle donne », dans Alberto Mario Banti, Paul Ginsborg (dir.), *Il Risorgimento*, Turin, Einaudi, 2004, p. 183-224.

338 Laura Pisano, Christiane Veauvy, *Paroles oubliées. Les femmes et la construction de l'État-nation en France et en Italie 1789-1860*, Paris, Armand Colin, 1997. Cet ouvrage franco-italien

étude et l'un de ceux-ci consiste à analyser la manière dont les femmes, notamment des plumes de renom mais pas uniquement, ont contribué au développement des moyens modernes de l'action politique que sont les journaux[339]. L'une des plus en vue, du fait de la renommée qu'elle a acquise par son engagement contre les troupes autrichiennes en Lombardie ainsi que par son insertion dans les groupes politiques des exilés, notamment à Paris, est la princesse milanaise Cristina Trivulzio di Belgiojoso[340]. Si son action ne peut se résumer à son activité journalistique, c'est celle-ci qui lui a donné une certaine reconnaissance ; elle s'est imposée comme une femme de presse avant même le *Quarantotto*, notamment dans les journaux des exilés diffusés clandestinement en Italie, comme en atteste sa collaboration à la revue périodique au nom évocateur d'*Ausonio* à partir de 1846. De retour en Italie à la faveur des amnisties et des réformes libérales, elle n'hésite pas à traverser la péninsule d'État en État et de ville en ville, au gré des luttes politiques, pour s'investir dans divers mouvements patriotiques plus ou moins révolutionnaires[341].

Le parcours de Cristina di Belgiojoso durant le *Quarantotto* n'est pas dépourvu d'une certaine ressemblance avec celui de Giuseppe Garibaldi et d'autres patriotes qui acquièrent une renommée au fil de leurs engagements politico-militaires pour la cause nationale, se déplaçant de villes révolutionnées en lieux d'insurrection. Ainsi, au printemps 1848 tous deux participent à la lutte des Milanais contre l'occupant autrichien, la princesse de Belgiojoso s'impliquant d'autant plus fortement qu'elle garde un attachement particulier à sa ville natale. Elle ne se bat pas directement mais organise des convois de patriotes volontaires et fonde un journal, *Il Crociato* (*Le Croisé*), dont le nom rappelle assez le caractère quasi religieux que confèrent les patriotes italiens à la guerre nationale contre l'Empire d'Autriche. Tout comme Giuseppe Garibaldi, la défaite

---

a posé d'importants jalons pour l'étude de parcours féminins dans les mouvements patriotiques, notamment par la voie journalistique.

339 Silviana Franchini, Simonetta Soldani (dir.), *Donne e giornalismo. Percorsi e presenze di una storia di genere*, Milan, F. Angeli, 2004. C'est un ouvrage collectif dont l'extension temporelle est plus large, du siècle des Lumières au premier XXe siècle, mais qui comprend des contributions sur le XIXe siècle pour interroger le rôle particulier des femmes dans l'activité journalistique qui connaît un premier apogée au moment du *Quarantotto*.

340 Sur la figure particulière de la publiciste patriote milanaise, voir : Mariachiara Fugazza, Karoline Rorig (dir.), *La prima donna d'Italia : Cristina Trivulzio di Belgiojoso tra politica e giornalismo*, Milan, Franco Angeli, 2010.

341 Enrico Francia, *op. cit.*, p. 286.

de l'armée sarde de l'été 1848 ne lui a pas fait pas abandonner la lutte puisqu'elle se retrouve à Rome en 1849 pour soutenir la nouvelle et jeune république dont le gouvernement mobilise les femmes pour prendre soin des blessés. Cristina di Belgiojoso a même à sa charge l'administration des ambulances avec l'aide de deux autres femmes patriotes célèbres, Enrichetta Pisacane et Giulia Bovio Paulucci[342]. Mais son activité ne se limite pas à cette fonction, car elle ne délaisse jamais sa plume et continue de livrer, dans le feu des événements romains, ses contributions journalistiques publiées comme des reportages sous la forme de correspondances dans des journaux italiens et français.

« L'Italie et la révolution italienne de 1848 », telle est la contribution qu'elle publie dans la *Revue des Deux Mondes.* Ses lettres alimentent plusieurs journaux à la faveur de la connaissance qu'elle a acquise des milieux politiques parisiens durant son exil ; étant en relation avec Victor Considerant, elle rédige aussi des analyses pour un organe de presse bien connu des rédacteurs de *L'Écho*, dont ils partagent régulièrement les publications : *La Démocratie pacifique.* Sa maîtrise du français, son immersion dans les mouvements politiques du *Quarantotto*, en tant que « touriste patriote » qui se déplace au gré des événements, ainsi que ses affinités idéologiques avec les idées défendues par le groupe de disciples fouriéristes organisés autour de Considerant font d'elle un correspondant de premier choix pour la rédaction parisienne[343]. En 1849, elle rédige une série de cinq longues correspondances, ses *Lettres sur l'Italie*, pour évoquer le mouvement national et ses enjeux. Dans l'une des premières, elle livre une critique du nouveau président de la République française, Louis-Napoléon Bonaparte, d'autant plus acerbe qu'elle le connaît personnellement, en se situant dans la lignée des républicains démocrates français en lutte contre la politique gouvernementale[344]. Si cette lettre a un retentissement important, une portée internationale puisqu'elle se

342 *Ibid.*, p. 288.

343 Karoline Rorig, « *Lettres sur l'Italie.* L'engagement politique de Cristina Trivulzio di Belgiojoso et la *Démocratique pacifique* en 1849 », dans Laurent Reverso (dir.), *Constitutions, républiques, mémoires : 1849, entre Rome et la France*, Paris, L'Harmattan, 2011, p. 347.

344 *Ibid.*, p. 350. La princesse milanaise avait rendu visite à Louis-Napoléon Bonaparte en 1845, alors ancien *carbonaro* emprisonné au fort de Ham après sa tentative de putsch de 1840. Il lui avait promis d'agir en faveur de l'Italie. Encore à l'automne 1848, elle a pu s'entretenir avec lui alors qu'il était en campagne pour l'élection présidentielle, mais ses espoirs ont été largement déçus.

diffuse en France comme en Italie, reprise par de nombreux journaux, c'en est une autre qui accapare l'attention des publicistes francophiles niçois. En effet, sa troisième contribution, publiée dans le journal fouriériste le 22 février, a la particularité d'être consacrée à Nice et à la Savoie. Cela prouve qu'elle a eu vent des mouvements séparatistes pro-français qui s'y sont développés.

D'emblée l'argumentation de Cristina Trivulzio di Belgiojoso tranche avec celle de Giuseppe Garibaldi. Elle se veut plus compréhensive vis-à-vis des interrogations soulevées par les journaux pro-français :

> La Savoie et le comté de Nice protestent de ne pas faire partie de la famille italienne, et réclament le droit, aujourd'hui généralement reconnu, de se réunir à la nation dont ils descendent ou prétendent descendre [...]. Personne n'est plus que moi convaincu que les peuples seuls doivent être consultés sur le choix de la société politique de la nation à laquelle ils veulent appartenir. Si les Savoisiens et les Nissarts veulent devenir Français, nul doute que l'Italie ne saurait sans injustice les contraindre à demeurer dans son sein[345].

En démocrate convaincue, sa réflexion est guidée par le principe d'autodétermination. Ses mots sont accueillis par Auguste Carlone et ses collaborateurs comme des paroles conciliantes à leur égard :

> Il [Garibaldi] aurait pu nous dire ainsi qu'une femme de cœur et d'esprit nous le disait il y a quelques jours : « l'Italie est en péril, oubliez un instant votre ancienne patrie pour ne penser qu'aux dangers que court la patrie d'adoption de vos pères. Lorsque l'Italie sera délivrée de ses oppresseurs, il sera temps d'agiter et de vider la question de votre nationalité particulière, et le vœu du plus grand nombre décidera paisiblement du sort de tous ». Ce langage aurait honoré un démocrate qui ne peut méconnaître que la volonté des peuples est une loi souveraine et que, quel que soit d'ailleurs son passé, une nation est libre de disposer de son présent comme elle le juge à propos[346].

La formulation de leur adhésion au principe d'autodétermination des nationalités est clairement exprimée, une idée qui s'est fortement répandue durant « printemps des peuples » dans toute l'Europe. Cela est paradoxal car ce principe ramène l'appartenance nationale à un choix politique alors même que le discours des patriotes, quel que soit leur appartenance nationale, repose sur une rhétorique naturalisante.

---

345 *L'Écho des Alpes maritimes*, 2 mars 1849.
346 *Ibid.*

Comment peut-il être besoin pour les peuples de décider souverainement de leur destin national si celui-ci est dicté par des frontières naturelles ? Cette contradiction, les publicistes niçois la résolvent en affirmant que les Alpes poussent les Niçois vers la France et, marginalisés dans le royaume de Sardaigne, ils choisiraient nécessairement d'intégrer la nation voisine en cas de vote. Cependant, la chose est loin d'être acquise, car c'est faire fi du fait que les patriotes italiens leur opposent une même vision naturalisante. Ainsi, il eût été vain d'espérer de la part de Giuseppe Garibaldi une proposition de vote d'autodétermination car, s'il peut adhérer, en démocrate, à ce principe pour l'ailleurs, il se sent Italien parce que Niçois ; cela le conduit à penser qu'un tel affect national est tellement naturel à Nice qu'il serait absurde de questionner la population. Il a une relation particulière à la région que la publiciste milanaise n'a pas. Ainsi, elle fait montre d'une attitude conciliante et en appelle à la fraternité pour essayer d'apaiser les tensions naissantes autour de la question de la détermination nationale : « notre rôle à nous [Italiens] est fort simple : il consiste à ne point contrarier les goûts de ceux que nous avons appelés jusqu'ici frères[347] ». Elle semble admettre l'idée que la Savoie et Nice sont destinés à appartenir à la France comme le revendiquent Auguste Carlone et ses collaborateurs. Cependant, elle s'interroge sur la pertinence de soulever ces questions de nationalité dans un contexte révolutionnaire et guerrier : « le moment est-il bien choisi par les populations de la Savoie et du pays de Nice pour se séparer de l'Italie[348] ? ». Cette phrase, qui sonne comme un bémol, est dictée par le contexte. Elle écrit au printemps 1849, au moment de l'expérience républicaine romaine, fragile mais pleine d'enthousiasme pour tous les patriotes démocrates italiens. C'est aussi un temps de préparation d'une nouvelle guerre contre l'Empire d'Autriche. Ainsi, elle entend faire valoir que le contexte ne lui paraît pas nécessairement idoine à des revendications séparatistes. Cette interrogation montre que son article s'adresse de manière directe à Auguste Carlone et ses collaborateurs ainsi qu'à leurs homologues de Savoie – qu'elle sait pouvoir toucher à travers *La Démocratie pacifique*. Elle craint un délitement du royaume de Sardaigne si en Ligurie, récemment réunie à ce dernier, en 1814-1815, s'organise aussi, par autodétermination, un « parti » prônant des

347 *Ibid.*
348 *Ibid.*

positions séparatistes. La conséquence en serait alors un affaiblissement d'un Piémont à la merci de l'Autriche. Toutefois, Cristina Trivulzio di Belgiojoso ne renie pas sa position de principe et conclut sa lettre par une promesse pour l'avenir :

> Que les provinces françaises de l'Italie comprennent bien quels sacrifices leur honneur même exige d'elle ; et que le Piémont ne prolonge pas indéfiniment ce temps d'épreuve qui ne doit finir qu'après la constitution d'une Italie indépendante ; mais qu'il se hâte d'arriver par la guerre à ce double affranchissement : affranchissement des provinces orientales de l'Italie du Nord, du joug brutal et violent de la tyrannie autrichienne ; affranchissement des provinces occidentales de cette même Italie du Nord, du lien d'une nationalité qu'elles déclarent étrangère, et que l'honneur ne leur permet pas encore de secouer. Les peuples feront leur devoir ; j'y ai pleine confiance. Puissent les gouvernements faire de même[349] !

La conclusion de la lettre prouve que les journaux francophiles de Nice et de Savoie ont réussi à se faire accepter vis-à-vis de l'extérieur comme les porte-parole de leur territoire. Malgré le caractère minoritaire des opinions diffusées par *L'Écho des Alpes maritimes*, la régularité des publications permet à Auguste Carlone et ses collaborateurs de si bien faire valoir leurs positions qu'une patriote de renom en vient à acquiescer leurs constats en écrivant que vivre sous la souveraineté du royaume de Sardaigne est un « temps d'épreuve » pour les populations des provinces de Nice et de Savoie. Même si elle ne le conçoit comme devant se terminer qu'une fois l'« Italie indépendante » réalisée, formuler les choses ainsi revient à reprendre la rhétorique critique des publicistes pro-français. Elle dénote par rapport au discours patriotique des journaux de Gênes et de Turin. Dans un concert d'expressions publiques hostiles, Auguste Carlone et ses associés reçoivent la contribution de Cristina di Belgiojoso comme une respiration politique qu'ils s'empressent de saluer et de reproduire tout en précisant à propos de l'auteure que son « nom seul rappelle tout ce que le plus noble dévouement à la patrie peut inspirer de grand et de généreux[350] ». Ils ajoutent :

> Soldats de la liberté, nous combattrons encore s'il le faut pour l'indépendance d'un peuple auquel nous a unis la volonté de nos pères. Mais en donnant nos

349 *Ibid.*
350 *Ibid.*

> bras à l'Italie, nous garderons toujours notre cœur à la France. Notre jour de victoire et de triomphe sera celui, où sans violence et sans troubles, par le consentement libre et volontaire de nos alliés, nous serons rendus à notre véritable patrie. Puisse ce jour être celui du triomphe de la nationalité italienne[351].

Auguste Carlone et ses collaborateurs acquiescent l'« appel au courage et à la générosité de la Savoie et de Nice en faveur de la cause italienne », position qu'ils n'ont jamais délaissée comme le démontre leur soutien à la République romaine[352]. Néanmoins, ils réaffirment fermement leurs idées séparatistes. Ainsi, le débat sur la détermination nationale de Nice n'est pas clos au printemps 1849, il ne fait que naître. Il se poursuit parce qu'il n'est pas résolu politiquement mais aussi parce qu'il soulève des mécanismes plus profonds qu'une opposition conjoncturelle ; il est question de prédominance culturelle, d'intérêts économiques, de réinterprétation historique et bien sûr de souveraineté politique, comme dans tout affrontement local pour la détermination nationale d'une région. Bien plus que des « partis », les oppositions mettent en jeu des identités, des positions et des mémoires personnelles et familiales.

UNE EXPLICATION SOCIO-HISTORIQUE DES AFFECTS NATIONAUX

Étudier les affrontements politiques ne suffit pas pour comprendre la lutte qui se noue autour de la nationalité de Nice en 1848 et 1849. En effet, il convient aussi de considérer les raisons socio-historiques qui ont fait s'opposer deux affects nationaux sur un seul et même territoire. Cela nécessite de comprendre la manière dont les individus sont déterminés dans leur action en fonction d'expériences personnelles et familiales assimilées. La comparaison entre Auguste Carlone et Giuseppe Garibaldi est particulièrement stimulante pour savoir comment ils ont pu en arriver à vouloir inclure leur ville natale et tantôt dans la communauté nationale italienne en construction, pour le premier, tantôt dans l'État-nation français pour le second.

351 *Ibid.*
352 *Ibid.*

DES AFFECTS NATIONAUX CONCURRENTS MAIS UNE MÊME LOGIQUE EXPLICATIVE : EXPÉRIENCES PERSONNELLES ET MÉMOIRE FAMILIALE

Dans un territoire frontalier, la participation à une lutte politique pour imposer un sentiment d'appartenance national collectif comprend toujours un processus d'universalisation d'une histoire familiale, à travers des moyens tels que la presse. Les questions politiques fondamentales posées dans un territoire sont toujours liées à la subjectivité de ceux qui sont en mesure de les poser, ou plutôt de les imposer, et d'y apporter publiquement dans la foulée leur propre réponse. Au cœur de l'affrontement entre les patriotes français et italiens pour la détermination nationale du pays niçois, seuls des individus ayant accès à des moyens publics de communication peuvent agir pour imposer leur vision du monde selon le principe des nationalités. Lorsque naissent dans un même lieu deux visions nationales opposées, l'affrontement entre elles se fonde sur un commun : le partage de ce même principe universel de division du monde en nationalités. Le point d'achoppement n'est alors pas de dire si la province de Nice s'intègre ou non dans une nationalité, mais de savoir laquelle. Ainsi, en 1849, Giuseppe Garibaldi et Auguste Carlone peuvent se livrer, avec les moyens politiques à leur disposition, une lutte pour la détermination nationale de Nice et avancer des argumentaires qui reposent fondamentalement sur leurs histoires personnelles et familiales. L'opération relève d'une généralisation de leur sentiment d'appartenance nationale, un affect ancré comme une chose naturelle dans leur esprit au fil de leurs expériences personnelles et collectives.

Passé et présent ne se recouvrent jamais entièrement, pour une communauté aussi bien que pour un individu. Le premier, assimilé dans le second sous une certaine forme, consciemment et inconsciemment, contribue à définir des visions du futur que l'on va ensuite essayer de faire triompher. C'est à la fois un passé personnel et familial et celui plus collectif de la communauté dans laquelle la personne est socialement et culturellement inscrite qui entrent en compte. Reinhart Koselleck nommait cela le « passé-présent[353] ». À Nice, en 1848, l'attachement de la famille Carlone à la France doit beaucoup à cette logique qui veut que l'élévation sociale soit vectrice de forts sentiments d'appartenance. La

353 Reinhart Koselleck, *Le futur passé*, *op. cit.*, p. 324.

première annexion du comté de Nice à la France en 1793, qui a signifié l'arrivée d'une nouvelle souveraineté se substituant à celle, pluriséculaire, de la maison de Savoie, a contribué à faire s'élever socialement la famille Carlone, d'une manière somme toute assez rapide. Une élévation comme en a produit en nombre la Révolution française. Ainsi, l'histoire familiale s'est construite autour du souvenir de cette période entre 1793 et 1814 comme d'un temps de prospérité. La position de la famille a été acquise à partir des modestes activités commerciales à Villefranche et des fonctions de trésorier de la commune puis de conseiller de préfecture et de président du Tribunal de commerce qu'occupait le grand-père d'Auguste, Jean-Pierre Carlone, à partir de 1793. Dans la continuité, son fils Étienne a été membre du Comité des subsistances, donc associé à la gestion du ravitaillement des troupes françaises de Napoléon Bonaparte stationnées à Nice[354]. Les intitulés et les fonctions en disent long sur le lien entre le nouveau pouvoir installé par la France et l'élévation sociale des membres de la famille. La consécration de cette réussite, l'élément qui a garanti une prospérité financière dont joui encore largement Auguste Carlone à la fin de l'année 1847 lorsqu'il fonde *L'Écho des Alpes maritimes*, intervient en 1811 – un an avant la naissance de ce dernier – lorsque les autorités locales du Premier Empire autorisent son père à créer la banque « Étienne Carlone & Compagnie ». L'histoire familiale se lie aux événements historiques généraux dans une rencontre du macro et du microhistorique. Le sentiment de reconnaissance envers la France lié à cette ascension se transmet de père en fils, d'Étienne à Auguste Carlone, par des récits privés sur ce pays qui est redevenu une nation voisine avec la Restauration sarde à la fin de la période napoléonienne. Auguste Carlone se forge politiquement dans ce souvenir. En effet, le sentiment national a aussi une dimension atavique lorsque, ce qui est le cas le plus commun, la famille, comme l'explique bien Maurice Halbwachs dans son ouvrage sur *Les cadres sociaux de la mémoire*, « est le groupe au sein duquel se passe la plus grande partie de notre vie » ; « aux pensées familiales se mêlent la plupart de nos pensées », ajoute-t-il[355]. Entre autres préoccupations communes à une famille, celle de la mémoire joue un rôle particulier parce qu'elle contribue à déterminer l'existence du

354 Joseph Suppo, « Augustin Théophile Carlone : 1812-1873 », *Armanac Nissart*, 1910, p. 3.
355 Maurice Halbwachs, *Les cadres sociaux de la mémoire*, Paris, Albin Michel, 1994, p. 154 (1re éd., 1925).

groupe familial. Une « mémoire collective de la famille » se constitue au fil de son existence dans le temps, non uniquement par le souvenir immédiat et vécu des personnes qui ont été contemporaines, mais aussi par celui plus ancien des ancêtres disparus[356]. « La mémoire familiale compose un cadre qu'elle tend à conserver » ou à renforcer au fil des générations, à partir de souvenirs qui « ne consistent pas seulement en une série d'images individuelles du passé », mais aussi en « des modèles, des exemples » ou des événements, en « des enseignements », des lieux, des images, des noms partagés et transmis[357].

Les parcours ne sont pas toujours linéaires. Mémoire familiale et ambition sociale peuvent entrer en contradiction dans certains contextes politiques. Il est intéressant de constater qu'Étienne Carlone a opéré une tentative pour redéfinir une histoire familiale « officielle » afin d'obtenir un statut social privilégié (par l'anoblissement) une fois la souveraineté de la maison de Savoie rétablie à Nice après 1815. La dynastie régnante s'applique à construire un système restauré dans lequel anoblir est un moyen de confirmer ou de susciter la fidélité des élites provinciales après une période assez longue de perte de souveraineté. L'anoblissement s'imposait comme élément de prestige social favorisant concrètement, dans le quotidien, les relations avec les autorités, pour une démarche quelconque ou l'obtention des postes les plus importants dans l'administration municipale. Ainsi, faire une requête pour appartenir à la noblesse et intégrer les prestigieux ordres militaires et chevaleresques, comme celui des Saints-Maurice-et-Lazare, est devenu une chose prisée de la bourgeoisie provinciale niçoise[358]. Comme Pierre-Joseph Arson, connu localement pour son ascension fulgurante dans les années 1820 et son anoblissement en 1830, le banquier Étienne Carlone visait un titre nobiliaire – on a vu que leurs fils respectifs, Gonzague et Auguste, se fréquentaient et ont même participé ensemble à la création de *L'Écho des Alpes maritimes.* Mais à l'inverse du premier, le second était toujours un banquier et un négociant actif, ce qui ne jouait pas en sa faveur. Il s'appuya sur quelques-unes de ses relations locales, étant notamment recommandé par le comte Benoît Andreis de Cimiez qui envoya, en 1823, un mémoire au secrétaire de l'ordre des Saints-Maurice-et-Lazare, le

356 *Ibid.*, p. 151 et 168.
357 *Ibid.*, p. 151, 165 et 177.
358 Simonetta Tombaccini, *La vie de la noblesse niçoise : 1814-1860*, *op. cit.*, p. 39-40.

chevalier Mussa. C'est celui-ci qui atteste de la volonté de reconstruction d'une mémoire familiale – le nom de la production écrite énonce bien sa fonction. Étienne Carlone se présentait dans cet écrit comme le descendant d'une famille originaire de Milan qui aurait tenu « un rang distingué », avant de s'installer, à la fin du XVIIe siècle, à Villefranche, dans le comté de Nice qui appartenait déjà à ce qui était alors le duché de Savoie (pas encore le royaume de Sardaigne)[359]. Il essayait de faire croire que sa famille avait collaboré avec les nouvelles autorités françaises révolutionnaires non par adhésion mais pour protéger ses affaires – Jean-Pierre Carlone était alors un négociant de Villefranche. Ce dernier comme son fils Étienne, on l'a vu, ont pourtant exercé des fonctions importantes localement sous la protection des autorités révolutionnaires puis impériales, profitant de leur position pour développer leurs activités commerciales. Ainsi, le père d'Auguste Carlone n'a pas seulement fondé la banque familiale en 1811, il a aussi investi dans des filatures de coton et de soie, ce qui lui a permis d'amasser une grande fortune personnelle (près de 200 000 francs de fortune pécuniaire, sans compter les propriétés foncières)[360]. C'est pour faire fructifier ce capital économique en un capital symbolique pouvant lui assurer une meilleure position sociale et politique qu'il réclame auprès de la dynastie son anoblissement par « un acte de souveraine bonté[361] ». Les autorités turinoises avaient l'habitude de ces récits d'ascension bourgeoise et pouvaient aisément motiver un refus en se retranchant, comme le fait le chevalier Mussa dans sa réponse, derrière l'interdiction faite aux négociants de prétendre à une position nobiliaire. Malgré cette décision défavorable prise sous le règne de Charles-Félix (1821-1831), Étienne Carlone a renouvelé sa demande au moment de l'avènement de Charles-Albert en 1831, réputé plus libéral et plus ouvert vis-à-vis de l'ascension sociale de la bourgeoisie. Mais le refus fut à nouveau péremptoire et motivé par les mêmes raisons que pour la première tentative.

Les demandes répétées ne doivent pas tromper sur les pratiques réelles et les intérêts des Carlone. Étienne nourrissait une stratégie d'ascension sociale voulant s'intégrer à un degré supplémentaire aux élites niçoises. Mais ce qui prime pour lui ce sont ses affaires qui sont dépendantes

359 *Ibid.*, p. 41.
360 *Ibid.*
361 *Ibid.*, p. 42.

des relations commerciales avec la France. Concomitamment à ses demandes d'anoblissement, il a bravé un interdit royal en envoyant son fils Auguste, dès son plus jeune âge, faire ses études en France, ce qui lui a même valu un avertissement de la part du Réformateur des écoles royales[362]. Ceci est une pratique alors courante parmi la bourgeoisie provinciale plus tournée vers la France que vers le Piémont. À l'âge de neuf ans, en 1821, Auguste Carlone est inscrit par son père en tant qu'interne au petit séminaire de Vence avant de partir au Collège royal de Tournon puis à Paris pour ses études supérieures. La période est cruciale car c'est durant ce parcours que la langue française, qui est celle de la famille, s'impose encore plus comme la sienne, devient celle qu'il connaît le mieux, sa langue préférentielle d'écriture et de pensée, alors qu'il se nourrit des penseurs et des journaux français et apprend l'histoire de France. Pendant qu'Étienne Carlone tentait d'intégrer la noblesse provinciale en tissant une mémoire familiale « officielle » réinventée, il transmettait à son fils une mémoire familiale bien différente. Auguste Carlone a reçu une éducation française. Son enfance, son adolescence et le début de sa vie d'adulte ont été marqués par des lieux (Vence, Tournon, Paris) intégrés à l'État-nation français et gravés dans sa mémoire comme espaces vécus. Le fait d'avoir passé l'essentiel de sa jeunesse en France permet aussi de poser la question des relations sociales. Bernard Michel dans ses travaux sur les nationalités en Europe centrale souligne bien cet aspect souvent négligé des études historiques, à savoir le rôle qu'a le « jeu de relations sociales », familiales ou amicales, dans la naissance ou l'affermissement d'un sentiment d'appartenance à une nation[363]. Il est intéressant de rappeler qu'Auguste Carlone s'est construit un capital relationnel dans les lieux où il a vécu, c'est-à-dire en France. À son retour dans sa ville natale en 1847, il est pleinement inséré dans la communauté française locale. La rédaction journal qu'il dirige à partir de 1848 donne une bonne idée de cette intégration. La sœur d'Auguste Carlone est mariée avec Édouard Borelly, l'un des cofondateurs du journal, dont les affects francophiles sont similaires, lui qui est établi à Marseille pour gérer ses affaires commerciales. Il présente au principal directeur du périodique niçois un nouveau membre,

---

362 *Ibid.*, p. 41-43.

363 Bernard Michel, *Nations et nationalismes en Europe centrale*, XIXe-XXe *siècles*, Paris, Aubier, 1995, p. 155.

un Français du nom de Delatreille intégré à la rédaction en novembre 1848 et qui partage la même nationalité que le gérant-responsable de *L'Écho des Alpes maritimes*, Hippolyte de Rangouse, fustigé par Giuseppe Garibaldi pour cette raison dans son attaque contre le journal. Mais ce n'est pas tout puisque l'un des cofondateurs du journal n'est autre qu'Étienne Bonafons, l'un des amis les plus fidèles d'Auguste Carlone et qui a également fait ses études en France. De même, l'autre principal directeur de *L'Écho* après la scission du mois de mai 1848 est Victor Juge, qui a fait lui aussi tout son cursus scolaire en France. Il y a une indéniable francisation de la rédaction journalistique qui explique en grande partie les inclinaisons patriotiques de ses membres.

À l'inverse, Giuseppe Garibaldi, né aussi à Nice durant la période napoléonienne, a eu une vie bien plus tournée vers la péninsule italienne, ce qui est lié à ses origines familiales. Il n'est en rien étonnant pour un homme dont les deux parents sont originaires de Ligurie, qui a été capitaine dans la marine sarde et dont l'éducation politique s'est faite autour des principes patriotiques portés par Giuseppe Mazzini, de considérer sa terre natale comme *naturellement* italienne. S'il a dû fuir Nice après sa condamnation à mort par contumace en 1834, il revient d'Amérique en 1848 pour mener la guerre patriotique contre l'Autriche avec des compagnons d'armes qui se sentent tout aussi Italiens que lui. Les mêmes mécanismes de détermination de l'affect national que pour Auguste Carlone entrent en jeu : une mémoire familiale, un capital social et culturel, des expériences personnelles, des pratiques, des appropriations et des représentations de l'espace. C'est ce socle commun explicatif de leur sentiment d'appartenance nationale respectif qui rend possible la lutte politique sur la détermination nationale du pays niçois et crée une concurrence entre deux nationalités sur un même territoire.

Les logiques décrites à propos des deux hommes et de leurs histoires personnelles et familiales respectives, parce qu'elles sont socio-historiques, ne leur sont en rien propres. De nombreux exemples familiaux sont mobilisables pour étayer l'analyse, comme celui des Tiranty, l'une des familles niçoises les plus riches durant le premier XIXe siècle qui, elle aussi, a profité de la première annexion française de l'ancien comté de Nice. Victor Tiranty fut un ami d'André Masséna – général puis maréchal d'Empire dont le parcours témoigne assez des trajectoires d'ascension sociale qu'a permises pour certaines familles la première annexion de Nice à la France. En 1848, son petit-fils et homonyme est un ami d'Auguste Carlone et un actionnaire de *L'Écho des Alpes maritimes*, alors que par la suite la famille a joué un rôle important dans l'édification d'un théâtre français à Nice[364]. Autre exemple marquant, celui de la famille Blanqui, particulier parce qu'au milieu du XIXe siècle ses membres sont surtout établis en France et n'ont plus que des liens assez lâches avec leur terre natale. Adolphe Blanqui est né à Nice en 1798 alors que son jeune frère Auguste a vu le jour à Puget-Théniers en 1805. Tous deux sont venus au monde durant une période de souveraineté française sur le comté de Nice. Ils doivent leur position en France (fort différentes au demeurant), à Paris particulièrement, à l'ascension familiale que la Révolution a permise à leur père, Jean-Dominique Blanqui. En effet, il joua un rôle important localement, d'abord en portant à la Convention en novembre 1792 une adresse pour l'annexion de Nice, puis dans les différents postes qu'il occupa. Girondin, il fut ensuite conventionnel puis élu au Conseil des Cinq-Cents pour le département des Alpes-Maritimes, et par la suite sous-préfet du même département sous le Consulat puis sous le Premier Empire, avant de s'installer définitivement en France après les Cent-Jours[365]. En 1848, Adolphe Blanqui soutient *L'Écho des Alpes maritimes*, sans s'impliquer. Mais il le fait sur sollicitation de Victor Juge qui a fait sa connaissance au cours de son parcours universitaire. En effet, ce dernier a passé plusieurs années dans la capitale française en tant qu'élève de l'École des mines ; une ville dont la centralisation du système d'enseignement a fait un lieu de socialisation et de politisation pour la jeunesse provinciale issue des familles d'élévation sociale moyenne en quête de diplômes et qui, une fois celui-ci acquis, comme Victor Juge, revient le plus souvent s'installer dans sa ville natale[366]. Il doit sa position aux études qu'il a faites en France où il s'est formé professionnellement comme ingénieur tout autant que personnellement, comme jeune homme, et politiquement, par la fréquentation des clubs d'Adolphe Blanqui et la lecture des journaux de la monarchie de Juillet dans les années 1830. Cela explique qu'une fois revenu à Nice, sa « petite » patrie, l'endroit

364 Paul Gonnet, « L'identité niçoise : la prise de conscience à travers les opinions politiques (1792-1889) », *Cahiers de la Méditerranée : L'identité niçoise*, Actes du colloque des 12 et 13 juin 1991, Nice, Centre de la Méditerranée Moderne et Contemporaine, n° 43, 1991, p. 39.

365 Robert Latouche, *Histoire de Nice*, *op. cit.*, p. 83.

366 Christophe Charle, *Histoire sociale de la France au XIXe siècle*, *op. cit.*, p. 49.

où il exerce sa profession et où il a ses attaches familiales et sa position sociale, il décide de défendre des positions francophiles affirmées en tant que codirecteur de *L'Écho des Alpes maritimes*, allant jusqu'à mettre son savoir-faire au service de la démonstration de la francité du pays niçois dans ses articles journalistiques.

Ces liens entre l'histoire familiale et personnelle, le sentiment d'appartenance nationale et l'activité politique relèvent de logiques aussi plus collectives. Dans le royaume de Sardaigne, la petite noblesse provinciale est un groupe social dont les carrières se font dans la magistrature et aux petits postes de commandement de l'armée, réservoir dans lequel puisent les nouvelles gardes nationales. Dans la rédaction de *L'Écho des Alpes maritimes*, la figure-type est Charles Laurenti-Roubaudi. Issu d'une famille de langue italienne, membre de l'ordre des Saints-Maurice-et-Lazare, il fut un étudiant turinois durant sa jeunesse et non parisien à l'inverse de plusieurs de ses anciens associés de *L'Écho.* Comme le souligne Arno J. Meyer, à l'inverse de la haute aristocratie qui a alors à peu près le même mode de vie dans toute l'Europe, les noblesses plus modestes diffèrent selon les États dans leurs statuts et leurs pratiques[367]. Dans le royaume de Sardaigne, la petite noblesse provinciale, approvisionnée par des anoblissements récurrents pour le service civil ou militaire, avait tendance, ainsi que l'a fait le cofondateur de *L'Écho*, à adjoindre le nom maternel (Roubaudi) derrière le nom paternel (Laurenti) pour donner tournure plus nobiliaire à son patronyme et lui conférer une valeur symbolique qui corresponde à l'élévation sociale acquise par la carrière des armes[368]. La pratique sert aussi à acter des regroupements patrimoniaux qui sont assez répandus car il s'agit d'une noblesse qui n'est pas immensément riche en 1848. Ainsi, François Roubaudi a donné son patrimoine aux fils de sa fille, mariée à Vitalin Laurenti, en demandant aux autorités de faire accepter que les deux noms soient collés, ce qui se concrétisa au moment de sa mort, en 1831[369]. La noblesse provinciale niçoise a donc été alimentée par des familles piémontaises (comme celle du comte Vitalin Laurenti) et ligures très fidèles à la dynastie. Une fidélité renforcée par les alliances matrimoniales : Charles Laurenti-Roubaudi était lié à une noblesse locale plus ancienne et plus prestigieuse par son mariage avec

367 Arno J. Meyer, *La persistance de l'Ancien Régime*, *op. cit.*, p. 86.
368 *Ibid.*
369 Simonetta Tombaccini, *La vie de la noblesse niçoise : 1814-1860*, *op. cit.*, p. 37-38.

une fille de la famille des Crespel de Roquebillière, bien ancrée dans le comté de Nice[370]. Cette histoire familiale le lie fermement à Nice mais aussi au Piémont et à la Couronne de Savoie, si bien qu'il ne peut envisager une séparation des trois. En 1848, il est animé par des idées monarchistes, par un libéralisme modéré ainsi que par un sentiment national italien. Si, comme pour Charles Laurenti-Roubaudi, leur libéralisme a pu rendre cette noblesse provinciale apte à collaborer au sein d'un même journal pour des combats communs avec des hommes comme Auguste Carlone, contre un gouverneur autoritaire comme le comte De Maistre, par exemple, ou bien pour la proclamation d'une constitution durant l'hiver 1847-1848, la guerre et l'affirmation du patriotisme participent au printemps suivant à faire ressurgir les antagonismes qui produisent une scission au sein de la direction de *L'Écho des Alpes maritimes*. Il est certain que Laurenti-Roubaudi n'a que peu apprécié, au début du mois de juin de la même année, les premiers articles séparatistes pro-français publiés par Auguste Carlone. D'autant que les tensions existaient déjà, notamment lorsque celui-ci avait réussi à imposer la langue française pour la rédaction du journal niçois. Dans ce contexte où les questions de nationalité provoquent d'âpres débats politiques, la langue, qui est un autre élément explicatif des affects nationaux, est devenu un enjeu de premier ordre.

LA LANGUE, UN VECTEUR DE L'AFFECT NATIONAL ?

> Nous reconnaissons volontiers qu'à travers les dissensions qui ont déchiré si longtemps l'Italie, c'est dans l'unité de langue que s'est abritée sa nationalité[371].

Au XIXe siècle, l'idée est répandue dans les États italiens que la langue est un des principaux facteurs de l'existence d'une nationalité italienne. Le constat est énoncé clairement dans un article de *L'Écho des Alpes maritimes* du 3 février 1848. Et il est difficilement contestable. En effet, les journaux qui apparaissent durant le *Quarantotto* transcendent les frontières entre États italiens parce qu'ils partagent une même langue à Naples, à Rome, à Turin, à Florence ou dans d'autres villes aussi importantes ou plus modestes. La presse participe grandement à cette affirmation culturelle et politique de l'existence d'une communauté

370 *Ibid.*, p. 27.
371 *L'Écho des Alpes maritimes*, 3 février 1848.

nationale italienne, au-delà même des lignes éditoriales. John Stuart Mill, contemporain de cette période, notait, à partir du cas allemand, qui se rapproche de l'Italien, que dans des territoires qui n'ont pas connu l'unité politique ancienne qu'ont eue la France et l'Angleterre, la langue a « maintenu un sentiment de nationalité très fort entre les diverses portions[372] ». Norbert Ellias dans *La civilisation des mœurs* mentionne aussi pour le cas allemand la manière dont le rejet du français – par une intelligentsia universitaire et littéraire de renom –, perçu comme une langue aristocratique, a été fait au profit de l'allemand, le langage bourgeois imposé comme national[373]. En Italie aussi, le français, bien que répandu, est aussi associé à une période de conquête, à un impérialisme, celui du temps de la Révolution française et du Premier Empire, alors que les œuvres de Vittorio Alfieri, contemporain de cette période, parfois très hostiles à la politique française comme le *Misogallo* de 1799, circulent largement dans les États italiens au cours du premier XIXe siècle.

Sur les frontières à l'ouest du royaume de Sardaigne, comme à Nice et en Savoie, le français est d'usage courant. Les élites sont bilingues et une importante communauté française est présente. Comme on l'a bien vu à travers les poèmes d'Agathe Sophie Sassernò, fervente patriote italienne mais dont la langue d'expression naturelle est le français, les deux choses ne sont pas incompatibles, surtout dans une société où les deux cultures sont prégnantes. Constatant l'existence de nations multilingues, Ernest Renan, notait que la langue « invite à se réunir ; elle n'y force pas[374] ». « Ne peut-on pas avoir les mêmes sentiments, les mêmes pensées, aimer les mêmes choses en des langages différents ? » questionnait-il[375]. Dans son recueil paru en 1854, *Poésies françaises d'une Italienne*, la poétesse niçoise décrit bien le lien paradoxal entre sa francophonie et son affect national italien. Son œuvre est marquée par une diversité d'influences, notamment romantiques. Mais elle-même est très attachée aux origines piémontaises de sa mère et la mémoire familiale qui s'est construite en elle lui inspire des textes italophiles indéniablement patriotiques[376]. « Ô

372 John Stuart Mill, *Considérations sur le gouvernement représentatif*, *op. cit.*, p. 384.

373 Norbert Elias, *La civilisation des mœurs*, Paris, Calmann-Levy, 1973, p. 180 (1re éd., 1939).

374 Ernest Renan, *Qu'est-ce qu'une nation*, *op. cit.*, p. 24.

375 *Ibid.*, p. 25.

376 Maurice Derot, « Agathe Sophie Sassernò. La "Sapho" niçoise », *Nice Historique*, n° 1, 1980, p. 5-6. Voir notamment : *Ore meste : chants sur l'Italie en poésies intimes et religieuses*, Turin, Fontana, 1846 ; *Glorie e sventure : chants sur la guerre de l'indépendance italienne, et*

ma belle Italie ! ô patrie adorée » écrit-elle dans un vers d'un poème d'hommage aux Milanais révoltés contre l'occupant autrichien durant les *Cinque giornate* de la mi-mars 1848[377]. Sa prose en langue française, elle la doit aussi à une histoire familiale (son père était aide de camp d'André Masséna et lieutenant-colonel dans l'armée napoléonienne) ; elle a donc évolué dans une famille où l'on parlait français, sans jamais abandonner le sentiment d'être Italienne que lui a transmis sa mère. Exprimer des idées patriotiques pour la cause nationale de l'Italie en français n'est pas forcément paradoxal pour elle. De même, au début de l'année 1848, lorsque *L'Écho des Alpes maritimes* débutait ses publications, et avant la scission du printemps, ses positions alignées sur le discours patriotique italien du moment s'exprimaient en langue française. Auguste Carlone a réussi l'imposer à ses associés, sans toutefois leur faire renoncer à leurs idées patriotiques italiennes. Il avait justifié le choix en disant que cela permettrait de toucher les hivernants sans faire en sorte que le journal ne renonce à « se montrer constamment animé des plus vives sympathies italiennes[378] ». La situation de bilinguisme de tous les notables niçois à l'origine de la fondation du journal ainsi que la proximité de la frontière – l'utilisation du français permet d'envisager une diffusion outre-Var – pouvaient expliquer l'accommodement avec ce choix des patriotes italiens de la rédaction. Mais en dehors du contexte niçois, le choix d'Auguste Carlone a interpelé. Ainsi, Atto Vannucci, directeur du journal toscan *L'Alba*, dans une adresse traduite et reproduite dans *L'Écho* au début du mois de février 1848, bien qu'il qualifiait ses fondateurs de « frères » patriotes, il exprimait un regret quant à la langue de rédaction : « nous aurions désiré que la rédaction s'en fît en italien[379] ». Transparaît le reproche de l'utilisation du français. Son article tranchait

---

poésies nouvelles, 2 vol., Turin, Fory et Dalmasso, 1852 ; *Poésies françaises d'une Italienne*, Paris, Charpentier, 1854.

377 Maria Adriana Prolo, *Saggio sulla cultura femminile piemontese dalle origini al 1860*, Milan, Fratelli Treves, 1937. Cité par Maurice Mauviel dans son recueil « Nice et l'Unité italienne, Première partie : 1834-1855 ». Ce travail est particulièrement précieux en ce qu'il fait revivre des textes tombés dans l'oubli et pourtant important dans l'histoire de la ville, notamment dans sa relation au mouvement national italien dans cette période qui précède son annexion à la France. [En ligne] : https://www.maurice-mauviel.fr/wa_files/publication2.pdf (Consulté le 20 août 2020).

378 ADAM, Fonds Carlone, 7 J 35, Brouillons rédigés par Auguste Carlone pour la demande officielle d'autorisation du journal *L'Écho des Alpes maritimes* auprès du pouvoir royal.

379 *L'Écho des Alpes maritimes*, 3 février 1848.

avec le soutien exprimé à la même période par Eugenio Giorgi dans la *Riforma di Lucca* :

> *È scritto in francese, ma affinché non vi sia malintesa, i compilatori protestano di essere « Italiani di sangue e di cuore*[380] ».
>
> Il est écrit en français, mais afin qu'il n'y ait pas de malentendu, les fondateurs affirment être « Italiens de sang et de cœur ».

Pour Atto Vannucci, il semble que la langue soit plus liée aux convictions patriotiques que pour Eugenio Giorgi. Il est vrai que dans les premières publications de *L'Écho*, les articles patriotiques sont légion et il ne fait aucun doute qu'il y a dans sa rédaction de fervents patriotes italiens. Cependant, l'on perçoit déjà quelques nuances qui disent bien que le choix de la langue française contient certains enjeux politiques. Auguste Carlone, dans une référence toute révolutionnaire qui masque mal sa francophilie, justifiait son choix en affirmant que le français avait servi à poser « les bases de l'indépendance des peuples[381] ». Il marque une adhésion à l'universalisme révolutionnaire que formulait ainsi Victor Hugo : « la France est faite pour réveiller l'âme des peuples, non pour l'étouffer. Depuis 1792, toutes les révolutions de l'Europe sont la Révolution française ; la liberté rayonne de France[382] ». L'on pressent que pour Auguste Carlone, le soutien à la lutte nationale italienne est plus pensé à travers le prisme de la fraternité avec les patriotes d'une autre nation que motivé par un affect national italien. Toutefois, les choses ne sont pas énoncées clairement avant les premiers articles séparatistes pro-français au mois de juin 1848. Auguste Carlone et ses collaborateurs les plus francophiles ne sont pas attaqués frontalement comme ils le seront par la suite par d'autres organes de presse, surtout turinois et génois, même lorsqu'ils s'engagent en faveur de la reconnaissance du français comme langue politique légitime au sein du Parlement sarde en mars 1848.

Durant le *Quarantotto*, si la langue italienne s'affirme de plus en plus comme un outil d'unification nationale, cela n'a rien de naturel et n'a pris sens qu'à partir de la fin du XVIIIe siècle et durant le premier XIXe siècle

---

380 *La Riforma di Lucca*, 18 janvier 1848.

381 *L'Écho des Alpes maritimes*, 19 janvier 1848.

382 Victor Hugo, *Les Misérables*, Paris, Le Livre de Poche, 2015, t. I, p. 514.

sous l'action d'élites lettrées[383]. Cependant, si l'italien est une langue des administrations, de l'armée et des universités, l'on constate toutefois qu'au moment de l'unification de l'Italie en 1860 seuls 2,5 % environ des habitants de la péninsule en font un usage quotidien[384]. « Peu importe que ceux qui le parlent ne soient qu'une minorité » remarque avec justesse Eric Hobsbawm, « pourvu que cette minorité dispose d'un poids politique suffisant », par le biais de fonctions de pouvoir, étatiques ou non (journalistiques)[385]. La situation linguistique niçoise confirme ce constat puisque les langues à prétention nationale, français et italien, si elles sont loin d'être les plus parlées sont bien celles des élites locales. Elle nous est connue non pour l'année 1848 mais par un document de 1859 – ce qui change peu de choses, la situation linguistique n'ayant que peu évolué dans les années 1850. Il s'agit un recensement imposé par la loi sarde du 4 juillet 1857 – exigence qui atteste de l'importance croissante pour les pouvoirs de connaître les pratiques de la population gouvernée. Deux années et demie après la loi, l'étude est achevée et publiée dans le *L'Avenir de Nice*, journal qui a pris la suite de *L'Écho* en 1850 et qui est toujours dirigé par Auguste Carlone et Victor Juge[386] :

	Langue italienne	Langues ligure ou piémontaise	Langue française	Langue niçoise	Total
Hommes	1 895	1 793	1 684	15 710	21 082
Femmes	656	1 180	2 259	17 496	21 591
Total	2 551	2 973	3 943	33 206	42 673
Fréquence (%)	6	7	9,2	77,8	100

FIG. 7 – Tableau récapitulatif des langues parlées dans la province de Nice (1859).

Les chiffres sont précieux car ils indiquent la langue qui est la plus naturelle aux interrogés, celle qu'ils utilisent le plus souvent dans la vie quotidienne. Bien qu'ils soient limités à la seule capitale provinciale

383 Eric Hobsbawm, *Nations et nationalisme depuis* 1780, *op. cit.*, p. 115.
384 Tullio de Mauro, *Storia linguistica dell'Italia unita*, Bari, Laterza, 1963, p. 41.
385 Eric Hobsbawm, *op. cit.*, p. 115-117.
386 *L'Avenir de Nice*, 29 décembre 1859.

et qu'ils ne permettent de mesurer le multilinguisme, réel dans une province frontalière, ils offrent des données intéressantes. Outre la présence de locuteurs de langues ligures ou piémontaises, notamment issus d'une immigration de travail (souvent des ouvriers) entre provinces du royaume de Sardaigne, l'on constate que, d'un point de vue quantitatif, la langue italienne, pratiquée comme langue première ou pourrait-on dire maternelle, est minoritaire, même par rapport au français (environ 6 % de locuteurs pour la première contre un peu plus de 9 % pour la seconde). Au total, seuls 15 % de la population utilisent l'une ou l'autre de ces deux langues, qui sont l'apanage d'une petite noblesse et d'une bourgeoisie provinciales – les chiffres s'accordent assez largement avec ceux du taux d'alphabétisation, les locuteurs ayant le français ou l'italien en première langue sont généralement ceux qui ont fait des études en dehors de Nice et qui ont la meilleure maîtrise la lecture et de l'écriture. Ce sont des langues de l'administration, liées à des États, et dans le royaume de Sardaigne les deux seules reconnues publiquement et utilisables dans les débats parlementaires. Elles n'ont rien de proprement local à l'inverse des idiomes vernaculaires. Ce sont donc aussi des langues des élites dont la pratique devient un signe de distinction par rapport aux masses.

Pour expliquer l'importance du français, il faut nécessairement rappeler le rôle de l'histoire, et notamment de l'annexion de Nice en 1793 qui a eu des conséquences de long terme. La langue italienne est officielle, ce qui est rappelé dans le *Statuto* de mars 1848, c'est celle de l'administration durant la Restauration sarde. Toutefois, comme pour nombre d'autres éléments tels que la monnaie (avec l'équivalent une lire, un franc), l'influence française est importante alors que dans la ville la plupart des écoles niçoises proposent l'apprentissage des deux langues[387]. Le profil sociologique des italophones est celui notables (souvent bilingues, voire trilingues pour ceux qui maîtrisent en plus de l'italien et du français, la langue populaire) ou de fonctionnaires et militaires en poste ou en garnison dans la ville – ce qui explique aussi l'écart important d'un à trois entre locuteurs féminins et masculins. De même, l'autre langue qui apparaît au mitan du XIXe siècle comme ayant une vocation

387 Paul Gonnet, « L'identité niçoise : la prise de conscience à travers les opinions politiques (1792-1889) », art. cité, p. 33-38.

nationale, le français, n'est pratiquée à Nice que par une minorité de personnes (9 %), soit qui appartiennent à la communauté présente à Nice, soit qui sont des fils de la bourgeoisie niçoise, comme Auguste Carlone, ou d'une petite bourgeoisie aisée, comme Victor Juge, qui ont fait leurs études en France. Souvent les notables niçois sont bilingues, ils font du commerce en français et gèrent leurs affaires administratives en italien. Cependant, ils ont une langue d'habitude et de pratique, familiale, avec laquelle ils rédigent leurs documents personnels, ce qui n'est pas anodin tant la langue charrie aussi des représentations. Pour tout individu, elle structure sa manière de penser le monde et de s'exprimer, elle lui devient naturelle.

Au milieu du XIXe siècle, les quelques milliers de locuteurs francophones ou italophones sont largement minoritaires par rapport à la trentaine de milliers de personnes qui parlent principalement le *nissart*. Et l'on peut supposer que le phénomène s'accentue à l'échelle de la province. Comme le souligne Simonetta Tombaccini-Villefranque à propos l'italien, et cela vaudrait aussi pour le français s'il était la langue du culte et de l'administration, dans l'arrière-pays niçois « le gros de la population n'en [a] que de pâles notions » tant et si bien que « les notaires [sont] obligés de traduire en langue vulgaire les termes d'un contrat, [...] et les prêtres en [font] de même avec les prêches et le catéchisme[388] ». Les notables n'ont pas forcément en usage la langue vernaculaire même s'ils la comprennent et la parlent. Néanmoins, il leur faut composer avec tous les éléments culturels de leur « petite » patrie, particulièrement lorsqu'ils essaient de l'intégrer dans un ensemble national. Dans son « Adresse aux Niçois » de février 1849, Giuseppe Garibaldi affirmait que le parler populaire niçois était italien, ce que contestait Auguste Carlone dans sa réponse en lui donnant une origine provençale. En 1860, l'argument de la langue perdure encore. Cavour justifie la cession de Nice à la France par le fait que, selon lui, « la langue parlée à Nice n'a qu'une analogie très éloignée avec l'italien », ce qui est inexact. Le contexte a changé et il importe alors à celui devenu président du Conseil des ministres du royaume de Sardaigne de justifier le fait de céder Nice. Cependant, une décennie plus tôt la presse génoise et turinoise, dont il a été une plume à travers sa participation à la direction d'*Il Risorgimento*, s'élevait contre

388 Simonetta Tombaccini-Villefranque, « Nice et sa province à la veille de l'annexion », *Nice Historique*, n° 4, 2009, p. 278-279.

le « parti » français de Nice. En juillet 1848, le quotidien de Gênes *Il Corriere mercantile* brocardait les publicistes niçois pour leur utilisation du français et se voyaient alors adresser la réponse suivante :

> Nous avons peine à comprendre que le *Corriere* ne reconnaisse pas que Nice est dans une situation à peu près identique à celle de la Savoie, tant pour sa position géographique, que pour ses mœurs et sa langue ; si notre langue populaire est celle de la Provence, le peuple savoisien parle celle du Dauphiné : dans les deux pays, on emploie également le français dans les rapports habituels[389].

De la même manière que Giuseppe Garibaldi dans son « Adresse aux Niçois », mais dans un sens francophile, Auguste Carlone et ses collaborateurs ont la volonté de nationaliser la langue locale niçoise. Ils affirment que le niçois serait simplement un dérivé très proche du provençal, donc lié à la France, comme en Savoie l'on parle l'idiome du Dauphiné. Carlone et Garibaldi rattachent les pratiques linguistiques et les mœurs des masses populaires à un ensemble culturel à vocation nationale, celui auquel ils se sentent appartenir[390]. Leur vision procède d'une certaine homogénéisation : à travers leurs écrits, les masses populaires apparaissent comme un « tout, posé comme tel, un paysage continu et totalement solidaire[391] ». Cependant, au milieu du XIXe siècle, il faut toujours se figurer l'existence dans une même région d'un kaléidoscope linguistique, « un ensemble de variantes locales communiquant entre elles avec des degrés divers de facilité ou de difficulté, en fonction de la proximité ou de l'accessibilité géographique[392] ». Ainsi, la langue populaire des bugadières niçoises n'est pas celle des paysans des villages et bourgs de l'arrière-pays, de même que ceux-ci en parlent de différentes selon les vallées. Les montagnes rendent difficiles les communications. La manière de se représenter le monde de Giuseppe Garibaldi et Auguste Carlone relève de la même logique que le regroupement de tous les langages populaires d'une province sous un même terme, qui est parfois péjoratif comme celui de « patois ». Décrit comme un « langage corrompu » qui « se parle dans presque toutes les provinces » dans *L'Encyclopédie*, avant même

---

389 *L'Écho des Alpes maritimes*, 10 juillet 1848.

390 Michel de Certeau, Dominique Julia, Jacques Revel, *Une politique de la langue. La Révolution française et les patois : l'enquête de l'abbé Grégoire*, *op. cit.*, p. 146.

391 *Ibid.*, p. 147.

392 Eric Hobsbawm, *Nations et nationalisme depuis* 1780, *op. cit.*, p. 101.

la Révolution française, l'abbé Grégoire en préconisait la disparition au profit de la langue nationale dans son *Rapport sur la nécessité et les moyens d'anéantir les patois et d'universaliser l'usage de la langue française* de 1794[393]. La langue populaire, selon la formule de Gérard de Nerval dans sa célébration des « chansons et légendes de Valois », « porte un cachet d'ignorance qui révolte l'homme du monde » ; elle est infériorisée et n'a pas le même statut que les langues des élites, le français et l'italien à Nice, langues officielles qui seules sont jugées dignes d'être imposées localement comme nationales[394].

Auguste Carlone entre bien dans le profil de ces publicistes ou intellectuels dont Gérard Noiriel souligne qu'ils ont joué un rôle central pour imposer localement une langue nationale, notamment comme médiateurs car beaucoup d'entre eux maîtrisaient encore la langue populaire[395]. Ils peuvent l'utiliser de temps à autre pour servir des buts politiques tout en la mettant à distance, en la considérant comme impropre à devenir une langue nationale. Il leur faut sans cesse procéder à ce que Michel de Certeau nomme la « destruction sacrificielle » pour désigner la familiarisation grandissante des notables de province avec une langue d'État[396]. Les langues vernaculaires persistent toutefois parmi les élites, notamment parce qu'elles sont un vecteur efficace pour transmettre des idées. Cela peut passer par des éléments qu'il faut se garder de juger *a priori* futiles, comme un sobriquet – on se souvient de celui de « *ligouban* » (crevette, langouste), très répandu dans la population, dont fut affublé le gouverneur De Maistre et qu'ont repris les journalistes de *L'Écho* dans leur lutte contre lui pour le désigner comme personnage réactionnaire et le moquer. Ils se sont appropriés un élément populaire qui servait leur but de se faire des leaders politiques. Dans le même registre, la langue populaire peut aussi servir à insuffler des idées ou mises en mouvement patriotiques souhaitées par ceux qui l'utilisent, ainsi qu'en atteste la chanson d'Eugène Emanuel, *La miéu bella Nissa*, écrite au début du printemps 1848 pour accompagner la mobilisation

393 *Encyclopédie, ou Dictionnaire raisonné des sciences, des arts et des métiers*, Genève, Pellet, t. XXIV, 1778, p. 992. Cité dans Michel de Certeau, Dominique Julia, Jacques Revel, *op. cit.*, p. 49.

394 Gérard de Nerval, *Sylvie*, Paris, Arcadia, « chansons et légendes de Valois », 2003, p 61-78 (1re éd., 1854).

395 Gérard Noiriel, *État, nation, immigration*, *op. cit.*, p. 179.

396 *Ibid.*, p. 56-57.

en faveur de la guerre en Lombardie. Les chansons sont des instruments de politisation de premier ordre. Le choix du niçois, à l'inverse d'un journal comme *L'Écho*, est rendu possible par le fait que ce texte, bien qu'écrit, est destiné à être chanté. La langue vernaculaire a alors un but politique bien particulier, celui de la mobilisation patriotique populaire.

Les questions linguistiques sont fondamentales pour appréhender celles liées à la nationalité. Il était important de comprendre, à travers le cas de Nice, la manière dont elles se posaient aux acteurs du « printemps des peuples ». Dans un contexte de développement sans précédent de la presse, la langue joue un rôle politique essentiel car elle détermine la diffusion d'un journal et de ses idées ; elle a une incidence cruciale sur le nombre d'abonnés et *in fine* sur l'influence sociale, politique et culturelle et la santé économique d'un journal. Ce dernier élément est fondamental car il ne faut jamais oublier la dimension matérielle et financière du militantisme patriotique. Pour faire valoir leurs idées pro-françaises, il faut aux directeurs de *L'Écho des Alpes maritimes* que leur institution de presse perdure dans le temps. Cependant, la tâche est difficile car leurs idées sont minoritaires à Nice et ont fait perdre au journal plus de la moitié de son lectorat à partir du mois de juin 1848. Ainsi, par un travail dans les coulisses, qu'il est possible de reconstituer grâce aux archives d'Auguste Carlone, celui-ci a œuvré avec ses associés pour conférer à l'institution de presse une pérennité financière et assurer dans le temps la régularité des publications. Pour comprendre tout ce travail, c'est dans une histoire des pratiques et des codes de la presse du milieu du XIXe siècle qu'il faut entrer, en mettant l'accent sur les aspects économiques et culturels.

LE JOURNAL, UNE ENTREPRISE PARTICULIÈRE

Entre gestion financière et division du travail journalistique

> Pour une feuille de ce temps-là [1848], une semaine était une existence remarquable ; un mois c'était un phénomène de longévité[1].

Eugène Hatin exprimait par cet aphorisme l'un des aspects les plus importants de l'histoire de la presse européenne des révolutions de 1848. L'efflorescence journalistique se nourrit de feuilles éphémères, soit que leurs auteurs négligent tout objectif de pérennisation et entendent seulement agir dans l'urgence politique, soit que des forces opposées à la liberté de la presse parviennent à nouveau au pouvoir, ou bien encore que les conditions de financement ou d'accès aux techniques (pour l'impression notamment) ne soient pas réunies pour la production d'une feuille régulière. Le « printemps des peuples » est un printemps de la presse ; c'est un moment durant lequel, en Europe, les journaux deviennent des objets de plus en plus familiers et constitutifs d'une vie politique qui se construit de manière multiscalaire.

Dans les villes italiennes, durant les années 1847 et 1848, les feuilles de presse se répandent comme une traînée de poudre. Les chiffres sont plus qu'éloquents : l'on en dénombre près de 180 nouvelles dans toute la péninsule entre les premières lois sur la presse en 1847 et le retour de mesures répressives en 1849. Elles sont pour la plupart irrégulières voire éphémères, et si quelques-unes renaissent de manière fugace, bien peu deviennent de véritables institutions journalistiques[2]. Dans quelque ville européenne que se publient des journaux, qu'émerge une première presse populaire, comme à Paris, ou qu'elle reste notabiliaire, comme

---

1 Cité dans : Ambroise-Rendu Anne-Claude, « Les journaux du printemps 1848 : une révolution médiatique en trompe-l'œil », *Revue d'histoire du XIXe siècle*, n° 19, 1999, p. 46.

2 Gilles Pécout, *Naissance de l'Italie contemporaine*, *op. cit.*, p. 123.

dans les villes italiennes, le danger de voir leur feuille disparaître du jour au lendemain guette tous les publicistes. En France, la loi sur la liberté de la presse mise en place par la République en mars 1848 permet une floraison journalistique, avec près de 300 périodiques à Paris et presque autant dans le reste du pays. Les journaux de notables côtoient une presse ouvrière naissante, la presse provinciale connaît un essor énorme[3]. C'est une explosion sans précédent des publications mais sans lendemain immédiat : dans le corpus de 242 journaux créés en 1848 étudié par Anne-Claude Ambroise-Rendu, près d'un quart a eu moins de cinq numéros et le chiffre monte à deux tiers lorsqu'on fixe le seuil à 30 numéros[4]. Pour plus d'un tiers du total, leurs directeurs, sachant que leur feuille ne pourrait être que brève, n'annoncent même pas de périodicité ou de modalité d'abonnement. Néanmoins, si beaucoup de leurs auteurs pensent les journaux comme des créations provisoires, et reproductibles lorsqu'un nouvel événement politique en donne l'occasion, il existe aussi nombre d'initiatives avortées d'élaboration d'une véritable institution de presse. Cela n'est pas sans poser la question des critères (contextes politique, social, technique et culturel) qui déterminent si un environnement est plus ou moins propice à un épanouissement durable de la presse.

Les conditions politiques jouent un rôle important. L'évolution de la presse française après le rétablissement du cautionnement à l'été 1848, ou bien celle des États italiens après le tournant autoritaire de 1849 permettent de comprendre à quel point les barrières instaurées par les pouvoirs sont un obstacle au développement des journaux. Cependant, il faut aussi sortir du champ de l'analyse politique classique. En effet, des créations avortées se produisent au moment où d'autres feuilles de presse, n'émanant pas forcément de groupes plus nombreux ou plus fortunés, se pérennisent. L'environnement technique et culturel est décisif tant l'accès à l'imprimerie, le savoir-faire dans l'organisation d'une rédaction, l'investissement en temps des patrons de presse ainsi que leurs réseaux relationnels déterminent le destin d'un journal. Pour comprendre ce qui fait sa réussite, il faut donc dépasser l'analyse quantitative.

Si elles ont l'avantage d'offrir une compréhension un tant soit peu générale pour cerner l'importance d'un temps médiatique particulier,

---

3 Anne-Claude Ambroise-Rendu, art. cité, p. 35.

4 *Ibid.*, p. 46-47.

les données chiffrées mettent l'accent sur l'ampleur des créations et des échecs qui les suivent, en éclipsant quelque peu les réussites durables qui ont beaucoup à apprendre à l'historien de la presse. Ainsi, à travers une analyse monographique mâtinée d'une perspective comparative, le présent chapitre a pour objectif de comprendre la manière dont *L'Écho des Alpes maritimes*, apparu dans un contexte politique instable, se pérennise et devient une véritable institution de presse. Un tel programme requiert l'exploitation de sources qui en dévoilent les coulisses, ce que permet le choix de cette feuille de presse, provinciale et modeste, mais régulière et indépendante, comme il existe des dizaines à travers l'Europe au milieu du XIXe siècle. Le périodique niçois n'est pas similaire aux journaux à portée nationale que l'on trouve dans les grandes villes italiennes, comme *Il Risorgimento* de Turin ou bien *Il Corriere mercantile* de Gênes, et encore moins aux journaux à portée internationale dont le *Times* est l'archétype. Néanmoins, dans la hiérarchie du champ journalistique, il ne peut être comparé aux feuilles éphémères souvent produites de manière intermittente par un seul rédacteur, la plupart du temps un imprimeur, qui surgissent durant les révolutions européennes de 1848 aussi rapidement qu'elles disparaissent. Il serait plutôt dans une autre catégorie de journaux : la presse régionale ou provinciale. Ces feuilles, lorsqu'elles réussissent, perdurent souvent plusieurs mois ou années, en se dotant d'un véritable modèle de financement et disposant de plusieurs publicistes et correspondants et d'une organisation interne avec une certaine division des tâches journalistiques. Cependant, elles sont quelque peu négligées dans l'historiographie bien que riches d'enseignements. Dans sa synthèse de référence sur le mouvement italien de 1848, Enrico Francia ne les évoque quasiment pas[5].

L'activité politique, littéraire, culturelle voire économique des publicistes n'est permise dans le temps que par l'existence d'un important travail d'organisation et de gestion dans les coulisses dont le public n'a bien souvent aucune connaissance. Le journal est un collectif de production, particulier parce que spécialisé dans l'élaboration d'un discours public qui prend la forme d'un imprimé-marchandise, mais néanmoins une entreprise capitaliste classique, gérée comme telle, et insérée dans un marché de la presse. Il évolue en fonction des conjonctures historiques du capitalisme, de la forme que prennent les interventions des

5 Enrico Francia, *1848*, *op. cit.*

puissances souveraines ou encore des innovations dans l'organisation gestionnaire et les techniques de la production. Un journal est bien une entreprise qui engage des savoir-faire nombreux : dans la gestion – tenir des comptes, organiser une rédaction et une société par actions, en rédiger les statuts – comme dans la production elle-même – recherche de l'information, travail de rédaction puis composition de l'objet et impression. Aucune formule ne résume mieux ce qu'est une entreprise de presse que la remarque de Benedict Anderson qui la décrit comme un collectif qui opère « l'interaction entre un système de production [le capitalisme] et une technique de communication [l'imprimé][6] ».

L'organisation rationnelle des entreprises journalistiques dans un univers capitaliste de la presse tel qu'il émerge au cours du XIXe siècle est un fait majeur et pourtant assez méconnu de l'histoire des médias. Nombre de fondateurs de journaux possèdent les savoir-faire nécessaires pour les créer mais aussi les organiser rationnellement, condition *sine qua non* à leur durabilité. Cela implique de savoir créer une société par actions, mais aussi de définir un budget et de le gérer, de trouver des associés ainsi que des partenaires pour produire et distribuer l'imprimé-marchandise qu'est le journal, et plus généralement de définir les stratégies d'insertion de cette production marchande dans un champ journalistique qui est aussi un marché de la presse[7]. La production matérielle relève d'une opération qui consiste à réduire le journal (institution) dans le journal (objet). Il n'est pas étonnant qu'au milieu du XIXe siècle, le terme de « publication » en est venu à désigner à la fois le processus par lequel un discours est rendu public, mais aussi l'objet à travers lequel ce discours est diffusé. De même, le terme de rédaction ne désigne plus seulement l'acte d'écriture, mais aussi le collectif organisé qui participe à toutes les tâches de la production du journal. Le public ne prend connaissance que du produit fini. Ni l'objet ni son contenu ne dévoilent le fonctionnement de l'institution dans les coulisses, ou seulement de manière exceptionnelle. S'il ne fait aucun doute que le lecteur lambda peut avoir une certaine conscience du travail rédactionnel, il lui est plus difficile de se représenter tout ce que la production journalistique induit. Et l'historien, au premier abord, se rapproche de ce lecteur

6 Benedict Anderson, *L'imaginaire national*, *op. cit.*, p. 54.

7 Max Weber, *L'éthique protestante et l'esprit du capitalisme*, *op. cit.*, p. 12-13.

par sa position d'extériorité. Pour s'extirper de son ignorance, il lui faut alors pénétrer dans les coulisses du journal et dépasser la seule analyse de sa physionomie et de son contenu. Il est nécessaire d'opérer un travail minutieux de reconstitution pour atteindre une certaine connaissance de l'envers de la production journalistique. Encore peu nombreuses sont les études en histoire de la presse qui en viennent à une analyse institutionnelle de l'entreprise de presse en reconstruisant son fonctionnement interne, sa production matérielle ainsi que son insertion dans un marché journalistique concurrentiel. Se demander ce que publier signifie nécessite d'entrer pleinement dans l'étude de tous les aspects matériels et techniques de la presse, qui ont incontestablement une dimension économique, culturelle et sociale. Il est nécessaire d'inscrire l'étude dans une socio-histoire du champ journalistique qui se rapporte autant à l'évolution de la technique et des savoir-faire qu'à l'émergence de ce que Marc Martin nomme, déjà pour les décennies 1830 et 1840, le « métier » de journaliste[8]. Un tel programme requiert aussi de comprendre l'historicité de la presse, c'est-à-dire la perpétuation par la transmission (souvent par évolutions successives et imitations) de pratiques et d'habitudes journalistiques qui ont pu se cumuler dans le temps (tout en évoluant). L'étude d'une période d'épanouissement des journaux comme le sont les révolutions européennes de 1848 dévoile des mécanismes nouveaux et d'autres qui avaient déjà une historicité.

ORGANISER UNE PUBLICATION DANS ENVIRONNEMENT ÉCONOMIQUE ET FINANCIER CONTRAIGNANT

Rares sont les archives de presse dont la complétude autorise une reconstitution complète de l'organisation rédactionnelle d'une institution de presse comme le permettent celles de *L'Écho des Alpes maritimes* conservées

8 Marc Martin, *La presse régionale*, *op. cit.*, chapitre VII, « L'émergence d'un métier : journalistes dans les départements », p. 105-122.

par Auguste Carlone. Cet envers du décor est généralement de mieux en mieux connu plus l'on progresse dans le XIXe puis dans le XXe siècle et plus l'on s'intéresse aux grandes institutions journalistiques des capitales et des grandes villes[9]. Cependant, les entreprises plus modestes sont bien plus délaissées, d'autant plus pour une période comme le « printemps des peuples » pour laquelle les documents sont plus rares que pour le premier âge d'or de la presse de la fin du XIXe siècle[10]. C'est donc comme une modeste contribution au comblement de ce vide historiographique que doit être comprise l'étude des structures de financement et de fonctionnement de *L'Écho des Alpes maritimes*, dans une perspective, certes, monographique mais dont la portée dépasse la seule connaissance d'un journal particulier. Durant ses deux années et demie d'existence sont posées les fondements d'un organe de presse qui dure encore une décennie sous un autre nom à la suite d'une première disparition pour cause de procès en août 1850. Le dédale des chiffres surgis des bilans comptables, s'il peut rendre la lecture quelque peu fastidieuse, ne doit être pris que comme une volonté de conformer le récit aux exigences de l'analyse historique.

DÉPASSER DE MULTIPLES CONTRAINTES POUR « JOUIR DU DROIT DE PARLER »

Les mesures du contrôle économique et financier de la presse

> Il faut aujourd'hui de l'or, beaucoup d'or pour jouir du droit de parler ; nous ne sommes pas assez riches. Silence au pauvre[11] !

Cette maxime de Félicité de Lamennais extraite d'une diatribe publiée en première page du *Peuple constituant* contre le retour du cautionnement en France, réinstauré en réaction aux Journées de Juin 1848, dévoile un aspect fondamental de la situation de la presse au mitan du XIXe siècle :

9 On peut mentionner la synthèse de Patrick Éveno sur les grands journaux parisiens : *L'argent de la presse française des années 1820 à nos jours*, Paris, CTHS, 2003.

10 Gérard Bonet, *L'Indépendant des Pyrénées-Orientales. Un siècle d'histoire d'un quotidien, 1846-1950. L'entreprise, le journal, la politique*, Perpignan, Publications de l'Olivier, 2004. Une étude inscrite dans une optique principalement politique, qui s'intéresse aux finances du journal mais sans vraiment se concentrer sur l'étude des coulisses de l'institution. Voir aussi : Gilles Feyel, « Un journal départemental et son budget, *Le Glaneur d'Eure-et-Loir* (1830-1851) » *Presse, radio et histoire*, CTHS, 1989, p. 59-84. Un travail qui souligne les errements des sources, notamment celles des imprimeurs, qui sont lacunaires et ne permettent que rarement de reconstruire le modèle de financement d'un journal sur une période de plusieurs mois ou années.

11 *Le Peuple constituant*, 11 juillet 1848.

la répression dans sa forme économique et financière. La bataille contre les impôts et taxes imposés à la presse par les pouvoirs est alors d'une brûlante actualité, de l'Angleterre à la France en passant les États italiens. La fragilité de la très grande majorité des entreprises de presse rend leur existence plus que dépendante du rapport de force politique engagé avec les pouvoirs pour la définition des règles juridiques du champ journalistique. Il faut différencier les mesures de contrainte politique – tels que la censure, les procès ou encore les interdictions administratives – et celles de la contrainte économique et financière – le cautionnement, l'impôt du timbre et les amendes. Les premières comme les secondes régissent le marché de la presse. Mais au-delà de l'existence de contraintes, ce sont les évolutions soudaines des règles, c'est-à-dire le lien entre actualité politique et mise en place ou suppression de mesures contraignantes, qui créent un environnement plus ou moins favorable au développement des entreprises de presse. Max Weber dans son livre sur l'« esprit du capitalisme » a bien analysé à quel point l'anticipation et la rationalisation qui permettent la persévérance des entreprises sont favorisées par l'existence de règles juridiques clairement définies et inchangées dans le temps[12]. Ce fait est fondamental, surtout si l'on considère les plus modestes entreprises de presse car, à l'inverse de celles soutenues par d'importants capitaux, elles demeurent bien plus dépendantes de leurs ventes et des contraintes politiques, financières et économiques qu'un pouvoir fait peser sur les journaux.

La loi sur la presse du 26 mars 1848 élaborée par la Commission supérieure de censure de Turin a pour but d'empêcher une application trop démocratique de la liberté de publication[13]. Outre la confirmation du système des gérants-responsables, fonction occupée par Hippolyte de Rangouse pour *L'Écho des Alpes maritimes*, elle impose aux imprimeurs de faire figurer le nom et l'adresse de leur société dans le journal afin de faciliter d'éventuelles saisies. Cette importante contrainte est compensée par un progrès pour la liberté de la presse : la suppression du cautionnement. L'effet rétroactif de la mesure, prise sous la pression des revendications libérales, permet aux rédactions journalistiques apparues durant l'hiver 1847-1848 de réclamer le remboursement du cautionnement déjà versé[14]. Auguste Carlone et ses associés s'empressent alors d'effectuer les

12 Max Weber, *L'éthique protestante et l'esprit du capitalisme*, *op. cit.*

13 Franco Della Peruta, *Il giornalismo italiano del Risorgimento*, *op. cit.*, p. 45.

14 Sylvain Milbach, *Entre Piémont et France : la Savoie déroutée, 1848-1858*, *op. cit.*, p. 122-123.

démarches pour récupérer la caution de 2 000 francs versée à la Caisse des dépôts et consignations, une somme importante pour un journal modeste. Cependant, si la mesure est prise, le pouvoir ne s'empresse en rien de l'appliquer : la démarche des publicistes niçois n'est prise compte qu'à partir du 9 décembre 1849, et le remboursement ne s'effectue que le 22 juillet 1850, soit près de deux années et demie après la loi. La lenteur de l'administration pénalise l'institution de presse. Ses directeurs expliquent même, dans un article du 24 juillet 1850, que le retard serait dû selon eux à une « crasserie » de l'administration envers leur journal à cause des positions séparatistes qu'il promeut[15]. Le mécanisme politique est somme toute classique : le pouvoir cède face aux revendications, mais la mise en application de mesures qu'il n'aurait jamais prises sans une pression extérieure se fait le plus lentement possible.

Entre-temps, d'autres contraintes financières ont été préservées. La Commission supérieure a jugé plus prudente la conservation de l'impôt du timbre, au grand dam des publicistes du royaume de Sardaigne[16]. Celui-ci est la deuxième des armes classiquement utilisées par les pouvoirs pour contraindre financièrement les journaux. Cet impôt représente de conséquentes et régulières dépenses qui grèvent lourdement les budgets. Il est une pratique déjà ancienne puisqu'il fut instauré au début du XVIIIe siècle en Angleterre, particulièrement à Londres, où prospéraient déjà des journaux qui s'écoulaient à des milliers d'exemplaires[17]. La lutte contre celui-ci fut immédiate mais la mesure a perduré dans le temps. Le timbre est un prélèvement, en fait une taxe, qui est censé être fait en échange de l'accès à un droit, celui d'expédier le journal aux abonnés. Mais la mesure permet surtout aux gouvernements de se prémunir contre l'apparition de journaux trop démocratiques, dans leurs opinions comme dans leur diffusion, accessibles à bas coût donc plus largement diffusés. Les publicistes le dénoncent comme une mesure de contrôle de la liberté de la presse. Il y a même une solidarité qui se fait entre eux pour lutter contre. Ainsi, dans le bulletin quotidien de la *Riforma di Lucca* du 18 janvier 1848, dans un article qui salue avec bienveillance, depuis Lucques, dans le grand-duché de Toscane, la création de *L'Écho des Alpes maritimes* à Nice, l'on peut lire :

15 *L'Écho des Alpes maritimes*, 24 juillet 1850.

16 Il est fixé par l'édit du 29 mars 1836. ADAM, Fonds sarde, 1 FS 28, Chronologie des actes du gouvernement sarde du 15/12/1835 au 29/12/1836.

17 Jean-Noël Jeanneney, *Une histoire des médias*, *op. cit.*, p. 52.

> *Noi auguriamo al nostro confratello lena e fortuna pari all'altezza dello scopo, e ci associamo di buon cuore al suo voto di vedere in progresso la stampa periodica emancipata dagli ostacoli che, specialmente dal legge sul bollo, vengono frapposti al suo libero sviluppo*[18].
>
> « Nous souhaitons à notre confrère un entrain et une réussite à la hauteur de l'objectif, et nous nous associons de bon cœur à son vœu de voir progresser la presse émancipée des obstacles qui, spécialement la loi sur le timbre, entravent son libre développement. »

Le soutien exprimé est à la fois un souhait de réussite, ce qui n'est pas anodin tant les hommes de presse de cette époque connaissent la difficulté pour un journal nouveau de perdurer, et une critique des lois existantes qui entretiennent cette fragilité. Dans le numéro programmatique de *L'Écho* publié le 1er janvier 1848, le vœu de la naissance d'une presse « dégagée des entraves qui mettaient obstacles à ses manifestations » visait principalement « la réduction des taxes fiscales » et particulièrement du droit du timbre[19]. Eugenio Giorgi abonde dans le même sens, les contraintes étant similaires dans les deux États.

Les critiques sont régulières. Dans un article du 21 avril 1848, Auguste Carlone et ses associés décrivent la loi sur la presse comme appartenant à la catégorie des « lois fiscales qui soumettent les journaux à des droits exorbitants[20] ». Le 17 mai 1848, dans un contexte relativement libéral pour les journaux, les publicistes niçois réclament rien de moins que l'abolition pure et simple du droit du timbre, pour que puisse naître, comme ils l'expliquent postérieurement dans un article du 24 novembre de la même année, une presse populaire et démocratique. Cependant, le pouvoir reste longtemps sourd à ces demandes. Il faut attendre une loi du 7 mai 1849 pour qu'une modification intervienne en faveur des journaux, avec un nouvel impôt du timbre fixé à 4 francs pour chaque abonnement annuel à un quotidien[21]. La mesure permet une respiration financière à nombre de journaux, mais la suppression que réclament Auguste Carlone et ses associés n'est en rien à l'ordre du jour. Les dépenses à consentir demeurent importantes pour les organes les plus modestes. En effet, si plus un lectorat est étoffé, plus les frais du timbre sont élevés, l'importance des moyens

---

18 *La Riforma di Lucca*, 18 janvier 1848.
19 *L'Écho des Alpes maritimes*, Prospectus, 1er janvier 1848.
20 *L'Écho des Alpes maritimes*, 21 avril 1848.
21 Franco Della Peruta, *op. cit.* p. 65.

financiers des grandes institutions de presse fait que la dépense est proportionnellement bien supérieure pour un journal à portée régionale. Eu égard à la contrainte qu'elles représentent pour les institutions de presse, il a été important de mentionner ces lois qui ont pour but de rendre tout développement démocratique de la presse impossible. Cependant, il ne faut pas exagérer leur poids, car elles ne peuvent à elles seules expliquer le caractère éphémère de la majorité des tentatives de création journalistique durant le *Quarantotto*, la réussite ou l'échec dépendant aussi beaucoup des capacités d'organisation des hommes de presse.

Bilan financier et modèle économique

Dans les premiers mois de l'année 1848, plusieurs facteurs contribuent à développer la prospérité de *L'Écho des Alpes maritimes*, la curiosité et l'enthousiasme pour la parution inédite d'un premier véritable journal politique n'étant pas les moindre de ceux-ci. La polémique avec le comte De Maistre en janvier 1848 fut aussi un formidable catalyseur des ventes, du fait de la réussite de la captation des mécontentements de la population par la rédaction dirigée par Auguste Carlone. Comprendre les ressorts de cette prospérité exige toutefois de dépasser les événements conjoncturels pour entrer dans une analyse plus structurelle et expliquer pourquoi des journaux comme *L'Écho* perdurent dans le temps alors que la plupart des publications ne sont qu'éphémères.

Plusieurs modèles journalistiques existent déjà au mitan du XIXe siècle. Il faut d'emblée différencier la grande institution de presse financée par un capital important (des centaines d'actionnaires) qui soutient la publication d'un quotidien à diffusion nationale voire internationale, de la simple feuille de presse, limitée à une ville, souvent produite par un imprimeur seul ou associé à une ou deux autres personnes et qui sont les plus soumises aux fluctuations politiques et économiques. Mais il existe aussi une catégorie intermédiaire, les journaux régionaux qui oscillent entre solidité et fragilité selon leurs périodes d'existence et dont la diffusion dépasse la seule ville dans laquelle ils sont conçus. Leur rédaction et leur actionnariat peuvent réunir jusqu'à plusieurs dizaines de personnes. Les différences ne se font pas sentir qu'au niveau de la puissance politique que pourront acquérir les journaux. Plus les hommes de presse sont nombreux et capables de solliciter des actionnaires fortunés, plus les moyens mis en jeu seront importants, plus l'institution aura de chance de se pérenniser dans le temps, d'avoir une périodicité quotidienne, d'avoir un contenu plus abondant (en passant de trois à quatre colonnes et de quatre à six pages) ainsi qu'un lectorat plus considérable (en nombre et en réputation). Cette classification des organes de presse s'observe partout en Europe. Et ces différents journaux forment des champs journalistiques hiérarchisés, ouverts bien que contenus en grande partie dans les frontières étatiques puisqu'ils se construisent aussi en fonction des lois des différents États.

Dès l'avènement d'une presse moderne, les grands patrons de presse furent liés aux évolutions du développement capitaliste, comme John Walter, le fondateur du *Times*, marchand de charbon et spéculateur, un modèle historique pour les grands patrons de presse du XIXe siècle[22]. L'indépendance financière de l'entreprise tout autant que la nécessité d'en avoir une gestion rationnelle ont été deux éléments clés du succès de cette institution. La transition s'opère avec son fils John Walter II qui, plus qu'un homme d'affaires comme l'était son père, fut un véritable homme de presse – fonction qui laisse peu de temps à la gestion d'autres affaires, que les propriétaires délèguent tout en en gardant la propriété, et ce quelle que soit l'importance de la fortune puisque c'est aussi ce qu'a fait Auguste Carlone avec la banque fondée par son père et dont la gestion a été laissée à son cousin. Cependant, la différence entre ces deux directeurs de journaux contemporains l'un de l'autre n'est pas seulement liée aux dimensions incomparables de leur feuille de presse respective – l'un est un journal international produit selon des procédés quasi industriels qui tire à des dizaines de milliers d'exemplaires, l'autre est un périodique diffusé essentiellement dans la ville où il est confectionné d'une manière encore assez artisanale. Ainsi, si l'on peut dire qu'ils sont tous les deux des directeurs de journaux, dans les faits leurs fonctions diffèrent de beaucoup. Leurs feuilles appartiennent à deux univers différents, car il n'existe qu'une division du travail journalistique limitée (mais réelle) dans les périodiques régionaux comme *L'Écho des Alpes maritimes*. Toutefois, dans la civilisation européenne du journal du milieu du XIXe siècle, les feuilles régionales modestes comme le périodique niçois sont importantes en nombre puisque les institutions de presse comme le *Times* demeurent des exceptions (en France, seuls le *Siècle* et la *Presse* peuvent s'en rapprocher, alors que dans les États italiens

22 Jean-Noël Jeanneney, *op. cit.*, p. 87.

même les organes les plus élaborés comme *Il Risorgimento* en sont très loin alors qu'ils ont déjà bien plus de moyens que *L'Écho*).

Il est important d'avoir sans cesse à l'esprit ces différences : les modestes institutions de presse reposent avant tout, pour leur financement, sur les ventes par abonnement alors que les plus grands journaux laissent une large part à un actionnariat nombreux et aisé. Pour ne donner qu'un exemple, le cas du journal *Il Risorgimento* paraît intéressant. Le 30 novembre 1847, Cavour lance une souscription de 500 actions de 200 francs qui trouvent toutes preneurs et ainsi assurent à l'entreprise de presse un capital de départ d'environ 100 000 francs. À la même période, les 29 actionnaires réunis par Auguste Carlone offrant 3 100 francs pour *L'Écho des Alpes maritimes* font bien pâle figure. Les chiffres attestent de l'existence de deux mondes de la presse, pourtant intégrés dans le même champ journalistique. Le quotidien turinois est diffusé auprès de plus de 1 500 abonnés pour un montant de 40 francs annuels par abonné, ce qui représente une manne de près de 60 000 francs[23]. Même en tenant compte d'éventuelles augmentations des ventes dans la période considérée, l'on peut en conclure que celles-ci ne représentent jamais un apport financier supérieur à celui de l'actionnariat – dont la conséquence est une mainmise plus importante de ce dernier sur l'institution de presse et sa ligne éditoriale. La situation financière du périodique niçois est bien différente. Pour l'année 1848, la plupart des 500 abonnés souscrivent un abonnement annuel de 24 francs, ce qui laisse présager une recette de l'ordre de 12 000 francs. Ainsi, pour *L'Écho*, les recettes liées aux abonnements représentent près de quatre fois la somme des actions, ce qui tranche avec *Il Risorgimento* pour lequel les abonnés ne représentent qu'environ deux tiers de la manne actionnariale. Il existe bien des modèles économiques très différents selon les entreprises de presse. La dépendance de la rédaction niçoise vis-à-vis de l'actionnariat est quatre à cinq fois moins forte que pour le journal de Cavour et Balbo. Cependant, la chose s'inverse vis-à-vis du lectorat. Ainsi, si l'on peut évoquer pour le premier un « despotisme de l'abonné », pour reprendre une formule utilisée par Émile de Girardin dans ses *Études politiques* de 1842 à propos de cette dépendance financière de certains journaux vis-à-vis des revenus des abonnements, il ne faudrait pas occulter le « despotisme de l'actionnaire » qui

23 Franco Della Peruta, *op. cit.* p. 69. Les sommes sont données en francs, ce qui permet la comparaison et ne change pas les données car l'équivalence un franc, une lire est en vigueur dans le royaume de Sardaigne.

pèse sur les grandes entreprises de presse et qui ressort même parfois dans l'organisation de l'institution[24]. En effet, une assemblée des actionnaires est bien souvent instituée, avec un pouvoir d'élection de la direction du journal, voire même parfois des prérogatives dans le choix des rédacteurs. *L'Opinione*, organe publié à Turin et financé par des actionnaires fortunés, s'est par exemple doté d'une telle assemblée, qui s'est muée ensuite en un conseil de révision, sur le modèle des commissions de censure de l'État sarde, pour juger tous les articles, à l'exception de ceux du directeur élu par les actionnaires[25]. Le contrôle est parfois direct et concerne tout le contenu de ce qui peut être publié, différence bien grande d'avec les institutions de presse plus modestes comme *L'Écho des Alpes maritimes* où les actionnaires, pesant d'un poids financier bien moindre, ne se réunissent qu'à l'appel du directeur, Auguste Carlone, par ailleurs lui aussi actionnaire.

Le périodique niçois, puisqu'il réussit à se concilier un lectorat nombreux dès son lancement en janvier 1848, possède de solides fondations. Dans un document rédigé à la fin de l'année 1847, Auguste Carlone note : « du fait des adhésions empressées qu'elle [l'initiative journalistique] a trouvées, le nombre d'abonnés, dès que le journal paraîtra, sera au moins de 500[26] ». Le chiffre est confirmé par un devis établi par la société typographique Gilletta pour évaluer les coûts de l'impression – évaluation rendue aisée par l'absence de vente au numéro. Les souscriptions sont versées en une seule fois au début de la période d'abonnement ce qui garantit l'écoulement de la production[27].

24 Cité dans : Roger Bautier, Élisabeth Cazenave, « Anonymat et espace public au XIXe siècle », dans Frédéric Lambert (dir.), *Figures de l'anonymat. Médias et société*, Paris, L'Harmattan, 2001, p. 87.

25 Franco Della Peruta, *op. cit.*, p. 71.

26 ADAM, Fonds Carlone, 7 J 35, Brouillons rédigés par Auguste Carlone à la fin de l'année 1847 pour organiser la création de *L'Écho des Alpes maritimes*.

27 ADAM, Fonds de la préfecture, 2 T 05, Compte-rendu sur la situation de la presse à Nice, 1870. En dressant en 1870 un panorama complet des statistiques de la presse niçoise, la préfecture de Nice, une fois la ville devenue française, intègre *L'Écho des Alpes maritimes* et établit les ventes totales aux environs 1 000. À l'aune des sources, le chiffre paraît largement exagéré et contraste quelque peu avec un autre avancé par André Compan qui, dans son catalogue de la presse réalisé en 1956, estime à 650 le nombre d'abonnements pour l'année 1850. Si l'ordre de grandeur est clairement erroné pour l'année citée du fait d'une chute importante du nombre d'abonnés à partir de 1849, en revanche il ne paraît en rien extravagant pour les premiers mois de *L'Écho*, bien qu'un peu surestimé (la réalité est autour de 500). Voir : André Compan, Ernest Hildesheimer, René Michelis, *La presse dans le Comté de Nice et les Alpes maritimes : catalogue de l'exposition, 17-25 mars 1956*, Nice, 1956, p. 8.

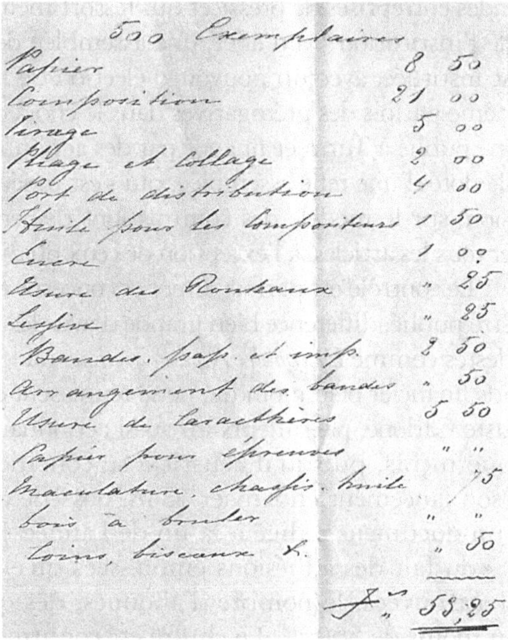

500 Exemplaires

Papier	8	50
Composition	21	00
Tirage	5	00
Pliage et collage	2	00
Port de distribution	4	00
Huile pour les compositeurs	1	50
Encre	1	00
Usure des Rouleaux	"	25
Lessive	"	25
Bandes. pap. et imp.	2	50
Arrangement des bandes	"	50
Usure de caractères	5	50
Papier pour épreuves	"	"
Maculature, chassis, huile		75
bois à brûler	"	"
Soins, biscuits &.	"	50
	f.s 53,25	

FIG. 8 – Devis de la société Gilletta pour l'impression de 500 exemplaires d'un numéro de *L'Écho des Alpes maritimes*, janvier 1848.

Chaque numéro, composé puis reproduit en 500 exemplaires, coûte aux directeurs de *L'Écho* la somme de 53,25 francs[28]. Dans le détail des coûts, la majeure partie du débours provient de la composition, étape longue et délicate qui nécessite la mobilisation d'une main d'œuvre qualifiée, les ouvriers typographes (ce qui nous informe sur l'importante évolution qu'a représentée la composition mécanique pour l'épanouissement de la presse). Pour un journal qui publie lors de sa première année d'existence 139 numéros, le coût prévisionnel annuel s'élève à environ 7 400 francs. La somme représente plus du double de la manne financière de 3 100 francs générée par l'actionnariat ; mais à l'inverse de cette dernière, dont le versement a été fait en une seule fois pour pourvoir au cautionnement de 2 000 francs – comme le confirme une correspondance entre Auguste

28 ADAM, Fonds Carlone, 7 J 34, Devis de la société typographique demandé par Auguste Carlone et réalisé par Clarisse Gilletta pour l'impression de 500 exemplaires de *L'Écho des Alpes maritimes*.

Carlone et Hippolyte de Rangouse au début de l'année 1848[29] –, les sommes s'étalent dans le temps. Elles sont le plus souvent pourvues par des paiements mensuels de 500 à 600 francs, comme on peut le voir dans les accusés de réception produits par Clarisse Gilletta pour le compte de la société typographique appartenant à son mari :

> Je soussignée déclare recevoir de Monsieur Auguste Carlone la somme de cinq-cents francs, en compte de nos dépenses pour le journal de *L'Écho des Alpes maritimes*. Nice, le 31 octobre 1848. Pour la société typographique. Clarisse Gilletta[30].

Au-delà de l'attestation des paiements effectués à la société typographique, le document est intéressant car il dévoile le rôle prégnant de Clarisse Gilletta. Il faut nécessairement le mentionner car il atteste d'une chose qui n'est pas anodine dans le paysage de la presse du premier XIXe siècle : une participation féminine. Elle occupe un rôle gestionnaire extérieur à la rédaction mais essentiel pour la production des numéros de *L'Écho*. Pourtant, en dehors des reçus et des factures qu'elle émet, elle n'apparaît en rien dans les documents du journal. Cela la place incontestablement dans la catégorie de ces femmes qui contribuent à l'activité journalistique, que ce soit pour la rédaction ou bien pour la gestion, mais dont le rôle est rendu invisible dans les statuts des entreprises de presse. C'est un domaine de plus en plus exploré par l'historiographie, pour la connaissance non seulement du rôle de publicistes de renom comme Cristina Trivulzio di Begiojoso[31], mais aussi de femmes du commun, qui ne jouissent d'aucune réputation. Le reçu ainsi que les autres documents produits par Clarisse Gilletta pour gérer l'impression de *L'Écho des Alpes maritimes* permettent de rompre l'invisibilisation de son activité. Ils démontrent une gestion rigoureuse de sa part qui oblige Auguste Carlone à sans cesse trouver des solutions pour honorer les paiements dus à la société typographique. Du point

29 ADAM, Fonds Carlone, 7 J 34, Lettre envoyée par Hippolyte de Rangouse à Auguste Carlone au début de l'année 1848.

30 ADAM, Fonds Carlone, 7 J 34, Attestation de paiement de la somme de 500 francs établie par Clarisse Gilletta le 31 octobre 1848 pour le règlement des impressions effectuées pour le compte de *L'Écho des Alpes maritimes*.

31 Son activité de publiciste est bien connue, étudiée en partie dans l'ouvrage de Laura Pisano et Christiane Veauvy : *Paroles oubliées. Les femmes et la construction de l'État-nation en France et en Italie 1789-1860*, Paris, Armand Colin, 1997. Voir aussi le travail plus récent et plus approfondi sur la patriote milanaise : Mariachiara Fugazza, Karoline Rörig (dir.), *La prima donna d'Italia : Cristina Trivulzio di Belgiojoso tra politica e giornalismo*, Milan, Franco Angeli, 2010.

de vue de l'institution journalistique, elle apporte donc, par son activité, une rigueur gestionnaire qui est essentielle pour sa réussite dans un temps où la plupart des journaux disparaissent rapidement, parfois même avant de se concrétiser. Et si l'on décentre le regard, du point de vue de l'entreprise familiale, Clarisse Gilletta gère ce qui est l'un des plus gros contrats de la société typographique (plus de 7 000 francs sur une année, une somme considérable). Son rôle interroge le rapport entre activité privée et vie publique. La famille Gilletta s'intègre dans une petite bourgeoisie dans laquelle, à la différence d'une famille de la bourgeoisie provinciale très aisée, tels les Carlone, une certaine aisance n'est permise que parce que l'épouse et le fils contribuent au revenu familial. Quand bien même celle-ci aurait un rôle décisif dans l'acquisition de ce revenu, nécessaire pour disposer du droit de vote dans un système censitaire ou pour participer à une initiative journalistique, c'est seulement l'homme qui dispose de ces droits. Ainsi, si la relative aisance de la famille Gilletta est due, au moins en partie, au travail de Clarisse Gilletta c'est bien André, son mari, qui participe sans elle au grand banquet civique de novembre 1847, et qui est actionnaire de *L'Écho des Alpes maritimes*, avec leur fils Alfred. Ce dernier, comme sa mère, n'aurait pu être présent au banquet ni actionnaire s'il n'avait pas été en âge de disposer de ses droits de citoyen. Les enfants comme les femmes sont écartés de la vie politique ; c'est le père qui jouit des droits pour la famille[32]. Néanmoins, Clarisse Gilletta travaille, donc contribue à ce que son mari remplisse les conditions censitaires et dispose de droits politiques. C'est bien ce mécanisme qu'Anne Verjus a nommé « le cens de la famille[33] ». Ainsi, la contribution fondamentale de Clarisse Gilletta à la politique, à travers son rôle pour l'impression de *L'Écho des Alpes maritimes*, ne se fait pas à partir de ses droits mais de son activité professionnelle. Son rôle est pourtant fondamental puisqu'elle elle garantit à Auguste Carlone et ses associés l'accès à un service indispensable pour le journal. Les dépenses d'imprimerie sont les plus importantes, l'accès à un tel savoir-faire étant coûteux au milieu du XIXe siècle, surtout dans des villes moyennes qui, comme Nice, n'ont pas une tradition très développée dans ce domaine.

Lors de la création d'une entreprise de presse, seuls un partenariat solide avec une société typographique et une campagne d'abonnement

32 Jürgen Kocka, « Modèle européen et cas allemand », dans Jürgen Kocka (dir.), *Les bourgeoisies européennes au XIXe siècle*, *op. cit.*, p. 14.

33 Anne Verjus, *Le cens de la famille. Les femmes et le vote, 1789-1848*, Paris, Belin, 2002.

initiale réussie garantissent une certaine sérénité financière. Dans un territoire où le taux d'alphabétisation oscille entre 20 et 25 % de la population, avec quelques différences entre la ville de Nice et son arrière-pays, où les prix des journaux sont élevés et où le lectorat est surtout issu des classes dominantes instruites, le chiffre annoncé par Auguste Carlone de 500 abonnés augure un avenir serein pour la nouvelle institution de presse. La plupart souscrivent un abonnement annuel de 24 francs, ce qui laisse présager une recette d'environ 12 000 francs, soit plus qu'il n'en faut pour couvrir les frais d'imprimerie, la principale dépense. Pour un journal comme *L'Écho des Alpes maritimes*, à moins de diversifier les recettes, il paraît impossible d'opter pour la vente au numéro, la pérennité de l'entreprise étant trop dépendante de l'écoulement de tous les exemplaires imprimés. Quoi qu'il en soit, la somme de 12 000 francs, reçue presque entièrement au début de l'année 1848 puisque les souscriptions sont très majoritairement annuelles, permet à Auguste Carlone et ses associés de disposer d'un budget confortable. À celle-ci, qui représente plus que les trois quarts des recettes annuelles (77,5 %), s'additionnent les 3 100 francs de l'actionnariat (environ 20 %) et une autre somme plus aléatoire et bien moindre, mais qui relève d'une pratique déjà répandue dans les journaux de la période : les annonces commerciales.

La publicité a toujours été importante pour les journaux ; elle seule, à la fin du XVIIIe siècle, pouvait faire qu'une feuille provinciale ne soit pas un gouffre financier. Les créations journalistiques locales de cette période se limitaient souvent à des *Affiches* éphémères, dépourvues d'effets typographiques, remplies d'annonces et d'informations essentiellement liées au commerce de la région, même si l'on en trouve déjà pour des livres. Un lien s'est forgé entre l'annonce et le développement commercial qui, bien loin de se démentir au cours du premier XIXe siècle, connaît une nouvelle évolution dans les années 1830 et 1840 avec l'accroissement notable du nombre de journaux et l'épanouissement de leur fonction publicitaire (dans le double sens de faire connaître à un public mais aussi dans celui de faire de la publicité). L'historien britannique Thomas Macaulay, contemporain de cette période, écrivait que « l'annonce est aux affaires ce que la vapeur est aux machines », ce qui n'est pas sans rappeler la métaphore de Chateaubriand placée en exergue de ce livre. Cela dénote une tendance des contemporains à analyser le développement de la presse comme quelque chose d'aussi inéluctable que celui de l'industrie – et lié à celui-ci parce que le journal est à la fois une produit industriel commercialisé, un imprimé-marchandise, et, par la publicité, un stimulant pour le développement de l'industrie et du commerce à toutes les échelles[34]. À Nice, un commerçant situé sur le *Corso*, dont les possibilités de faire de la réclame étaient limitées jusqu'alors, peut désormais en 1848 passer des annonces régulières lues par les centaines d'abonnés de *L'Écho des Alpes maritimes*. La nouveauté est d'autant plus profitable que nombre des lecteurs sont des notables aisés qui fréquentent l'espace urbain. Néanmoins, les directeurs du journal constatent à la fin de l'année 1849, après presque deux années d'existence de leur périodique, qu'en ce qui concerne les annonces, leur « importance industrielle n'est pas encore suffisamment comprise par [les] commerçants[35] ». La presse est encore une chose récente dans la ville et pas toujours bien appréhendée.

S'il n'inaugure en rien l'arrivée d'une publicité, au sens moderne, Émile de Girardin, en fondant le journal parisien *La Presse* en 1836, a introduit une nouvelle forme d'exploitation des annonces commerciales. Elle a influencé durablement les fondateurs de journaux – notamment ceux qui, comme Auguste Carlone et Victor Juge, sont de fidèles lecteurs de la presse française[36]. Ainsi, en 1848, ils s'efforcent de développer une section en quatrième page du journal pour l'insertion d'annonces commerciales, en premier lieu pour les partenaires ou actionnaires du journal, puis pour les autres commerçants et particuliers, ou bien des compagnies maritimes ou autres établissements hôteliers. L'insertion peut se faire auprès de la société typographique Gilletta comme dans les bureaux du journal selon des tarifs devenus de plus en plus abordables au fil de l'existence de *L'Écho des Alpes maritimes* – ce qui explique le développement de la manne financière liée à ces annonces. Jusqu'au mois de juin 1848, les déposants devaient payer d'avance la somme de 40 centimes par numéro d'insertion en plus des 25 centimes par ligne. Un tel prix n'était aucunement attractif, d'où la décision de supprimer la somme versée par numéro pour conserver seulement la tarification

34 Jean-Noël Jeanneney, *op. cit.*, p. 89.
35 *L'Écho des Alpes maritimes*, 26 octobre 1849.
36 Marc Martin, « La publicité », dans Dominique Kalifa, Philippe Régnier, Marie-Ève Thérenty et Alain Vaillant (dir.), *La Civilisation du journal*, *op. cit.*, p. 1041-1042.

à la ligne. Cependant, force est de constater qu'il n'y a pas eu, avant l'année 1849, une véritable exploitation de ce mode de financement, si ce n'est pour favoriser les partenariats avec la société typographique Gilletta ou la librairie Visconti, les annonceurs les plus réguliers. Si l'on tient compte de la moyenne d'une annonce et demie par numéro sur l'année 1848, pour un total d'environ 10 lignes en quatrième page, il est possible d'évaluer la recette, pour 139 numéros publiés, à environ 375 francs annuels, auxquels s'additionnent les 40 centimes par annonce et par numéro. Le total n'excède donc pas les 400 francs, somme modique puisqu'elle ne représente qu'environ 2,5 % des recettes annuelles.

Les annonces ne sont qu'un complément dans le budget d'environ 15 500 francs dont disposent Auguste Carlone et ses collaborateurs pour la première année de publication de *L'Écho des Alpes maritimes*. Cette somme leur permet de subvenir aux dépenses qu'imposent la rédaction, l'impression et la diffusion du journal. Outre les 7 400 francs de frais pour l'impression, principale dépense, le budget couvre le cautionnement, l'impôt du timbre, les frais de poste pour l'envoi des numéros et également les coûts de fonctionnement, comme la rémunération du gérant-responsable Hippolyte de Rangouse ou la location des bureaux. Le cautionnement payé à la Caisse centrale des dépôts s'élève à 2 000 francs, alors que le timbre représente environ 1 800 francs environ de dépense annuelle. Autre taxe particulièrement pesante pour les finances d'un organe de presse, les frais de poste : 4,47 francs pour un abonnement à l'année, soit, pour 500 abonnements, une somme d'environ 2 200 francs à débourser[37]. Une fois ajoutés aux 3 800 francs du timbre et du cautionnement et aux 7 400 francs de frais d'impression, le total des dépenses se monte à 13 400 francs, alors qu'il reste encore à pourvoir les frais de fonctionnement. Ceux-ci sont pour certains déjà fixés dans les statuts. La principale dépense est l'indemnité annuelle de 1 200 francs due à Hippolyte de Rangouse qui lui est payée, si l'on en croit les reçus conservés par le principal gestionnaire de *L'Écho*, par des mandats de 300 francs par trimestre ou de 600 francs par semestre. Ceux-ci sont réalisés au début de la période d'activité concernée et validés par l'un des deux directeurs, Auguste Carlone ou Victor Juge, une fois celle-ci achevée[38].

---

37 *L'Écho des Alpes maritimes*, 8 mai 1850.

38 ADAM, Fonds Carlone, 7 J 34, Mandats servant à la rémunération d'Hippolyte de Rangouse, gérant-responsable de *L'Écho des Alpes maritimes*, janvier-juillet 1850.

Difficile d'évaluer le reste de la somme dévolue au fonctionnement du journal à cause d'un certain manque de précision des sources pour l'année 1848. Il faut procéder par déduction. En y ajoutant les 1 200 francs de l'indemnité du gérant, les dépenses annuelles se montent à 14 600 francs, ce qui présumerait, puisque l'année 1849 commence sans déficit, une somme restante d'environ 900 francs pour les autres dépenses de fonctionnement (déduite à partir des recettes annuelles établies à 15 500 francs). Cependant, les comptes d'Auguste Carlone nous dévoilent qu'il a consenti pour l'année 1848 un apport personnel de 500 francs pour équilibrer le budget en deux versements : le 9 juin pour le premier de 200 francs et le 30 décembre pour le second de 300 francs[39]. Ainsi, en plus de l'indemnité versée au gérant-responsable, ce ne sont pas 900 francs mais bien 1 400 francs qui sont consacrés aux autres dépenses de fonctionnement. Il est difficile d'en connaître le détail, mais l'on peut savoir avec certitude que la somme couvre la location d'un local sur le *Corso* et la rémunération de correspondants.

La comptabilité de l'institution de presse dévoile que, si la pérennité des finances n'est en rien acquise, ainsi que le prouve l'investissement personnel qu'à dû consentir Auguste Carlone, l'équilibre est atteint, chose rare pour un journal provincial dont les fondateurs ne peuvent compter sur un actionnariat nombreux et fortuné. La réussite de la rédaction de *L'Écho des Alpes maritimes* est certaine bien qu'encore fragile au début de l'année 1849 alors que s'annonce la période cruciale du renouvellement des abonnements annuels.

LA GESTION ÉCONOMIQUE ET FINANCIÈRE D'UN JOURNAL RÉGIONAL DU MILIEU DU XIXe SIÈCLE

La rigueur gestionnaire n'est en rien une chose innée. Elle nécessite un certain savoir-faire qui, au milieu du XIXe siècle, ne s'acquiert pas au cours d'un cursus professionnel. Elle est le plus souvent le fait d'un apprentissage familial – Auguste Carlone a été associé par son père, en tant qu'aîné de la famille, à la gestion de la banque familiale ainsi que des propriétés qu'il possédait. Il a acquis un savoir-faire dont il use pour la gestion de ses biens personnels, comme en attestent ses cahiers annuels de compte rigoureusement tenus. Tenir les comptes,

39 ADAM, Fonds Carlone, 7 J 30, Journal comptable d'Auguste Carlone pour l'année 1848.

c'est maîtriser certaines fonctions du calcul, mais pas seulement. Il faut aussi savoir prévoir dans le temps, mettre par écrit, rédiger rigoureusement ; on parle de journaux ou de livres à propos des comptes, ce qui, comme le souligne Delphine Gardey, dit bien le rapport à l'écriture de cette activité[40]. La comptabilité est un acte de création, il faut prendre le temps de bien l'exécuter et le faire de manière régulière. Il n'est pas rare que les comptabilités journalistiques soient de véritables brouillons, mal présentés, établis avec du retard, une négligence qui favorise la disparition des périodiques. Pour perdurer un tant soit peu dans le temps, tout journal (entreprise de presse) doit avoir un journal (comptable). Et c'est bien l'œuvre d'Auguste Carlone, qui met beaucoup de soin dans la gestion de *L'Écho des Alpes maritimes* (et des journaux suivants qu'il a dirigés). Cela nous permet aujourd'hui, même si certaines pièces ont été perdues, de reconstituer les bilans financiers de cet organe de presse.

Le difficile équilibre du budget de L'Écho des Alpes maritimes

Les dissensions internes pèsent lourdement sur les journaux, d'autant plus dans une période comme le « printemps des peuples » durant laquelle ceux-ci sont des entreprises fragiles. Ainsi, la scission du comité de direction de *L'Écho des Alpes maritimes* en mai 1848 a fragilisé la rédaction. Outre la perte d'un cinquième de l'actionnariat, ce sont les raisons des tensions internes qui ont eu d'importantes conséquences. La réorientation des publications dans un sens pro-français impulsée par Auguste Carlone n'a pas fait pas l'unanimité dans la ville et a entraîné une chute des abonnements, donc de la principale source de recettes pour la rédaction. Au début de l'année 1849, nombre de lecteurs ont préféré ne pas renouveler leur abonnement annuel – probablement aussi pour se tourner vers les quotidiens génois ou turinois, plus portés par un patriotisme italien qui correspond mieux à leurs opinions politiques. La réorientation d'une ligne éditoriale est un risque d'autant plus grand que les finances d'un journal sont fragiles. Une telle évolution (chute du capital actionnarial et des abonnements) a d'autant plus de conséquences qu'il s'agit là des deux principales sources de revenus de *L'Écho des Alpes*

40 Delphine Gardey, *Écrire, calculer, classer. Comment une révolution de papier a transformé les sociétés contemporaines (1800-1940)*, Paris, La Découverte, 2008, p. 223-225.

maritimes. Encore plus que l'actionnariat (20 % du budget), ce sont les baisses d'abonnements qui inquiètent Auguste Carlone et ses associées. La manne financière apportée par les abonnés représente un peu plus des trois quarts des recettes pour l'année 1848 (un peu moins des deux tiers encore en 1849). Cette baisse a donc dû être compensée par une diversification des revenus.

Le bilan comptable de l'année 1849 est éloquent : plus de la moitié des abonnés n'ont pas renouvelé leur souscription annuelle ; des 500 initiaux, il n'en reste plus qu'environ 250, auxquels il faut ajouter une trentaine de souscriptions semestrielles ou trimestrielles[41]. Cette chute explique largement difficultés financières de l'institution de presse au cours des années 1849 puis 1850. Elles sont telles que le 8 mai 1850, Auguste Carlone, Victor Juge et Hippolyte de Rangouse réagissent en rendant publique le bilan comptable, une pratique courante parmi les directeurs de journaux pour sensibiliser le lectorat afin de réaliser des récoltes de fonds pour que *L'Écho des Alpes maritimes* perdure. Le document est des plus intéressants. Cependant, l'exploiter requiert de la prudence et des recoupements avec les éléments non publiés pour s'assurer qu'ils correspondent, et ainsi éviter le risque d'analyser des chiffres qui pourraient avoir été modifiés avant publication, par exemple par une surévaluation des déficits pour susciter plus de dons de la part d'un lectorat fidèle. C'est à l'aune de cet avertissement préalable que le budget de l'année 1849 peut être reconstitué.

En janvier 1849, les directeurs du périodique niçois ont l'ambition de donner à leur journal une structure plus organisée (en diversifiant les revenus, en engageant de nouveaux correspondants ou bien en rendant les publications quotidiennes). Des ambitions de développement incompatibles avec les moyens financiers. La situation de *L'Écho des Alpes maritimes* se dégrade au cours de l'année 1849. En effet, en parcourant le bilan comptable, l'on s'aperçoit que les frais pour l'impression se montent à 7 800 francs en 1849, soit une augmentation de près de 400 francs par rapport à l'année précédente. La baisse de près de moitié nombre d'abonnés n'a pas entraîné en compensation une diminution proportionnelle des coûts d'impression. Deux éléments expliquent cette augmentation : d'une part, en 1848 ce sont seulement 139 numéros qui ont été imprimés contre 156 l'année suivante ; d'autre part, la majorité

41 *L'Écho des Alpes maritimes*, 8 mai 1850.

de la somme pour l'impression provient de la composition, donc de l'agencement des caractères, une dépense incompressible quelle que soit la quantité d'exemplaires imprimés. Les dépenses d'imprimerie sont bien plus liées au nombre annuel de numéro produits qu'à celui des exemplaires imprimés – ce qui explique la difficulté des journaux pour devenir quotidiens. Ainsi, le prix de l'impression d'un numéro de *L'Écho des Alpes maritimes*, malgré la division par deux du nombre d'abonnés, est donc seulement réduit de quelques francs, de 53,25 à environ 50 francs, alors qu'il y a 17 compositions supplémentaires à prendre en compte pour l'année. Cela explique le coût annuel supplémentaire d'environ 400 francs. À partir du moment où une composition par un ouvrier typographe est nécessaire, il devient bien plus intéressant pour un organe de presse d'imprimer un grand nombre d'exemplaires, d'autant plus si son modèle est celui de la vente exclusive par abonnement dans lequel il y a l'assurance d'écouler tous les exemplaires. La perte de la moitié des abonnés rend donc les impressions moins rentables en plus de tarir la principale source de recettes. En effet, au lieu des 12 000 francs de revenu annuel pour 1848, ce ne sont plus que 6 000 francs, auxquels il faut ajouter 383 francs pour les abonnements semestriels et trimestriels, qui alimentent les finances de *L'Écho des Alpes maritimes*. Un seuil critique est franchi car les ventes (6 383 francs) ne couvrent plus le coût des impressions (7 800 francs), ce qui oblige Auguste Carlone, Victor Juge et Hippolyte de Rangouse à trouver des revenus supplémentaires, notamment à travers les annonces commerciales.

Au cours de l'année 1849, la physionomie de la quatrième et dernière page du journal, dévolue aux annonces, se transforme : la plupart des numéros en contiennent en moyenne trois à quatre fois plus que l'année précédente, et souvent bien plus longues et élaborées dans leur typographie, ce qui génère automatiquement des revenus supplémentaires. Ceux-ci n'ont rien de négligeable pour une entreprise de presse comme *L'Écho des Alpes maritimes* puisqu'au lieu des 400 francs recueillis sur l'année 1848, ce sont près de 2 000 francs qui sont récoltés en 1849. Une politique poursuivie dès le mois de décembre de la même année avec la mise en place d'un nouveau tarif dégressif qui offre un avantage aux insertions s'inscrivant dans la durée. La parution de la même annonce, pour un minimum de trois fois, occasionne un coût à la ligne de 20 centimes au lieu de 25, alors que le tarif tombe à 15 centimes pour celles publiées au-delà de cinq numéros consécutifs. Outre l'importance qu'ils ont dans l'équilibrage du budget, ces revenus attestent du fait que la perte d'abonnés n'a pas signifié une énorme perte d'influence pour l'institution de presse. Elle demeure la seule existante dans la province de Nice, donc la seule que les commerçants peuvent solliciter pour passer une annonce, qu'ils en approuvent ou non la ligne éditoriale. Les revenus tirés de cette position de monopole amortissent quelque peu les pertes financières liées à la chute des abonnements mais ils représentent un palliatif insuffisant. En effet, il faut aussi affronter pour Auguste Carlone et ses associés une baisse de la contribution actionnariale. Des 3 100 francs au début de l'année 1848, l'apport a chuté à 2 080 francs en 1849. Néanmoins, il atteste de la fidélité d'une partie de l'actionnariat. Celui-ci a d'ailleurs progressé numériquement, le nombre d'actionnaires s'élevant désormais à 34 contre 29 lors de la première année, sans que l'on ne puisse connaître le détail, faute de disposer d'un document aussi détaillé que la liste établie pour l'année 1848. Seul le départ des actionnaires-fondateurs, acté lors de la scission du mois de mai 1848 (notamment de Jules Avigdor, Gonzague Arson, Charles Laurenti-Roubaudi), est certain. Il a donc été nécessaire de trouver d'autres contributeurs, et pour cela Auguste Carlone a consenti à une baisse du prix actions, aussi pour solliciter des personnes moins fortunées que ses anciens collaborateurs. Ainsi, ce ne sont plus 31 actions de 100 francs qui ont été souscrites mais 52 actions d'un montant de 40 francs.

À partir de toutes ces informations, il est possible de reconstituer le bilan budgétaire de l'année 1849. En additionnant les recettes liées aux abonnements, 6 383 francs, celles tirées des annonces, environ 2 000 francs, et la manne actionnariale, 2 080 francs, le total se monte à 10 463 francs, soit une perte de près de 5 000 francs (environ un tiers des recettes) par rapport à 1848[42]. Les difficultés financières qui en découlent sont réelles ; la seule impression des exemplaires de *L'Écho* consomme les trois quarts du budget et ne laisse qu'environ 2 600 francs pour couvrir l'impôt du timbre, les frais de poste ainsi que ceux liés au fonctionnement rédactionnel. Pour les deux premiers, et c'est l'une des rares éclaircies financières, la baisse des abonnements entraîne une baisse des dépenses. Le droit du timbre, loin des 1 800 francs de l'année 1848, ne s'élève plus qu'à 756 francs alors que les frais de poste tombent

42 *L'Écho des Alpes maritimes*, 8 mai 1850.

de 2 300 francs à 1 118 francs. Outre ces diminutions et le surcroît de revenus lié aux annonces commerciales déjà mentionné, une autre évolution favorable à l'entreprise de presse est l'absence d'un cautionnement, déjà payé la première année d'exploitation, et de toute façon supprimé par la nouvelle loi sur la presse, ce qui induit une économie de 2 000 francs. Les prélèvements imputables à l'État n'occupent désormais plus qu'une part minime des dépenses, 1 874 francs sur 14 404 francs, ce qui représente un recul de près de 25 points, de 37,5 % du total en 1848 à 13 % en 1849. Toutes ces économies, bien qu'elles ne soient pas négligeables tant chaque dépense peut faire basculer un journal dans une situation critique, n'en demeurent pas moins insuffisantes pour assurer l'équilibre budgétaire. Si l'on défalque au total des recettes les dépenses d'impression, de timbre et de poste, il ne reste qu'une modique somme d'environ 800 francs pour assurer tout le fonctionnement de la rédaction de *L'Écho des Alpes maritimes*. Un montant bien insuffisant lorsque l'on sait que la seule indemnité annuelle du gérant-responsable s'élève à 1 200 francs. Dans le bilan comptable dévoilé le 8 mai 1850, les frais de fonctionnement s'établissent à près de 4 730 francs pour l'année 1849, ce qui, en comparaison de l'année précédente, représente une augmentation notable de près de 2 000 francs. Celle-ci s'explique par les recrutements de nouveaux correspondants à l'année (dont un à Turin), d'un rédacteur permanent ainsi que d'un comptable. Malgré les difficultés financières, Auguste Carlone n'a pas renoncé à renforcer la rédaction. De même, il a impulsé un déménagement des bureaux du journal, du *Corso* à la rue du gouvernement, dans un local plus grand et voisin de la société typographique Gilletta qui imprime le journal. Cela n'a pas été sans occasionner un autre coût supplémentaire, portant à près de 4 000 francs le total du déficit à la fin de l'année 1849.

Les difficultés financières de *L'Écho des Alpes maritimes* ne lui sont pas propres. Elles s'inscrivent dans un contexte général guère favorable à la pérennisation des entreprises de presse dans les États sardes. À la fin du mois de mai 1848, *L'Opinione* de Turin accuse déjà un déficit de 8 000 francs, peu comparable en valeur absolue à celui de 500 francs de *L'Écho* la même année, mais aussi proportionnellement bien plus important[43]. Des quotidiens majeurs comme *Il Risorgimento* ou *La Concordia* subissent des pertes abyssales : à la fin de l'année 1849, le premier

43 Franco Della Peruta, *Il giornalismo italiano del Risorgimento*, *op. cit.*, p. 71.

accuse une perte de l'ordre 80 000 francs alors que l'organe de Lorenzo Valerio doit composer avec un déficit de près de 50 000 francs[44]. Même lorsqu'elles sont soutenues par un actionnariat nombreux et fortuné, les entreprises de presse rencontrent des difficultés proportionnellement plus importantes que le périodique niçois. Pour les organes comparables, il est difficile d'obtenir les bilans comptables puisque les traces archivistiques qu'ils ont laissées sont bien plus sporadiques. Cependant, il est possible de le faire avec un journal turinois, *Lo Smascheratore*, quotidien conservateur publié à Turin entre 1848 et 1850 et qui n'est pas exactement l'équivalent de son homologue niçois, ni politiquement, ni dans sa périodicité (il est plutôt quotidien que trihebdomadaire) mais qui dispose d'un budget s'en rapprochant. Le bilan comptable de ce journal est donné par Franco Della Peruta dans la réédition de sa contribution de référence sur la presse risorgimentale parue en 2011, mais il appelle une remarque préalable à l'analyse[45]. L'historien ne livre pas les comptes d'un journal reconstitués à partir d'archives privées de ses fondateurs mais de la publication qui en est faite par la rédaction elle-même, ce qui doit inciter à la méfiance car il est impossible, à l'inverse du cas de *L'Écho des Alpes maritimes*, de confirmer ou d'infirmer les chiffres rendus publics. Autre élément important, celui de la durée : dans la mesure où ne sont publiés que les chiffres d'une seule année, il est impossible de comprendre les stratégies mises en place par les directeurs pour combler les déficits, ni d'en connaître les résultats, d'autant que les coulisses de l'institution ne sont pas dévoilées. Néanmoins, ces quelques obstacles n'anéantissent pas toute possibilité de comparaison.

Quelques différences notables apparaissent d'emblée, notamment en ce qui concerne le modèle économique : l'absence d'actionnariat dans le journal turinois explique sa fragilité financière, le déficit d'une seule année, 1849, est près de 25 % plus important (5 175 contre 3 941

44 *Ibid.*

45 *Ibid.*, p. 72. Les dépenses : impression de 277 numéros, 11 634 francs, frais de bureaux et de fonctionnement, 350 francs, frais de poste, 1 926 francs, impôt du timbre, 221 francs, frais de procès et d'amendes, 911 francs, frais de publicité, prospectus, affiches, 360 francs (qu'a largement réduits *L'Écho des Alpes maritimes* en intégrant son diffuseur et son imprimeur dans l'actionnariat). Les recettes : abonnements, 7 255 francs, ventes au numéro 1 662 francs, souscriptions d'aide, 1 310 francs. Ainsi l'on peut dresser le total suivant : 15 402 francs de dépenses contre 10 227 francs de recettes, donc un déficit de 5 175 francs.

francs) que pour *L'Écho des Alpes maritimes*, sans que l'on ne sache s'il se cumule avec un déficit antérieur. La société par actions ne semble pas être l'horizon indépassable des journaux, mais elle apparaît comme un élément indispensable dans la pérennisation des entreprises de presse. Pour compenser ce manque, les directeurs de *Lo Schematore* doivent organiser avec difficulté des souscriptions dans le courant de l'année, ce qui leur sert à couvrir aussi le coût des procès de presse et amendes, dont ne souffre pas le périodique niçois avant 1850, et qui créent une perte annuelle de près de 900 francs. De la même manière, les annonces commerciales qui sont pourtant une pratique de plus en plus répandue dans les organes de presse européens de la période, même dans les plus modestes d'entre eux, ne semblent pas incontournables ; ceux qui s'en dispensent, comme le journal turinois, d'autant plus lorsqu'ils n'ont pas d'actionnariat, deviennent encore plus dépendants des abonnements et de la fluctuation de ceux-ci, d'où aussi le choix de procéder à des ventes au numéro. Celles-ci constituent un risque financier sans cesse renouvelé, car elles peuvent être très fluctuantes et occasionner de lourdes pertes puisque l'impression est, de très loin, la plus grande dépense d'une entreprise de presse. Cette pratique n'est pas partagée par *L'Écho des Alpes maritimes* qui, même s'il ne récolte sur l'année 1849 qu'environ 6 400 francs de recettes liées aux abonnements, peut compter sur ses revenus actionnariaux et ses annonces commerciales pour diversifier ses recettes et pérenniser son modèle. C'est en partie de cette diversification des revenus que vient la prospérité de *L'Écho*, qui perdure finalement plus de dix ans – avec un changement titre, puisqu'il devient *L'Avenir de Nice* en 1850 – alors même que *Lo Smascheratore* n'a duré qu'un peu moins de deux ans. Ce ne sont pas les dépenses engendrées par une règlementation politique répressive qui ont fait la différence entre ces deux journaux publiés dans le même État.

Le royaume de Sardaigne, malgré la préservation d'une censure et des mesures financières contraignantes, demeure un espace politiquement propice à la création de journaux en 1848 et 1849. La première année a été trompeuse puisque les feuilles créées avant la loi du mois de mars ont été contraintes de verser un cautionnement, alors même que le droit du timbre était plus élevé, ce qui a fait considérablement augmenter le pourcentage de dépenses dues à des mesures gouvernementales. Cependant, même dans ces conditions, si l'on se fie au bilan financier de *L'Écho*, le cautionnement, le timbre et les frais de poste ont représenté environ 36 % des dépenses, contre un peu plus de 45 % pour la seule impression des numéros. L'année 1849 confirme la tendance : les dépenses imposées par le pouvoir comptent pour 13 % du total, à la faveur de la baisse du timbre et de la suppression du cautionnement, alors que celles pour l'impression représentent 55 % des dépenses totales. Si les chiffres confirment que le royaume de Sardaigne est un espace relativement propice au développement de la presse, ils disent aussi qu'il demeure un État où l'accès à l'imprimerie, du fait de sa cherté, est une chose réservée à des notables relativement fortunés. Les dépenses sont importantes, ce qui, au-delà de faire du journal un objet essentiellement réservé aux élites, contribue également à brimer l'évolution des rédactions. Ainsi, alors qu'Auguste Carlone entend développer *L'Écho des Alpes maritimes* dans sa périodicité, dans sa diffusion, dans l'élaboration interne de sa rédaction, il doit gérer cette réalité économique et financière qui le contraint à redoubler ses efforts pour assurer la survie du journal.

Étoffer une rédaction journalistique, une ambition délicate

À partir de novembre 1848, Auguste Carlone, à qui a échu l'essentiel du travail de rédaction et de gestion de *L'Écho des Alpes maritimes* depuis la scission du mois de mai précédent, cherche des collaborateurs pour se décharger d'une partie des tâches qui lui incombent. Il ne peut compter pour cela sur Victor Juge et Hippolyte de Rangouse puisque ces derniers sont déjà bien investis et que, contrairement à lui, ils n'œuvrent pas à plein temps dans l'activité journalistique, le premier poursuivant sa carrière d'ingénieur et le second ses activités de professeur particulier. Pour assurer aux abonnés un service de qualité et continuer à produire, dans les temps, une feuille indépendante et originale, non alimentée par la pratique du stéréotype – simple reproduction des publications de journaux plus importants – la situation impose une réorganisation. Elle se met en place dès l'automne 1848 par le recrutement de deux nouveaux associés, l'un pour la rédaction, l'autre pour la comptabilité.

Auguste Carlone se met d'abord à la recherche d'un nouveau collaborateur pouvant assurer une partie de la rédaction ainsi que gérer la réception des annonces. Une fois encore, c'est en sollicitant son réseau relationnel qu'il trouve le profil adéquat, c'est-à-dire une personne acceptant de fournir ce double service pour une rétribution assez modique compte tenu de la charge de travail. Évoquant ses projets avec son beau-frère, Édouard Borelly, qui, au cours de l'année 1849, occupe une place secondaire dans la rédaction mais continue de suivre depuis Marseille l'évolution du journal, ce dernier le met en relation avec l'une de ses connaissances des milieux républicains de la cité phocéenne. Le directeur de *L'Écho* entame alors une correspondance avec un dénommé Delatreille, prêt à venir habiter à Nice pour assurer le travail rédactionnel. Bien qu'il existât des réseaux politiques en Italie avant le *Quarantotto*, tels que la *Carboneria* ou les associations mazziniennes, il n'y a pas encore, en 1848, d'équivalent des réseaux journalistiques républicains français. Ceux-ci permettent une entraide concrète qui fait circuler un savoir-faire journalistique[46]. Gérard Bonet dans son étude sur *L'Indépendant des Pyrénées-Orientales* l'a bien montré à travers la figure du rédacteur en chef, Pierre Lefranc. Jurassien installé à Paris et inséré dans les milieux républicains, il s'est formé au journalisme à *La Réforme* d'Alexandre Ledru-Rollin dans les années 1840 avant d'être recruté par François Arago lorsque celui-ci cherche à créer un journal à Perpignan, dans sa région d'origine, afin de remporter les élections de 1846[47]. C'est donc vers la France qu'Auguste Carlone décide de se tourner, d'autant que l'orientation francophile de son journal facilite ses recherches. Il entre donc en contact avec Delatreille, un homme sur lequel peu d'éléments sont passés à la postérité mais que l'on sait alors inséré dans les milieux républicains des départements méditerranéens français.

Dès le mois de novembre 1848, les premiers échanges épistolaires ouvrent les négociations. Dans une lettre envoyée à Carlone le 16 novembre, Delatreille s'engage à rejoindre la rédaction niçoise en échange d'une indemnité de 1 500 francs, dont 300 pour les dernières semaines de l'année 1848 ainsi que pour les frais de son déménagement à Nice[48]. Les 1 200 francs restants, comme le confirment les reçus de paiement, sont versés selon un salaire mensuel de 100 francs :

46 Marc Martin, *La presse régionale*, *op. cit.*, p. 112.

47 Gérard Bonet, *L'Indépendant des Pyrénées-Orientales. Un siècle d'histoire d'un quotidien, 1846-1950. L'entreprise, le journal, la politique*, Perpignan, Publications de l'Olivier, 2004.

48 ADAM, Fonds Carlone, 7 J 35, Lettre de Delatreille à Carlone, 16 novembre 1848.

> J'ai reçu de Monsieur Carlone la somme de cent francs pour honoraires pendant le mois d'avril.
> Nice le 12 avril 1849
> Delatreille[49].

Facilitées par l'entremise d'Édouard Borelly, les négociations se concluent prestement. L'intégration du nouveau salarié au sein de l'institution journalistique s'acte en quelques jours seulement. C'est la première fois qu'un non-fondateur prend une place de premier plan dans la rédaction du journal et il doit de ce fait être intégré aux statuts comme il le précise lui-même dans sa lettre du 16 novembre :

> Ayez la complaisance de faire dresser un petit acte du tout, stipulant votre engagement et le mien et de me l'adresser signé de vous, Monsieur, et de M. Juge. Je le signerai moi-même à son arrivée à Marseille et Monsieur Borelly restera dépositaire d'un double[50].

Outre la confirmation du rôle d'intermédiaire joué par le beau-frère d'Auguste Carlone, le scellement définitif de l'accord est confirmé. Dans les grandes entreprises de presse, ce sont les actionnaires qui décident de recourir ou non à de nouveaux rédacteurs, d'employer par exemple une plume de renom, comme Aurelio Bianchi-Giovini à *L'Opinione* de Turin qui perçoit un salaire important (6 000 francs annuels, soit une somme qui correspond à la moitié du budget total du périodique niçois et à six fois le montant touché par Delatreille qui, en plus de la rédaction, gère aussi les annonces)[51]. À l'inverse de ces grandes institutions de presse, pour *L'Écho* ce sont bien les directeurs et non les actionnaires (bien qu'ils le soient aussi mais de manière très minoritaire) qui fixent les règles d'ouverture de la rédaction. Auguste Carlone a, pour reprendre les termes de Max Weber, un « pouvoir directorial », lié au fait qu'il est à l'origine du journal, qu'il a supervisé la rédaction des statuts et qu'il est celui qui a le plus grand investissement en temps et en argent pour sa perpétuation[52]. Directeur, il l'est statutairement avec Victor Juge, de même qu'ils en sont aussi les propriétaires, un double statut

49 ADAM, Fonds Carlone, 7 J 34, Attestation de paiement établie par Delatreille le 12 avril 1849 pour sa rémunération mensuelle de 100 francs effectuée par Carlone pour sa participation à *L'Écho des Alpes maritimes*.

50 ADAM, Fonds Carlone, 7 J 35, Lettre de Delatreille à Carlone du 16 novembre 1848.

51 Franco Della Peruta, *op. cit.* p. 73.

52 Max Weber, *Économie et société*, *op. cit.*, p. 90.

auquel Hippolyte de Rangouse a dû renoncer en raison de son rôle de gérant-responsable. Dans les faits, le patron de presse est bien Auguste Carlone, ses deux collaborateurs étant des assistants indispensables mais non consacrés à temps plein au fonctionnement du journal. Ainsi, s'il est possible qu'une concertation ait eu lieu, sans qu'on en connaisse la teneur faute de sources, c'est bien le principal directeur de *L'Écho* qui prend les décisions. Et cela démontre bien qu'au-delà des statuts effectifs, précieux en ce qu'ils permettent, par exemple, de dresser l'organigramme d'une entreprise de presse et d'en comprendre le fonctionnement théorique, disposer de sources supplémentaires, comme les courriers entre les membres de la rédaction ou entre l'un de ceux-ci et une personne extérieure au journal, est indispensable pour reconstituer le fonctionnement concret.

Auguste Carlone a donc décidé de se décharger d'une partie des tâches de rédaction et de gestion des annonces avec le recrutement de Delatreille, qui prépare son déménagement :

> Je vois avec plaisir que Nice ne sera pas un exil pour moi, que j'y trouverai des amis et des sympathies. Je vois que vous aimez notre France et que vous appréciez à être des nôtres. Cela sera, Monsieur, nous parviendrons à cette jonction par nos efforts communs et persévérants[53].

Ces mots traduisent un objectif politique : le renforcement le « parti » français et républicain de Nice. Mais au-delà des idées, il importe de souligner qu'*a posteriori* la réussite du recrutement est incontestable puisque la collaboration se poursuit tout le temps de la publication de *L'Écho des Alpes maritimes*, jusqu'en août 1850. Cependant, il s'agissait bien d'une grande prise de risque pour le journal à la fin de l'année 1848, car cela signifiait un accroissement notable de ses dépenses de fonctionnement, qui sont aussi augmentées par le recrutement d'un correspondant régulier à Turin.

La rédaction niçoise disposait déjà d'un correspondant à Paris chargé de fournir, plus rapidement que les journaux de la capitale française, des nouvelles fraîches et précises ainsi que des comptes-rendus des débats parlementaires. Un dispositif, fondé sur le fait que les courriers parviennent à Nice plus rapidement que les journaux, qui est donc étendu à la capitale du royaume de Sardaigne au début de l'année 1849. Le

53 ADAM, Fonds Carlone, 7 J 35, Lettre de Delatreille à Carlone, 16 novembre 1848.

nouveau correspondant, Scipion Marin, est une connaissance commune d'Auguste Carlone et de Jean de Foresta, élu du Parlement de Turin, futur sénateur et ministre de la Justice du royaume de Sardaigne, dont la famille est liée à celle de Victor Tiranty, un ami d'enfance du principal directeur de *L'Écho* et actionnaire du journal. Une fois encore, ce sont ses réseaux relationnels que Carlone mobilise pour renforcer la rédaction. Peu d'informations ressortent des documents archivistiques sur ce nouveau collaborateur, mais il existe quelques reçus pour le paiement de ses émoluments qui permettent de connaître son rôle dans le journal. D'après la première demande de paiement, sa rémunération mensuelle s'élève à 40 francs pour une correspondance qui suit le rythme de deux ou trois lettres par semaine[54] :

> Il vous plaira de payer à mon ordre la somme de 40 francs, valeur reçue en correspondances pour *L'Écho des Alpes maritimes*.
> Turin ce 29 janvier 1849
> Scipion Marin
> À M. de Rangouse,
> Directeur de *L'Écho des Alpes maritimes* à Nice

Si Hippolyte de Rangouse, gérant-responsable, est mentionné comme « directeur » de l'institution de presse, cela ne doit pas introduire de confusion. C'est bien Auguste Carlone qui gère les relations avec ce correspondant, et ce sont d'ailleurs dans ses archives personnelles que se trouvent les mandats de paiement ainsi que les courriers. Néanmoins, il se fait parfois seconder dans ses tâches. Et cette mention témoigne une nouvelle fois de l'implication du gérant-responsable qui ne se limite pas à assumer une responsabilité juridique (ainsi que le prévoit la loi sarde) détachée de la gestion concrète comme cela était souvent le cas dans les journaux pour une telle fonction (les directeurs recrutaient le plus souvent quelqu'un qui n'était donc qu'un prête nom pour éviter une condamnation personnelle en cas de procès de presse). Plus que d'implication, c'est aussi de confiance et de coordination dont il s'agit. L'entente entre Auguste Carlone, Victor Juge et Hippolyte de Rangouse n'est pas la moindre des explications de la pérennité de l'institution de presse niçoise. La nouvelle dépense consentie l'est collectivement, et tous

54 ADAM, Fonds Carlone, 7 J 34, Lettre de Scipion Marin à Hippolyte de Rangouse, 29 janvier 1849.

avalisent ce débours relativement modique qui leur permet de disposer d'informations déjà sélectionnées et d'économiser une partie du travail de tri des journaux de la capitale turinoise.

La proximité entre les deux recrutements – celui de Delatreille comme rédacteur et gestionnaire en novembre 1848 et celui de Scipion Marin comme correspondant à Turin en janvier 1849 – confirme la volonté de renforcer l'entreprise de presse. Cependant, ces choix ont un coût : l'entretien d'un correspondant régulier à Turin, à 40 francs par mois, revient, pour l'année 1849, à environ 480 francs, qui s'ajoutent aux 1 200 francs annuels de la rémunération d'un nouveau rédacteur. Outre l'aspect financier, elles nécessitent un travail supplémentaire de gestion, car dépenses comme recettes ne se font ou n'arrivent qu'au compte-goutte. Ainsi, la comptabilité occupe une place de plus importante dans les activités de patron de presse d'Auguste Carlone, le poussant à envisager un nouvel élargissement de l'équipe rédactionnelle et gestionnaire avec le recrutement d'un véritable comptable, qu'il trouve une fois de plus en sollicitant son réseau relationnel. L'homme choisi, Louis Antoine Spinelli, est un fidèle abonné du journal qui participe régulièrement aux souscriptions organisées par ce dernier comme en témoigne une liste rendue publique dans le numéro du 29 décembre 1848 qui lui prête la qualité de propriétaire. Par ailleurs, il est un annonceur fidèle puisqu'il propose en quatrième page de *L'Écho* tantôt la location d'une maison à Nice dont il est propriétaire, tantôt la souscription d'actions dans une compagnie parisienne pleinement engagée dans la ruée vers l'or californien. Spinelli, en plus de sa qualité d'abonné, semble disposer d'une réelle expérience en tant que comptable, acquise par la gestion de ses affaires personnelles ou de diverses entreprises. Les sources dévoilent que c'est lui qui reçoit les mandats postaux pour le paiement des abonnements, notamment ceux qui parviennent de l'arrière-pays, puis les comptabilisent et les transmet à Auguste Carlone qui exerce un contrôle *a posteriori*[55]. Sa rémunération est à la hauteur du travail fourni, qui reste somme toute modeste, et s'élève à 25 francs par mois, soit une dépense supplémentaire de 225 francs au cours de l'année 1849, depuis sa prise de fonction en avril jusqu'au mois de décembre.

55 ADAM, Fonds Carlone, 7 J 30, Comptes de *L'Écho des Alpes maritimes* établis par Auguste Carlone. Un document nous informe que les mandats d'abonnement pour les vallées de l'arrière-pays niçois ont été reçus par Spinelli avant d'être recensés puis remis à Carlone.

Les trois recrutements, un rédacteur, un correspondant à Turin et un comptable, représentent une dépense supplémentaire de 1 900 francs pour l'année 1849. La somme explique l'inflation des frais de fonctionnement, de 2 600 à un peu plus de 4 700 francs annuels (de 16,5 à 33 % du total des dépenses). Les 200 francs restants sont dus à une augmentation du loyer du bureau du journal consécutive à un déménagement en avril 1849. Celui-ci a été motivé par la double volonté de disposer d'un local plus grand et de rapprocher la rédaction de l'imprimeur, la société typographique Gilletta – cette dernière est située au 12 de la rue du gouvernement alors que le nouveau bureau se trouve au 13. L'augmentation des dépenses, si elle permet rendre l'institution de presse plus élaborée dans son fonctionnement, la fragilise d'autant plus financièrement que les recettes de 1849 ne sont pas à la hauteur de celles de la première année de publication. Le total des dépenses effectuées – frais de fonctionnement (4 730 francs), dépenses d'imprimerie (7 800 francs), timbre (756 francs), frais postaux (1 118 francs) – se porte à environ 14 400 francs. La baisse est importante par rapport aux 16 000 francs déboursés en 1848, mais elle s'explique principalement par l'absence des 2 000 francs de cautionnement. Elle ne suffit pas à compenser la chute concomitante des recettes de près de 5 000 francs (d'environ 15 500 francs à 10 463 francs). Ainsi, le déficit à la fin de l'année 1849 se monte à près de 4 000 francs, soit une somme huit fois supérieure à la perte de 500 francs de l'année 1848. Cette dégradation de la situation financière d'une année sur l'autre est flagrante lorsqu'est dressé le tableau récapitulatif des comptes de *L'Écho des Alpes maritimes* :

Année de publication	1848	1849
Recettes (en francs)		
Abonnements	12 000	6 383
Actionnariat	3 100	2 080
Annonces	400	2 000
Total	15 500	10 463

Dépenses (en francs)		
Cautionnement	2 000	0
Frais d'impression	7 400	7 800
Frais de poste	2 000	1 118
Frais de timbre	1 800	756
Frais de fonctionnement	2 500	4 730
Total	16 000	14 404

Déficits	500	3 941

FIG. 9 – Bilans financiers
de *L'Écho des Alpes maritimes* pour 1848 et 1849.

Outre la récapitulation des données, le tableau permet de constater que les recettes de l'année 1849 ne couvrent même pas trois quarts (73 % environ) des dépenses. La situation contraint alors les directeurs de *L'Écho des Alpes maritimes* à définir, dès le début de l'année 1850, de nouvelles stratégies et orientations financières pour assainir les comptes de l'entreprise de presse et assurer sa survie dans le temps.

Les diverses stratégies pour pérenniser une feuille de presse

À l'orée de la troisième année de publication, les difficultés sont nombreuses pour Auguste Carlone et ses associés : le remboursement du cautionnement n'a pas encore eu lieu alors que la chute de moitié des abonnements n'a pas été compensée. Les déficits sont tels que des investissements directs doivent être effectués à court terme pour éloigner la menace de la faillite. Mais il leur faut également penser une stratégie de pérennisation de l'entreprise de presse. Le mois de janvier 1850 s'annonce plus que crucial avec la campagne annuelle de réabonnement. En hommes de presse désormais expérimentés, Auguste Carlone et ses associés l'ont préparée en amont à partir de la fin de l'année 1849 par un recentrement des publications sur les affaires locales. Le poids des chroniques et autres articles concernant le pays niçois croît considérablement à partir de cette période, pour viser un public local. Le lectorat se recrute principalement dans la province de Nice et même plus précisément dans la capitale provinciale et son immédiate périphérie. Comme l'explique Jeremy D. Popkin dans son étude sur la presse lyonnaise de la première moitié des années 1830, dans un univers capitaliste dans lequel les journaux sont en compétition sur le marché naissant de la presse, à une époque où la concurrence est d'autant plus forte que les lectorats demeurent restreints, un organe de presse ancré localement dispose d'un « avantage compétitif[56] ». Il est le seul à s'intéresser aux affaires de la ville où il se publie et sa région, sauf lorsqu'un événement d'ampleur nationale se produit, ce qui n'est pas l'ordinaire. Si les potentiels lecteurs peuvent s'abonner à des feuilles de presse importantes qui ont leur siège dans de grandes villes, celles-ci demeurent extérieures ; elles ne peuvent diffuser les informations dont disposent des publicistes locaux. De plus, ceux-ci demeurent une voix publique relativement accessible pour exprimer des doléances, rôle qu'acceptent Auguste Carlone et ses associés. Pour ceux-ci, il est essentiel d'avoir un ancrage dans leur ville de publication, ce qui est un atout politique ainsi qu'un élément indispensable pour pérenniser financièrement un journal.

En août 1850, lorsque *L'Avenir de Nice* prend la suite de *L'Écho des Alpes maritimes* avec la même équipe journalistique, le nouveau journal dispose d'environ 400 abonnés, soit une croissance d'un peu plus de 40 % par rapport à l'année 1849. Cependant, ce chiffre est plutôt valable à partir de son lancement à l'été 1850. Le premier semestre de l'année est bien plus délicat. Dans un article du 8 mai qui accompagne la publication des comptes, Auguste Carlone résume ainsi la situation :

> Il faudrait, pour être à couvert, un supplément d'environ 200 abonnés nouveaux [...]. Il est donc facile de voir, en se rappelant les données qui précèdent, qu'avec un total de 500 abonnés tous les frais seraient amplement couverts, et que si l'on n'atteignait jamais au chiffre de 800, nos publications pourraient être rendues quotidiennes[57].

L'ambition de développement du journal est toujours présente malgré les difficultés financières. Dans le même temps, c'est la dépendance vis-à-vis des abonnés, déjà expliquée précédemment, qui ressort. Nul accroissement de l'entreprise de presse, ni même d'ailleurs de persistance dans le temps pour elle, sans un socle assez important d'abonnements.

56 Jeremy D. Popkin, *Press, Revolution, and Social Identities in France, 1830-1835*, *op. cit.*, p. 45.
57 *L'Écho des Alpes maritimes*, 8 mai 1850.

Selon les calculs d'Auguste Carlone, un surcroît de 200 abonnés serait suffisant pour équilibrer le budget. Cela représenterait une manne de presque 5 000 francs si l'on s'en tient au prix de l'abonnement annuel dans la province de Nice (24 francs), soit un peu plus que le déficit qu'accuse le journal au mois de mai.

Il est important de s'arrêter succinctement sur la logique de la publication des comptes. Elle participe d'une stratégie pour accompagner la campagne d'abonnement. Comme l'écrit Auguste Carlone lui-même dans l'article du 8 mai 1850 expliquant la publication du bilan comptable de son journal : « la logique des chiffres est le plus concluant des arguments. Nous allons soumettre aux yeux du public le bilan d'une année de publication[58] ». La phrase sonne comme un appel à l'aide. Depuis le mois de janvier 1850, la direction de *L'Écho des Alpes maritimes* a lancé plusieurs initiatives pour dégager des fonds, jusqu'à recourir à de pures et simples souscriptions pour tenter de combler une partie des pertes. La première organisée en janvier 1850 a permis de récolter près de 275 francs, une somme à la fois modique par rapport aux presque 4 000 francs de déficits, mais qui est un apport immédiat non négligeable. Derrière la stratégie de l'appel aux dons, c'est une conception de l'activité journalistique qui transparaît lorsqu'Auguste Carlone et ses associés agitent la menace d'un arrêt prochain du journal. En revendiquant le statut d'œuvre de bien commun pour *L'Écho des Alpes maritimes*, ils effacent le fait qu'il est d'abord un moyen à leur disposition pour tirer des profits personnels, non véritablement pécuniaires mais symboliques, puisqu'il leur sert à faire valoir leurs idées auprès d'un public et donc à acquérir un pouvoir de type médiatique. Les extraits que l'on peut lire durant la campagne d'appel aux dons dévoilent bien cette logique. Entre le 2 et le 18 janvier, un court texte en Une de chaque numéro publié accompagne l'habituelle invitation au renouvellement des abonnements :

> L'administration de *L'Écho des Alpes maritimes* [...] rappelle que le journal n'est point une œuvre de spéculation, mais une œuvre d'une incontestable utilité, pour laquelle elle n'a pas cessé de faire des sacrifices[59].

L'autolégitimation est une composante historique du discours journalistique. La logique de celui-ci repose sur la volonté des journalistes

58 *Ibid.*
59 *L'Écho des Alpes maritimes*, 16 janvier 1850.

de présenter leur activité comme une contribution indispensable à la recherche du bien commun, à la liberté de la presse et à l'élaboration d'une opinion « éclairée ». La nécessité de légitimer l'existence du journal ne se fait jamais aussi forte que lorsque celui-ci risque de disparaître pour des raisons financières :

> Dégagés de toute ambition personnelle par notre position indépendante et assurée, nous avons toujours défendu et nous défendrons jusqu'au dernier jour les droits et les intérêts spéciaux de notre malheureuse province [...]. Cependant, nous sommes encore loin d'avoir atteint le but et il nous reste bien du terrain à parcourir, bien des obstacles à franchir : c'est pourquoi, sans le concours de nos amis et de nos coreligionnaires politiques, force nous sera de nous arrêter et de voir reculer le terme de nos communes espérances [...]. Avant de nous retirer, peut-être pour toujours, de l'arène politique, nous devons à nous-mêmes et au public de déclarer que, à part notre travail et nos soins dont le tribut est acquis au pays, nos sacrifices personnels se sont élevés, depuis la fondation du journal, à la somme de plus de 5 000 francs. Nous croyons devoir nous arrêter à cette limite au-delà de laquelle il y aurait imprudence et folie à vouloir s'engager. Pour aller outre, il ne nous reste qu'à compter sur l'intelligence et le dévouement de nos amis et peut-être aussi sur le concours de ceux de nos concitoyens qui, malgré certaines divergences d'opinion, ne s'intéressent pas moins au bien-être du pays, et sentent que la chute d'un journal indépendant ferait dans notre province un vide regrettable[60].

Les termes se veulent plus alarmistes qu'au mois de janvier précédent puisque, affirment les directeurs du journal, la survie de l'institution journalistique est en jeu. Les appels aux dons sont plus explicites et plus larges qu'auparavant puisque la sollicitation est aussi faite aux « concitoyens » dont les opinions divergent mais qui apprécient certains éléments des publications du journal (comme les annonces, les informations sur les mouvements du port ou encore la retranscription des débats du Parlement du royaume de Sardaigne ou du conseil municipal de Nice). L'argumentaire consiste encore une fois de la part des publicistes à s'auto-présenter comme des hommes dégagés de tout intérêt particulier et dotés de convictions sincères qui ont sacrifié une partie de leur fortune personnelle pour le bien commun. S'il est d'incontestables effets rhétoriques, il faut toutefois constater que le chiffre avancé, celui des 5 000 francs de pertes depuis la création du journal, n'a rien d'exagéré. Aux 500 francs de déficit de la première année de publication comblés

60 *L'Écho des Alpes maritimes*, 8 mai 1850.

par Auguste Carlone à partir de sa fortune personnelle, s'est ajoutée, en 1849, une perte de 3 600 francs (déduction faite de la souscription de 275 francs de janvier 1850). Et malgré un regain d'abonnements constaté durant les premiers mois de l'année 1850, celui-ci n'a en rien enrayé le creusement des déficits, qui est de l'ordre de 900 francs pour les quatre premiers mois de l'année 1850. La dynamique confirme que le départ des plusieurs cofondateurs en mai 1848 a été une perte importante à long terme, ce dont Auguste Carlone ne fait pas mystère :

> Depuis le jour où M. le comte d'Avigdor a laissé la direction de notre journal, nous avons vainement cherché, au prix des sacrifices les plus onéreux, à remplacer sa spirituelle et féconde collaboration ; toutes nos demandes et nos offres sont restées sans résultats satisfaisants[61].

Cet article publié le 13 mai 1850 mentionne explicitement la cessation de la participation de Jules Avigdor, l'un des hommes les plus riches de la province et l'un des principaux actionnaires-fondateurs en 1848. Parmi les restants, seul Auguste Carlone a un capital économique assez important pour injecter des sommes d'argent afin que les publications ne souffrent d'aucune interruption – car les dépenses ne sont pas annuelles et qu'il faut payer régulièrement les frais pour les correspondances, le loyer du bureau, les salaires ou encore l'impression des exemplaires. Ses deux principaux collaborateurs, Victor Juge et Hippolyte de Rangouse sont bien moins fortunés, ce qui explique aussi pourquoi ils ont continué à exercer leur activité professionnelle en plus de leur investissement journalistique.

Deux années après la scission du comité de direction du mois de mai 1848, un seuil critique semble être atteint au printemps 1850. Les appels aux dons et les campagnes pour attirer de nouveaux abonnés ne portent pas immédiatement leurs fruits. La décision est alors prise par les directeurs de réunir tous les actionnaires au bureau du journal, 13 rue du Gouvernement, afin de trouver une solution pour répondre à l'urgence. Les décisions prises sont dévoilées dans le numéro du 11 mai 1850 :

> Les actionnaires de *L'Écho des Alpes maritimes*, à part quelques-uns qui n'ont pu se rendre à la séance, se sont réunis dans les bureaux du journal, à l'effet de se concerter sur les moyens à prendre, relativement à cette œuvre d'intérêt public. Après avoir vérifié les comptes, ils ont délibéré à l'unanimité de faire le second

61 *L'Écho des Alpes maritimes*, 13 mai 1850.

> versement de leurs actions et de continuer la publication jusqu'à épuisement des ressources [...]. Merci à nos amis politiques pour les sacrifices réitérés qu'ils se sont imposés dans la défense de nos principes communs. Honneur à leur dévouement et à l'inébranlable persévérance de leurs convictions[62].

Le journal est encore une fois explicitement présenté comme une « œuvre d'intérêt public » qui a nécessité des « sacrifices » de la part de ceux qui le financent. Il s'agit d'une stratégie rhétorique qui met en scène la prise d'une décision qui aurait pu être faite sans être rendue publique. Quoi qu'il en soit, l'important est qu'en mai 1850, les actionnaires acceptent de donner la somme qu'ils auraient dû verser à la fin du mois de juillet, au risque qu'elle soit investie pour faire perdurer le journal seulement quelques numéros. À court terme la décision est efficace puisqu'elle permet à Auguste Carlone, Victor Juge et Hippolyte de Rangouse de disposer d'une somme qui, puisque l'actionnariat n'a pas varié depuis l'année 1849, avoisine les 1 000 francs et leur laisse une marge de manœuvre de plusieurs mois puisque les pertes des quatre premiers mois de l'année 1850 se sont montées à environ 900 francs.

Les difficultés ne sont écartées que pour un temps – mais cela n'est-il pas le lot de toutes les institutions journalistiques régionales au milieu du XIXe siècle ? Le seul apport durable pour *L'Écho des Alpes maritimes* serait une augmentation du nombre des abonnés. Conscients de ce fait, Auguste Carlone et ses collaborateurs poursuivent leur campagne d'abonnement bien au-delà du mois de janvier 1850, avec une insistance particulière à partir des mois de mai et juin. La stratégie est d'emblée payante puisque dès le 3 juin sont enregistrés « une vingtaine d'abonnements nouveaux sur plus de 150 qu'il fallait pour couvrir le déficit[63] ». Ainsi, sur les 200 abonnements qui semblaient nécessaires le 8 mai pour combler le déficit, 50 ont été couverts par le versement actionnarial, auquel s'ajoute donc une vingtaine d'abonnements annuels, soit près de 500 francs. L'apport n'est pas inconséquent mais il s'avère toujours insuffisant, poussant les directeurs de *L'Écho des Alpes maritimes* à adopter une nouvelle stratégie qui passe par une révision de leurs offres d'abonnement organisée en deux étapes entre les mois de juin et de juillet 1850. Le 3 juin, la décision est prise « de faciliter au plus grand nombre l'abonnement au journal » en optant pour un paiement collectif : « il est ouvert dans

62 *L'Écho des Alpes maritimes*, 11 mai 1850.
63 *L'Écho des Alpes maritimes*, 3 juin 1850.

nos bureaux une souscription à 6 francs par personne, et il sera délivré à chaque groupe de 4 souscripteurs un abonnement à l'année[64] ». La mesure s'accompagne de la création d'un abonnement mensuel à 2,5 francs qui permet à des personnes dont les revenus sont plus modestes, qui ne peuvent débourser les sommes pour les autres offres, d'autant qu'elles doivent se payer en une fois et d'avance, de s'offrir occasionnellement un abonnement mensuel à *L'Écho des Alpes maritimes*. Dans le même temps, des baisses sont consenties sur les tarifs trimestriel et semestriel : une diminution de 9 à 7 francs pour le premier et de 14 à 13 francs pour le second. Si les nouveaux prix demeurent encore élevés pour les classes populaires, ces choix ont sans soute permis d'élargir le lectorat dans la petite bourgeoisie urbaine, ou encore parmi les ouvriers spécialisés, des catégories sociales dans lesquelles l'instruction permet la lecture du journal et pour lesquelles une baisse de quelques francs ou la possibilité de contracter un abonnement collectif peuvent être décisives.

Le succès est plus durable et plus important que lors des deux tentatives précédentes. La disparition de *L'Écho des Alpes maritimes* en août 1850 pour cause de poursuites judiciaires, n'a pas enrayé la dynamique puisque *L'Avenir de Nice*, la nouvelle feuille créée quelques jours après par la même équipe rédactionnelle, et pour laquelle la politique tarifaire mise en place en juin et juillet 1850 est maintenue, compte dès le début environ 400 abonnés. C'est un succès qui couronne les efforts accomplis par Auguste Carlone tout au long de l'année 1850 pour renforcer le lectorat : de 300 abonnés en janvier 1850 à 320 en mai et donc à 400 en août de la même année. La manne financière que représente cette augmentation apporte aux directeurs de *L'Écho des Alpes maritimes* une sérénité inconnue depuis près de deux ans alors même que le risque de disparition était réel. L'été 1850, s'il est difficile au niveau judiciaire, est serein financièrement. En effet, une autre nouvelle vient conforter la pérennisation du journal, celle du remboursement de la caution de 2 000 francs qui intervient à la même période, le 22 juillet 1850. Le gain de presque une centaine de nouveaux abonnés ainsi que la récupération du cautionnement représentent une somme de plus de 3 500 francs soit, environ la somme du déficit annuel de 1849, donc de quoi équilibrer le budget de l'entreprise de presse. Et cette prospérité n'a rien d'éphémère. *L'Avenir de Nice* perdure près de dix années, jusqu'en 1860, devenant un

64 *Ibid.*

quotidien en décembre 1851 alors qu'est introduite, la même année, la vente au numéro, d'abord à 15 cents puis à 10 cents, qui atteste de la bonne santé financière de l'institution journalistique.

En s'immisçant dans les coulisses de *L'Écho des Alpes maritimes*, ce sont toutes les pratiques et les stratégies de gestion d'un journal qui ont été dévoilées. Auguste Carlone, Victor Juge et Hippolyte de Rangouse, éloignés des déboires qu'ont pu connaître nombre de journaux dans le royaume de Sardaigne à partir des années 1849 et 1850, lorsque les procès de presse sont devenus plus fréquents alors que les difficultés financières s'accumulaient, ont su assurer la survie matérielle de leur journal – et même son développement interne dans le temps avec un nouveau correspondant régulier à Turin, un nouveau comptable et un nouveau rédacteur. Cela s'est fait sur près de deux années, entre le mois de mai 1848 et le mois d'août 1850, sur fond d'une constante quête à l'abonné et à la diversification des revenus. Surmonter les nombreux déficits accumulés au cours du temps sans jamais faire souffrir les publications du moindre arrêt ou report est une chose exceptionnelle pour un organe de presse du *Quarantotto*. Toutefois, si reconstruire le modèle économique et financier de *L'Écho des Alpes maritimes* a été essentiel, il ne s'agit que d'une partie des tâches qui incombent à ses directeurs-publicistes. La viabilité structurelle et la sérénité financière ne font que rendre possible l'activité principale, à savoir la production de publications confectionnées pour un public mais à l'abri de son regard et selon des processus qu'il est tout aussi important de reconstituer.

DIVISION DU TRAVAIL ET FABRIQUE DE L'OBJET JOURNAL

> Je suis bien trompé si les plus riches censeurs ne trouvent digne de quelque excuse un ouvrage qui doit se faire en quatre heures de jour que la venue des courriers me laisse toutes les semaines pour assembler, ajuster et imprimer ces livres[65].

65 Cité dans : Jean-Noël Jeanneney, *Une histoire des médias*, *op. cit.*, p. 42.

Dans cette remarque, Théophraste Renaudot, le fondateur de la *Gazette* en 1631, expose deux problèmes importants qui ont fortement marqué l'histoire de la presse dès ses origines : d'une part, la relations aux autorités de censure ; d'autre part, la dureté de la cadence de travail qu'implique l'activité dont le rythme ne laisse pas au rédacteur le temps de réflexion dont jouit l'auteur d'un livre. Publier un journal signifie fournir un investissement en temps très important qui doit être sans cesse répété dans la durée. Là se trouve l'une des clefs de la réussite ou non des journaux.

Dans les premières décennies du XIXe siècle, les journaux régionaux appartiennent souvent à un imprimeur. Bien que les feuilles n'aient généralement aucun effet typographique et un contenu réduit en quantité, il doit tout de même fournir un minimum d'investissements – en temps et en argent – qu'il ne peut pas toujours consentir[66]. Les années 1820 et 1830 marquent un basculement avec les développements techniques de la conception et de la réalisation d'un journal, d'abord dans les grandes villes puis, au fil des années 1830 et 1840, dans les centres urbains plus modestes. Les rédactions s'étoffent, avec des disparités de chronologie selon les États. En de nombreux aspects, le *Quarantotto* du royaume de Sardaigne est comparable à la période qui suit les Trois Glorieuses en France : on observe un essor rapide de l'activité journalistique, avec l'apparition de nombreuses feuilles de presse qui dépassent le stade d'éphémères initiatives[67]. Typographies et formats (avec la généralisation des trois colonnes et le passage à quatre pour les feuilles les plus élaborées) tendent à s'uniformiser, alors que les lectorats sont de moins en moins confidentiels. Un nouveau langage et de nouvelles pratiques journalistiques s'imposent au fil des publications et façonnent des règles économiques, sociales et culturelles d'entrée dans le champ journalistique, moins explicitement énoncées que les règles juridiques fixées par les pouvoirs, mais qui sont tout autant indispensables. Un journal dont les fondateurs n'ont pas la capacité de respecter ces codes a peu de chance de perdurer. L'intérêt de plonger une nouvelle fois dans les coulisses de *L'Écho des Alpes maritimes* est d'appréhender toutes ces pratiques liées à l'activité journalistique dans un moment où elles se codifient et à travers une rédaction qui les découvre (et laisse des traces

66 Marc Martin, *La presse régionale*, *op. cit.*, p. 105.

67 Jeremy D. Popkin, *Press, Revolution, and Social Identities in France, 1830-1835*, *op. cit.*, p. 23.

de cet apprentissage) puisque ses membres, dépourvus d'expérience dans le domaine, sont passés en peu de temps de lecteurs à journalistes. L'objectif est de dévoiler l'envers du décor pour étudier tout le travail de production journalistique, de la mise en place de réseaux informationnels à la collaboration avec un imprimeur en passant par toutes les étapes rédactionnelles.

ÉLABORER UN JOURNAL : LA CONSTRUCTION DES NUMÉROS DE *L'ÉCHO DES ALPES MARITIMES*

Au XIXe siècle, l'obtention la plus rapide possible d'informations fiables apparaît déjà comme un enjeu majeur, concurrentiel, pour toute rédaction qui entend produire une feuille indépendante qui ne soit pas un *patchwork* de publications stéréotypées (reprises d'autres journaux). Cette quête de l'information n'a rien de nouveau ; Jürgen Habermas souligne que dès le XVIIe siècle, le nom de *custodes novellarum* (gardiens des informations) était utilisé pour désigner les gérants de feuilles imprimées, alors essentiellement commerciales[68]. En effet, la capacité à recevoir des nouvelles et à leur donner forme, c'est-à-dire à informer au sens étymologique, se trouve déjà au cœur de la production de l'objet journalistique. La chose est donc bien acquise au XIXe siècle, dans les pratiques comme dans le vocabulaire : dans les dictionnaires d'Émile Littré et de Pierre Larousse, tous deux publiés dans les années 1860 et 1870, des entrées existent pour « informer » ou « information ». Dans le *Littré* se trouve l'idée de « donner forme à quelque chose », c'est-à-dire la définition étymologique du mot[69], mais dans le *Grand dictionnaire universel du XIXe siècle*, Pierre Larousse introduit le sens actuel du mot, c'est-à-dire « renseigner, instruire quelqu'un de quelque chose[70] ». Et c'est avec le développement de la presse au XIXe siècle que ce sens s'est affirmé.

Les journaux sont pris dans une course à l'information d'autant plus âpre qu'ils sont de plus en plus généralistes. Les contenus sont de plus en plus importants et les hommes de presse tendent à avoir un intérêt totalisant, c'est-à-dire pour tous les domaines de la vie (politique,

68 Jürgen Habermas, *L'espace public : archéologie de la publicité comme dimension constitutive de la société bourgeoise*, *op. cit.*, p. 31.

69 Émile Littré, *Dictionnaire de la langue française*, Paris, Hachette, t. 3, 1874 p. 94.

70 Pierre Larousse, *Grand dictionnaire universel du XIXe siècle*, Paris, Administration du Grand dictionnaire universel, t. IX, 1873, p. 89.

littérature, économie, diplomatie, sciences, événements culturels etc.)[71]. Cela leur donne la possibilité de toucher un lectorat plus large mais en contrepartie le travail fourni s'en trouve accru : l'inscription dans une ou plusieurs actualités oblige ceux que l'on appelle déjà parfois les journalistes à réaliser chaque publication dans l'urgence, en pensant à la prochaine. Le journal est une œuvre de plus en plus éphémère à mesure que les rythmes de publication s'amplifient. Il faut pour leurs directeurs en écouler prestement les exemplaires sous peine de voir le travail fourni pour produire cette marchandise particulière perdre toute valeur sur le marché de la presse. Dans les coulisses de la production, l'obligation est faite aux rédacteurs de recevoir les informations du prochain exemplaire alors même que la rédaction de celui à paraître est encore en cours – et le rythme de travail est d'autant plus soutenu que les publications sont régulières ou que l'équipe rédactionnelle est réduite. Outre la mobilisation de nombreux savoir-faire, c'est une cadence de travail qui s'impose, celle qu'évoque Théophraste Renaudot, afin respecter la périodicité annoncée aux abonnés. Ainsi, pour un trihebdomadaire comme *L'Écho des Alpes maritimes*, le laps de temps de deux ou trois jours qui s'écoule entre chaque numéro doit servir à accomplir une multitude de tâches répétitives : trier les informations reçues des correspondances (locales ou non) ou prises dans d'autres journaux, rédiger les articles, préparer les annonces commerciales, assurer l'ordonnancement physionomique des pages puis faire imprimer le numéro tout en anticipant la préparation du suivant. Les sources dévoilent de manière assez détaillée le rôle de chacun des membres de la rédaction dans le processus de confection du journal. Elles permettent donc une plongée monographique inédite dans les coulisses d'un journal du « printemps des peuples » et présentent un intérêt non négligeable pour la connaissance d'un pan encore méconnu de l'histoire des médias, celle de l'organisation du travail journalistique.

71 Michael B. Palmer, *Des petits journaux aux grandes agences*, *op. cit.* p. 12-13.

Lectures privées, écrits publics

– Une presse épistolaire
ou l'information par correspondance

Dans ses travaux sur *Les Républicains des lettres*, Daniel Roche dévoile l'importance de la correspondance dans l'Europe des Lumières et les hiérarchies communicationnelles qui en découlent (il faut payer le droit de s'insérer dans cette « république »)[72]. Tisser un réseau de correspondants n'est pas à la portée de tous, quand bien même la maîtrise de la lecture et de l'écriture est acquise, et nécessite un investissement (un travail d'entretien). L'effervescence épistolaire du siècle des Lumières, ainsi que l'avait déjà saisi Gabriel Tarde au début du XXe siècle, a grandement impulsé les circulations d'informations et d'opinions ; le développement de la presse durant le premier XIXe siècle en est l'une des continuations historiques, lorsque s'impose la pratique d'une « correspondance épistolaire comme facteur de l'opinion », ou pour le dire autrement, lorsque la constitution de tels réseaux a pu être mise à profit dans des œuvres qui participent de la fabrique de l'opinion comme le sont les journaux[73]. Ils ont « commencé par être des lettres privées [...] copiées à un certain nombre d'exemplaires », travail « souvent clandestin » loin d'avoir disparu au XIXe siècle[74]. Cependant, des logiques nouvelles apparaissent avec l'évolution des États européens vers des systèmes constitutionnels garantissant la liberté de la presse et un développement capitaliste de l'imprimerie et des techniques de communication – dont l'une des marques, déjà durant la décennie 1840, est une première émergence des agences de presse et des dépêches télégraphiques.

Le développement de la presse n'a pas fait apparaître la soif de nouvelles exactes et fraîches. Cependant, de même que, plus tard, l'avènement de médias de l'information instantanée au XXe siècle, avec la radio puis la télévision, il a contribué à donner des formes concurrentielles particulières – et toujours actuelles – à l'univers médiatique. Celles-ci façonnent un marché qui se développe durant tout le XIXe siècle à la faveur d'un épanouissement sans précédent de l'imprimé-marchandise sous sa forme

72 Daniel Roche, *Les Républicains des lettres. Gens de culture et Lumières au XVIIIe siècle*, Paris, Fayard, 1988.

73 Gabriel Tarde, *L'Opinion et la foule*, *op. cit.*, p. 149-150.

74 *Ibid.*, p. 158-159.

journal. Fortement lié à la course à l'information, notamment par les correspondances, le travail journalistique nécessite une production de l'information qui ne peut être réalisée sans la constitution de réseaux, le plus souvent autonomes des structures étatiques. La chose est cruciale, comme on a pu le voir avec la guerre contre l'Autriche au cours du printemps 1848. Elle a été un moment de forte mainmise sur l'information de la part du pouvoir royal sarde, lorsque les bulletins officiels remplissaient les colonnes des journaux. Les directeurs de journaux, comme Auguste Carlone, ont toutefois essayé de construire une information indépendante – grâce à un correspondant niçois présent sur les champs de bataille de la Lombardie pour *L'Écho des Alpes maritimes*. Les événements importants comme les guerres ou les révolutions, pour lesquels il faut savoir s'informer vite et bien, posent un autre problème, celui de la dépendance des organes plus modestes vis-à-vis de ceux plus richement dotés. À l'inverse des premiers, les seconds ont les moyens de construire en continu une information indépendante. L'enjeu pour un journal régional est alors de ne pas devenir un assemblage d'autres journaux et de disposer de ses propres réseaux informationnels (et si possible au-delà du seul territoire local). Chose étonnante, le moment de sa vie où Auguste Carlone se fait le plus épistolier, où il est le plus en recherche d'informations sur le monde, est celui où il voyage le moins, car il n'est jamais autant resté à Nice qu'entre 1848 et 1860, période de sa vie durant laquelle il devient un patron de presse. Dès sa première expérience journalistique, dans *L'Écho des Alpes maritimes*, il réussit à s'attacher les services de deux correspondants permanents, l'un à Paris et l'autre à Turin. Cette pratique journalistique, comme les autres, a une certaine historicité. Elle est apparue à la fin du XVIIIe et au début du XIXe siècle par l'intermédiaire d'un journal qui a marqué plus qu'aucun autre l'histoire de la presse écrite, *The Times*. La correspondance de presse établie coexiste avec les échanges épistolaires plus officieux qui nourrissent les pages du journal. Mais elle s'en distingue car elle marque un degré supplémentaire d'organisation d'une rédaction par l'intégration à distance d'une personne qui, le plus souvent, a sa propre rubrique[75]. La pratique est onéreuse, donc difficile pour les entreprises de presse plus modestes, mais elle est déjà répandue dans les organes à portée régionale au milieu du XIXe siècle.

75 Jean-Noël Jeanneney, *op. cit.*, p. 89.

Gérard Bonet souligne dans son étude sur *L'Indépendant des Pyrénées-Orientales* que pour ces journaux, il est possible de distinguer trois catégories de correspondants, dont les deux premières relèvent bien souvent du dehors de la province dans laquelle se publie la feuille de presse, à l'inverse de la troisième[76]. La première catégorie est celle des correspondants réguliers, les moins nombreux. Ils sont intégrés à la rédaction, avec une rémunération pour leur fonction comme on l'a vu précédemment pour le correspondant turinois de *L'Écho des Alpes maritimes*, Scipion Marin. La deuxième catégorie a pu s'observer dans la rédaction niçoise au cours des journées de Juin 1848. C'est à travers quelques correspondances privées arrivées à Nice depuis Paris qu'Auguste Carlone et ses collaborateurs ont pu s'informer sur les événements en cours dans la capitale française. Ces lettres n'ont pas fait l'objet d'une rubrique spécifique mais ont été publiées dans *L'Écho*, sans toutefois que leur auteur n'ait été intégré dans la rédaction. La pratique est circonstancielle mais elle permet de fournir des informations précises sur les événements, avant même que la presse parisienne ne parvienne à Nice. La chose pus intéressante est qu'au fil du développement du journal niçois, ce correspondant ponctuel est devenu plus régulier, sans toutefois être intégré formellement à la rédaction puisque les compte du journal n'en gardent pas trace. Il est un collaborateur non rémunéré. Cela dit bien le rapport qu'ont les publicistes vis-à-vis de leurs sources, le flou qui existe entre le formel et l'informel, qui se nourrit du manque de moyens financiers des journaux modestes comme *L'Écho des Alpes maritimes*. Un correspondant régulier est salarié et l'autre non. Un salaire est ainsi économisé. Et le public ne sait rien de ces coulisses puisque les correspondances retranscrites sont anonymisées ou du moins se font au nom de la rédaction, puisqu'elles portent toutes la mention « Correspondant de *L'Écho des Alpes maritimes* ». Ce fonctionnement n'est possible généralement que lorsque le correspondant non salarié est une bonne connaissance du directeur du journal ou des membres de la rédaction et accepte de transmettre des informations de manière bénévole, ou en échange de services qui n'ont peut-être pas laissés de traces dans les archives. La pratique doit se distinguer à la fois des correspondances régulières

76 Gérard Bonet, *L'Indépendant des Pyrénées-Orientales*, *op. cit.*, p. 41-42.

salariées, telle que le fait Scipion Marin depuis Turin, mais aussi de celles qui sont plus sporadiques et plus informelles.

À la faveur de sa fonction de consul de Suède et de Norvège à Nice, qu'occupait déjà son père et qu'il a récupérée à la mort de ce dernier, ainsi que par ses activités bancaires et commerciales, également léguées par son père, le principal directeur de *L'Écho des Alpes maritimes*, Auguste Carlone, entretient de nombreuses correspondances. Avant même le lancement de son journal, il avait déjà l'habitude d'écrire quotidiennement lettres pour s'informer. Un savoir qui est crucial pour la réussite de son entreprise journalistique. Avant la scission du mois de mai 1848, Jules Avigdor pouvait aussi mettre cette pratique au service de *L'Écho* puisque lui aussi, en tant que banquier et consul de Prusse à Nice, possédait des informations grâce à ses correspondances – par exemple au moment des mouvements politiques qui se déroulent à Berlin, capitale prussienne, en mars 1848 et dont le récit est publié dans le numéro du 29 du même mois. Leurs affaires bancaires respectives s'étendent à nombre de villes européennes (Paris, Marseille, Lyon, Hambourg, Berlin, Londres, Vienne etc.). Cela ouvre de nombreuses possibilités pour rassembler des informations sur les révolutions européennes de 1848. Mais la pratique entretient aussi la confusion qui existe entre les finances du journal et les activités privées de leurs directeurs, comme on l'a déjà observé lorsqu'Auguste Carlone a injecté une partie de sa fortune de manière directe pour combler des déficits. Le champ journalistique est alors bien moins codifié qu'aujourd'hui, et les différences sont parfois ténues entre ce qui relève des affaires ou relations privées et de l'activité de presse. Seule la connaissance des coulisses d'un organe de presse permet de comprendre cet entremêlement entre le formel et l'informel dans l'organisation des rédactions.

Le correspondant parisien non salarié de *L'Écho des Alpes maritimes* est difficilement identifiable. Cependant, il est possible d'envisager qu'il soit Henri Dameth. Ce dernier, proche des milieux fouriéristes qui gravitent autour du journal parisien la *Démocratie pacifique*, avant de devenir professeur à l'Université de Genève au cours des années 1850, a vécu à Nice au début de cette décennie où il a participé au journal *L'Avenir de Nice* qui a pris la suite de *L'Écho des Alpes maritimes* avec la même équipe rédactionnelle. Il s'avère être une connaissance personnelle d'Auguste Carlone. Les deux hommes, nés la même année, se sont rencontrés au cours de leurs études à Paris au début des années 1830. Un autre élément permet de renforcer une telle hypothèse : le contenu des correspondances arrivant de Paris et publiées avec quelques arrangements. Celles-ci dévoilent, comme dans le numéro du 24 janvier 1849 par exemple, une prose fouriériste centrée sur les problèmes du chômage, du paupérisme et de la paix sociale et condamnent de temps à autre les anarchistes proudhoniens qui « substituent les intérêts de leur coterie aux intérêts généraux[77] ». Des thèmes et des mots qui rappellent la *Défense du fouriérisme* écrite par Henri Dameth contre Pierre-Joseph Proudhon en 1841. Quoi qu'il en soit, la correspondance parisienne est cruciale pour un organe de presse français de province ou pour les journaux qui, bien que publiés à l'étranger, s'intéressent à la vie politique de la France. Les républicains et démocrates français ont été les plus investis dans la formation de réseaux de correspondants. En 1848, Jean-Baptiste Paya, ancien imprimeur de *L'Émancipation de Toulouse*, l'un des journaux républicains provinciaux les plus prospères, crée la *Correspondance démocratique des départements et de l'étranger*, dont la fonction est celle d'une agence de presse qui sert près de 30 journaux en 1849[78]. Souvent, la diffusion des informations est moins formelle. Elle se fait par des correspondances, comme entre Henri Dameth et Auguste Carlone, ou à travers des publications journalistiques. Ainsi, la *Démocratie pacifique* prend une importance cruciale en 1848 et 1849 puisque ses nombreuses correspondances sont republiées par les journaux francophones de même tendance, comme *L'Écho des Alpes maritimes*. Cela permet aux directeurs de ces feuilles de s'informer à moindre coût, moyennant un abonnement annuel au journal parisien. Cependant, cela nécessite un travail supplémentaire de tri des articles et un retard dans le temps de publication par rapport aux correspondances, qui circulent plus vite que les journaux entre les villes – notamment car leur envoi ne dépend pas de l'achèvement d'un travail de production journalistique. De plus, les correspondances permettent d'obtenir des informations qui ne se trouvent pas dans les autres journaux.

Les correspondants réguliers, de Paris et de Turin, ont pour principale fonction, outre de sporadiques lettres sur la situation politique de ces capitales, de trier et d'envoyer les comptes-rendus sténographiques

77 *L'Écho des Alpes maritimes*, 24 janvier 1849.

78 Marc Martin, *La presse régionale*, *op. cit.*, p. 107.

des débats parlementaires. La sténographie est une technique bien élaborée au milieu du XIXe siècle, puisqu'elle s'est développée pendant la Révolution française en lien avec l'avènement d'un régime représentatif et le développement de la presse[79]. C'est un art de plus en plus répandu en Europe qui met en jeu une technique de prise de notes pour figer la parole, mais aussi des attitudes (comme les applaudissements). Les discours prononcés changent de statut, ils peuvent sortir des parlements, se retrouver dans l'espace public et être discutés, contestés ou bien approuvés[80]. « Quand les délibérations des parlements sont sans écho, et que la presse ne les divulgue pas, elles n'ont presque aucune influence sur la valeur politique d'un homme au pouvoir », écrivait Gabriel Tarde[81]. En effet, si l'on prend le cas niçois, disposer des discours des élus de la province à la Chambre des députés grâce à un correspondant à Turin donne aux publicistes une force politique particulière. Auguste Carlone et ses collaborateurs sont les seuls en mesure de permettre le jugement des représentants officiels de la province de Nice. Et ils disposent de ce pouvoir parce qu'ils ont réussi à maîtriser des moyens d'information et à conférer à *L'Écho des Alpes maritimes* une indépendance. Pour cela, ils ont dû surmonter certaines difficultés qui compliquent la circulation des correspondances.

En moyenne, il faut compter environ quatre jours pour que les correspondances parisiennes parviennent à Nice, du moment de l'écriture à celui de la publication. Le plus étonnant est que le temps de latence est le même pour Turin alors que la ville est bien plus proche géographiquement, cela étant principalement dû à une différence de développement des voies de communication entre la France, mieux dotée, et le royaume de Sardaigne. Le courrier de Turin doit franchir le col de Tende, ce qui n'est pas sans occasionner des difficultés l'hiver, comme l'avouent Auguste Carlone et ses associés :

> Au moment où nous mettons sous presse, le courrier de Piémont n'est pas encore arrivé, à cause, sans doute, de la grande quantité de pluie et de neige qui doit être tombée cette nuit sur le col de Tende[82].

79 Delphine Gardey, *Écrire, calculer, classer. Comment une révolution de papier a transformé les sociétés contemporaines (1800-1940)*, *op. cit.*, p. 48.

80 *Ibid.*, p. 50-51.

81 Gabriel Tarde, *op. cit.*, p. 138.

82 *L'Écho des Alpes maritimes*, 6 décembre 1848.

Cependant, les difficultés hivernales ne mettent pas à mal la régularité des publications. La malle-poste royale continue de convoyer le courrier de Turin. Une fois par jour elle part aux alentours de seize heures de la capitale, passant une partie de la nuit à Cuneo, entre minuit et quatre heures du matin, pour arriver à Nice dans la matinée[83]. Les envois des correspondants se font en moyenne tous les deux ou trois jours, prenant en compte plusieurs sessions parlementaires. Leur régularité est si bien respectée que les débats des chambres turinoises ou parisiennes sont publiés sans interruption dans *L'Écho des Alpes maritimes*, toujours un ou deux jours avant l'arrivée à Nice des journaux turinois ou parisiens.

De manière concomitante à la construction de réseaux d'information pour l'extérieur, la question de la connaissance des événements des territoires environnants est cruciale. Le titre du journal, *L'Écho des Alpes maritimes*, le définit lui-même comme un objectif. Auguste Carlone et ses collaborateurs sont très investis dans le traitement d'événements régionaux, ce qui passe par l'ouverture de leurs colonnes à des correspondants occasionnels qui sont le plus souvent des lecteurs qui entendent faire valoir une opinion ou informer d'un événement depuis les vallées de l'arrière-pays niçois, Menton et Monaco ou bien encore les villes françaises voisines. Une place particulière doit être accordée à Vincent Guérin, un collaborateur français installé dans le département voisin du Var – dont l'extension est alors jusqu'au fleuve éponyme qui fait office de frontière – où il participe activement à l'organisation de la diffusion du périodique niçois. Ce dernier ne s'est pas engagé dans la fondation du journal, mais il est présent depuis le début, avant même la scission du mois de mai, comme en atteste l'article qu'il écrit en mars 1848 pour raconter l'avènement de la République française en des termes enthousiastes. Il est un ami proche d'Étienne Bonafons et d'Auguste Carlone comme le raconte ce dernier dans ses manuscrits : dans les années 1830, les deux futurs fondateurs de *L'Écho des Alpes maritimes*, revenus de leurs études parisiennes, avaient pris l'habitude de se rendre à Vence dans la famille Guérin[84]. Plus tard, en 1851, poursuivi par les autorités sardes pour son opposition à la suppression des franchises portuaires, Auguste Carlone trouve refuge chez Vincent Guérin qui l'accueille dans sa propriété vençoise. Le directeur de *L'Écho* connaît bien la ville car dès

83 *L'Écho des Alpes maritimes*, 12 septembre 1849.
84 Bibliothèque Romain Gary, Manuscrits d'Auguste Carlone, MS 89.

l'âge de neuf ans, en 1821, il a été envoyé par son père comme interne au petit séminaire de Vence. Il y a fait la connaissance de Vincent Guérin. Ainsi, il n'y a rien d'étonnant à découvrir la contribution que celui-ci apporte, de manière informelle et non rémunérée, à *L'Écho des Alpes maritimes* – ce qui confirme cet entremêlement de relations privées et de collaborations journalistiques, ainsi que de travail bénévole et travail salarié qui participe de la solidité du journal. Vincent Guérin n'apparaît pas dans les documents officiels mais ses échanges avec Auguste Carlone dévoilent une collaboration mise en place dès les premières publications. Le premier récupère les exemplaires de *L'Écho des Alpes maritimes* au bourg frontalier de Saint-Laurent-du-Var et s'occupe de les faire envoyer à Cagnes-sur-Mer, Antibes ou bien Cannes, supervisant leur distribution dans les postes françaises[85]. Durant les deux années et demie de publication il garde ce rôle, traversant parfois la frontière du Var pour venir saluer Auguste Carlone et ses collaborateurs comme il l'explique dans une lettre du 19 mars 1848[86] :

> Mon cher ami,
>
> Je vous transmets un article à insérer dans le plus prochain numéro du journal. Je ne suis dans mes observations qui ont été d'ailleurs adressées au gouvernement provisoire que l'écho de tout ce qui se dit et répète dans toutes nos communes [...]. Jeudi soir ou vendredi j'irai probablement vous serrer affectueusement la main, ainsi qu'à vos collaborateurs auxquels je dis comme à vous, salut et fraternité.
>
> V. Guérin,
> Vence, 19 mars 1848

Son implication dans l'institution de presse ne se limite pas à la seule tâche de diffusion des exemplaires dans les villes françaises puisqu'il écrit aussi sporadiquement des articles. Ceux-ci, proposés bénévolement par Vincent Guérin, sont relayés avec la simple mention de ses initiales, « V. G. ». Le rôle de ce correspondant éclaircit la manière dont le travail rédactionnel se nourrit de ces contributions circonstancielles, irrégulières certes, mais intéressantes en ce qu'elles n'occasionnent que peu de frais. Et elles sont assez nombreuses, venant le plus souvent de connaissances

---

85 ADAM, Fonds Carlone, 7 J 35, Correspondances entre Vincent Guérin et Auguste Carlone dans le cadre de leur collaboration à *L'Écho des Alpes maritimes*.

86 *Ibid.*

amicales ou familiales des directeurs, mais aussi de lecteurs, réguliers et fidèles ou intermittents. C'est tout le bénéfice que tirent Auguste Carlone et ses associés d'avoir réussi à placer *L'Écho des Alpes maritimes* au cœur de la vie politique locale. Celui-ci s'est imposé comme un interlocuteur privilégié, aussi en dehors de la ville pour les curés ou notables villageois des vallées de l'arrière-pays. Les avantages en sont multiples. Les correspondances sont à la fois automatiques, lorsqu'un événement se produit dans la région, et nombreuses, ce qui permet de les trier et d'en sélectionner les plus pertinentes. Les économies ainsi réalisées dans le traitement de l'information locale sont un des facteurs qui permettent au journal de se projeter à une autre échelle.

Au cours du mois de juin 1849, l'avenir de la République romaine, proclamée quelques mois auparavant lors de la révolution qui a provoqué la fuite du pape Pie IX ainsi que la prise de pouvoir des patriotes démocrates et républicains, est en suspens. L'avancée de l'intervention française décidée par le président Louis-Napoléon Bonaparte pour rétablir la papauté inquiète toute la presse républicaine de France et des États italiens. Les journaux cherchent à suivre les mouvements au plus près et sont dans une course à l'information. *L'Écho des Alpes maritimes* se distingue alors par sa capacité à offrir des nouvelles de Rome avec seulement quelques jours de décalage. En effet, la rédaction a réussi à installer un correspondant régulier présent sur place. C'est un fait plus que notable pour une institution de presse aussi modeste que d'être en mesure de couvrir une actualité internationale. Si l'identité du correspondant n'est jamais dévoilée, l'on sait qu'il continue d'œuvrer pour les publicistes niçois. *L'Écho* du 17 septembre 1849 nous apprend que quelques semaines après l'effondrement de la République romaine, le même individu se trouve à Francfort pour y couvrir l'actualité de l'agitation politique qui règne dans la ville trois mois après la dissolution de la première Assemblée nationale allemande. Un tel exemple atteste de la capacité des publicistes niçois de jouer sur les échelles (locale, nationale et internationale) pour suivre plusieurs actualités dans un même temps, et ainsi satisfaire leur lectorat notabiliaire. Un tel exemple est plus une exception que la règle tant les feuilles provinciales disposent rarement de tels canaux d'information. D'ailleurs, la rédaction de *L'Écho* ne peut se permettre de le reproduire régulièrement. C'est pourquoi le plus souvent, pour couvrir les événements qui ne sont pas proprement locaux,

Auguste Carlone et ses associés sont contraints de recourir à d'autres journaux, mieux dotés en capital économique, donc en correspondants.

– Des lecteurs-rédacteurs
ou l'information par abonnement

Le publiciste doit être prêt à écrire sur tous les sujets, s'extirper de son ancrage local pour couvrir différentes zones géographiques qu'il ne connaît parfois que de nom. Cette tâche s'est imposée, déjà au XIXe siècle, comme incontournable de l'activité journalistique. S'il ne peut personnellement écrire un article sur un événement important en cours quelque part dans le monde, le publiciste doit mobiliser des récits faits par d'autres, parfois en les traduisant avant de les publier[87]. La récupération d'informations dans d'autres journaux contribue à mettre à distance les publicistes en relation et à renforcer les hiérarchies du champ journalistique. Elle prend des formes diverses dans la façon dont se font ces emprunts. Ceux repris dans les colonnes de *L'Écho des Alpes maritimes* proviennent de Gênes, de Paris, de Savoie et de Turin principalement, mais aussi de toute une myriade d'autres villes (Rome, Naples, Palerme, Lucques, Florence, Milan, Marseille, Lyon, Berlin, Vienne, Cologne, Francfort, Londres, Toulon ou encore Madrid). Un tel travail présuppose un accès aisé à des journaux européens, ce que permet à Nice la librairie Visconti, celle-là même dont le propriétaire est actionnaire de *L'Écho* et le distribue et à laquelle Auguste Carlone est personnellement abonné. Un tel établissement installe dans la ville un contexte culturel propice à l'épanouissement d'une information internationale dans la presse locale. Il s'épanouit à la faveur d'un certain cosmopolitisme qui s'affirme à Nice au milieu du XIXe siècle avec les arrivées toujours plus nombreuses d'hivernants, notamment de riches aristocrates anglais. Ainsi, au-delà du français et de l'italien, la langue anglaise est bien présente. Les notables publicistes ont grandi dans une atmosphère marquée par la culture qui lui est associée ; ne choisissent-ils pas un extrait d'*Hamlett* de Shakespeare, le célèbre « *to be or not to be, that is the question* » comme devise ? Très tôt, alors qu'il avait une vingtaine d'années, Auguste Carlone se plaisait, dans ses manuscrits personnels, à jouer entre les langues avec des récits en français et en italien et des

87 Jeremy D. Popkin, *Press, Revolution, and Social Identities in France, 1830-1835*, *op. cit.*, p. 45.

poèmes en anglais. Il met son savoir de polyglotte au service de son activité journalistique à partir de 1848 puisqu'il assume un travail régulier de traducteur d'articles d'une kyrielle de journaux italophones mais aussi anglophones qu'il peut aisément consulter à la librairie Visconti (*Times, Morning Herald, Galignani's Messenger, Daily News*). Le lieu est un formidable outil de travail ; il permet à la rédaction de disposer de nombre de journaux européens qui lui servent à s'informer et à nourrir *L'Écho des Alpes maritimes*.

Il serait difficile de retracer l'arborescence des diverses sources citées une ou plusieurs fois par les publicistes niçois. Si des journaux en allemand et en anglais sont régulièrement mentionnés, il est important de remarquer qu'il existe un répertoire privilégié de journaux italophones et surtout francophones régulièrement sollicités. Le recensement de tous les articles publiés durant les deux années et demie d'existence de *L'Écho* (un prospectus et 385 numéros entre le 1er janvier 1848 et le 10 août 1850), dont les sources sont précisées, permet d'établir une classification. Les pourcentages sont calculés par rapport à tous les articles qui ont été repris et non à tous les articles du journal en général (ceux écrits par la rédaction ne sont pas comptabilisés). Le résultat obtenu montre que le journal des fouriéristes parisiens, la *Démocratie pacifique* est celui dont le plus d'articles sont reproduits (environ 18 % du total). L'autre réservoir important, comme on l'a vu, est celui de la presse de Savoie, avec un total de 28 % entre *Le Patriote savoisien* (15 % du total), *Le National savoisien* (8 %), et *Le Chat* (5 %). Les deux autres journaux qui influencent le plus la rédaction de *L'Écho des Alpes maritimes* sont *Le Siècle* (pour 8,5 % du total), et un journal turinois *La Concordia* de Lorenzo Valerio qui fournit environ 5,5 % des articles reproduits[88]. C'est le journal italophone le plus repris mais il arrive bien derrière les organes francophones car malgré le partage de la même cause démocratique ses tendances patriotiques s'éloignent de celles des publicistes niçois – ce qui a occasionné, on l'a vu, des tensions politiques.

---

88 Pour compléter les chiffres, on peut citer divers organes de presse qui représentent entre 3 et 5 % des articles reproduits, comme *Le Censeur de Lyon*, *Le Bien public*, *Il Nazionale* ou encore *Le Courrier de Marseille*. Ensuite, existe une multitude de journaux dont les articles repris constituent moins de 3 % du total – cela peut signifier une moindre proximité idéologique (pour *Il Risorgimento*, *Il Corriere mercantile*, ou bien *Il Costituzionale subalpino*) mais aussi un temps d'existence plus court (*La Democrazia italiana*, *Le Nouveau Monde*, *Le Peuple Souverain*, ou encore *La Tribune des Peuples*).

Quelle que soit sa source, l'information, donnée par les correspondances ou prise dans d'autres journaux, doit être triée puis mise en forme. Cela demande un important travail qui ne peut se faire qu'à temps plein. La personne qui effectue le triage de l'information possède en quelque sorte, au moment de composer le journal, un « privilège de la totalisation[89] ». Elle peut manipuler de l'ancien comme du récent, des informations orales comme écrites, recouper différents informateurs, et surtout trancher le tout à souhait, c'est-à-dire en somme « informer » au sens étymologique, donner une forme journalistique. Auguste Carlone, bien aidé par ses collaborateurs, organise quotidiennement ce travail pour son journal. Il lit des périodiques à la librairie Visconti, puis gère les souscriptions pour l'abonnement à d'autres journaux qui sont faites au nom de *L'Écho des Alpes maritimes*, comme *Le Siècle* dont il a consigné le prix de l'abonnement dans ses documents comptables[90]. Pour les feuilles plus modestes, dont les directeurs sont plus directement abordables, comme pour les journaux de Savoie, ce sont généralement des échanges réciproques qui permettent de recevoir les numéros. Ce procédé permet aussi une solidarité. Les rédactions peuvent apprendre les déboires de confrères lorsqu'elles ne reçoivent plus les numéros du journal partenaire. À ce moment-là, le plus souvent un article est publié pour s'inquiéter de la chose, ce qui permet à l'autre journal, s'il retrouve un fonctionnement normal, de répondre par un article, qui sera repris et reproduit, alimentant ainsi les solidarités journalistiques. Plusieurs exemples existent pour *L'Écho*, au-delà de la presse de Savoie. En janvier 1848, Auguste Carlone et ses associés envoient le prospectus de lancement de leur feuille à nombre de directeurs de presse et reçoivent des propositions d'échange ou des soutiens qui ne sont pas seulement locaux. Depuis Lucques en Toscane, Eugenio Giorgi le directeur du journal *La Riforma* rédige un article de soutien à ses confrères niçois et accepte l'échange des publications. Les exemples sont bien attestés dans les sources. Édouard Borelly, dans une lettre adressée à son beau-frère depuis Marseille le 28 mars 1848, lui demande de faire parvenir leur journal à certaines rédactions françaises avec lesquelles il a conclu des échanges :

89 Jean Bazin, Alban Bensa, « préface », dans Jack Goody, *La raison graphique. La domestication de la pensée sauvage*, *op. cit.*, p. 14.

90 ADAM, Fonds Carlone, 7 J 30, Documents relatifs à la gestion de *L'Écho des Alpes maritimes*.

> J'ai proposé l'échange de *L'Écho des Alpes maritimes* aux journaux *Le Progrès social* et *L'Organisation du travail*, qui a été accepté, ainsi je te prie de leur faire expédier le nôtre[91].

La correspondance permet de comprendre qu'Édouard Borelly n'est pas trop éloigné de la rédaction niçoise malgré la distance géographique. Les deux journaux nommés sont des feuilles marseillaises qui appartiennent au courant démocrate socialiste local, puissant dans la ville, et dont les noms rappellent des expressions bien connues de cette tendance politique, notamment le second qui reprend le titre de l'ouvrage le plus célèbre de Louis Blanc. Si ces feuilles n'ont pas eu une grande postérité, l'initiative permet de voir comment se tissent des liens journalistiques. Du fait de la fragilité des journaux, il est très difficile de retracer l'entièreté des relations de presse à distance. Toutefois, il est important de connaître cette pratique de l'abonnement par l'échange, très précieuse en ce qu'elle permet, pour les publicistes niçois, d'être informés avec précision, par un périodique local, par exemple de la vie politique en Toscane ou en Provence, sans que cela n'occasionne une dépense supplémentaire. La pratique se répand et s'inscrit pleinement dans le travail journalistique réalisé par Auguste Carlone et ses collaborateurs. Celui-ci est immense, et la quête à l'information, par la correspondance ou l'abonnement, n'en est qu'une partie. Il reste encore à accomplir un travail de rédaction et de production matérielle.

La réalisation d'un numéro de L'Écho des Alpes maritimes : un processus complexe bien réglé

Tenter de reconstruire de la manière la plus scrupuleuse possible l'organisation de la rédaction, dans les limites de ce que permet la précision des sources, nécessite de décortiquer la division interne des tâches journalistiques ainsi que les relations entre les membres de la rédaction. De la même manière que pour la gestion financière ou la mise en place de réseaux informationnels, il s'agit d'un pan assez méconnu dans l'historiographie de la presse, notamment pour le milieu du XIXe siècle. Cette immersion dans la construction d'un numéro est rendue possible grâce à la conservation par Auguste Carlone d'une documentation

91 ADAM, Fonds Carlone, 7 J 7, Correspondance entre Édouard Borelly et Auguste Carlone, 28 mars 1848.

archivistique ayant trait à la confection du journal. Habitant tous à des endroits différents de la ville de Nice, souvent au-delà des faubourgs, et voyageant aussi parfois, les rédacteurs ne se rencontrent pas chaque jour dans les bureaux de *L'Écho des Alpes maritimes* ; ils organisent la publication en communiquant par des correspondances ou messages sous forme de notes. Parfois, Auguste Carlone coordonne leur activité journalistique en accueillant chez lui des réunions, en plus de celles qui ont lieu dans les bureaux du centre-ville, ce qui dit bien la place centrale qu'il occupe dans la rédaction[92]. Il coordonne toutes les publications, tel un véritable rédacteur en chef, pour reprendre un qualificatif nouvellement utilisé au milieu du XIXe siècle. Il est impliqué dans : la rédaction des éditoriaux de la première page (issus le plus souvent de sa plume), l'entretien des correspondances, le tri des informations, la sélection puis l'agencement des articles à insérer, la réalisation de la maquette du journal et sa transmission à la société typographique pour que les épreuves soient produites puis corrigées avant l'impression finale. Néanmoins, il ne peut accomplir tout ce travail sans s'appuyer sur ses associés. Leur investissement participe de la solidité de l'entreprise de presse.

Il existe trois catégories de collaborateurs journalistiques. D'abord, ceux qui apportent une aide ponctuelle mais décisive, tel Édouard Borelly qui a été l'un des fondateurs du journal à la fin de l'année 1847 mais, installé à Marseille, il s'est ensuite éloigné de toutes les tâches du quotidien et de la direction. Proche de son beau-frère, Auguste Carlone, il continue de suivre l'évolution de *L'Écho* et d'en partager la ligne éditoriale (il parle de « notre cause » dans ses lettres)[93]. Il peut aussi parfois aider pour pallier une difficulté. Ainsi, à l'été 1849, lorsqu'Auguste Carlone tombe malade et doit s'absenter quelques semaines, il revient à Nice pour épauler Hippolyte de Rangouse et Victor Juge. Édouard Borelly s'occupe notamment de récupérer la deuxième annuité versée par les actionnaires au début du mois de juillet et qui vient compléter celle de janvier[94]. Son rôle n'est pas central comme celui de Juge, Rangouse et surtout Carlone, mais il est un appui de poids pour l'institution de presse. On l'a vu actif pour nouer des échanges avec d'autres feuilles de

92 ADAM, Fonds Carlone, 7 J 34, Correspondances entre Auguste Carlone et Hippolyte de Rangouse dans le cadre de leur collaboration à *L'Écho des Alpes maritimes*.

93 ADAM, Fonds Carlone, 7 J 7, Correspondances entre Édouard Borelly et Auguste Carlone dans le cadre de leur collaboration à *L'Écho des Alpes maritimes*, entre 1848 et 1850.

94 *Ibid.*

presse en mars 1848 ainsi qu'avoir un rôle clé lorsqu'il s'est agi d'étoffer la rédaction avec le recrutement à Marseille de Delatreille en novembre de la même année. Ce dernier, de même que le comptable Spinelli engagé quelques mois plus tard, entre dans une deuxième catégorie de contributeurs, celle des salariés. Il s'agit de personnes qui n'ont pas été impliqués dans la création du journal, à l'inverse d'Édouard Borelly, qui continue d'ailleurs d'en être un actionnaire contrairement à eux. Ils ont été embauchés par Auguste Carlone afin de déléguer certaines tâches rédactionnelles ou administratives devenues trop prenantes après la scission du mois de mai 1848. Le rédacteur et le comptable sont impliqués presque quotidiennement dans l'activité journalistique, mais ils doivent bien se distinguer d'une troisième catégorie à mentionner, la plus fondamentale pour la survie de *L'Écho des Alpes maritimes*, celle des principaux collaborateurs d'Auguste Carlone. Dans les journaux régionaux, ils sont plus ou moins nombreux (deux dans le périodique niçois, Victor Juge et Hippolyte de Ragouse). Et c'est bien souvent de leur implication pour aider le principal directeur que dépend la survie dans le temps de l'entreprise de presse. Capables d'assumer des responsabilités, comme celle de codirecteur pour Victor Juge et celle de gérant-responsable pour Hippolyte de Rangouse, ils sont aussi prompts à remplacer Auguste Carlone dans ses fonctions lorsqu'il doit s'absenter (comme à l'été 1849). Le premier participe à l'entretien des correspondances et à la rédaction. Il a même un statut de copropriétaire du journal, il doit donner son approbation pour les dépenses engagées ou l'arrivée de nouveaux membres de la rédaction. Le second a plutôt pour rôle de gérer les relations avec l'administration et d'assister le principal directeur pour la production matérielle des numéros. Ainsi, par leur investissement, Juge et Rangouse permettent que *L'Écho des Alpes maritimes* ne souffre d'aucune interruption de publication entre le prospectus de janvier 1848 et le 385e et dernier numéro en août 1850 – et qu'ils poursuivent leur investissement dans le journal qui en prend la suite, *L'Avenir de Nice*. Une telle régularité est extrêmement rare pour un journal régional au milieu du XIXe siècle. Elle suppose une organisation de la rédaction presque professionnelle, qui se retrouve aussi dans le processus de confection des numéros de *L'Écho des Alpes maritimes*, que l'on peut reconstituer encore une fois en se plongeant dans les archives du principal directeur.

Les correspondances entre Auguste Carlone et Hippolyte de Rangouse nous dévoilent le processus de confection du périodique niçois. Chaque numéro doit être achevé la veille de la publication afin que le lendemain matin tôt les ouvriers de la société typographique Gilletta puissent accomplir la composition et l'impression. Une note du gérant-responsable explique le processus :

> Je n'attendais pas votre article d'hier au soir. Presque toutes les colonnes sont déjà pleines. N'importe, je le fais composer sauf si vous trouvez à propos de le réserver pour dimanche[95].

Celle-ci, envoyée le matin de l'impression dévoile une chose inhérente au milieu de la presse, l'incertitude qui règne jusqu'à la fin sur le contenu d'un numéro. Le lien inextricable entre journal et actualité pousse les publicistes à vouloir ajouter des articles ou des informations juste avant l'impression des épreuves. Dans les coulisses de *L'Écho des Alpes maritimes*, Hippolyte de Rangouse et Auguste Carlone gèrent la relation avec la société typographique Gilletta. Ils se chargent à tour de rôle de se rendre à la rue du Gouvernement avec la maquette pour donner aux ouvriers typographes la composition à réaliser. Étant donné qu'il n'y a que quatre pages (douze colonnes) pour toute la matière dont disposent les publicistes – éditorial, feuilletons, correspondances, en plus des affaires locales, de celles des États sardes, du traitement des mouvements européens ainsi que des informations et annonces commerciales de la dernière et quatrième page –, il faut sans cesse faire des choix. Lorsque Hippolyte de Rangouse se charge de faire imprimer un numéro de *L'Écho*, il les fait toujours en relation avec Auguste Carlone ; l'inverse est difficile à vérifier, puisque seules les notes du premier au second ont été conservées. Mais ce qui est certain c'est que le gérant-responsable a la possibilité de faire des choix quant à la matière finale d'un numéro :

> Au reste, je crois que je vais encore renvoyer Monaco à dimanche ; ce sera peut-être plus simple, et les ouvriers qui l'ont composé n'y perdront pas. Ils

95 ADAM, Fonds Carlone, 7 J 34, Notes envoyées par Hippolyte de Rangouse à Auguste Carlone. La note évoquée ici, comme les autres, n'est pas datée mais eu égard aux affaires évoquées, elle a vraisemblablement été écrite à la fin du mois de mai 1848 car il est question du plébiscite de Milan pour la réunion au royaume de Sardaigne.

> le retrouveront dimanche. J'ai un devoir de mettre les premières séances des députés piémontais en résumé[96].

Un tel message est précieux pour comprendre les coulisses de l'impression du journal. Auguste Carlone et Hippolyte de Rangouse travaillent ensemble pour concrétiser les numéros, le second ayant aussi la charge de la relecture finale car c'est bien lui qui assume juridiquement le contenu en tant que gérant-responsable. Son rôle est aussi important dans la gestion des correspondants réguliers, mais toujours en lien avec Auguste Carlone comme nous l'apprend une note : « j'ai reçu la correspondance particulière de Paris, j'ai écrit hier comme nous en étions convenus[97] ». De même, lorsque durant l'été 1849 Carlone s'éloigne durant quelques semaines des chaleurs de la ville pour le climat plus clément de Saint-Dalmas-de-Tende afin de se soigner dans un établissement thermal, Rangouse, qui gère *L'Écho* avec Victor Juge, ne manque pas de lui rendre régulièrement compte de son travail journalistique[98].

Un autre pan important de l'activité journalistique est révélé par les correspondances et notes échanges : la relation d'une rédaction avec son imprimeur. L'impression des numéros représente de très loin la plus grosse dépense de fonctionnement pour une entreprise de presse, ce qui n'est pas sans occasionner quelques tensions entre la rédaction et la société typographique. Ainsi, si la bonne collaboration au quotidien avec les ouvriers typographes et les imprimeurs permet le bon fonctionnement du journal, la famille Gilletta, qui imprime *L'Écho des Alpes maritimes*, se plaint du retard de certains paiements. Clarisse Gilletta, qui gère ce contrat, possède une certaine rigueur gestionnaire qu'elle reporte sur la rédaction journalistique par ses réclamations auprès d'Auguste Carlone ou d'Hippolyte de Rangouse. Au printemps 1850, alors que, comme on l'a vu, *L'Écho des Alpes maritimes* traverse une période délicate financièrement, le gérant-responsable en se rendant à la société typographique pour faire imprimer un nouveau numéro est informé par Clarisse Gilletta de la nécessité de régler une facture impayée. Il transmet la protestation de celle-ci à Auguste Carlone – connaissance de la famille Gilletta et client fidèle de leur société – qui s'occupe personnellement

96 *Ibid.*
97 *Ibid.*
98 *Ibid.*

d'aller régler la somme[99]. La réponse à la requête a été preste car il est absolument fondamental pour la rédaction journalistique d'avoir des bonnes relations avec la société typographique puisque la production matérielle de *L'Écho des Alpes maritimes* en dépend.

Dès la fin des années 1960, Louis Charlet et Robert Ranc soulignaient déjà l'importance de l'étude de la production matérielle des journaux, en incitant au recensement des « moyens techniques utilisés pour recevoir les informations et les matérialiser en un produit fini[100] ». L'impression, dans une acception générale (composition, correction des épreuves puis impression), donne au travail journalistique sa forme d'objet-marchandise au moyen de presses – ce qui explique le sens moderne du mot, passant de la machine (une presse) à l'objet produit (feuille de presse), puis à une description générale des journaux (la presse). L'occasion est donnée de souligner l'importance de ce groupe particulier de la classe ouvrière que sont les ouvriers typographes, essentiels par le savoir-faire qu'ils déploient pour l'impression des journaux. Ils profitent du surcroît de travail et de l'importance prise par la presse en 1847 et 1848 pour exprimer leurs revendications, en s'organisant collectivement en faveur de l'amélioration de leurs conditions de travail, comme à Florence, Gênes ou Palerme. En effet, ils concrétisent la production journalistique en y apportant une valeur supplémentaire, celle de leur travail de production qui comprend la composition et l'impression. La multiplicité des tâches pour parvenir à une impression se devine sur un document très intéressant, le devis détaillé dressé à la demande d'Auguste Carlone au début de l'année 1848 par la société Gilletta pour l'impression de 500 exemplaires de *L'Écho des Alpes maritimes*. Tous les éléments matériels servant à l'impression des numéros sont énumérés et évalués[101]. Le papier, l'encre et les huiles sont pris en compte, de même que l'usure des rouleaux et des caractères ou encore l'arrangement des bandes et les opérations de pliage et de collage qui donnent au journal sa forme achevée[102]. Le devis confirme l'importante

99 ADAM, Fonds Carlone, 7 J 34, Lettre envoyée par Hippolyte de Rangouse à Auguste Carlone le 24 mars 1850.

100 Louis Charlet, Robert Ranc, « L'évolution des techniques de 1820 à 1865 », dans Claude Bellanger, Jacques Godechot, Pierre Guiral, Fernand Terrou (dir.), *Histoire générale de la presse française*, *op. cit.*, p. 13-28.

101 Document reproduit à la p. 370.

102 ADAM, Fonds Carlone, 7 J 34, Devis réalisé par la société Gilletta pour l'impression de 500 exemplaires de *L'Écho des Alpes maritimes*. Papier 8,50 francs, composition 21 francs,

part prise par la composition puisqu'il annonce un prix de 21 francs sur un total de 53,25 francs, soit presque 40 % du coût final. Et cette proportion est encore plus élevée pour *L'Écho* en 1849 car les tirages sont moins nombreux, du fait de la baisse du nombre d'abonnés, ce qui diminue un peu le coût matériel mais pas celui de la composition qui est incompressible. Elle est l'une des premières tâches à réaliser et l'une des plus difficiles pour les ouvrier typographes. Cela explique le souci d'Hippolyte de Rangouse, dans une note qu'il adresse à Auguste Carlone, lorsque se pose la question d'insérer au dernier moment des comptes-rendus parlementaires à la place d'un article sur Monaco que « les ouvriers qui l'ont composé n'y perd[ent] pas » et que leur travail puisse être réutilisé pour l'impression du numéro suivant quelques jours plus tard[103]. Après avoir annoncé cette décision, il ajoute : « on va mettre sous presse la première et la dernière page. Puis la deuxième et la troisième[104] ». C'est l'entrée dans la phase d'impression. La composition manuelle est terminée. Le journal est alors constitué d'une grande feuille de format 90x66 centimètres sur laquelle se trouve d'un côté la première et la quatrième pages, mises sous presse en même temps, de l'autre, les deuxième et troisième pages. Ensuite intervient le pliage qui donne sa forme finale à l'objet.

L'état général de développement de l'imprimerie fait que dans les villes italiennes du *Quarantotto* l'impression est un processus long et difficile. Les sociétés typographiques ne disposent bien souvent que de presses à bras, en fer ou en bois, même pour les feuilles les plus importantes[105]. Les grandes machines à vapeur de type Koenig sont encore exceptionnelles en Europe ; même une évolution plus modeste, telle que l'introduction d'un pressoir mécanique, permettant une division par deux du temps de l'impression, n'est pas très répandue – aussi parce que les ouvriers typographes, puissants dans des villes telles que Florence ou Palerme, s'opposent fortement à toute

---

tirage 5 francs, pliage et collage 2 francs, port de distribution 4 francs, huile pour les compositions 1,5 francs, encre 1 franc, usure des rouleaux 0,25 franc, lessive 0,25 franc, bandes papiers et impression 2,5 francs, arrangement des bandes 0,5 franc, usure des caractères 5,5 francs, papier pour épreuves 0 franc, maculature, châssis, huile 0,75 franc, bois à brûler 0 franc, coins, biseaux 0,5 franc.

103 ADAM, Fonds Carlone, 7 J 34, Note envoyée par Hippolyte de Rangouse à Auguste Carlone pour *L'Écho des Alpes maritimes*, fin mai 1848.

104 *Ibid.*

105 Franco Della Peruta, *Il giornalismo italiano del Risorgimento*, *op. cit.*, p. 61-62.

mécanisation qui signifierait pour beaucoup d'entre eux une mise au chômage. Les situations varient selon le degré d'épanouissement de l'imprimerie. Suzanne Cervera souligne que celle-ci à Nice au milieu du XIXe siècle est forte d'une tradition enclenchée dans le dernier tiers du siècle précédent – André Gilletta a racheté une enseigne fondée en 1787 – par des petites entreprises coopératives qui ont transmis au fil du temps un savoir-faire ainsi que des locaux équipés[106]. Bien que l'imprimerie niçoise du milieu du XIXe siècle ait incontestablement une certaine prospérité, ses moyens de production demeurent rudimentaires ; l'impression de *L'Écho des Alpes maritimes* est accomplie avec des machines de presse en bois et à bras. Pour chacune, il faut deux ouvriers, ou au moins ouvrier et un apprenti, qui œuvrent en binôme pour réaliser l'opération dont le procédé est décrit de manière précise par Gilles Feyel :

> Avec ses deux balles de cuir, l'un encre la forme, déposée sur le marbre de la presse, pendant que l'autre met sur le tympan [cadre extérieur] la feuille de papier, préalablement humidifiée, avant de rabattre la frisquette [cadre intérieur] pour l'y maintenir ; le tympan est à son tour rabattu sous la forme qui est roulée sous la vis de pression[107].

Le travail est répétitif et assez long :

> À la suite du premier coup de barreau, la platine vient « frapper » la première moitié de la feuille de papier. La platine relevée, la seconde partie de la forme est roulée sous la presse, et le second coup de barreau achève l'impression. Le marbre est alors ramené en arrière, le tympan et la frisquette dépliés, la feuille imprimée remplacée par une autre feuille, cependant que la forme est de nouveau encrée[108].

Le procédé est difficile. Et ne s'agit là que de l'impression d'un côté de la grande feuille qui constituera le journal une fois pliée, donc les pages un et quatre pour *L'Écho*. Il faut renouveler l'opération pour les

---

106 Suzanne Cervera, « L'imprimerie à Nice de 1860 à la guerre de 1914-1918 », *Recherches Régionales*, n° 198, avril-juin 2011, p. 50-51.

107 Gilles Feyel, « Les transformations technologiques de la presse au XIXe siècle », dans Dominique Kalifa, Philippe Régnier, Marie-Ève Thérenty et Alain Vaillant (dir.), *La Civilisation du journal*, *op. cit.*, p. 100. .

108 *Ibid.* Voir aussi : Michael Twyman, *L'imprimerie : histoire et techniques*, Lyon, ENS, 2007, p. 43.

pages deux et trois. Avec un travail soutenu, la vitesse d'une presse à bras est estimée à 200 impressions par heure ; il faut donc, au début de l'année 1848, pas moins de quatre ouvriers qui travaillent sur deux machines (une pour les première et dernière pages et l'autre pour les deuxième et troisième pages) près de deux heures et demie pour la seule impression des 500 numéros de *L'Écho des Alpes maritimes* (environ moitié moins en 1849 du fait de la division par deux du nombre d'abonné)[109]. Un temps qui s'ajoute à celui de deux étapes préalables : la composition faite par les ouvriers typographes, assez longue et qui requiert beaucoup de concentration, et l'impression puis la correction des épreuves. Auguste Carlone, Hippolyte de Rangouse et Victor Juge doivent s'activer pour respecter les rythmes de la production et anticiper le temps de composition, correction et impression qui s'effectue le jour de la parution du numéro. Ces étapes doivent être achevées avant le milieu de l'après-midi pour que le journal soit distribué dans la ville puis dans la province vers laquelle le départ du courrier se fait à 16 heures pour une arrivée le soir ou le lendemain selon les lieux. Les publicistes sont pénalisés pour diffuer leur journal dans l'arrière-pays car il y a moins de trois départs par semaine – c'est le minimum que réclame au gouvernement le député Barthélémy Leotardi, appuyé par *L'Écho des Alpes maritimes*, dans sa pétition présentée à la Chambre le 25 novembre 1848[110]. Puisque seuls trois numéros sont publiés chaque semaine, le chiffre de trois départs de courrier pourrait suffire à améliorer la diffusion des numéros dans l'arrière-pays. Cependant, la situation de la poste est telle qu'il n'est possible à Auguste Carlone et ses collaborateurs de réaliser qu'un ou deux envois par semaine pour les abonnés de la montagne, ce qui implique qu'ils contiennent la plupart du temps deux numéros différents de leur journal. Un autre élément dépendant des courriers concerne la réception des correspondances. Celles de Turin, après être parties à 16 heures, arrivent à Nice le lendemain matin de bonne heure. L'idéal pour les publicistes niçois est qu'elles arrivent la veille d'un jour de publication – ce qui permet d'avoir le temps de les intégrer au numéro en cours de production tout en n'ayant que deux jours de décalages entre l'envoi du contenu (notamment les comptes-rendus

109 Michael Twyman, *op. cit.*, p. 43.

110 Mario Riberi, *Les députés du pays niçois à la Chambre subalpine de Turin (1848-1860)*, *op. cit.*, p. 127-128.

parlementaires) par leur correspondant, Scipion Marin, et la publication à Nice. Compte tenu des moyens dont disposent Auguste Carlone et ses associés et de la faiblesse du développement des moyens et voies de communication entre Nice et sa capitale, cela constitue presque une prouesse que de réussir à maintenir dans le temps une si grande régularité des publications. Cependant, la difficulté de réaliser tout le processus de production des numéros explique pourquoi *L'Écho des Alpes maritimes* ne peut paraître que trois fois par semaine, malgré la volonté de ses directeurs de le rendre quotidien.

Au-delà de l'aspect technique de la production et de l'organisation de la distribution, il faut aussi remarquer qu'il y a une logique géographique à l'œuvre. En effet, les correspondances de Turin ou Paris arrivent à la poste près de l'hôtel d'York, place Saint-Dominique, dont l'une des voies adjacentes n'est autre que la rue du Gouvernement où se trouvent les bureaux de *L'Écho des Alpes maritimes* et la société typographique Gilletta qui l'imprime. À quelques dizaines de mètres, sur le *Corso*, se trouve la librairie Visconti, où les collections pléthoriques de journaux sont à disposition des publicistes niçois pour nourrir leur journal[111]. Une fois la production achevée, les numéros sont expédiés à partir de la même poste de la place Saint-Dominique. Ainsi, pour reprendre la formule d'Arlette Farge, à travers la production de *L'Écho* l'on constate que le goût pour l'information et la volonté de se l'approprier pour la diffuser sont un « produit de la structure de l'espace urbain[112] ». Seul ce dernier permet de regrouper les bureaux d'un journal et les structures et le savoir-faire nécessaires à son impression, ainsi qu'un service postal pour sa diffusion. Cette proximité crée une sorte de synergie spatiale qui est un grand atout dans la production journalistique. C'est un grand avantage pour réussir un travail régulier qui se fait souvent dans l'urgence. Le gain de temps permet de compenser en partie le fait que l'équipe rédactionnelle n'est pas très nombreuse. Ainsi, s'il demeure des erreurs sur une ou deux lettres d'un mot, puisque la composition n'a pas toujours le temps d'être corrigée, les numéros du périodique niçois ne sont en rien bâclés. Leur publication est à chaque fois une réussite technique et organisationnelle ; car, malgré un nombre de pages réduit, les petits caractères et les interlignes étroits donnent une bonne idée

---

111 Se référer à la carte du premier chapitre pour mieux cerner les enjeux spatiaux, p. 100.

112 Arlette Farge, *Dire et mal dire : l'opinion publique au* XVIII*e* *siècle*, *op. cit.*, p. 290.

de la masse textuelle nécessaire pour composer chaque numéro. Dans ces conditions, l'absence de retard dans la production et la distribution du journal sur une période de plusieurs années est une réussite qui nécessite une implication totale de la rédaction. Celle-ci n'agit pas de manière aléatoire mais suit les règles de l'art fixées par l'histoire du champ journalistique qui façonnent l'activité de presse et contribuent à donner aux journaux leur forme particulière.

UNE ŒUVRE EN SON ÉPOQUE : LA « PHYSIONOMIE » DE *L'ÉCHO DES ALPES MARITIMES*

Des modèles ont émergé au fil des siècles pour codifier l'imprimé-marchandise dans sa forme journalistique. Selon les époques, celui-ci prend une certaine « physionomie » pour reprendre le mot de Jacques Kaiser[113]. Il n'est en rien nouveau de constater l'émergence de standards communs dans des territoires différents pour une forme écrite particulière (la lettre ou la forme livre ont précédé celle des journaux). Pour l'activité journalistique, le processus s'est surtout approfondi durant la période que Christophe Charle a nommée le « siècle de la presse », que l'on peut faire commencer durant le premier XIXe siècle. Avec le progrès des libertés politiques et celui de l'alphabétisation ainsi que l'évolution des techniques d'imprimerie, le journal devient une production plus familière accessible dans de plus en plus de lieux, en Europe mais pas uniquement[114]. Bien que les lectorats journalistiques du mitan du XIXe siècle demeurent restreint, encore très notabiliaires, notamment dans les États italiens, il ne faut pas négliger les marques du développement de la presse – et pas seulement en ce qui concerne l'accès du public aux journaux, mais aussi dans l'épanouissement d'un savoir-faire (dans la création d'entreprises de presse, dans leur gestion administrative et rédactionnelle, mais aussi dans la confection de l'objet). S'il serait quelque peu anachronique de le qualifier de « professionnel », le milieu de la presse s'épanouit, notamment dans des périodes intenses de publication de journaux tel que le « printemps des peuples ». L'activité se codifie. Des pratiques et des règles se confortent ou apparaissent, puis s'exportent dans les territoires où la presse se développe de manière inédite. Le processus de production et le produit fini tendent à devenir de

113 Jacques Kayser, *Le quotidien français*, Paris, Armand Colin, 1963, p. 64.
114 Christophe Charle, *Le siècle de la presse (1830-1939)*, Paris, Seuil, 2004.

plus en plus élaborés et uniformisés. *L'Écho des Alpes maritimes*, comme tout journal, est un produit de son époque ; il assimile des pratiques contemporaines du temps de sa production et d'autres plus anciennes. Faire un journal c'est en avoir lu et en lire beaucoup d'autres. C'est livrer une publication qui, dans sa physionomie, c'est-à-dire dans sa forme finie, ressemble aux autres du même type. Avant de diriger une rédaction, Auguste Carlone a été (et continue d'être mais d'une manière différente puisque ses lectures servent désormais à alimenter son travail journalistique) un lecteur régulier ayant une connaissance intime des journaux. De la même manière, Victor Juge, son collaborateur, a connu la presse parisienne des années 1830 ; il a pu se familiariser avec la lecture des journaux et donc avec l'aspect et les caractéristiques de ces objets particuliers.

Stanley Morison, typographe expérimenté – il a travaillé pour le *Times* et mis au point la police *Times New Roman* adoptée par le journal en 1932 – pose, dans ses écrits, un certain nombre de problèmes déjà prégnants pour les journaux du milieu du XIXe siècle. Dans ses *Premiers principes de typographie*, il explique que l'imprimeur, avant même l'enjolivement du texte, doit chercher avant tout à en faciliter la lecture[115]. Ainsi, l'imprimé s'adapte aux structures mentales humaines, ce qui explique par exemple la disposition en colonnes qui sont plus adéquates à la lecture, avec des lignes ne dépassant pas les dix ou douze mots pour que les yeux aient un certain repos en allant à la ligne[116]. Une telle norme est un produit de l'histoire des journaux de même que nombre d'autres éléments de la production journalistique. Au milieu du XIXe siècle déjà, un homme de presse devait se demander s'il fallait, dans son journal, inclure des interlignes ou non, ou bien faire des marges assez larges pour la lecture, afin de faire « une place suffisante pour les pouces et les doigts au bas et sur les côtés de la page[117] ». Lire un journal en le tenant dans les mains est aussi une invention historique qui a mis un certain temps à s'imposer.

L'unification physionomique des objets journalistiques est un pan important et pourtant négligé de l'histoire de la presse. Le respect d'une

---

115 Stanley Morison, *Premiers principes de typographie*, Paris, La Nouvelle Revue Française, p. 7-8 et 21 (1re éd., 1930).

116 *Ibid.*, p. 13.

117 *Ibid.*, p. 12-14.

certaine typographie, les colonnes, les marges, la manchette (partie supérieure de la Une qui comprend le titre ainsi que des mentions récurrentes comme la date, le prix, le lieu pour s'abonner et les démarches à suivre pour passer des annonces), un nombre limité de pages, de grands formats, un titre repérable écrit en gras dans des caractères dont la taille est supérieure à tous les autres éléments de la première page, tout cela constitue un ensemble règles typographiques. Elles participent d'une identification particulière d'un objet, qui peut de suite être reconnu comme un journal. Mais elles ne sont pas figées dans le temps. Il importe de faire une place aux évolutions, dont l'une des plus importantes, qui marque le développement de la presse dans les décennies 1830 et 1840, est le passage de deux à trois colonnes – une évolution largement adoptée en 1847 et 1848 par les directeurs de journaux (néophytes ou non) en France comme dans les États italiens. À l'origine l'ajout d'une troisième colonne se fit pour les annonces, notamment dans *Le Constitutionnel* à la fin des années 1820. Néanmoins, la pratique de réserver une colonne aux annonces sur chacune des quatre pages est bien vite abandonnée pour déplacer leur insertion sur la seule quatrième et dernière page – norme reprise dans les journaux italiens durant le *Quarantotto*. En faisant une comparaison, il serait difficile de cerner les différences au niveau de l'organisation du contenu, des colonnes, de la qualité du produit fini et de la typographie choisie entre un numéro d'un organe important de la presse française comme *Le Constitutionnel* à la fin des années 1820 et celui d'un trihebdomadaire régional comme *L'Écho des Alpes maritimes* une vingtaine d'années plus tard. Ce constat aide à comprendre une évolution générale de la presse en Europe : même dans des territoires (comme la province de Nice) où l'imprimerie n'est que peu développée et où le passé journalistique est quasi inexistant, il ne faut qu'un temps limité, à la faveur d'un contexte politique propice, pour que des évolutions typographiques et physionomiques récentes soient réappropriées, avec un décalage temporel toutefois entre les entreprises les mieux dotées financièrement et celles plus modestes.

Le plus souvent, seules les institutions dominantes (ou nouvelles mais avec d'importants moyens) ont le pouvoir d'influencer les normes du champ de production de l'objet journal. Ce fut le cas du *Times* au cours du premier XIXe siècle ou bien, dans un autre registre, du *Siècle* et de *La Presse* en France à partir de 1836. Anne-Marie Ambroise-Rendu note dans son analyse de la nouvelle presse française de 1848 que le modèle qui s'impose alors est proche de celui de ces deux journaux, fait de simplicité typographique avec une physionomie généralement austère et dépourvue d'artifices, une mise en page dense et compacte, une absence de sommaire, un titre en gras et des rubriques titrées et un filet entre les colonnes[118]. Le format *in folio*, dit « à l'anglaise » car caractéristique du *Times*, s'est imposé alors comme le plus commun, aussi dans la presse italienne nouvelle[119]. Les journaux des États italiens adoptent aussi majoritairement un format proche du 45x30 qui tend à devenir dominant. La norme des trois ou quatre colonnes s'y impose aussi (l'apparition de la quatrième colonne n'étant permise qu'aux journaux les plus importants à partir de de la décennie 1840) à une époque où le *Times*, qui est une production exceptionnelle, en dispose déjà de six.

Si l'on considère la presse à portée régionale en 1848, il serait difficile de trouver une différence de physionomie entre *L'Écho des Alpes maritimes* et les feuilles publiées alors en Savoie comme *Le Courrier des Alpes* ou encore *Le Patriote savoisien*. Mais le périodique niçois ressemble aussi fortement à des organes comme *La Patria* et *L'Alba* de Florence, *La Démocratie pacifique* publiée à Paris, *Le Peuple constituant* créé par Félicité de Lamennais en 1848 dans la même ville, ou bien encore *L'Émancipation de Toulouse* et l'organe de la presse ouvrière, *L'Écho de la fabrique* publié à Lyon. L'on pourrait multiplier les exemples, et citer encore plus de journaux qui promeuvent des idées divergentes, ne partagent pas la même langue et paraissent dans des villes différentes, parfois très éloignées et sans lien entre elles, mais qui pourtant se ressemblent fortement. Ils possèdent les mêmes trois colonnes, une manchette redondante (sauf dans la typographie du titre), la même manière de séparer les rubriques et de les titrer, d'intégrer le début des feuilletons ou de bulletins sur le rez-de-chaussée de la Une. Bien souvent, dans les États italiens, cette physionomie générale diverge un peu pour les organes richement dotés des grandes villes, comme *La Concordia* de Turin ou encore *Il Corriere mercantile* de Gênes dans le royaume de Sardaigne. Ils peuvent se permettre progressivement de disposer de quatre colonnes ; *Il Risorgimento* de Turin se publie à la fin de l'année 1847 selon une physionomie similaire

118 Anne-Claude Ambroise-Rendu, « Les journaux du printemps 1848 : une révolution médiatique en trompe-l'œil », art. cité, p. 52.

119 Jean-Noël Jeanneney, *Une histoire des médias*, *op. cit.*, p. 79-80.

à celle de *L'Écho des Alpes maritimes* avant d'opérer le passage de trois à quatre colonnes au cours de l'année 1848. Pour sortir des États sardes, il est possible de citer le cas du *Siècle* à Paris – dont on peut penser qu'il a inspiré directement Auguste Carlone puisqu'il en est un fidèle abonné avant même la création de *L'Écho*[120]. De ses débuts en 1836 jusqu'à l'année 1849, le quotidien parisien est agencé selon une physionomie qui rappelle énormément le périodique niçois (avec trois colonnes, un même format, des rubriques similaires et des annonces en dernière page). Ses moyens financiers lui permettent toutefois de disposer d'un contenu plus conséquent (six pages quotidiennes et non quatre trihebdomadaires) et même de passer à quatre puis à cinq colonnes au cours de l'année 1849.

L'uniformisation des journaux est un élément fondamental du siècle de la presse. Elle est liée à la circulation des modèles typographiques. Les artifices sont rares car ils ont un certain coût. Ainsi, la couleur est, au milieu du XIXe siècle, un luxe que bien peu de journaux peuvent se permettre – ou alors, comme pour *Le Chat* de Chambéry, feuille illustrée par une caricature colorée, cela se fait au détriment d'une plus grande régularité des publications puisque celles-ci ne sont qu'hebdomadaires. Il existe des différences entre les organes de presse, mais cela n'efface en rien la dynamique d'uniformisation qui implique la diffusion de pratiques et de codes journalistiques au-delà des frontières des États européens. Cette similarité est peu souvent explicitée mais elle marque fortement les marchés de la presse en plein essor au milieu du XIXe siècle. Dans le royaume de Sardaigne, des imprimés-marchandises qui se distinguent plus par leurs propositions que par leur physionomie entrent en concurrence. L'une des différences avec la France est toutefois que l'on n'y trouve pas un univers hyperconcurrentiel comme à Paris au printemps 1848 puisque le nombre de journaux demeure limité[121].

Dans le marché concurrentiel de la presse, l'un des enjeux pour toute entreprise journalistique est de faire en sorte que le potentiel lecteur l'identifie ; voilà pourquoi elle réalise ce que l'on pourrait appeler une double « présentation de soi ». La première est rhétorique ; elle se trouve dans les textes d'autolégitimation produits par les journalistes. Ils présentent le journal comme une œuvre de bien commun, comme on

---

120 ADAM, Fonds Carlone, 7 J 30, Journaux comptables personnels d'Auguste Carlone pour les années 1847-1850.

121 Anne-Claude Ambroise-Rendu, art. cité, p. 55-56.

l'a vu pour les directeurs *L'Écho des Alpes maritimes* au début de l'année 1850 lorsqu'il s'est agi de soutenir la campagne de réabonnement par une annonce en Une. Le second élément de la « présentation de soi » est plus visuel. Il concerne un élément fondamental qui particularise le journal : son titre. Celui-ci a une typographie particulière et un contenu propre. Toutefois, il est autant une marque de différenciation que d'uniformisation. En effet, le fait même que chaque feuille de presse annonce son nom en haut de sa Une est une pratique uniformisante. De plus, il existe des titres composés de termes génériques qui ne disent rien de son contenu, ou alors une vague adhésion à une idée (l'écho, l'indépendant, le patriote etc.)[122]. Cela transcende les langues, les frontières et les tendances politiques. Ainsi, *Il Nazionale* de Florence en 1848 possède un titre proche du *National savoisien* d'Annecy, et leur titre rappelle le nom du journal en 1830 à Paris par Adolphe Thiers et Armand Carrel, *Le National*. De même, *L'Écho du Mont-Blanc* publié à Annecy en 1848, journal clérical et conservateur, possède le même nom commun dans le titre que *L'Écho des Alpes maritimes* de Nice, démocrate, républicain et anticlérical, ou bien que *L'Écho de la fabrique* de Lyon, premier organe pérenne de la presse ouvrière au début des années 1830. Tous revendiquent l'idée de représentation et veulent s'accaparer la capacité d'être l'écho des habitants d'un lieu. Leur élément commun est accompagné d'une précision qui permet de particulariser le journal, en l'occurrence par une indication géographique. Cette diversification se fait aussi visuellement à travers la typographie. Il est important de ne faut pas sous-estimer ces éléments de particularisation car les titres sont la marque de l'institution, à la fois dans un sens strict – le papier est *marqué* de manière particulière par l'encre pour faire apparaître le titre – mais aussi dans l'acception moderne (publicitaire) du terme – le journal devient une marque symbolique[123]. Cela contribue au processus de reconnaissance d'une institution journalistique ; une familiarisation qui permet l'appropriation, comme le notait Honoré de Balzac dans sa *Monographie de la presse parisienne* en rappelant que le lecteur régulier identifie la feuille de presse comme étant *son* journal[124]. D'après le seul

122 *Ibid.*

123 Jacques Godechot, « Aux origines de la presse républicaine à Toulouse : la première Émancipation », *Annales du Midi*, 1964, t. 76, n° 68-69, p. 581-598.

124 Honoré de Balzac, *Monographie de la presse parisienne*, *op. cit.*, p. 11.

titre, il peut alors identifier le contenu, qui lui aussi balance entre uniformisation et particularisation.

La « distribution des matières » des journaux, selon le nom que lui donne Eugène Hatin en 1861, est toujours caractéristique de la presse d'une époque. Comme l'indiquent Dominique Kalifa et Marie-Ève Thérenty, qui insistent sur le rôle d'ordonnateur des rédacteurs, les années 1840, et le « printemps des peuples » en particulier, marquent un tournant pour l'information. Celle-ci est plus abondante et de plus en plus organisée selon un « formatage rubrical » des feuilles journalistiques[125]. Ainsi, la présence d'un éditorial, parfois d'un bulletin théâtral ou d'un feuilleton, en première page, est aussi commune que la répartition des informations internationales selon des rubriques classées par États ou espaces nationaux. Dans *L'Écho des Alpes maritimes* interviennent respectivement, après les informations sur l'« intérieur », c'est-à-dire le royaume de Sardaigne (avec des sous-rubriques nommées Turin, Gênes, Savoie et Nice), les nouvelles sur l'« Italie » (sur tous les autres États italiens), puis celles sur la France, et enfin celles sur l'« Allemagne » (tous les États allemands) ou encore la Grande-Bretagne, la Pologne, l'Autriche etc. Ces classifications engagent dans la représentation du monde en nations et nationalités et organisent le contenu du journal puisque. Le nouvelles locales, nationales ou internationales, de même que les comptes-rendus parlementaires, remplissent surtout les pages centrales. La première et la dernière page sont plus codifiées. Ainsi, la Une, principalement par sa manchette (avec le titre et les informations sur le journal), a un caractère particulier, de même que la dernière page, consacrée bien souvent aux informations boursières, aux bulletins commerciaux (avec par exemple les mouvements du port de Nice dans *L'Écho des Alpes maritimes*) et aux annonces officielles (judiciaires) et commerciales. Cette organisation se retrouve communément dans la presse régionale, en Italie comme en France.

Pour comprendre les choix faits par Auguste Carlone, Victor Juge et Hippolyte de Rangouse dans la distribution des matières, il n'est rien de plus évocateur que leur article intitulé « Comment nous comprenons un journal ! » publié le 26 octobre 1849. Il permet, par une métaphore

125 Dominique Kalifa, Marie-Ève Thérenty, « Ordonner l'information », dans Dominique Kalifa, Philippe Régnier, Marie-Ève Thérenty et Alain Vaillant (dir.), *La Civilisation du journal*, *op. cit.*, p. 879.

filée sur le thème culinaire, de comprendre comment la construction d'un numéro de *L'Écho* est pensée par ceux qui en sont les artisans :

> Voici comment nous concevons la contexture d'un journal dans notre pays, presque vierge en politique, mais doué d'instincts profondément démocratiques [...]. Voici, enfin, ce qui pourrait le mieux convenir à nos concitoyens pour leur repas politique : un article de fond bien chaud pour potage ; comme hors-d'œuvre appétissant, une correspondance bien fraîche de Paris, de Rome, de Turin, voire même de Monaco, et en guise de garnitures et de mets de remplissage les Chambres piémontaises ; puis, pour première entrée, une chronique locale bien complète, bien incisive, bien intéressante ; pour entremets, destinés à relever l'appétit, quelques variétés historiques, littéraires ou scientifiques ; pour le second service, de bonnes pièces de résistance telles que l'Assemblée nationale, la haute-cour de justice et les nouvelles de France et des autres États qui pèsent de quelque poids dans la balance européenne ; enfin comme dessert, œuvre complémentaire et obligatoire, un feuilleton, joyeux et léger, voltigeant comme une abeille de fleur en fleur pour s'en assimiler l'essence mielleuse. Reste pour achever le repas et le pousse-café, sans oublier le bain de pied, parfaitement représenté par la bourse, le bulletin commercial, le mouvement du port et la mosaïque des annonces dont l'importance industrielle n'est pas encore suffisamment comprise par nos commerçants[126].

L'évocation métaphorique apparaît comme une manière de mettre en valeur la complétude du contenu du journal, revendiquée comme gage de qualité. L'intérêt d'un tel article est que ce « repas politique », quoiqu'inscrit dans une métaphore épicurienne, est aussi un discours que l'homme de presse produit sur l'activité qu'il exerce. Il fait apparaître l'existence d'une réflexion menée dans les coulisses pour organiser le contenu du journal. Un petit regret surgit, leur difficulté à développer les annonces commerciales auprès des commerçants locaux, qui est liée soit à une réticence vis-à-vis de la ligne éditoriale du journal, soit à un manque d'intérêt pour l'opportunité offerte, peut-être aussi par méconnaissance des mécanismes publicitaires de la presse qui sont une chose nouvelle. Quoi qu'il en soit, l'on retrouve toutes les rubriques évoquées jusqu'à présent dans l'étude de la fabrication des numéros et surtout une confirmation de l'aisance avec laquelle les rédacteurs de *L'Écho des Alpes maritimes* jonglent entre les échelles. Les chroniques locales sur Nice et sa province et les correspondances de Monaco se retrouvent dans la même publication que les nouvelles de Turin, Rome ou Paris, ou

126 *L'Écho des Alpes maritimes*, 26 octobre 1849.

bien les informations sur les événements européens du « printemps des peuple ». Cela confirme la diversité et l'étendue des matières présentes dans le journal, et l'important travail de tri réalisé dans les coulisses. De temps à autre, lorsque les finances le permettent, ce qui n'est pas courant, Auguste Carlone et ses associés étendent encore les matières traitées en faisant publier un supplément de deux pages (par exemple lors de la publication du texte du *Statuto* le 9 mars 1848). Ils arrivent quelquefois aussi à produire un supplément sous la forme d'un bulletin, comme dans les numéros du 4 décembre 1848 et du 13 janvier 1849, qui est d'un format réduit et donc glissé à l'intérieur des pages du journal. Mais le plus souvent ils doivent s'astreindre à intégrer toutes les matières traitées dans les quatre pages de leur journal.

Les compléments, très irréguliers, ne peuvent avoir pour fonction d'alléger le travail de sélection du contenu, alors qu'il faut aussi aux publicistes intégrer régulièrement des nouveautés qui se greffent jusqu'à devenir des rubriques itératives. Parmi celles-ci, l'une des plus emblématiques de l'époque est certainement le feuilleton, dont le premier est publié en septembre 1848 dans *L'Écho*, puis de manière récurrente en alternance avec les bulletins théâtraux. Jeremy D. Popkin insiste sur un point important : il est un signe de développement pour un journal, la marque d'une diversification du contenu et d'une appropriation des pratiques journalistiques de la part des publicistes, de même que les autres nouvelles rubriques[127]. Il en est deux, caractéristiques des journaux de leur époque, qui sont progressivement installées dans leurs publications par Auguste Carlone et ses collaborateurs au cours de l'année 1849. Sur la quatrième page apparaît celle des « variétés » donnant lieu à des biographies de démocrates européens ou autres articles scientifiques ou médicaux le plus souvent assez originaux. Dans les pages intérieures c'est celle des faits divers qui s'impose. Elle concerne des événements locaux et est ainsi placée à la fin des informations sur la vie politique niçoise. Si la première est assez classique, la seconde est plus intéressante. Elle atteste d'une diffusion des pratiques nouvelles dans la presse du mitan du XIXe siècle et consacre, ainsi que le note Anne-Claude Ambroise-Rendu, un certain effacement progressif entre la ligne de l'information, politique, commerciale, culturelle ou économique, et le récit sensationnel, très quotidien, guidé par l'anecdote, qui permet d'attirer un nouveau

127 Jeremy D. Popkin, *Press, Revolution, and Social Identities in France, 1830-1835*, *op. cit.*, p. 41.

lectorat[128]. Les faits divers s'imposent dans les journaux, suscitant des critiques parfois acerbes. Des écrivains, ciblant leur futilité, les accusent de dévoyer le style littéraire – accusation qui rejoint celle plus générale portée contre le journalisme lui-même par nombre d'hommes de lettres. Le personnage de la nouvelle « l'Ange du bizarre » écrite en 1844 par Edgard Allan Poe évoque le soupçon d'invention de leurs récits qui pèse sur les rédacteurs de faits divers :

> Cet article, m'écriai-je, est une méprisable fausseté, un pauvre canard ; c'est la lie de l'imagination de quelque pitoyable barbouilleur à un sou la ligne, de quelque misérable fabricant d'aventures au pays de Cocagne. Ces gaillards-là, connaissant la prodigieuse jobarderie du siècle, emploient tout leur esprit à imaginer des possibilités improbables, des accidents bizarres, comme ils les appellent[129].

L'auteur déploie son talent de nouvelliste pour dévoiler une intrigue qui pose la question du bizarre en interrogeant le rapport du lecteur au fait divers, que celui-ci soit un événement mystérieux que l'on pourra qualifier de drame dans les journaux ou qu'il prenne la forme d'une anecdote originale. Malgré les critiques, la rubrique des faits divers s'impose dans les journaux car elle présente le double intérêt d'être invérifiable, facile à inventer, et de diversifier le contenu pour distraire le lecteur ou en attirer de nouveaux. L'occasion est aussi offerte aux rédacteurs de délivrer une certaine morale ou de mettre en avant des actes de bravoure. Dans *L'Écho des Alpes maritimes* les récits qui ont trait à la dénonciation de vols succèdent à d'autres inscrits dans un registre d'héroïsation. Ainsi, dans l'une des premières rubriques des faits divers, le 20 septembre 1848, la rédaction met en avant un sauvetage réalisé à l'occasion d'un incendie par un « noble et courageux citoyen », un garde national de Levens[130]. C'est l'image du citoyen idéal qu'il s'agit de diffuser, celui qui n'hésite pas à se sacrifier pour ses compatriotes. À l'inverse, lorsqu'ils veulent insister sur ce qu'ils estiment être un manque d'éducation des classes populaires, Auguste Carlone et ses collaborateurs choisissent, le 3 septembre 1849, d'évoquer l'histoire du sauvetage de la noyade d'un enfant par des « gens du peuple » qui l'ont pendu par les pieds pour

128 Anne-Claude Ambroise-Rendu, « Les faits divers », dans Dominique Kalifa, Philippe Régnier, Marie-Ève Thérenty et Alain Vaillant (dir.), *op. cit.*, p. 979.

129 Edgar Allan Poe, *Le chat noir et autres nouvelles*, Paris, Librio, 2009, p. 34.

130 *L'Écho des Alpes maritimes*, 20 septembre 1848.

faire sortir l'eau de ses poumons provoquant l'effet inverse, c'est-à-dire sa mort prématurée[131]. Ces récits participent d'un discours général de présentation des classes populaires tantôt comme ignorantes, dans le cas présent, tantôt comme dangereuses dans d'autres récits. Les faits divers diffusent une morale autant qu'ils contribuent à construire publiquement une certaine image de groupes sociaux à partir d'événements singuliers, choisis dans ce but précis selon un mécanisme qui a traversé l'histoire moderne des médias et continue d'être à l'œuvre à l'heure des récits audiovisuels instantanés. Ces anecdotes soulignent le fait que la presse est un outil pour produire un discours particulier sur la société qui fait partie intégrante d'une pratique journalistique, diverse selon les journaux, certes, mais qui a ses redondances et ses règles.

DES VOCATIONS JOURNALISTIQUES : LA NAISSANCE D'UNE PROFESSION ?

Entre le milieu du XVIIIe et les révolutions européennes de 1848, le développement de la presse, au-delà des évolutions techniques et physionomiques (formats, rubriques composition, impression), a transformé le rôle des hommes de presse. Leurs fonctions se diversifient (bien que leur désignation demeure encore floue, notamment en ce qui concerne des qualifications comme le mot de « journaliste »), et leur statut change. En 1848, dans son ouvrage intitulé *Della missione del giornalismo (De la mission du journalisme*), Pietro-Giovanni Massino-Turina, libéral modéré piémontais proche de Cesare Balbo et du journal *Il Risorgimento*, présente la « carrière du journalisme » comme « certainement la plus noble de toutes[132] ». L'expression publique d'une pensée aussi valorisante tranche avec la vision négative qu'exprimaient un siècle auparavant les philosophes des Lumières. Leurs faveurs allaient aux livres, ainsi que Voltaire l'exprimait dans l'article « Gazette » de *L'Encyclopédie* en disant son mépris pour les gens de presse et en assurant que celle-ci « n'atteindra jamais la noblesse du livre réfléchi[133] ». D'ailleurs les philosophes eux-mêmes n'ont pas œuvré ensemble pour construire un « livre périodique », comme les appelle avec dédain Jean-Jacques Rousseau,

131 *L'Écho des Alpes maritimes*, 3 septembre 1849.

132 Pietro Giovanni Massino-Turina, *Della missione del giornalismo*, Torino, Giuseppe Pomba e compagnia, 1848, p. 8.

133 Jean-Noël Jeanneney, *Une histoire des médias*, *op. cit.*, p. 55-56.

mais plutôt *L'Encyclopédie*. Dans un même esprit, ce dernier écrit, en 1755, dans une lettre à un ami de Genève qui vient de lui apprendre qu'il lance un journal, que son œuvre sera « un ouvrage éphémère, sans mérite et sans utilité [...] dont le sort, après avoir brillé le matin sur la toilette, est de mourir le soir dans la garde-robe[134] ». La critique se concentre sur la question de l'actualité et le caractère intrinsèquement éphémère du journal, œuvre de l'urgence qui, pour cette raison même, selon les philosophes des Lumières, ne peut avoir la noblesse du livre. Paradoxalement, quelques décennies plus tard, la pensée libérale issue des Lumières en Europe inspire les gazetiers de tout le continent qui pensent œuvrer à la constitution d'une opinion « éclairée » et agir pour le bien commun. Ce paradoxe historique est parfaitement incarné par Auguste Carlone, défendant la liberté et la presse et fustigeant les jésuites avec des arguments très voltairiens mais développés dans des articles journalistiques. C'est qu'entre-temps la méfiance et le mépris envers les publicistes a décliné à partir des années 1770, lorsque la presse a commencé à devenir un instrument d'expression politique de premier ordre. Un statut auquel les débats parlementaires anglais puis la Révolution française ont apporté une contribution majeure, faisant émerger la notion de « publiciste » dans son acception moderne qui n'est plus juridique ou philosophique mais liée à la pratique de l'écriture politique, notamment sous la forme journalistique.

Des formes de mépris à l'égard les hommes de presse ont toutefois persisté chez les écrivains (fussent-ils eux-mêmes des plumes journalistiques)[135]. En 1842, Honoré de Balzac en livre une illustration explicite dans sa *Monographie de la presse parisienne* par le portrait pamphlétaire qu'il dresse de « l'Ordre Gendelettre (comme les Gendarmes) », ainsi qu'il nomme satiriquement la communauté diverse des hommes de presse[136]. Ses critiques s'inscrivent dans la lignée de celles des philosophes susmentionnés :

> Publiciste, ce nom jadis attribué aux grands écrivains comme Grotius, Puffendorf, Bodin, Montesquieu, Blakstone, Bentham, Mably, Savary, Smith, Rousseau, est devenu celui de tous les écrivassiers qui font de la politique. De généralisateur sublime, de prophète, de pasteur des idées qu'il était

134 *Ibid.*, p. 57.

135 Roland Chollet, *Balzac journaliste : le tournant de 1830*, Paris, Klincksieck, 1983.

136 Honoré de Balzac, *Monographie de la presse parisienne*, *op. cit.*, p. 4.

> jadis, le publiciste est maintenant un homme occupé des bâtons flottants de l'Actualité[137].

Sa réflexion, au-delà de son caractère polémique, dit bien l'évolution de la notion de publiciste. Honoré de Balzac s'inscrit là dans une pensée conservatrice, et il ne fait aucun doute que pour lui l'activité journalistique est un dévoiement non tant de la littérature que de la philosophie, de la pensée et de la théorie politiques. Il y a dans son livre une conscience claire du pouvoir nouveau et presque inévitable qu'incarne la presse tout autant qu'un dédain qui confine à la haine. Paradoxalement et malgré ses critiques acerbes, Honoré de Balzac fut pourtant publiciste sous la monarchie de Juillet – bien qu'il échouât dans diverses tentatives journalistiques – ainsi qu'un écrivain prolifique de romans-feuilletons au moment où ceux-ci faisaient leur apparition, dans *Le Siècle* notamment. Sa *Monographie* est celle d'un fin connaisseur de ce que l'on peut déjà appeler, dans la France qui lui est contemporaine, les milieux journalistiques. Il en livre une analyse réelle, qui n'est pas sans intérêt pour comprendre ce qu'est le « métier » d'homme de presse au milieu du XIXe siècle.

« Propriétaire-directeur-rédacteur en chef du journal »

L'œuvre d'Honoré de Balzac se veut incontestablement caustique, mais elle décrit bien certaines réalités de l'activité journalistique de son temps. La formule qu'il utilise pour parler des hommes de presse comme se faisant tour à tour « propriétaire-directeur-rédacteur en chef du journal » est une réalité contemporaine du « printemps des peuples[138] ». Elle décrit bien l'activité d'Auguste Carlone au sein de la rédaction de *L'Écho des Alpes maritimes*. La difficulté de résumer son rôle en un seul qualificatif vient de la diversité de ses tâches. La codification de l'activité journalistique n'est en rien achevée au milieu du XIXe siècle. L'historien Pierre Van den Dungen souligne que l'apparition d'une dénomination pour désigner les différentes fonctions s'est faite progressivement. Il montre, en se fondant notamment sur *Le Code du littérateur et du journaliste* d'Horace-Napoléon Raisson publié en 1829, que la fonction de

137 *Ibid.*, p. 7.
138 *Ibid.*, p. 10.

« rédacteur en chef » apparaît à la fin de la Restauration, mais qu'elle existe aussi sous le nom de « rédacteur principal[139] ». Le flou dans les termes vient du flou qui existe au sein des rédactions dans la division des tâches journalistiques. Les simples contributeurs, comme Delatreille dans le périodique niçois, ont un statut plus proche de ceux que l'on appelle des « articliers », mais que l'on peut aussi dire publicistes et parfois « journalistes », terme loin d'être répandu et qui ne se trouve même pas dans le *Dictionnaire des professions* publié en 1851 par Édouard Charton[140]. Du fait d'une absence de division nette entre le rédactionnel et l'administratif, le rédacteur en chef est aussi bien souvent le directeur – pour la presse régionale des États italiens du *Quarantotto*, il est la plupart du temps un notable qui a aussi pris le soin d'organiser l'actionnariat, en y contribuant personnellement, et qui dispose de la propriété juridique sur le journal qu'il a créé. Devant l'éclectisme des tâches qu'il accomplit, il est difficile de donner un nom précis à l'activité qu'exerce Auguste Carlone, d'autant que ces dénominations ne sont pas encore bien définies.

Si l'activité journalistique n'est pas reconnue comme un métier, et encore difficile à nommer précisément, elle a toutefois déjà atteint une certaine complexité. Elle nécessite une division des tâches et la mobilisation de nombreux savoir-faire, bien qu'il ne faille pas donner une image trop structurée et formelle de ce que peut être une rédaction journalistique. L'organisation peut varier selon les rédactions mais le vrai point commun entre elles, outre le fait d'avoir généralement au moins un homme fort, comme Auguste Carlone pour *L'Écho des Alpes maritimes*, capable de consacrer l'essentiel de son temps à un travail gestionnaire et rédactionnel, c'est la polyvalence de ses membres. Celle-ci est inscrite dans des savoir-faire qu'ils maîtrisaient avant même de se lancer dans l'activité journalistique. Ainsi, le principal directeur de *L'Écho* conjugue l'habitude de l'écriture – et pas seulement des correspondances – avec celle de la lecture, notamment de journaux. Ce sont des savoir-faire qu'il a assimilés depuis sa jeunesse. Si Auguste Carlone n'a jamais été

139 Pierre Van den Dungen, « Profession du journalisme et écriture au quotidien. Organisation des rédactions », dans Dominique Kalifa, Philippe Régnier, Marie-Ève Thérenty et Alain Vaillant (dir.), *La Civilisation du journal*, *op. cit.*, p. 617-618. Voir aussi : Marc Martin, *La presse régionale*, *op. cit.*, p. 106.

140 Marc Martin, *op. cit.*, p. 112.

l'auteur d'articles de presse avant 1848, il a déjà rédigé des poèmes et des manuscrits. Il maîtrise des savoir-faire qui font de lui un homme capable de devenir journaliste. Ses documents personnels attestent du fait qu'il est habité par cette manière, propre aux élites, de noter toutes ses dépenses quotidiennes dans des livres (ou journaux) de compte. Ceux-ci sont des pièces similaires aux documents liés à la comptabilité de l'entreprise journalistique. Or, si comme l'affirme Max Weber, l'un des facteurs historiques du développement du capitalisme occidental se trouve être la séparation du ménage de l'entreprise, l'on se rend compte qu'un lien de l'ordre du savoir-faire subsiste[141]. La maîtrise de la comptabilité que possèdent les notables du milieu du XIXe siècle n'est pas institutionnalisée (dans un titre universitaire) comme cela est devenu une norme dans nos sociétés contemporaines[142] ; elle est acquise par l'éducation familiale, celle qui fait qu'ils prennent l'habitude de faire des journaux de compte pour leurs affaires personnelles. L'écriture, comme l'a bien écrit Jack Goody, n'a pas qu'une fonction de communication. Elle est fondamentalement en relation avec l'idée d'organisation et sert à rationaliser une entreprise (comptabilité et statuts)[143]. Le cens de la presse que sont les contraintes économiques et financières imposées aux journaux implique aussi un cens plus culturel, qui concerne des savoir-faire propres à la bourgeoisie ou la petite bourgeoisie, comme la comptabilité. La presse du « printemps des peuples » est une activité pleinement imprégnée d'un « esprit du capitalisme » parce qu'elle se manifeste sous la forme d'entreprises, donc de collectifs de production dont la gestion nécessite une implication continue dans le temps. Auguste Carlone est continuellement assidu et dévoué à sa tâche de patron de presse. Il s'attèle à réunir des capitaux, à fonder une société par actions, à établir une division des tâches journalistiques, même sommaire, et à trouver des partenaires pour l'impression et la diffusion du journal, alors même qu'il se charge d'une grande partie du travail de production (écriture des articles, entretien des correspondances, relecture, tri des informations, élaboration des maquettes)[144]. L'on pourrait dire d'une manière un peu triviale que, au milieu du XIXe siècle, dans chaque

141 Max Weber, *L'éthique protestante et l'esprit du capitalisme*, *op. cit.*, p. 16.

142 Pierre Bourdieu, « Les trois états du capital culturel », *Actes de la recherche en sciences sociales*, vol. 30, n° 1, 1979, p. 5-6.

143 Jack Goody, *La raison graphique*, *op. cit.*, p. 51.

144 Max Weber, *op. cit.*, p. 45-46.

entreprise de presse il faut un Auguste Carlone pour qu'elle puisse se pérenniser. Un exemple flagrant est donné par le journal *La Patria* de Florence qui cesse de paraître à la fin de l'année 1848 faute d'un travail journalistique assez assidu de la part de ses directeurs. *L'Écho des Alpes maritimes* en rend compte le 6 décembre :

> *La Patria*, journal de Florence, a cessé de paraître ; voici les motifs : ses fondateurs, à leur entrée dans la vie publique en qualité de députés au Conseil général [Chambre toscane], crurent devoir abandonner la direction de la rédaction du journal, ou du moins ils ne lui prêtèrent plus qu'une coopération incertaine et secondaire ; il dut s'en ressentir [...]. Ceux qui s'étaient fait une tâche honorable de continuer l'œuvre des fondateurs de *La Patria* éprouvèrent bientôt le regret de voir leurs intentions méconnues et la crainte de nuire à l'entreprise au lieu de la servir[145].

Les eux hommes forts du périodique, Bettino Ricasoli et Raffaelo Lambruschini, entament une carrière politique (à la Chambre toscane) en plus de leurs fonctions journalistiques, pensant pouvoir assumer les deux. Cependant, bien vite leur contribution est insuffisante tant la publication d'un journal réclame un investissement quotidien. Ainsi, leur feuille périclite rapidement, jusqu'à ce qu'elle soit relancée par un groupe d'écrivains, non élus et plus disposés à s'investir quotidiennement. Ils fondent alors le journal *Il Nazionale* qui prend la suite de *La Patria* et reçoit d'emblée un soutien public des publicistes niçois. L'exemple démontre que sans un directeur impliqué chaque jour dans la publication (ou plusieurs, pour une feuille quotidienne), un organe de presse ne peut perdurer. Le destin d'un journal dépend aussi des intentions des directeurs, qui ne font pas tous de l'activité journalistique une fin en soi. Balzac dans sa *Monographie de la presse parisienne* de 1842 l'exprime bien lorsqu'il dresse une typologie des directeurs de presse quelque peu satirique mais non dénuée d'une certaine réalité :

> Il existe trois sortes de propriétaires-directeurs-rédacteurs en chef du journal : l'ambitieux, l'homme d'affaires, le pur-sang. L'ambitieux entreprend un journal soit pour défendre un système politique au triomphe duquel il est intéressé, soit pour devenir un homme politique en se faisant redouter. L'homme d'affaires voit dans un journal un placement de capitaux dont les intérêts lui sont payés en influence, en plaisirs et quelquefois en argent. Le

145 *L'Écho des Alpes maritimes*, 6 décembre 1848.

> pur-sang est un homme chez qui la gérance est une vocation, qui comprend cette domination, qui se plaît à l'exploitation des intelligences, sans abandonner toutefois les profits du journal[146].

Les directeurs de *La Patria* correspondent bien à la première catégorie alors qu'Auguste Carlone serait plutôt le « pur-sang » de la rédaction de *L'Écho des Alpes maritimes*, celui qui consacre la majorité de son temps – Balzac parle avec justesse de vocation – au journal qu'il dirige pour s'occuper de la gestion administrative autant que de tout le travail rédactionnel. Il réussit en un temps d'environ trois mois, entre novembre 1847 et janvier 1848, à créer une feuille de presse et à s'imprégner de certains modes de fonctionnement du journalisme, mais selon un apprentissage personnel.

L'activité journalistique n'est pas considérée comme une profession dans l'acception anglaise de ce terme qui s'impose alors pour les fonctions qui tendent à s'exercer après un cursus spécialisé, avec des carrières que l'on peut dire professionnelles[147]. Il n'existe pas en 1848 dans le royaume de Sardaigne de textes pour définir les professions de la presse. Néanmoins, il est des entreprises et des gens de presse bien identifiés, qui profitent de ce moment catalyseur pour l'apprentissage qu'est le *Quarantotto* pour devenir quasi professionnels. Dans son étude sur la presse dans ville de Lyon dans les années 1830, Jeremy D. Popkin dévoile le même processus à l'œuvre, à la faveur là aussi d'une libéralisation politique, en l'occurrence après les Trois Glorieuses. Des néo-publicistes acquièrent ou renforcent une expérience en consacrant tout leur temps à leurs publications. Ils se construisent un pouvoir de type médiatique du fait de leur maîtrise des mécanismes de la communication[148]. Auguste Carlone fait partie de ces hommes dépourvus de toute expérience qui deviennent en quelques mois ou années de véritables « spécialistes de la composition des textes imprimés, architectes d'une importante culture de l'imprimé » en train de s'épanouir en Europe[149]. Il ne peut toutefois pas être question de véritable profession au milieu du XIXe siècle – même si dans certaines grandes villes où l'activité est ancienne l'on peut s'en

146 Honoré de Balzac, *Monographie de la presse parisienne*, *op. cit.*, p. 10.
147 Jürgen Kocka, « Modèle européen et cas allemand », dans Jürgen Kocka (dir.), *op. cit.*, p. 43.
148 Jeremy D. Popkin, *Press, Revolution, and Social Identities in France, 1830-1835*, *op. cit.*, p. 40.
149 *Ibid.*, p. 42.

rapprocher – ce qui ne signifie pas que l'activité n'est pas codifiée. Et c'est essentiellement la familiarisation avec les journaux, d'abord en tant que lecteur puis comme rédacteur voire ensuite directeur, qui permet l'acquisition et la maîtrise de ces codes journalistiques.

Auguste Carlone est un exemple éloquent. Profitant d'un contexte politique favorable, il mobilise ses ressources (sociales, économiques, culturelles) pour créer un journal et en assumer sur près de douze années, avec *L'Écho des Alpes maritimes* de 1848 à 1850 puis *L'Avenir de Nice* qui en prend la suite jusqu'en 1860, la majorité des tâches gestionnaires et rédactionnels, tout en étant dans le même temps actionnaire. Cela n'est toutefois pas le modèle unique qui prévaut dans le royaume de Sardaigne. Il y existe déjà des entreprises journalistiques capables de rémunérer des plumes de renom qui bien souvent font fructifier par la voie journalistique une réputation déjà existante. Elles jouissent parfois, comme Aurelio Bianchi-Giovini à *L'Opinione* de Turin, de salaires importants (6 000 francs annuels, soit la moitié du budget du périodique niçois)[150]. Celui-ci est payé par les actionnaires fortunés du journal à qui il doit rendre des comptes car il n'est pas qu'un simple publiciste mais bien un rédacteur en chef. Même dans les feuilles plus modestes s'observe le développement d'un salariat journalistique. Ainsi, Delatreille, a pu être embauché contre un salaire de 1 200 francs annuels, soit la même rétribution qu'Hippolyte de Rangouse, gérant-responsable.

Max Weber dans ses conférences données sur *Le savant et le politique* a bien exposé le fait que l'homme politique vit *pour* la politique, c'est-à-dire qu'il y trouve un véritable « but dans sa vie ». Il y consacre son temps et récolte des avantages symboliques. De manière complémentaire il vit aussi *de* la politique qui lui procure des émoluments en échange des tâches qu'il accomplit[151]. Généralement, dans les grandes institutions journalistiques, au mitan du XIXe siècle, des publicistes bénéficient d'un régime similaire à savoir qu'eux aussi peuvent vivre *pour* leur activité journalistique mais aussi *de* celle-ci. Cependant, ce statut n'est pas majoritaire, car bien peu de journaux disposent de fonds permettant le recrutement de salariés-rédacteurs. Ainsi, pour Auguste Carlone, consacrer la majeure partie de son temps à la rédaction et la publication d'un journal est une activité non rémunérée qu'il ne peut exercer que

150 Franco Della Peruta, *Il giornalismo italiano del Risorgimento*, *op. cit.*, p. 73.

151 Max Weber, *Le savant et le politique*, *op. cit.*, p. 138.

grâce à son aisance bourgeoise, à une fortune personnelle qui le décharge de tout travail pour sa subsistance. En ce sens, tout animé de sa passion pour cette fonction de directeur-rédacteur qu'il a découverte en novembre 1847 et à laquelle il consacre plusieurs heures quotidiennement, il vit *pour* le journalisme mais ne peut vivre *de* cette activité. Il n'en est pas moins un quasi-professionnel qui maîtrise les codes journalistiques de son époque, à la fois pour la gestion de l'entreprise et la rédaction du journal. Et il sait en tirer avantage.

Anonymat et publication collective

Michael Palmer, étudiant les journaux du milieu du XIXe siècle, les envisage comme le produit d'un « singulier collectif[152] ». Du fait de l'anonymat des publications, c'est une « marque » journalistique singulière, son titre, qui identifie une rédaction. Lorsqu'Auguste Carlone et ses collaborateurs citent des sources, ce sont bien la *Démocratie pacifique*, *La Concordia* ou encore *Il Risorgimento* qui sont mentionnés et non respectivement Victor Considerant, Lorenzo Valerio, Camillo Cavour, Cesare Balbo, ou n'importe lequel de leurs collaborateurs – ou alors de manière exceptionnelle. De même, les informations obtenues par des correspondances particulières, selon une organisation que l'on a pu reconstruire à travers les documents privés d'Auguste Carlone mais inconnue du public, ne font que rarement l'objet de mentions nominatives. C'est par la formule dépersonnalisante « correspondant de *L'Écho des Alpes maritimes* » que ceux-ci sont introduits dans les publications, au profit de la seule mise en valeur de l'institution journalistique. De la même manière, les courriers adressés par des lecteurs au périodique niçois, le sont à l'adresse du journal et les destinataires sont bien « Messieurs de *L'Écho des Alpes maritimes* » et non Auguste Carlone, Victor Juge, ou Hippolyte de Rangouse. La relation se fait alors entre un public et un collectif institué et formel mais anonyme, identifiable par une marque impersonnelle.

L'anonymisation des publications peut prendre aussi la forme d'un jeu des pseudonymes qui peut perturber l'identification de l'auteur

152 Michael Palmer, « Sur le "journalisme anonyme", les sources "dignes de foi", et l'identité collective ou "la marque" des entreprises de presse », dans Frédéric Lambert (dir.), *Figures de l'anonymat. Médias et société*, Paris, L'Harmattan, 2001, p. 62.

pour les autorités, ou bien servir des stratégies journalistiques (une seule personne a plusieurs noms plus ou moins inventés), ce qui peut permettre parfois de mettre en scène des polémiques. Guy de Maupassant dans *Bel-Ami* donne une bonne idée de ce jeu à travers son personnage principal, Georges Duroy, qui signe ses articles en déformant son nom (Du roy de Castel, Duroy, Du Roy), pour écrire dans différentes rubriques. Dans *L'Écho des Alpes maritimes*, il semble que cette pratique ait été seulement limitée à des intervenants extérieurs, comme lorsqu'un intervenant régulier qui disserte sur les affaires de la province de Nice et la condition populaire est surnommé l'ouvrier M. De même, le traitement de la période révolutionnaire qui s'ouvre dans la principauté de Monaco en 1848, donnant lieu à la sécession des « villes libres » de Menton et Roquebrune, se fait dans le périodique niçois essentiellement à travers des échanges de correspondance entre deux intervenants, l'un désigné par ce qui pourrait être ses initiales, « L. R. » et l'autre qui est surnommé « l'ami de la vérité » (par son adversaire au départ, avant qu'il ne s'approprie cette désignation ironique).

Les pseudonymes sont monnaie courante dans la pratique journalistique. Néanmoins, c'est bien l'anonymat qui reste la norme. Dans le volume *De la liberté de la presse* publié en 1828, François-René de Chateaubriand écrit : « les uns signeront leurs écrits, les autres garderont l'anonyme. Taire son nom, ce n'est pas le cacher[153] ». L'écrivain voit dans l'anonymat un moyen de se protéger contre ce qu'il nomme le « despotisme ministériel » qui caractérise selon lui la fin du règne de Charles X[154]. Deux décennies plus tard, alors que deux révolutions ont fait de la liberté de la presse une lutte de premier plan, en 1830 et en 1848, la question a toujours autant d'actualité. Dans le numéro du 9 août 1848 du *National*, une explication est donnée de l'importance pour une rédaction journalistique de cultiver à la fois son anonymat et son caractère collectif :

> Individualiser la presse, ce serait l'affaiblir [...]. La presse est un gouvernement de pensée à côté du gouvernement de fait ; elle doit être anonyme comme l'opinion publique ou la fraction de l'opinion qu'elle représente. Faire

153 François-René de Chateaubriand, *De la liberté de la presse*, Bruxelles, P. J. De Mat, 1828, p. 234.

154 *Ibid.*, p. 232.

> signer dans chaque exemplaire chaque article, c'est réduire l'intervention du journal, puissance nécessairement collective, à une intervention purement individuelle[155].

L'anonymat apparaît en première analyse comme une protection contre les gouvernements. C'est un enjeu important dans la lutte pour la liberté de la presse que celle de refuser l'obligation de signer les articles. Dans le royaume de Sardaigne, la loi sur la presse a pris le soin d'imposer la nomination explicite d'un gérant-responsable qui doit signer nominativement toute publication – le rôle que tient Hippolyte de Rangouse dans *L'Écho des Alpes maritimes*. L'objectif est de disposer d'un nom donc d'une personne à poursuivre en cas de procès de presse. Mais au-delà de cette obligation, c'est l'anonymat qui prévaut pour les membres de la rédaction. Dans les rapports avec les autres journaux et avec le public c'est donc le titre, le nom de la « marque » journalistique, qui s'impose.

La manifestation contre le périodique niçois le 13 juin 1848 est un exemple évocateur. La protestation s'est faite dans les rues de la ville avec des cris tels que « À bas *L'Écho* », de même que l'enseigne décrochée au-dessus des bureaux est celle qui inscrivait la « marque » journalistique dans l'espace public. La question n'est donc pas seulement posée dans le rapport au pouvoir ; car s'il est indéniable que, dans le microcosme mondain niçois, des personnes connaissent les noms des rédacteurs du seul périodique politique de leur ville, les dévoiler publiquement pourrait aussi favoriser les attaques *ad hominem*. Ainsi, l'anonymat des rédacteurs de *L'Écho* est préservé. Outre la relative protection que cela leur octroie, il leur permet aussi d'avoir des stratégies particulières. En effet, l'anonymat sert aux publicistes à tirer un bénéfice personnel sans que le public n'ait le moyen de le percevoir, qu'il s'agisse de favoriser une candidature à une élection quelconque ou bien de publier des annonces commerciales. Dans les numéros publiés à la fin de l'année 1849 et de la suivante, Victor Juge fait paraître plusieurs annonces pour la location d'un appartement qu'il possède dans la rue Saint-François-de-Paule. Elles côtoient, sur la quatrième et dernière page du journal, les annonces publiées à la même période par Delatreille pour promouvoir ses activités

155 Gilles Feyel, « La querelle de l'anonymat des journalistes entre 1836 et 1850 : une étape dans la progressive prise de conscience professionnelle ? », dans Frédéric Lambert (dir.), *op. cit.*, p. 27-55.

de « professeur ». Il propose des leçons « chez lui et en ville », dans le même immeuble que le bureau de *L'Écho des Alpes maritimes* où il travaille en tant que rédacteur, au 13 de la rue du Gouvernement. De la même manière, des annonces régulières paraissent à la fin du printemps 1850 pour informer de la mise en location d'un appartement appartenant à Auguste Carlone ou pour proposer l'achat d'actions dans une société exploitant des terres et des mines en Californie dont Louis Antoine Spinelli, comptable du journal, est un responsable. On perçoit clairement une frontière poreuse entre l'activité journalistique et les affaires personnelles des publicistes. Une pratique courante. Gustave Flaubert en donne à la même époque une criante illustration dans *Madame Bovary* lorsqu'il met en scène le récit des comices paysannes qui se déroulent à Yonville (où sont établis Charles et Emma Bovary) dans *Le Fanal de Rouen*. Le rédacteur du résumé de la journée festive n'est autre que le pharmacien, M. Homais, membre du jury de ce concours agricole. De son article ressort une autopromotion pour un mémoire agricole rédigé par nul autre que lui, alors même qu'il s'évoque à la troisième personne. Le littéraire rejoint la réalité historique ; Gustave Flaubert puise dans sa connaissance de l'activité journalistique et met en scène la manière dont un de ses personnages use de sa position de rédacteur d'un journal pour valoriser ses autres activités[156]. Les avantages ressortent aussi lorsqu'il s'agit, comme on le verra dans le chapitre suivant, de promouvoir des candidatures politiques. Disposer d'un journal est un atout non négligeable pour Auguste Carlone et Victor Juge lorsqu'ils se font élire au conseil municipal de Nice en 1849.

Il est important toutefois de ne pas considérer seulement les avantages politiques ou privés de l'anonymat. En effet, si le public ne connaît pas les coulisses de la rédaction, les personnes qui en sont les principales responsables n'ont pas non plus, ou alors de manière très limitée, une connaissance précise du public. Ils peuvent orienter mais non maîtriser totalement la réception de leur journal, ni savoir qui en aura effectivement accès (par la lecture ou la diffusion orale). Ils doivent eux se confronter à un public qui est une communauté hétérogène, anonyme et dispersée. Le travail journalistique relève aussi de la capacité d'appréhension de ce « singulier pluriel » qu'est le public. C'est de cette relation que naît

156 Gustave Flaubert, *Madame Bovary*, Paris, Flammarion, 2006, p. 220-221, 242-245 et 418-419 (1re éd., 1857).

le style journalistique, qui est une manière d'appréhender l'éclectisme des récepteurs des publications[157]. La codification des pratiques fait que l'écriture d'articles réclame un savoir-faire particulier puisqu'il s'agit de diffuser une certaine vision du monde sans s'attirer une hostilité trop importante. « Mettre en forme c'est toujours mettre des formes » disait Pierre Bourdieu ; en effet, un écrit journalistique doit anticiper la rencontre avec un public anonyme dont nul ne peut sélectionner les personnes qui le composent[158]. Mais la maîtrise a ses limites, notamment lorsque des opinions défendues froissent trop d'intérêts et créent des tensions. La réaction peut même être vigoureuse comme lors de la manifestation du 13 juin 1848 dans les rues de Nice durant laquelle des centaines de personnes ont pris à partie *L'Écho des Alpes maritimes* pour ses articles séparatistes pro-français. Le même constat peut être fait avec la censure.

La maîtrise d'un certain style journalistique doit permettre d'anticiper la réception d'une publication par le public, mais aussi par les autorités, afin d'esquiver les foudres de la censure. Des commissions provinciales existent pour contrôler les écrits journalistiques dans le royaume de Sardaigne. Tout gérant d'un journal – comme Hippolyte de Rangouse pour *L'Écho* – est responsable du contenu devant la justice et peut subir un procès en cas d'article qui outrepasserait la loi sur la presse. Néanmoins, au-delà de ces obstacles qui créent des moments de tension, la grande majorité du temps de publication d'une feuille de presse, ce point de rupture n'existe pas, du moins pour *L'Écho des Alpes maritimes*. Cela témoigne d'une capacité des publicistes niçois d'assimiler un style journalistique qui anticipe les réactions des autorités et du public. Il n'est pas une science exacte, mais un savoir-faire parmi la gamme de tous ceux que doivent acquérir les hommes de presse. Il impose une contrainte dans le choix des sujets et des mots qui est d'autant plus difficile à respecter que les publicistes doivent travailler dans l'urgence constante que fait peser la nécessité de publier leur journal à temps, selon sa périodicité. Le style comme le rythme de l'écriture journalistique ne s'improvisent pas, comme le dévoile bien Guy de Maupassant dans son roman *Bel-Ami*. À travers son récit, l'écrivain pose la question du

157 Frédéric Lambert, « Introduction. Figures de l'anonymat : médias et société », dans Frédéric Lambert (dir.), *op. cit.*, p. 8.
158 Pierre Bourdieu, *Sur l'État*, *op. cit.*, p. 96.

manque d'inspiration et de savoir-faire de son héros Georges Duroy, néo-journaliste, lorsqu'il doit écrire ses premiers articles. Il se trouve contraint de réclamer l'aide de Mme Forestier, la femme de l'ami publiciste qui l'a fait rentrer au journal *La Vie française*, et de constater, fataliste, qu'être journaliste « c'est un métier à apprendre comme tous les métiers[159] ». En effet, l'écriture journalistique, dans son style comme dans son rythme, est un apprentissage constant. Dans le royaume de Sardaigne, l'épanouissement de la presse durant le *Quarantotto* initie ce processus d'acquisition et d'accumulation d'un savoir-faire journalistique multiforme – non par un cursus réglé mais par l'expérience pratique. Celui-ci est important pour faire perdurer un journal. Il garantit à une rédaction le temps d'existence nécessaire pour se constituer un lectorat fidèle et une véritable assise sociale selon diverses stratégies qu'il est important de reconstituer.

---

159 Guy de Maupassant, *Bel-Ami*, Paris, Gallimard, 1973, p. 71 (1re éd., 1885).

UNE « INFLUENCE SOCIALE » QUI DÉPASSE LA SEULE DIMENSION POLITIQUE

Le journal comme institution de médiation

La question de la diffusion des écrits, journalistiques ou non, met en jeu des mécanismes d'autant plus complexes que les « traces » archivistiques permettant de les analyser sont évanescentes[1]. L'existence d'une diffusion orale, peu formalisée dans des documents exploitables par l'historien, fait que le lectorat ne résume pas à lui seul le public qui a effectivement accès à une publication. Ces constats imposent d'imaginer des biais pour comprendre la place et le rôle d'un organe de presse dans une société donnée. Et l'historien de la presse peut en cela s'inspirer de ceux du livre et de la littérature[2]. En effet, ils ont permis de faire émerger des questionnements ainsi qu'un cadre analytique pour répondre à ce problème complexe qu'est l'étude de ce que, à la fin du XIXe siècle, Eugène Dubief nommait l'« influence sociale » d'un journal[3]. L'expression désigne la profondeur et la diversité des effets créés par des publications régulières comme le sont les journaux. Une influence qui est dite sociale au sens large, c'est-à-dire qui a des incidences dans toute la société, dans

1 Judith Lyon-Caen, « Lecteurs et lectures : les usages de la presse au XIXe siècle », dans Dominique Kalifa, Philippe Régnier, Marie-Ève Thérenty et Alain Vaillant (dir.), *La Civilisation du journal*, *op. cit.*, p. 27.

2 On peut citer les travaux d'historiens comme Roger Chartier (*Lectures et lecteurs dans la France d'Ancien Régime*, Paris, Seuil, 1987 ; *L'Ordre des livres. Lecteurs, auteurs, bibliothèques en Europe du XVIe au XVIIIe siècle* Alinéa, Aix-en-Provence, 1992 ; *Histoire de la lecture dans le monde occidental*, Paris, Seuil, 1997), Robert Darnton (*L'Aventure de l'Encyclopédie, 1775-1800 : un best-seller au siècle des Lumières*, Paris, Librairie Académique Perrin, 1979 ; *Édition et sédition : l'univers de la littérature clandestine au XVIIIe siècle*, Paris, Gallimard, 1991) ou encore Judith Lyon-Caen (*La lecture et la vie : les usages du roman au temps de Balzac*, Paris, Tallandier, 2006). Pour ce qui est des philosophes, on peut évoquer l'ouvrage de Hans Robert Jauss, central dans la conceptualisation de l'idée de réception : *Pour une esthétique de la réception*, Paris, Gallimard, 1978.

3 Eugène Dubief, *Le journalisme*, Paris, Hachette, 1892, p. 303-313.

les champs culturel, économique et politique. Étudier la manière dont les publicistes s'engagent par leurs articles et investissent les différents moyens de l'action politique (cercles, élections, manifestations), comme l'ont longtemps fait les historiens de la presse, ne suffit pas à cerner l'influence d'un journal dans une société donnée.

UN ACTEUR INCONTOURNABLE DE LA VIE POLITIQUE LOCALE

> Les journaux provinciaux connaissent mieux que nous les intérêts, les habitudes, l'esprit, les besoins et les préjugés de chaque localité, savent par quels moyens il faut réveiller ou soutenir les libéraux de province… Le bureau du journal est l'écho des plaintes de chaque victime de l'arbitraire. Il est le formulaire des élections de toute espèce ; il est l'asile où les sociétés populaires trouvent des avocats et des vengeurs ; il est le foyer d'où sortent des inspirations collectives… Où il n'existe pas de journal, il n'y a pas à proprement parler d'opinion[4].

Ces mots exprimés en 1832 par le juriste Cormenin résument bien une certaine conception de ce qu'est une vie politique pour les libéraux du premier XIXe siècle ; elle semble ne pouvoir exister sans la presse qui est pensée comme indispensable à l'émergence de courants d'opinion. En effet, à cette époque le journal tend de plus en plus à jouer un rôle moteur dans l'organisation de « partis ». Au-delà du rôle de moyen de communication et de l'activité de production d'idées, un journal est une entreprise et une association politique. Il dispose de bureaux qui ont une fonction importante ; dans ceux de *L'Écho des Alpes maritimes* à Nice, des souscriptions philanthropiques s'organisent et des lettres de protestation ou de soutien sont transmises à la rédaction. C'est aussi un lieu où se tiennent des réunions, notamment pour organiser une candidature à une élection. Mais les bureaux sont aussi un lieu devant lequel les adversaires du journal viennent protester, parfois de manière virulente comme on l'a vu pour la manifestation du 13 juin 1848 contre

4 Cité dans : André-Jean Tudesq, « La presse provinciale de 1814 à 1848 », dans Claude Bellanger, Jacques Godechot, Pierre Guiral, Fernand Terrou (dir.), *Histoire générale de la presse française*, *op. cit.*, p. 191.

L'Écho. Ils sont bien souvent au cœur de l'espace mondain autour duquel s'organise la vie politique, c'est-à-dire à Nice sur ou près du *Corso*. Ce ne sont pas seulement les bureaux du journal ou les principaux lieux de la sociabilité mondaine qui créent une centralité politique, mais aussi la proximité de services comme la poste, cruciale pour un journal, ainsi que de lieux de pouvoir tel que le palais sarde. Il ne faut pas résumer à cet espace toutes les possibilités de l'action politique, néanmoins il permet une synergie qui favorise l'apparition de moyens nouveaux de l'action politique, dans un contexte où les individus ne sont plus dans une relation de soumission totale à l'autorité en place[5]. Les lois d'octobre 1847 et la promulgation du *Statuto* en mars 1848 ont garanti des droits dans le royaume de Sardaigne – libertés de la presse, de réunion, d'association ou encore droit de vote – qui, bien qu'encore restreints, ont permis la mise en œuvre de moyens d'action dont l'un des plus incontournables est le journal.

LE JOURNAL COMME ARME POLITIQUE ET VECTEUR DE POLITISATION

« Un parti sans journal ne nous fait-il pas l'effet d'un monstre acéphale ? », questionne Gabriel Tarde[6]. Il écrit à une époque, la fin du XIXe siècle, à laquelle la pratique d'organiser un courant d'opinion autour d'une institution journalistique est devenue une norme. Celle-ci s'est construite au fil de l'épanouissement de la presse à partir du XVIIIe siècle puis tout au long de l'histoire contemporaine de l'Europe. L'institution journalistique n'est pas qu'un collectif qui produit un discours, elle est aussi un vecteur organisateur et un support d'autres formes de l'action politique collective. Il s'agit finalement de comprendre la relation entre les « deux grandes armes » de l'action politique que nomme Alexis de Tocqueville, à savoir les journaux et les associations[7]. L'étude de *L'Écho des Alpes maritimes* à Nice peut permettre de comprendre comment se noue cette relation dans un moment historique particulier, le « printemps des peuples ». Un notable publiciste, Auguste Carlone, tout en gardant l'anonymat sur les différentes facettes de son action peut désormais se

5 Roger Chartier, *Les Origines culturelles de la Révolution française*, Paris, Seuil, 2000, p. 197 (1e édition : 1990).

6 Gabriel Tarde, *L'Opinion et la foule*, *op. cit.*, p. 26-27.

7 Alexis de Tocqueville, *De la démocratie en Amérique*, *op. cit.*, p. 183.

servir de son journal pour former de comités électoraux et impulser la création d'un cercle. Ces deux modalités de l'action politique, l'une plus exceptionnelle et l'autre plus habituelle, sont complémentaires de la publication d'un journal. Elles sont par commodité étudiées séparément mais il faut bien comprendre qu'elles se recouvrent en partie puisque, le plus souvent, en période électorale le comité s'organise à partir des activités d'un même cercle.

Le journal et le cercle, deux moyens complémentaires de l'action politique

Le poète Charles Baudelaire voyait dans les journaux des « salons de conversation » où se trouvent étalés des objets débattus préalablement par les publicistes dans des lieux de sociabilité (souvent mondains) qu'ils fréquentent, ou bien, à inverse, les futurs sujets des discussions tenues dans ces mêmes lieux[8]. L'écrit s'inspire des échanges oraux tout autant qu'il les suscite. Cette imprégnation réciproque se trouve d'autant plus renforcée que les hommes de presse, comme ceux de *L'Écho des Alpes maritimes*, sont bien souvent des habitués des lieux de la sociabilité mondaine. Le journal accompagne des associations politiques qui se créent, dont l'une des plus prisées par les bourgeoisies européennes est certainement le cercle, incontournable au milieu du XIXe siècle[9]. En informant sur les conditions d'accès, les règles de la participation, les horaires et le lieu des réunions, puis en rendant compte, *a posteriori*, de son activité, les rédacteurs se font organisateurs de rassemblements politiques réguliers qui diffèrent d'autres formes plus extraordinaires, comme le banquet ou le comité électoral.

Dans l'Italie du *Quarantotto*, l'associationnisme politique, pratique clandestine avant les lois libérales, devient courant dans les villes, souvent avec le soutien de journaux créés à partir de microcosmes culturels mondains préexistants[10]. Le cercle fait partie de cette gamme des formes

8 Guillaume Pinson, « Travail et sociabilité. Une œuvre collective », Dominique Kalifa, Philippe Régnier, Marie-Ève Thérenty et Alain Vaillant (dir.), *La Civilisation du journal*, *op. cit.*, p. 653.

9 Maurice Agulhon, *Le cercle dans la France bourgeoise : 1810-1848, étude d'une mutation de sociabilité*, *op. cit.* L'ouvrage demeure une référence incontournable sur ce type de sociabilité très répandu et peu étudié d'une manière aussi approfondie et synthétique à la fois.

10 Enrico Francia, *1848. La rivoluzione del Risorgimento*, *op. cit.*, p. 252-257.

que peut prendre l'activité politique collective, complémentaires les unes des autres et bien souvent socialement déterminées. Même lorsque leurs organisateurs les proclament ouverts sur la société et prétendent convier à la discussion toutes les classes sociales, leur fonctionnement interne concourent à faire de cette promesse un vœux pieux. Les prix de souscription pour participer aux réunions sont au moins aussi élevés, si ce n'est plus, que l'abonnement annuel à un journal (déjà inaccessible pour une large majorité du corps social). Ils contribuent, de la même manière que pour les banquets, parfois organisés à l'initiative de ces cercles, à en faire des rendez-vous quasi exclusivement notabiliaires et masculins. Ainsi, ils se rapprochent beaucoup des journaux, d'autant que comme ces derniers, dans un contexte de libéralisation politique, ils prennent parfois appui sur des créations littéraires ou commerciales préexistantes qui deviennent publiquement politiques.

Le printemps 1848 est un moment de floraison des associations politiques dans le royaume de Sardaigne à la faveur de la proclamation officielle le 4 mars 1848 *Statuto* albertin. Dans son article 32, ce texte constitutionnel consacre le droit de se réunir pacifiquement selon les conditions précisées par une loi ultérieure, finalement adoptée le 29 mars. Dans les semaines qui suivent, des demandes sont transmises au pouvoir depuis les villes du royaume de Sardaigne pour solliciter des autorisations. À Nice, l'initiative intervient dans le courant du mois de mai lorsque se met en place un Cercle de la Fraternité, dont le nom est en lui-même un plaidoyer politique. Le lundi 22 mai 1848, une première réunion de souscripteurs a lieu, à l'initiative notamment des directeurs de *L'Écho des Alpes maritimes* qui font de leur journal l'organe officiel de l'association. Ils annoncent les horaires et les lieux des réunions bihebdomadaires, et livrent, après celles-ci, des comptes-rendus où sont retranscrits les thématiques discutées et des extraits des discours tenus, sans qu'il soit précisé si l'intervenant cité est membre ou non de la rédaction du journal – ce qui permet aux publicistes de jouer de l'anonymat pour valoriser leur action politique. Le nombre de souscripteurs, près de 250, est équivalent à celui des participants au banquet de novembre 1847 et du même ordre que celui des abonnés de *L'Écho*. À Nice au milieu du XIXe siècle, il n'existe pas beaucoup de salles qui ont la capacité d'accueillir autant de personnes. C'est finalement l'hôtel d'York qui est choisi comme lieu de rencontre. Construit au XVIIIe siècle et transformé en hôtel en 1825, cet ancien palais des comtes Spitalieri de Cessole a l'avantage de se trouver en plein cœur de l'espace de la sociabilité mondaine niçoise, sur la place Saint-Dominique, près du *Corso*[11]. Le cercle s'insère donc dans une certaine pratique de l'espace, dans un déjà-là géographique que l'on a pu cerner lors de l'analyse de la création du journal. Les lieux des relations mondaines déjà existants deviennent ceux de la production et de la diffusion des idées ainsi que de l'organisation d'associations politiques[12].

Dès sa création, une telle organisation qui réunit plusieurs centaines de notables de la ville est scrutée de près par les autorités. Un rapport complet est rédigé à l'adresse du ministre de l'Intérieur par l'intendant général Felice de Boccard :

> *Il numero dei socii al di d'oggi è di 250, inquali pella maggiore parte appartengono all'opinione liberale moderata. Il presidente Signore Bonafons è une personna ricca, di molto intelligenza, a professante principii d'ordine e di legalità ; tali principii sono pure quelli dei V. Presidenti, Signori Abbo ed avvocato Montolivo. La retribuzione dei socii è per ora fissata a cento cinquanta per trimestre, di cui due terzi per il fitto del locale, e l'altro terzo per spese di lumi ed altri oggetti di cancelleria. Le adunanze, che si tengono in una vasta sala dell'albergo d'York, nel centro della città, devono aver luogo due volte alla settimana, il lunedì ed il venerdì.*
>
> « Le nombre des sociétaires à ce jour est de 250, lesquels pour la majeure partie appartiennent à l'opinion libérale modérée. Le président Monsieur Bonafons est une personne riche, de grande intelligence, professant des principes d'ordre et de légalité ; de tels principes sont aussi ceux des vice-présidents, Messieurs Abbo et l'avocat Montolivo. La rétribution des sociétaires est pour l'heure fixée à cent-cinquante lires par trimestre, dont les deux tiers pour le loyer du local et l'autre tiers pour les dépenses de lumières et autres objets de chancellerie. Les assemblées, qui se tiennent dans une vaste salle de l'hôtel d'York, dans le centre-ville, doivent avoir lieu deux fois par semaine, le lundi et le vendredi[13]. »

Le compte-rendu est riche d'enseignements sur la manière dont le pouvoir perçoit une telle initiative mais aussi sur le fonctionnement interne du Cercle de la Fraternité. Il en confirme le caractère fortement

11 Luc Thevenon, « York (Hôtel d') », dans Ralph Schor (dir.), *Dictionnaire historique et biographique du comté de Nice*, *op. cit.*, p. 411-412.

12 Se reporter à la carte du *Corso* insérée dans le premier chapitre pour bien situer les lieux, p. 100.

13 ADAM, Fonds sarde, FS 1342, images 360 à 363, Rapport de l'intendant général sur le « Cercle de la Fraternité ».

notabiliaire : outre le fait que les réunions bihebdomadaires se font dans un hôtel mondain proche du *Corso*, c'est surtout le prix de souscription de 150 francs (ou lires) par trimestre, soit 50 francs par mois, donc l'équivalent de deux abonnements annuels à *L'Écho*, qui introduit une exclusion sociale. Cela n'est toutefois pas pour déplaire aux autorités ainsi que nous l'apprend l'intendant général qui se rassure qu'une telle initiative soit si peu démocratique et limitée à des « personnes riches », tel le président Bonafons, ce qui lui apparaît comme une garantie de respect de « principes d'ordre et de légalité ». Ce que l'on percevait déjà dans les autorisations délivrées par la pouvoir lors des demandes pour la création d'un journal se trouve clairement exprimé. Une œuvre politique, quelle qu'elle soit, n'est tolérée que si elle demeure modérée et garde un caractère notabiliaire. Seuls les possesseurs d'un capital économique qui les place dans la partie haute de la hiérarchie sociale sont perçus comme légitimes dans l'action politique puisqu'ils apparaissent pour le pouvoir comme les plus intéressés à un non-bouleversement de l'ordre social.

Les noms qui composent la direction du Cercle de la Fraternité nous sont déjà connus : le président n'est autre qu'Étienne Bonafons, ami proche d'Auguste Carlone et surtout l'un des cofondateurs et actionnaires de *L'Écho des Alpes maritimes* alors que l'un des vice-présidents, Eugène Abbo, est également un actionnaire. L'avocat Auguste Montolivo permet même de faire le lien entre le cercle et le banquet civique du 11 novembre 1847 puisqu'avant d'être vice-président du premier, il a été l'un des deux principaux organisateurs du second. Un banquet qui s'est déroulé sur la Terrasse publique du *Corso* à une centaine de mètres de l'hôtel d'York. Tout cela démontre l'implication de l'entreprise de presse et plus globalement la manière dont un groupe, notabiliaire et masculin, monopolise les initiatives politiques qui s'organisent le plus souvent dans un espace mondain, géographiquement restreint mais central à l'échelle de la ville.

Le Cercle de la Fraternité s'organise. L'annonce d'un bureau directeur, choisi par les sociétaires lors de leur seconde réunion du 24 mai 1848, est faite dans le périodique niçois le 22 du même mois. Cela sort l'initiative de la simple rencontre salonnière habituelle et l'inscrit dans un cadre formel. Maurice Agulhon a bien insisté sur la différence entre une réunion d'habitués dans un salon, un café ou une auberge et l'organisation d'une véritable association politique dont le bureau est validé par les autorités et les séances rendues publiques[14]. Il faut toutefois se garder d'exagérer le degré de formalisation de telles associations. C'est en fonction de ses intérêts propres et non de son seul degré d'engagement dans la vie politique qu'un membre se rend aux réunions. Du fait du nombre important de sociétaires, le cercle, à la manière des clubs anglais dont il s'inspire, est aussi un lieu de loisir et de délassement où l'on vient faire des affaires et échanger des informations commerciales, activités bourgeoises par excellence[15]. Or, dans les comptes-rendus publiés dans *L'Écho des Alpes maritimes*, seules les activités politiques sont mentionnées, ce qui est aussi la marque d'un contrôle de ce qui est rendu public. Les séances donnent lieu à une succession de discours libéraux assez consensuels comme on peut le lire dans le premier compte-rendu relatif aux réunions du Cercle de la Fraternité publié le 31 mai 1848 :

> La dernière réunion du Cercle de la Fraternité, dans la vaste et belle salle de l'hôtel d'York, a présenté le plus vif intérêt. À l'ouverture de la séance, M. Bonafons, président, a prononcé un discours simple et éloquent à la fois : il a particulièrement fait ressortir la nécessité de s'occuper activement des questions d'intérêt local [...]. MM. Arson, Borelly, Navello, Dalmas et Montolivo ont successivement paru à la tribune où chacun d'eux, inspiré par les plus vifs sentiments de patriotisme, a émis des principes politiques et des idées sociales qui ont trouvé un écho sympathique dans tous les cœurs, et mérité les applaudissements de l'assemblée[16].

La description du contenu du discours est pour le moins succincte, l'insistance étant mise, de manière consensuelle, sur les « échos sympathiques » que semblent trouver tous les discours qui donnent lieu à des « applaudissements » nourris. Ceux des membres de la rédaction sont particulièrement mis en avant puisque sont mentionnés le « discours simple et éloquent » d'Étienne Bonafons et les interventions d'Édouard Borelly, le beau-frère d'Auguste Carlone, cofondateur et actionnaire du journal. Jamais il n'est fait mention de l'activité journalistique de ces intervenants, alors même que l'influence de la rédaction de *L'Écho* sur l'activité du Cercle de la Fraternité est avérée, ses membres validant lors d'une réunion du 5 juin 1848 la formalisation de la publication des

14 Maurice Agulhon, *Le cercle dans la France bourgeoise*, *op. cit.*, p. 21-23 et 55.

15 *Ibid.*, p. 32.

16 *L'Écho des Alpes maritimes*, 7 juin 1848.

comptes-rendus dans les pages du journal. Cette réunion a été intéressante puisque François Guisol, qui avait déjà discouru publiquement sur la Terrasse du *Corso* pour le banquet du 11 novembre 1847, y a livré un discours, « *Lu drapèu refusat* » (« Le drapeau refusé »), une nouvelle fois en langue niçoise. Auguste Carlone s'empresse d'en rendre compte le 7 juin 1848. Il évoque une récitation « déclamée avec beaucoup d'âme et couverte d'applaudissements mérités » dont la conclusion s'est faite avec la formule « *Abas lu ligouban !... non ! non lu voulen plus* » (« À bas les crevettes [mot utilisé au sens figuré pour désigner les "rétrogrades"] !... non ! nous ne les voulons plus »)[17]. La référence est parlante pour les notables car elle évoque la polémique avec le gouverneur De Maistre du mois de janvier 1848. Il avait alors refusé aux manifestants le déploiement des drapeaux niçois et italien en s'attirant une grande hostilité de la population envers le gouverneur. La mise en avant de ce discours est un moyen pour les directeurs de *L'Écho des Alpes maritimes* de rappeler leur rôle dans la lutte contre l'ancien gouverneur et témoigne de la manière dont ils utilisent le monopole sur les comptes-rendus de l'activité du Cercle à leur profit politique.

Les premières semaines d'existence de l'association donnent lieu à une activité féconde, le point culminant se situant sans doute à la fin du mois de juin 1848. En effet, c'est à ce moment que s'organise, à l'initiative des membres directeurs, un grand banquet pour célébrer le retour à Nice de Giuseppe Garibaldi. Après sa victoire dans le combat pour l'indépendance uruguayenne, et à la faveur des lois libérales dans le royaume de Sardaigne, celui-ci désirerait rentrer en Italie pour se mettre au service de la lutte patriotique[18]. Ce retour se préparait depuis la venue de ses enfants et de sa femme Anita en mars 1848, laquelle a sollicité l'aide des autorités municipales et de *L'Écho* pour réclamer l'amnistie pour son mari auprès du roi Charles-Albert. En pleine guerre contre l'Autriche au printemps 1848, le souverain n'est pas fermement opposé à la mobilisation de forces républicaines à partir du moment où elles livrent un combat qui peut profiter à ses intérêts dynastiques. Il consent donc à accorder l'amnistie. La nouvelle est accueillie à Nice le 23 mars 1848, au moment de la déclaration de guerre contre l'Autriche.

17 *L'Écho des Alpes maritimes*, 7 juin 1848.

18 Hervé Barelli, « Joseph Garibaldi à Nice, 21-26 juin 1848 », *Nice Historique*, n° 2, 2007, p. 108-110.

Giuseppe Garibaldi traverse alors l'Atlantique et arrive à Nice en juin 1848. Les autorités accueillent froidement la nouvelle, se méfiant de l'homme, qui reste surveillé, ce qui contraste avec l'accueil triomphal et populaire qui lui est réservé par la population[19]. Il se trouve qu'au moment de son arrivée, le 21 juin 1848, la structure politique la plus capable d'organiser un événement durant lequel les notables pourraient rendre un hommage particulier à celui qui est déjà un héros dans sa ville est le Cercle de la Fraternité. Ainsi, le 26 juin, un grand banquet est organisé. Il rappelle celui du 11 novembre 1847, tant par le nombre de convives que par leur origine sociale élevée. L'annonce en est faite dans *L'Écho des Alpes maritimes* du 23 juin, le journal se plaçant encore une fois comme un élément incontournable de l'organisation d'un grand événement politique. La date choisie est celle du 25 juin, et le lieu de sa tenue n'est autre que la salle de l'hôtel d'York dans laquelle se déroulent les séances du Cercle de la Fraternité. Les fondateurs du seul organe de presse niçois, qu'ils aient ou non quitté le journal, sont au centre de l'organisation : Henri Verani-Masin – cofondateur et ancien rédacteur du journal – a même demandé à Auguste Carlone, par l'entremise d'une lettre que celui-ci a conservée, de choisir le cadeau (un sabre) qui serait offert à Giuseppe Garibaldi pour célébrer son retour[20]. Il était courant durant le *Quarantotto* de mettre en avant le sabre ou l'épée, symboles de lutte autant que de fraternisation dans la lutte, à l'occasion de cérémonies d'accueil comme l'est le banquet de juin 1848[21]. Les festivités se veulent consensuelles entre les élites libérales de la ville :

> Hier, à deux heures de l'après-midi, dans la grande salle de l'hôtel d'York, a eu lieu le banquet fraternel que les Niçois ont offert au brave général Garibaldi, et aux vaillants légionnaires, ses compagnons d'exil et de gloire. La salle était pavoisée de drapeaux et ornée de fleurs ; près de 200 convives s'y trouvaient réunis pour fêter l'arrivée du célèbre capitaine qui a consacré sa vie à la défense et au triomphe de la liberté. Après les discours de félicitations prononcés par quelques convives, le général a pris la parole en français et s'est exprimé avec une certaine facilité dans cette langue quoi que depuis 15 ans

19 *Ibid.* p. 112.

20 ADAM, Fonds Carlone, 7 J 35, Lettre envoyée par Henri Verani-Masin à Auguste Carlone concernant la fête pour l'accueil de Giuseppe Garibaldi à Nice.

21 Alessio Petrizzo, « Épées, cocardes, tuniques et poignards : fraternité, violence et appartenances politiques en Italie durant la longue année 1848 », dans Catherine Brice (dir.), *Frères de sang, frères d'armes, frères ennemis. La fraternité en Italie (1820-1924)*, Rome, École française de Rome, 2017, p. 81.

> il ait quitté Nice [...]. Il a profité de l'occasion pour résumer son passé et sa situation actuelle : « Vous savez, a-t-il dit, si je n'ai jamais été partisan des rois, mais puisque Charles-Albert s'est fait le défenseur de la cause populaire, j'ai cru devoir apporter mon concours et celui de mes camarades. D'ailleurs, a-t-il ajouté, une fois que la liberté italienne sera assurée et son sol délivré de la présence de l'ennemi, je n'oublierai jamais que je suis enfant de Nice, et l'on me trouvera toujours prêt à défendre ses intérêts[22] ».

De moindre importance que celui du mois de novembre 1847 (près de 200 convives – ce qui correspond au nombre de membres du Cercle de la Fraternité – contre 350 huit mois plus tôt), ce banquet en diffère aussi parce qu'il n'est pas organisé par les autorités mais par une association politique distincte des pouvoirs institués. Néanmoins, il en reproduit certaines caractéristiques, avec d'abord une succession de discours publics patriotiques et libéraux autour d'une table qui réunit plusieurs centaines de convives. Ensuite, se retrouve aussi la double exclusion, de genre (les femmes ne sont pas présentes à la seule exception de celle du principal convive, Anita Garibaldi) et sociale en vigueur lors de ce type de réunions publiques. Bien qu'ils affirment regretter que « ce banquet, vu l'élévation du prix, n'ait pas été un banquet réellement populaire, où des milliers de citoyens réunis dans une même pensée auraient pu prendre part à la communion de fraternité », les publicistes de *L'Écho des Alpes maritimes* n'ont aucunement œuvré en ce sens[23]. Cela confirme, comme pour le Cercle de la Fraternité, le banquet de novembre 1847 et la rédaction journalistique réunie autour d'Auguste Carlone, le caractère presque exclusivement notabiliaire et masculin des grandes initiatives politiques.

Une nouvelle fois, un événement politique de première importance met en œuvre la participation active de quelques centaines personnes, issues principalement de la bourgeoisie et de la petite noblesse provinciales. Dans ce groupe, il faut évidemment distinguer des comportements plus passifs de l'action de ceux qui occupent une place dominante dans le champ politique local, jouant sur de multiples tableaux, comme Auguste Carlone, directeur de presse, membre actif du Cercle de la Fraternité et coorganisateur du banquet donné en l'honneur de Giuseppe Garibaldi. D'autant que dans le même temps s'organise la vie électorale, qui donne

---

22 *L'Écho des Alpes maritimes*, 26 juin 1848.
23 *Ibid.*

une nouvelle occasion d'investissement politique. L'activité du cercle semble se ralentir au fil des mois et les comptes-rendus disparaître petit à petit à l'été 1848. À la suite de la défaite cinglante contre l'Autriche au mois d'août 1848, le pouvoir royal effectue une reprise en main quelque peu autoritaire et tolère de moins en moins ces grandes associations. Mais l'action politique persiste et elle s'incarne de plus en plus dans le jeu électoral, bien encadré constitutionnellement et plus tolérable pour les autorités. Auguste Carlone et ses collaborateurs ne manquent pas, encore une fois, l'occasion d'exercer leur influence à travers leur journal pour participer pleinement à cette forme nouvelle de lutte politique qu'est l'élection.

Faire d'un lectorat un électorat

Il n'est pas anodin de constater qu'historiquement une presse relativement libre apparaît généralement à la même période qu'un Parlement – entendu non dans son sens d'Ancien Régime mais comme organe représentatif détenteur de tout ou partie du pouvoir législatif et parfois d'une prérogative de contrôle de l'exécutif. L'Angleterre en cela a été le modèle historiquement précurseur. L'histoire de la transformation du Parlement comme tribunal en organe politique représentatif suit la même chronologie que celle de l'émergence d'une première presse politique, la vie parlementaire et la vie journalistique connaissant un grand épanouissement au cours du XVIIIe siècle anglais. La presse a un lien fort avec l'existence d'assemblées législatives (elle diffuse et discute publiquement les textes et les discours) ; elle contribue aussi à définir des problèmes publics en essayant de les imposer au Parlement, lieu d'un « consensus organisé » ou d'un « dissensus réglé » où les problèmes se résolvent d'une manière officielle[24]. C'est une institution qui contribue sans cesse à sa propre mystification (par la mise en scène des débats) à laquelle participent aussi les journaux en publiant des comptes-rendus de son activité.

La promulgation du *Statuto* constitutionnel du 4 mars 1848 et de nombreuses lois, prises avant et surtout après son entrée en vigueur, ont introduit dans le royaume de Sardaigne un système électoral à la fois municipal et étatique. Une grande campagne de presse qui a poussé le

24 Pierre Bourdieu, *Sur l'État*, *op. cit.*, p. 590-591.

roi à aller dans ce sens au cours de l'hiver 1847 et 1848. Cependant, celui-ci a réussi à garder la main sur les mesures prises. Ainsi, malgré une certaine démocratisation, le système sarde, comme beaucoup de régimes politiques de l'Europe du milieu du XIXe siècle, possède une forte composante oligarchique, à l'image de ce qui a été fait avec les lois sur la presse. Le *Statuto* albertin instaure un régime représentatif bicaméral reposant essentiellement (dans sa représentativité) sur la Chambre des députés. Son élection est règlementée par la loi électorale du 17 mars 1848, prise sous la responsabilité du nouveau gouvernement dirigé par Cesare Balbo, qui prévoit un scrutin uninominal sur la base d'un suffrage censitaire. Elle fixe pour le vote un âge minimum de 25 ans et un cens de 40 francs d'impôt direct annuel, abaissé à 20 francs pour les provinces de Nice et de Savoie[25]. De même que dans la loi sur la presse de la fin du mois d'octobre 1847, lorsque le cautionnement avait été fixé par une dérogation à 2 000 francs (au lieu des 3 000 francs pour d'autres provinces), le gouvernement prend en compte la plus grande pauvreté de ces régions afin de garantir un nombre d'électeurs qui soit relativement proportionnel, preuve de la conscience dans la capitale de la situation de ces provinces[26]. Dans la ville de Nice, Auguste Carlone et Victor Juge profitent de leur monopole de presse pour s'organiser pour les campagnes électorales à venir. Les élections introduisent une lutte concurrentielle publique entre ceux qui sollicitent les suffrages, ce qui a pour effet de créer une sorte de marché politique dans lequel les propriétaires de journaux disposent de la capacité à promouvoir telle ou telle candidature. Des articles explicatifs sont publiés à l'occasion de chaque élection afin d'inviter au vote ceux qui sont dotés de ce droit civique, en orientant les lecteurs vers les candidats choisis. Faire connaître les règles et les droits est l'une des actions les plus importantes des journaux, ce qui leur impose une bonne connaissance des textes qui leur donne un avantage considérable pour organiser les campagnes électorales. Le plus complet des articles publiés dans *L'Écho des Alpes maritimes* est celui du 28 novembre 1849 qui donne un résumé limpide de l'organisation du

25 Mario Riberi, « La représentation du Pays niçois à la Chambre du royaume de Sardaigne. Système électoral, activité parlementaire et personnages », *Cahiers de la Méditerranée*, n° 96, 2018, p. 154-155.

26 Hervé Barelli, « Les premières élections législatives dans la province de Nice, 1848-1850 », *Nice Historique*, n° 1, 1997, p. 20-23.

vote législatif dans la province de Nice[27]. Le corps électoral se partage en cinq collèges élisant chacun un député, dont deux pour la seule capitale de division (Nice I, rive gauche du Paillon, 660 électeurs, et Nice II, rive droite, avec Villefranche, la Trinité-Victor et Contes, 463 électeurs)[28], un pour Sospel (sections de Sospel, Tende et l'Escarène, 724 électeurs)[29], un pour Utelle (sections d'Utelle, de Saint-Étienne et de Levens, 741 électeurs)[30], et enfin un pour Puget-Théniers (sections de Puget-Théniers, de Guillaumes et de Villars, 770 électeurs)[31]. Ainsi, lors des élections législatives ce sont un peu moins de 3 400 électeurs qui sont appelés aux urnes. Dans une province qui compte près de 120 000 habitants, cela correspond à un total d'environ 3 % de la population. À l'aune de ce chiffre, qui donne une idée de la dimension toute relative de la représentativité de l'électorat, l'on mesure le caractère limité démocratiquement des réformes albertines. Et les directeurs de *L'Écho des Alpes maritimes* s'intègrent pleinement dans ces classes possédantes qui ont localement une maîtrise totale de tout le jeu électoral (municipal, provincial, et législatif) tel qu'il se met en place en 1848.

Auguste Carlone, Victor Juge et Hippolyte de Rangouse s'évertuent à chaque élection à rédiger des articles pour inciter au vote. Cependant, en 1848, dans la province de Nice, les taux de participation sont régulièrement en dessous de 50 % pour les échéances législatives (moins de 1 700 votants sur près de 3 400 électeurs potentiels). Lors des premières élections législatives en 1848, ils prennent l'initiative de publier, durant tout le mois d'avril, des articles pour donner les modalités d'inscription

27 *L'Écho des Alpes maritimes*, 28 novembre 1849. C'est de ce numéro que proviennent les chiffres évoqués.

28 On compte 217 électeurs pour le mandement de Contes et la commune de la Trinité-Victor, et 246 électeurs pour Nice et le mandement de Villefranche.

29 On compte 274 électeurs pour le mandement de Sospel (moins la commune de Breil), 219 électeurs pour le mandement de Tende avec la commune de Breil et 231 électeurs pour le mandement de l'Escarène.

30 On compte 294 électeurs pour le mandement d'Utelle et le mandement de Saint-Martin de Lantosque (moins les communes de Val-de-Blore et de Venanson), 227 électeurs pour le mandement de Saint-Étienne avec les communes de Val-de-Blore et de Venanson et 220 électeurs pour le mandement de Levens.

31 On compte 239 électeurs pour le mandement de Puget-Théniers avec les communes de Pierre-feu, Roquesteron, Sigale, Saint-Antonin et Cuébris, 259 électeurs pour le mandement de Guillaumes, et enfin 272 électeurs pour le mandement de Villars et celui de Roquesteron (moins les communes de Roquesteron, Pierre-feu, Sigale, Saint-Antonin et Cuébris).

au scrutin (2 et 26 avril) et présenter les candidatures en insistant sur l'importance des élections (9 et 13 avril). Mais la pratique électorale n'est pas ancrée dans les habitudes, l'abstention est forte, et parfois par choix, par exemple celui d'une opposition des élites traditionnelles à la mise en place d'un système représentatif. De plus, le mode de scrutin ne favorise pas la participation, avec une répétition des votes à chaque fois que le *quorum* n'est pas atteint ce qui a pour effet de rendre les opérations électorales fastidieuses. À cela s'ajoute la conscience parmi les élites de la province de Nice du faible poids des représentants du pays niçois à la Chambre, avec seulement cinq députés sur plus de 200, soit moins de 3 % de la représentation (alors que la Savoie par exemple en dispose de 22). Cela est toutefois proportionnel au poids de la population du pays niçois dans le total démographique du royaume de Sardaigne, avec environ un pour environ 25 000 habitants selon la base définie par le gouvernement[32].

Dans ce contexte démobilisateur, la possibilité de disposer d'un outil politique permettant de fédérer derrière un candidat une partie d'un lectorat notabiliaire qui remplit les conditions de cens, joue en faveur d'Auguste Carlone et de ses associés. L'appel à la mobilisation que réalise un journal est une manière de transformer un lectorat en électorat, de le mobiliser selon un certain comportement politique (le vote) et dans une certaine direction (pour une candidature choisie). Encore une fois, ce qui différencie la presse des autres moyens de l'action politique est que, tout en étant un moyen autonome pour agir politiquement, elle est complémentaire voire indispensable aux autres modes d'action. Elle peut servir de point d'appui pour la création et le fonctionnement d'une association politique (tel un cercle), la préparation d'un banquet, l'organisation d'une manifestation ou d'un comité électoral. Le lien à distance (par la communication) en fait un outil qui donne la possibilité de faire agir dans un même sens des individus qui ne se connaissent pas nécessairement et qui sont dispersés dans l'espace. De plus, le journal, tout en servant de moyen pour œuvrer à la victoire d'un candidat, permet aussi de rendre compte des travaux et discours parlementaires, donc d'exercer un contrôle sur les élus.

32 Mario Riberi, « La représentation du Pays niçois à la Chambre du royaume de Sardaigne. Système électoral, activité parlementaire personnages », *Cahiers de la Méditerranée*, n° 96, 2018, p. 155-156.

L'objectif du présent développement n'est pas d'étudier exhaustivement toutes les échéances électorales qui se déroulent à Nice et dans le territoire de la province, ni de s'étendre longuement sur l'activité parlementaire des élus[33]. L'analyse se concentre plutôt sur des moments qui dévoilent la manière dont notables publicistes du milieu du XIXe appréhendent le jeu électoral et s'y insèrent, parfois personnellement. Auguste Carlone et ses collaborateurs ont pour premier objectif de faire vivre des candidatures, en s'opposant le cas échéant à celles promues par le pouvoir. En effet, si la Couronne a dû concéder une constitution, elle entend avoir la mainmise sur les élections, notamment en offrant un soutien officiel à des candidats. Une fois encore, ce sont les journaux qui s'affirment comme les contre-pouvoirs les plus structurés. Un exemple permet de le constater. Au début du mois d'octobre 1848 s'organise une élection législative partielle dans le collège d'Utelle, dans un arrière-pays niçois où la noblesse terrienne demeure bien implantée, donc où les notables libéraux urbains ont moins d'influence que dans la ville de Nice et ses proches alentours. Néanmoins, les publicistes niçois cherchent à mobiliser leur capital politique, acquis grâce au journal qui se diffuse aussi dans les vallées montagnardes, pour mener une offensive contre la candidature d'Octave Thaon de Revel, le ministre des Finances de Charles-Albert depuis 1844. L'échéance électorale se déroule à l'automne 1848, dans un contexte marqué par la défaite cinglante contre l'Autriche, à un moment où le pouvoir royal a opéré un tournant quelque peu autoritaire qui a clos la période libérale du printemps. Mener l'opposition face à une telle personnalité gouvernementale n'est en rien aisé. Bien qu'il ne fût pas, en octobre 1847, parmi les plus fervents partisans de la monarchie absolue dans l'entourage royal, approuvant même la nécessité de réformes, Thaon de Revel s'était toutefois opposé à l'octroi de la liberté de la presse dans la forme prévue par la nouvelle loi. De même, en mars 1848 il n'a signé le *Statuto* qu'avec « l'amertume dans le cœur et la honte sur le front » comme il l'écrit dans une lettre envoyée au marquis Vincenzo Ricci, son futur remplaçant au ministère des Finances dans le gouvernement Gioberti qui se met en place le 16 décembre 1848[34]. C'est comme représentant

33 Pour cela on peut se référer au travail complet et récent de Mario Riberi : *Les députés du pays niçois à la Chambre subalpine de Turin (1848-1860). Un itinéraire historique et juridique*, Nice, ASPEAM/Serre, 2019.

34 Simonetta Tombaccini, *La vie de la noblesse niçoise : 1814-1860*, *op. cit.*, p. 224.

d'un courant conservateur qui n'a abandonné l'ordre ancien qu'avec réticence qu'il se présente aux élections législatives dans le collège électoral d'Utelle le 30 septembre 1848. L'avocat Jean-Baptiste Barralis, élu lors de la première échéance le 27 avril, a opté pour Sospel au moment de l'ouverture officielle de la législature le 8 mai. Une nouvelle élection doit donc se tenir. La victoire assez nette des libéraux a été assez nette au printemps. Mais les élites les plus conservatrices, déjà affaiblie par l'éviction du gouverneur De Maistre en février 1848, entendent réagir en investissant le jeu électoral[35]. Alors émerge l'idée d'une candidature incarnant une certaine défense de l'ordre ancien, contre le triomphe des libéraux. C'est l'origine du choix d'Octave Thaon de Revel. Il ne prend qu'un risque mineur en se présentant dans un collège de montagne où sa famille est implantée de longue date et possède un nom reconnu où l'électorat est composé d'une noblesse terrienne moins réceptive aux idées libérales de la bourgeoisie urbaine qui lit *L'Écho des Alpes maritimes.* Il bénéficie aussi du soutien des ecclésiastiques locaux. De plus, sa position de ministre lui assure une considération autrement plus importante que celle de de son principal adversaire soutenu par *L'Écho des Alpes maritimes.* La désignation ce dernier a d'ailleurs été le fruit d'une implication personnelle de la part d'Auguste Carlone.

Alors qu'approche l'échéance électorale, le 27 septembre 1848 une lettre est envoyée par l'abbé Thaon depuis Utelle au principal directeur de *L'Écho.* Elle est une réponse à un premier courrier, désormais perdu, qui nous apprend que Carlone cherche par tous les moyens à contrer la candidature d'Octave Thaon de Revel. L'abbé Thaon (aucun lien de parenté avec le premier), personnalité reconnue du clergé de la province, installé à Utelle après quelques déboires à Nice, semble s'être vu proposer une candidature par Auguste Carlone, qui voulait choisir un candidat résidant sur place. Celui-ci lui promettait un appui de *L'Écho des Alpes maritimes* s'il se présentait contre le ministre. Cependant, peu enclin à une telle aventure, l'abbé Thaon oppose à la proposition un refus clair mais courtois en invoquant son âge qui ne lui permet « guère d'offrir à son pays autre chose que quelques sympathies et des vœux pour son bonheur[36] ». Il ne veut s'attirer l'hostilité du directeur du seul journal

35 *Ibid.*, p. 221.

36 ADAM, Fonds Carlone, 7 J 34, Lettre envoyée depuis Utelle par l'abbé Thaon à Auguste Carlone, 27 septembre 1848.

politique de la province de Nice et prend le prétexte de son âge pour refuser la candidature. Cependant, la réalité est que sa faveur va à celle du ministre – ce dont il est récompensé après l'élection puisqu'il est fait président du Collège national de Nice qui remplace le Collège royal[37]. Des intérêts qu'il s'est bien gardé de dévoiler dans sa réponse à Auguste Carlone :

> Pour ce qui est de la candidature de M. De Revel, je ne pense pas, Monsieur, qu'elle soit aussi assurée qu'on peut le croire à Nice [...]. Au reste, M. De Revel, n'a aucun rapport avec ce pays (j'ignore s'il en a quelqu'un avec les communes de la vallée) et il est bien certain que nos électeurs n'auraient jamais eu seulement la pensée de s'élever jusqu'à Son Excellence si l'option de M. Barralis pour le collège de Sospel, en laissant celui d'Utelle dans l'embarras, ne l'eut mis dans le cas de devoir saisir à la volée un brave nom [...]. Quant à moi, je ne pourrai pas me mêler de ces sortes d'affaires, ayant aussi pris dès le commencement la résolution (en cela pour les motifs que vous apprécierez vous-même s'ils vous étaient connus) de ne prendre aucune part aux assemblées électorales, comme je l'ai fait chaque fois, en m'absentant même tout expressément du pays lors de l'élection de Messieurs Barralis et De Revel[38].

La lettre semble confirmer une certaine passivité de la part des membres du corps électoral qui explique les chiffres importants de l'abstention. Dans ce contexte de faible mobilisation, la candidature d'Octave Thaon de Revel, peu investi dans les affaires de sa province d'origine, pourrait être affaiblie. Cependant, c'est là sous-estimer l'aura du ministre qui a fait sa carrière à Turin mais dont la famille est anciennement implantée dans le comté de Nice, particulièrement à Lantosque, le village voisin d'Utelle. Il s'agit d'une famille de robins dont la noblesse relativement récente (XVIIe siècle) ne doit pas tromper quant à la place qu'elle occupe au XIXe siècle dans la haute société nobiliaire du royaume de Sardaigne. Octave Thaon de Revel est grand cordon de l'Ordre des Saints-Maurice-et-Lazare – l'une des décorations les plus prestigieuses. S'opposer à un tel personnage est une chose difficile, d'autant plus avec le refus de Thaon. Les publicistes ne sont qu'un contre-pouvoir, ils organisent une opposition et n'ont pas la capacité de promettre des gratifications telles en échange d'un soutien. La candidature du ministre Thaon de Revel est finalement victorieuse. Mais l'élection a

37 Simonetta Tombaccini, *op. cit.*, p. 225.
38 *Ibid.*

montré la détermination des publicistes à s'insérer dans le jeu électoral ainsi qu'à y déployer des capacités d'action. En effet, après la défection de Thaon ils ont tout de même réussi, dans l'urgence, à organiser une autre candidature. Celle-ci est portée par Joseph Lions, un capitaine des bersagliers (armée royale sarde), soutenu aussi par le député Benoît Bunico, fondateur du *Circolo nazionale* en septembre 1848, qui promeut des idées libérales[39]. Malgré la défaite à Utelle, ce que l'on constate au cours des premières échéances législatives de l'histoire du royaume de Sardaigne, c'est la force politique dont jouissent les journaux. Les premières élections législatives ont consacré une large victoire du camp libéral : les élus de Nice I (Benoît Bunico) Nice II (Dominique Galli), Sospel (Jean-Baptiste Barralis) et Puget-Théniers (Barthélémy Leotardi) ont tous été soutenus par *L'Écho des Alpes maritimes*.

L'implication journalistique se poursuit en 1849 lorsque se déroulent pour la première fois les élections municipales selon la nouvelle réforme ainsi qu'une nouvelle législative après la dissolution de la Chambre des députés. Le 17 janvier 1849, comme pour chaque campagne électorale, les publicistes s'appliquent à dévoiler la liste des candidats qu'ils soutiennent. Pour le collège de Puget-Théniers, ils renouvellent leur appui à Barthélémy Leotardi. Lorsqu'ils ont du mal à susciter des candidatures qui portent leurs idées républicaines et francophiles, les publicistes niçois s'accommodent du patriotisme italien de leurs potentiels alliés à condition qu'ils s'affirment comme des défenseurs des intérêts de leur « petite » patrie. Une position facilitée par leur adhésion à la lutte nationale italienne, pensée comme extérieure mais réelle et animée par un sentiment de fraternité quarante-huitarde. Le 13 décembre 1848, Auguste Carlone et ses collaborateurs relaient un article de *La Democrazia italiana*, quotidien démocrate de Turin sur la même position d'opposition frontale au gouvernement. Il est une émanation du *Circolo nazionale* de la capitale qui est en lien avec celui éponyme, éphémère, fondé à Nice par Benoît Bunico qui a appuyé la même candidature que les publicistes de *L'Écho* contre le ministre Thaon de Revel à Utelle à l'automne 1848[40]. « Le député de Puget-Théniers, M. Leotardi, n'est pas inféodé à la politique du ministère », précise Auguste Carlone pour

39 *Ibid.*, p. 225.

40 Franco Della Peruta, *Il giornalismo italiano del Risorgimento*, *op. cit.*, p. 90 ; Simonetta Tombaccini, *op. cit.*, p. 225.

justifier le soutien du journal[41]. De même ils appuient un autre député, Benoît Bunico, en saluant le « talent et l'énergie dont il a fait preuve à la tribune, en défendant contre le ministre des finances nos droits et nos franchises, c'est-à-dire la question vitale du pays[42] ». Auguste Carlone, comme le prouve sa correspondance avec Henri Verani-Masin, cofondateur et ancien rédacteur de *L'Écho des Alpes maritimes*, avait contribué en avril 1848 à l'organisation de la candidature de Benoît Bunico dans le premier collège de Nice[43]. Il s'agit pour lui de favoriser l'élection de candidats qui sont présentés comme défendant les intérêts matériels du pays niçois. Avec ses collaborateurs, ils s'assurent par les comptes-rendus de l'activité parlementaire, que les députés soutenus relaient à la Chambre les doléances sur le manque de moyens pour les routes, les services postaux et les écoles dans la province de Nice. Des réclamations auxquelles le ministre des Finances Thaon de Revel a déjà répondu sèchement en novembre 1848 en arguant que, comme ministre des Finances, particulièrement dans un temps d'austérité, il ne pouvait les accepter[44]. Auguste Carlone et ses collaborateurs, en fervents opposants à la politique gouvernementale, ont alors riposté avec l'arme des journalistes dans un article intitulé « Le comte de Revel et le comté de Nice » publié le 1er décembre 1848 :

> La séance de la Chambre des Députés du 25 novembre a été fatale aux intérêts de Nice et nous ne saurions passer sous silence les étranges assertions du ministre des finances, M. de Revel, qui représente, sans le connaître, un des collèges électoraux de notre province. Chacun de nous sait dans quel triste abandon nos communes de la montagne languissent, tant sous le rapport des améliorations matérielles qu'on semble prendre plaisir à négliger, que sous celui de l'instruction publique dont les résultats sont de la plus complète nullité [...]. Nous n'attendions rien d'un ministre qui a servi tous les ministère déchus[45].

Dans le numéro suivant, la critique se fait encore plus cinglante. Auguste Carlone qualifie le ministre d'« homme de la vieille cour mal converti aux idées libérales » auquel il n'a jamais trouvé « le moindre

41 Article de *La Democrazia italiana* reproduit dans *L'Écho des Alpes maritimes*, 13 décembre 1848.
42 *L'Écho des Alpes maritimes*, 4 décembre 1848.
43 ADAM, Fonds Carlone, 7 J 35, Note envoyée par Henri Verani-Masin à Auguste Carlone.
44 Mario Riberi, *Les députés du pays niçois à la Chambre subalpine de Turin (1848-1860)*, *op. cit.*, p. 128.
45 *L'Écho des Alpes maritimes*, 1er décembre 1848.

mérite, soit comme homme d'État, soit comme administrateur, encore moins comme ministre des Finances, quoique ses amis prônent sa capacité financière comme la plus éminente de l'État[46] ». La critique est virulente et elle montre bien le degré de liberté qui existe pour la presse dans le royaume de Sardaigne. Jamais un tel article n'aurait pu circuler librement avant 1847. Le jeu électoral se lie à la presse pour animer une vie politique dans laquelle il existe une vraie opposition au gouvernement.

S'ils peuvent suivre opportunément des candidatures, les hommes de presse aiment aussi affirmer leur indépendance. Ils essaient d'user de leur pouvoir médiatique pour influencer le jeu électoral selon les intérêts de leurs directeurs. Ainsi, Auguste Carlone et ses collaborateurs après avoir appuyé le député de Sospel Jean-Baptiste Barralis lors de sa première élection en avril 1848, malgré des divergences sur les questions de nationalité, lui retirent tout soutien pour la nouvelle élection législative de janvier 1849. En suivant ses interventions et ses votes à travers les comptes-rendus parlementaires, ils l'ont jugé trop favorable à l'action du gouvernement. Ayant bien conscience du poids du journal dans la vie politique niçoise, Jean-Baptiste Barralis a très vite cherché à répondre à ces attaques, mais il n'a pu le faire dans les colonnes d'un journal local puisque *L'Écho* jouit d'un monopole journalistique. Ainsi, c'est par une lettre envoyée à *La Concordia* de Turin, à la mi-décembre 1848, qu'il riposte. Le journal de Lorenzo Valerio l'appuie en « assurant [...] qu'il a voté franchement et constamment avec les députés qui forment actuellement l'opposition[47] ». L'article reprend les éléments avancés par Jean-Baptiste Barralis dans sa lettre à la rédaction turinoise mais il ne semble guère convaincre Auguste Carlone et Victor Juge[48]. Ceux-ci s'empressent d'y répondre le 15 décembre 1848. « M. Barralis marchait-il donc avec l'opposition quand par deux fois il a soutenu à Utelle la candidature de M. Thaon de Revel[49] ? », questionnent-ils. L'enjeu pour les publicistes niçois est double : il s'agit d'abord de peser sur les députés locaux en leur faisant sentir qu'ils contrôlent leur travail parlementaire ; il leur faut, ensuite, s'affirmer dans le champ journalistique du royaume

46 *L'Écho des Alpes maritimes*, 4 décembre 1848.

47 *L'Écho des Alpes maritimes*, 15 décembre 1848. Le numéro contient la traduction en français de l'article de *La Concordia* du 12 décembre ainsi que la réponse à cet article.

48 *Ibid.*

49 *Ibid.*

de Sardaigne en n'hésitant pas à aller contre les autres journaux, notamment de Gênes et Turin.

Pour les élections de janvier 1849, les directeurs de *L'Écho des Alpes maritimes* aimeraient transformer leur journal en une véritable machine électorale. L'enjeu n'est pas seulement de faire échouer la réélection d'Octave Thaon de Revel ou de Jean-Baptiste Barralis, mais d'impulser des candidatures de notables liés à la rédaction. Leurs choix se portent vers Léon Brunier et Joseph Chenal deux députés de Savoie qui partagent leurs convictions puisqu'ils sont aussi partisans d'une annexion des provinces de Nice et de Savoie à la France. Ils sont soutenus par le « parti » français de leur région, notamment par les journaux amis de *L'Écho* que sont le *National savoisien*, le *Patriote savoisien* et *Le Chat*. Ces propositions ont toutefois un caractère plus symbolique que réaliste, les deux hommes n'ayant aucun ancrage local à Nice. Il s'agit surtout d'adresser un message de « fraternité » pour mettre en avant des « sentiments d'amitié » noués avec leurs alliés de Savoie comme l'explique l'éditorial du 19 janvier 1849[50]. Cependant, le motif de fraternité cache mal le caractère minoritaire de leurs idées francophiles qui rend difficile aux directeurs de *L'Écho des Alpes maritimes* la possibilité de trouver des candidats parfaitement alignés avec leurs opinions. D'autant qu'ils refusent de mener personnellement la lutte électorale, comme ils l'expliquent dans un article du 9 juin 1848 à l'occasion de la première échéance législative. Auguste Carlone et Victor Juge disent refuser une telle « mission » qui « n'est pas un fardeau léger » en faisant valoir leur attachement « à la glèbe », au « terroir » qui leur fait attribuer « une bien plus grande portée à l'élection [des] conseillers municipaux[51] ». Au-delà de cette affirmation municipaliste, qui leur permet opportunément de se mettre en avant comme défenseurs de leur « petite » patrie, c'est surtout une conscience du peu d'influence des députés niçois à la Chambre et la contrainte de vivre à Turin qui les poussent à se « tenir personnellement à l'écart de toute ambition parlementaire[52] ». Mario Riberi a bien montré combien il est difficile pour les députés, du fait de la faiblesse des voies de communication entre Nice et Turin, d'exercer leur fonction sans se trouver à plein temps dans la capitale du royaume

50 *L'Écho des Alpes maritimes*, 19 janvier 1849.
51 *L'Écho des Alpes maritimes*, 9 juin 1848.
52 *L'Écho des Alpes maritimes*, 9 juillet 1849.

de Sardaigne[53]. Il faudrait à Auguste Carlone ou Victor Juge abandonner leur activité journalistique à Nice. Ils s'y refusent car les exemples de journaux disparus à la suite d'ambitions parlementaires de leurs directeurs ne manquent pas – et ils les relatent parfois. Le 6 décembre 1848, un article est consacré à *La Patria*, journal de Florence qui vient de cesser de paraître car « ses fondateurs, à leur entrée dans la vie publique en qualité de députés » ont dû « abandonner la direction et la rédaction du journal », ce qui lui a été fatal[54]. Auguste Carlone et Victor Juge font, pour leur part, le choix de la presse, ce qui les oblige à chercher en dehors de la rédaction des candidats à soutenir.

Les élections de janvier 1849 posent aux directeurs de *L'Écho* d'importantes difficultés. Refusant de se lancer personnellement, ils se concentrent sur le soutien apporté à un candidat proche de la rédaction et qu'ils avaient déjà soutenu en avril 1848 : Dominique Galli. L'avocat niçois, ami d'Auguste Carlone, avait aidé celui-ci à monter juridiquement la société par actions de *L'Écho des Alpes maritimes*, sans toutefois en devenir actionnaire. Ces affinités privées sont dissimulées dans les publications, à l'inverse de la proximité politique. Le 22 janvier 1849 Auguste Carlone publie un article pour affirmer son soutien à un candidat de la « même nuance d'opinion » que le journal[55]. Cet appui public est aussi une manœuvre politique dont la finalité est dévoilée par une autre échéance électorale concomitante. En effet, à la fin du mois de janvier 1849, alors que Dominique Galli s'assure le renouvellement de son mandat de député, s'organise la première élection municipale, pour laquelle il s'engage de concert avec Auguste Carlone. L'organisation d'une première démocratie municipale a mis du temps à se concrétiser. Le 27 novembre 1847, une nouvelle loi définissait un principe électif pour les communes similaire à celui instauré en France en 1831. Celui-ci a longuement été analysé par les directeurs de *L'Écho des Alpes maritimes* dans deux articles publiés les 19 et 26 janvier 1848. Ils se félicitent de l'évolution. Toutefois, elle tarde à se mettre en place et il faut attendre la loi du 7 octobre 1848 pour que soit clairement définie l'élection des

53 Mario Riberi, *Les députés du pays niçois à la Chambre subalpine de Turin (1848-1860)*, *op. cit.*, p. 125-205. Voir particulièrement le chapitre II de la deuxième partie : « Travail législatif et débats parlementaires sur le réseau routier, le port-franc, le chemin de fer et l'annexion de Nice à la France ».

54 *L'Écho des Alpes maritimes*, 6 décembre 1848.

55 *L'Écho des Alpes maritimes*, 22 janvier 1849.

conseils municipaux et des syndics (équivalents des maires) au suffrage censitaire, pour une première échéance électorale prévue au début de l'année 1849. L'ancien système donnait tout le loisir au roi de choisir les responsables municipaux, notamment le premier consul ; une manière de récompenser des élites fidèles. Le nouveau laisse place à un premier magistrat municipal plus indépendant qui n'est plus choisi par le roi et n'a plus à se soumettre à la tutelle d'un gouverneur, dont les prérogatives politiques ont été récupérées sous une forme atténuée par un intendant général.

En janvier 1849, la première élection municipale selon la nouvelle formule s'organise. La loi prévoit que dans les villes de plus de 15 000 habitants, ce qui est le cas de Nice, les électeurs soient d'abord le premier pourcent des contribuables les plus imposés de la cité auquel s'ajoutent des fonctionnaires, civils et militaires, et des « détenteurs du savoir » comme les avocats, les médecins, les pharmaciens ou les professeurs[56]. Le modèle est caractéristique des systèmes censitaires-capacitaires qui se mettent en place dans les États italiens durant le *Quarantotto*. La définition oligarchique de l'électorat est mâtinée par une place faite aux capacités, principalement aux professions libérales. Les électeurs votent pour le conseil municipal qui élit le syndic (qui remplace le premier consul) et par la suite ne se réunit dans son ensemble que semestriellement. Dans la gestion quotidienne des affaires, le syndic est assisté par un conseil restreint de plusieurs vice-syndics qui siège régulièrement. C'est en connaissance de ce fonctionnement et des règles électorales qu'Auguste Carlone se lance dans l'élection municipale en janvier 1849. La candidature principale n'est pas la sienne, mais celle de Dominique Galli qui entend devenir syndic en plus de son mandat de député. Ce dernier l'éloigne nécessairement de Nice ; il a donc besoin d'un vice-syndic influent, en qui il a confiance, qui n'a aucune ambition législative et entend demeurer quotidiennement à Nice. Et la personne idéale de son entourage pour cela n'est autre qu'Auguste Carlone qui remplit tous les critères. Il est alors nommé comme premier vice-syndic (le plus important des cinq qui assistent le syndic à Nice) après l'élection de Dominique Galli. Cette opération réfléchie et réussie consacre la

56 Olivier Vernier, « Les réformes institutionnelles de Charles-Albert (1847-1848) », *Nice Historique*, n° 1, 1997, p. 11. Voir aussi : Sylvain Milbach, *L'éveil politique de la Savoie, 1848-1853*, *op. cit.*, p. 95-96.

mainmise de la rédaction de *L'Écho des Alpes maritimes* et de ceux qui en partagent les tendances sur la vie politique municipale. Elle permet à Auguste Carlone, sans s'exposer publiquement, de combiner la position d'élu, importante au niveau municipal, avec celle de directeur de presse. Depuis leur participation commune au banquet civique de novembre 1847, les deux hommes n'ont cessé de s'apporter un soutien politique mutuel, qui perdure en 1849. Après la victoire municipale, ce sont les élections législatives concomitantes qu'ils entendent influencer.

Dans les comités électoraux organisés régulièrement par la rédaction de *L'Écho*, et qui rassemblent notamment les rédacteurs et les actionnaires, Dominique Galli figure en bonne place. Les réunions de ces comités, mis en place dans les deux ou trois semaines précédant l'élection, avec une périodicité bihebdomadaire, se tiennent le plus souvent dans les bureaux du journal qui deviennent pour l'occasion de véritables locaux de campagne, comme on peut le lire dans cette annonce du 28 novembre 1848 :

> Aux électeurs :
> À partir de demain jeudi 29 novembre, il sera formé dans nos bureaux un Comité électoral dont les séances auront lieu les jeudis et les dimanches des deux semaines qui précèdent les prochaines élections, de 2 à 5 heures de l'après-midi[57].

Une fois le comité organisé par la rédaction et les candidats choisis, la rédaction de *L'Écho des Alpes maritimes* entre en action pour soutenir les candidatures, qu'elles soient législatives ou municipales. La double élection de Dominique Galli, en tant que syndic et député, montre une organisation qui permet de peser sur le jeu politique. Au-delà de la réussite des campagnes électorales, un événement atteste bien du fait qu'Auguste Carlone a trouvé un allié politique de confiance. À la fin du mois d'août 1849, alors que ce dernier est souffrant, il est contraint de se rendre dans un établissement de Saint-Dalmas-de-Tende pour se soigner. Délaissant son poste de premier vice-syndic pour une période significative de plusieurs semaines, la question de son remplacement commence à se poser et l'on presse le syndic de trouver un remplaçant. Cependant, dans une lettre du 31 août, Dominique Galli lui assure qu'il ne le remplacera pas et attendra

57 *L'Écho des Alpes maritimes*, 28 novembre 1849.

son retour en forme pour que puisse se poursuivre leur collaboration[58]. Grâce à ce soutien qui n'était en rien facile à assumer pour le syndic, le principal directeur de *L'Écho des Alpes maritimes* conserve ses prérogatives de premier vice-syndic. De même, quelques mois plus tard, en février 1850, Dominique Galli s'oppose une nouvelle fois à l'intendant général Alessandro Radicati di Marmorito qui réclame depuis janvier l'éviction d'Auguste Carlone du vice-syndicat, ce qu'il refuse de manière catégorique avant d'informer son collaborateur de cette manœuvre dans une lettre du 17 février 1850[59]. Cette solidarité politique sans faille permet au syndic de bénéficier du soutien du seul journal de Nice et en échange à ses directeurs de renforcer leur influence sur la vie politique locale, d'autant que Victor Juge, peu de temps après Auguste Carlone, fait aussi son entrée au conseil municipal. Pour les directeurs de *L'Écho des Alpes maritimes*, il paraît bien plus intéressant de solliciter des mandats municipaux, complémentaires avec leur activité de publicistes. Ainsi, lors des scrutins locaux – élections municipales, provinciales ou divisionnaires – ils mobilisent leur journal pour réaliser une autopromotion électorale dont le dévoilement public est préservé par l'anonymat des publications.

Durant l'été 1849, alors que Victor Juge obtient le renouvellement de sa place au conseil municipal, se profilent les élections pour les collèges provinciaux et divisionnaires. Ces assemblées permettent de peser sur l'administration au-delà de l'échelle municipale, au niveau de la province et de la division (celle de Nice étant composé de la province éponyme en plus de celles d'Oneille et Sanremo). Les publicistes niçois présentent, comme pour toute élection, une liste de candidats reflétant les choix de la rédaction :

> Dans le but d'améliorer nos conditions locales par le choix des citoyens qui aient une connaissance positive des intérêts et des besoins du pays, nous proposons aux électeurs de la province de Nice la liste suivante pour la prochaine élection des conseillers provinciaux et divisionnaires :
>
> Conseillers provinciaux : MM. Escoffier Dieudonné (propriétaire), Dalmas Thomas (négociant), Carlone Auguste (banquier), Juge Victor (ingénieur).
> Conseillers divisionnaires : MM. Tiranty Victor (négociant), Carlone Auguste (banquier)[60].

58 ADAM, Fonds Carlone, 7 J 36, Lettre envoyée par Dominique Galli à Auguste Carlone le 31 juillet 1849.

59 *Ibid.*, Lettre envoyée par Dominique Galli à Auguste Carlone le 17 février 1850.

60 *L'Écho des Alpes maritimes*, 30 juillet 1849.

Ce sont bien des activités professionnelles qui sont mises en avant pour les candidatures d'Auguste Carlone et de Victor Juge. Cela a une double fonction : tout en permettant de rassurer un électorat notabiliaire, les activités étant un gage d'élévation sociale, les mentions cachent leur position de directeurs de presse, quitte à travestir un peu la réalité. En effet, si Victor Juge exerce bien comme ingénieur, Auguste Carlone ne s'occupe que très marginalement de la banque qu'il a héritée de son père. Et ce voile ne concerne pas que les publicistes d'ailleurs, puisque Victor Tiranty, ami d'Auguste Carlone, est présenté comme négociant et non comme l'actionnaire de *L'Écho des Alpes maritimes* qu'il est. Cette mise en scène permise par l'anonymat des publications est caractéristique de la stratégie utilisée par les directeurs du journal et elle ne se limite pas aux élections. Lorsque les premiers comptes-rendus des délibérations municipales sont publiés dans *L'Écho*, ce sont « M. Juge » ou « M. Carlone » qui prennent la parole. Et dans le même temps, ils agissent pour imposer leur journal. Le compte-rendu du conseil municipal publié le 17 avril 1850 dévoile une prise de parole de Victor Juge. Sans aucune mention de son rôle de directeur, il est dit qu'il réclame « une motion d'urgence et d'intérêt public » qui ferait de *L'Écho des Alpes maritimes* le journal de la municipalité afin que ses « concitoyens » aient accès aux délibérations[61]. Sous couvert d'une volonté d'information, c'est la mainmise de la rédaction sur les pouvoirs municipaux qui est renforcée. Plusieurs affaires éclairent bien cette influence. À la fin du mois de novembre 1849, le chef d'état-major de la garde nationale est mis en cause pour ses dépenses excessives et sa réorganisation des corps sans l'aval de la municipalité. C'est le conseiller municipal Auguste Carlone qui mène la commission d'enquête sur les comptes et met en évidence la gestion dispendieuse avant de prendre la plume pour défendre son action dans son journal. Ensuite Victor Juge prend le relais et au cours de la séance du 26 novembre propose le vote d'un blâme contre le chef d'état-major. Ce dernier, qui occupe un poste crucial pour la gestion de l'ordre public dans la ville, se retrouve dans une position de faiblesse. Il est contraint, pour se défendre, d'adresser au syndic Dominique Galli une protestation officielle signée par certains capitaines dans laquelle il met en cause *L'Écho des Alpes maritimes* pour ses articles. Cependant, la

61 *L'Écho des Alpes maritimes*, 17 avril 1850.

tentative est vaine car, comme on l'a vu, le premier administrateur communal est un ami d'Auguste Carlone et un proche la rédaction journalistique. Ainsi, la vie politique municipale est verrouillée. Le syndic fait voter le blâme et confirme le droit pour le journal de publier les comptes-rendus du conseil municipal et des commissions d'enquête, le tout sans que les liens dans les coulisses ne soient dévoilés.

Il est nécessaire pour l'historien de plonger dans de telles situations pour saisir des mécanismes à l'œuvre dans une vie politique nouvelle où s'articulent la liberté de la presse et un jeu électoral. La double activité, de publiciste et d'élu, est une pratique courante au milieu du XIXe siècle, bien que les deux soient parfois difficiles à concilier. Les publications sont une arme politique pour l'élection mais aussi par la suite dans l'exercice d'un mandat, et pas seulement dans un contexte municipal. Lors de son ministère entre mars et juillet 1848, Cesare Balbo n'a pas hésité à se servir de son quotidien turinois, *Il Risorgimento*, qu'il codirige avec le comte de Cavour, pour soutenir son action gouvernementale. La vie politique moderne telle qu'elle se construit dans le royaume de Sardaigne au cours de l'année 1848 est révélatrice du fait qu'avec l'avènement de la liberté de la presse, les affaires publiques, qu'il s'agisse de la participation à une compétition électorale, de l'exercice d'un pouvoir ou du traitement d'un problème politique quel qu'il soit, ne peuvent désormais plus se régler sans la médiation journalistique. Un autre événement permet le constater. Au cours de l'année 1848, l'absence de journaux dans la principauté de Monaco donne au seul périodique de la province de Nice, territoire voisin, un rôle politique de premier ordre et une sorte de monopole sur le traitement public de la révolte des villes de Menton et Roquebrune qui font sécession[62]. La médiation journalistique est toutefois bien loin d'être seulement politique. Auguste Carlone et ses collaborateurs œuvrent sans cesse pour faire de leur journal une institution médiatrice dans nombre de domaine de la vie sociale dont l'influence dépasse de beaucoup le seul lectorat. Il s'agit de faire d'un journal une véritable institution, c'est-à-dire de lui conférer une capacité d'affection auprès de publics divers[63].

62 Pour une présentation complète et illustrée, se référer à notre article : « Guerres de plumes et confrontations d'opinions. Le "printemps des peuples" mentonnais à travers *L'Écho des Alpes maritimes* », *Annales Monégasques*, Publication des Archives du Palais princier, n° 40, 2016, p. 179-222.

63 Frédéric Lordon, *La société des affects*, *op. cit.*, p. 147-148.

UNE ŒUVRE NOTABILIAIRE ORGANISATRICE DE LA VIE SOCIALE

Publics et modes de diffusion de *L'Écho des Alpes maritimes*

L'analyse de l'action politique d'un journal n'épuise pas le rôle complexe qu'il peut jouer dans une société, d'autant plus lorsqu'elle découvre la liberté de la presse comme c'est le cas durant le « printemps des peuples » dans le royaume de Sardaigne. Il est donc impératif de mener une étude plus culturelle et sociale afin de cerner la manière dont se construit et se manifeste ce que l'on pourrait nommer un « effet journal », en reprenant et en adaptant à la presse le concept d'« effet livre » élaboré par Robert Darnton. Il s'agit d'étudier la relation complexe entre un journal et ses publics et de mesurer les modes et l'ampleur de la diffusion mais aussi l'incidence de ses publications sur des communautés, villageoises ou urbaines, dans lesquelles il pénètre[64].

Le XIXe siècle est celui de la généralisation de la presse, c'est-à-dire d'écrits périodiques qui ont un potentiel de diffusion extrêmement fort du fait même qu'ils prennent la forme d'objets matériels transportables produits de manière continue. C'est le premier point fondamental sur lequel insiste Robert Darnton et qui rejoint directement le second : la conservation de la trace[65]. L'écrit est reproductible, transportable et conservable ; il s'ancre durablement dans les esprits en se diffusant grâce à sa matérialité. Une matérialisation qui introduit un autre élément : les liens entre l'écrit, journalistique en l'occurrence, et les autres moyens d'action ainsi que les autres formes de communication, orales ou écrites. Il y a une incidence publique des écrits ainsi que des liens qui se forgent entre les productions écrites (intertextualité). Les publications journalistiques se diffusent, sont discutées dans les lieux de sociabilité, elles suscitent des réactions, qui peuvent prendre la forme d'une publication, mais aussi se faire selon d'autres modes, comme la manifestation – dont on a vu un exemple probant à travers celle contre

64 Robert Darnton, « La France, ton café fout le camp ! De l'histoire du livre à l'histoire de la communication », *Actes de la recherche en sciences sociales*, n° 100, décembre 1993, p. 25.

65 *Ibid.*

L'Écho des Alpes maritimes au milieu du mois de juin 1848. La diffusion d'un écrit permet aussi d'introduire une dynamique de la protestation qui peut prendre des formes variées. Cela permet d'aborder un autre point fondamental de « l'effet journal », celui qui fait qu'une feuille de presse doit chercher à s'imposer comme incontournable dans son espace de publication, et pas seulement dans les affaires politiques. Ainsi se fait l'acquisition d'une véritable « influence sociale », que les publicistes du milieu du XIXe siècle cherchent à constituer dans les espaces urbains, où se publie leurs journaux, mais aussi dans les espaces ruraux.

UN PUBLIC URBAIN ET UN PUBLIC RURAL ?

Le développement des journaux, ainsi que l'a bien décrit Jeremy D. Popkin dans son étude sur la presse lyonnaise des années 1830, accompagne généralement une efflorescence d'écrits imprimés de différentes sortes, avec la composition de brochures, d'études, d'ouvrages, divers et variés, voire, à Nice, de guides touristiques[66]. Cependant, le champ journalistique demeure particulier, par son rythme de publication, par l'organisation du marché de la presse, parce que les journaux sont les écrits qui peuvent faire la promotion des autres publications, notamment par des annonces commerciales. De plus, les journaux ne sont pas que des livres périodiques, ils sont des entreprises dont la prospérité, et donc la capacité de publication, dépend des lois d'un marché qui, dans les États italiens, se met en place à la faveur du *Quarantotto*. Le lectorat n'est pas qu'un public potentiellement mobilisable, il est aussi une clientèle indispensable. Le marché de la presse a donc ses particularités. Toutefois, il ne faut pas trop le particulariser, puisqu'il possède les mêmes caractéristiques que les autres marchés : il est concurrentiel, hiérarchisé, spatialement inscrit, marqué par des monopoles, influencé par les évolutions techniques et sociales (comme les progrès de l'alphabétisation), les échanges y sont médiatisés par la monnaie et il prend différentes formes selon les réglementations qui le régissent. Il est donc important d'analyser la « relation entre le journal, en tant que forme de livre, et le marché[67] ». Les imprimés-marchandises circulent entre les villes, passent les frontières, et parviennent aussi dans les villages. Leur diffusion et leur consommation est grandement dépendante de facteurs (les prix,

66 Jeremy D. Popkin, *Press, Revolution, and Social Identities in France, 1830-1835*, *op. cit.*, p. 41.
67 Benedict Anderson, *L'imaginaire national*, *op. cit.*, p. 45-46.

la qualité des réseaux postaux ou le taux d'alphabétisation), qui, dans le royaume de Sardaigne au moment du « printemps des peuples », tendent à faire du journal un objet en grande partie réservé aux classes aisées ; cependant, cela ne signifie pas une absence de diffusion et de réappropriation au-delà de ce seul groupe social.

Les publicistes créent-ils leur public ?

> Combien voit-on de publicistes créer leur public [...] ! Dira-t-on que, si chaque grand publiciste fait son public, chaque public un peu nombreux se fait son publiciste[68] ?

Le questionnement énoncé par Gabriel Tarde est essentiel car il pose le problème de la relation entre une rédaction journalistique et son public :

> Le lecteur d'un journal dispose bien plus de sa liberté d'esprit que l'individu perdu et entraîné dans une foule. Il peut réfléchir à ce qu'il lit, en silence, et, malgré sa passivité habituelle, il lui arrive de changer de journal, jusqu'à ce qu'il ait trouvé celui qui lui convient ou qu'il croit lui convenir. D'autre part, le journaliste cherche à lui plaire et à le retenir. La statistique des abonnements et des désabonnements est un excellent thermomètre, souvent consulté, qui avertit les rédacteurs de la ligne de conduite et de pensée à suivre.

Il continue en ces mots son analyse de l'influence réciproque entre les deux :

> Le public réagit donc parfois sur le journaliste, mais celui-ci agit continuellement sur son public. Après quelques tâtonnements, le lecteur a choisi son journal, le journal a trié ses lecteurs, il y a eu mutuelle sélection, d'où mutuelle adaptation. L'un a mis la main sur un journal à sa convenance, qui flatte ses préjugés ou ses passions, l'autre sur un lecteur à son gré, docile et crédule, qu'il peut diriger facilement moyennant quelques concessions à son parti pris[69]

L'extrait énonce bien les mécanismes qui régissent les relations entre les producteurs, les publicistes, et les consommateurs, les lecteurs, les premier étant actifs mais aussi attentifs aux réactions des seconds, qui ne sont pas de simples récepteurs passifs. Gabriel Tarde distingue « deux sortes de public pour les journaux » : « un public stable, consolidé, et

---

68 Gabriel Tarde, *L'Opinion et la foule*, *op. cit.*, p. 20-21.
69 *Ibid.*, p. 21-22.

un public flottant, instable[70] ». La remarque est importante. Il faut circonscrire en premier lieu un lectorat composé d'abonnés fidèles, essentiellement des notables urbains pour *L'Écho des Alpes maritimes*, qui lisent régulièrement le journal, et que l'on peut facilement dénombrer à travers les informations sur les abonnements. En second lieu, par la lecture occasionnelle ou bien la diffusion orale, il existe aussi une masse plus nombreuse, bien plus difficile à déterminer, et moins homogène socialement, composée de toutes les personnes qui ont un accès plus ou moins direct aux publications journalistiques. Pour le public le plus régulier, abonné, la consommation peut avoir un aspect rituel, notamment à Nice pour les classes aisées qui lisent *L'Écho des Alpes maritimes* et fréquentent les espaces politiques socialement fermés sur le *Corso*. Néanmoins, à l'inverse des activités mondaines qui se pratiquent de manière assez confinée dans les salons, les journaux doivent tout de même être pensés comme des œuvres pouvant se propager à un public moins mondain, par exemple par l'oralité, donc comme des productions qui ont nécessairement un caractère plus démocratique[71]. Ils pénètrent aussi dans les quartiers plus pauvres, dans les bourgades périphériques, ou encore dans les villages de la province où les notables locaux jouent un rôle de médiation. L'enjeu est double pour tous les publicistes œuvrant en dehors des grandes villes dans les États italiens au milieu du XIXe siècle. Il s'agit de conquérir un public nombreux et étendu dans l'espace, malgré la faible alphabétisation, sans abandonner la fidélisation d'un lectorat notabiliaire, composé d'au moins quelques centaines de personnes, donc assez nombreux pour conférer au journal un poids politique et qu'il puisse perdurer, la vente par abonnements étant, comme on l'a vu, le principal revenu[72]. Il faut pour les directeurs d'un journal que ce lectorat s'approprie leur production, la consomme de manière habituelle et en vienne à se dire quotidiennement, comme l'exprime Honoré de Balzac dans sa *Monographie de la presse parisienne* : « je verrai demain ce que dira là-dessus *mon journal*[73] ».

70 *Ibid.*, p. 24-25.
71 Jeremy D. Popkin, *op. cit.*, p. 58-61.
72 Enrico Francia, *1848. La rivoluzione del Risorgimento*, *op. cit.*, p. 245-246 ; Jonathan Sperber, « "The Persecutor of Evil" in the German Revolution of 1848-1849 », dans Jeremy D. Popkin (dir.), *Media and Revolution*, Lexington, The University Press of Kentucky, 1995, p. 99.
73 Honoré de Balzac, *Monographie de la presse parisienne*, *op. cit.*, p. 11.

> Usez de votre art, si vous êtes poète : / La foule veut du neuf, qu'elle soit satisfaite ! / À contenter ses goûts il faut nous attacher ; / Qui tient l'occasion ne doit point la lâcher[74].

Il faut pour des publicistes, qui sont à Nice néophytes dans l'activité journalistique, essayer de trouver des occasions pour se constituer un public, comme a su le faire Auguste Carlone en janvier 1848 lorsqu'il a élevé *L'Écho des Alpes maritimes* au rang de porte-parole du mouvement de mécontentement contre le gouverneur De Maistre. Il ne s'agit pas seulement de se constituer un « capital politique », c'est-à-dire une « autorité spécifique dans le champ politique » (un « poids politique »), mais aussi d'imposer le journal comme un médiateur incontournable dans tous les domaines, donc aussi dans les affaires économiques et culturelles[75]. Et cela repose aussi sur la capacité des journalistes à attirer un lectorat fidèle et à toucher un large public, en réussissant à impulser ou bien à gérer quotidiennement une actualité à travers leur journal :

> La *sensation de l'actualité* [...] dont la passion est croissante est une des caractéristiques les plus nettes de la vie civilisée. Ce qui est réputé « d'actualité », est-ce seulement ce qui vient d'avoir lieu ? Non, c'est tout ce qui inspire actuellement un intérêt général, alors même que ce serait un fait ancien. Est d'actualité tout ce qui est à la mode. Et n'est pas « d'actualité » ce qui est récent, mais négligé actuellement par l'attention publique détournée ailleurs[76].

Dans son analyse sur *L'Opinion et la foule* Gabriel Tarde dévoile les mécanismes qui lient la presse et ce que l'on appelle l'actualité. L'un des principes d'existence et d'action des journaux est d'essayer d'imposer à tous, et dans un même temps, par la mise en lumière de certains faits ou sujets et pas d'autres, certains problèmes comme relevant d'une actualité[77]. Le *Quarantotto* dans le royaume de Sardaigne est un temps d'avènement d'une nouvelle temporalité politique. Le développement de la presse contribue à orienter des discussions, à favoriser des actions collectives et à poser des problèmes publics. Un journal comme *L'Écho* peut faire en sorte que des accrochages entre les bergers de la province de Nice et la douane sarde, lorsque ceux-ci franchissent la frontière avec

74 Johann Wolfgang von Goethe, *Faust*, Paris, J'ai lu-Flammarion, 2004, p. 11.
75 Pierre Bourdieu, *Langage et pouvoir symbolique*, Paris, Seuil, 2001, p. 244.
76 Gabriel Tarde, *op. cit.*, p. 7-8.
77 *Ibid.*, p. 9-11.

la France pour aller faire paître leurs troupeaux en Provence, deviennent un problème politique local d'actualité. Le poids d'un journal sera alors mesuré à sa capacité de faire en sorte que les autorités ne puissent ignorer le problème ou ne pas y apporter une solution. Par l'imposition d'une actualité s'opère une certaine politisation des situations quotidiennes. Un discours est un tant soit peu conceptuel est produit sur un problème du quotidien, vécu depuis plus ou moins longtemps, mais qui est désormais posé publiquement comme problème politique. L'objectif est aussi pour le journal d'orienter dans un certain sens sa résolution – en l'occurrence, pour poursuivre l'exemple, pour Auguste Carlone et ses collaborateurs, il s'agit de faire valoir que la frontière entre la France et la province de Nice est un obstacle pour les bergers de l'arrière-pays niçois. Dans l'autre sens, la difficulté pour les directeurs de journaux est de satisfaire un goût de l'actualité qu'ils contribuent sans cesse à entretenir mais ne contrôlent pas toujours, de même que de traiter d'une actualité qui s'impose à eux. Cela fait des publications journalistiques des œuvres rapidement périssables, ce qui impose aux rédactions une production sans cesse nouvelle et une quête perpétuelle de l'information. Ce travail, qui impose un rythme pas toujours maîtrisé par les rédactions journalistiques – ce qui cause la disparition de nombre de feuilles de presse – permet en échange à celles-ci, par une implication quasi quotidienne dans nombre de secteurs de la vie locale, non seulement de *faire* l'actualité mais également d'être l'actualité[78]. En effet, pour une institution journalistique, il s'agit de s'imposer comme incontournable. À Nice, dès 1848, les directeurs de *L'Écho des Alpes maritimes* entendent rythmer les discussions dans les cafés et autres lieux de sociabilité, investir activement l'organisation des échéances électorales, promouvoir des événements culturels, organiser des souscriptions philanthropiques et imposer leur journal comme un médiateur incontournable pour les doléances exprimées dans la province de Nice, notamment par les élites villageoises de l'arrière-pays. En jouant sur tous ces tableaux, une rédaction augmente fortement sa charge de travail. Cependant, si elle est capable de l'accomplir, elle peut se construire une véritable « influence sociale », c'est à devenir un référent dans nombre de domaines de la vie sociale à l'échelle d'un territoire donné.

---

78 Guillaume Pinson, *L'imaginaire médiatique, Histoire et fiction du journal au* XIX*e siècle*, Paris, Classiques Garnier, 2012, p. 14.

L'Écho des vallées montagnardes : *un organe ancré dans un territoire de faible alphabétisation*

Durant la Révolution française, comme l'a montré Jeremy D. Popkin, les événements parisiens captaient toute l'attention des publications[79]. Les journaux n'avaient que peu cette logique de l'enracinement local qui apparaît au XIXe siècle – qui est aussi économique, les nouvelles régionales pouvant attirer un lectorat local fidèle et pérenniser une institution journalistique. Cependant, pour cela il lui faut composer avec la société dans laquelle elle s'insère et qui n'est pas forcément propice au développement d'une publication écrite. En effet, dans les territoires de la péninsule italienne, avant l'avènement d'une éducation nationale et de l'école obligatoire, au milieu du XIXe siècle, environ huit habitants sur dix ne sont pas ou peu alphabétisés. Il existe une différence notable entre le nord et le sud, puisque dans le premier, dans certaines villes à la tradition d'imprimerie plus ancienne, notamment en Toscane, les taux d'alphabétisation peuvent atteindre 50 % alors que dans le *Mezzogiorno* la plupart des communes n'ont même pas une école primaire et près de 90 % de la population est analphabète[80]. En ce qui concerne les États sardes, les personnes qui ont une maîtrise de la lecture assez bonne pour lire un journal régulièrement représentent moins d'un quart de la population[81]. La province de Nice accuse un certain retard par rapport à la moyenne du royaume de Sardaigne. Sa situation nous est connue grâce à une étude fort intéressante compilée par Jean-Baptiste Toselli, contemporain d'Auguste Carlone dont on a déjà évoqué les écrits, et récapitulée dans le tableau ci-dessous[82] :

79 Jeremy D. Popkin, *Revolutionary News : The Press in France, 1789–1799*, Durham, Duke University Press Books, 1989.

80 Mariadina Renzelli, Luciano Romito, « Lingua italiana e dialetti prima e dopo l'Unità d'Italia », dans Marta Patrusewicz, Giovanna De Sensi, *Unità multiple. Centocinquant'anni ? Unità ? Italia ?*, Soveria Mannelli, Rubbettino, 2014, p. 592-594.

81 Franco Della Peruta, *Il giornalismo italiano del Risorgimento*, *op. cit.*, p. 63-64.

82 D'après des chiffres recueillis par Jean-Baptiste Toselli : *Précis historique de Nice, de sa fondation jusqu'en 1860*, *op. cit.*, p. 380.

	Ne sachant ni lire ni écrire	Ne sachant que des rudiments de lecture	Sachant lire et écrire	Total
Hommes	36 813	2 425	19 892	59 130
Femmes	51 858	2 026	5 363	59 247
Total	88 671	4 451	25 255	118 377
Fréquence (%)	74,9	3,8	21,3	100

FIG. 10 – Tableau de l'alphabétisation
de la province de Nice en 1848.

Cette étude s'inscrit dans un développement des enquêtes destinées à recueillir des données sur les populations durant le premier XIXe siècle. Instruments de gouvernement, elles sont souvent reprises dans la presse et apparaissent aussi comme des sources précieuses pour les historiens[83].

Plusieurs enseignements du tableau permettent de circonscrire le potentiel lectorat de *L'Écho des Alpes maritimes*. Dans la province de Nice, seul un cinquième environ de la population (21,3 %) dispose d'une certaine maîtrise de la lecture et de l'écriture. Il ne faut cependant pas considérer que tous ont une connaissance assez poussée pour comprendre des textes relativement longs et complexes, et donc lire un journal et adresser aux directeurs de celui-ci des lettres de soutien ou de protestation[84]. Anne-Claude Ambroise-Rendu avance une notion fondamentale, celle de la « lisibilité » du journal. La lecture, étant donné la compacité du texte, l'absence d'interligne, la faible taille des lettres, le rapprochement des mots, est assez difficile et nécessite une habitude[85]. De plus, les journaux demeurent des marchandises onéreuses, ce qui réduit aussi le potentiel de lecteurs. Pour *L'Écho*, ils sont concentrés dans la ville de Nice, dans laquelle la population est

83 Sur le cas des États italiens, voir : Silvana Patriarca, « Patriottismo, nazione e italianità nella statistica del Risorgimento », dans Alberto Mario Banti, Roberto Bizzocchi (dir.), *Immagini della nazione nell'Italia del Risorgimento*, Rome, Carocci, 2002, p. 113-114.

84 Béatrice Fraenkel, « Littératie », dans Patrick Charaudeau, Dominique Maingueneau (dir.), *Dictionnaire d'analyse du discours*, Paris, Seuil, 2002, p. 348-349.

85 Ambroise-Rendu Anne-Claude, « Les journaux du printemps 1848 : une révolution médiatique en trompe-l'œil », *Revue d'histoire du XIXe siècle*, n° 19, 1999, p. 36-37.

plus alphabétisée que dans les vallées de l'arrière-pays niçois. Cet état de l'alphabétisation est caractéristique des provinces du royaume de Sardaigne. La comparaison avec une région frontalière appartenant à un autre État, le département du Var en France, est ainsi éloquente. Voisin de la province de Nice, il comprend une partie de l'actuel département des Alpes maritimes, l'arrondissement de Grasse, avec les villes d'Antibes et de Cannes. Maurice Agulhon a établi qu'entre 1831 et 1851, le taux d'alphabétisation y était passé d'un peu plus de 30 % à près de 60 %, notamment grâce à la loi Guizot de 1833 sur l'instruction primaire. La différence est marquée, avec un rapport du simple au triple par rapport à la province de Nice[86]. La situation de sous-alphabétisation notoire du territoire où se publie *L'Écho des Alpes maritimes* en fait un espace peu propice à la prolifération de journaux tant le potentiel de lecteurs apparaît relativement faible – ce qui dit bien le succès que fut le total de 500 abonnés au moment du lancement du journal en janvier 1848. Cependant, la proximité avec la France permet à Auguste Carlone et ses associés de chercher des abonnés dans les villes voisines du département du Var. Leur journal s'y diffuse, notamment grâce aux distributions organisées dans les postes françaises par Vincent Guérin, l'ami vençois du principal directeur de *L'Écho des Alpes maritimes*. Un autre élément important pour définir le lectorat du périodique niçois est contenu dans le tableau : la distinction nette qui s'opère entre les femmes et les hommes. À peine un dixième des premières (9 %) maîtrise l'écriture et la lecture (avec toujours des degrés différents), contre un tiers des seconds (33,6 %), c'est-à-dire environ quatre fois plus d'hommes que de femmes. Cela s'explique en partie par le fait que celles-ci ne s'occupent d'aucun acte administratif et n'ont donc pas socialement le besoin de maîtriser la lecture et l'écriture.

Les informations livrées par les données circonscrivent finalement assez bien le lectorat du journal, qui est à l'image de l'entreprise de presse elle-même : urbain, masculin, et élitiste. Mais cela ne signifie pas que la presse est un phénomène exclusivement restreint à ces catégories. Un témoignage nous en donne une bonne idée : en janvier 1850, Auguste Carlone et ses associés reproduisent un courrier d'une certaine « Madame X » présentée par les directeurs de *L'Écho* comme « une de

86 Maurice Agulhon, *La République au village*, *op. cit.*, p. 191.

[leurs] lectrices assidues », ce qui sous-entend qu'ils sont assurés de l'existence d'un lectorat féminin[87]. Elle ne se cantonne pas à un simple rôle de lectrice. Auguste Carlone affirme publiquement être séduit par sa prose et avoir la volonté de lui ouvrir les colonnes de *L'Écho des Alpes maritimes* pour publier ses feuilletons « sur le caractère, les mœurs et la physionomie de Nice[88] ». Elle devient donc une rédactrice occasionnelle, sans que l'on ne puisse en connaître plus que ses publications car les archives ne livrent pas d'éléments d'analyse. Cependant, son existence prouve que le profil sociologique type du lectorat du périodique niçois – urbain, notabiliaire et masculin – peut être dépassé. Une autre preuve se trouve dans les quelques dizaines d'abonnés dans les vallées de la province de Nice, essentiellement des notables villageois instruits des différents bourgs ou villages qui participent de la diffusion du journal en impulsant ici et là des lectures collectives. Un compte-rendu établi par Auguste Carlone en 1849 à partir d'informations fournies par le nouveau comptable qui réceptionne les abonnements, Louis Antoine Spinelli, nous informe sur une partie de ces abonnés. Des données qui permettent de comprendre l'extension spatiale de la diffusion de *L'Écho* dans la province de Nice[89].

Il ne faut pas postuler d'une exhaustivité dans les données car le compte-rendu susmentionné ne fournit pas les informations complètes sur une année. De plus, seuls les mandats envoyés par la poste depuis les villages et bourgs de l'arrière-pays sont comptabilisés, et non les souscriptions directement réalisées dans les bureaux du journal, par exemple par le notaire d'un bourg ou d'un village à l'occasion d'une visite à Nice. Toutefois, les données permettent de raisonner à une échelle plus fine que celle de toute la province, par vallées, bourgs ou villages. Le premier constat à dresser concerne la langue, puisque les territoires les plus frontaliers de la France ont des notables villageois qui gèrent parfois l'administration municipale en français et sont très familiers avec celui-ci, notamment dans les vallées du Cians, de l'Estéron, du Var, de la Vésubie et de la Tinée. De la même manière, la vallée du Paillon, la plus proche de Nice, est un espace relativement francophone

87 *L'Écho des Alpes maritimes*, 2 janvier 1850.

88 *Ibid.*

89 ADAM, Fonds Carlone, 7 J 30, Compte-rendu établi par Auguste Carlone sur les demandes d'abonnement reçues pour *L'Écho des Alpes maritimes*, 1849.

(au niveau des élites) et d'autant plus propice à la diffusion *L'Écho* que cet espace est bien mieux relié à la capitale de la province que les autres vallées montagnardes. En dehors de Nice, elle est le lieu où il y a le plus d'abonnements souscrits, bien qu'il soit difficile de donner des chiffres car, ses habitants pouvant se rendre dans les locaux du journal, les souscriptions se font directement en ville et non par voie postale, et sont donc comptées avec les abonnements urbains. Dans l'arrière-pays niçois, outre les abonnements annuels de 24 francs, que l'on retrouve à Ascros, Bonson, Entraunes, Lantosque, Saorge, Sigale, Tourette-Revest ou encore Villars, s'observent des dépenses de 12 francs ou 20 francs qui ne correspondent à aucun des tarifs en vigueur. Ce constat permet de formuler l'hypothèse – qui rejoint la volonté des rédacteurs de faire du journal une œuvre accessible, au mieux de ce que leur marge de manœuvre financière leur permet de faire – qu'Auguste Carlone et ses collaborateurs ont consenti à des baisses de prix pour la province, minimes mais réelles. Au-delà de ces rabais, l'important est de constater le quadrillage du territoire. S'il y a une plus forte diffusion dans l'ouest de la province, dont les élites sont plus francophones, le journal est distribué partout, jusqu'à Saorge et dans les vallées les plus italophones à l'est. Il se diffuse aussi bien dans de petits villages qui ne dépassent guère les quelques centaines d'habitants – Ilonse (633 habitants), Entraunes (573), Sigale (526), Ascros (484), Bonson (471), Tourette-Revest (400), Roubion (371), Pierlas (256) –, dans ceux qui approchent ou dépassent le millier d'habitants – Belvédère (1 331), Villars (903), La Bollène (767), Beuil (719) – que dans les bourgs plus importants – Saorge (3 037), Lantosque (2 380), Saint-Martin de Lantosque (1 813)[90]. Une telle diffusion, si elle n'assure pas une importante rentrée pécuniaire, permet à *L'Écho des Alpes maritimes* de quadriller toute la province et de s'affirmer comme une référence incontournable. Au milieu du XIXe siècle, un journal qui n'est pas approprié par les élites des bourgs et villages de sa province, en ouvrant ses colonnes aux élites locales, curés et notables municipaux, ne peut étendre son espace d'influence. Il lui faut construire un rapport à la province.

Une annonce publiée le 16 juin 1848 donne une assez bonne idée de la stratégie d'Auguste Carlone et ses collaborateurs. Ils déclarent ouvrir

90 Les chiffres donnés sont ceux de l'année 1848, on peut les trouver dans le numéro du 2 mars 1849 de *L'Écho*.

les colonnes de leur journal aux habitants pour publier des protestations et des contributions émises depuis Nice ou toute la province. Ils acceptent de reproduire ce qui peut « être adressé ou communiqué sous des formes convenables », ce qui induit bien qu'il s'agit de ne publier que les contributions des notables villageois assez instruits pour être capables de formaliser un article journalistique sous forme de lettre à la direction du journal[91]. Et ceux-ci n'hésitent pas à répondre à la proposition. La création d'un premier journal politique procède d'une véritable révolution dans certaines pratiques et habitudes, et pas seulement dans une perspective diffusionniste, de la ville vers les villages de l'arrière-pays. En effet, le journal est aussi un instrument approprié par les populations villageoises, par exemple pour faire valoir certains droits auprès des autorités situées dans la capitale de la province ou pour légitimer certaines actions. Il est important de poser la question de la réciprocité ; les publics, alphabétisés ou non, ne sont jamais des récepteurs passifs d'informations, d'idées ou de représentations. Ainsi, les colonnes sont ouvertes lorsqu'il s'agit d'évoquer des événements qui rattachent la vie politique villageoise à celle de la province ou du royaume de Sardaigne comme lors des célébrations du *Statuto* au mois de février 1848. Des correspondances affluent aux bureaux de *L'Écho des Alpes maritimes*. Le journal s'impose alors, moins de deux mois après sa création, comme un médiateur incontournable. Par une adresse au journal de la province, les événements racontés sont extraits de leur lieu de déroulement et n'ont donc plus de statut purement local. Ils ont un retentissement au niveau de tout le pays niçois, jusque dans la capitale provinciale, ce qui oblige les notables municipaux à agir avec une certaine prudence puisque leurs gestes sont scrutés, ou bien à rechercher un soutien politique extérieur en cas de difficulté. Un exemple nous informe de ces mécanismes. Les 25 et 27 juin 1848, à Tende, la Brigue et Fontan, une vague d'actes anticléricaux et d'opposition aux notables municipaux se développe. Le curé de Tende, nous apprend l'article de *L'Écho des Alpes maritimes*, est chassé de la commune sous les huées de la population avant l'intervention de la garde nationale[92]. Celui de Fontan « a été aussi gravement insulté[93] ». Les publicistes niçois réagissent en faveur de ces élites locales – qui sont

91 *L'Écho des Alpes maritimes*, 16 juin 1848.
92 *L'Écho des Alpes maritimes*, 28 juin 1848.
93 *Ibid.*

celles qui les informent – en appelant au rétablissement de l'ordre et au respect des lois. Les tensions se répandent de villages en villages – les publications du journal en les dénonçant pour les faire cesser pourraient avoir eu paradoxalement l'effet de les propager. Dans *L'Écho* du 30 juin 1848, il est raconté comment le curé de L'Escarène a vu se former un attroupement qui « s'est porté contre sa maison pour lui exprimer le mécontentement de la population[94] ». Les tensions ont quitté la vallée de la Roya pour celle du Paillon, se rapprochant de la ville et inquiétant les publicistes niçois. Eux prennent le soin de relayer les appels au calme et les informations favorables aux notables locaux qui émanent de ces derniers. En effet, ceux-ci s'emparent du journal comme d'une arme politique contre un mouvement qui conteste leur autorité. Le but n'est pas tant de toucher les habitants de la province, en l'occurrence dans l'exemple cité de s'adresser à ceux qui mènent les contestations, mais bien de porter une dénonciation dans la capitale de la province où siègent les autorités. Les élites villageoises, comme le soulignait déjà André-Jean Tudesq dans ses travaux précurseurs, sont celles qui règlent le lien de la communauté locale avec les autres villages et surtout avec la capitale régionale[95]. Désormais, celui-ci se fait de manière nouvelle à travers le journal existant dans la capitale provinciale. Si ce mécanisme permet à la rédaction de *L'Écho des Alpes maritimes* de renforcer son influence, elle la met toutefois dans une situation délicate. Pour son implantation dans la province, elle se doit de soutenir les élites villageoises, ecclésiastiques ou non, contre les mouvements de protestation ; néanmoins, ceux-ci se font au nom des principes que les publicistes niçois ont contribué à introduire en opposition à l'autoritarisme des pouvoirs, notamment dans leur lutte contre le gouverneur De Maistre en janvier 1848 qui a impulsé une dynamique de contestation. Auguste Carlone et ses collaborateurs sont donc pris entre la nécessaire préservation de leur lectorat notabiliaire villageois et les mouvements de révolte. Leur pouvoir médiatique leur donne la capacité de se placer entre les autorités provinciales et les élites villageoises du pays niçois, mais leur marge d'action est limitée par les réactions que peuvent provoquer leurs écrits. Il ne faut pas oublier que les mouvements de contestation évoqués se

94 *L'Écho des Alpes maritimes*, 30 juin 1848.

95 André-Jean Tudesq, *Les grands notables en France (1840-1849). Étude historique d'une psychologie sociale*, Paris, PUF, 2 vol., 1964.

développent durant la deuxième quinzaine du mois de juin 1848, juste après la grande manifestation menée le 13 du même mois contre *L'Écho des Alpes maritimes*. Un événement dont la nouvelle s'est répandue et qui a fortement entamé l'influence politique du journal. Il est alors apparu, de même que lors de la polémique contre le comte De Maistre en janvier, comme un pouvoir, non officiel, certes, plutôt médiatique, et qui comme toute autorité pouvait être publiquement contesté.

Il est important de comprendre la relation entre un organe provincial et son espace de diffusion. L'ancrage et le rapport aux élites locales sont des éléments fondamentaux pour les publicistes du milieu du XIXe siècle, alors que les feuilles de presse sont des créations urbaines. Ainsi, pour remplir cette mission que s'auto-assignent les rédactions, à savoir se faire les représentants d'un territoire, être « l'écho » de ce qu'il s'y passe, il leur faut nécessairement des relais. Ainsi, ce sont les notables locaux qui jouent ce rôle et contribuent à faire entrer la presse et à la banaliser dans les territoires ruraux, favorisant une politisation nouvelle. Par la lecture collective, un seul abonnement dans un village peut toucher des dizaines de personnes, susciter des discussions, des émulations collectives, et ainsi élargir le public touché par les publications journalistiques. Toutefois, s'il est nécessaire de considérer cette diffusion rurale, il ne faut jamais oublier qu'une feuille de presse est avant tout destinée aux classes supérieures urbaines, et donc produite pour ce public.

Un objet de consommation encore réservé aux élites

À la fin du XIXe siècle, Eugène Dubief soulignait déjà que les années 1830 et 1840 ont été une période de première industrialisation de la presse dans les villes où celle-ci a une tradition ancienne[96]. Si les moyens de transport et les procédés d'impression s'épanouissent, et en arrivent, à la fin du XIXe siècle, à « donner aux publics [...] l'extension indéfinie dont ils sont susceptibles » comme l'écrit Gabriel Tarde, contemporain de Dubief, l'on ne peut parler, au milieu du siècle, d'entrée de la presse européenne dans une ère industrielle. Dans le royaume de Sardaigne, la majorité des journaux relève encore d'une production artisanale[97]. Un indicateur permet de vérifier cette réalité : les prix élevés. Produire une

96 Eugène Dubief, *Le journalisme*, *op. cit.*, p. 66-67.
97 *L'Opinion et la foule*, *op. cit.*, p. 15-16.

feuille de presse est une activité longue et difficile, l'imprimé-marchandise sous sa forme journal est encore un objet onéreux. La cherté des abonnements contribue à réduire *a priori* le lectorat. Un abonnement annuel à un quotidien coûte en général une quarantaine de francs, ce qui représente dans la péninsule italienne entre un quart et un tiers du salaire moyen journalier d'un ouvrier ou d'un travailleur agricole qui a pu travailler toute l'année sans interruption de revenus[98]. En tant qu'il n'est pas une dépense de subsistance, l'achat d'un journal est un acte réservé à une élite, les lectorats des journaux confirmant qu'il s'agit de moins de 10 % de la population dans royaume de Sardaigne. L'économique et le social corroborent le culturel : la proportion de gens qui ont les moyens d'acheter le journal se rapproche du pourcentage de personnes qui sont capables de le lire (par leur maîtrise poussée de la lecture). Et les évolutions sont délicates à envisager car des contraintes matérielles pèsent sur les producteurs de journaux. Du fait de la cherté des impressions, rares sont ceux pouvant prendre le risque d'opter pour la vente au numéro. La voie régulière est donc celle de l'abonnement périodique, annuel le plus souvent et payé en une seule fois, ce qui accentue la sélection sociale des abonnés. Cependant, il permet aux entreprises de presse, souvent fragiles, de savoir exactement le nombre de numéro à imprimer et de disposer immédiatement de la somme des abonnements.

Durant le « printemps des peuples » dans les États italiens, il n'y pas véritablement de presse bon marché telle qu'Anne-Claude Ambroise-Rendu l'observe à Paris. Il existe bien quelques journaux plus accessibles, comme *La Gazzetta del popolo*, créée par Jean-Baptiste Bottero, un médecin niçois établi à Turin. Ses numéros s'écoulent à cinq centimes, soit un prix plus de cinq fois inférieur à ceux des grands quotidiens turinois que sont *La Concordia* et *Il Risorgimento.* Cependant, outre le fait que les lectorats restent limités au-delà du seul prix de vente par la faible alphabétisation, le nombre de ces journaux est marginal par rapport au modèle général de la presse notabiliaire[99]. *L'Écho des Alpes maritimes* n'y échappe pas. La grande majorité de son lectorat appartient à la bourgeoisie et à la petite noblesse provinciales de Nice. Les 2 000 manœuvriers qui travaillent dans la maçonnerie, la manufacture de tabac, les filatures de soie ou encore les ateliers de tailleurs, avec des salaires

98 Franco Della Peruta, *op. cit.*, p. 64.

99 Anne-Claude Ambroise-Rendu, art. cité, p. 46.

qui oscillent entre 1,50 et 2,50 francs la journée (le double lorsque le travail nécessite un savoir particulier comme pour les verriers), peuvent difficilement se payer un abonnement annuel de plusieurs dizaines de francs[100]. Pour les ouvriers agricoles, le constat est le même, leur salaire ne dépassant pas les deux francs quotidiens, ce qui suffit tout juste à assurer leur subsistance. Et ce n'est pas le travail des femmes et des enfants qui change véritablement la donne puisque leurs salaires sont bien inférieurs et qu'ils ne peuvent gagner plus d'un franc par jour[101]. Si l'on ajoute l'exclusion des paysans, la catégorie sociale la plus nombreuse, la très grande majorité des habitants de la province de Nice ne dispose pas des capacités financières pour souscrire un abonnement à *L'Écho*. N'étant que trihebdomadaire, le journal est moins cher que les quotidiens turinois, mais ses prix demeurent élevés : les abonnements trimestriel et semestriel s'acquièrent respectivement pour 9 et 14 francs, alors que l'annuel en coûte 24. Quant aux souscriptions extérieures (à la division de Nice), pour le reste de royaume de Sardaigne, les autres États italiens et la France, elles sont un peu plus onéreuses pour compenser le surcroît de frais postaux : 28 francs pour l'année, 16 francs pour six mois et 10 francs pour trois mois d'abonnement. En comparaison, une feuille également trihebdomadaire comme *Le Patriote savoisien* de Chambéry pratique des prix du même ordre, avec un abonnement annuel de 25 francs (16 francs pour le semestriel et 9 francs pour le trimestriel)[102].

Le constat ne doit pas être trompeur, car même prohibitifs pour les classes populaires, les prix pratiqués témoignent d'un effort de la part des publicistes de Nice et de Savoie pour s'intégrer dans une dynamique générale de baisse des tarifs d'abonnement. Dans les années 1830 en France, une première étape est franchie avec l'arrivée du *Siècle* et de *La Presse*, créées tous deux en 1836, et dont les modèles et les nouveaux tarifs d'abonnement ont insufflé de nouvelles pratiques qui ont influencé inexorablement les journaux italiens qui se créent en 1847 et 1848. Pour ne donner qu'un seul exemple, l'on peut mentionner la réduction par deux du prix de l'abonnement annuel : de 80 francs pour un

100 Léonce Boniface, Ernest Hildesheimer, « La condition ouvrière à Nice en 1848 », *Nice Historique*, 1959, n° 1, p. 22.

101 *Ibid.*

102 Pour la réception de ce journal en dehors de la Savoie, il faut compter 32 francs pour une année, 20 francs pour un semestre et 12 pour un trimestre, et respectivement 36, 25 et 12 francs pour les mêmes périodes d'abonnement en dehors des États sardes.

journal comme *Le Constitutionnel*, l'on en arrive à des sommes de l'ordre de 40 francs – donc similaires à celles qui prévalent pour les feuilles quotidiennes italiennes en 1848. La dynamique impulsée est telle à partir des années 1830 qu'en une dizaine d'années à peine, de 1836 à 1848, l'ordre des prix des deux organes parisiens peut être reproduit à Nice, dans une ville de taille moyenne qui a une tradition inexistante pour ce qui concerne l'activité journalistique et un développement de l'imprimerie somme toute limité. L'exemple témoigne d'une évolution d'importance qui se produit dans les décennies 1830 et 1840 : une presse régionale de plus en plus solide émerge, aussi dans des centres urbains plus modestes où il est désormais possible pour les élites de la ville de s'abonner à un journal local bien informé, régulier et indépendant dans ses publications. C'est une étape importante dans l'épanouissement d'une civilisation du journal en Europe et dans le long processus de démocratisation de la presse.

Un avantage compétitif joue en faveur de cette nouvelle presse régionale. Outre qu'elle est la seule à pouvoir diffuser des informations proprement locales et à ouvrir ses colonnes aux habitants de la province, elle profite aussi du fait que l'élévation des frais de poste participe à augmenter les prix des grands journaux[103]. Ainsi, dans le royaume de Sardaigne, pour un abonnement annuel à *La Concordia*, il faut compter 40 francs à Turin, la ville de publication mais 44 francs pour le reste des États sardes, soit un surcoût de 10 %[104]. *Il Pensiero italiano*, quotidien génois, propose un abonnement annuel au prix de 44 francs pour Gênes, sa ville de publication, et 50 francs en dehors. Cela ouvre des possibilités de développement aux feuilles régionales. La presse est partout notabiliaire, sa production relativement artisanale. De ce fait, les écarts sont relativement faibles dans les prix ainsi que dans les lectorats malgré des différences de budget parfois très importantes. Ainsi, un journal modeste comme *L'Écho* s'écoule à un prix proportionnel à ceux des quotidiens turinois et génois (24 francs annuels pour le premier pour la moitié moins de publication, contre entre 40 et 50 francs pour les seconds). Il se diffuse à quelques centaines d'exemplaires alors qu'une feuille comme *Il Risorgimento*, soutenue par un un actionnariat 30 fois plus fortuné (100 000 francs

103 Franco Della Peruta, *op. cit.*, p. 82.

104 Il est possible ici d'exprimer en francs les prix donnés en lire dans ces journaux car, comme cela a déjà été mentionné, la monnaie sarde est indexée sur la monnaie française.

d'actions contre 3 100), atteint tout juste les 1 500 abonnés. L'écart est, certes, notable, d'autant que le chiffre des ventes ne fait pas tout dans la diffusion d'un journal ; cependant, il est bien moindre que celui qui prévaut pour la presse en France, beaucoup plus développée, où l'on peut observer d'importantes différences entre *Le Siècle* qui se distribue à plus de 30 000 exemplaires, et la presse régionale dont la diffusion moyenne selon Marc Martin est d'environ 500 exemplaires en 1846[105]. Les marchés de la presse sont bien différents en France et dans les États sardes. Néanmoins, dans les deux cas ils conditionnent les pratiques dans la diffusion des journaux et les stratégies adoptées par les publicistes pour conquérir un public et se construire une véritable « influence sociale ». Pour saisir cela, il importe de comprendre comment une rédaction, en s'adaptant au contexte social et culturel qui prévaut où elle publie son journal et au marché de la presse dans lequel elle s'insère, construit sans cesse son public, par le contenu des numéros – rubriques et intérêts – autant que par les modes de consommation qu'elle impulse.

L'ÉCHO DES ALPES MARITIMES, UN ORGANE DE PRESSE DES ÉLITES URBAINES

L'Écho des Alpes maritimes peut se définir à partir de l'analyse des endroits où il est le plus mis en avant dans l'espace urbain : les établissements mondains qui se trouvent sur le *Corso* ou dans les rues adjacentes. Ce sont des lieux dont l'accès est socialement restreint, surtout fréquentés par les élites locales mais aussi extérieures puisque le tourisme hivernant s'épanouit à Nice au milieu du XIXe siècle. Auguste Carlone et ses collaborateurs connaissent leur public et adaptent leur stratégie pour le fidéliser. Il ne s'agit pas seulement de susciter des abonnements, qui sont autant de recettes indispensables, mais aussi de placer le journal au cœur de la vie sociale des élites, locales ou hivernantes, en le transformant en guide de la vie mondaine, en soutenant le développement touristique et celui des établissements médicaux et de loisir. L'enjeu est aussi de conférer à *L'Écho* une certaine influence qui permette à ses directeurs d'agir, par exemple en faveur d'un aménagement urbain qui rende la ville plus agréable à vivre pour ces élites qui représentent la majorité du lectorat.

105 Marc Martin, *La presse régionale*, *op. cit.*, p. 88.

Un guide de la vie mondaine et hivernante

Dans son *Étude sur Nice*, un guide à l'attention des hivernants étrangers écrit en 1856, dans un moment où la ville s'affirme déjà comme une station balnéaire prisée, Auguste Burnel souligne le foisonnement des établissements littéraires, librairies et autres cabinets de lecture[106]. Le contraste est saisissant entre un espace urbain dans lequel ces lieux mondains sont développés, et l'immédiat ou plus lointain arrière-pays, où ils sont absents. Il s'explique en partie par l'importance d'un tourisme hivernant, urbain, qui est composé d'une clientèle cultivée qu'il apparaît nécessaire de satisfaire. L'établissement principal est la librairie Visconti mais on en trouve plusieurs autres dans l'espace mondain du *Corso*, comme la librairie Zani dans laquelle se diffuse aussi *L'Écho des Alpes maritimes.* Pour Auguste Carlone et ses collaborateurs, il est important d'insérer leur journal dans les salons du *Corso.* En tant que lieux de la sociabilité mondaine, les cabinets de lecture et salons sont d'accès socialement restreint ; seuls les riches hivernants et les notables locaux y pénètrent et s'y rencontrent. Les pratiques de lecture qui prévalent dans de tels établissement sont bien connues grâce à des récits comme celui de l'écrivain Antoine Fontaney qui pourrait tout à fait correspondre à une description du salon Visconti :

> Là, dans une vaste bibliothèque on avait entassé toute la prose et tous les vers des deux mondes, toutes les histoires et tous les romans, tous les chefs-d'œuvre et toutes les œuvres complètes du siècle ; et à cet immense garde-manger intellectuel, chacun pouvait encore aller puiser selon sa faim, sa soif et son goût[107].

L'acte de lire tend à devenir personnel, aussi dans ces établissements – on lit de plus en plus à voix basse ou dans sa tête au XIXe siècle. À l'inverse, les débats ou discussions qui suivent le temps de la lecture sont collectifs, notamment dans les établissements qui, comme la librairie Visconti, font à la fois librairie, cabinet de lecture et salon[108]. À Nice, ce

106 Auguste Burnel, *Étude sur Nice*, Nice, 1856, p. 38-39.

107 Antoine Fontaney, « Une séance au cabinet de lecture », *Paris ou le Livre des Cent-et-Un*, Paris, Ladvocat, 1832, t. IX, p. 257-258.

108 Françoise Parent, « Le rôle des cabinets de lecture », dans Pierre Abraham, Roland Desne (dir.), *Manuel d'histoire littéraire de la France*, t. IV, *Première partie : 1789-1848*, Paris, Éditions sociales, 1972, p. 441-442.

dernier est ouvert toute la journée et jusqu'au soir tard pour accueillir les souscripteurs qui se réunissent dans différentes pièces selon les tendances d'opinion ou les affinités personnelles. Maurice Agulhon souligne qu'à l'inverse du cercle, le groupe qui se réunit le fait de manière informelle, d'où la difficulté d'avoir des documents sur une telle pratique[109]. Et la tâche est d'autant plus ardue que le *Quarantotto* dans le royaume de Sardaigne est un moment durant lequel le contrôle de ces établissements littéraires s'atténue.

Auguste Carlone et ses collaborateurs ont su mettre à profit les habitudes qu'ils avaient avant les réformes de 1847, par la fréquentation de la librairie de Benoît Visconti par exemple, pour placer *L'Écho des Alpes maritimes* au cœur de la vie mondaine. Ils se rendent souvent dans l'établissement en soirée, parfois avec leurs compagnes – ce qui différencie le salon du cercle et du banquet restés exclusivement masculins – où ils se retrouvent pour partager un moment de détente lors d'apéritifs ou même de dîners politico-littéraires. L'une des pratiques marquantes de ces réunions est la consommation de tabac, qui a un rôle central dans l'entretien des sociabilités et accompagne les diverses discussions et les jeux (cartes, billard)[110]. Auguste Carlone a notifié ses achats fréquents de tabac et de cigares dans ses comptes personnels, des commandes importantes à la manufacture de Nice qui accompagnent les dépenses pour son abonnement à la librairie Visconti[111]. Mentionner cette pratique n'est pas anodin car le tabac devient, durant le premier XIXe siècle, un véritable symbole libéral. Sa consommation se fait sur fond de contestation des monopoles royaux sur les manufactures et du contrôle par les polices des consommateurs dans l'espace public. En janvier 1848, la grève des fumeurs de Milan a été un élément important du mouvement de protestation contre les autorités autrichiennes qui prélevaient d'importantes taxes sur le tabac[112]. L'historien Robert Beck

109 Maurice Agulhon, *Le cercle dans la France bourgeoise*, *op. cit.*, p. 74.

110 Claude Pichois, « Pour une sociologie des faits littéraires. Les cabinets de lecture à Paris durant la première moitié du XIXe siècle », *Annales Économies Sociétés et Civilisations*, vol. 14, n° 3, 1959, p. 524.

111 ADAM, Fonds Carlone, 7 J 30, Journaux comptables personnels d'Auguste Carlone pour les années 1847-1850.

112 Simonetta Soldani, « Les femmes et la nation au cours de la révolution italienne de 1848 », dans Jean-Luc Mayaud (dir.), *1848, Actes du colloque international du cent cinquantenaire, tenu à l'Assemblée nationale à Paris, les 23 et 25 février 1998*, Paris, Créaphis, 2002, p. 569 ;

évoque une « conquête » de l'espace public lorsque le notable décide, par exemple sur le *Corso* à Nice, de lire le journal à un café tout en fumant pour affirmer publiquement son émancipation[113]. Et la presse sert à porter les revendications pour faire accepter par les autorités ces nouveaux comportements caractéristiques des notables libéraux. Ainsi, Auguste Carlone et ses collaborateurs n'hésitent pas à soutenir la grève milanaise en janvier 1848 de même qu'ils protestent contre un projet de fermeture de la manufacture de tabac de Nice dans un article du 25 octobre 1848[114].

Des pratiques et attitudes nouvelles accompagnent la lecture du journal dans des lieux propices comme le salon Visconti. Auguste Carlone a d'ailleurs pris soin d'atteindre la clientèle de cet établissement, dont il fait partie, en faisant de son propriétaire, Benoît Visconti, un actionnaire de *L'Écho des Alpes maritimes*[115]. Une telle stratégie permet de toucher un potentiel lectorat mondain. Il ne s'agit pas seulement d'acquérir une influence politique mais bien de faire du journal une œuvre incontournable de la vie mondaine, notamment par des annonces, commerciales ou promouvant certains événements culturels réservés aux élites niçoises et aux hivernants qui fréquentent régulièrement la ville. Dans son étude sur la société américaine, Alexis de Tocqueville rapporte que les journaux du XIXe siècle y sont aux trois quarts remplis par des annonces commerciales, complétées par quelques nouvelles politiques. À l'inverse, dans la presse européenne, la « pâture journalière du lecteur » est essentiellement constituée par les discussions politiques[116]. Si les proportions semblent inversées, les annonces et articles qui ont trait à d'autres domaines tendent à prendre une place certaine dans la presse européenne. Bien que novices dans l'activité journalistique, Auguste Carlone et ses collaborateurs ont très vite compris le rôle fondamental de ces « petites annonces » connues au XIXe siècle sous le nom d'« annonces

---

Christopher Duggan, *La forza del destino*, *op. cit.*, p. 194-195 ; Gilles Pécout, *Naissance de l'Italie contemporaine*, *op. cit.*, p. 109.

113 Robert Beck, « La place publique dans les villes, lieu de conflits, XIXe siècle », dans Laurence Baudoux-Rousseau, Youri Carbonnier et Philippe Bragard (dir.), *La place publique urbaine du Moyen Âge à nos jours*, Arras, Artois Presse Université, 2007, p. 125.

114 *L'Écho des Alpes maritimes*, 25 octobre 1848.

115 ADAM, Fonds Carlone, 7 J 35, Documents actionnariaux de *L'Écho des Alpes maritimes*.

116 Alexis de Tocqueville, *De la démocratie en Amérique*, *op. cit.*, p. 186.

anglaises[117] ». Celles publiées dans *L'Écho* donnent une idée claire du public visé. Elles concernent des domaines variés : culturel (notamment la vente de livres), immobilier (locations ou ventes), transports en tous genres (messageries nationales ou compagnies maritimes), loisirs ou tourisme (cafés, établissements hôteliers, de jeux de hasard ou de détente), l'investissement spéculatif (compagnies par actions) et l'instruction (des offres de cours particuliers). Ce sont des activités sociales qui concernent surtout les élites, ce qui entretient un entre-soi mondain ; ceux qui passent les annonces et ceux qui sont visées par elles appartiennent au même groupe social. Les lieux cités se trouvent d'ailleurs tous dans les quartiers habités (comme celui en construction de la Croix-de-Marbre) ou fréquentés (comme le *Corso* et les rues alentour) par ces élites aisées, locales ou hivernantes.

Tout ce qui relève de la vie littéraire, théâtrale et musicale a une place dans les annonces. Les parutions de livres dans les établissements partenaires de *L'Écho des Alpes maritimes*, la société typographique Gilletta et le salon Visconti dont les patrons sont des actionnaires du journal, sont particulièrement mises en avant. Dans le même temps, les publicistes niçois agissent pour le développement du théâtre. En janvier 1850, Victor Juge intègre même la commission théâtrale municipale – instance qui gère le choix des représentations et en fixe la date et la régularité. L'objectif est de s'appuyer sur *L'Écho* pour impulser le développement de représentations théâtrales et musicales qui égayent les soirées mondaines des élites locales et des hivernants. « Le théâtre que les gens du monde délaissaient pendant l'hiver est devenu une ressource contre la monotonie du coin du feu » affirme Auguste Carlone dans un feuilleton du 5 février 1849[118]. La rédaction journalistique s'implique dans le développement de ce loisir mondain. Elle annonce la tenue de chaque représentation, en donnant des informations importantes comme les horaires, et en livre des compte-rendus. Les bulletins théâtraux emplissent les colonnes de *L'Écho des Alpes maritimes*. En dehors du théâtre, c'est la musique qui s'impose aussi comme une distraction majeure. Et là encore Auguste Carlone et ses collaborateurs se posent comme d'indispensables médiateurs pour le public mondain. Ils publient de récurrentes annonces de concerts privés, comme celle du 30 décembre 1849 :

---

117 Marc Martin, « La publicité », dans Dominique Kalifa, Philippe Régnier, Marie-Ève Thérenty et Alain Vaillant (dir.), *La Civilisation du journal*, *op. cit.*, p. 1043.

118 *L'Écho des Alpes maritimes*, 5 février 1849.

> Nous avons dans nos murs une célèbre cantatrice, Mme Tomazetti dont la belle voix de soprano s'est fait entendre avec succès en France, en Allemagne, en Angleterre et en Italie. Cette dame se propose de donner une soirée musicale à laquelle elle convie les amateurs. Un salon où il y a de la bonne musique à entendre est un bonheur dont les étrangers surtout voudront profiter dans cette saison où les soirées sont si longues et les points de réunion si rares. La soirée aura lieu le samedi 5 janvier prochain chez l'artiste même, rue Saint-François-de-Paule, maison Defly, au 2e étage, et commencera à huit heures précises. On trouvera des billets chez MM. Nolti, rue du Gouvernement, Visconti, libraire rue Saint-Dominique, et Zani, libraire au Pont-Neuf. Prix du billet : 3 francs[119].

Un certain monopole sur la publicité de tels événements offre au seul journal existant à Nice une grande place dans l'organisation de la vie mondaine. Les représentations sont généralement données dans un cadre privé par un(e) artiste renommé(e) et bien souvent dans des lieux à proximité du *Corso*, l'espace de la vie mondaine par excellence. La rue du Gouvernement, où se trouvent la boutique de M. Nolti, un des vendeurs de billet, est celle des bureaux de *L'Écho* dans lesquels l'annonce a été déposée. Elle est située à quelques dizaines de mètres du *Corso* sur lequel se trouve la librairie Visconti pas loin de laquelle part la rue Saint-François-de-Paule où réside l'artiste dans une maison louée à une famille niçoise aisée. Enfin, la rue du Pont-Neuf où est située la librairie Zani, qui a mis en vente d'autres places, est aussi à proximité puisqu'elle part de la place Saint-Dominique sur laquelle donne la rue du Gouvernement[120]. Tout s'organise dans un espace restreint qui est le même dans lequel se réalise la production de *L'Écho des Alpes maritimes*. Et les événements promus dans le journal sont de plus en plus fréquents pour animer les hivers niçois car la progression du nombre d'hivernants fortunés venus profiter de la douceur du climat est fulgurante.

Lorsque l'un des pionniers du tourisme arrive à Nice en 1763, il constate l'impossibilité « de trouver un appartement meublé[121] ». Moins

---

119 *L'Écho des Alpes maritimes*, 30 décembre 1849.

120 Se reporter à la carte du *Corso* insérée dans le premier chapitre pour situer les lieux, p. 100.

121 Jean-François Brégi, « Air et climat à Nice et dans les pays alentours au XIXe siècle. Une exploitation moderne du milieu environnemental », dans Marc Ortolani (dir.), *Protection et valorisation des ressources naturelles dans les États de Savoie. Contribution à une histoire du développement durable*, Acte du colloque international de Cuneo, 6 et 7 octobre 2011, PRIDAES, Nice, Serre, 2014, p. 265.

d'un siècle plus tard, la ville a fortement changé. Elle dispose d'un théâtre – construit à la fin du XVIIIe siècle près du *Corso*, dans la rue Saint-François-de-Paule et détruit puis reconstruit en dur en 1826 à l'initiative de Charles-Félix. En son sein se trouvent une multitude de restaurants ainsi que des hôtels et des villas pouvant accueillir de riches hivernants. Au milieu du XIXe siècle, Nice est une ville méditerranéenne qui participe à l'émergence au niveau européen d'un « fructueux commerce de l'air et de l'eau[122] ». Les initiatives ne se limitent plus à la réhabilitation d'anciens palais nobiliaires. Les premiers grands établissements hôteliers s'édifient, comme l'Hôtel de Rome en 1842[123]. L'essor est marquant puisqu'il existe déjà près d'une trentaine d'hôtels au moment de l'annexion de 1860. Leur implantation participe de l'élargissement urbain, avec des établissements situés en dehors du centre historique de la vieille ville, qui demeure toutefois le centre mondain. Ce n'est pas encore la ville de la Belle Époque dans laquelle se rendent les plus illustres personnalités ou têtes couronnées de l'Europe entière, mais elle attire déjà des milliers d'hivernants, notamment français et anglais. Près de 800 familles se rendent à Nice à la fin des années 1840, ce qui dit combien la ville subit une transformation lors de la période hivernale. Il faut s'imaginer qu'elles sont accompagnées par une domesticité plus ou moins nombreuse, ce qui fait un surcroît de milliers de personnes qui restent parfois plusieurs mois dans une ville où la population ne dépasse pas les 35 000 habitants en comptant les faubourgs. Ce sont essentiellement des familles aisées qui amènent une manne financière dont profitent largement bourgeoisie et petite bourgeoisie locales, deux groupes sociaux à l'origine de la création de *L'Écho des Alpes maritimes*.

Les publicistes niçois usent du journal pour introduire leur ville sur le marché touristique de soleil et de l'air en plein essor. Leur action ne se limite pas aux annonces commerciales : ils veulent rendre la ville accueillante pour favoriser la vie mondaine et hivernante. L'une de leurs premières initiatives est la publication de recensions des présents pour mettre en avant certains noms qui jouissent d'un capital symbolique et peuvent favoriser la venue d'autres hivernants. Ces listes servent aussi à informer les présents sur les personnes qui se trouvent d'ores et déjà en

122 *Ibid.*, p. 264.

123 Jean-Baptiste Pisano, « Du temps perdu au temps retrouvé. L'hôtellerie niçoise entre 1850 et 1930 », *Recherches régionales*, n° 203, 2013, p. 25-26.

ville et donc à susciter des rencontres ou des retrouvailles saisonnières, du type de celles que décrit si longuement Marcel Proust dans *À la recherche du temps perdu* lorsqu'il évoque les séjours de son héros dans la station balnéaire de Balbec[124]. En pleine saison hivernale, entre le 3 décembre 1849 et le 18 janvier 1850, les rédacteurs de *L'Écho des Alpes maritimes* dresse une grande liste de tous les étrangers présents dans la ville. Ils informent sur leur lieu de résidence qui sont soit des maisons de riches notables locaux qui louent un bien durant la saison, comme le fait personnellement Victor Juge avec sa propriété de la rue Saint-François-de-Paule, soit des établissements hôteliers que l'on dirait aujourd'hui de luxe[125]. Certains deviennent même propriétaires afin de s'assurer un domicile pour une venue régulière ; et ce n'est autre que Victor Juge qui est chargé du plan régulateur du quartier de la Croix-de-Marbre dans lequel s'installent nombre d'hivernants[126]. Auguste Carlone, pour sa part, est propriétaire (mais plus gestionnaire) de la banque qui gère les intérêts de certains hivernants réguliers, comme en atteste l'abondante correspondance de la banque Carlone[127]. Ainsi, il est de l'intérêt personnel des publicistes niçois d'utiliser leur journal pour promouvoir l'activité hivernante, qui bénéficie aussi aux nombreux actionnaires du journal. Ils font de *L'Écho des Alpes maritimes* un véritable guide touristico-mondain.

À partir du mois de juillet, environ trois mois avant l'arrivée des premiers touristes, Auguste Carlone et ses collaborateurs informent déjà sur les moyens de transport – en plein essor au milieu du XIXe siècle – pouvant acheminer les hivernants jusqu'à Nice. D'énormes annonces commerciales sont publiées régulièrement en quatrième page du journal pour les Messageries nationales[128]. L'arrivée de touristes nécessite la mise en place de moyens de transport plus adaptés[129]. Et les notables locaux s'impliquent dans leur développement. Auguste Carlone et Victor Juge

124 Voir particulièrement les tomes 2 et 4 : *À l'ombre des jeunes filles en fleur* et *Sodome et Gomorrhe.*

125 Pour consulter les listes, se reporter aux numéros des 3, 10, 12 et 28 décembre 1849 et des 9 et 18 janvier 1850.

126 Robert Latouche, *Histoire de Nice*, *op. cit.*, p. 136.

127 ADAM, Fonds Carlone, 7 J 41 à 7 J 162, Négoce et banque.

128 Robert Latouche, *op. cit.*, p. 139.

129 Équipe MIT, *Tourisme 1. Lieux communs*, Paris, Belin, 2002, p. 46. Sur cette question, voir aussi la thèse de géographie de Céline Tritz : *Tourisme et espace : l'arc méditerranéen, une approche de la médiatisation*, soutenue en 2001 à l'Université de Nice Sophia-Antipolis sous la direction d'André Dauphiné.

y voient aussi une dimension politique qui sert leur cause pro-française car, si les hivernants ne sont pas majoritairement français, ils arrivent à Nice depuis la France ce qui contribue donc aussi à orienter la ville vers la nation voisine. L'idée d'une liaison ferroviaire entre Nice et Toulon émerge alors au moment même où les plans sardes de développement du chemin de fer élaborés notamment par le comte de Cavour et discutés dans les journaux du royaume de Sardaigne tendent à écarter la province de Nice. Ils ont alors une claire conscience du potentiel économique que représente le tourisme hivernant. Ils participent à ce mouvement d'émergence de la rhétorique promotionnelle dans les premières villes touristiques européennes dès le milieu du XIXe siècle et qui préfigure la promotion des lieux du tourisme telle qu'elle s'est épanouie aux XXe et XXIe siècles. Jean-François Brégi rappelle que le développement touristique de Nice, bien avant la Belle Époque, s'est accompagné d'une intense promotion[130]. Elle a d'abord pris la forme de publications médicales pour vanter son air et son climat, avec un premier guide climatothérapique, l'*Ancient and Moderne History of Nice* publié par le docteur John Bunnel Davis en 1807. Par la suite, l'*Essai sur les agréments et sur la salubrité du climat de Nice* du docteur Richelmi en 1822 ainsi que le *Guide des étrangers* de Joseph Rosalinde-Rancher en 1827, puis en 1841 le *Medical Guide to Nice* de William Farr publié à Londres ont tous alimenté à leur manière le tourisme naissant[131]. Les guides ou études continuent de se publier mais l'année 1848 marque l'arrivée d'une promotion nouvelle à travers les publications journalistiques. Elle s'inscrit dans une logique de mise en avant d'un territoire, de ses aménités (lieux de détente, climat, et accessibilité) qui perdure encore de nos jours. En septembre 1849, une première réclame générale dans les colonnes de *L'Écho des Alpes maritimes* vante la « saison d'hiver à Nice ». Auguste Carlone mobilise tout son savoir-faire littéraire pour donner une description louangeuse du littoral méditerranéen niçois (que l'on n'appelle pas encore Côte d'Azur avant la Belle Époque) :

> Quel est donc ce climat privilégié du Midi se demanderont, en grelottant dans leurs pelisses, les habitants des bords de la Seine et de la Tamise, privés

130 Jean-François Brégi, « Air et climat à Nice et dans les pays alentours au XIXe siècle. Une exploitation moderne du milieu environnemental », dans Marc Ortolani (dir.), *op. cit.*, p. 274.

131 *Ibid.*, p. 265-266.

> de soleil même en plein midi et s'en allant à la recherche d'un peu de clarté et d'un peu de chaleur qui ne soient point artificielles ? De quel côté trouver cet heureux coin de terre où la nature semble vouloir se donner un démenti, où l'hiver n'est qu'un mot dérisoire vide de sens [...] ?... À la limite de la Provence orientale, au fond d'une baie circulaire, baignée au midi par les flots de la Méditerranée, abritée au nord par un éventail de montagnes qui s'abaissent en collines boisées d'oliviers, couvertes de vignes et d'orangers ; placée sous un ciel dont la douceur s'épanouit avec les fleurs d'une végétation perpétuelle, et dont la pureté se reflète dans la limpidité de la mer, comme dans un miroir mobile et azuré, qui parfois sous le souffle de la tempête se change en chaos de bruit et d'écume, il est une ville naturellement sise au milieu des jardins, semblable à un bel enfant dans un berceau de fleurs ; il est une ville comblée de privilèges en ces temps de nivellement démocratique ; cette heureuse ville, pourquoi ne l'avouerions-nous pas ? C'est notre patrie, c'est notre amour, c'est Nice ! Certes, si nous aimons notre pays, les étrangers n'en sont point moins amoureux. Comment ne pas regretter le départ, et ne pas souhaiter le retour dans une contrée où chaque aspiration est renouvellement de santé, où chaque site est un tableau, où chaque pas est marqué d'une surprise [...] ? Que de merveilles de la création ! Que de curiosités de la nature ! Que de choses encore, si l'on voulait passer en revue toutes les beautés renfermées, comme des joyaux dans un écrin, dans l'étroite étendue de cet admirable territoire !... Mais nous préférons, au lieu de les décrire, en laisser le contentement de la surprise à nos hôtes d'hiver, dont l'affluence toujours croissante transforme notre ville, par le luxe, les plaisirs et le mouvement, en une miniature capitale[132].

Dans un style hyperbolique, le texte reprend les tournures idylliques des guides de la même époque. Outre la mise en avant des paysages et de la douceur du climat, le caractère promotionnel du feuilleton ressort à travers l'argument des bienfaits de l'air méditerranéen sur la santé. La comparaison avec le climat parisien ou londonien est une preuve de la volonté d'attirer les hivernants en ciblant des clientèles dans les deux capitales qui, au milieu du XIXe siècle, fournissent les plus importants contingents de touristes aisés à la cité niçoise.

Les stratégies de diffusion s'adaptent à ces ambitions. À partir du mois d'avril 1849, Auguste Carlone et ses collaborateurs réussissent à mettre leur journal à disposition d'un lectorat parisien au cabinet de lecture Lejolivet à Paris, situé rue Notre-Dame-des-Victoires. Le directeur de *L'Écho* prend même l'initiative de faire publier dans les colonnes du *Galignani's Messenger*, les 19 septembre et 17 octobre 1849, une grande

132 *L'Écho des Alpes maritimes*, 24 septembre 1849.

annonce, similaire à celles que l'on peut trouver dans le périodique niçois, pour faire la promotion de Nice et de la douceur de son climat hivernal. Cette feuille parisienne a l'avantage de toucher une clientèle aisée anglaise, du fait de son prix et de sa langue de rédaction, et parisienne, du fait de son lieu de publication. Ce quotidien est, depuis sa création en 1814, une référence pour la communauté anglophone de Paris, et même d'autres villes européennes. Le fondateur, Giovanni Antonio Galignani, avant de se lancer dans des activités journalistiques avait créé en 1801 une librairie-cabinet de lecture située rue de Vivienne à Paris (puis déplacée à la rue de Rivoli au milieu du XIXe siècle, où elle se trouve toujours) dans laquelle il diffusait tous les plus grands auteurs de la littérature anglaise[133]. Étienne Carlone, comme en attestent les documents familiaux, y achetait régulièrement des ouvrages, notamment ceux de Walter Scott dont son fils Auguste était un lecteur assidu, au point de s'en inspirer pour la rédaction d'un roman historique, *Charivari à Nice*[134]. Il possédait aussi un abonnement au journal qu'Auguste paie toujours en 1850. C'est ainsi qu'il se trouve en bonne place pour transmettre son annonce aux gérants du *Galignani's Messenger*. L'initiative témoigne d'une véritable stratégie réfléchie pour promouvoir l'activité touristique à Nice, qu'il pense être un avenir porteur pour le développement économique de la ville. Et pour appuyer cela, les annonces s'accompagnent d'une caution scientifique. À partir du mois de février 1850, des relevés météorologiques sont régulièrement publiés pour, écrivent les publicistes niçois, « faire une chose avantageuse à la réputation du climat de [leur] ville, et en même temps agréable à [leurs] compatriotes ainsi qu'aux étrangers[135] ». Désormais cette rubrique météorologique occupe la troisième page du journal. Il ne s'agit en aucun cas de prévisions mais de revenir sur le climat observé les deux jours précédant le numéro et de fournir, *a posteriori*, une sorte de relevé qui fasse office de preuve scientifique de la douceur de l'air dans le but de convaincre de futurs hivernants. Mais l'action journalistique ne se limite pas au promotionnel. Une fois les touristes présents dans la ville, Auguste Carlone et ses collaborateurs sont en première ligne pour leur faciliter l'organisation d'un séjour. Ils

133 Diana Cooper-Richet, « La presse en langue étrangère », dans Dominique Kalifa, Philippe Régnier, Marie-Ève Thérenty et Alain Vaillant (dir.), *op. cit.*, p. 584.

134 ADAM, Fonds Carlone, 7 J 80, Documents comptables de la famille Carlone.

135 *L'Écho des Alpes maritimes*, 13 février 1850.

transforment *L'Écho des Alpes maritimes* en un véritable guide mondain rempli d'annonces pour des services particuliers comme l'hébergement, la restauration ou le loisir, avec l'objectif de conquérir un lectorat nouveau.

L'un des enjeux de la vie mondaine hivernante est aussi politique, car certaines activités capables de distraire la clientèle touristique ou les élites locales sont encore décriées. Dès le début de l'année 1848, Auguste Carlone et ses collaborateurs s'étaient déjà élevés pour revendiquer, contre l'action du gouverneur De Maistre, le droit à l'ouverture des cafés et autres boutiques durant les jours fériés catholiques. De la même manière, durant l'hiver 1849-1850 ils prennent fait et cause pour l'ouverture d'un établissement de jeux de hasard à Nice proposé par la municipalité, de laquelle les directeurs de *L'Écho des Alpes maritimes* sont d'ailleurs des élus. L'objectif est de favoriser le tourisme hivernant en impulsant la création de lieux de loisirs, qui s'associent déjà au développement touristique. Cependant, une partie du clergé urbain local se lève contre ce projet au nom de la morale. Une opposition qui reçoit une réponse cinglante de la part des publicistes niçois dans un feuilleton publié le 12 décembre 1849. « C'est de cette sorte d'incubation fâcheuse du plaisir sur les vieilles cervelles que naît ce bonnet de nuit vulgairement appelé "morale" » écrit Auguste Carlone, dans une référence qui symbolique à l'obscurité et la nuit qui rappelle celle mobilisée contre le gouverneur Rodolphe de Maistre au début de l'année 1848. Il s'agit toujours de se présenter comme incarnant une opinion éclairée favorable à une plus grande liberté des mœurs en luttant contre un ordre moral imposé au nom de la religion. Les publicistes niçois accusent les partisans d'un ordre moral de « se permett[re] de s'introduire dans toutes les maisons pour y faire la police *ad majorem Dei gloriam* [pour la plus grande gloire de Dieu][136] ». L'expression n'est pas utilisée de manière anodine puisqu'il s'agit de la devise des jésuites. L'antijésuitisme, cet autre élément de la rhétorique libérale largement utilisé contre le gouverneur De Maistre en janvier 1848, est à nouveau mobilisé pour dénoncer un contrôle des pratiques sociales et des mœurs. Leur action prend alors la forme d'une lutte politique qui accompagne leurs discours promotionnels pour défendre le développement touristique de la ville de Nice.

Les directeurs de *L'Écho des Alpes maritimes* participent à la mise en avant des établissements hôteliers, comme l'hôtel d'York, l'un des plus

136 *L'Écho des Alpes maritimes*, 12 décembre 1849.

prisés de Nice, notamment parce qu'il abrite régulièrement des événements mondains auxquels participent souvent Auguste Carlone et Victor Juge. D'autres établissements sont mis en avant, notamment l'hôtel Chauvain dont le propriétaire fait publier des annonces récurrentes dans les colonnes de *L'Écho*. La quatrième page du journal se remplit de ce type d'annonces commerciales à partir des mois de septembre et d'octobre, lorsque la saison touristique commence. Elles sont accompagnées de la mention de l'arrivée à Nice des touristes hivernants les plus réputés, comme celle du peintre français Paul Delaroche le 26 octobre 1849, un ami de Joseph Fricero, l'un des actionnaires du journal, et celle du poète et dramaturge anglais Edward Bulwer-Lytton trois jours plus tard[137]. Le 3 janvier 1850, le premier, Paul Delaroche reçoit la visite d'un autre peintre célèbre, Horace Vernet, qui n'est autre que son beau-père. Au fil de ses séjours, il se fond dans la société mondaine niçoise et devient même, en 1851, le premier président de la Société des amis des Arts dont l'un des cofondateurs n'est autre qu'Auguste Carlone et dont les réunions se font à la librairie Visconti[138]. L'exemple illustre parfaitement la coalescence qui se fait à travers une institution journalistique et dans les établissements des alentours du *Corso* entre des notabilités locales et des hivernants aisés, aristocrates ou non. Les choses changent lorsque la saison touristique s'achève. La plupart des hivernants quittent la ville et les directeurs de *L'Écho des Alpes maritimes* doivent choisir un nouveau *credo* pour s'adapter à leur lectorat. Ils commencent à promouvoir, à partir du mois de mai, les établissements estivaux plutôt destinés aux élites locales qui, l'été venu, essaient d'échapper à la chaleur du littoral en se rendant dans les montagnes alentour.

Impulser le développement de l'hydrothérapie

Au XIXe siècle, le pays niçois devient une région d'épanouissement des établissements hydrothérapiques. Une évolution déjà bien attestée dans les années 1840. Le 21 août 1848, le docteur De Foresta, médecin qui occupe le même cabinet de la rue du Gouvernement qu'un des actionnaires de *L'Écho des Alpes maritimes*, François Ardoin, à quelques

137 Jean-Paul Potron, « Les séjours du peintre Paul Delaroche au quartier Carabacel, 1848-1854 », *Nice Historique*, n° 1, 2001, p. 34.

138 Robert Latouche, *Histoire de Nice*, *op. cit.*, t. 1, p. 143.

mètres des bureaux du journal, rédige une grande notice pour défendre les mérites thérapeutiques d'un établissement important : la chartreuse de Pesio, située près de Cuneo. Elle est gérée par un certain Docteur Gibbs et surtout par le précurseur des traitements d'hydrothérapie modernes qui se développent à partir des années 1840 en Angleterre, le capitaine Richard Tappin Claridge. Le bâtiment est un ancien couvent transformé en établissement spécialisé dans les traitements hydropathiques qui ouvre à partir de mai 1848 comme l'annonce une grande publicité publiée en quatrième page de *L'Écho* le 19 janvier de la même année.

Les premiers établissements hydrothérapiques sont mis en valeur par les publicistes niçois qui en sont aussi des clients. Ils leur consacrent un feuilleton le 28 mai 1849 pour expliquer les conditions d'apparition de ces établissements d'été :

> Notre tiède hiver s'est éloigné pour faire place aux chaudes journées d'été, chaudes non pas de la chaleur africaine que pourrait faire redouter la douce température de notre froide saison, mais chaudes de l'azur sans tâche du ciel, du vif éclat du soleil, et de l'éblouissante blancheur de la lumière. Les bals, les raouts, le théâtre ont fini avec le retour des longues journées et ils ont emporté avec eux toute cette population cosmopolite plus ou moins composée de jeunes et riches *misses* et de *ladies*[139].

L'arrivée de l'été à Nice fait fuir les hivernants qui préfèrent s'en retourner dans les régions aux températures plus douces près du Rhin ou en Suisse. La vie dans la ville se bouleverse et la rédaction de *L'Écho des Alpes maritimes* s'adapte. Ce ne sont plus les hôtels pour les riches hivernants qui sont mis en avant mais les établissements d'hydrothérapie. « La chartreuse de Pesio est enfin venue commencer une redoutable concurrence aux établissements des vallées limitrophes de nos Alpes maritimes », peut-on lire dans le même article du 28 mai 1849[140]. Celle-ci, comme la plupart de ces établissements, appartient à des hôteliers de Nice qui accueillent les touristes durant la saison hivernale. Elle est gérée par Frédéric Guarducci de la Pension anglaise et Joseph Féraud le tenant de l'hôtel Paradis. Les prix pour une semaine avoisinent celui d'un abonnement annuel à *L'Écho*, entre 21 et 26 francs selon le programme hydrothérapique choisi par le client, ce qui donne une idée

139 *L'Écho des Alpes maritimes*, 28 mai 1849.
140 *Ibid.*

de la clientèle – les notables locaux de la ville, ceux qui ont aussi les moyens de s'abonner au journal voire d'entrer dans son actionnariat.

À mi-distance entre Nice et Pesio, se trouve un autre établissement – plus aisé d'accès que l'ancienne chartreuse pour laquelle il faut compter vingt-quatre heures de route depuis la capitale provinciale. Le feuilleton du 28 mai 1849 en donne aussi une description des plus élogieuses :

> L'ancien couvent des Augustins de St. Dalmas [de Tende] s'est transformé en une délicieuse habitation d'été ouverte, pour ainsi dire, à deux pas de Nice. Comment renoncer à s'endormir un beau soir dans la voiture du courrier de Turin et à se réveiller au point du jour au beau milieu des gorges de Saorge, cette profonde galerie aux gigantesques rochers, aux mille cascades, aux aspects les plus sauvages et les plus fantastiques, ce ravin où la Roya seule s'était creusé un lit[141].

L'avantage de l'établissement est qu'il est proche de la route principale du col de Tende qui amène le courrier et les voyageurs jusqu'à Turin. Durant l'été 1849, Auguste Carlone, malade, s'y est d'ailleurs rendu pour suivre un traitement, et a noué des liens avec le propriétaire qui n'est autre que Zicchitelli, le gérant de l'hôtel Victoria de Nice, l'un des principaux et des plus luxueux de la ville. Avant de s'y rendre, Auguste Carlone avait déjà contribué à assurer la promotion de l'établissement, à travers le feuilleton cité ainsi que diverses annonces commerciales. Le but est alors médical plus que de loisir, même si les deux ne sont pas incompatibles. Le contexte au milieu du XIXe siècle est celui d'un premier épanouissement de l'activité hydrothérapique, qui a participé dans les décennies suivantes à la renommée de la région. Que ces établissements aient une fonction médicale ou de détente, cela ne change pas que le public qui les fréquente est en partie celui qui compose le lectorat du journal mais aussi son actionnariat et sa rédaction. Auguste Carlone s'adresse à une élite dont il fait partie lorsqu'il écrit sur ces établissements ou qu'il évoque les hôtels, les restaurants de la ville, ainsi que les représentations ou activités hivernales urbaines destinées aussi bien aux riches touristes qu'aux notables locaux. *Ipso facto*, en s'adressant à des élites, il renforce l'influence sociale du journal qu'il dirige en contribuant à en faire une sorte de guide pour les activités mondaines. C'est un cercle qui s'enclenche car il s'agit dans le même

141 *Ibid.*

temps de profiter de ce pouvoir médiatique pour mettre le journal au service d'un aménagement urbain de la ville qui contribue à en faire un lieu toujours plus agréable à habiter – même temporairement lors d'un séjour touristique – pour les élites autochtones ou allochtones.

Un moyen d'action pour l'aménagement urbain

Les publicistes de *L'Écho des Alpes maritimes* sont des hommes de leur temps. Ils vivent dans une période où l'organisation de l'espace urbain est régie par des principes nouveaux qui se sont imposés durant le second XVIIIe siècle, à partir d'une pensée hygiéniste, prophylactique et aériste avec en arrière-plan l'idée de rendre la vie urbaine plus agréable mais aussi d'imposer un contrôle social plus fort sur les villes. Celles-ci sont pensées comme des centres de contagion, aussi bien dans le sens politique – contagion des idées – qu'épidémique – propagation de maladies comme le choléra. Auguste Carlone et ses collaborateurs sont convaincus de la nécessité de mener une réflexion générale sur l'aménagement urbain de leur ville et se mêlent de toutes les décisions qui vont en ce sens. En s'appuyant sur le pouvoir acquis grâce à leur journal, ils s'investissent pour remplir ce qu'ils estiment être un devoir pour améliorer la qualité de la vie urbaine tout en prenant le soin, *a priori* ou *a posteriori*, de légitimer leurs actions à travers des publications.

À partir de l'année 1849, apparaît dans *L'Écho des Alpes maritimes* une rubrique « variété » dans laquelle des articles scientifiques sont publiés. Une presse qui expose et diffuse des connaissances de ce type n'a rien d'une invention au XIXe siècle. La pratique est connue depuis le XVIIe siècle avec le premier modèle développé en 1665, le *Journal des savants* fondé sous le patronage de Colbert, création littéraire à l'ambition scientifique bien vite imitée dans différentes villes européennes[142]. Mais l'intérêt pour les sciences prend une tournure nouvelle avec le développement d'une presse moderne et la volonté des publicistes d'user de leur pouvoir médiatique pour intervenir dans l'aménagement urbain. Le premier XIXe siècle est une période cruciale à Nice dans le façonnement de la ville avec l'action du *Consiglio d'Ornato* créé à la suite d'une circulaire royale de 1824 qui incitait les autorités municipales à établir des plans régulateurs pour l'embellissement et la modernisation des villes. Les

142 Jean-Noël Jeanneney, *Une histoire des médias*, *op. cit.*, p. 32.

lettres patentes royales du 26 mai 1832 garantissent des aides financières (baisses d'impôts) et des facilités d'accès aux terrains nécessaires pour les constructions (expropriations). La volonté du pouvoir royal et des autorités municipales est clairement de procéder à un embellissement, tout en construisant des villes qui soit moins sujettes aux épidémies en favorisant un certain élargissement des rues. Victor Juge, codirecteur de *L'Écho des Alpes maritimes*, participe personnellement à ce processus puisqu'il est aussi ingénieur de la ville. Il s'appuie sur cette double position pour imposer certains projets d'aménagement urbain. Ainsi, en janvier et février 1849, lorsqu'Auguste Carlone devient premier vice-syndic de Nice, le premier adjoint du principal magistrat municipal, le syndic, il consacre avec Victor Juge une série d'articles à l'éclairage public au gaz. Un retour historique est proposé aux abonnés le 12 janvier alors que des articles publiés les 26 et 31 janvier et le 5 février abordent la question d'un point de vue pratique. L'enjeu de l'énergie est crucial pour une ville qui se veut accueillante pour les touristes hivernants et dans laquelle les établissements hôteliers sont rarement dotés de dispositifs de chauffage et les rues encore peu éclairées[143]. S'ils ne peuvent véritablement agir sur les premiers, les hommes de presse niçois ont en revanche le pouvoir d'œuvrer à l'amélioration du système public municipal d'éclairage. C'est pour cela que Victor Juge, après avoir fait une présentation dans les pages du journal de la solution au gaz, s'active au conseil municipal pour la faire adopter. De nouvelles publications viennent appuyer son action d'élu et lui permettent de faire procéder à l'augmentation sensible du nombre de réverbères puis à l'installation de l'éclairage au gaz avec le soutien du premier vice-syndic qui n'est autre que son principal collaborateur à *L'Écho des Alpes maritimes*, Auguste Carlone.

Leur action a pour objectif premier une amélioration de la qualité de vie dans la ville, mais aussi la gestion des risques urbains, comme les épidémies qui frappent les classes populaires aussi bien que les élites. Le choléra est encore un mal du temps très présent dans les villes européennes du milieu du XIXe siècle, ce qui peut contribuer à instiller des rumeurs. L'espace urbain est une véritable « caisse de résonance » pour celles-ci, qui se nourrissent souvent de souvenirs qui hantent encore les

143 Jean-François Brégi, « Air et climat à Nice et dans les pays alentours au XIXe siècle. Une exploitation moderne du milieu environnemental », dans Marc Ortolani (dir.), *op. cit.*, p. 271.

mémoires[144]. À Nice en 1848, c'est le souvenir de l'épidémie de 1835 et 1836 qui ressurgit ; le mouvement des bergers de l'arrière-pays vers la Provence avait alors amené jusqu'à Nice l'épidémie de choléra qui s'était développée à Marseille. Max Gallo a étudié la terreur psychologique provoquée par celle-ci, avec pour conséquence la fermeture de la frontière du Var entre le royaume de Sardaigne et la France. C'est d'ailleurs à cette occasion que Lord Brougham, voulant se rendre en Italie mais ne pouvant franchir la frontière, s'installa provisoirement à Cannes pour la première fois et fut séduit par la ville, ce qui dit bien le lien entre le développement du tourisme hivernant et la présence de bonnes conditions sanitaires[145]. À Nice, les pouvoirs publics réagissent tardivement, et avec de faibles moyens. L'épidémie se répand alors en causant rapidement la mort de près de 500 habitants. L'événement marque les consciences comme un souvenir funeste que la poétesse niçoise Agathe Sophie Sassernò a figé dans ses *Chants d'une jeune fille dédiés à sa majesté le roi Charles-Albert* publiés en 1838 :

> Du terrible fléau l'haleine dévorante / A semé sur nos bords la mort d'épouvante, / Jusqu'au fond de nos cœurs / La crainte du danger a glacé l'espérance, / Et du peuple accablé sous sa longue souffrance / On n'entend que les pleurs[146]

La langue poétique exhume la tragédie, mobilisant le champ lexical de la peur, du danger et de la mort. Ces mots permettent de comprendre pourquoi en 1849, lorsque des rumeurs d'un mal similaire se font jour au point d'alerter le pouvoir central de Turin, une extrême méfiance collective, retranscrite dans les articles de *L'Écho des Alpes maritimes*, est de mise. Cependant, il s'agit cette fois-ci de rumeurs fallacieuses colportées par le principal journal génois, *Il Corriere mercantile*, qui assure que le port de Nice est en quarantaine à la fin du mois d'octobre 1849, ce qu'Auguste Carlone et ses collaborateurs s'appliquent méthodiquement à contredire. Des soupçons se portent sur les intentions du *Corriere mercantile* dans un moment où la presse libérale génoise est en lutte contre la bourgeoisie commerçante niçoise qui jouit de franchises portuaires

144 François Ploux, *De bouche à oreille : naissance et propagation des rumeurs dans la France du XIXe siècle*, Paris, Aubier, 2003, p. 151-152.

145 Max Gallo, « Pour une étude de la santé publique sous l'administration sarde : enquête sur le choléra à Nice en 1835 », *Recherches Régionales*, n° 6, 1965, p. 33-35.

146 Agathe Sophie Sassernò, *Les Sylphides. Chants d'une jeune fille dédiés à sa majesté le roi Charles-Albert*, Nice, Suchet, 1838, p. 11.

avantageuses qui briment une partie du commerce génois. La rumeur est alors une construction journalistique qui a pour objectif de défaire l'image d'une ville.

Dans le feu de l'actualité, la presse alimente les rumeurs autant qu'elle œuvre pour les contredire. Chaque journal peut se faire le contre-pouvoir d'un autre, ce qui montre l'importance de l'existence d'une feuille de presse dans la ville concernée par une rumeur, notamment pour déconstruire des articles malintentionnés ou mal informés. Durant l'été 1849 à Nice, l'administration municipale ne se trouve en capacité de contrer les rumeurs de choléra qu'en recourant à *L'Écho des Alpes maritimes*. Cela a été d'autant plus aisé qu'il appartient, on l'a vu, à deux conseillers parmi les plus actifs et impliqués dans les affaires municipales, Auguste Carlone et Victor Juge. L'objectif est en partie économique, car dans la Nice cosmopolite du milieu du XIXe siècle déjà prisée par de nombreux hivernants, il s'agit d'éviter les paniques collectives promptes à les faire fuir. Les directeurs de *L'Écho* s'activent dès le mois de juin 1849 pour élaborer une communication afin de démontrer l'absence de risque épidémique dans la ville. Outre la publication d'un relevé des décès mensuels pour affirmer, en comparant les chiffres avec ceux de 1848, que la mortalité n'a pas progressé, Auguste Carlone et ses collaborateurs font intervenir un médecin présenté comme un spécialiste des épidémies, le docteur De Foresta. Il est à noter que celui-ci est un intervenant occasionnel dans la rédaction, puisqu'il avait déjà rédigé au début de l'année 1848 des articles sur les bienfaits de l'hydrothérapie. Il s'intègre parfaitement dans cette catégorie de praticiens niçois qui ont largement participé à œuvrer pour donner une image favorable de la ville et la présenter comme un lieu de villégiature idéal pour les malades du fait des bienfaits de son air et de son soleil. On peut citer dans la même veine le pharmacien et botaniste Giuseppe Antonio Risso (1777-1845), membre de plusieurs sociétés savantes internationales et auteur en 1826 et 1827 d'une *Histoire naturelle des principales productions de l'Europe méridionale et particulièrement de celles des environs des Alpes maritimes*.

À longueur d'articles, le docteur De Foresta promeut les mesures de prévention prises par l'administration municipale par laquelle il a été chargé de gérer l'anticipation d'une possible épidémie. Il s'adresse aux autres organes de presse d'Aix, de Marseille et de Paris qui ont repris les rumeurs de la presse génoise et les diffusent auprès de potentiels hivernants. Le quotidien parisien *Le National* va même jusqu'à annoncer à plusieurs reprises, encore au mois de décembre 1849, la mort du comte De Falloux, alors présent à Menton et Nice en tant qu'hivernant. Les conséquences pourraient être terribles pour la ville du fait du retentissement d'une telle nouvelle. Ainsi, la rédaction de *L'Écho des Alpes maritimes* s'échine à endosser le rôle de « Courrier de l'épidémie », pour reprendre l'expression utilisée par Albert Camus dans *La Peste* lorsqu'il décrit, dans la ville enfermée, la volonté de créer un journal servant à combattre les rumeurs sur l'épidémie[147]. L'enjeu à Nice en 1849 est la réputation de la ville. Mais l'affaire est aussi un cas intéressant de communication organisée entre le pouvoir municipal et le seul journal de la ville. De même que lorsqu'il s'est agi de faire adopter l'éclairage public au gaz, Auguste Carlone et Victor Juge agissent politiquement grâce à leur double statut d'élus municipaux et de directeurs de presse.

L'influence et le pouvoir acquis par les directeurs de *L'Écho des Alpes maritimes* leur donne une marge d'action. Imposer leur journal comme une institution médiatrice incontournable dans différents domaines de la vie sociale, politique et culturelle leur permet de concrétiser des initiatives qui s'accordent avec une certaine vision du monde qu'ils essaient de promouvoir. Celle-ci, déterminée par leur passé personnel et familial, leur condition sociale, économique et culturelle, guide leur action. Dans le champ des principes auxquels se réfèrent Auguste Carlone et Victor Juge, il en est un qui marque plus que les autres leur époque, et auxquels, comme leurs contemporains, ils donnent une diversité de sens : c'est la fraternité. Elle détermine un discours mais aussi des actions concrètes faites en son nom. Auguste Carlone et Victor Juge, comme nombre de publicistes quarante-huitards, font de leur journal une œuvre de la fraternité, mais encore faut-il comprendre les différents sens qu'ils donnent à cette idée-force qui empreint des révolutions du milieu du XIXe siècle.

147 Albert Camus, *La Peste*, Paris, Gallimard, 1998, p. 113.

FRATERNITÉ MULTIPLE

Polysémie d'une idée-force du « printemps des peuples »

> Toutes les distinctions de classes sont effacées devant l'égalité, tous les antagonismes se calment et disparaissent, par cette fraternité sainte qui fait des enfants d'une même patrie les enfants d'une famille et de tous les peuples des alliés[1].

Dans son discours tenu dans le Paris révolutionné de la fin du mois de février 1848, Adolphe Crémieux, nouveau ministre de la Justice du Gouvernement provisoire, mobilise une idée forte – qui est aussi une idée-force, mobilisatrice – du « printemps des peuples » : la fraternité. Elle devient une référence politique incontournable, un des « mots de 1848[2] » ; et pour l'historien elle est un prisme essentiel pour la compréhension des révolutions européennes. Cependant, elle n'est pas aisée à saisir du fait de sa dimension polysémique. Louis Girard, s'interrogeant sur la pensée politique des protagonistes des révolutions de 1848 à l'occasion de leur centenaire, énonçait déjà le caractère utopiste de la pensée de ces hommes qui croyaient venu le temps de la paix universelle, civile à l'intérieur des nations et internationale sur le continent ; une pensée dont Maurice Agulhon a montré pour la France qu'elle était constitutive d'un esprit quarante-huitard[3].

D'aucuns ne pourraient contester la place fondamentale de cet idéal polysémique dans les mouvements révolutionnaires de 1848, que Marcel David inscrit dans un long « printemps de la fraternité » qui intègre les

---

1 Cité dans : Marcel David, *Le Printemps de la Fraternité. Genèse et vicissitudes (1830-1851)*, Paris, Aubier, 1992, p. 171-172.

2 Jacqueline Lalouette, *Les mots de 1848*, Toulouse, Presses universitaires du Mirail, 2008, p. 63-64.

3 Louis Girard, *La IIe République : 1848-1851*, Calmann-Lévy, Paris, 1968. Pour ce qui est des travaux de Maurice Agulhon : *Les quarante-huitards*, *op. cit.*, et *1848 ou l'apprentissage de la République*, *op. cit.*

influences des révolutions de 1830. La notion a des origines multiples : la fraternité chrétienne, très ancienne, se différencie de la fraternité maçonnique qui elle-même n'est pas la fraternité patriotique telle que l'a fait émerger la Révolution française. Toutes découlent de pensées et pratiques différentes, et se veulent plus ou moins universelles, plus ou moins dévoilées publiquement et revendiquées comme principe politique. Dans la première partie de son livre, Marcel David cherche les origines de la fraternité comme une idée ou un principe qui incite et conditionne l'action, et constate qu'elle revient en force au moment du « printemps des peuples », alors que dans les années 1830 elle apparaissait plutôt minorée par rapport à la liberté. Dans un moment de bouleversement politique en Europe, l'idéal fraternitaire sert de prisme général pour penser un monde marqué par la construction d'États-nations dotés de systèmes politiques modernes.

En 1848, la foi en un idéal de concorde fraternelle entre les classes sociales, entre les patriotes et, à l'échelle continentale, entre les nations, est très répandue. Parmi ceux qui portent cette vision du monde se trouvent des personnages peu connus, comme les directeurs de *L'Écho des Alpes maritimes*, mais aussi des plumes renommées, tel Victor Hugo. Il est l'un de ceux qui ont le plus contribué à définir la fraternité qu'il qualifiait de « mot sublime qui paraît écrit de la main de Dieu, au-dessus de toutes les nations, dans la lumière éternelle des cieux[4] ». Dans cette définition, son origine chrétienne et son universalité (la seconde n'étant pas étrangère à la première) apparaissent limpidement. Mais l'écrivain français a aussi mobilisé l'idéal fraternitaire dans une autre dimension, plus bourgeoise, se disant partisan d'une fraternité-devoir de solidarité des riches envers les pauvres en contrepartie du respect de la famille et de la propriété. C'est une vision qui promeut une idée de concorde civique et sociale et présuppose d'intégrer ce que Marcel David nomme une « fiction de la disparition des classes[5] ». Celles-ci doivent former un même corps politique national dans lequel les antagonismes disparaîtraient au profit d'une solidarité créatrice d'un lien fraternel entre les membres d'une même nationalité. Les trois registres de la fraternité que mobilise Victor Hugo sont bien représentés dans la lithographie de Frédéric Sorrieu de 1848 (« La république universelle, démocratique

4 Cité dans : Marcel David, *op. cit.*, p. 360-361.
5 *Ibid.*, p. 181.

et sociale – Le pacte »). Une triple harmonie fraternelle s'y observe : un cortège pacifique international défile, béni par le Christ ; il est composé de plusieurs nationalités (France, Italie, Allemagne) dont les drapeaux sont arborés. Au sein de ces petits cortèges nationaux qui n'en font qu'un, international, l'on trouve aussi la troisième dimension fraternelle, la représentation d'une harmonie entre les classes sociales, les hommes et les femmes et les jeunes et les vieux. C'est bien cette polysémie que mobilisent tour à tour dans des discours ou écrits journalistiques les démocrates du « printemps des peuples » qui adhèrent à l'idéal fraternel.

Loin de n'être qu'une qu'un concept abstrait, la fraternité est une idée-force qui détermine l'action politique. Elle se nourrit d'un idéal d'inspiration chrétienne et revêt la forme d'une « religion de l'avenir humain » pour reprendre la formule de Paul Bénichou[6]. Elle se veut un horizon d'attente, un avenir annonciateur d'un futur voulu harmonieux qui doit se construire dans le présent. Et les protagonistes du « printemps des peuples » (hommes politiques, manifestants, chansonniers, publicistes, poètes) œuvrent de diverses manières pour donner de multiples expressions à leur croyance en cet idéal fraternel, mais aussi pour susciter des actions qui en soient la concrétisation[7]. En permettant une circulation des informations et des idées, ainsi que par des collaborations ou des solidarités qui parfois transcendent les frontières, la presse joue un rôle particulier dans l'expression et la défense de l'idéal fraternitaire.

Les historiens ont peu exploré, notamment dans une perspective internationale, la manière dont cette idée politique, encore vivace de nos jours – même si son sens a évolué, et pas seulement en France où elle a été préservée dans la doctrine républicaine (fixée d'ailleurs en 1848) –, a pu jouer un rôle de première importance au cours du XIXe siècle. Cependant, une dynamique de recherche semble s'être enclenchée récemment à la faveur de la formation d'un groupe de travail réuni autour du thème : « La fraternité comme catégorie de l'engagement politique en Europe de 1820 à 1920 ». Un premier ouvrage collectif d'analyse du concept dans une optique européenne a pu être produit[8]. L'impulsion donnée, notamment par Catherine Brice qui a dirigé la publication d'un autre ouvrage

---

6 Paul Bénichou, *Le temps des prophètes, doctrines de l'âge romantique*, *op. cit.*, p. 11.

7 Marcel David, *op. cit.*, p. 16-17.

8 Gilles Bertrand, Catherine Brice, Gilles Montègre (dir.), *Fraternité. Pour une histoire du concept*, Grenoble, CRHIPA, 2012. L'analyse de Marcel David ne laissait que peu de place à une vision plus internationale du concept.

collectif, cette fois plus centré sur le contexte italien, est fondamentale pour comprendre ce qu'a représenté cette idée-force qui existait bien avant et a perduré bien après le « printemps des peuples[9] ». L'analyse proposée s'inspire de ces perspectives de recherche pour considérer la fraternité, dans toute sa polysémie, comme une catégorie de l'action politique et sociale dont la presse est un moyen de réalisation[10]. Au-delà de tous les aspects sémantiques et théoriques, l'une des questions qui doivent être posées est celle du fonctionnement concret de ce concept qu'il faut mettre « à l'épreuve des faits et des individus[11] ». En cela, le cas de Nice, ville frontalière à la périphérie non seulement du royaume de Sardaigne, mais aussi du champ d'extension de la nationalité italienne, est intéressant à plusieurs titres. Centrée sur un contexte local et sur un journal, *L'Écho des Alpes maritimes*, pour percevoir la manière dont des hommes de presse tentent d'imposer publiquement leur idéal fraternitaire, l'étude n'abandonne en rien l'optique multiscalaire, pour comprendre les influences politiques extérieures que peuvent importer et faire circuler ces journalistes pour lesquels la fraternité est un mode de rapport au monde. Le sens fraternitaire d'Auguste Carlone et de ses collaborateurs s'intègre largement dans cette « illusion idéaliste » typiquement quarante-huitarde définie par Maurice Agulhon[12].

« L'évanouissement des guerres, de la guerre des rues comme de la guerre des frontières, tel est l'inévitable progrès » écrit Victor Hugo plus d'une décennie après le « printemps des peuples[13] ». L'écrivain résume bien la pensée de ceux, dont sont les directeurs de *L'Écho des Alpes maritimes* à Nice, qui ont vu dans ce moment politique européen, un pas décisif dans la réalisation d'un monde idéal de paix et de fraternité qui a le paradoxe de se construire par la lutte, parfois armée – la guerre contre l'Autriche en Lombardie est vectrice d'une fraternité patriotique. Cependant, les luttes mettent parfois à rude épreuve cet idéal – comme les Journées de Juin 1848 à Paris. Car ce concept-sentiment, polysémique, peut se décliner en trois acceptions : d'abord, la fraternité sociale, une paix civile au sein des sociétés qui est pensée comme pouvant se faire

9 Catherine Brice (dir.), *Frères de sang, frères d'armes, frères ennemis. La fraternité en Italie (1820-1924)*, Rome, École française de Rome, 2017.

10 *Ibid.*, p. 2-3.

11 *Ibid.*, p. 9.

12 Maurice Agulhon, *Les quarante-huitards*, *op. cit.*, p. 81.

13 Victor Hugo, *Les Misérables*, Paris, Le Livre de Poche, 2015, t. II, p. 1423.

par des réformes sociales et des actes de solidarité et de philanthropie ; ensuite, une fraternité patriotique, celle entre les membres d'une même nationalité qui peut aussi se faire combattante et nourrir une lutte nationale ; enfin, une fraternité entre les nationalités et, à plus long terme, l'aspiration à une paix perpétuelle entre les nations. Pour le publiciste démocrate de 1848, la fraternité universelle opère à toutes les échelles : de la souscription municipale pour apporter une solidarité aux pauvres de sa ville, aux articles de journaux qui soutiennent les luttes patriotiques du continent, en passant par des collaborations journalistiques qui dépassent le cadre régional et franchissent les frontières. Trois aspects fondamentaux de la fraternité qui interviennent concomitamment mais qui, par commodité, sont analysés les uns après les autres dans le présent chapitre.

UNE FRATERNITÉ SOCIALE, ENTRE ASSISTANCE ET CONTRÔLE

> Notre siècle a résolu bien des problèmes philosophiques et politiques, mais il est un d'une haute importance dont la solution est encore à venir. Doit-il toujours exister parmi nous des inégalités sociales profondes ? Serons-nous toujours condamnés au spectacle de la misère[14] ?

Tel est le questionnement que livrent à leurs lecteurs Auguste Carlone et ses collaborateurs dans le premier article d'une série publiée dans *L'Écho des Alpes maritimes* entre le 3 et le 20 février 1848. D'emblée sont énoncés des questionnements généraux sur l'organisation de la société auxquels ils entendent apporter leurs réponses. Leur postulat central est que tant qu'il existera des « inégalités sociales profondes » dans la société, il ne sera jamais possible de construire une harmonie qui soit le terreau d'une fraternité entre les citoyens. Une telle vision ne leur est pas propre ; elle est largement répandue durant les révolutions européennes de 1848, notamment chez les démocrates européens, et est au fondement de ce que l'on a appelé par la suite la social-démocratie (mais que

14 *L'Écho des Alpes maritimes*, 3 février 1848.

l'on nomme plutôt démocrate socialiste en 1848). L'idéal est celui du refus de la lutte des classes et de l'instauration d'une relation fraternelle entre les classes inférieures et les classes supérieures comme moteur du progrès social. Sans renoncer aux initiatives privées, notamment philanthropiques, nombre de démocrates font de la réforme sociale un objectif pour améliorer le sort des premières en veillant à lutter contre ce qu'ils nomment dans leurs journaux les « abus » dans l'exploitation du travail humain faits par les secondes :

> Les gouvernements éclairés s'appliquent avec soin à guérir, autant qu'il est possible, cette lèpre du paupérisme. Ils cherchent à améliorer le sort des classes inférieures de la société, par la réforme des abus et l'égale répartition des charges[15].

La référence aux Lumières est encore mobilisée pour énoncer un idéal de bon gouvernement. Il relève d'une pensée élaborée dans les années 1830 et 1840, surtout en France et en Angleterre, qui tend à miser sur la puissance publique pour accomplir un progrès social par la réforme tout en garantissant une égalité juridique entre tous les citoyens dotés de mêmes droits (dont celui de voter – le suffrage universel masculin est pensé comme l'outil politique de la réforme sociale bien plus que l'insurrection). « Là où il n'y a que des citoyens il ne peut plus y avoir de misérables » résume Victor Hugo[16].

En 1848, cette vision du monde est celle de courants démocrates, que l'on dit alors être l'aile radicale des libéraux, qui profitent de la libéralisation politique pour s'affirmer, notamment à travers une presse démocrate, en France comme dans les États italiens et allemands, mais aussi en Espagne et sous une autre forme au Royaume-Uni. Des relations sont nouées au-delà des frontières pour défendre un approfondissement des droits et libertés politiques, le suffrage universel masculin et la réforme sociale. C'est un courant politique européen, non structuré mais transnational, qui possède des sous-courants plus ou moins radicaux (dans leurs idées de réforme sociale). En France, ce sont les principaux leaders de la révolution de Février 1848, d'Alphonse de Lamartine à Alexandre Ledru-Rollin en passant par Louis Blanc,

15 *Ibid.*

16 Victor Hugo, Œuvres complètes, Paris, édition de l'Imprimerie nationale, t. IV, vol. 11, 1909, p. 554.

puis des plumes comme celle de Victor Hugo (qui s'éloigne de la monarchie de Juillet et des Orléanistes). Tous sont partisans de réformes sociales plus ou moins radicales et sont en partie inspirés par les idées saint-simoniennes et fouriéristes. Le journal *La Réforme* fondé en 1843 autour de Ledru-Rollin annonçait dans son titre même les objectifs : une réforme sociale, motivée par la fraternité, une réforme du système électoral et une réforme de la liberté de la presse. Au-delà de la France, c'est dans toute l'Europe que la décennie 1840 marque l'affirmation d'un courant démocrate. En Angleterre, c'est le mouvement chartiste, plus organisé et plus précoce que partout ailleurs, qui porte les idées démocratiques. Bien présent dans les années 1830 déjà, il s'est doté de plusieurs organes de presse dont *The Northern Star* fondé à Leeds en 1837 et qui s'écoule déjà à près de 50 000 exemplaires en 1839. En Espagne, les années 1840 marquent le temps du « *primer republicanismo español* » avec l'apparition de nouveaux journaux et de figures comme celle du publiciste et écrivain Fernando Garrido qui publie au printemps 1848 un périodique, *La Organización del Trabajo*. Il reprend les idées et même la formule de Louis Blanc (*L'Organisation du Travail*, 1839), inspiré lui-même par Fourier et Saint-Simon[17]. Dans la péninsule italienne, la figure incontournable est celle de Giuseppe Mazzini, qui était déjà engagé dans les années 1830 ; il a inspiré une nouvelle génération de démocrates patriotes très actifs durant le *Quarantotto* comme Daniele Manin, Giuseppe Montanelli (*L'Italia*), Giuseppe Garibaldi, Carlo Cattaneo, Angelo Brofferio (*Il Messaggiere torinese*) et Giuseppe Ferrari qui ont aussi été des publicistes, et qui sont pour beaucoup liés par une appartenance à la franc-maçonnerie. Dans les États allemands aussi s'observent le développement de périodiques démocrates et l'émergence de figures comme celle de Robert Blum, leader de la révolution de mars 1848 qui a abouti à la convocation du parlement de Francfort. L'idéal de démocratie, d'égalité et de fraternité est aussi partagé par les patriotes polonais, étant notamment promu par des figures importantes en exil à Paris comme Adam Mickiewicz. Durant le « printemps des peuples », les forces démocratiques se font aussi révolutionnaires, en février 1848 à Paris à Venise, Milan, Berlin et Vienne durant le mois de mars 1848 puis à Rome au cours de l'hiver 1848-1849. Bien que des tentatives

17 Florencia Peyrou, « Presentación », *Historia y Política*, « El Primer Republicanismo Español », n° 25, 2011, p. 11-27.

aient existé, cette « internationale démocrate » n'est pas unifiée par une organisation transnationale[18]. Elle vit au-delà des frontières surtout grâce à la presse qui se développe de manière inédite durant le « printemps des peuples ». De nombreux journaux apparaissent, notamment locaux, avec des courants démocrates qui s'organisent aussi dans des villes plus modestes, comme autour de *L'Écho des Alpes maritimes* à Nice.

Le courant démocrate européen s'épanouit à travers une multitude de périodiques, à portée nationale ou régionale, dont les directeurs ont souvent connu pendant un temps plus ou moins long l'effervescence intellectuelle et politique qui règne à Paris et à Londres. Ces hommes de presse ne posent pas que la question des luttes nationales et des droits et libertés politiques ; ils se montrent impliqués dans la question sociale. Qu'ils soient nommés socialistes ou non, les démocrates européens adhèrent aux idées de réforme et se projettent à travers le principe de l'association, pensé comme créateur d'une association fraternelle entre patrons et salariés. Ils se détournent des idées communistes qui prennent corps en 1848 avec la publication du *Manifeste du parti communiste* par Karl Marx et Friedrich Engels. Ceux-ci s'inscrivent en faux par rapport au dogme fraternitaire qu'ils critiquent comme une abstraction idéaliste :

> Le mot qui répondait à cette suppression imaginaire des rapports de classe, c'était la fraternité, la fraternisation et la fraternité universelles. Cette abstraction débonnaire des antagonismes de classes, cet équilibre sentimental des intérêts de classe contradictoires, cette exaltation enthousiaste au-dessus de la lutte de classes, la *fraternité*, telle fut vraiment la devise de la révolution de Février. C'était un simple *malentendu* qui séparait les classes, et, le 24 février, Lamartine baptisa le Gouvernement provisoire : « Un gouvernement qui suspend ce malentendu terrible qui existe entre les différentes classes[19] ».

Pour les penseurs communistes, la fraternité ne peut être un moyen pour dépasser les antagonismes entre les classes sociales, qui ne pourrait

18 Après le long « printemps des peuples » européen, alors que la réaction des pouvoirs en Europe a poussé beaucoup de démocrates à l'exil à Londres, Alexandre Ledru-Rollin et Giuseppe Mazzini se rapprochent pour former un Comité européen démocratique en 1850. Nombre de démocrates présents dans la capitale britannique y adhèrent, comme Lajos Kossuth, leader du mouvement hongrois, ou Arnold Ruge, ami de Ledru-Rollin, éditeur du journal berlinois *Die Reform* et l'un des leaders des démocrates allemands au parlement de Francfort.

19 Karl Marx, *La lutte des classes en France*, Paris, Gallimard, 2007, p. 23-24. C'est l'auteur qui souligne.

disparaître, selon eux, qu'avec la disparition des classes elles-mêmes, c'est-à-dire du mode de production qui les fait exister, le capitalisme. Ils postulent d'irréconciliables antagonismes entre les classes, et donc une inévitable lutte parfois à mort comme dans les rues parisiennes en Juin 1848. Les courants démocrates s'opposent à cette vision, et les deux tendances se disputent le qualificatif de socialiste. C'est un grand débat politique de l'histoire contemporaine qui se noue dans la presse du « printemps des peuples », entre le communisme et la social-démocratie. Il n'est pas seulement le fait de journaux importants ayant une audience large mais se retrouve aussi dans des feuilles régionales. Dans un article intitulé « Notre socialisme » publié dans *L'Écho des Alpes maritimes* du 16 janvier 1850, Auguste Carlone refuse clairement l'hypothèse communiste :

> Nous n'admettons pas qu'une révolution puisse changer subitement, du tout au tout, la face d'un pays [...]. La véritable révolution pour nous c'est le progrès, c'est-à-dire le renouvellement de la société opéré peu à peu, pacifiquement, suivant la marche de la civilisation et les besoins des époques [...]. Nous restons, par conséquent, persuadés qu'il y a dans la démocratie, c'est-à-dire dans le gouvernement représentatif, tous les éléments d'avenir et de bonheur pour le peuple.

L'idéal communiste est rejeté comme toute idée de révolution sociale. La construction d'une fraternité réelle entre les différentes classes sociale doit se faire selon le principe de l'association. Il est vu comme l'élément fondateur d'une fraternité sociale, ainsi que l'exprime dans une brochure publiée en 1849 le fouriériste parisien Henri Dameth, une connaissance d'Auguste Carlone, qui l'a rencontré à Paris durant ses études en droit et qui deviendra un publiciste du journal *L'Avenir de Nice* qui prend la suite de *L'Écho des Alpes maritimes* en août 1850. Henri Dameth écrit :

> Entre ces abîmes : *salariat, guerre sociale, misère universelle* il y a un monde. Ce monde c'est l'ASSOCIATION. L'association n'est pas seulement le terme de conciliation entre le capital et le travail, elle ouvre la seule route possible vers la JUSTICE PARFAITE et vers la FRATERNITÉ par la destruction de la misère[20].

---

20 Henri Dameth, *Le credo socialiste ou principes généraux d'organisation politique et sociale*, Paris, Mme de Lacombe, 1849, p. 10. C'est l'auteur qui souligne et utilise les majuscules.

La fraternité n'est donc pas seulement identifiée par les démocrates européens du « printemps des peuples » comme un concept patriotique ou international qui prévaut dans le principe des nationalités. Elle est un prisme pour penser la question sociale à toutes les échelles. Dans ses écrits, Saint-Simon en faisait déjà le « plus général de tous les principes sociaux[21] ». L'association fraternitaire comme moteur du progrès et de la paix sociale est un idéal partagé dans nombre de journaux en Europe. Les courants démocrates, fortement alimentées par les bourgeoisies provinciales, soutiennent, voire participent, aux actions révolutionnaires ayant pour but de bouleverser l'ordre politique ; cependant, ils n'ont aucune aspiration à la révolution sociale. Ils sont préoccupés par la concorde sociale et s'effraient des événements comme ceux de Juin 1848 qui leur apparaissent comme un *summum* d'anti-fraternité.

Les débats et les discours produits disent toute l'actualité durant le « printemps des peuples » de ce que l'on appelle la question sociale. Elle a été l'objet d'une mise en lumière nouvelle, à travers des œuvres littéraires, des ouvrages de réflexion sociale ou des articles journalistiques de ce que les démocrates du temps nomment par les mots de « misère » ou de « paupérisme ». C'est aussi une mise en action plus ou moins massive et sur un temps plus ou moins long des paysans et ouvriers, notamment dans la période de crise économique qui touche l'Europe en 1846 et 1847, qui a amené sur le devant de la scène politique la question sociale. Robert Castel a montré dans un ouvrage de référence, *Les métamorphoses de la question sociale* (1995), que ce que l'on nomme ainsi est quelque chose d'assez vaste qui varie selon les périodes, et dans un même moment selon les courants politiques[22]. L'expression a toutefois toujours concerné une approche générale des rapports sociaux, avec leurs hiérarchies plus ou moins strictes, dans un certain régime général d'organisation de la production. Dans les États italiens, toute la réflexion sociale des années 1840 prend une dimension importante avec l'agitation politique, la conquête de droits nouveaux et le développement de la presse en 1847 et 1848. Ces évolutions mettent en lumière des questionnements sociaux qu'il n'était pas possible d'énoncer d'une manière aussi ouvertement politique auparavant. Nombre d'hommes de

21 Marcel David, *op. cit.*, p. 32.

22 Robert Castel, *Les métamorphoses de la question sociale. Chronique du salariat*, Paris, Fayard, 1995.

presse, qui font partie d'une bourgeoisie provinciale tentée par les idées démocratiques, dont sont Auguste Carlone et les autres directeurs de *L'Écho des Alpes maritimes*, entendent œuvrer pour « faire disparaître de la surface des sociétés le spectacle repoussant de la misère publique[23] ». Pour y parvenir, ils oscillent entre actions publiques et initiatives privées, entre la promotion de réformes sociales accompagnées d'avancées démocratiques censées garantir un lent mais continu progrès social, et des actions d'urgence qui se font souvent encore selon le registre de la philanthropie. Cependant, il y a aussi une idée sous-jacente de contrôle social. Tout comme la fraternité patriotique quarante-huitarde a ses inflexions xénophobes, la fraternité sociale, au-delà de ses aspects solidaires, est aussi une manière de contrôler les classes jugées dangereuses – par la mise au travail, par l'éducation morale, voire par des mesures répressives, contre la mendicité notamment. À Nice, ces idées sont mises en œuvre grâce à une double position acquise par les directeurs de *L'Écho des Alpes maritimes* : celle de publicistes, qui leur permet de faire de leur journal une institution organisatrice d'actions de solidarité ; et celle d'élus municipaux qui leur donne les moyens de promouvoir des initiatives publiques à l'échelle locale. Dans les deux cas, les actions sont justifiées ou encouragées par un discours journalistique fraternitaire qui sert à imposer une certaine vision de la question sociale.

L'IDÉAL FRATERNITAIRE ET LA CONCORDE SOCIALE

> L'élévation des multitudes à la dignité de nations, l'élévation des nations à la dignité d'humanité ; tel est le programme immédiat de la civilisation. Or, pour réaliser ce programme, la première condition c'est l'abolition de tous les esclavages. La misère en est un[24].

Victor Hugo, dans son style si caractéristique, entrecoupant son œuvre romanesque de grands développements politiques et sociaux, exprime bien les positions quarante-huitardes. L'idée que la misère empêche l'avènement d'une ère de la citoyenneté éclairée est très présente chez nombre de protagonistes des révolutions européennes de 1848. Abandonner le fusil pour le bulletin de vote, comme le représente la lithographie de Louis Marie Bosredon, est un idéal que les démocrates

23 *L'Écho des Alpes maritimes*, 3 février 1848.
24 *Ibid.*

européens souhaitent faire advenir. Il ne peut se réaliser qu'en élargissant le droit de suffrage, certes, mais en apportant aussi des solutions pacifiques pour que la question sociale ne soit pas réglée par des « luttes sanglantes », pour reprendre le terme utilisé dans le prospectus de *L'Écho des Alpes maritimes* du 1er janvier 1848. La peur que la misère pousse les ouvriers et paysans à mener des tentatives insurrectionnelles est fortement présente parmi les élites durant le « printemps des peuples ». Si elle existait bien avant, elle prend une nouvelle acuité du fait de l'agitation politique qu'il règne dans beaucoup de pays d'Europe.

Dans son livre de référence, Louis Chevalier a montré comment s'est élaborée durant le premier XIXe siècle l'équation entre classes laborieuses et classes dangereuses, devenue un lieu commun de l'opinion bourgeoise (la misère et l'ignorance sont pensées comme un terreau favorable au développement du crime)[25]. L'un de ses objectifs était d'expliquer la manière dont, du fait de la misère et du chômage, les classes laborieuses ont été pensées de plus en plus comme pouvant se faire dangereuses pour ce que l'on appelle alors la « tranquillité publique » ; d'individuel ou d'exceptionnel le crime était de plus en plus perçu comme pouvant devenir un fait social massif et collectif. Les bouleversements advenus durant le premier XIXe siècle dans nombre de territoires européens ont commencé à défaire l'organisation ancienne de la production sans améliorer la condition salariale[26]. Des situations d'indigence extrême, qu'accentue la crise économique européenne de 1846 et 1847, s'observent alors dans les villes et les campagnes européennes. Elles sont décrites par des écrivains et étudiées des théoriciens du social. De grandes enquêtes commencent dans les décennies 1830 et 1840, notamment sur la classe ouvrière naissante, dont les plus connues sont le *Tableau de l'état physique et moral des ouvriers employés dans les manufactures de coton, de laine et de soie* publié en 1840 par Louis René Villermé et l'étude de Friedrich Engels sur *La situation de la classe laborieuse en Angleterre* achevée en 1845. Traduites et diffusées, notamment par la presse, elles contribuent à poser d'une certain manière la question sociale. Ainsi, il est intéressant de constater qu'une fois leur journal créé, Victor Juge et Auguste Carlone, sensibilisés à ces études dans la capitale française, en

25 Louis Chevalier, *Classes laborieuses et Classes dangereuses à Paris pendant la première moitié du XIXe siècle*, Paris, Plon, 1958.

26 Robert Castel, *Les métamorphoses de la question sociale*, *op. cit.*, p. 213.

diffusent des extraits. Ils font partager à leur lectorat celle d'Adolphe Blanqui sur la ville de Marseille publiée dans *L'Écho des Alpes maritimes* le 11 décembre 1849. Partisan de la réforme électorale (pour l'élargissement du suffrage), il a contribué à la formation de Victor Juge qui a suivi ses cours et a fréquenté les cercles qu'il animait à Paris dans les années 1830 et 1840. Il avait été d'ailleurs sollicité, en tant que Niçois d'origine, afin de promouvoir le journal et avait répondu par un courrier de soutien à la direction de *L'Écho* publié le 19 janvier 1848[27]. Près de deux années plus tard, la publication de l'enquête sur la ville de Marseille ne relève plus d'un contact personnel mais s'inscrit dans la logique d'une diffusion de travaux qui mettent en lumière des situations d'extrême paupérisme jugées inquiétantes par les classes supérieures – avant tout parce qu'elles pourraient être criminogènes ou favoriser des initiatives révolutionnaires. Dans le même temps, d'autres formes d'écritures nourrissent la réflexion sur la question sociale, toujours en lien avec la presse qui a un rôle fondamental.

Outre les enquêtes, à prétention analystique et scientifique, on observe, de manière contemporaine, l'émergence d'une littérature d'exposition publique de la misère dont attestent parfaitement le roman *Oliver Swift* de Charles Dickens publié sous la forme d'un feuilleton entre 1837 et 1839 et *Les Mystères de Paris* d'Eugène Sue paru dans *Le Journal des débats* entre 1842 et 1843. Les journaux jouent un rôle fondamental de diffusion de cette littérature nouvelle à travers une rubrique journalistique naissante : le feuilleton. La peinture de la misère parisienne faite par Eugène Sue est une œuvre lue et réappropriée par les publicistes, notamment en Allemagne et en Italie. Helga Jeanblanc a montré l'impact outre-Rhin de ce livre, ainsi que d'autres publications françaises, dans une période marquée par la révolte de la faim des tisserands silésiens en 1844[28]. Dans les États italiens et allemands, les réformes libérales en 1847 et 1848 accentuent fortement la diffusion de cette littérature descriptive et des enquêtes, ainsi que d'autres types de publications traitant de la question sociale. Ainsi, en 1849, Auguste Carlone et Victor Juge reprennent plusieurs articles d'une nouvelle revue fondée

27 *L'Écho des Alpes maritimes*, 19 janvier 1848.

28 Helga Jeanblanc, « Le paupérisme dans la presse allemande des années 1840 : l'impact du modèle français » Marie-Ève Thérenty, Alain Vaillant (dir.), *Presse, nations et mondialisation au XIXe siècle*, Paris, Nouveau Monde éditions, 2010, p. 367-386.

par Louis Blanc, *Le Nouveau Monde*. Celle-ci s'inscrit dans la lignée de l'ouvrage qui l'a fait connaître une décennie plus tôt, *L'Organisation du travail* (1839). Il entre dans la catégorie des publications que l'on pourrait dire de science sociale, ce qui dans le langage du mitan du XIXe siècle désigne une œuvre dont le but est d'exposer un système plus ou moins idéal d'organisation de la société, de la même manière que *Qu'est-ce que la propriété ?* publié par Pierre-Joseph Proudon en 1840.

L'émulation littéraire et enquêtrice de la fin de la décennie 1830 et des années 1840 marque l'époque. Dans le royaume de Sardaigne, les journaux qui se créent à partir de 1847 et des lois libérales se l'approprient et y contribuent. Les directeurs de journaux comme Auguste Carlone et Victor Juge s'emparent du sujet. Mais la remarque vaut également pour des publicistes de renom comme le comte de Cavour qui a beaucoup voyagé en France et en Angleterre avant de contribuer à la création d'*Il Risorgimento* à Turin à la fin de l'année 1847. Au milieu de la décennie 1830, il s'est rendu à Paris, visitant les hôpitaux, les prisons, les écoles, avant de partir pour Londres où, là aussi, il s'est intéressé aux questions sociales. Le contexte d'alors est celui de l'élaboration de la *Poor Law* de 1834 qui bouleverse l'ancien système de l'assistance qui datait du XVIIe siècle en instituant l'enfermement des indigents et leur mise au travail. Comme le comte de Cavour, une partie notable des bourgeoisies ou noblesses libérales italiennes, radicales ou modérées, provinciales ou occupant des positions importantes dans les grandes villes, est entrée, bien avant le *Quarantotto*, dans une logique de recherche de ce qu'elles jugent être les meilleures solutions pour éviter que la misère et le paupérisme ne deviennent un terreau favorable à des insurrections populaires. Ce « risque » révolutionnaire qu'engendre la misère influence fortement l'expression d'un idéal fraternel d'harmonie sociale. Il puise dans les idées saint-simoniennes et fouriéristes qui ont, par exemple, influencé Louis-Napoléon Bonaparte lorsque, détenu au fort de Ham, bien avant d'être président, il apportait sa contribution à la réflexion dans son ouvrage *L'extinction du paupérisme* publié en 1844. Le titre apparaît comme un objectif, et les mesures sont celles prônées par nombre de démocrates de l'époque. Il contribue aussi à diffuser le mot de paupérisme qui devient un terme pour énoncer à lui seul toute la question sociale. Il décrit un fléau qui empêche, de même que l'absence de droit politique pour la grande masse du peuple, l'harmonie sociale et la réalisation d'une fraternité entre les citoyens. Si la position de son auteur a changé en 1848, puisqu'il s'est rapproché des courants conservateurs, ce qu'énonçait l'ouvrage est au cœur de la discussion sur la question sociale. À Paris, la *Démocratie pacifique*, organe des fouriéristes dont l'influence est notable dans les courants démocratiques, et pas seulement en France, est à l'œuvre en décembre 1848 pour rappeler le nouveau président à ses écrits. Le *credo* du journal est similaire à celui que défendait Louis-Napoléon Bonaparte dans son ouvrage, c'est-à-dire l'association fraternelle entre les classes sociales. Victor Considerant, directeur de la rédaction, fait publier un extrait de *L'extinction du paupérisme* sous le titre « Principes généraux du socialisme » qui est repris en Une de *L'Écho des Alpes maritimes* du 29 décembre 1848. L'article se clôt sur cette sentence :

> La classe ouvrière ne possède rien, il faut la rendre propriétaire [...]. Elle est sans organisation et sans liens, sans droits et sans avenir ; il faut lui donner des droits et un avenir, et la relever à ses propres yeux par l'association, l'éducation, la discipline[29].

La discipline (par la lutte contre la mendicité et la mise au travail) et l'éducation (par le développement de l'instruction primaire, secondaire et pour les adultes) complètent l'association (fraternité entre les classes sociales). À Nice, Auguste Carlone et ses collaborateurs introduisent cette vision de la question sociale à travers *L'Écho des Alpes maritimes*, avant même la révolution de Février en France :

> Les gouvernements éclairés [...] appellent le peuple aux bienfaits d'une éducation religieuse et morale ; ils lui enseignent que la véritable destinée de l'homme est le travail ; ils s'attachent à lui inspirer l'amour de la propriété, en offrant un placement reproductif à ses économies[30].

Ce premier article d'une série de quatre publications effectuées les 3, 10, 13 et 20 février, énonce un programme pour combattre ce qu'ils nomment la « lèpre du paupérisme », en reprenant le terme placé dans titre de son ouvrage par Louis-Napoléon Bonaparte[31]. Les articles se veulent une étude générale de la pauvreté, avec une partie consacrée

29 *L'Écho des Alpes maritimes*, 29 décembre 1848. Voir pour le texte original : Louis-Napoléon Bonaparte, *L'extinction du paupérisme*, Paris, Pagnerre, 1844, p. 12-13.

30 *L'Écho des Alpes maritimes*, 3 février 1848.

31 *Ibid.*

à la situation particulière de la province de Nice. On trouve là encore le rôle que jouent ces notables pour faire le lien entre la production extérieure d'une pensée sur le monde social (qu'ils font aussi découvrir à leur lectorat si celui-ci n'est pas au fait) et son application à leur territoire. Dans leur article du 3 février 1848, Auguste Carlone et ses collaborateurs évaluent par exemple l'influence de la démographie sur le paupérisme en discutant les thèses de l'économiste britannique Thomas Malthus. Le prenant à rebours, ils estiment qu'un accroissement notable de population serait un moteur de développement pour le territoire dans une région essentiellement agricole comme celle de Nice, donc un moyen de lutter contre le paupérisme. Cela permettrait aussi de disposer de plus de bras pour entamer de grands travaux afin de construire des routes pour désenclaver l'arrière-pays, dont le manque est souvent dénoncé dans les articles de *L'Écho des Alpes maritimes*. Il est intéressant de comprendre comment les notables locaux, à travers la presse, jouent un rôle fondamental pour diffuser des analyses, des idées, des concepts, qui sont jugés applicables ou non à la situation de leur « petite » patrie. Par ce moyen, ils suscitent aussi des discussions dans les lieux de sociabilité, ceux de l'espace mondain autour du *Corso* à Nice. Les publications et les discussions servent à faire connaître les analyses mais aussi à diffuser des émotions, comme cela s'observe bien durant l'insurrection parisienne de Juin 1848. La répression sanglante des ouvriers entre le 23 et le 28 juin 1848 a été un rude coup porté à tous les penseurs démocrates de l'harmonie sociale, dont sont les directeurs de *L'Écho des Alpes maritimes*. Les témoignages se diffusent rapidement dans les réseaux journalistiques européens ; les scènes décrites sont celles d'un véritable « massacre ». L'événement est perçu par une grande partie des démocrates, à l'instar des publicistes de journaux comme la *Démocratie pacifique*, comme une véritable « guerre civile » – le terme est repris par Auguste Carlone dans son analyse publiée le 28 juillet 1848[32].

Le choc bouleverse aussi la fonction journalistique. Beaucoup de publicistes préfèrent éviter de décrire les faits dans le feu des événements, et livrent leurs analyses parfois seulement un mois après. Il s'agit d'un choix assumé pour lutter contre une sorte de publicité morbide : « l'acharnement avec lequel certains journaux se plaisent à enregistrer

32 *L'Écho des Alpes maritimes*, 28 juillet 1848.

chaque matin les actes de cruauté et de barbarie commis pendant l'insurrection n'est propre qu'à développer des haines inextinguibles dans tous les rangs de la population », dénoncent Auguste Carlone et ses collaborateurs au début du mois de juillet[33]. Ils prônent une sorte d'amnésie collective à propos des événements violents qu'ils jugent, à peine un mois après leur déroulement, « déjà assez éloignés pour les couvrir d'un voile[34] ». Il s'agit aussi pour les publicistes démocrates européens, de la *Démocratie pacifique* à Paris jusqu'à *L'Écho des Alpes maritimes* à Nice, de continuer à faire vivre l'idéal fraternitaire mis à rude épreuve par l'événement, décrit par Auguste Carlone et ses collaborateurs comme « une révolution insensée, faite par quelques milliers de malheureux sans travail et sans pain [...] poussés par le besoin et entraînés par des meneurs plus coupables[35] ». Le parti pris est clair. La presse démocrate critique vertement ceux qu'elle identifie comme des meneurs et leur oppose des contre-modèles dans une fabrication médiatique de héros de la fraternité qui, dans le chaos des affrontements, ont tenté d'œuvrer pour la conciliation. Ainsi, une bonne partie des lignes dédiées aux événements de Juin 1848 par Auguste Carlone et ses collaborateurs sont consacrés à la mort de Monseigneur Affre, archevêque de Paris. Tentant une conciliation avec les ouvriers barricadés dans le Faubourg Saint-Antoine le 27 juin, il reçoit une balle perdue et s'écroule avant d'être évacué et de succomber plusieurs heures plus tard. Son action, de même que celle du général mentonnais Jean-Baptiste Bréa, lui aussi tué dans des conditions similaires, offre un espoir à ceux qui pensent fermement, comme les publicistes niçois et leurs homologues parisiens de la *Démocratie Pacifique*, que les événements doivent favoriser l'instauration d'un climat de paix civile et sociale. Pour ceux-ci, il n'est de symbole plus significatif que le sacrifice d'un homme d'Église pour faire cesser des affrontements fratricides entre citoyens.

La mise en avant de figures censées incarner l'idéal fraternitaire se couple avec des analyses, comme on peut en lire dans *L'Écho des Alpes maritimes* dès la fin du mois de juin, lorsque la nouvelle de l'insurrection parvient à Nice :

33 *L'Écho des Alpes maritimes*, 7 juillet 1848.
34 *L'Écho des Alpes maritimes*, 26 juillet 1848.
35 *Ibid.*

> Il ne s'agit que d'ouvrir les yeux pour voir que, tant qu'il existera de trop profondes inégalités dans la société, tant qu'il y aura le contraste de l'extrême richesse et de l'extrême misère, de l'homme instruit et de l'homme ignorant, de l'oppresseur et de l'opprimé, il ne saurait y avoir ni paix, ni fraternité dans le monde ; et il est à craindre que chaque acte social ne devienne un combat où le plus fort l'emportera sur le plus faible[36].

Il s'agit là d'une critique sociale formulée de manière récurrente dans tous les organes de la presse démocrate européenne. Si les journées de Juin ont mis à mal la croyance en la fraternité comme solution à la question sociale, l'idéal d'harmonie civique et sociale est toujours revendiqué, et même mis en œuvre à travers certaines actions[37]. C'est dans cet esprit que la rédaction de *L'Écho des Alpes maritimes* soutient la tenue à Nice d'une cérémonie d'hommage aux victimes parisiennes. Le récit est donné le 28 juillet 1848 :

> Hier a eu lieu à la cathédrale le service funèbre en l'honneur des victimes de l'insurrection de juin. L'église était rendue de noir et se trouvait remplie de bonne heure par une foule compacte. Un catafalque monumental était élevé au milieu de l'église et portait des inscriptions nationales, des insignes symboliques et des faisceaux de drapeaux tricolores [...]. Le cœur nous saigne encore à l'idée des malheurs qu'engendre la guerre civile[38].

Les manifestations d'hommage sont perçues et présentées comme des mises en acte de la fraternité. Elles s'accompagnent d'un discours médiatique qui met en avant ce sentiment :

> Devant les ruines de l'immense catastrophe sociale qui a menacé d'engloutir la France et l'Europe avec elle, nous n'éprouvons ni haine ni vengeance ; tout ce que nous trouvons au fond de notre âme c'est une grande douleur et un grand pardon [...]. La seule force réelle et invincible qui finira par dominer le monde, sera la puissance morale de l'intelligence et de la vertu ; la véritable idée politique et sociale reposera sur la loi naturelle, sur le principe de la fraternité[39].

Lorsque le fusil prime sur le bulletin de vote – pour inverser l'image de la lithographie de Louis Marie Bosredon déjà citée –,

36 *L'Écho des Alpes maritimes*, 28 juin 1848.
37 Marcel David, *Le Printemps de la Fraternité. Genèse et vicissitudes 1830-1851*, *op. cit.*, p. 298.
38 *L'Écho des Alpes maritimes*, 28 juillet 1848.
39 *Ibid.*

lorsque se noue un conflit social violent, la fraternité sert à rappeler l'idéal démocratique des quarante-huitards[40]. Celui-ci est explicité dans une série d'articles écrits par Auguste Carlone en avril 1849. Selon lui, les seules « armes » viables pour faire « triompher et régner » l'idéal fraternel et la paix civique et sociale sont « la république et le suffrage universel[41] ». Car ce dernier, comme l'affirme Auguste Carlone dans un article du 16 janvier 1850, permettrait de refuser les effusions révolutionnaires violentes, d'inverser Juin, de poser le fusil pour prendre le bulletin de vote[42]. Il est pensé comme le moyen d'engager la construction d'une société fondée sur « la liberté et la fraternité » qui sont perçues comme des valeurs cardinales. En ajoutant l'égalité, elles rendraient possible la construction d'« une société où sans confusion de classes, il n'y ait que des citoyens et des frères libres, n'ayant au-dessus d'eux qu'une loi juste et également applicable à tous[43] ». Cette pensée typiquement quarante-huitarde, qui se veut démocratique et pacifique, promeut « le progrès en pente douce » par les conquêtes du suffrage[44]. Walter Benjamin a donné une explication limpide de cette vision dans ses thèses *Sur le concept d'histoire* ; il explique comment s'est formulée au XIXe siècle l'idée du progrès comme d'une chose universelle inévitable qui adviendrait par la Providence divine, ainsi que la promeuvent nombre de démocrates européens en 1848[45].

« Il n'y aura de bonne constitution politique, il n'y aura de société durable que celle qui assurera à tous ses membres l'instruction et le travail » peut-on lire dans *L'Écho des Alpes maritimes* du 24 mai 1848[46]. Et c'est la fraternité qui semble la valeur essentielle pour parvenir à cette harmonie sociale à construire. Elle imprègne les initiatives politiques quarante-huitardes. L'association politique créée à Nice au printemps 1848 se nomme bien le Cercle de la Fraternité que ses fondateurs, dont sont les directeurs de *L'Écho*, veulent être un « lieu de réunion où l'on put opérer la fusion des diverses classes de notre société qui, jusqu'à ce jour, se sont

40 Marcel David, *op. cit.*, p. 87.
41 *L'Écho des Alpes maritimes*, 9 avril 1849.
42 *L'Écho des Alpes maritimes*, 16 janvier 1850.
43 *L'Écho des Alpes maritimes*, 1er mai 1850.
44 Victor Hugo, *Les Misérables*, *op. cit.*, p. 1155.
45 Walter Benjamin, *Écrits français*, Paris, Gallimard, 2011, p. 432-455.
46 *L'Écho des Alpes maritimes*, 24 mai 1848.

tenues à l'écart les unes des autres[47] ». L'objectif s'inscrit pleinement dans leur idéal de fraternité sociale, même si sa réalisation est mise à mal par l'orientation élitiste fixée par les conditions d'accès. Cette initiative est toutefois loin d'épuiser le champ des actions fraternitaires menées par Auguste Carlone et ses collaborateurs.

LA CONSTRUCTION D'UNE SOCIÉTÉ FRATERNELLE ET SES PARADOXES : RÉPRESSION, ASSISTANCE ET DÉVELOPPEMENT DE L'INSTRUCTION

> Les gouvernements éclairés s'appliquent avec soin à guérir, autant qu'il est possible, cette lèpre du paupérisme. Ils cherchent à améliorer le sort des classes inférieures de la société ; ils déclarent que mendier est une honte, et ils font un délit de la mendicité. Les moyens répressifs doivent être placés à côté des enseignements utiles, sans cesser toutefois de garder un caractère d'humanité et de bienfaisance[48].

Répression, bienfaisance (ou assistance) et enseignement, tels sont les trois éléments imaginés comme indispensables pour élaborer une société harmonieuse. Si l'on pourrait voir un paradoxe dans l'association entre assistance et répression, beaucoup de démocrates du « printemps des peuples » les imaginent complémentaires. De leur point de vue, l'interdiction de comportements considérés comme des fléaux pour les villes est une nécessité – notamment les pratiques qui se rapportent à la mendicité. Une telle vision est celle de notables soucieux d'un contrôle des comportements urbains et de l'évolution de leur ville. Dans une production littéraire diffusée à Nice au cours de l'hiver 1847 et 1848 avec un titre pour le moins évocateur, *Alla fratellanza italiana* (À la fraternité italienne), André Clerissy insistait déjà sur le lien entre fraternité et ordre social. Pour les élites bourgeoises provinciales qui s'emparent de moyens d'expression nouvellement autorisés, la fraternité doit être « *madre di ordine e di giustizia* » (« mère d'ordre et de justice »)[49]. La vision est la même que celle énoncée par la rédaction de *L'Écho des Alpes maritimes* dans ses premières publications en janvier 1848. La lutte contre le paupérisme, l'action pour limiter les conséquences – potentiellement

47 *L'Écho des Alpes maritimes*, 31 mai 1848.
48 *L'Écho des Alpes maritimes*, 3 février 1848.
49 Steve Betti, « L'éveil d'une conscience politique : discours, odes, libelles et pamphlets niçois du "printemps des peuples" », *Nice Historique*, n° 1, 1997, p. 36.

violentes – du développement de ce que les publicistes niçois nomment la « misère », sont une des formes que prend l'action politique au milieu du XIXe siècle, et pas seulement dans les grandes villes ou les centres industriels émergents.

La recherche des solutions éclairées, c'est-à-dire guidées par la raison, pour lutter contre paupérisme et la mendicité obsède les notables libéraux. À Nice, dans un territoire comme il en existe de nombreux en Europe, c'est-à-dire largement agricole et où s'épanouit un artisanat important à côté d'une activité industrielle naissante, nombre de travailleurs connaissent une plus ou moins grande pauvreté, très liée à l'existence d'un chômage temporaire récurrent. Il n'existe pas d'État social tel qu'il s'est construit au XXe siècle. Les réponses apportées résident donc essentiellement dans des initiatives, privées ou publiques, ponctuelles ou plus durables, qui prennent des formes diverses et suivent différentes logiques : charité, philanthropie et solidarité[50]. Leur réalisation inclut une double dimension, de légitimation et d'organisation. Et pour les deux, l'institution journalistique a un rôle prégnant, comme l'ont bien cerné Auguste Carlone et Victor Juge en faisant de leur journal un outil incontournable pour leur action sociale, et pas seulement pour émettre un discours politique sur le social. Dans toutes leurs initiatives, que ce soit pour faire passer un règlement anti-mendicité ou pour impulser des projets municipaux (construction d'une bibliothèque ou d'un asile), le pouvoir d'organisation et de légitimation de l'action que leur offre la possession d'un journal se couple avec le pouvoir de concrétisation que leur confère leur position d'élus municipaux.

Lutter contre la mendicité en luttant contre les mendiants ?

> Les gouvernements éclairés [...] déclarent que mendier est une honte, et ils font un délit de la mendicité. Et cette dernière rigueur était utile et nécessaire, car tous les hommes n'ont pas au même degré le sentiment de leur dignité, et les loisirs honteux du mendiant peuvent paraître à quelques individus dégradés, préférables à la loi du travail[51].

---

50 Jacqueline Lalouette, « Charité, philanthropie et solidarité en France vers 1848. Pour une histoire des mots et des doctrines », dans Jean-Luc Mayaud (dir.), *1848*, *op. cit.*, p. 203-225 ; Christophe Charle, *Histoire sociale de la France au XIXe siècle*, *op. cit.*, p. 45.

51 *L'Écho des Alpes maritimes*, 3 février 1848.

Dans cet article publié au début du mois de février 1848, la mendicité est dénoncée comme un des fléaux de leur époque par les directeurs de *L'Écho des Alpes maritimes*. Elle serait un obstacle à la mise au travail, qui constitue l'une des voies qu'ils privilégient pour construire une société de l'association fraternelle entre les salariés et les patrons. Le progrès social prisé par les démocrates européens ne peut passer que par l'anéantissement de la mendicité, qui est une marque du paupérisme. Pour cela, ils ne s'interdisent pas de prendre certaines mesures qui s'inscrivent dans un registre répressif, par l'interdiction de la pratique et la punition des mendiants. Elles ne sont pas pensées comme un idéal de l'action politique, contrairement aux projets de développement des institutions de bienfaisance, mais comme des outils utiles dans le court terme, notamment pour assainir l'espace urbain.

À l'image de la plupart des villes européennes de la même époque, Nice connaît une croissance démographique mal maîtrisée qui favorise le développement de la mendicité et la propagation des épidémies. Au début des années 1830, alors que des premiers grands plans d'aménagement étaient élaborés, la ville fut touchée de plein fouet par l'épidémie du choléra, avec plusieurs centaines de morts au cours de l'année 1835[52]. L'événement marque les consciences, d'autant qu'il touche indistinctement toutes les classes sociales. Parmi les élites se renforce alors une pensée aériste et hygiéniste héritée des réflexions du siècle des Lumières qui insiste sur les vertus prophylactiques de l'aménagement et du contrôle urbain. Il s'agit de penser des villes propres, bien éclairées, avec des rues plus larges, moins populeuses et où l'air pourrait circuler plus aisément. Cette pensée a trouvé une première concrétisation à la fin des années 1820 et au début de la décennie suivante, dont la forme particulière à Nice a été la création du *Consiglio d'Ornato*. L'action d'urbanisation qu'il a permise s'est accompagnée d'une volonté plus large de repenser les comportements dans la ville qui s'est faite plus vigoureuse à Nice qu'ailleurs du fait du développement du tourisme hivernant au cours des décennies 1830 et 1840.

La construction d'une ville moderne accueillante pour les riches étrangers qui la fréquentent est un des buts que se fixent les directeurs de *L'Écho des Alpes maritimes*. C'est dans ce contexte qu'ils s'attaquent à

52 Max Gallo, « Pour une étude de la santé publique sous l'administration sarde. Enquête sur le choléra à Nice en 1835 », *Recherches Régionales*, n° 6, 1965, p. 27-35.

la question de la mendicité, avec des mesures qui semblent quelque peu bafouer l'idéal fraternitaire qu'ils promeuvent dans leurs articles. Avant de penser au sort des mendiants, c'est la pratique de la mendicité qui est visée car perçue comme un fléau urbain à éradiquer, quitte à prendre des mesures répressives. Elle est vue comme un frein au développement de l'activité hivernante dont l'essor profite largement à la bourgeoisie et petite bourgeoisie urbaines. La première possède les maisons louées aux hivernants et la seconde dispose des boutiques qu'ils aiment fréquenter sur le *Corso*, au cœur de la ville. Ces intérêts matériels influencent la vision sociale. L'enjeu économique pour la ville est important : les riches étrangers dépassent déjà le millier au cours de la décennie 1840 dans une ville encore peu urbanisée et peuplée d'environ 20 000 âmes en son cœur *intramuros*, ce qui dit bien l'importance de l'activité. De plus, l'afflux régulier de richesses au moment de l'hiver dans une ville touchée par le paupérisme a pour conséquence de favoriser la mendicité. Auguste Carlone et ses collaborateurs décrivent en ces mots la situation :

> L'étranger qui arrive au milieu de nous, et qui voit tant de haillons, tant de mains tendues vers lui, l'étranger qui ne peut pas faire un pas sans entendre un concert de voix suppliantes criant leur faim [...] se refusera à croire, et qui pourrait le croire, que Dieu ne nous a donné un soleil si brillant que pour éclairer tant de misères[53].

Construire l'image publique d'une ville ou d'une région pour la rendre désirable touristiquement nécessite d'éradiquer ce qui pourrait l'écorner. Ce qui préoccupe la rédaction de *L'Écho des Alpes maritimes* est la manière dont la mendicité pourrait entraver l'activité hivernante naissante dont ses membres profitent. D'autant que l'époque n'est alors pas encore un temps de ségrégation socio-spatiale marquée dans les villes, même si le processus semble s'enclencher (et Victor Juge y participe en tant qu'ingénieur de la ville), les hivernants et les élites locales s'installant de plus en plus dans les nouveaux quartiers aux propriétés entourées de parcs, comme à la Croix-de-Marbre, pour éloigner visuellement les marques de la pauvreté. Le *Corso*, principal centre mondain de la ville, est aussi un lieu de passage fréquentés où des mendiants peuvent s'installer pour faire l'aumône. C'est dans ce contexte de confrontation entre grande richesse et grande pauvreté dans l'espace urbain que prolifère la mendicité. À

53 *L'Écho des Alpes maritimes*, 3 février 1848.

partir de janvier 1848, lorsque *L'Écho des Alpes maritimes* commence ses publications, elle est combattue par sa rédaction. Auguste Carlone et ses associés n'hésitent pas à promouvoir une action répressive à travers des discours offensifs puis, une fois devenus des élus municipaux, par des actes politiques.

Les mendiants sont soupçonnés de « nourri[r] leur paresse par l'aumône » et de faire « de la mendicité un art, et de leurs enfants un instrument de cet art[54] ». Ce discours journalistique accusateur sert à justifier et réclamer des mesures répressives :

> On nous dit que les ressources de la ville sont engagées, mais ne pourrait-on pas en attendant par des mesures de police faire refluer vers leur source ces flots de mendiants qui viennent nous inonder chaque hiver[55] ?

Le propos est hostile. Il fait le lien entre une mendicité en recrudescence et le développement du tourisme hivernant qui a pour conséquence un afflux important de richesse dont l'une des manières de profiter pour les personnes placées dans des situations d'indigence extrême est la mendicité. Mais cette activité est jugée méprisante par l'auteur de l'article qui contribue à fixer une image publique dégradante caractéristique d'une certaine vision du monde social. Chasser les mendiants du centre-ville est considéré comme une action indispensable prenant la forme de mesures de police, dans le sens ancien d'administration de l'espace urbain, mais aussi dans le sens que le terme a pris au cours du XVIIIe siècle, c'est-à-dire par la mobilisation d'une force coercitive. Une telle action contre la mendicité nécessite de s'appuyer sur un pouvoir et sur des textes de droit. C'est aussi pour agir dans ce sens qu'Auguste Carlone et Victor Juge ont œuvré pour entrer au conseil municipal, chose acquise en 1849. Ils y agissent pour concrétiser leurs positions énoncées contre la mendicité et pour l'aménagement urbain en général.

La mendicité est considérée comme un fléau créateur de tensions au sein même des villes, comme un facteur de perturbation de la paix sociale. C'est aussi d'harmonie urbaine dont il est question, dans une période où elle est une chose de plus en plus importante pour les bourgeoisies européennes. Ainsi, à Nice au mois de mai 1850, lorsque le conseil municipal entend émettre un règlement contre la mendicité, celui-ci

54 *Ibid.*
55 *L'Écho des Alpes maritimes*, 13 février 1848.

s'inscrit dans une discussion globale sur l'organisation de la vie urbaine, du choix d'un système d'éclairage public au gaz à l'organisation des égouts. Le vice-syndic Auguste Carlone s'implique dans les discussions et propose un article spécialement consacré à la mendicité, qu'il justifie en accusant la pratique d'obstruer la circulation urbaine et de créer des zones entières spécialement dédiées à cette activité. Le compte-rendu des discussions du conseil municipal publié dans *L'Écho des Alpes maritimes* le 17 avril 1850 nous apprend qu'il réussit à le faire adopter sous la forme suivante :

> Il est interdit à tout mendiant de demander l'aumône en poussant des cris, en chantant, en jouant d'instruments divers, ou en récitant des prières à voix éclatante. Il leur est également interdit d'étaler des plaies ou toute autre infirmité provoquant le dégoût et de s'introduire dans les escaliers des maisons[56].

Le règlement municipal prévoit non une interdiction complète de la mendicité mais une restriction. Elle est autorisée dans des conditions strictes à travers la possession d'une médaille : si elle se fait bruyamment (prières, chants, cris), ou bien qu'un mendiant étale une déformation physique quelconque, s'il s'introduit dans les propriétés, il se voit retirer sa médaille pour 15 jours, puis définitivement en cas de récidive. Au-delà de la dimension répressive, c'est aussi une vision publique très dépréciés de ce que sont les mendiants qui est dévoilée. Ils sont publiquement accusés d'être une nuisance sonore et visuelle dans l'espace urbain, un fléau qui compromet la paix sociale, qui provoque des tensions et perturbe l'activité touristique naissante. Le contrôle social et les mesures répressives sont pensés par les notables libéraux comme un moyen de contribuer à la construction d'un espace urbain propre, éclairé, aéré et débarrassé, si ce n'est du paupérisme, du moins des marques ou pratiques qui lui sont liées.

L'ambition de construire un monde dans lequel il règne une harmonie sociale fraternelle implique pour les élites bourgeoises du « printemps des peuples » de détruire les comportements jugés néfastes. Leur tranquillité publique implique parfois des règlements punitifs ou des répressions. Toutefois, dans les journaux démocrates ces mesures répressives sont pensées comme des pis-aller. Dans les articles de *L'Écho des*

56 *L'Écho des Alpes maritimes*, 17 avril 1850.

Alpes maritimes, elles n'apparaissent jamais comme une solution de long terme pour régler la question du paupérisme. Ainsi, Auguste Carlone et Victor Juge promeuvent d'autres initiatives. Elles témoignent d'une pensée embryonnaire de l'intervention publique dans le domaine social chez les démocrates du « printemps des peuples ». Des actions pensées comme complémentaires des mesures répressives, et qui s'inscrivent aussi dans une certaine volonté de contrôle social, processus de mieux en mieux connu pour le royaume de Sardaigne[57].

Dépasser la charité chrétienne par l'idéal fraternitaire de l'association

> Faites tous vos efforts pour joindre à votre foi la vertu, à la vertu la science, à la science la tempérance, à la tempérance la patience, à la patience la piété, à la piété l'amour fraternel, à l'amour fraternel la charité[58].

Dans la pensée chrétienne, comme l'exposent ces paroles de l'apôtre Pierre, l'application de l'amour fraternel, dans une logique sociale, prend la forme de la charité. L'Église a longtemps été la principale institution des sociétés européennes à prendre en charge la question de la pauvreté, notamment à travers la pratique charitable. Cependant, au cours du XIXe siècle, elle a été progressivement dépouillée de cette fonction, au profit d'initiatives privées (philanthropiques) ou publiques de plus en plus présentes. La construction de ces alternatives a été lente, et pas forcément en rupture avec les principes religieux. En effet, les démocrates du « printemps des peuples » sont empreints de croyances chrétiennes dans leur vision sociale, non selon dogme officiel de l'Église puisqu'ils se veulent plus ou moins anticléricaux, mais selon une interprétation conforme à leurs idées. Comme l'a montré Paul Bénichou, durant la période romantique du premier XIXe siècle, les courants politiques démocratiques développent une approche particulière de la religion, éloignée de celle officielle de l'Église[59]. Les idées démocratiques, égalitaires et

57 *Assistance, protection et contrôle social dans les États de Savoie et les États voisins. Aspects d'histoire sociale à partir des sources juridiques et judiciaires Moyen Âge – Âge baroque – temps modernes – Histoire contemporaine*, colloque PRIDAES des 27-29 novembre 2019, Nice, organisé par le Laboratoire ERMES, Faculté de droit et de sciences politiques, Université Côte d'Azur.

58 *Nouveau testament*, Actes des Apôtres, 2 Pierre 1, 5-7.

59 Paul Bénichou, *Le temps des prophètes, doctrines de l'âge romantique*, *op. cit.*

fraternelles seraient le produit d'un retour aux origines du message évangélique. En 1839 dans son ouvrage de référence, *L'Organisation du travail*, Louis Blanc décrivait bien ce rapport particulier des démocrates sociaux à la croyance chrétienne :

> L'œuvre de Dieu est bonne, elle est sainte. Ne soyons pas impies, pour nous absoudre de l'avoir gâtée. Si la liberté humaine existe [...] toujours est-il que chez le pauvre elle se trouve étrangement modifiée et comprimée [...]. La tyrannie des choses [...] naît d'un ordre social corrompu ; elle se compose de l'ignorance, de l'indigence, de l'abandon, des mauvais exemples, des douleurs de l'âme qui attendent en vain un consolateur, des souffrances du corps qui ne trouvent pas de soulagement[60].

Dans sa dénonciation de la misère, il accuse les hommes de « gâter » l'œuvre divine en entretenant un ordre injuste. C'est une constante dans le mouvement démocratique que cette référence chrétienne pour penser les propositions de réforme sociale. Louis Blanc postule la nécessité d'agir selon une fraternité sociale afin de construire un *Nouveau Monde*, pour reprendre le titre de la revue qu'il publie en 1849 en exil – il a fui les poursuites engagées contre lui après les événements de Juin 1848. La publication, qui porte les idées sociales des démocrates, partisans de l'association et des réformes, se diffuse dans leurs réseaux journalistiques. Elle parvient à la connaissance d'Auguste Carlone et Victor Juge qui en deviennent des lecteurs et souscrivent pleinement aux idées développées. Le 21 mai 1848, ils avaient déjà fait la publicité de *L'Organisation du travail* dans une annonce de la librairie Visconti, la même qui diffuse *L'Écho des Alpes maritimes* et dont le propriétaire est actionnaire du journal[61]. En août 1849, ils n'hésitent pas à publier un article issu du second numéro du *Nouveau Monde* en même temps qu'une annonce de quatrième page assez importante pour recouvrir l'ensemble de la largeur du journal[62]. Jamais une telle place n'avait été accordée à un périodique. L'explication vient du fait que la pensée de Louis Blanc est une référence incontournable pour Auguste Carlone et ses collaborateurs. Elle fait le lien entre l'influence chrétienne et l'application sociale de la fraternité en permettant de penser la possibilité d'une intervention de

60 Louis Blanc, *L'Organisation du travail*, Paris, Bureau de la société de l'industrie fraternelle, 1847, p. 47-48.
61 *L'Écho des Alpes maritimes*, 21 mai 1848.
62 *L'Écho des Alpes maritimes*, 20 août 1849.

la puissance publique. De la même manière que le groupe fouriériste réuni autour de Victor Considerant qui publie la *Démocratie pacifique* dont les articles sont repris de manière récurrente par les journalistes niçois, Louis Blanc a une grande influence parmi les quarante-huitards, malgré son échec au printemps 1848 pour imposer ses idées au sein du Gouvernement provisoire. Après la révolution de Février, il incarne un grand espoir de changement social dans un moment où sa pensée est au faîte de son influence dans les courants républicains démocrates parmi lesquels se créent de nombreux journaux qui communiquent entre eux. En mars 1848, dans une lettre adressée à son beau-frère Auguste Carlone, Édouard Borelly, installé à Marseille, organise des échanges de publications entre *L'Écho* et des deux feuilles locales : *Le Progrès social* et *L'Organisation du travail*[63]. Ces deux journaux par leur titre même reprennent des mots d'ordre des réformateurs sociaux largement popularisés par des penseurs comme Louis Blanc. Dans la presse naissante des États italiens, ces idées se diffusent, sous des formes plus ou moins radicales et en se mêlant avec celle de la lutte patriotique.

À Nice, Auguste Carlone et ses collaborateurs reprennent à leur compte le constat fait par Louis Blanc dans l'introduction de *L'Organisation du travail* sur la nécessité de régler la question de la misère en dépassant la charité chrétienne. Ils plaident pour des actions de solidarité pensées comme une « charité publique » qui préserverait l'idéal fraternitaire de la charité chrétienne, mais avec un sens nouveau, plus civique : une fraternité entre citoyens qui dépasse les antagonismes entre les classes sociales. Un article de *L'Écho des Alpes maritimes* publié le 13 janvier 1848 expose cette pensée :

> Il est possible [...] non seulement de détruire la mendicité par les moyens répressifs, mais encore d'attaquer le mal par la racine [...]. Qu'a-t-on fait jusqu'à présent ? On s'est reposé de ces soins sur la providence, on a laissé agir Dieu, et la charité privée ; mais la charité publique n'a pas cherché à résoudre la question[64].

Le dépassement de la charité chrétienne, pour « attaquer le mal [la "lèpre du paupérisme"] par la racine » se fait à travers des actions de

63 ADAM, Fonds Carlone, 7 J 7, Correspondance entre Édouard Borelly et Auguste Carlone, 28 mars 1848.

64 *L'Écho des Alpes maritimes*, 13 février 1848.

solidarité qui sont pensées comme une « charité publique ». Il s'agit de ne pas « abandonn[er] à la merci du ciel toutes [les] maladies sociales[65] ». On observe une forme de laïcisation de l'action sociale : au milieu du XIXe siècle, les démocrates, partisans de réformes, contestent l'abandon à l'Église de la charge institutionnelle de la pauvreté et de l'enseignement. La volonté de présenter un autre mode d'action sociale n'en repose pas moins sur un nouvel idéal fraternitaire. Cependant, la fraternité, citoyenne et sociale, n'est pas un donné mais un construit ; elle nécessite une mise en actes, qui se fait le plus souvent à travers des initiatives mi-privées, mi-publiques. La « charité publique » qu'évoquent Auguste Carlone et ses collaborateurs relève d'un mélange entre deux types d'actions qui sont communes au milieu du XIXe siècle et qui se distinguent de la charité chrétienne : des actions philanthropiques, qui, comme le rappelle Judith Lyon-Caen, se rapprochent d'une forme de charité laïque[66], et, des actions solidaires, plus durables et appuyées sur l'intervention d'une autorité publique[67]. L'un des outils prépondérants des démocrates européens pour construire discursivement cette pensée, la diffuser au-delà des frontières, ainsi que pour la mettre en action, ce sont les journaux. Ceux-ci ont l'immense avantage de permettre la production et la diffusion d'un discours sur le monde social, mais aussi d'être des institutions pouvant servir d'appui pour l'organisation d'actions collectives à toutes les échelles, du municipal à l'international. Nul besoin d'une étude sur un espace national pour cerner cette nouvelle manière d'agir. Les actions publiques ou privées organisées à Nice à partir de 1848 par les directeurs de *L'Écho des Alpes maritimes* en sont un bon observatoire, d'autant que ceux-ci combinent au pouvoir médiatique un mandat politique municipal acquis au cours de l'année 1849.

Les directeurs de *L'Écho des Alpes maritimes* organisent des initiatives diverses qui relèvent de ce que l'on pourrait appeler une philanthropie notabiliaire. Celles-ci sont soit ancrées dans des habitudes, comme lors des festivités de fin d'année, soit plus exceptionnelles. Comme la charité, et à l'inverse de la solidarité, qui a une dimension de plus long terme et de réforme sociale plus générale, leurs actions s'assimilent à des « assistances

65 *L'Écho des Alpes maritimes*, 3 février 1848.

66 Judith Lyon-Caen, *La lecture et la vie : les usages du roman au temps de Balzac*, Paris, Tallandier, 2006, p. 256.

67 Jacqueline Lalouette, « Charité, philanthropie et solidarité en France vers 1848. Pour une histoire des mots et des doctrines », dans Jean-Luc Mayaud (dir.), *1848*, *op. cit.*, p. 203-225 .

palliatives », notamment dans les situations jugées urgentes[68]. Dans un temps d'absence de structures sociales collectives comme en a fait naître la constitution d'États sociaux, elle permet de répondre à une action d'urgence, par exemple pour des catastrophes naturelles ou des accidents. Le premier des modes d'action est l'organisation de souscriptions dont l'annonce est faite dans les colonnes du journal et dont les dons sont recueillis dans les bureaux de *L'Écho des Alpes maritimes*. Au début de l'automne 1849, alors que les travaux pour l'endiguement du fleuve du Var près du village de Saint-Martin sont en cours, à quelques kilomètres de la frontière française, les habitants, et particulièrement les ouvriers embauchés pour le projet, sont touchés par une forte épidémie de fièvre qui paralyse le village. Carlone, Juge et Rangouse, sachant que dans la vallée du Var, où le français est répandu, leur organe de presse est bien ancré, organisent une souscription d'urgence par solidarité avec le curé du village qui les a alertés sur la situation. *L'Écho* du 17 septembre 1849 annonce ainsi le début de la collecte des fonds. Durant un mois, les lecteurs ou tout habitant qui a eu vent de la souscription sans être nécessairement abonné sont appelés à contribuer. Après un mois de collecte, entre le 17 septembre et le 17 octobre, durant lequel l'institution journalistique s'engage – en son nom collectif – à hauteur de 20 francs, une somme finale d'environ 300 francs est envoyée aux villageois touchés par la fièvre. Le procédé est reproduit à chaque occasion favorable par Auguste Carlone et ses collaborateurs, comme en décembre 1849 pour un incendie dans la commune de Guillaumes[69]. Le propre d'un « notable-publiciste » comme lorsqu'il a la mainmise sur une institution de presse est de la mettre au service de pratiques propres à sa classe sociale et d'en tirer un profit symbolique, qui cette fois n'est pas personnel mais rejaillit sur le journal. Les directeurs de *L'Écho* oscillent entre don personnel et don institutionnel (au nom du journal), avec une frontière parfois floue entre les deux qu'entretient l'anonymat des publications.

L'exemple des listes de souscription est parlant. L'acte de publication, comme l'a montré Jack Goody, est toujours multidimensionnel[70] ; son

68 *Ibid.*, p. 207.

69 La souscription est organisée entre le 10 et le 28 décembre 1849 et les dons recueillis pour les familles victimes de l'incendie sont également consignés dans des listes publiées dans le journal.

70 Jacques Goody, *La raison graphique*, *op. cit.*, p. 156.

rôle informatif (pour rendre publique l'existence de la souscription) ne l'épuise pas car la liste permet aussi des stratégies de distinction pour les notables qui veulent avoir leur nom dans le journal (selon un mécanisme d'interreconnaissance). Cela est aussi une stratégie des publicistes pour créer une émulation par la compétition entre les donateurs qui tiennent à être celui qui donne le plus, celui dont le don est le plus décisif. La philanthropie est un puits de notabilité, elle suscite ou entretient un capital symbolique qui prend appui sur un capital économique. À l'échelle d'une grande ville, d'une plus petite, voire même d'un gros bourg, l'homme influent, comme l'écrit Maurice Agulhon, est « celui qui sait distribuer la richesse en assistances[71] ». Il y a des phénomènes d'imitation sociale entre les notables, mais aussi entre générations car la contribution philanthropique est une habitude transmise de père en fils parmi les bourgeoisies ou petites bourgeoisies aisées provinciales. Le notable fait comme les autres notables, donc il fait aussi comme son père.

Il y a une indiscutable dimension atavique dans les engagements d'Auguste Carlone : son père, Étienne Carlone, possédait à Nice au cours du premier XIXe siècle une usine de coton à vocation « philanthropique » d'environ soixante-quinze employés dans laquelle les fileuses gagnaient le double du salaire journalier ordinaire pour leur activité (40 sous au lieu de 20)[72]. Un tel exemple a été fondateur pour le directeur de *L'Écho des Alpes maritimes*. Il a assimilé l'idée que les classes possédantes, tout en préservant leurs intérêts et le mode de production, doivent faire œuvre de fraternité en donnant du travail aux plus pauvres, avec un salaire assez important pour éviter qu'ils ne tombent dans la mendicité. Cette vision n'est pas une théorisation *a posteriori*, elle est mise par écrit par ceux qui en sont animés comme on peut le lire dans un article tiré d'un organe républicain et démocrate de la presse provinciale française, *Le Républicain du Loir-et-Cher*, reproduit le 19 mai 1848 dans *L'Écho* :

> Le problème social obtiendrait une prompte solution si on voulait comprendre et pratiquer la fraternité [...]. Trop longtemps on a oublié que tous les membres de la société étaient solidaires à l'égard du pauvre ou du faible ; que celui qui possède *doit* à celui qui ne possède pas, que celui qui possède beaucoup *doit* beaucoup [...] ; nous croyons que la société vraie, c'est-à-dire l'association

71 Maurice Agulhon, *La République au village*, *op. cit.*, p. 247-248.

72 Robert Latouche, *Histoire de Nice*, *op. cit.*, p. 115.

> fraternelle des hommes, n'est possible que par l'acquittement de cette dette sacrée [...]. Riches, hâtez-vous de mettre en pratique la fraternité[73] !

L'article décrit exactement la manière dont la fraternité est pensée comme un moteur de l'action sociale dans la vision des bourgeoisies ou petites bourgeoisies provinciales démocrates et républicaines qui ont adopté les idées sociales nouvelles. Elle est un prisme pour penser l'action et la réaliser, pour guider les comportements des classes supérieures. La création d'emplois du riche pour le pauvre est présentée comme une obligation morale du premier envers le second, comme un devoir (« celui qui possède *doit* ») qui est une mise en pratique de la fraternité. Le mode d'action encouragé par le discours journalistique est pensé et vécu comme une solidarité dont le but est d'aider l'indigent sans bouleverser l'ordre social[74]. Construire une société en harmonie, où les citoyens puissent être frères, débarrassée des tensions sociales les plus vives, implique pour les publicistes niçois des devoirs des classes supérieures à l'égard des classes inférieures, mais librement consentis dans le respect des hiérarchies[75]. À Nice, l'idée n'est pas seulement celle des directeurs de *L'Écho des Alpes maritimes*, elle est répandue parmi les élites. À la même période, la poétesse Agathe Sophie Sassernò a bien résumé cette pensée du monde social et du travail et l'injonction émise à l'égard des riches notables :

> Lorsque l'avenir paraît sombre, / Pour éviter les maux sans nombre / Qui pèsent sur l'humanité ! / Aux pauvres qu'un denier soulage, / Oh riches !... donnez de l'ouvrage, / C'est la meilleure charité[76].

La référence à la charité est présente mais trompeuse, car il s'agit bien d'un dépassement de celle-ci. En effet, l'enjeu est d'inciter non à faire des dons, à une aumône pour les pauvres, mais à une mise au travail de ces derniers. Cette « charité laïque », qui relève selon ses formes de

73 *L'Écho des Alpes maritimes*, 19 mai 1848. Ce sont les auteurs de l'article qui ont souligné.

74 Judith Lyon-Caen, *La lecture et la vie : les usages du roman au temps de Balzac*, Paris, Tallandier, 2006, p. 256.

75 Christophe Charle, *Histoire sociale de la France au XIXe siècle, op. cit.*, p. 46.

76 Agathe Sophie Sassernò, « Le travail », dans *Glorie e sventure : chants sur la guerre de l'indépendance italienne, et poésies nouvelles*, vol. 2, Turin, Fory et Dalmasso, 1852, p. 42.

la philanthropie ou de la solidarité, est présentée dans un discours de légitimation comme motivée par la fraternité. Elle est perçue comme un investissement pour les classes possédantes, afin de créer de l'activité ce qui aurait pour elles l'avantage d'éloigner les classes populaires de la misère et de l'inoccupation qui sont pensées comme des terreaux fertiles à la mendicité, à la délinquance urbaine et aux insurrections sociales. Dans *L'Organisation du travail*, réédité en juillet 1847 par un éditeur au nom évocateur, le « Bureau de la société de l'industrie fraternelle », Louis Blanc énonçait déjà cette injonction faite aux classes supérieures dans un registre fraternitaire :

> Ô riches, on vous trompe quand on vous excite contre ceux qui consacrent leurs veilles à la solution calme et pacifique des problèmes sociaux. Oui, c'est votre cause que cette cause sainte des pauvres. Une solidarité de céleste origine vous enchaîne à leur misère par la peur, et vous lie par votre intérêt même à leur délivrance future. Leur affranchissement seul est propre à vous ouvrir le trésor, inconnu jusqu'ici, des joies tranquilles ; et telle est la vertu du principe de fraternité, que ce qu'il retrancherait de leurs douleurs, il l'ajouterait nécessairement à vos jouissances[77].

La pensée fraternitaire sociale dont sont imprégnés Auguste Carlone et ses collaborateurs est bien énoncée dans l'extrait de ce livre qui a eu une grande influence sur les démocrates européens. La fraternité est perçue comme « une solution calme et pacifique » pour traiter les problèmes sociaux. Cependant, l'incitation émise à l'égard des classes supérieures pour qu'elles usent de leur fortune afin de donner de l'emploi aux classes inférieures est une réponse à la misère sociale qui continue d'être fondée sur des « modes de dépendance personnelle » avec une restructuration du « monde du travail à partir d'un système d'obligations morales[78] ». La fraternité est la clé de cette transformation car elle apparaît comme une solution pour éviter « la guerre de ceux qui n'ont pas contre ceux qui ont », c'est-à-dire la lutte des classes, et de penser une société de l'association entre riches et pauvres. C'est une vision utopiste du monde social, au sens premier du terme, à savoir l'aspiration à construire une société idéale. Mais l'idée contient aussi l'action, elle peut être mise en pratique concrètement ; et une institution journalistique apparaît comme

---

77 Louis Blanc, *L'Organisation du travail*, Paris, Bureau de la société de l'industrie fraternelle, 1847, p. 21.

78 Robert Castel, *op. cit.*, p. 214.

un formidable outil pour accompagner les actions fraternitaires. Toutefois, un problème de taille se dresse devant les publicistes niçois. Passer des injonctions à la concrétisation de projets durables est difficile, d'autant que leur marge d'action n'est que municipale, ou tout au plus régionale.

Créer un sentiment de fraternité entre les classes nécessite, pour les démocrates quarante-huitards, une démocratisation de la société mais aussi des réformes sociales. Il faut assurer aux classes dites inférieures une protection sans laquelle un climat propice aux révoltes sociales s'installerait. Pour ce faire, l'une des voies adoptées par les publicistes démocrates est d'intégrer la partie plus aisée et éduquée des classes ouvrières, en lui donnant la parole ou bien en reprenant les publications de journaux de cette élite du monde ouvrier artisanal. Elle a un capital culturel lui permettant lire la presse et de tenir la plume – il existe des journaux comme *L'Écho de la fabrique* de Lyon ou bien ceux inspirés du socialisme chrétien de Philippe Buchez comme *L'Atelier*[79]. À Nice, Auguste Carlone, Victor Juge et Hippolyte de Rangouse ouvrent les colonnes de leur journal à un correspondant occasionnel présenté comme un « ouvrier démocrate » dont les contributions sont régulièrement publiées entre octobre 1848 et janvier 1849 puis de manière plus sporadique jusqu'en 1850. Eu égard à la fréquence des publications et à la maîtrise de l'expression dont fait preuve ce « M… », puisque telle est sa signature, il appartient certainement à cette élite ouvrière susmentionnée. Difficile de connaître son identité réelle puisque ses courriers n'ont pas été conservés par Auguste Carlone et que sa présentation publique dans le journal au-delà de son pseudo, se fait selon la formulation suivante : « lettre d'un ouvrier à ses amis/camarades ». Ses idées sont en accord avec celles des rédacteurs – ce qui tend à faire naître un doute sur l'existence réelle de ce correspondant, puisqu'il n'existe aucune trace dans les archives d'Auguste Carlone, même si le style adopté diffère de celui des autres rédacteurs. Dans ses écrits, il en appelle à une lutte vigoureuse contre les inégalités sociales, par l'éducation et le suffrage universel dans le respect des institutions à la préférence de toute mobilisation révolutionnaire. Les contributions sont une dénonciation de la misère et de l'égoïsme de ceux qui en profitent alors que les structures existantes pour lutter contre le paupérisme apparaissent, aux yeux de l'auteur, comme insuffisantes :

---

79 Gérard Noiriel, *Immigration, antisémitisme et racisme en France (XIXe-XXe siècle). Discours publics, humiliations privées*, Paris, Pluriel, 2014, p. 62 (1re éd., 2007).

> Les peuples se sont lassés de l'état d'abandon où on les avait condamnés, ils ont ouvert les yeux et ils ont vu la misère assiéger leur demeure et les sueurs de la fatigue couler de leur front [...]. Il faut le demander, est-il juste que le travail ne donne pas à l'ouvrier laborieux de quoi nourrir sa famille ? Qu'il soit sans cesse exposé à manquer d'ouvrage et à voir souffrir ses enfants [...] ? La loi doit une égale protection à tous les citoyens, elle manque son but si elle laisse les faibles à la merci des vautours qui se disputent les plus beaux fruits de ses sueurs[80].

Il n'est plus question d'initiatives privées dans cet article publié le 29 novembre 1848. Il s'agit plutôt de défendre la nécessité de lois régulatrices pour le travail, car elles seraient le plus puissant moyen d'action pour améliorer le sort des citoyens pauvres. Dans cette pensée embryonnaire de la protection sociale, les journaux jouent un rôle particulièrement important car ils peuvent rendre publiques des réclamations qui s'élèvent contre le non-respect des quelques lois protectrices déjà existantes. Ainsi, le 17 avril 1850, Auguste Carlone et ses collaborateurs publient une dénonciation faite par des ouvriers niçois à l'égard du contrôleur des poids et mesures. Ceux-ci ont pris la plume pour alerter sur leur situation, en s'adressant au seul journal existant pour espérer atteindre l'intendant général de la division de Nice afin qu'il agisse contre les pratiques dénoncées. Le courrier de protestation des ouvriers niçois est reproduit intégralement :

> Plusieurs ouvriers nous adressent la lettre suivante :
>
> « Nice, le 14 avril 1850
> Messieurs les Rédacteurs,
> Comme la mission de votre journal est de défendre la cause populaire, en signalant les abus partout où ils se trouvent, nous vous prions de vouloir bien donner une place dans vos colonnes à notre réclamation contre le vérificateur des poids et mesure M. Flançon. Cet individu, contrairement à la loi, a toujours fabriqué, fabrique encore ou fait fabriquer par son fils, qui n'a pas l'âge requis pour être patenté, toute espèce de poids et mesures, et oblige, en quelque sorte, les marchands à acheter des objets chez lui, en usant de son influence auprès d'eux comme vérificateur, en dépréciant et refusant de poinçonner sous divers prétextes tout objet ne sortant pas de sa fabrique [...]. Gravement préjudiciés dans nos intérêts, nous avons cru, Messieurs les Rédacteurs, devoir recourir à la publicité de votre journal, dans l'espoir que M. l'Intendant ou l'autorité municipale, après enquête faite, se hâtera

80 *L'Écho des Alpes maritimes*, 29 novembre 1848.

> d'arrêter un abus depuis trop longtemps exercé au détriment d'un grand nombre d'ouvriers honnêtes et capables,
> Veuillez agréer etc. *Suivent les signatures*[81] »

L'Écho des Alpes maritimes rend visibles les victimes. Ses directeurs ont réussi à l'imposer comme un organe indispensable pour émettre des dénonciations ou adresser une requête aux autorités afin qu'elles jouent leur rôle dans la régulation en « réprim[ant] les abus », qu'ils soient commis par des agents publics ou des patrons. Ouvrir les colonnes de leur journal aux doléances ouvrières est une manière pour Auguste Carlone et Victor Juge de prévenir des conflits sociaux, d'agir pour éviter que les tensions ne s'aggravent. Ceux qui portent les réclamations auprès du journal, de la même manière que « l'ouvrier M », sont bien souvent des ouvriers qualifiés, instruits et disposant d'un statut. Les démocrates du « printemps des peuples » se recrutent beaucoup dans les rangs de cette partie qui compose le sommet de la hiérarchie des classes ouvrières et se rapproche socialement de la petite bourgeoisie. Les auteurs de la lettre sont conscients de leurs droits et au fait des mécanismes politiques modernes. Ils connaissent toute l'utilité de requérir l'aide de *L'Écho des Alpes maritimes* pour faire la « publicité » de leur situation et ainsi de recevoir un soutien public afin de mettre la pression sur l'intendance générale de Nice pour faire cesser les pratiques abusives d'un agent du pouvoir. L'inclination des démocrates à lutter contre ce qui est identifié comme des « abus » – le mot est utilisé par les ouvriers niçois dans leur courrier – s'explique par le fait que ces pratiques sont perçues comme des obstacles à la mise en œuvre de l'idée d'association, donc comme contraires à l'idée de fraternité entre citoyens, créant des tensions sociales promptes à provoquer des révoltes. Les dénonciations effectuées ou relayées par la rédaction de *L'Écho* accompagnent un autre pan important de leur activité fraternitaire, celui de l'éducation. S'il faut lutter contre les « abus » des patrons ou des fonctionnaires à l'égard des classes populaires, il faut aussi, pensent Auguste Carlone et ses collaborateurs, agir pour « moraliser » celles-ci, notamment par l'instruction qui est pensée comme un élément fondamental pour l'action fraternitaire sociale, d'autant plus dans un territoire comme la province de Nice dans lequel près de quatre habitants sur cinq ne savent ni lire ni écrire.

81 *L'Écho des Alpes maritimes*, 17 avril 1850.

La moralisation des classes populaires par l'instruction, un préalable à une fraternité sociale ?

> Il faut dès aujourd'hui faire les plus grands efforts pour donner aux enfants pauvres non pas une instruction de luxe mais une éducation élémentaire qui leur enseigne la religion, le travail, l'ordre et la vertu[82].

De la même manière que les initiatives philanthropiques et solidaires, ou bien la dénonciation des comportements abusifs, l'instruction est perçue comme un moyen de construire une concorde sociale. Elle permettrait d'impulser une éducation (chrétienne) qui mette au cœur l'idée de fraternité entre les hommes comme moyen de lier les classes sociales, de transcender leurs antagonismes économiques. La tâche est grande car malgré la mise en place de collèges nationaux en 1849, réduits à quelques villes, dont Nice, dont l'accès est socialement restreint, l'État royal sarde n'intervient pas pour impulser une dynamique d'élaboration de structures scolaires. Il n'existe pas d'équivalent de la loi Guizot adoptée en 1833 en France pour favoriser l'instruction primaire en imposant à chaque commune de plus de 300 habitants de disposer d'une école et à chaque département d'avoir un institut de formation des maîtres. Ainsi, dans le royaume de Sardaigne, l'instruction est fortement dépendante des initiatives privées et locales et du rôle de l'Église. Cependant, avec la naissance d'une presse politique durant l'hiver 1847-1848, la question du développement de l'instruction se trouve posée, de la même manière que la question sociale. La presse joue un rôle important pour mettre en avant les débats sur l'enseignement. Mais son intervention n'est pas que discursive. À Nice, Auguste Carlone et ses collaborateurs entendent se servir de *L'Écho des Alpes maritimes* pour promouvoir des actions dans trois champs : l'enseignement supérieur pour les fils de la bourgeoisie locale, une instruction élémentaire pour tous les enfants et la mise en place de cours du soir pour les ouvriers. C'est leur manière d'œuvrer localement pour la construction par l'instruction d'une paix sociale guidée par le principe mi-chrétien et mi-républicain de fraternité.

Dans l'objectif d'installer un établissement d'enseignement supérieur dans la ville, le 8 avril 1850 se fonde à Nice un Cercle de commerce, socle de création d'une future école – dans le but d'y former les fils de

82 *L'Écho des Alpes maritimes*, 13 février 1848.

la bourgeoisie ou de la petite noblesse provinciales niçoises. Le 1er mai, les publicistes annoncent la participation de 115 souscripteurs ainsi que la tenue d'une première réunion le 5 du même mois à l'hôtel d'York. De la même manière que pour le Cercle de la fraternité mis en place en 1848, toute une sociabilité s'organise par l'entremise d'Auguste Carlone et ses collaborateurs dans cette partie de la rive gauche de la ville si propre aux relations mondaines. Les notables assez aisés pour remplir la souscription annuelle de 24 francs plus les 2 francs mensuels pour la location d'une salle de réunion – ce qui équivaut à une année d'abonnement au journal – s'y retrouvent. Les présents forment un groupe assez similaire sociologiquement au lectorat de *L'Écho*, celui qui est le plus concerné par le projet. La première séance de mai a permis l'élection d'une « commission du local » réunie le 9 juin pour déterminer un lieu plus permanent de rassemblement, qui se trouve être, comme annoncé dans le périodique niçois le lendemain, un endroit particulièrement familier des publicistes et propice aux relations mondaines : la librairie Visconti[83].

Outre la réunion des commerçants de la cité pour discuter des affaires commerciales et organiser la défense collective des franchises de la ville, l'objectif de cette organisation, dont le vice-président n'est autre qu'Auguste Carlone, est de mener à bien la création d'une école de commerce à Nice présentée par Joseph Garnier en personne. Né à Beuil, en 1813, cet économiste ayant acquis une certaine renommée a fait ses études en France, comme beaucoup des fils de la bourgeoisie et petite bourgeoisie aisée niçoises. Il est arrivé à Paris en 1829 pour intégrer l'École supérieure de commerce dont il devient, par la suite, enseignant grâce à un contact établi avec son compatriote, Adolphe Blanqui, qui en est le directeur – il avait offert un soutien public à *L'Écho des Alpes maritimes* en janvier 1848[84]. Les deux hommes ont des liens qui dépassent ceux de la seule collaboration professionnelle depuis le mariage du premier avec la sœur du second, Henriette Sophie Blanqui, en 1836. Beau-frère d'Adolphe Blanqui tout autant que son disciple

83 *L'Écho des Alpes maritimes*, 10 juin 1850.

84 Adolphe Bitard, « Garnier Clément-Joseph », *Dictionnaire général de biographie contemporaine française et étrangère*, Paris, Maurice Dreyfous, 1878, p. 522 ; Louis-Adolphe Morel, « Clément-Joseph Garnier, l'homme et l'œuvre (1813-1881) », *Nice Historique*, n° 8, 1905, p. 251-253 ; Olivier Vernier, « Un Beuillois au service de l'économie politique nationale, Joseph Garnier (1813-1881) », *Nice historique*, n° 4, 1994, p. 232.

en économie, et aussi familier de Victor Juge qu'il a fréquenté à Paris, Joseph Garnier s'investit dans sa « petite patrie » sur la sollicitation des journalistes de *L'Écho des Alpes maritimes* pour un projet présenté comme devant servir le développement économique de la ville. Entre le 19 juin et le 22 juillet 1850, un appel est lancé dans le journal d'Auguste Carlone et Victor Juge aux « négociants, aux industriels, aux pères de famille » de la ville et même de la province pour « contribuer de tout leur pouvoir » au succès d'un établissement présenté comme utile « à l'honneur et à la prospérité du pays[85] ». Ce projet élitiste, qui en appelle à la bourgeoisie locale, est pensé comme devant contribuer à impulser un développement économique qui, pour les publicistes niçois, est une marque de paix sociale qui rapproche les hommes, favorisant un contexte générale propice à des relations sociales fraternelles. C'est une pensée libérale de l'harmonie sociale qui est à l'œuvre et dont la réalisation se fait par une institution non étatique mais journalistique, à savoir *L'Écho des Alpes maritimes*. Mais cette action en faveur du développement de l'enseignement paraîtrait incomplète à ses directeurs si elle ne se faisait qu'en direction des classes possédantes.

Auguste Carlone et ses collaborateurs affirment dès le mois de février 1848 vouloir faire « les plus grands efforts pour donner aux enfants pauvres [...] une éducation élémentaire[86] ». La formule résume une doctrine pouvant être traduite ainsi : aucun lien fraternel entre les membres d'une même société ne peut exister durablement si une grande partie du corps social est maintenue dans l'ignorance et la misère. De la même manière que pour les projets philanthropiques ou solidaires étudiés précédemment, il ne s'agit nullement d'égalité sociale, mais plutôt d'enclencher des actions à la frontière entre le public et le privé pour développer l'instruction en mêlant enseignement civique et moral. À Nice, cette pensée a été bien résumée dans un poème rédigé par Agathe Sophie Sassernò célébrant l'ouverture, impulsée cette fois par le gouvernement garde, d'un collège national à Nice en novembre 1849 : « Il est temps de former enfin des citoyens, / Et d'unir le civisme aux vertus des chrétiens[87] ». C'est une position qui rappelle inexorablement

85 *L'Écho des Alpes maritimes*, 19 juin et 22 juillet 1850.

86 *L'Écho des Alpes maritimes*, 13 février 1848.

87 Agathe Sophie Sassernò, « L'Avenir », dans *Glorie e sventure : chants sur la guerre de l'indépendance italienne, et poésies nouvelles*, vol. 2, Turin, Fory et Dalmasso, 1852, p. 49.

l'œuvre d'écrivains ou de penseurs comme Alphonse de Lamartine qui s'efforcent de mêler la citoyenneté et l'évangélisme chrétien d'inspiration romantique, pensés comme complémentaire pour construire une fraternité entre les citoyens[88]. L'une des grandes idées des démocrates du « printemps des peuples » est qu'il ne sert à rien d'œuvrer pour l'extension du droit de suffrage, d'inciter les ouvriers à renoncer au fusil pour le bulletin de vote comme dans la lithographie de Bosredon, si ceux-ci n'ont pas reçu une éducation élémentaire, morale et civique. Les directeurs de *L'Écho des Alpes maritimes* sont imprégnés de cette vision politique et sociale et, s'ils défendent l'élargissement du droit de suffrage, encore censitaire dans le royaume de Sardaigne, ils entendent dans le même temps prendre des initiatives afin de « moraliser le peuple » comme ils l'écrivent dans divers articles[89].

Les hommes de presse niçois utilisent une nouvelle fois leur journal et leur position d'élus municipaux pour promouvoir des initiatives que l'on peut situer à la limite du public et du privé. Ils s'inscrivent dans une époque qui est celle d'avant l'État providence et les éducations nationales. Toutefois, de plus en plus le recours aux pouvoirs publics est envisagé dans l'organisation de l'enseignement. Ainsi, Auguste Carlone et Victor Juge assurent vouloir user « de tous leur pouvoir et de tous leurs moyens » pour que les pouvoirs communaux de la province de Nice s'impliquent dans la démocratisation de l'instruction et le développement des écoles[90]. Ils appuient des initiatives, par exemple en passant des annonces afin de pourvoir des postes vacants d'instituteur ou de professeur dans les bourgs et villages de l'arrière-pays niçois. En novembre 1849, c'est dans la commune de l'Escarène que deux professeurs sont recherchés :

> Les deux emplois de professeur pour l'école élémentaire se trouvant vacants, les aspirants à ces emplois, à chacun desquels est attachée la rétribution annuelle de 500 fr., sont invités à présenter leurs titres à la secrétairerie de la commune dans le délai de cinq jours.
> Le secrétaire de la commune,
> Blanchi[91].

88 Marcel David, *Le Printemps de la Fraternité. Genèse et vicissitudes 1830-1851*, *op. cit.*, p. 68-69.
89 *L'Écho des Alpes maritimes*, 1er mai 1850.
90 *Ibid.*
91 *L'Écho des Alpes maritimes*, 23 novembre 1849.

Ce type d'annonces est le fruit de la relation entre les notables municipaux, ou parfois le curé, et les publicistes de la capitale de la province. Les premiers ont compris tout l'avantage qu'ils pourraient tirer des seconds, qui eux, en échange, étendent l'influence de leur journal. Ils s'imposent comme des intermédiaires cruciaux dans le fonctionnement public des communes villageoises, notamment lorsqu'il s'agit d'une initiative qui ne peut trouver de solutions proprement locales, comme par exemple celle de recruter à l'extérieur un professeur pour une école élémentaire. Les notables villageois transmettent alors les annonces à la rédaction de *L'Écho des Alpes maritimes* qui les relaient. L'issue n'est pas toujours positive car, du fait du manque de moyens des communes, la fonction de maître d'école reste une activité temporaire, cumulée souvent avec un second métier pour compenser la saison creuse durant laquelle les enfants sont occupés aux champs. Les postes sont souvent vacants, ou alors occupés par des personnes peu ou pas formées, qui ne peuvent transmettre que des rudiments de savoir, souvent selon la méthode ancienne de la séparation des apprentissages de la lecture et de l'écriture[92].

Au-delà des écoles élémentaires, un autre moyen d'œuvrer pour l'instruction des enfants, ce sont les salles d'asile qui, selon les directeurs de *L'Écho des Alpes maritimes*, permettent de changer « de jeunes mendiants en chrétiens, en ouvriers, en pères de famille [...] par l'action puissante d'une éducation religieuse » en contribuant « à l'amélioration matérielle et intellectuelle des classes laborieuses[93] ». Il n'est pas étonnant de voir Auguste Carlone et Victor Juge plébisciter le principe des salles d'asile, puisqu'ils étaient présents à Paris lorsqu'elles sont apparues dans leur version moderne durant les décennies 1820 et 1830. Elles seraient l'équivalent des écoles maternelles dans le vocabulaire scolaire de l'époque et sont présentées comme idéales pour développer l'éducation des plus jeunes enfants dans un article publié le 6 mai 1850[94]. Pour concrétiser un projet de salle d'asile à Nice, il faut aux directeurs de *L'Écho* réunir des fonds. Leur but est simple : remplacer la coutume traditionnelle de la visite aux bonnes œuvres, jugée comme une « corvée aussi fatigante qu'insignifiante » par une collecte de dons à l'Hôtel de Ville. La proposition est lancée les 18 et 20 décembre 1848. Le nom des

92 Christophe Charle, *Histoire sociale de la France au XIXe siècle*, *op. cit.*, p. 24.
93 *L'Écho des Alpes maritimes*, 13 février 1848.
94 *L'Écho des Alpes maritimes*, 6 mai 1850.

participants est dévoilé publiquement dans le journal – toujours dans cette logique déjà observée de faire des projets philanthropiques des puits de notabilité dans un but d'interreconnaissance. Deux autres faits méritent d'être soulignés : d'une part, les souscriptions, contrairement aux banquets et à nombre d'autres actions politiques, sont ouvertes aux femmes ; ensuite, tous les membres la rédaction de *L'Écho* y contribuent, sans jamais dévoiler leur rôle dans le journal et dans l'organisation de cette initiative. Si l'on se penche sur les noms des souscripteurs, dévoilés dans les numéros du 29 décembre 1848 et des 3 et 5 janvier 1849, l'on remarque la participation d'Auguste Carlone, mentionné en tant que propriétaire et non comme directeur du journal, ainsi que de sa mère Adélaïde qui pour la première fois apparaît liée à une initiative impulsée par le journal de son fils. Il faut également souligner les participations de Victor Juge, de Louis Antoine Spinelli, futur comptable du journal (engagé quelques mois plus tard), et d'Hippolyte de Rangouse et de sa femme, Anaïs[95]. Tous les personnages les plus importants dans la rédaction et l'organisation du journal contribuent personnellement à la souscription pour la création d'une salle d'asile pour l'éducation des enfants pauvres. Les listes publiées permettent aussi de recenser la participation de nombreux actionnaires du journal comme François Ardoin, Paul Laurenti, Jacques Nicolas ou encore Victor Tiranty[96]. Si la collecte est un succès, elle ne suffit pas pour concrétiser le projet et est pour cela reconduite l'année suivante dans des conditions similaires[97]. Il n'est pas rare de constater une grande difficulté pour concrétiser ces projets qui sont pensés sur un mode philanthropique, à partir de dons privés. Impulser une collecte de dons est possible avec un journal mais donner vie à un établissement scolaire nécessite une implication que les publicistes niçois, déjà engagés dans la rédaction de *L'Écho des Alpes maritimes* et au conseil municipal ne peuvent se permettre. Du fait de la faiblesse des moyens engagés, les projets de plus long terme sont plus difficiles à réaliser par rapport aux souscriptions organisées pour pallier des situations d'urgence[98]. Néanmoins, Auguste Carlone et Victor Juge parviennent à en faire aboutir certains.

95 *L'Écho des Alpes maritimes*, 29 décembre 1848.
96 *L'Écho des Alpes maritimes*, 3 et 5 janvier 1849.
97 *L'Écho des Alpes maritimes*, 2 et 4 janvier 1850.
98 Christophe Charle, *Histoire sociale de la France au XIXe siècle*, *op. cit.*, p. 30-31.

En novembre 1849, les publicistes niçois s'investissent dans un projet pour la création d'une véritable bibliothèque publique dans la ville, toujours dans le même but d'instruire les classes populaires pour construire la société fraternitaire à laquelle ils aspirent. Le 16 novembre paraît un article qui présente l'initiative, qui est accompagné par une autre : la mise en place de cours gratuits pour les ouvriers, avec « chaque jour une séance le soir de huit à dix heures » pour qu'ils acquièrent les rudiments de la lecture et de l'écriture[99]. « L'intention qu'ont les ouvriers de vouloir s'instruire est trop louable pour que la ville n'avise pas aux moyens de leur en fournir la possibilité », explique Auguste Carlone pour réclamer une aide publique des institutions municipales dans lesquelles il œuvre avec Victor Juge, en tant qu'élus, pour la réalisation du projet[100]. Celui-ci se concrétise moins de deux mois plus tard, en janvier 1850, les élèves ouvriers étant confiés, selon le choix de la municipalité, aux Frères des écoles chrétiennes – qui suivent les conceptions de Jean-Baptiste La Salle (1651-1719), fondateur du premier institut en 1680. La solution est un compromis. Si les publicistes niçois œuvrent dans un certain sens pour défaire le monopole de l'instruction de l'Église et favoriser une prise en charge par les autorités publiques, les religieux sont encore les seuls capables de pouvoir organiser un enseignement collectif puisqu'ils en ont eu historiquement la charge. Il faut composer avec la situation de la province de Nice où il n'existe quasiment pas d'enseignants formés. En surmontant cette difficulté, Auguste Carlone et ses collaborateurs ont réussi à mettre leur journal au service de la concrétisation d'un nouveau projet dont ils assurent promotion en demandant aux patrons de la ville d'inciter leurs ouvriers à s'inscrire pour bénéficier d'un enseignement divers, en français et en italien, situation niçoise oblige, entre huit et neuf heures quarante-cinq le soir à partir du 21 janvier 1850. Viser le public ouvrier n'est pas anodin. Cela dit bien à quel point l'instruction est pensée comme un outil pour créer une fraternité entre le patron et ses ouvriers et pour « moraliser » de ces derniers. C'est à leur échelle une manière de faire en sorte que les classes laborieuses ne deviennent des classes dangereuses. Il y a un certain paternalisme bourgeois qui guide l'action et la pensée d'Auguste Carlone et Victor Juge, qui est d'ailleurs clairement exprimé dans une série d'articles sur le thème de

99 *L'Écho des Alpes maritimes*, 16 novembre 1849.
100 *Ibid.*

« l'instruction publique » publiée mai 1850. Dans ces publications, les classes supérieures sont invitées à l'action car l'harmonie sociale est pensée par des démocrates quarante-huitards comme Auguste Carlone et Victor Juge comme ne pouvant se réaliser dans l'ignorance et la misère du plus grand nombre. C'est la fraternité entre les citoyens qui doit permettre de surmonter les « intérêts » qui « divisent » et de construire « une société nouvelle[101] ».

Le *credo* de la rédaction de *L'Écho des Alpes maritimes* épouse celui des démocrates européens qui croient venus le temps de la construction monde nouveau, particulièrement au moment du long « printemps des peuples » européen. La fraternité sociale des démocrates niçois est la même que celle des fouriéristes parisiens qui composent la rédaction de la *Démocratie pacifique*. Des contacts personnels sont d'ailleurs noués : Auguste Carlone et Victor Juge se rapprochent d'Henri Dameth dont plusieurs indices laissent croire qu'il est le correspondant parisien de *L'Écho* entre 1848 et 1850, bien qu'il soit difficile de le prouver matériellement (certains articles sur les thèmes sociaux publiés dans le journal sont signés « H. D. »). Dans une brochure d'une vingtaine de pages publiée en 1849, il essaie de théoriser la pensée fraternitaire telle qu'on peut la trouver, avec des nuances, chez les démocrates, de Giuseppe Mazzini à Victor Hugo, d'Alphonse Lamartine à Alexandre Ledru-Rollin, de *L'Écho des Alpes maritimes* aux organes démocratiques des États italiens, comme *Il Messaggiere torinese* d'Angelo Brofferio à Turin, ou bien parisiens, tels *Le Siècle* et la *Démocratie pacifique*[102]. L'auteur écrit :

> La loi de solidarité qui lie la destinée des hommes, embrasse toutes les générations, tous les membres d'une nation et toutes les nations du globe [...]. Cette religieuse solidarité des générations, des citoyens et des peuples, constitue le dogme de l'unité humaine et impose à notre raison comme à notre cœur le sublime précepte du Christ : fraternité universelle[103].

L'extrait est un parfait résumé de l'idéal fraternitaire des démocrates européens, partagé par des plumes plus ou moins renommées, et au-delà des frontières. Sur fond d'influence chrétienne revendiquée, il prend une

101 *L'Écho des Alpes maritimes*, 1er mai 1850.

102 Jacqueline Lalouette, « Charité, philanthropie et solidarité en France vers 1848. Pour une histoire des mots et des doctrines », dans Jean-Luc Mayaud (dir.), *op. cit.*, p. 209.

103 Henri Dameth, *Le credo socialiste ou principes généraux d'organisation politique et sociale*, Paris, Mme de Lacombe, 1849, p. 4.

première forme sociale qui mise sur le principe de « l'association » entre les classes qui prévaut car, comme on l'a vu avec les publicistes niçois, il est perçu comme la « route possible vers la justice parfaite et vers la fraternité par la destruction de la misère[104] ». Il doit s'accompagner d'une action en faveur de ce qu'Angelo Brofferio à Turin, directeur du quotidien turinois *Il Messaggiere torinese* et grande figure démocrate du royaume de Sardaigne nomme alors « *l'educazione del popolo*[105] ». L'idée rejoint la fameuse phrase de Louis Jourdan, publiciste au *Siècle* en 1849, un organe de référence pour les démocrates de toute l'Europe – Auguste Carlone y est abonné personnellement[106] – qui écrivait : « ouvrir une école aujourd'hui, c'est fermer une prison dans vingt ans[107] ». L'aphorisme résume parfaitement une vision de l'enseignement comme moyen privilégié pour éduquer les classes dominées, les moraliser tout en leur donnant les moyens de pouvoir exercer le droit de vote dans un système de suffrage universel. Cependant, la fraternité sociale des démocrates est loin d'épuiser l'idéal fraternitaire qui n'imagine pas la construction d'une paix sociale et civique entre les citoyens sans l'avènement de nations modernes démocratiques.

DES IDÉAUX MOBILISATEURS
Fraternité patriotique, fraternité entre les peuples et paix universelle

En 1848, toute une presse démocrate florissante promeut une pensée fraternitaire que l'on peut résumer à travers la plume de Félicité de Lamennais :

> La montée du peuple prépare l'instauration d'une société où la fraternité régnera sans conteste : à l'intérieur des nations, l'égalité et la liberté s'imposeront ; dans leurs rapports mutuels, les peuples se reconnaîtront comme frères[108].

---

104 *Ibid.*, p. 10.

105 Laurana Lajolo, « Brofferio e il popolo », *Quaderni di storia contemporanea*, vol. 50, 2011, p. 55.

106 ADAM, Fonds Carlone, 7 J 30, Journaux de compte d'Auguste Carlone pour les années 1847-1850.

107 Pierre Larousse, « École », *Grand dictionnaire universel du* XIX*e siècle*, t. VII, 1870, p. 109.

108 Marcel David, *op. cit.*, p. 129.

Après celle plus sociale, déjà étudiée, ce sont là les deux autres faces de ce qu'Alexandre Ledru-Rollin nommait de manière contemporaine le « dogme de la Fraternité » qui sont énoncées. L'une est patriotique (« à l'intérieur des nations ») alors que l'autre intègre une dimension internationale (entre les peuples)[109]. C'est l'actualisation quarante-huitarde d'une pensée qui a déjà un certain vécu et dont les origines sont à trouver dans la Révolution française et qui a pénétré en Italie durant le *triennio* révolutionnaire (1796-1799)[110]. La fraternité était pensée dans les discours et les écrits comme régissant aussi bien les relations entre les peuples que celles entre citoyens d'un même État. Un peu plus d'un demi-siècle plus tard, alors que l'idéal fraternitaire a perduré, les révolutions européennes du milieu du XIXe siècle lui donnent une actualité nouvelle dans un contexte d'affirmation du principe des nationalités. La fraternité imprègne les discours et les actes. Dans la péninsule italienne, mouvement national oblige, elle se fait patriotique. Elle est un moyen de construire le lien entre des citoyens-frères qui se jugent membres d'une même nation, au-delà des frontières entre les États. L'un des moyens privilégiés pour sa réalisation est bien évidemment la presse naissance car elle permet de nouer des liens et de vivre des émotions à distance.

LA FRATERNITÉ PATRIOTIQUE ET SES PARADOXES

Dans l'*incipit* de son *Canto degli Italiani* écrit en 1847, Goffredo Mameli s'adresse à ses « Fratelli d'Italia », premiers mots qui sont d'ailleurs devenus le titre de la chanson au fil du temps. L'auteur appelle ses « frères » à la mobilisation pour la construction de l'unité politique de ce qu'il considère comme sa mère patrie, l'Italie, qui englobe sa petite patrie génoise. La fraternité permet, comme l'a bien montré Alberto Mario Banti dans ses travaux, une représentation de la nationalité selon le modèle de la parentèle symbolique[111]. La nation ce sont les ancêtres communs du passé mais aussi, dans le présent, les frères de nationalité. La référence à la famille permet une expression politique émotionnelle qui repose sur une construction rhétorique

109 *Ibid.*, p. 179.

110 Anna Maria Rao, « Introduction : l'expérience révolutionnaire italienne », *Annales historiques de la Révolution française, L'Italie du Triennio révolutionnaire 1796-1799*, n° 313, 1998, p. 389 et 405.

111 Alberto Mario Banti, *La nazione del Risorgimento. Parentela, sanità e onore alle origini dell'Italia unita*, *op. cit.*

dans laquelle les journaux jouent un rôle fondamental ; ils nourrissent un véritable « roman familial » national pour reprendre l'expression que Gian Luca Fruci emprunte à l'historienne de la Révolution française Lynn Hunt pour l'appliquer à l'Italie du milieu du XIXe siècle[112]. Dans le royaume de Sardaigne, où les formes d'expression de l'idéal fraternitaire patriotique sont nombreuses, la fraternité des citoyens concurrence la relation ancienne entre les sujets et le « roi-père » à une époque où rien ne dit que les deux sont appelées à coexister dans une monarchie nationale[113]. Elle est promue de manière vigoureuse par les républicains et démocrates, sans toutefois qu'elle ne soit jamais dépouillée de son origine chrétienne[114]. Néanmoins, les patriotes la font sortir de son origine religieuse et elle devient un concept plus directement politique, ce qui s'observe dans les actions qu'elle suscite. En effet, la fraternité est une idée-force mobilisatrice qui participe d'un processus de politisation durant le *Quarantotto*. Cependant, d'une manière un peu paradoxale, elle a été très peu étudiée pour l'Italie, aussi parce que durant la période même, dans les États pré-unitaires la fraternité n'a pas connu à travers les publications et les débats politiques la même élaboration conceptuelle qu'en France où elle est devenue, en 1848, un élément de la devise nationale officielle. Les publications qui l'abordent sont récentes et encore partielles puisqu'aucune ne traite, par exemple, du rôle important de la presse dans la diffusion de ce concept politique[115]. Celle-ci a pourtant permis de diffuser cet idéal polysémique ainsi que les actions qui lui sont liées, de créer des liens à distance ressentis comme fraternels et de donner une large publicité à nombre d'initiatives politiques pensées comme fraternitaires (hommages collectifs, adresses, banquets, productions artistiques, serments, fêtes diverses)[116].

112 Lynn Hunt, *Le roman familial de la Révolution française*, Paris, Albin Michel 1995 ; Gian Luca Fruci, « Un sentiment en action : la fraternité combattante du long 1848 italien », dans Catherine Brice (dir.), *Frères de sang, frères d'armes, frères ennemis. La fraternité en Italie (1820-1924)*, Rome, École française de Rome, 2017, p. 99.

113 Catherine Brice, *La monarchie et la construction de l'identité nationale italienne (1861-1900)*, Paris, EHESS, 2010.

114 Gian Luca Fruci, art. cité, p. 101.

115 Catherine Brice (dir.), *Frères de sang, frères d'armes, frères ennemis*, *op. cit.* Deux contributions concernent 1848 : celle d'Alessio Patrizzo (« Épées, cocardes, tuniques et poignards : fraternité, violence et appartenances politiques en Italie durant la longue année 1848 », p. 73-98) et celle de Gian Luca Fruci (« Un sentiment en action : la fraternité combattante du long 1848 italien », p. 99-128).

116 Gian Luca Fruci, art. cité, p. 106.

Si la fraternité sociale est pensée comme une voie pour construire une concorde dans la société, le sentiment fraternitaire patriotique, lui, peut se faire guerrier. Il relève de ce que Gian Luca Fruci a nommé la « fraternité combattante », celle qui se noue par exemple entre les patriotes présents en Lombardie pour combattre l'ennemi autrichien[117]. Nombreux sont les combattants à avoir eu une expérience douloureuse de la guerre du printemps 1848 qui fut affrontement brutal tel qu'il n'y en avait pas eu depuis presque un demi-siècle dans la péninsule italienne. Mais la fraternité patriotique peut aussi prendre la forme d'une « mystique du martyr » qui postule une fraternité qui dépasse la mort que les journaux contribuent à élaborer[118]. Avant même le début de la première guerre patriotique italienne le 23 mars 1848, des cérémonies ont rendu hommage aux premiers morts dans les mouvements de révolte contre l'armée autrichienne. Le service funèbre tenu à Nice le 3 février 1848 en faveur des victimes insurgées de Milan et de Pavie en est un bel exemple. Son récit nous est donné dans *L'Écho des Alpes maritimes*, à une époque où le journal n'a pas pris son tournant francophile et reflète surtout la pensée des patriotes italiens encore majoritaires dans la rédaction[119]. Le récit de l'événement est accompagné d'une rhétorique guerrière :

> Il n'y a parmi nous aujourd'hui qu'une seule préoccupation, un seul désir ardent, un seul intérêt puissant, immense qui nous saisit et nous domine tous : Milan et le triomphe de nos frères de Lombardie[120].

Les journaux encouragent à la mobilisation, voire à la mise en acte du *pro patria mori*, le sacrifice pour la patrie, au nom de la fraternité patriotique. Il s'agit bien de construire une communauté de frères dans l'adversité et d'encourager à faire se mouvoir les corps au-delà de leur communauté d'origine. La fraternité patriotique postule l'origine commune de tous les Italiens pour transcender les municipalismes qui sont autant de « petites patries[121] ».

---

117 *Ibid.*, p. 99-128.

118 Benedict Anderson, *L'imaginaire national*, *op. cit.*, p. 24-25.

119 *L'Écho des Alpes maritimes*, 6 février 1848.

120 *Ibid.*

121 Alessio Petrizzo, « Épées, cocardes, tuniques et poignards : fraternité, violence et appartenances politiques en Italie durant la longue année 1848 », dans Catherine Brice (dir.),

L'idéal fraternitaire initie un lien de parenté symbolique masculin (frère), sans toutefois être l'apanage des hommes. En effet, à Nice, par la poésie, Agathe Sophie Sassernò tient un discours public similaire à celui des directeurs de *L'Écho des Alpes maritimes* au printemps 1848. « La Sainte voix de la Patrie / Frères, nous appelle aujourd'hui », écrit-elle dans un vers qui résume bien le lien entre christianisme, fraternité et patriotisme[122]. Ses écrits poétiques sont d'ailleurs contemporains d'une adresse des Milanaises, mobilisées durant l'insurrection contre les troupes autrichiennes, envoyée aux femmes des États sardes et publiée dans le journal *Il 22 Marzo* et repris par la presse génoise (*Il Pensiero italiano* le 21 mai 1848) et turinoise (*Il Risorgimento* le 7 juin 1848). C'est encore un pan méconnu de l'histoire du concept que cette fraternité féminine. En juillet 1848, un album (*Alle Signore della provincia di Brescia*) est offert par les « *signore piemontesi* » à Maria Carolina Santi Bevilacqua qui, avec sa fille et un groupe de patriotes, ont transformé leur palais sis au centre de cette ville lombarde en hôpital pour les soldats de l'armée sarde blessés au combat[123]. L'album comprend des centaines de noms et prénoms de mères, filles, épouses, sœurs de familles de différents milieux sociaux. Au même moment, à l'occasion de la fusion entre le royaume de Sardaigne et la Lombardie, des femmes des duchés centraux au sud-est de Milan (Parme, Modène) et des provinces vénitiennes envoient à leurs « sœurs » piémontaises une pétition de près de 6 500 signatures rassemblées par la marquise libérale milanaise Maria Falcò d'Adda[124]. Il y a durant le « printemps des peuples », aussi bien dans la péninsule italienne qu'en France, un processus de réappropriation de la fraternité patriotique par des groupes féminins. Elle se manifeste aussi à travers les journaux. Un exemple en est donné à Nice dans *L'Écho des Alpes maritimes* au cours du mois d'août 1849. Alors que le journal a bien achevé son tournant francophile, la femme de Delatreille, rédacteur recruté à Marseille en novembre 1848, écrit une lettre de remerciement à un soutien exprimé au démocrates niçois par des contributrices du journal *Le Républicain du Vaucluse*. Se revendiquant « républicaine », elle ponctue sa réponse par la

---

Frères de sang, frères d'armes, frères ennemis, *op. cit.*, p. 74-76.

122 Steve Betti, « L'éveil d'une conscience politique : discours, odes, libelles et pamphlets niçois du printemps des peuples », art. cité, p. 45.

123 Gian Luca Fruci, art. cité, p. 116.

124 *Ibid.*

formule, classique chez les démocrates de la Seconde république, « salut et fraternité[125] ». Il s'agit en l'occurrence d'un sentiment patriotique non italien mais français. Toutefois, la chose importe peu car le mécanisme est le même dans les deux cas : en France comme dans les États italiens durant le « printemps des peuples », des femmes s'approprient une fraternité patriotique créatrice de liens à distance, et elles le font en investissant, souvent de manière ponctuelle, les moyens d'expression privilégiés de l'époque que sont les journaux. Il faut toutefois constater que, si elles existent, les marques féminines de fraternité patriotique demeurent très minoritaires ; de plus, il n'a pas existé un vocabulaire spécifique pour cette fraternité (par exemple la notion de sororité), les femmes patriotes se reconnaissant dans ce terme qui décrit pourtant une relation masculine (entre frères). Elles sont obligées de se fondre dans une culture politique déterminée par les hommes au cours d'événements organisés qui sont souvent la marque d'une sociabilité fraternitaire masculine. Cela est bien visible au cours d'un événement important tenu à Nice : le banquet célébrant le retour de Giuseppe Garibaldi dans sa ville natale au mois de juin 1848.

S'il existe, une fraternité patriotique liée à la guerre (pour encourager au combat ou à célébrer les martyrs qui y sont morts), il y en a aussi une plus festive et joyeuse, inscrite dans des rituels de sociabilité politique. La presse joue un rôle crucial pour favoriser une atmosphère fraternitaire, notamment par les récits d'événements auxquels les rédactions prennent souvent une part active. Ainsi, à Nice c'est le Cercle de la Fraternité – dont on a déjà exposé la genèse au printemps 1848 sous l'impulsion des directeurs de *L'Écho des Alpes maritimes* – qui remplit ce rôle particulier. Au mois de juin 1848, à l'initiative d'Auguste Carlone et des autres membres directeurs, s'organise un grand banquet pour célébrer le retour d'Amérique de Giuseppe Garibaldi[126]. L'association politique la plus capable d'organiser un événement pour célébrer un « frère » italien qui s'est distingué dans une lutte nationale à l'étranger et qui entend rejoindre la guerre patriotique italienne en Lombardie avec ses partisans est le Cercle de la Fraternité. Ainsi, le 25 juin, ses sociétaires organisent un grand banquet au cours duquel, selon le compte-rendu

125 *L'Écho des Alpes maritimes*, 29 août 1849.

126 Hervé Barelli, « Joseph Garibaldi à Nice, 21-26 juin 1848 », *Nice Historique*, n° 2, 2007, p. 108-110.

publié le lendemain dans *L'Écho des Alpes maritimes*, Giuseppe Garibaldi a répondu « aux félicitations qui lui étaient adressées par une allocution empreinte des sentiments les plus patriotiques et de l'esprit le plus cordial d'union et de fraternité[127] ». Cependant, si pour l'orateur principal de cet événement, c'est bien de fraternité patriotique dont il est question, une confusion existe. En effet, alors qu'il a affirmé à travers son journal des idées patriotiques pro-françaises, Auguste Carlone participe à ce banquet qui célèbre le patriotisme italien et en est même un organisateur puisque, sur demande d'Henri Verani-Masin, cofondateur et ancien directeur de *L'Écho*, il a été chargé de choisir le cadeau offert à Giuseppe Garibaldi[128]. Son choix s'est porté sur une épée, symbole qui renvoie à l'idéal chevaleresque médiéval approprié par les patriotes pour représenter la noblesse de leur combat (leur « croisade » contre les Autrichiens). Ainsi, il fait montre d'une maîtrise des codes patriotiques italiens en choisissant un symbole qu'il est de coutume de mettre en avant à l'occasion de cérémonies fraternelles et patriotiques d'accueil (ou de triomphe)[129]. Le paradoxe apparent de l'engagement d'Auguste Carlone pour faire de ce banquet fraternitaire une réussite vient surtout du fait que la fraternité est un concept polysémique pour les acteurs du « printemps des peuples ». Les publicistes de *L'Écho des Alpes maritimes* peuvent adhérer aux discours patriotiques italiens qui en appellent à la fraternité, tout en les considérant d'un point de vue extérieur, puisque leur sentiment d'appartenance nationale se porte vers la France. Ainsi, s'ils partagent le même *credo* démocrate et républicain et se montrent d'une bienveillance fraternelle vis-à-vis de l'action de Giuseppe Garibaldi en Lombardie pour combattre les troupes autrichiennes durant l'été 1848, ce soutien relève dans leurs esprits d'une fraternité non patriotique mais entre les peuples. Celle-ci s'exprime localement à Nice, dans une ville frontalière prise entre deux nationalités. Il y a une diversité de perception. Ainsi, Auguste Carlone et ses collaborateurs dirigent leur sentiment de fraternité patriotique vers leurs « frères de Savoie » avec lesquels ils partagent au sein du royaume de Sardaigne le même patriotisme français[130].

---

127 *L'Écho des Alpes maritimes*, 26 juin 1848.

128 ADAM, Fonds Carlone, 7 J 35, Lettre envoyée par Henri Verani-Masin à Auguste Carlone concernant la fête pour l'accueil de Giuseppe Garibaldi à Nice.

129 Alessio Petrizzo, art. cité, p. 81-83.

130 *L'Écho des Alpes maritimes*, 8 janvier 1849.

Localement, il la manifeste aussi vis-à-vis de la communauté française de Nice dont *L'Écho des Alpes maritimes* est devenu un organe quasi-officiel au moment de la mort du consul Châteaugiron en juin 1848. Au début de l'année 1849, Auguste Carlone, Victor Juge et Hippolyte de Rangouse organisent même une collecte de fonds en faveur des « français indigents de Nice » et s'associent à la souscription du consulat de la République française afin de soutenir un projet de création d'une « société d'assistance française[131] ». L'année suivante, en avril 1850, ils réalisent une souscription en faveur de l'effondrement d'un pont à Amiens qui a provoqué plus de deux cents morts ; une solidarité qui dit bien à quel point ils se sentent appartenir à la communauté nationale française dans toutes les émotions patriotiques qu'ils vivent à distance.

Le « printemps des peuples » est donc un moment où la presse investit une fraternité qui est à la fois patriotique et entre les nationalités, ce qui n'est pas sans causer des confusions, voire des tensions, dans des villes frontalières comme Nice dans lesquelles deux fraternités patriotiques coexistent. Les relations à distance permises par les journaux font que les deux types de fraternités peuvent avoir une inscription locale, la distinction entre elles se faisant selon les affects nationaux propres à ceux qui se sentent investis par le principe des nationalités. Dans les deux cas, malgré les différences, les deux fraternités ne s'opposent pas nécessairement. Elles sont même complémentaires en ce qu'elles expriment un rapport au monde à travers le principe polysémique de la fraternité et le prisme des nationalités. La coexistence des deux fraternités chez les démocrates du « printemps des peuples » vient du fait que, comme le résume bien Giuseppe Mazzini dans sa brochure *La santa alleanza dei Popoli* (*La sainte alliance des peuples*) publiée en 1849, ils considèrent « les nations sont les individus de l'humanité tout comme les citoyens sont les individus de la nation[132] ». Cette vision qui joue sur les échelles est un prisme pour voir le monde qui fait que, s'ils sont animés par une vive fraternité patriotique, les démocrates, en France comme en Italie, n'abandonnent jamais l'idéal de fraternité entre les peuples, qui prend aussi des formes concrètes à travers la presse.

---

131 *Ibid.*

132 Cité dans : Ferdinand N. Göhde, « La fraternité d'armes des peuples. Champ sémantique fraternel et soldats trasnationaux au cours de l'(anti)*Risorgimento* : le cas des combattants allemands », dans Catherine Brice (dir.), *Frères de sang, frères d'armes, frères ennemis*, *op. cit.*, p. 133.

UNE FRATERNITÉ JOURNALISTIQUE AU-DELÀ DES FRONTIÈRES

Paris, 23 février 1848, 22 heures : alors que la situation insurrectionnelle se répand dans les rues de la capitale française, une masse se presse sous les bureaux du *National* pour entendre les premiers mots de son directeur, Armand Marrast, l'un des organisateurs du banquet interdit du 22 février :

> Enfin n'oublions pas que cette victoire n'est pas seulement une victoire pour la France, c'en est une aussi pour la Suisse et pour l'Italie[133].

Si le « printemps des peuples » est européen, c'est parce que la Sainte-Alliance l'est aussi, s'il est libéral c'est parce qu'elle est autoritaire. Maurice Agulhon a bien souligné le caractère transnational du sentiment de fraternité qui est un sentiment pacifique entre les peuples mâtiné d'un bellicisme envers ceux que les patriotes européens, plus ou moins démocrates, considèrent comme leurs ennemis : les garants de l'ordre européen issu du congrès de Vienne de 1815[134]. « Qu'elle ne redoute point la guerre, mais qu'elle y soit prête pour maintenir la paix » affirment en parlant de l'Italie les directeurs de *L'Écho des Alpes maritimes* dans leur prospectus du 1er janvier 1848[135]. La guerre est considérée comme juste, voire nécessaire, si elle sert but jugé légitime comme le sont les luttes nationales. Au-delà de l'aspect guerrier, le « printemps des peuples » est aussi une moment historique particulier durant lequel s'exprime plus que jamais un horizon d'attente. Il se veut la continuité de l'universalisme des Lumières avec la réalisation d'entités nationales entre lesquelles doivent se nouer des liens fraternels puisqu'elles constituent ensemble une seule humanité. S'il serait fallacieux de postuler *a posteriori* une véritable relation politique structurée entre tous ceux qui adhèrent en Europe à cette idée de fraternité entre les peuples, il existe bien des solidarités qui dépassent les frontières. Des marques concrètes de fraternité s'observent, notamment dans les journaux qui se font le vecteur privilégié de la construction de relations fraternitaires à distance.

Dans la lutte contre les puissances impériales de la Sainte-Alliance, les démocrates européens se prennent alors à rêver à la concrétisation

133 Maurice Agulhon, *Les quarante-huitards*, *op. cit.*, p. 41.

134 *Ibid.*, p. 80-81.

135 *L'Écho des Alpes maritimes*, Prospectus, 1er janvier 1848.

fraternitaire d'un idéal alors répandu parmi eux, celui d'une « sainte alliance des peuples ». Son but serait la construction d'un monde idéal partagé en nations démocratiques vivant en paix les unes avec les autres. C'est est une doctrine fondamentale du « printemps des peuples », une idée-force qui pousse à l'action. Elle trouve des concrétisations diverses à toutes les échelles, du local au transnational, et contribue à la diffusion d'un sentiment fraternitaire qui dépasse les frontières. À Nice, les cérémonies tenues en hommage aux victimes françaises de février et de juin 1848 participent de ce mouvement. D'autres démonstrations locales d'adhésion à l'idée de fraternité entre les peuples sont attestées – dans le contexte niçois, il s'agit surtout de celle entre Français et Italiens. Le 28 mai 1848, en pleine période de guerre pour l'indépendance nationale en Lombardie, Auguste Carlone et ses associés s'empressent de retranscrire publiquement dans les colonnes de *L'Écho des Alpes maritimes* l'initiative d'un abonné qui a écrit à la rédaction pour partager publiquement la passion fraternitaire qui l'habite :

> Un de nos abonnés, M. Mélo, mû par un généreux sentiment de patriotisme, nous a envoyé, avec prière de les placer dans notre bureau, deux riches bannières tricolores, française et italienne, réunies par deux mains qui se pressent ; touchant symbole d'alliance et de fraternité entre les deux peuples. Sur la bannière française sont écrits ces mots : *République française, liberté pour tous les peuples, 1789*. Sur la bannière italienne on lit : *Constitution italienne, union contre les tyrans, 1848*. Nous sommes heureux de pouvoir manifester publiquement notre reconnaissance à cet honorable citoyen[136].

Le cadeau, hautement symbolique, est accompagnée d'une courte lettre, elle aussi publiée :

> Permettez-moi, messieurs, de vous demander une place dans le local de vos réunions pour y déposer le symbole des sentiments qui font de la France et de l'Italie deux sœurs, qui sauront bien défendre leur liberté contre tous les tyrans[137].

L'objet est une transcription matérielle, visible et affichable, d'une vision fraternitaire du monde. Nombreux sont les objets, les images, les discours, les témoignages et les cérémonies qui circulent en Europe en

136 *L'Écho des Alpes maritimes*, 28 mai 1848.
137 *Ibid.*

1848 et 1849 pour retranscrire une adhésion à l'idéal de fraternité entre les nations. La lithographie de Frédéric Sorrieu de 1848 (« La république universelle, démocratique et sociale – Le pacte ») en est une marque tout à fait évocatrice. Les productions relèvent le plus souvent de personnes ou de groupes qui s'inscrivent dans le large et hétéroclite courant des démocrates européens. Pour M. Mélo comme pour beaucoup d'autres, impliqués dans les débats et activités politiques dans les différents États italiens, le *Quarantotto* est une sorte de 1789 italien, non dans le déroulement des événements mais dans les principes qui sont défendus, que ce soit pour la promulgation de constitutions qui garantissent les droits et libertés politiques, mais aussi pour l'affirmation d'une fraternité entre les peuples. C'est d'ailleurs, à partir du mois de février 1848, pour célébrer l'annonce du *Statuto* que ce médecin français avait exposé le double drapeau dans son cabinet.

L'initiative qu'a prise M. Mélo atteste de la relation entre la rédaction et son lectorat. Celui-ci a un profil qui le rapproche du lecteur-type de *L'Écho*. En tant que médecin français vivant à Nice, il s'intègre parfaitement, comme Auguste Carlone et Victor Juge, à cette bourgeoisie et petite bourgeoisie composées aussi de ressortissants de la nation voisine qui fournissent une grande partie de son lectorat au journal, qui fréquentent les espaces de sociabilité autour du *Corso* et contribuent à porter les idées démocrates et républicaines ainsi que l'idéal fraternitaire quarante-huitard dans la ville et sa province. Mais du fait des relations journalistiques en dehors du pays niçois, l'initiative a eu un retentissement plus large, au-delà même du royaume de Sardaigne. En effet, quelques jours après l'article sur le don fait à la rédaction par M. Mélo, il est repris dans une traduction en italien dans le numéro du 31 mai 1848 du quotidien de Lucques, *La Riforma*. Son directeur Eugenio Giorgi avait soutenu ses homologues niçois au moment de leur lutte contre le comte De Maistre, soutien qui a noué une solidarité entre les deux rédactions. Il défend les mêmes convictions fraternitaires et démocrates qu'Auguste Carlone et ses collaborateurs dans le grand-duché de Toscane. Ainsi, il se plaît à saluer des initiatives qui sont des marques concrètes de fraternité. D'autres initiatives, des deux côtés des Alpes confortent cette tendance, dans le but de promouvoir une pensée de fraternisation et de solidarité entre les peuples. Ainsi, le Cercle de la Fraternité, fondé à Nice en mai 1848, donc au même moment que l'initiative du docteur Mélo, avec la participation décisive de la rédaction de *L'Écho*, s'inscrit pleinement dans l'euphorie fraternitaire qui se manifeste à travers des discours publics, reproduits dans les journaux, ou encore des initiatives, comme la « fête de la fraternité » organisée le 20 avril 1848 dans la France républicaine[138]. Entre le printemps 1848 et l'été 1849, des événements s'organisent, des journaux s'engagent et des associations se créent concomitamment dans les villes françaises et italiennes pour faire vivre l'idéal fraternitaire. L'écrivain patriote Niccolò Tommaseo, républicain et démocrate vénitien, compagnon de lutte de Daniele Manin, fonde en 1849 une « *Società della Fratellanza dei Popoli* » et un journal éponyme. Dans Venise assiégée par les troupes impériales autrichiennes, ils perpétuent les idéaux fraternitaires du « printemps des peuples ». Au mois de mai 1848, les directeurs de *L'Écho des Alpes maritimes* décrivent ainsi cette atmosphère qui fait vivre l'idéal de la fraternité en France et en Italie :

> Nous lisons chaque jour et chaque jour nous entendons les mots sacrés de *fratellanza* et de fraternité. Ce cri du peuple retentit avec éclat des deux côtés des Alpes, c'est une des trois paroles symboliques inscrites sur le front de la France républicaine, c'est aussi la voix de l'Italie combattant pour son indépendance[139].

Ces mots attestent d'un enthousiasme fraternitaire qui est réel des deux côtés des Alpes, mais qui est parfois mis à rude épreuve. Et l'une de celles-ci est sans aucun doute l'expérience de la République romaine. Car c'est dans les périodes de tension que l'on observe le mieux si la fraternité relève d'incantations momentanées ou si elle a une concrétude plus forte.

À la fin de l'été et au début de l'automne 1848, les États italiens entrent dans une période de réaction autoritaire des pouvoirs. La presse en est la première victime. L'agitation est palpable dans les grandes villes et particulièrement à Rome où le souverain pontife, depuis son renoncement à participer à la guerre contre l'Autriche, est la cible des invectives des patriotes romains. Dans ce contexte de tension, un événement important intervient : l'assassinat de Pellegrino Rossi, chef du gouvernement et secrétaire d'État en charge des ministères de la

138 Marcel David, *op. cit.*, p. 182.

139 *L'Écho des Alpes maritimes*, 19 mai 1848.

Police et des Finances, le 15 novembre 1848. Sur le moment, personne ne connaît le ou les responsables du crime, mais l'événement contribue à créer un contexte révolutionnaire. Les démocrates romains réclament la convocation d'une assemblée constituante. Pie IX se retrouve démuni face à la vigueur des mobilisations, d'autant qu'il a perdu le soutien de la garde civique. Dépassé, il organise sa fuite en secret et se réfugie chez le roi des Deux-Siciles, Ferdinand II. Tout se déroule prestement. Il se passe moins d'une dizaine de jours entre l'assassinat de Pellegrino Rossi et la fuite à Gaète le 24 novembre 1848. Une fois connue de la population romaine, celle-ci déclenche une véritable campagne de presse antipapale, non seulement à Rome mais dans tous les États italiens. Plus encore que l'allocution du 29 avril 1848 annonçant le retrait du soutien à la guerre nationale en Lombardie, la fuite de Pie IX est vécue comme une trahison, un acte antipatriotique qui renoue avec la tradition pontificale critiquée comme « austro-grégorienne » dans la presse libérale. Au-delà même de l'Italie, la nouvelle provoque d'innombrables réactions. Dans un article de la *Démocratie pacifique* publié au début du mois de décembre et reproduit dans *L'Écho des Alpes maritimes*, l'auteur s'interroge : « Où est le pape de 1847[140] ? ». La critique contre Pie IX est acerbe, il devient, comme ses prédécesseurs, un adversaire pour les patriotes italiens. Nombre d'entre eux, de tendance démocrate, convergent vers Rome où existe un vide du pouvoir. Ils œuvrent pour imposer une solution républicaine à la crise. La situation est alors idéale pour les mazziniens, puisqu'ils sont présents en nombre dans la Ville éternelle et peuvent envisager de réaliser leur but d'en faire la *terza Roma*, la capitale d'une république nationale italienne qui prend la suite de la Rome papale de la Renaissance et de la Rome antique. Giuseppe Mazzini participe lui-même activement à la mise en place du nouveau régime républicain, tout comme Giuseppe Garibaldi et la princesse milanaise Cristina Trivulzio di Belgiojoso. La ville attire les révolutionnaires italiens durant les premiers mois de l'année 1849 et suscite immédiatement des soutiens fraternitaires extérieurs.

À Nice, les directeurs de *L'Écho des Alpes maritimes* s'enthousiasment pour cette expérience républicaine. Cependant, ce n'est pas un sentiment patriotique italien qui les anime, mais bien un idéal fraternel

140 *L'Écho des Alpes maritimes*, 8 décembre 1848.

transnational. Si Victor Juge et Auguste Carlone contestent l'intégration de leur « petite » patrie niçoise à l'Italie, ils demeurent fidèles à leurs idéaux démocrates et républicains et à la pensée fraternitaire du « printemps des peuples ». Ainsi, de la même manière qu'ils ont soutenu la guerre d'indépendance italienne, ils s'engagent en faveur du mouvement révolutionnaire romain. Leur soutien est pensé comme celui de patriotes français comme en atteste un article publié le 28 février 1849 intitulé de manière significative : les Républiques sont sœurs. Il s'insère dans les débats de la République française où les démocrates-socialistes, menés par Alexandre Ledru-Rollin, expriment leur soutien aux démocrates romains, et se heurtent aux partisans du retour à l'ordre et de la papauté :

> Pendant que l'Italie se démène […] nous voyons à l'Assemblée nationale de France les vrais amis de la République porter le plus vif intérêt à la révolution italienne, et la déclarer solidaire et sœur de la Révolution française [de 1848]. Les sentiments de Ledru-Rollin en faveur de l'Italie datent de loin et ses dernières paroles à l'Assemblée viennent confirmer les sympathies de ce digne citoyen. Les Italiens peuvent avouer hautement, sans blesser leur amour-propre, que jamais ils n'ont eu un ami plus dévoué et un plus énergique défenseur de leurs droits. C'est que pour tous les républicains sincères la démocratie doit se fonder sur la fraternité des peuples […]. À l'égard de l'Italie et des autres peuples révolutionnaires, la nation française n'oubliera pas le principe de Ledru-Rollin : les révolutions sont sœurs[141].

L'on ne pourrait mieux énoncer la manière dont l'adhésion au principe de fraternité se manifeste et se lie avec l'idéal républicain. Des « républiques sœurs » avaient été mises en place, notamment en Italie à partir de 1796, à la suite des conquêtes françaises. Celles-ci devaient se lier à la France républicaine par l'adhésion aux principes républicains et révolutionnaires, créant ainsi un lien de fraternité entre les deux entités et leurs populations. L'énoncé du caractère sororal des républiques renvoie donc à un imaginaire fraternitaire issu de la Révolution française largement réactivé en 1848 à la faveur de l'instauration d'un nouveau régime républicain. République, souveraineté populaire et fraternité vont ensemble pour les démocrates quarante-huitards. C'est la perspective exactement inverse de ce que souhaitent le gouvernement français ainsi que le pape Pie IX qui a placé ses espoirs en Louis Napoléon Bonaparte

141 *L'Écho des Alpes maritimes*, 28 février 1849.

pour recouvrer son trône[142]. Ce dernier, pour sa part, y voit l'occasion de renforcer le soutien du parti de l'Ordre à son égard et d'imposer son ingérence dans les affaires italiennes en devançant une éventuelle intervention autrichienne[143].

La péninsule italienne prend une part importante dans la vie politique française en 1849. Louis-Napoléon Bonaparte envisage de répondre favorablement à l'appel de Pie IX pour défaire la jeune République. Contre cette volonté, l'idéal de fraternité entre les nationalités est porté par une force politique d'opposition, la Montagne, bien présente à l'Assemblée nationale, quoique minoritaire. Son leader, Alexandre Ledru-Rollin, ne manque pas de revendiquer ce principe dans ses discours. Ceux-ci sont repris dans les journaux parisiens, puis diffusés ainsi dans toutes les feuilles qui adhèrent à cette tendance au-delà de Paris et même de France. La presse républicaine francophone en soutenant les patriotes italiens présents à Rome contribue à construire une mise en acte transnationale de la fraternité[144]. À Nice comme en Savoie, les directeurs de *L'Écho des Alpes maritimes*, du *Chat*, du *National savoisien* et du *Patriote savoisien*, apportent un soutien à la république romaine. Leurs publications circulent. Le 28 février 1849, Auguste Carlone et ses collaborateurs reprennent en première page, un feuilleton intitulé le « testament politique de Pie IX » publié dans *Le Chat* de Chambéry dans lequel le pape est vivement attaqué dans le style satirique qui caractérise cet hebdomadaire. Par son exil, le pape aurait « abandonné les Romains pour aller donner le baiser au roi "bombardeur" », surnom donné à Ferdinand II par les patriotes italiens depuis la sanglante répression des mouvements libéraux en Sicile en 1848[145].

Au printemps 1849, après la déconfiture des armées sardes à Novare, dans une tentative échouée de Charles-Albert de relancer la guerre contre l'Autriche, la République romaine apparaît comme le seul espoir à tous les partisans de l'unité nationale italienne. Le 29 mars 1849, alors que la Constituante romaine élue en janvier est à l'œuvre, un triumvirat se forme : aux côtés de Carlo Armellini (1777-1863), démocrate de longue

142 Giacomo Martina, *Pio IX (1846-1850)*, Rome, Gregorian Biblical BookShop, vol. 1, 1974, p. 32.

143 Gilles Pécout, *Naissance de l'Italie contemporaine*, *op. cit.*, p. 119-120.

144 Marcel David, *op. cit.*, p. 256.

145 *L'Écho des Alpes maritimes*, 28 février 1849.

date, et d'Aurelio Saffi (1819-1890), se trouve Giuseppe Mazzini. Trois générations de patriotes se côtoient en partageant les mêmes idéaux ainsi qu'une vision commune du combat pour la cause nationale italienne. L'objectif est de mettre en place dans les anciens États pontificaux une république démocratique et sociale débarrassée de toute emprise cléricale. Pour marquer l'attention qu'ils portent à la situation romaine, les publicistes niçois réussissent à mettre en place un correspondant permanent sur place, chose rarement possible pour un organe aussi modeste mais qui est permise à *L'Écho des Alpes maritimes* par le travail de pérennisation de l'entreprise de presse effectué par ses directeurs. Ainsi, Auguste Carlone et Victor Juge disposent de nouvelles plus personnalisées et plus rapides que celles des autres journaux ainsi que de tous les actes officiels de la République romaine envoyées par leur correspondant dans une traduction française. Difficile de retrouver l'identité de ce correspondant puisqu'il n'a été que provisoire et n'a laissé aucune trace dans les archives. Cependant, les articles publiés au printemps 1849 prouvent que ses envois ont été réguliers et personnalisés. Ainsi, les directeurs de *L'Écho* peuvent suivre presque en direct les travaux de l'Assemblée constituante et l'organisation des institutions, ainsi que la mise en place d'une garde nationale républicaine. Dans le même temps, ils s'informent sur la vie politique dans la capitale française avec leur correspondant régulier, que l'on soupçonne être Henri Dameth. Cette capacité d'information, construite dans les coulisses, leur permet de savoir que l'avenir de la République romaine est en train de se jouer à Paris. En effet, le gouvernement français opte pour une expédition armée afin de rétablir le pape sur son trône. Dirigé par le général Oudinot, le corps expéditionnaire débarque à Civitavecchia, port situé à quelques kilomètres au nord-ouest de Rome, le 25 avril et déclare l'État de siège de la capitale des États pontificaux. Les républicains patriotes présents à Rome se mobilisent contre cette menace : à l'arrivée des troupes françaises, les cercles démocratiques de la ville, la garde nationale, la nouvelle assemblée et les instances municipales adressent une proclamation pour en appeler au républicanisme et à la fraternité des soldats français afin de les convaincre que s'ils agissent contre la République romaine, ils se battront contre des frères et contre l'idéal républicain lui-même. La proclamation se diffuse dans toute la presse démocrate d'Italie, ainsi qu'en France. C'est un moment de paroxysme de la mobilisation fraternitaire pour éviter un conflit jugé par les démocrates européens comme fratricide entre deux nationalités. Une « adresse de tous les citoyens français résidant à Rome aux soldats de l'armée de Civita-Vecchia » est même produite par un comité organisé pour l'occasion. Auguste Carlone et ses collaborateurs la reproduisent dans *L'Écho* du 4 mai 1849 :

> Les citoyens romains sont vos frères, et vous ne sauriez leur enlever par la force le droit d'être libres comme vous. La guerre à laquelle on vous envoie est une guerre impie, liberticide, et si la république romaine devait succomber sous le canon fratricide de la France, les ennemis que vous auriez à combattre seraient non seulement les Italiens, mais au premier rang vos compatriotes qui résident à Rome[146].

Cette adresse résume parfaitement l'esprit des démocrates. L'expédition de Rome leur apparaît comme une guerre fratricide imminente entre représentants de deux républiques que les publicistes de *L'Écho des Alpes maritimes* voudraient faire sœurs.

Si la fraternité patriotique peut être combattante, comme on l'a vu, son pendant transnational aussi. Ainsi, les citoyens français de Rome promettent de se battre aux côtés des démocrates italiens pour défendre la ville contre l'armée officielle de leur nation. Le geste dit bien que dans le contexte révolutionnaire du « printemps des peuples », les sentiments fraternels entre les nationalités ne sont pas uniquement des discours énoncés à distance mais sont un affect qui pousse les corps à l'action. La presse a un rôle important pour rendre publiques ces actions, en diffuser la nouvelle. À la faveur d'un développement sans précédent des rubriques sur les informations internationales, en France comme dans les États italiens, les journaux de tendance démocrate, même modestes et ayant une portée seulement régionale, ont un rôle symbolique dont leurs journalistes sont conscients. Dans *L'Écho des Alpes maritimes* l'adresse des citoyens français de Rome est publiée le 4 mai 1849, soit le jour anniversaire de la proclamation de la République française pour lequel Auguste Carlone et Victor Juge écrivent un article hommage. Ils célèbrent la Révolution de 1848 et le régime républicain qu'elle a installé en France comme une « continuation de l'œuvre de 1789 » et « une lueur d'espérance en Europe[147] ». Dans le même numéro se trouve

146 *L'Écho des Alpes maritimes*, 4 mai 1849.
147 *Ibid.*

aussi publiée une lettre de Scipion Marin, le correspondant de Turin, qui insiste sur les démonstrations fraternitaires qui se tiennent dans la ville en soutien à la lutte nationale des Hongrois de Lajos Kossuth. Elles célèbrent un début de mutinerie des soldats hongrois de l'armée d'Autriche présente à Milan. Ils auraient arboré « le drapeau magyar et celui de la jeune Italie » pour célébrer la communauté des deux luttes nationales et la fraternité entre les nationalités hongroise et italienne. Ainsi, au printemps 1849, par les informations internationales qu'ils recueillent en continu et d'une manière assez rapide, et par les relations à distance qu'ils instaurent, les journaux s'affirment comme des outils féconds pour faire vivre la fraternité entre les peuples. Même de modestes organes à portée régionale comme *L'Écho des Alpes maritimes*, capable d'installer deux correspondants permanents à Paris et Turin et un provisoire à Rome, arrivent à faire vivre l'idéal fraternitaire auprès de leurs lectorats, c'est-à-dire à installer une solidarité à distance avec les démocrates français, italiens et même hongrois. Néanmoins, ces soutiens s'avèrent souvent insuffisants pour conquérir une victoire. En effet, aussi forts et répandus que soient les discours et les actions fraternitaires, la guerre semble se profiler à Rome.

La fronde parlementaire des élus démocrates-socialistes, forts d'un bon résultat aux élections législatives françaises du 13 mai 1849, ne permet pas de contrer la décision de Louis-Napoléon Bonaparte. Les 200 élus de la Montagne tentent d'invoquer l'inconstitutionnalité de l'entreprise guerrière, qui déroge à l'article V de la Constitution du 4 novembre 1848. Celui-ci reprend la circulaire émise par Alphonse de Lamartine en mars 1848 postulant que le gouvernement de la France « respecte les nationalités étrangères [...] et n'emploie jamais ses forces contre la liberté d'un peuple[148] ». L'argument n'arrête pas le gouvernement. La guerre se prépare. À Rome, un esprit de mobilisation empreint la ville où se trouvent des démocrates français ainsi que des patriotes républicains venus de toute l'Italie. Leur mobilisation leur donne un succès important dans un premier temps avec la défaite des troupes françaises

148 Laurent Hecketsweiler, « *Amicus et Frater.* La notion d'amitié dans le droit des gens en 1849 », dans Laurent Reverso (dir.), *Constitutions, républiques, mémoires : 1849, entre Rome et la France*, Paris, L'Harmattan, 2011, p. 117 ; Karen Fiorentino, « Le destin de deux "Républiques sœurs" : parallèle historique et constitutionnel entre les Républiques françaises et romaines », dans Laurent Reverso (dir.), *op. cit.*, p. 101-102.

le 30 avril. Louis-Napoléon Bonaparte doit temporiser et initie des négociations avec les représentants de la République romaine en proposant un compromis : le retour de Pie IX dans la ville se couplerait à une préservation du nouveau régime. L'ambassade française est conduite par Ferdinand de Lesseps le 17 mai 1849. Une trêve est même conclue le 29 mai après des semaines d'âpres négociations, qui n'ont en fait servi au président de la République française qu'à calmer l'opposition montagnarde à l'Assemblée nationale et à mobiliser des moyens militaires supplémentaires pour mener l'assaut final. Ainsi, le 3 juin, le général Oudinot rompt la trêve et entame le siège de Rome avec près de 30 000 hommes, alors que les révolutionnaires républicains tentent de s'organiser pour défendre la ville, notamment autour des légions garibaldiennes.

Les événements tiennent en haleine toute la presse des États italiens et de France. À Nice, Auguste Carlone et ses collaborateurs suivent la ligne éditoriale des journaux démocrates et républicains. Ils appellent une nouvelle fois les soldats français à refuser le combat contre des « frères » et à se rebeller contre leurs chefs. Cependant, la démarche est vaine car les appels fraternitaires de la presse ne sont pas appuyés sur un pouvoir autre que celui qui est médiatique, malgré des tentatives de mobilisation. En effet, le 13 juin 1849 se déroule, dans les rues de Paris, à l'initiative des démocrates républicains de la Montagne, une manifestation qui se veut pacifique et légale. Celle-ci est relativement mal préparée ; elle se voulait massive et organisée par surprise mais était connue des autorités. Elle est alors l'occasion idéal pour le gouvernement de réprimer les forces républicaines et démocrates et de contraindre leur chef, Alexandre Ledru-Rollin, à l'exil à Londres. La répression à Paris suit alors le cours de l'expédition à Rome : elle se fait plus violente après la manifestation, avec la suspension de nombreux journaux ainsi que des arrestations et des procès. Dans le même temps, à Rome, l'armée passe à l'offensive et défait les républicains romains à Vascello sur le Janicule le 30 juin 1849 les contraignant à la reddition. Les troupes du général Oudinot pénètrent dans la ville le 3 juillet pour réprimer les dernières résistances, causant la mort de nombreux patriotes italiens, dont Goffredo Mameli l'auteur de l'hymne adressé à ses « *fratelli d'Italia* ». Giuseppe Garibaldi tente de gagner Venise avec des volontaires pour continuer le combat alors que le pouvoir du pape est rétabli. Cette restauration contribue à ancrer définitivement dans l'esprit des patriotes le fait que le pouvoir temporel du pape est un obstacle à la construction d'une nation italienne unifiée. De même, elle fait de la République française un ennemi et non un allié pour les démocrates européens engagés dans les luttes nationales. C'est un rude coup porté aux espoirs de fraternité démocratique nés en 1848. Loin de se constituer en une sorte de grande sœur pour toutes les républiques européennes, la République française a écrasé celle de Rome. De la même manière que leurs homologues de Savoie et les républicains français, les rédacteurs de *L'Écho des Alpes maritimes*, imprégnés par cette idée de mission universelle de la France qui aide les peuples en lutte, estiment qu'une occasion unique a été perdue d'enclencher une dynamique démocratique et de fraternité universelle. Au début de l'été 1849, Auguste Carlone dresse un constat amer de la situation :

> C'en est donc fait, la ville de Rome doit tomber ! Ainsi l'histoire, dans une de ses pages lamentables, aura à enregistrer ce fait inouï d'un peuple qui, après avoir renversé trois fois le trône pour devenir lui-même souverain, a fini par se laisser imposer la politique liberticide d'un homme qu'il avait honoré de ses suffrages [...]. Elle constatera aussi, l'histoire, que le peuple romain n'eut d'autre crime à se reprocher que celui d'avoir voulu imiter le peuple français, en se proclamant roi comme lui, et en calquant sa constitution sur la sienne ; en sorte que ce qui aurait dû unir les deux peuples, comme une mère commune unit deux hommes, les a au contraire divisés, et en a fait deux irréconciliables ennemis[149].

Dans la désillusion, la métaphore familiale est encore mobilisée pour analyser la situation. Si l'intervention armée voulue par Louis-Napoléon Bonaparte a ébranlé le principe de fraternité des quarante-huitards, ils estiment toujours qu'une « mère commune » unit les peuples, en l'occurrence français et italien[150]. Toutefois, afin de continuer à faire vivre cet idéal, il leur faut affronter dans le courant de l'été 1849 la réaction qui suit la chute de la République romaine : le gouvernement français s'attaque vigoureusement à la presse, donc à tous les journaux qui ont soutenu les insurgés romains publiés en France ou alors y circulant. La répression touche des journaux à portée nationale ou

149 *L'Écho des Alpes maritimes*, 29 juin 1849.

150 Anne-Claire Ignace, « Fraternité des peuples et lutte fratricide : la participation de volontaires français à la défense de la République romaine (1849) », dans Laurent Reverso (dir.), *op. cit.*, p. 261.

internationale comme *Le Siècle*, *Le National* et *La Réforme*, mais aussi nombre d'organes plus modestes. Ainsi, *L'Écho des Alpes maritimes* qui se diffuse dans les départements voisins, du Var jusqu'aux Bouches-du-Rhône et au Vaucluse, n'est pas exempt de cette réaction puisqu'il subit une interdiction décidée par le ministère de l'Intérieur français. Néanmoins, ces attaques ont aussi pour effet de créer un climat de fraternité journalistique.

Interdit en France à la fin du mois de juillet 1849, *L'Écho* est saisi par les commissariats frontaliers, notamment celui d'Antibes, sur ordre direct du ministère de l'Intérieur, sans que les autorités françaises n'aient fait mention de cette décision aux journalistes niçois. La confirmation de cet état de fait ne leur parvient qu'à la mi-août par l'intermédiaire de réclamations d'abonnés français et grâce à une information du *Démocrate du Var*, organe montagnard fondé à Toulon en avril 1849. Ce dernier porte les mêmes idées fraternitaires et représente le courant démocrate-socialiste dont les scores dans le département du Var ont été importants aux élections de mai 1849[151]. Lorsqu'advient l'interdiction, Auguste Carlone se trouve en soin à Saint-Dalmas-de-Tende dans un établissement d'hydrothérapie. Absent de Nice, il continue de jouer, à distance, son rôle de patron de presse par la correspondance qu'il entretient avec le gérant-responsable du journal, Hippolyte de Rangouse, dont l'épouse partage le séjour montagnard du couple Carlone. Le 16 août 1849, les rédacteurs du *Démocrate du Var* publient un article pour exprimer un soutien à leurs homologues niçois, un « témoignage de sympathie et de confraternité » immédiatement reproduit dans *L'Écho* du 20 août[152] :

> Le *Démocrate du Var* apprécie en ces termes la suspension de notre journal en France :
>
> « Dans notre numéro du 9 août, nous avons publié une correspondance particulière de *L'Écho des Alpes maritimes*, journal de Nice. Depuis nous avons cessé de recevoir ce journal et nous avons appris que l'ordre avait été donné à la ligne des douanes qui couvre nos frontières du Piémont, d'empêcher avec le plus grand soin l'introduction en France de *L'Écho*. Autrefois c'étaient les monarchies étrangères qui craignaient l'invasion des idées françaises dans leurs États, aujourd'hui c'est le gouvernement de la France devenue République

151 Maurice Agulhon, « La diffusion d'un journal montagnard. *Le Démocrate du Var* sous la Deuxième République », *Provence Historique*, t. 10, n° 39, 1960, p. 11.

152 *L'Écho des Alpes maritimes*, 20 août 1849.

> qui repousse loin d'elle les idées trop libérales à son gré. Voilà comment MM. Barrot, Falloux et consort entendent le progrès[153] ! ».

L'article est un bon exemple des solidarités journalistiques qui se nouent et se dévoilent publiquement. Les rédacteurs toulonnais, dont on apprend qu'ils recevaient le journal niçois et en reprenaient des correspondances – ce qui atteste aussi de son influence – prennent le risque pour soutenir leurs confrères niçois, en pleine période de réaction du pouvoir, de publier une attaque nominative contre des membres du gouvernement. Les soutiens interjournalistiques fraternels sont un moyen de faire vivre la lutte pour la liberté de publication et de circulation des écrits contre les réactions autoritaires des pouvoirs. L'interdiction de *L'Écho des Alpes maritimes* pousse se rédacteurs à s'organiser pour mener la fronde en sollicitant l'aide de feuilles de presse démocrates provinciales, mais aussi de journaux de même tendance bien plus dotés en moyens et en capital politique, notamment publiées à Paris. L'affaire nous dévoile toutes les stratégies que peut mettre en œuvre la rédaction d'un périodique provincial dont l'influence est relativement limitée pour impulser un soutien à son égard afin de faire plier un gouvernement.

Auguste Carlone dirige la contre-offensive politique qui vise principalement le ministre de l'Intérieur, Jules Dufaure, le chef du gouvernement, Odilon Barrot, ainsi qu'Alfred de Falloux, le ministre de l'Instruction publique et des cultes. La rédaction d'un article est une première réponse. Bien que limitée en portée, l'initiative a un certain écho car il est repris dans *Le Républicain du Vaucluse*. Le soutien de cet organe démocrate-socialiste fondé à Avignon en mars 1848 intervient seulement quelques jours après celui des rédacteurs du *Démocrate du Var*. Les publicistes niçois ont réussi en seulement quelques jours à faire connaître leur lutte dans les réseaux démocrates et républicains des départements méditerranéens de France. Le 22 août 1849, ils reproduisent une publication du *Républicain du Vaucluse* qui expose leur situation :

> Le ministère français ne se contente pas d'avoir obtenu contre la presse indigène les lois les plus dures qui aient encore paru ; il persécute dans la presse extérieure les hommes les plus zélés pour l'intérêt français [...]. Le ministère français a interdit l'entrée du territoire à cette feuille courageuse [*L'Écho des Alpes maritimes*] qui plaide notre cause avec la plus grande énergie et le

153 *Ibid.*

> plus grand dévouement [...]. Il faut que toute la presse de France proteste contre cette brutalité commise à l'égard d'hommes, Français de cœur, qui ne demandent qu'à le redevenir de fait. Heureusement, nous ne serons pas toujours gouvernés par les Odilon Barrot[154].

L'article s'accordent avec celui du *Démocrate du Var* et remet en cause le gouvernement d'Odilon Barrot. C'est une solidarité fraternelle au-delà des frontières qui s'exprime dans des journaux qui revendiquent publiquement leur opposition à la mesure prise par le ministre de l'Intérieur français et appliquée avec rigueur par Georges Eugène Haussmann, alors préfet du Var. Le sentiment de fraternité guide les échanges qui, chose intéressante, ne sont pas uniquement masculins. En effet, la réponse au soutien du *Républicain du Vaucluse* est rédigée non par Carlone ou Juge, mais par la femme du rédacteur recruté à Marseille en novembre 1848, Louise Delatreille. De la même manière que son mari, elle connaît les réseaux républicains, et elle paraît au fait des enjeux politiques du temps. Ainsi, elle prend la plume pour écrire une réponse qui est reçue et publiée dans l'organe vauclusien le 23 août 1849, ce dont rendent compte à leur tour les publicistes niçois le 29 du même mois :

> On pourra se faire une idée de l'esprit de la population de Nice en lisant la lettre suivante, qui nous est adressée à l'occasion d'une protestation que nous avions faite relativement à l'interception de *L'Écho des Alpes maritimes*, journal qui a toutes nos sympathies :
>
> « Nice, 23 août 1849,
> Citoyen rédacteur,
> Merci ! Oh ! Oui, mille fois merci pour les nobles paroles que vous avez fait entendre dans votre journal pour notre cause [...]. Heureux sera le jour où nous pourrons serrer la main votre main et vous dire : Nous aussi nous sommes Françaises et Républicaines ! Salut et fraternité[155] ! »

Le courrier est signé « L. D*** ». S'il est impossible pour le lectorat d'en identifier l'auteur, cela n'est pas le cas pour l'historien. Il s'agit bien d'une contribution féminine aux revendications fraternitaires qui marquent le « printemps des peuples ». Et cet écrit de Louise Delatreille s'inscrit dans ces *Paroles oubliées* ou cachées féminines, pour reprendre le titre de l'ouvrage précurseur de Laura Pisano et Christiane Veauvy,

---

154 *L'Écho des Alpes maritimes*, 22 août 1849.
155 *L'Écho des Alpes maritimes*, 29 août 1849.

journalistiques ou non, et que l'on trouve en France et dans les États italiens[156]. L'engagement des femmes est invisibilisé. Car si l'on en trouve une trace ici, celles-ci demeurent bien rares alors que l'on sait que Louise Delatreille n'est pas la seule à écrire pour un journal, et sa contribution à *L'Écho des Alpes maritimes* ne s'est pas limitée à cette intervention. Son texte démontre une habilité dans l'écriture et une maîtrise des codes et des formules politiques qui n'est pas le fait d'un premier écrit journalistique. Au XIXe siècle, il n'est d'ailleurs pas rare que des femmes, écartées presque totalement de la vie politique par les lois et les pratiques en vigueur, s'investissent par la contribution journalistique. Elles peuvent contribuer directement, mais le plus souvent le font en écrivant des articles à la place de leurs maris, qui les remettent eux-mêmes à leur rédaction, parfois en les signant de leur nom. Une pratique bien dévoilée par Guy de Maupassant dans *Bel-Ami*, à travers le personnage de Mme Forestier, dans un registre romanesque toutefois réaliste sur les pratiques existantes dans les milieux journalistiques du siècle[157].

La question de la fraternité est stimulante pour penser les participations féminines à la vie politique durant le « printemps des peuples ». Nombre de femmes se sont appropriés cet idéal du temps. Une revendication parfois collective, comme en atteste la contribution de Delatreille, puisqu'elle prend la plume au nom d'un groupe exclusivement composé de femmes – le nous est associé à un féminin pluriel. Elle écrit comme si elle se voulait la représentante des Niçoises, ou d'une partie d'entre elles, comme si elle se faisait l'écho des femmes des Alpes maritimes. La publication les fait exister d'un seul coup comme actrices politiques publiques. Au-delà de Nice, des exemples similaires sont attestés. À Milan, de nombreuses femmes ont participé à la lutte contre les Autrichiens lors des *Cinque giornate* du mitan du mois de mars 1848, parfois même sur les barricades. Dans la presse démocrate européenne, les combattants milanais avaient été célébrés et encouragés. À Nice, les directeurs de *L'Écho des Alpes maritimes* ont bien organisé des cérémonies en mémoire de leurs « frères de Lombardie » ; cependant, rien ne dit explicitement que le terme comprenait aussi des « sœurs » mobilisées.

---

156 Laura Pisano, Christiane Veauvy, *Paroles oubliées. Les femmes et la construction de l'État-nation en France et en Italie 1789-1860*, Paris, Armand Colin, 1997.

157 Guy de Maupassant, *Bel-Ami*, Paris, Gallimard, 1973, p. 71.

Le langage invisibilise le rôle des femmes, même si les choses sont un peu plus complexes car la fraternité, si elle désigne bien une relation familiale masculine (entre frères), a des allégories féminines qui la représentent. Elle est aussi reprise par des femmes qui prennent la plume, comme Louise Delatreille, sans toutefois qu'il n'existe un terme spécifique (comme celui de « sororité ») pour désigner cet engagement. La fraternité quarante-huitarde pose donc la question de l'intégration des femmes, et ce à un double niveau. D'abord, dans l'acception abstraite de cet idéal, pour savoir si elles sont considérées comme faisant partie de la grande communauté fraternelle humaine lorsque cette idée est mobilisée politiquement. Ensuite, d'une manière plus concrète, pour savoir quelle est leur place dans les actions fraternitaires. À ces interrogations, la rédaction de *L'Écho des Alpes maritimes* répond par l'initiative laissée à Louise Delatreille mais aussi dans un article publié le 17 avril 1850 qui affirme que « toutes les législations ont subordonné et opprimé une moitié du genre humain » et qu'ainsi, « l'homme ne traite pas la femme en sœur[158] ». Influencés par les idées saint-simoniennes et fouriéristes, les publicistes niçois laissent une place à l'action féminine, même si celle-ci demeure largement minoritaire, comme dans la plupart des journaux de l'époque. L'impression est renforcée par le fait que nous ne disposons pas de travaux qui explorent les coulisses de ces organes de presse pour cerner la réalité des participations féminines, au-delà même de la question de la fraternité. Néanmoins, l'exemple de Louise Delatreille montre que les femmes ont contribué à construire des relations journalistiques. Et à l'été 1849, celles-ci servent à la rédaction de *L'Écho* pour tenter de rallier des soutiens fraternels afin de faire pression sur le gouvernement.

Après l'échange avec le *Républicain du Vaucluse*, une campagne de presse s'organise afin de faire lever la décision ministérielle. Ce sont les journaux républicains qui se sont vivement opposés à l'intervention française contre la République romaine et aux mesures prises contre la presse depuis le début de l'été 1849 qui répondent à l'appel de *L'Écho des Alpes maritimes*. Le premier des organes dont l'intervention a un poids politique important, puisque sa portée qui dépasse largement le cadre régional, est la feuille républicaine la plus diffusée dans la région lyonnaise, le *Censeur de Lyon*. Ses fondateurs, fervents patriotes, mènent

158 *L'Écho des Alpes maritimes*, 17 avril 1850.

une opposition frontale à la politique de Louis-Napoléon Bonaparte[159]. Par l'intermédiaire du *Censeur*, l'information de l'interdiction de *L'Écho* en France parvient aux rédacteurs du *Siècle*, le journal le plus diffusé de toute la presse française, qui décide le 24 août 1849 de dénoncer publiquement la décision de Jules Dufaure :

> Il résulte de renseignements qui nous sont parvenus, dit le *Censeur*, que le journal *L'Écho des Alpes maritimes* est retenu à la poste d'Antibes par ordre supérieur. Le crime pour lequel le gouvernement de la République a mis à l'index ce journal est d'avoir démontré courageusement, en face du Piémont, l'importance politique et naturelle de l'annexion du comté de Nice à la France[160].

Au-delà du contenu de ce soutien, l'exemple permet de comprendre les mécanismes des solidarités journalistiques. Les journalistes se lisent entre eux, ils sont aussi une composante des lectorats. Cependant, il y a des hiérarchies. Il en est dont les écrits sont lus par d'autres membres d'une institution journalistique qu'ils ne connaissent parfois même pas : ainsi les rédacteurs de *L'Écho des Alpes maritimes* lisent *Le Siècle*, mais la réciproque n'est certainement pas vraie. Ainsi s'explique l'importance pour une feuille de presse de nouer d'abord des relations avec des journaux d'importance similaire, pour attirer l'attention ensuite d'institutions journalistiques que l'on peut dire intermédiaires, dont l'influence se situe entre le provincial et le national, rôle que joue ici le *Censeur de Lyon*. Celles-ci sont généralement assez importantes pour être connues des publicistes des grands journaux, dans le cas présent de ceux du *Siècle*. Et ainsi, par une chaîne de solidarités journalistiques, l'interdiction du modeste périodique niçois par le gouvernement français est portée dans les colonnes d'une des principales feuilles de la presse nationale française. L'aspect géographique joue son rôle car les journaux des capitales ont un poids politique supplémentaire en ce qu'ils se trouvent proches des institutions gouvernementales. Ainsi, *Le Siècle* à Paris est le mieux à même, par sa situation et sa force politique, de faire plier le ministère de l'Intérieur et d'aider la rédaction de *L'Écho des Alpes maritimes* en

159 André-Jean Tudesq, « La presse provinciale de 1814 à 1848 », dans Claude Bellanger, Jacques Godechot, Pierre Guiral, Fernand Terrou (dir.), *Histoire générale de la presse française*, *op. cit.*, p. 195.

160 Bibliothèque nationale de France, Bibliothèque numérique, *Gallica*, Presse et revue, *Le Siècle*, 24 août 1849.

France. Celle-ci se félicite de ce prestigieux soutien le 31 août 1849, mais en publicistes avertis, Auguste Carlone et ses collaborateurs savent qu'en ce temps de réaction contre la presse, un seul journal ne peut faire plier le gouvernement français. Les archives montrent qu'ils entendent continuer leur lutte.

Les stratégies politiques sont le lot commun de la presse française et italienne du printemps et de l'été 1849 du fait d'une réaction des pouvoirs contre les organes libéraux. Le royaume de Sardaigne demeure plutôt une exception puisque le pouvoir n'est pas entré dans une logique répressive trop affirmée. Ainsi, ce n'est pas dans sa diffusion proprement provinciale que le journal niçois est perturbé mais dans sa distribution en France. Celle-ci est cruciale pour sa survie puisqu'il dispose dans les villes françaises d'outre-Var d'un certain lectorat. En même temps que leur situation se faisait connaître dans la presse française, jusqu'à Paris, Auguste Carlone et ses collaborateurs ont donc sollicité leur correspondant français de Vence, Vincent Guérin pour se rendre à la préfecture de Draguignan ainsi que dans les bureaux de poste afin d'essayer localement de faire lever l'interdiction, ou à défaut de diffuser clandestinement les numéros de *L'Écho des Alpes maritimes*[161]. Tous les membres de la rédaction s'investissent dans cette lutte. Une autre initiative est prise. Alors qu'Auguste Carlone est à Saint-Dalmas-de-Tende pour se faire soigner, Hippolyte de Rangouse et Victor Juge rédigent une lettre de protestation qu'ils lui adressent le 25 août pour une dernière relecture et pour qu'il la signe avant qu'elle ne soit transmise à une connaissance parisienne chargée de la porter au ministère :

> Mon cher Carlone,
> Je vous adresse sous cette enveloppe une lettre que nous croyons devoir adresser à M. Dufaure, à raison des circonstances relative à notre journal. Veuillez la signer, nous la renvoyer par courrier et nous l'expédierons en prenant le soin d'envoyer une copie à monsieur V. Guérin pour M. Arnault qui ira s'informer de son sort chez le ministre[162].

Enfin, dans un troisième temps, c'est par la presse que continue de passer la contre-offensive. Victor Juge s'adresse aux rédacteurs de *La Réforme*,

161 ADAM, Fonds Carlone 7 J 35, Lettre de Vincent Guérin à Auguste Carlone, 9 octobre 1849. Cette lettre est envoyée quelque temps après l'interdiction et elle revient sur cet épisode.

162 ADAM, Fonds Carlone 7 J 34, Lettre d'Hippolyte de Rangouse à Auguste Carlone, 25 ao*û*t 1849.

journal fondé en 1843 par Alexandre Ledru-Rollin et géré à l'été 1849 par Pierre Joigneaux, qui est aussi député et qui reçoit la lettre le 27 août. Elle est publiée dans le premier numéro du mois de septembre et reprise le 4 septembre par *La Démocratie Pacifique*, dont le directeur Victor Considerant a aussi dû fuir la France après sa participation à la manifestation parisienne du 13 juin 1849 contre l'intervention française à Rome[163]. Victor Juge s'en prend directement au ministre de l'Intérieur, Jules Dufaure :

> *La Réforme* publie la lettre suivante :
>
> Nice, le 27 août 1849
> Citoyen
> Nous nous faisons un devoir de vous signaler un nouveau genre de persécution mis en œuvre par les agents de la réaction. Notre journal, *L'Écho des Alpes maritimes*, qui a toujours pris à cœur les véritables intérêts français, au point de jeter comme un défi au gouvernement sarde la question naturelle de l'annexion du comté de Nice à la France, vient d'être interdit sur toute la surface du territoire de la République, par ordre du ministre de l'Intérieur, M. Dufaure. Cette inconcevable prohibition, contre laquelle nous allons directement protester, se rattache aux intrigues de quelques monarchiens français qui ont formé le projet de fonder à Nice un organe du jésuitisme et de la terreur blanche, le *Courrier de Nice*.
> Salut et fraternité.
>
> V. Juge

La lettre est conclue par la formule « salut et fraternité » revendiquée par les républicains démocrates français ; elle se trouvait déjà dans l'adresse de Louise Delatreille aux rédacteurs du *Républicain du Vaucluse*. Cette formule est un code symbolique qui permet de rapprocher les publicistes en signifiant une adhésion à des principes communs comme celui de la fraternité. Ceux-ci sont présentés par Victor Juge comme en opposition frontale avec ceux d'un camp opposé, qu'il nomme jésuitique, qui aurait une influence sur les pouvoirs et serait en passe de s'organiser localement à Nice autour d'un nouveau journal, le *Courrier de Nice*. Ses futurs directeurs auraient œuvré contre *L'Écho* en suggérant au ministère de l'Intérieur de l'interdire en France. Si une telle création est effectivement impulsée en septembre 1849, elle ne se concrétise finalement jamais. Par ailleurs, le journal niçois n'est pas le seul à être interdit en France dans

163 Bibliothèque nationale de France, Bibliothèque numérique, *Gallica*, Presse et revue, *La Démocratie pacifique*, 4 septembre 1849.

cette période de réaction qu'est l'été 1849, ce qui rend l'hypothèse peu crédible. Cependant, il importe peu que l'accusation relève d'un artifice rhétorique répandu chez les démocrates républicains, celui d'accuser des monarchistes d'intriguer contre eux, ce qui compte dans la lettre de Victor Juge c'est que les publicistes de même tendance à qui elle est adressée puissent se reconnaître dans le rejet des idées conservatrices qui transparaît. Et quelle que soit l'origine de l'interdiction *L'Écho* en France, l'important est aussi que Victor Juge sollicite d'autres journalistes. Car cette initiative montre une nouvelle fois que la rédaction niçoise non seulement maîtrise les mécanismes journalistiques ainsi que connaît le paysage de la presse française (les grandes feuilles démocrates à portée nationale, comme *La Réforme* et *Le Siècle*, mais aussi celles plus régionales de la même tendance, tels le *Démocrate du Var* et le *Républicain du Vaucluse*). Cette connaissance des réseaux de la presse démocrate joue fortement en faveur de la rédaction niçoise et lui permet même d'obtenir gain de cause. Le ministère de l'Intérieur accepte de mettre fin à l'interdiction au début du mois de septembre 1849, toujours sans informer Auguste Carlone et ses collaborateurs. Ceux-ci ont remporté cette lutte qui n'était pas la moindre de celles qu'ils ont eu à mener. L'affaire dévoile aussi le rôle central des publicistes dans l'organisation de réseaux politiques. Les démocrates s'organisent à travers les journaux au-delà des frontières entre les États afin de combattre les mesures restreignant les libertés qui font florès partout en Europe en 1849. Cette évolution politique générale tend à les conforter dans l'idée que se joue au niveau continental une lutte entre des peuples, liés par la fraternité et la souveraineté populaire, et des puissances conservatrices.

LA « SAINTE ALLIANCE DES PEUPLES CONTRE LA SAINTE-ALLIANCE DES PUISSANCES CONSERVATRICES »

L'idée qu'il existe une lutte entre des nationalités devant affirmer leur souveraineté populaire et la Sainte-Alliance n'est pas nouvelle. Elle se trouvait déjà résumée dans une maxime popularisée en France par Pierre-Jean de Béranger à travers une chanson écrite en 1818 au moment du départ de France des troupes de la Sainte-Alliance, *La sainte alliance des peuples*[164]. Elle a dépassé le cadre français bien avant 1848. En effet,

164 Se référer à : *Œuvres complètes de Pierre Jean Béranger*, t. 2, Paris, Perrotin, 1834, p. 202-205.

dans une brochure publiée en septembre 1835 sous le titre *Foi et avenir*, Giuseppe Mazzini l'a reprise pour proposer « une sainte alliance des peuples contre la Sainte-Alliance des puissances conservatrices[165] ». Le penseur patriote italien énonce en quatre points ce qui est devenu par la suite la doctrine politique de tout le mouvement démocrate quarante-huitard, notamment en France et en Italie : la liberté, l'égalité, une nationalité pour chacun des peuples et une solidarité fraternelle sans faille entre eux. Mazzini énonce un programme caractéristique de l'« ère des révolutions » qui se diffuse dans toute l'Europe durant les décennies 1830 et 1840, notamment à travers la presse qui est en plein développement. Il s'agit plus exactement d'un contre-programme qui réagit à la politique de la Sainte-Alliance qui, depuis 1815, associe l'Empire d'Autriche, à celui de Russie et au royaume de Prusse. Ces trois États, dans l'esprit des démocrates européens de 1848, sont ceux qui incarnent les forces conservatrices de l'Europe et la perpétuation d'un ordre répressif contre les mouvements populaires patriotiques qui se font jour en Pologne, en Italie, en Allemagne mais aussi en Hongrie ou encore en Bohême. Jamais cet ordre européen n'avait été autant mis à mal que lors des mouvements révolutionnaires de 1848 et 1849. Il ne s'agit pas là d'énoncer une vision du monde désincarnée ; elle est partagée à toutes les échelles dans les courants démocrates. Ainsi, le 28 mai 1849, Auguste Carlone dresse le portrait de ces « trois qui n'en font qu'un » pour dénoncer l'entente entre le tsar Nicolas Ier de Russie, l'empereur François-Joseph Ier d'Autriche et le roi Frédéric-Guillaume IV de Prusse :

> Oui, ils ne font qu'un ces trois hommes pour résister à leur nation tout entière ; ils ne font qu'un pour chercher à asservir les peuples ; ils ne font qu'un pour vouloir à quelque prix que ce puisse être, consolider leur trône vermoulu ; ils ne font qu'un pour réclamer leurs droits *divins et innés* ; ils ne font qu'un pour être décidés à noyer le pays dans des fleuves de sang plutôt que de céder un seul de leurs privilèges ; et comme ils sont parfaitement unis d'intention, ils vont s'unir de fait pour aller *rétablir l'ordre* comme ils l'entendent, *partout où il ne règne pas*[166].

Sous la plume du principal directeur de *L'Écho*, c'est un « parti » européen de l'absolutisme qui surgit. Il décrit un ordre qui lui apparaît

165 Jean-Yves Frétigné, *Giuseppe Mazzini. Père de l'unité italienne*, Paris, Fayard, 2006, p. 151 et 181-183.

166 *L'Écho des Alpes maritimes*, 28 mai 1849.

comme tyrannique et sanguinaire, composé de trois têtes qui défendent, militairement si nécessaire, la forme d'ancien régime de leur société (privilèges, droit divin) contre l'avènement de droits politiques collectifs et individuels. Les trois souverains, du fait qu'ils règnent sur des entités composites, avec plusieurs nationalités, sont accusés de se faire les oppresseurs des luttes nationales. Pour ne prendre que le cas autrichien, force est de constater que les Habsbourg entretiennent leur pouvoir en jouant, dès avant 1848 et encore plus durant le « printemps des peuples », les nationalités de l'empire (ou revendiquées telles) les unes contre les autres. Les Hongrois sont envoyés en Italie pour maintenir l'ordre en Lombardie, et vice-versa, puisque des soldats italiens mènent la répression en Hongrie, avec des troupes croates. « La cour d'Autriche a fait de cette tactique, écrit John Stuart Mill en 1861, depuis toute une génération, son principal moyen de gouvernement[167] ».

Pour faire face à cet ordre de la Sainte Alliance, l'idée de fraternité entre les peuples soude les démocrates européens. Ceux qui se reconnaissent dans ce courant politique misent sur le pouvoir médiatique pour agir et promouvoir l'idée, dans les États italiens comme en France, de constitution d'un contre-ordre européen, une « sainte alliance des peuples ». Giuseppe Mazzini œuvre à la popularisation de cette idée en publiant une brochure en italien au cours de l'année 1849 dont le nom est plus qu'explicite : *La santa alleanza dei popoli*. Le mot d'ordre de l'union des forces démocratiques que l'expression contient a une diffusion continentale ; il est repris par des personnalités de renom qui se l'approprient comme Victor Hugo, ou bien d'autres moins connues mais tout aussi actives, tel le poète et écrivain polonais Adam Mickiewicz. Ami de Jules Michelet, il est un des plus éminents représentants des aspirations nationales en Pologne, l'un des pays les plus touchés par l'ordre de la Sainte-Alliance puisque son territoire est occupé par les trois puissances qui la composent[168]. Il dispose d'une certaine audience en France du fait de sa nomination au Collège de France où il a dispensé un enseignement entre 1841 et 1844 dans le cadre de sa chaire sur la langue et la littérature slaves. Il est un de ces nombreux patriotes exilés comme l'on en retrouve à Paris, qui est en quelque sorte la capitale de

167 John Stuart Mill John Stuart Mill, *Considérations sur le gouvernement représentatif*, *op. cit.*, p. 388-389.

168 Bernard Michel, *Nations et nationalismes en Europe centrale*, *op. cit.*, p. 148.

cette « internationale » démocrate dans les décennies 1830 et 1840. Les patriotes italiens, polonais et autres y continuent de soutenir leur cause, notamment en publiant des journaux ensuite diffusés clandestinement (en Pologne ou en Italie par exemple)[169]. En 1846, il apporte un soutien sans faille aux insurgés de Cracovie dont le soulèvement est un des premiers événements de la période révolutionnaire européenne du mitan du XIXe siècle. Adam Mickiewicz participe ensuite activement à l'effervescence politique du « printemps des peuples », toujours depuis Paris où il fonde en 1849 la *Tribune des Peuples*. Ce nouvel organe de la presse démocrate se présente comme le journal de « la sainte alliance des peuples contre la Sainte Alliance des rois[170] ». Malgré son existence brève, dans la lignée des feuilles éphémères de la période, il a figé dans sa devise un programme politique que partagent nombre de démocrates européens. Le slogan et l'idée se diffusent ; la *Tribune des peuples* arrive jusqu'à Nice puisqu'Auguste Carlone et ses collaborateurs en font la promotion dans plusieurs annonces commerciales ainsi qu'en reprennent des articles. Dans *L'Écho des Alpes maritimes* du 26 septembre 1849, outre une grande publicité pour la feuille d'Adam Mickiewicz, se trouve reproduit un long article dithyrambique consacré à la pensée et l'action de Giuseppe Mazzini[171]. Ainsi, par l'intermédiaire des notables publicistes qui impulsent un courant démocrate dans leur ville, les penseurs renommés de ce courant politique s'imposent comme des références qui transcendent les frontières. Auguste Carlone et ses collaborateurs, de la même manière comme les directeurs du *Patriote savoisien* et du *Chat* à Chambéry ou du *National savoisien* en Annecy, ou en dehors du royaume de Sardaigne, les publicistes de *La Riforma* à Lucques, du *Démocrate du Var* à Toulon, du *Républicain du Vaucluse* à Avignon, contribuent à imposer l'idée d'une alliance fraternelle entre les peuples européens. Des réseaux politiques s'organisent à travers la presse, avec des relations plus ou moins directes entre les journaux, et des liens plus ou moins

169 Le rôle de Paris comme « capitale » des courants de pensée européens (démocrates ou autres), notamment à travers le phénomène de l'exil, a bien été étudié dans deux ouvrages importants : Philip Mansel, *Paris between Empires 1814-1852. Monarchy and Revolution*, Londres, John Murray, 2001 ; Delphine Diaz, *Un asile pour tous les peuples ? Exilés et réfugiés étrangers en France au cours du premier XIXe siècle*, Paris, Armand Colin, 2014.

170 Christophe Charle, « L'Europe des intellectuels en 1848 », dans Jean-Luc Mayaud (dir.), *1848*, *op. cit.*, p. 438-439.

171 *L'Écho des Alpes maritimes*, 26 septembre 1849.

forts, plus ou moins mobilisables dans les périodes de lutte – comme on l'a vu lors de l'interdiction de *L'Écho des Alpes maritimes* en France. Ces liens journalistiques favorisent la diffusion d'idées fraternitaires et d'arguments communs pour lutter contre les pouvoirs perçus comme réactionnaires. Voilà en quels termes peut s'énoncer l'horizon d'attente des défenseurs des luttes nationales et démocratiques européennes :

> La liberté européenne ! Quel rêve !… et quel homme de cœur osera encore maudire la révolution quand elle l'aura réalisée ! Déjà, n'entendons-nous pas le frémissement général des peuples ? Ne sommes-nous pas des témoins de cet élan, de cet enthousiasme qui les pousse à briser leur joug pour être libres ? Qu'est-ce donc que cet ébranlement universel ! C'est le signal de la lutte et le présage de la victoire. France ! Allemagne ! Prusse ! Pologne ! Italie ! Et vous toutes les nations émancipées, quel beau jour que celui qui vous verra réunies, liguées, puissantes, invincibles déclarer que la servitude et le despotisme sont à jamais bannis du continent européen où il n'y aura que des citoyens et des frères[172].

L'article est un condensé de la pensée fraternitaire du « printemps des peuples » dans un moment où ceux qui la promeuvent nourrissent plus que jamais l'espoir de la concrétisation de leurs idées. C'est un futur souhaité que décrivent ces quelques phrases que l'auteur voudrait prophétiques. Mais l'« ébranlement universel » attendu rencontre nombre d'obstacles, notamment au cours du printemps 1849.

La répression armée de l'expérience révolutionnaire romaine par les troupes françaises n'est pas un cas isolé. Le « printemps des peuples » est un temps de guerre dans un contexte d'affirmation du principe des nationalités comme contre-modèle à l'ordre européen de la Sainte-Alliance. « Braves Hongrois, peuples de l'Allemagne, républicains de Rome, peuples de l'Italie que l'Autriche opprime et saigne, courage ! Résistez ! », écrit Auguste Carlone dans un élan de pensée fraternitaire le 28 mai 1849[173]. Ces publications d'encouragement à la lutte nationale ne sont pas rares. Elles contribuent à alimenter une fraternité entre les peuples européens, avec la circulation des journaux, mais elles imposent aussi une certaine représentation du monde. En effet, du fait de l'implantation de *L'Écho des Alpes maritimes* dans toute la province de Nice, à travers ces articles internationaux, les publicistes font entrer le monde au village,

172 *L'Écho des Alpes maritimes*, 22 novembre 1848.
173 *L'Écho des Alpes maritimes*, 28 mai 1849.

pour paraphraser Maurice Agulhon, ou plutôt une certaine vision du monde qui est le produit d'une représentation de l'espace européen dont le principe moteur est la division nationale[174]. Une perception qui est renforcée par des initiatives ; car la fraternité entre les peuples, énoncée dans les articles, doit aussi s'incarner dans des actions concrètes pour perdurer. Un exemple nous permet de le constater, et de comprendre à quel point les journaux sont indispensables pour faire exister un idéal fraternitaire à distance.

En janvier 1849, une souscription est organisée par le journal parisien la *Démocratie pacifique* afin de soutenir la famille de Robert Blum, démocrate et patriote allemand. Depuis l'insurrection berlinoise de mars 1848, Auguste Carlone et Victor Juge font vivre avec attention la lutte allemande à leur lectorat niçois. Ils l'insèrent dans l'espace public local en rendant aux victimes un hommage fraternitaire appuyé dans les colonnes de *L'Écho des Alpes maritimes* le 2 avril 1848. Ils partagent les articles bien informés de la *Démocratie pacifique*, donc celui intitulé « la République en Allemagne » que l'on peut lire dans *L'Écho* du 6 octobre 1848 et dont l'objet est de défendre les patriotes allemands de Berlin et de Francfort, démocrates et républicains. L'une des figures émergeantes de ces soulèvements est celle de Robert Blum. Organisateur du premier congrès des écrivains allemands de Leipzig en 1845, puis rédacteur dans divers journaux en 1848, il se fait aussi connaître aussi par la voie parlementaire avec son rôle d'élu au parlement réuni à Francfort à l'été 1848. Sa réputation et son rôle de leader lui valent d'être choisi à l'automne comme représentant des démocrates allemands dans la capitale de l'Empire d'Autriche, à Vienne, pour discuter de la question nationale allemande. Cependant, à son arrivée la situation est insurrectionnelle : la mobilisation estudiantine a reçu le soutien d'une partie de la nouvelle garde nationale.

Auguste Carlone et Victor Juge, comme tous les journaux européens, suivent l'affaire avec attention et publient plusieurs articles dans *L'Écho des Alpes maritimes* entre les 16 et 20 octobre 1848. Ils sont en mesure de livrer rapidement une information internationale précise à leur lectorat et introduisent dans la vie politique niçoise les soulèvements des peuples européens contre les pouvoirs de la Sainte-Alliance. Le lectorat niçois prend connaissance des barricades dressées dans la capitale impériale et

174 Maurice Agulhon, *La République au village*, *op. cit.*

de la fuite de l'empereur qui incitent le parlement de Francfort à envoyer deux députés, dont Robert Blum, pour tenter une conciliation entre les insurgés et le pouvoir impérial. Adversaire de l'ordre européen de la Sainte-Alliance, celui se mêle finalement aux insurgés ce qui lui vaut, une fois l'autorité impériale rétablie par les armées de Windischgrätz, un procès pour haute trahison qui aboutit à son exécution le 9 novembre 1848[175]. La répression sanglante du pouvoir Habsbourg fait de Robert Blum un martyr européen de la cause démocratique. Il est élevé au rang de symbole de la lutte de la sainte alliance des peuples contre la Sainte-Alliance des puissances conservatrices par les journaux démocrates du continent. Après sa mort, une collecte s'organise pour soutenir sa famille. Elle prend un sens symbolique car elle dépasse les frontières et se veut un pont de fraternité entre tous les démocrates européens. À Nice, Auguste Carlone et ses collaborateurs promeuvent l'initiative dans *L'Écho des Alpes maritimes*. Ils assurent le suivi du déroulement de cette collecte pour leur lectorat et dévoilent les participants. Ainsi, l'on peut constater qu'elle est un événement européen : lancée par un journal parisien en faveur d'un militant démocrate et patriote allemand, elle reçoit nombre de participations dans les États italiens, à Nice, mais aussi à Turin où Lorenzo Valerio en fait la promotion dans son journal, *La Concordia*[176]. Les idéaux démocratiques et fraternitaires imprègnent la presse des capitales (de Paris et Turin notamment) mais pénètrent aussi dans des villes plus modestes. Loin d'être marginalisées et repliées sur les affaires proprement locales, les journaux de ces villes, lorsqu'ils durent un tant soit peu, comme *L'Écho* à Nice, s'insèrent dans les réseaux journalistiques européens.

D'autres figures de référence émergent, comme celle de Joseph Bem dont un portrait public est publié le 2 mai 1849 dans la *Démocratie pacifique*. Ce général polonais tient une place particulière puisqu'il est impliqué dans plusieurs luttes nationales, en Pologne mais aussi en Hongrie. Il avait déjà acquis un prestige européen pour son rôle dans l'insurrection polonaise de 1830, à la suite de laquelle, du fait de son échec, il s'est exilé à Paris durant plusieurs années. Dès le mois de mars 1848, après l'insurrection qui a chassé le chancelier Metternich de la

175 Christophe Charle, « L'Europe des intellectuels en 1848 », dans Jean-Luc Mayaud (dir.), *1848*, *op. cit.*, p. 435.

176 *L'Écho des Alpes maritimes*, 19 janvier 1849.

capitale impériale, il se rend à Vienne pour devenir le commandant de la garde nationale mise en place par les insurgés[177]. À l'automne 1848, il se trouve engagé dans le mouvement insurrectionnel qui a coûté la vie à Robert Blum et participe à la lutte contre le pouvoir Habsbourg. Cependant, à l'inverse du leader démocrate allemand, il réussit à prendre la fuite et se rend en Hongrie où il devient, avec Lajos Kossuth, un des meneurs du mouvement patriotique en tant que chef de l'armée nationale qu'il contribue à mettre sur pied. Il est décrit avec enthousiasme comme « l'un des champions les plus célèbres de la démocratie européenne » dans l'article de la *Démocratie Pacifique* reproduit dans *L'Écho des Alpes maritimes*[178]. Joseph Bem fait partie de ces acteurs des révolutions européennes de 1848 et 1849 assez méconnus, à l'inverse de personnages comme Giuseppe Garibaldi, mais qui ont eu à leur époque une aura continentale. De même pour Lajos Kossuth, qui s'est fait connaître grâce à sa participation au journal *Pesti Hirlap* et à son action pour l'abolition de la féodalité avant de devenir le leader de la lutte nationale hongroise en septembre 1848[179]. Lui aussi a droit aux honneurs des organes de presse démocrates parisiens, qui ont un rôle moteur, du fait de leur audience européenne et de la liberté de publication dont ils bénéficient, du moins avant l'été 1849, pour faire connaître ces figures de la démocratie européenne. Un long article consacré à Lajos Kossuth par le journal *Le Siècle* est reproduit dans *L'Écho* du 25 octobre 1848. Son action est suivie et soutenue par les publicistes niçois qui le parent dans un autre article publié le 16 mars 1849 du titre symbolique de « libérateur et père de la patrie hongroise[180] ». Le 30 mai, Auguste Carlone et ses collaborateurs s'associent pleinement à l'appel à la résistance lancé par Lajos Kossuth dans un journal allemand, la *Neue Rheinische Zeitung*, auquel collaborent Karl Marx et Friedrich Engels, et dont le sous-titre pour le moins évocateur est : « l'organe de la démocratie[181] ». Un appel qui est suivi d'une longue analyse de la lutte nationale des Hongrois, que l'on nomme aussi Magyars, réalisé par Engels qui conclut son article par

177 Bernard Michel, *Nations et nationalismes en Europe centrale*, *op. cit.*, p. 146.

178 *L'Écho des Alpes maritimes*, 2 mai 1849.

179 Christophe Charle, « L'Europe des intellectuels en 1848 », dans Jean-Luc Mayaud (dir.), *op. cit.*, p. 430 ; Bernard Michel, « La révolution de 1848 dans l'Empire des Habsbourg », dans Jean-Luc Mayaud (dir.), *op. cit.*, p. 477.

180 *L'Écho des Alpes maritimes*, 16 mars 1849.

181 *L'Écho des Alpes maritimes*, 30 mai 1849.

un appel à la fraternisation entre Allemands, Polonais et Hongrois. Les publications de la *Neue Rheinische Zeitung*, bien informée des événements en Europe centrale, sont reprises dans les journaux français et italiens qui soutiennent ces luttes démocratiques de libération nationale.

C'est à travers ces références communes que s'organisent les réseaux journalistiques et les courants de pensée qui font de l'année 1849 un intense moment de fraternisation entre peuples européens. Dans ce contexte, les journaux jouent un rôle central. Ils informent et mettent en avant des figures symboliques ; mais ils sont aussi des structures organisatrices d'initiatives politiques moins ordinaires qui se veulent créatrices de solidarités fraternelles.

UNE EXPÉRIENCE QUARANTE-HUITARDE ORIGINALE : LE CONGRÈS DES AMIS DE LA PAIX UNIVERSELLE

L'idée qu'il est possible d'organiser un monde pacifié, une paix qui ne soit pas une suspension provisoire mais un arrêt perpétuel de la guerre, a émergé au XVIIIe siècle. Elle fut formalisée sous la plume de Charles-Irénée Castel de Saint-Pierre dans son *Projet pour rendre la paix perpétuelle en Europe* publié à Utrecht en 1713, lieu où se déroulaient alors les négociations de paix de la guerre de Succession d'Espagne. Ce « dessein de proposer des moyens de rendre la paix perpétuelle » poursuivi par l'abbé de Saint-Pierre à travers des outils diplomatiques nouveaux qui ne soient pas des alliances, des traités ou des armistices, toujours provisoires, a inspiré d'autres philosophes, notamment Emmanuel Kant à la fin du siècle des Lumières. En 1795, en pleine période de guerre européenne dans le contexte de la Révolution française, il s'applique à essayer de définir des principes concrets pour établir une paix perpétuelle entre les États européens. Plusieurs propositions sont avancées : les puissances doivent renoncer aux échanges arbitraires d'États, peu importe la taille de ceux-ci ; aucune paix ne doit contenir des motifs d'une guerre future (comme une dette) ; les puissances européennes doivent se fixer l'objectif de la dissolution progressive des armées permanentes ; aucune ingérence entre États ne doit être acceptée[182]. Au-delà des principes, l'intérêt de cette contribution nouvelle est qu'elle est pensée comme une proposition théorique qui ne néglige pas la question de la mise en

182 Emmanuel Kant, *Vers la paix perpétuelle, Que signifie s'orienter dans la pensée ?*, dans *Qu'est-ce que les Lumières ?, Et autres textes*, Paris, Flammarion, 2006, p. 76-80.

œuvre pratique. La nouveauté est que Kant pose comme préalable à l'instauration d'une paix perpétuelle entre les nations, la paix dans les nations elles-mêmes, ce qui signifie selon sa pensée une disparition des « tyrans » par l'instauration d'une constitution, qu'il nomme « républicaine », c'est-à-dire qui garantisse que la « chose publique » se gère dans un cadre constitutionnel, avec la garantie des libertés individuelles et de l'égalité en droit des citoyens[183].

L'une des formes que prend la doctrine de la paix perpétuelle élaborée au XVIIIe siècle durant le siècle suivant est l'idée d'une « sainte alliance des peuples » dont on vient de voir toute la force dans les imaginaires quarante-huitards. Les démocrates européens qui la promeuvent estiment, avant 1849 et le retour d'une forte réaction politique, que le moment de sa concrétisation leur est contemporain du fait de la concomitance des mobilisations insurrectionnelles dans tout le continent européen. Des publicistes, des écrivains et des hommes politiques, et parfois des protagonistes qui sont les trois à la fois, comme Victor Hugo, portent cet idéal dans le feu des événements. Le contexte d'affirmation des luttes nationales est propice à une réactivation de l'idée séculaire de paix perpétuelle, désormais pensée comme devant se réaliser entre des nations libres et démocratiques dont les peuples souverains seraient liés par le principe de la fraternité. Celle-ci ne prend pas qu'une forme discursive, puisque des initiatives sont organisées. Leur concrétisation, avec le soutien de la presse, ne leur a toutefois pas permis d'avoir une grande postérité, notamment parce qu'elles n'ont pas été soutenues par des puissances étatiques. Néanmoins, leur étude ne doit pas être analysée téléologiquement, car elles ont eu un grand retentissement au moment de leur élaboration et aident ainsi l'historien dans sa compréhension du « printemps des peuples ».

Au mois d'août 1848, un article de la *Démocratie Pacifique* avance l'idée d'un « congrès des peuples » européen. La proposition est reproduite dans *L'Écho des Alpes maritimes* le 7 août, Auguste Carlone et ses collaborateurs précisant les aspirations des démocrates européens : la constitution d'une « Europe régie démocratiquement » ayant les capacités « d'organiser un congrès unitaire où tous les peuples soient fraternellement conviés, où chacun, petit ou grand, vienne, à titre égal, défendre

183 *Ibid.*, p. 84-86.

son droit et celui de ses frères[184] ». La proposition s'inscrit bien dans un idéal démocratique et fraternel du temps ; elle se répand dans toute l'Europe depuis la France à travers des organes journalistiques. L'idée est de mettre au centre des négociations entre les peuples « le principe de la solidarité » et de faire de la fraternité humaine « son but » et de la paix « son moyen de persuasion[185] ». Dans ce dessein qui se forge à un moment où des luttes patriotiques, parfois armées, se déroulent partout en Europe, la capacité des peuples à s'autodéterminer et à s'entraider dans l'autodétermination est au cœur des discussions. C'est autour de la liberté (libéralisation politique et libération nationale) et de la fraternité (entre les peuples) que se noue un grand projet de réunion des démocrates européens, une sorte d'« internationale » de la démocratie. Toutefois, la concrétisation est difficile ; l'idée avancée en 1848 ne voit finalement le jour qu'un an plus tard, au mois d'août 1849, lorsque des figures intellectuelles, littéraires et politiques jouissant d'une aura continentale apportent un concours décisif au projet.

Sous le patronage de Victor Hugo, le rassemblement débute en août 1849, non à Francfort, ville choisie initialement pour la réunion mais qui ne peut l'accueillir du fait de la mobilisation militaire prussienne, mais à Paris. L'organisation est le fruit de relations épistolaires privées entre des écrivains, des artistes, des penseurs et des hommes politiques, ceux que l'on n'appelle pas encore des intellectuels, et de la fréquentation qu'ils ont de lieux de sociabilité communs dans des villes comme Paris et Londres qui sont des carrefours de rencontres transnationales. Elle a aussi été permise par les relations journalistiques qui entretiennent des liens entre des rédactions à toutes les échelles, de la grande entreprise de presse comme *Le Siècle*, au modeste journal provincial comme *L'Écho des Alpes maritimes*. Ainsi est né le Congrès des amis de la paix universelle dont le nom dit bien ce que ses organisateurs doivent à la pensée du siècle des Lumières. La manifestation se veut une première réunion européenne pour imaginer une paix durable entre les peuples européens fondée sur la fraternité universelle. Bien que fragilisée par une absence de soutien d'un pouvoir étatique, elle a un grand retentissement à la faveur de la publicité qu'en font les journaux. À Nice, les directeurs de *L'Écho des Alpes maritimes* suivent l'initiative avec une

184 *L'Écho des Alpes maritimes*, 7 août 1848.
185 *Ibid.*

grande attention et s'en réjouissent. Ils introduisent par ces mots la présentation de ce congrès :

> La session de 1849 a commencé à Paris le 22 : M. Victor Hugo, président, l'a inaugurée par un magnifique discours dans lequel il a fait l'histoire des progrès de la paix au milieu des sociétés humaines, et il a conclu à l'établissement prochain d'un haut conseil de médiation pour trancher par voie d'arbitrage les difficultés entre nations et gouvernements qui se règlent encore à coups de canon[186].

Le discours d'ouverture, donné par celui qui est déjà l'un des plus illustres écrivains français, traduit bien l'esprit dans lequel se réalise cette initiative :

> Messieurs, beaucoup d'entre vous viennent des points du globe les plus éloignés, le cœur plein d'une pensée religieuse et sainte ; vous comptez dans vos rangs des publicistes, des philosophes, des ministres des cultes chrétiens, des écrivains éminents, plusieurs de ces hommes considérables, de ces hommes publics et populaires qui sont les lumières de leur nation. Vous avez voulu dater de Paris les déclarations de cette réunion d'esprits convaincus et graves, qui ne veulent pas seulement le bien d'un peuple, mais qui veulent le bien de tous les peuples[187].

Avec des paroles solennelles, il met en avant la nécessité de réalisation de l'idée de fraternité universelle :

> Messieurs, je le dis en terminant, et que cette pensée nous encourage, ce n'est pas d'aujourd'hui que le genre humain est en marche dans cette voie providentielle. Dans notre vieille Europe, l'Angleterre a fait le premier pas, et par son exemple séculaire elle a dit aux peuples : vous êtes libres. La France a fait le second pas, et elle a dit aux peuples : vous êtes souverains. Maintenant faisons le troisième pas, et tous ensemble, France, Angleterre, Belgique, Allemagne, Italie, Europe, Amérique, disons aux peuples : vous êtes frères[188] !

Les mots résonnent comme un appel à l'union des peuples dans la paix et la fraternité. Une double inspiration apparaît dans le texte. D'abord celle chrétienne, caractéristique des patriotes qui croient en l'advenue de

---

186 *L'Écho des Alpes maritimes*, 29 août 1849.

187 Gérard Bossuat, *Faire l'Europe sans défaire la France : 60 ans de politique d'unité européenne des gouvernements et des présidents de la République française (1943-2003)*, Bruxelles, Peter Lang, 2005, p. 579-584.

188 *Ibid.*

nations démocratiques en paix comme une « voie providentielle », mais dans une interprétation particulière de la religion en contradiction avec le dogme officiel de l'Église et encore plus avec la politique de Pie IX. L'autre inspiration est celle de la pensée du siècle des Lumières qui se percevait déjà dans le titre du congrès, mais est de nouveau rappelée ici lorsque Victor Hugo qualifie les présents de « lumières de leur nation », c'est-à-dire ceux dont la pensée est guidée par la raison et le progrès.

L'événement se veut une démonstration fraternitaire et il permet d'esquisser un programme transnational. Pendant les trois jours de réunion, entre les 22 et 24 août 1849, les congressistes ont adopté plusieurs articles qui rappelent la forme donnée par Kant à son traité. La défense du principe de « désarmement » (article II) est pensée par les participants comme complémentaire de la promotion de la fraternité dans l'éducation pour prévenir « les haines héréditaires qui ont été si souvent cause de guerres désastreuses » (article V)[189]. Les articles III et VI encouragent tous les participants à « préparer l'opinion publique, dans leurs pays respectifs, à la formation d'un congrès des nations » pour la rédaction de lois internationales remplaçant les conflits armées dans la diplomatie[190]. Les articles sont l'œuvre d'un consensus entre les participants parmi lesquels se trouvent des personnalités libérales, plus ou moins démocrates, ayant une aura européenne. Ainsi, l'on peut noter la participation du militant pacifiste et libre-échangiste britannique Richard Cobden, pour qui la paix va forcément de pair avec le commerce, ainsi que d'Émile de Girardin, patron du journal parisien *La Presse*, le militant abolitionniste britannique Joseph Sturge, mais aussi des individus plus sibyllins à un niveau européen mais plus familiers des publicistes niçois. En effet, parmi les participants se trouve Jules Avigdor, ancien collaborateur et actionnaire de *L'Écho*, dont l'amitié avec Auguste Carlone a perduré malgré leurs divergences sur la détermination nationale de Nice. Ils continuent de se fréquenter dans les lieux de sociabilité du *Corso* et siègent même tous les deux au conseil municipal. Ils partagent aussi ce même idéal fraternitaire mis en œuvre par le Congrès des amis de la paix universelle. Outre Jules Avigdor, se trouve aussi à Paris, comme le dévoile la liste des organisateurs publiée dans *L'Écho des Alpes maritimes* du 13 août 1849, un autre personnage originaire de Nice, l'économiste

189 *L'Écho des Alpes maritimes*, 29 août 1849.
190 *Ibid.*

Joseph Garnier, également familier des publicistes niçois. Victor Juge l'a côtoyé dans les clubs d'Adolphe Blanqui à Paris durant ses études et Auguste Carlone l'a associé à son projet de fondation d'une école de commerce à Nice. Au Congrès, Joseph Garnier ne tient pas une position subalterne puisqu'il en est le coorganisateur par sa qualité de rédacteur en chef du *Journal des économistes*, organe qu'il a fondé avec Blanqui et qu'il dirige depuis 1845[191]. Libéral, collaborateur au *National* aux environs de 1835, il a toujours défendu la nécessité pour les peuples européens de poursuivre un objectif de paix universelle et d'harmonie entre eux. Ainsi, il a contribué à l'organisation d'un événement qui se voulait une réalisation fraternitaire. La Congrès des amis de la paix universelle a un vrai retentissement en Europe et n'est pas une simple réunion fermée de quelques intellectuels de renom. Aussi infructueux qu'il ait pu être, il marque son époque ; il caractérise bien les idéaux et espérances parfois utopistes du « printemps des peuples », qui lui survivent et perdurent.

La concrétisation d'une telle initiative a présupposé l'existence d'une certaine liberté de la presse partout en Europe tant les réseaux journalistiques ont eu un rôle important pour faire connaître la réunion et en rendre compte. Cependant, le Congrès des amis de la paix universelle intervient à l'été 1849, dans un moment défavorable pour les démocrates. Presque partout en Europe les luttes démocratiques et nationales subissent une forte réaction des pouvoirs, dans l'Empire d'Autriche comme en France et en Allemagne, ainsi que dans les États italiens. Cette évolution frappe durement la presse, à toutes les échelles, et les journaux, ne sont plus tant préoccupés par l'organisation de tels événements que par leur survie et la lutte qui s'engage pour la défense de la liberté de publication.

191 Adolphe Bitard, « Garnier Clément-Joseph », art. cité, p. 522.

LA LIBERTÉ DE LA PRESSE, MOYEN ET ENJEU DE LA LUTTE POLITIQUE

durant le tournant réactionnaire du « printemps des peuples »

À partir de l'année 1849, les États italiens connaissent un tournant autoritaire qui voue aux gémonies la plupart des réformes libérales promulguées depuis 1847. Seul le royaume de Sardaigne se démarque. Après un temps d'hésitation, Victor-Emmanuel II décide de préserver le *Statuto*, faisant de Turin, la capitale, le principal centre de la production journalistique. Néanmoins, le contexte libéral du printemps 1848 n'est plus ; les courants réactionnaires et conservateurs, dépassés par les événements en 1847 et 1848, ont réussi à se réorganiser. Ils s'appuient sur l'Église, qui entend recouvrer l'influence perdue dans les événements révolutionnaires, et investissent les nouveaux moyens politiques de la lutte à mesure que refluent les forces révolutionnaires, républicaines et démocrates.

LA (RE)NAISSANCE D'UN « PARTI » DE LA RÉACTION À NICE

Une question s'impose d'emblée lorsqu'on évoque des « partis » conservateurs ou réactionnaires : faut-il parler de naissance ou de renaissance ? Le courant, qui s'incarnait dans des personnes et des fonctions, comme avec le gouverneur Rodolphe de Maistre à Nice en janvier 1848 lors de la polémique avec les fondateurs de *L'Écho des Alpes maritimes*, avait été dénoncé, combattu, caricaturé comme un « parti » jésuitique par Auguste Carlone et ses collaborateurs. Seulement, il s'agissait de regrouper sous ce terme tous les soutiens du comte De Maistre pour dénoncer leur influence, quand bien même ces derniers n'avaient aucune organisation réelle dans l'action. Ce que l'interrogation souligne surtout, ce n'est pas l'absence de courants politiques de la réaction avant le *triennio* révolutionnaire, entre 1847 et 1849, mais le fait que les luttes nouvelles ont participé à la structuration de ceux-ci à toutes les échelles, le plus souvent avec l'appui de l'Église. Ils ont cessé de se confondre avec les structures étatiques du pouvoir et ont dû se positionner comme un « parti » parmi d'autres. Ainsi, l'ordre ancien se fait « parti » ; ses administrateurs, évêques ou magistrats n'ont pas tous disparu avec les réformes libérales et ils entendent bien s'organiser pour combattre les journaux comme *L'Écho des Alpes maritimes.*

UN JOURNAL PÉRENNE, CONDITION NÉCESSAIRE D'UNE EXPRESSION JOURNALISTIQUE CRITIQUE DANS UN CONTEXTE POLITIQUE HOSTILE

Si l'on veut comprendre le « printemps des peuples », il est nécessaire de saisir que les circulations ne sont pas qu'immatérielles (idées, informations, savoir-faire), mais concernent aussi les personnes, notamment des publicistes qui prennent part dans des villes différentes (voire des États différents) à l'épanouissement de la civilisation du journal en Europe. Les patriotes italiens, dotés d'une certaine renommée parfois acquise à la faveur de leurs engagements du moment (comme Giuseppe Mazzini, Giuseppe Garibaldi ou Cristina Trivulzio de Belgiojoso), ont beaucoup voyagé dans les différents États de la péninsule. Cependant, tous les quarante-huitards qui se déplacent n'ont pas une aura nationale ou internationale. Nombreuses sont les pérégrinations de ville en ville de la part de protagonistes quelque peu oubliés de l'histoire des révolutions européennes de 1848. Parmi ces derniers, l'on peut compter bon nombre de personnes liées de près ou de loin avec une activité journalistique, publicistes ou correspondants. Il arrive qu'ils s'intègrent un temps dans les villes qu'ils visitent et contribuent localement au développement de la presse. Les fouriéristes parisiens, acteurs du « printemps des peuples », ont eu tendance à adopter ce type de parcours, aussi pour nouer des relations à l'extérieur de la capitale française. Ils forment un groupe homogène mais assez restreint, composé d'individus de la même génération – tous ou presque sont nés durant la décennie 1810, comme nombre de néopublicistes d'Italie – et pour beaucoup participent au journal qui les rassemble, la *Démocratie pacifique*[1]. Ils quittent Paris pour la province, mais ils dépassent aussi les frontières de la France, se déplaçant dans des villes où ils peuvent trouver une force politique organisée localement qui se rapproche de leurs idées. Il n'est que peu étonnant d'en retrouver un à Nice étant donné l'affinité de *L'Écho des Alpes maritimes* avec les idées démocrates et républicaines de l'organe parisien et surtout les contacts d'Auguste Carlone avec Henri Dameth, lui aussi membre de ce groupe, correspondant du périodique niçois à Paris et futur collaborateur de *L'Avenir de Nice* (la feuille qui prend la suite de *L'Écho* en août 1850). Un autre de ces personnages est Désiré Laverdant, réputé dans le milieu des publicistes pour son implication dans la « bataille » d'*Hernani* en 1830 – du nom de la pièce de théâtre de Victor Hugo dont les représentations ont été entourées de vives polémiques – durant laquelle Auguste Carlone se trouvait à Paris. L'école fouriériste a pris parti pour le romantisme et pour la remise en cause des formes et des critères poétiques et artistiques classiques[2]. Quinze ans plus tard, en 1848, Laverdant, qui a continué son activité de publiciste, devient, à la faveur des révolutions européennes, l'un de ces « *revolutionary tourist* », pour reprendre le mot de Léon Trotski pour désigner ceux qui, de peu de renommée, ou alors seulement dans certains groupes politiques circonscrits, prennent le temps de voyager, de s'établir dans différentes villes, d'où ils correspondent souvent avec un organe de presse et où ils nouent des relations en s'investissant dans la vie politique locale[3].

Après les événements du mois de février 1848, auquel il a participé à travers les clubs de l'Arsenal et du Quinze-Vingt mis en place par Victor Considerant[4], Désiré Laverdant, homme de presse expérimenté – il a été un des directeurs de *La Phalange* en 1840 avant de collaborer à la *Démocratie pacifique* – s'est d'abord rendu à Clermont-Ferrand en mars de la même année. Il a contribué à la création d'un journal, *L'Auvergne démocratique*, feuille éphémère publiée entre les mois de mars et de mai 1848 pour préparer sa candidature aux élections à la Constituante, sans

1 Paul Bénichou, *Le temps des prophètes*, *op. cit.*, p. 360.

2 *Ibid.*, p. 369.

3 Heinz-Gerhard Haupt, « 1848 en Allemagne : une perspective comparative », dans Jean-Luc Mayaud (dir.), *op. cit.*, p. 464.

4 Daniel Stern, *Histoire de la Révolution de 1848*, Paris, Charpentier, t. II, p. 12.

avoir le succès escompté. Converti au catholicisme, ce qui en un sens le distingue de beaucoup de fouriéristes, il parcourt la France, se rendant notamment en Corrèze et en Haute-Loire pour finalement se diriger vers l'Italie, passer la frontière du Var et arriver à Nice en 1849[5]. Son passage, ignoré des notices biographiques, est plus long que ses précédents séjours dans les diverses villes de France qu'il a traversées ; bien vite, il prend langue et noue des liens avec les directeurs de *L'Écho des Alpes maritimes* qu'il met en relation avec les publicistes de la *Démocratie pacifique*[6]. Une collaboration journalistique s'établit. Le fait d'écrire en même temps pour deux journaux, pratique fort répandue dans la presse de l'Europe des révolutions de 1848, favorise la circulation des idées et des informations et l'établissement de relations journalistiques.

Le 19 décembre 1849, Victor Considerant fait paraître dans son journal une « correspondance de Nice » envoyée le 10 du même mois par Désiré Laverdant. Le feuilleton, publié en première et deuxième pages de la *Démocratie pacifique*, s'étend sur la visite dans le pays niçois d'Alfred de Falloux, ministre de l'Instruction publique de Louis-Napoléon Bonaparte en 1849. Désiré Laverdant profite de l'occasion pour célébrer et défendre ses confrères niçois en revenant sur l'interdiction de distribution de leur journal en France à l'été 1849 et pour s'en prendre à l'administration bonapartiste d'autant plus fautive, selon lui, que le journal niçois a des dispositions particulièrement bienveillantes à l'égard de la France :

> Fermer la France au seul organe du peuple niçois, c'est comme si une mère se bouchait les oreilles pour ne point entendre les plaintes de son enfant [...]. C'est n'avoir pas le sens politique que de séparer intellectuellement Nice de la France ; c'est être ingrat que de frapper d'interdiction un journal qui a pris pour devise : *To be or not to be*, ce qui dans la traduction niçoise signifie : être Français ou mourir[7] !

Dans une interprétation toute personnelle de la devise du journal (décidée avant son orientation francophile), le correspondant fouriériste

---

5 Astrid Leger, « Gabriel-Désiré (dit Me Petit-Jean) Laverdant », *Dictionnaire biographique du fouriérisme*, notice mise en ligne en octobre 2010. [En ligne] : http://www.charlesfourier.fr/spip.php?article767.

6 *Ibid.* Astrid Léger ne fait aucunement mention de la période niçoise de Désiré Laverdant toutefois difficile à repérer tant le personnage en a laissé peu de traces, si ce n'est dans les archives locales.

7 *Démocratie Pacifique*, 19 décembre 1849.

célèbre l'existence d'un « parti » français à Nice, ville qui lui paraît incontestablement française. Il prend d'emblée part au débat local sur l'appartenance nationale du pays niçois, tout en nourrissant la vie politique française puisque ses piques visent deux des principaux adversaires des démocrates, ministres de Louis-Napoléon Bonaparte : Alfred de Falloux et Jules Dufaure. L'on ne peut savoir si le collaborateur de la *Démocratie pacifique* s'était fait connaître auprès de la direction de *L'Écho des Alpes maritimes* avant cet article ou si Auguste Carlone et Victor Juge ont lu ses correspondances dans le journal de Victor Considerant avant de chercher à le rencontrer. Quoi qu'il en soit, c'est le début d'une collaboration journalistique féconde, prestement organisée, et d'une quasi-intégration de Désiré Laverdant à la rédaction niçoise comme le prouvent les articles manuscrits conservés dans les archives journalistiques d'Auguste Carlone[8]. Ainsi, plusieurs contributions de sa plume sont publiées, souvent en lien avec des thématiques fouriéristes assez nouvelles par rapport aux publications habituelles de *L'Écho* et qui incluent des questions posées d'une manière politique, comme la place des femmes dans la société.

La ville de Nice n'est pas restée en dehors du mouvement de réflexion qui s'est observé durant le *Quarantotto* par rapport à la question de la condition des femmes et de leur émancipation. Dans la péninsule italienne, des femmes de lettres influencées par le romantisme ont pris la plume dans des registres différents (poèmes, presse) pour affirmer des positions plus ou moins féministes. Parmi les plus connues se trouve la princesse Cristina Trivulzio di Belgiojoso dont on a déjà évoqué le parcours, ainsi que Clémentine de Como dont l'autobiographie publiée quelques années plus tard à Turin, en 1853, porte un nom pour le moins évocateur : *L'Émancipation de la femme*[9]. Précédant de deux années l'*Histoire de ma vie* de George Sand, cette œuvre expose des idées démocrates et féministes, avec un souci de l'auteure de penser l'accomplissement des nations de pair avec le progrès de la condition féminine, fustigeant l'absence de droits politiques pour les femmes. Clémentine de Como a aussi écrit pour rendre hommages aux Milanaises qui se sont levées

8 ADAM, Fonds Carlone, 7 J 35. Papiers d'Auguste Carlone ayant trait à la publication du journal (brouillons d'articles, annonces à publier et lettres communiquées).

9 Clémentine de Como, *L'Émancipation de la femme*, Marignane, Wallâda, 2009, 2 vol. (1re éd., 1853).

contre les Autrichiens sur les barricades lors des *Cinque giornate* de mars 1848. À Nice, c'est Agathe Sophie Sassernò qui, à travers sa plume de poétesse, a consacré quelques passages de ses œuvres au sujet de la condition de la femme, exaltant elle aussi les femmes lombardes qui ont pris part à l'insurrection contre les troupes autrichiennes. Le « printemps des peuples » est un moment où des femmes investissent des moyens d'expression publique à la faveur des évolutions politiques dans divers territoires européens. En France, journaux et clubs féminins se développent sous l'influence de figures comme Désirée Gay, Eugénie Niboyet et Jeanne Deroin organisées autour du journal *La Voix des Femmes*. Des travaux récents ont permis de mieux appréhender le phénomène et de mettre en lumière le fait, comme le souligne Sylvie Aprile, que l'engagement n'est pas limité à des femmes célèbres mais qu'on y trouve aussi des anonymes[10]. *L'Écho des Alpes maritimes* s'est aussi ouvert quelque peu à ces participations, que ce soit au sein de la rédaction ou au niveau des partenariats qui permettent l'existence du journal. Ainsi, Clarisse Gilletta s'est investie dans la gestion des relations entre la société typographique, qui appartient légalement à son mari mais dont elle est une contributrice active, et la rédaction journalistique pour assurer les paiements et l'organisation de l'impression des numéros du journal. De même, certaines publications montrent une participation journalistique sporadique de Louise Delatreille, la femme d'un nouveau rédacteur recruté par la direction de *L'Écho*.

Au-delà des participations, bien réelles mais qui demeurent minoritaires, ce sont les publications qui dévoilent des interrogations critiques sur la condition féminine. Le 19 février 1849, en Une du journal, la partie habituellement réservée aux feuilletons est dévolue à un article du *Peuple souverain*, feuille créée à Lyon par Pierre Charnier. Fondateur de la Société du devoir mutuel à la fin des années 1820, organisation de solidarité ouvrière, il est l'un des principaux chefs des canuts insurgés

10 Sylvie Aprile, *La Révolution inachevée, 1815-1870*, *op. cit.*, p. 281. Il est important de mentionner les travaux de Michèle Riot-Sarcey qui a grandement contribué à étudier la question dans divers ouvrages, articles ou colloques : en collaboration avec Alain Corbin et Jacqueline Lalouette, *Femmes dans la cité, 1815-1871 : actes du colloque, Paris, 20 et 27 novembre 1992*, Grane, Créaphis, 1997 ; *La Démocratie à l'épreuve des femmes. Trois figures critiques du pouvoir, 1830-1848*, Paris, Albin Michel, 1994. Un travail consacré à trois figures importantes de l'engagement politique féminin actives dès les années 1830, Désirée Gay, Eugénie Niboyet, et Jeanne Deroin.

dans les années 1830 et un précurseur sur la question des droits des femmes. Intitulé sobrement « Condition des femmes dans la société actuelle », l'article se veut être un bilan de la situation de l'époque. « Quoi de plus triste à considérer que la condition des femmes dans la société actuelle ? Quoi de plus affreux que la chaîne de maux qui prend une femme du peuple à la naissance, l'enlace pendant sa vie et ne la quitte qu'à la tombe ? », se questionne l'auteur, avant d'ajouter :

> Je vous vois d'ici, riches égoïstes, je vous vois d'ici sourire de pitié et murmurer tout haut « Où donc prendrons-nous nos maîtresses quand les femmes du peuple n'auront plus faim ? » Misérables que vous êtes [...] ! N'est-ce pas vous qui tenez depuis des siècles l'enfant du peuple sous la pression de la faim ? N'est-ce pas vous qui payez d'un morceau de pain l'honneur de votre frère ? N'est-ce pas vous qui avez acheté sa fille et qui marchandez sa femme ? Ah ! Vous, il fait beau vous voir, hypocrites, accuser les socialistes de vouloir détruire la famille[11].

La reproduction de cette critique socialiste qui met en cause les « riches », accusés d'exploiter les femmes des classes populaires, et ainsi de provoquer leur misère, atteste d'une pénétration d'idées radicales dans les colonnes de *L'Écho*. L'article renverse la critique faite par les conservateurs aux socialistes de détruire l'autorité paternelle et la famille. Il est écrit à une époque où, comme on l'a vu dans le chapitre précédent, la misère prolétaire, hommes, femmes et enfants confondus, est de plus en plus fortement dénoncée dans les journaux – aussi par des bourgeois provinciaux comme Auguste Carlone, sensibles à certaines idées radicales et démocrates. La reproduction de cet article témoigne d'un certain intérêt pour la critique socialiste de la condition féminine ; celle-ci a aussi été formulée dans une optique plus fouriériste dans quelques autres articles, cette fois non repris d'autres journaux mais écrits au printemps 1850 par le nouveau collaborateur de *L'Écho des Alpes maritimes*, Désiré Laverdant. La formule est celle de la critique de conférences données sur thème de la place de la femme dans la société par un ancien préfet et maître des requêtes du Conseil d'État en retraite à Nice. Qu'un journal traite ces sujets, qui donnent aussi lieu à des conférences, cela montre toute leur actualité. Néanmoins, articles et discours sont écrits ou délivrés quasi exclusivement par des hommes,

11 *L'Écho des Alpes maritimes*, 19 février 1849.

c'est donc d'un intérêt masculin pour la condition féminine dont il est encore surtout question.

Dans le périodique niçois, Désiré Laverdant est la principale plume de ces réflexions. Au mois d'avril 1850, il écrit plusieurs articles de réflexion à partir d'une critique de conférences données sur la question à Nice par un ancien préfet français à la retraite, Alexis de Jussieu. Il fait remarquer que l'utilisation du terme « Messieurs » pour saluer un public essentiellement féminin venu écouter une conférence sur le droit des femmes suffit « à elle seule pour constater l'état de subordination des femmes et leur infirmité sociale[12] ». L'article n'est pas qu'exégèse de la conférence mais aussi une exposition des thèses fouriéristes de l'émancipation des femmes :

> M. Alexis de Jussieu a rendu un éclatant hommage à ce sexe que l'on appelait naguère le *sexe faible* : aujourd'hui nous disons le *sexe délicat* [...]. Il a cité l'opinion constante de toutes les philosophies humaines qui ont incessamment accablé la femme de dédains et d'insultes ; il a constaté que toutes les législations ont subordonné et opprimé une moitié du genre humain [...]. L'homme ne traite pas la femme en sœur, et les chaînes de l'antique servitude ne sont point brisées [...]. Les mœurs délaissent dans l'abandon les pauvres vieilles femmes. Les mœurs subordonnent l'épouse et lui enlèvent toute indépendance et toute activité extérieure [...]. Disciple de Charles Fourier, je viens affirmer que toutes les critiques généreuses gracieusement exposées par vous [M. de Jussieu], devant vos auditrices ravies, ont été produites par mon maître il y a plus de quarante ans. Toute cette condamnation du sort fait à la moitié de l'humanité et toute cette apologie du génie féminin, magistralement formulées par Fourier, ont été répétées avec éclat par les Saint-Simoniens [...]. La vérité est que les sociétés humaines sont arrivées à l'heure d'une crise universelle immense et que, de l'aveu des plus grands esprits, dans cette transfiguration prochaine du monde, la femme est appelée à jouer un rôle nouveau et sublime[13].

Désiré Laverdant revendique l'héritage de Charles Fourier, son « maître » comme il le qualifie, qui fut l'un des premiers à exposer dans ses écrits une critique radicale de la condition féminine dans la société de son temps. Même si, comme le souligne Michel Bozon, le penseur a abandonné la question de l'égalité entre les sexes, effrayante pour l'époque et qu'il jugeait être un frein à la diffusion de ses idées,

12 *L'Écho des Alpes maritimes*, 17 avril 1850.
13 *Ibid.*

cela n'a pas empêché sa pensée d'avoir une grande influence sur les courants féministes qui s'affirment dans les décennies 1830 et 1840[14]. Pour Fourier, l'égalité entre les sexes apparaissait comme une condition *sine qua non* de la réalisation de son idéal d'Harmonie universelle. Les disciples de Charles Fourier, à travers le journal la *Démocratie pacifique*, font partie de ces hommes qui ont pris part, dans les années 1840, à l'effervescence politique en Europe, circulant entre diverses villes et faisant circuler avec eux des idées nouvelles. Ils sont imprégnés de tous les écrits de leur maître à penser, et notamment de ses premiers développements sur la place de la femme dans l'histoire de l'humanité présents dans un de ses premiers ouvrages publié en 1808, la *Théorie des quatre mouvements et des destinées générales : prospectus et annonce de la découverte*. Désiré Laverdant est l'auteur de plusieurs ouvrages d'exégèse des thèses fouriéristes, notamment sur les questions religieuses et Auguste Carlone, comme nous le verrons, lui ouvre aussi les colonnes de *L'Écho des Alpes maritimes* pour qu'il délivre sa critique de l'Église instituée[15].

De tous ces développements, faut-il faire des publicistes des fouriéristes ? Ce serait bien exagéré, mais il serait fallacieux de ne pas considérer l'influence des écrits des disciples de Charles Fourier. Cela démontre surtout que les influences politiques sont larges et en rien figées et que les journaux se nourrissent de publications diverses et peuvent traiter politiquement les questions les plus sensibles de leur époque. C'est le propre des journaux provinciaux assez solides dans leurs structures pour développer une pensée indépendante. Ils s'inscrivent dans des courants de pensée mais ne sont pas des stéréotypes, au sens étymologique, ni de la pensée d'un théoricien du social en particulier, ni de grands journaux dont ils ne feraient que reprendre les articles. Leurs colonnes peuvent être ouvertes à des représentants de divers courants. Une critique de la société ou des institutions peut y être émise, ce qui n'est pas sans provoquer des oppositions.

Après l'été 1849, moment fort de la réaction européenne et de retour à des formes anciennes du pouvoir en Italie, dans les États sardes la

14 Michel Bozon, « Fourier, *Le Nouveau Monde Amoureux* et mai 1968. Politique des passions, égalité des sexes et science sociale », *Clio, Histoire, Femmes et Sociétés. Utopies sexuelles*, n° 22, 2005, p. 124-126.

15 « Désiré Laverdant. Théocratie et diabolocraties, appel aux libres penseurs », *Les premiers socialismes*, bibliothèque virtuelle, Université de Poitiers, 2013. [En ligne] : http://premierssocialismes.edel.univ-poitiers.fr/index.php?id=1254.

presse continue de publier. Les débats publics qu'elle suscite anime la vie politique. Ceux-ci sont l'occasion pour des courants fervemment monarchistes qui veulent incarner l'ordre moral de la Restauration battu en brèche par les lois libérales du *Quarantotto* de faire entendre leur voix. Leur renouveau est appuyé à toutes les échelles par l'Église, de la papauté, qui a recouvré son autorité temporelle, aux évêchés, qui sont parfois directement impliqués dans des actions politiques, comme à Nice dans la création d'un journal dont le but est de faire contrepoids à *L'Écho des Alpes maritimes* qui incarne les évolutions politiques honnies. L'Église n'en est pas l'unique acteur ; nombre de fonctionnaires et de magistrats, au niveau de l'État ou plus locaux, y contribuent. Aussi fidèles à la dynastie que le comte De Maistre et partageant les mêmes idées, mais bien moins exposés politiquement que ce dernier, ils n'ont pas été évincés. Si ailleurs, comme en Savoie, ils peuvent faire le choix de soutenir des feuilles de presse existantes, tels le *Courrier des Alpes* de Chambéry ou bien *L'Écho du Mont-Blanc* d'Annecy, à Nice ils doivent s'organiser pour créer un journal afin de contrer politiquement Auguste Carlone et ses collaborateurs[16]. Et c'est ce à quoi s'attèlent, avec plus ou moins de réussite, en 1849 et 1850 leurs opposants les plus conservateurs, avec le soutien direct de l'évêché.

MODERNITÉ POLITIQUE ET RÉACTION CLÉRICALE : UNE LUTTE JOURNAL CONTRE JOURNAL

L'investissement journalistique demande une implication et un savoir-faire et les difficultés matérielles qu'il faut surmonter découragent les initiatives. Pourtant, le journal paraît un élément indispensable pour organiser un « parti ». Ainsi, en septembre 1849, une première tentative est amorcée par quelques adversaires de *L'Écho* lorsqu'est annoncée la publication prochaine d'un organe de presse : le *Courrier de Nice*. D'emblée la réaction d'Auguste Carlone et de ses collaborateurs se fait vive puisque, avant même les premières publications régulières, ils fustigent un programme qu'ils estiment écrit par des « béats de la sacristie, de la réaction et de l'italianisme[17] ». Toutes les accusations et tous les procédés rhétoriques sont déployés, de l'invective à l'assimilation au comte De Maistre qui suffit à déconsidérer un adversaire tant son

16 Sylvain Milbach, *Entre Piémont et France : la Savoie déroutée*, 1848-1858, *op. cit.*, p. 122-123.

17 *L'Écho des Alpes maritimes*, 17 septembre 1849.

souvenir, celui d'un gouverneur autoritaire, est encore vif dans la ville. À travers un feuilleton, pratique souvent utilisée dans la bataille politique, les néopublicistes du *Courrier de Nice* sont assimilés humoristiquement à des « *ligouban* », ce sobriquet niçois dont était affublé le comte De Maistre qui sert aux publicistes de *L'Écho* à qualifier de « rétrogrades » leurs nouveaux adversaires[18]. Les invectives se multiplient. Car au-delà de l'opposition politique, c'est aussi la première fois qu'ils se trouvent concurrencés dans leur monopole local de presse après un an et demi d'existence. Le 21 septembre 1849, Auguste Carlone prend la plume pour exposer les raisons de cette attitude offensive :

> S'il n'est pas d'usage comme dit le *Courrier de Nice*, qu'un journal s'acharne contre un autre qui n'existe encore qu'à l'état de programme, il n'est pas d'usage non plus que le prospectus d'une feuille à paraître attaque et insulte en représentant comme antisocial un journal déjà existant et dirigé par des hommes honorables. Vous nous avez jeté le gant, nous l'avons ramassé : l'honneur le voulait[19].

Faisant une référence non masquée à la coutume du duel (le gant jeté), le publiciste niçois mène une joute politique dont les enjeux (économiques – la perte du monopole journalistique – et politiques – l'existence d'une force adverse organisée) dépassent la simple opposition d'arguments. La réponse ne se fait pas attendre avec la publication d'une lettre de F. G. Fraissinet, rédacteur en chef du *Courrier de Nice*, dans laquelle il prévient *L'Écho* qu'il entend installer une véritable concurrence aux doctrines qui « jett[ent] le pays [niçois] dans une funeste et ruineuse perturbation » alors que le nouvel organe aurait pour objectif de « mieux comprendre [ses] véritables intérêts[20] ». Auguste Carlone, Victor Juge et leurs associés, qui maîtrisent les codes du champ journalistique, s'imposent une absence de réponse pour ne pas jouer le jeu du nouveau périodique dont le rédacteur en chef, selon eux, a l'« intention probable de provoquer une polémique qui lui servirait de réclame[21] ». La bataille est donc de courte durée, d'autant que cette concurrence nouvelle est finalement avortée puisque Fraissinet ne parvient pas à rassembler un actionnariat et des collaborateurs assez nombreux pour s'implanter

18 *L'Écho des Alpes maritimes*, 19 septembre 1849.
19 *L'Écho des Alpes maritimes*, 21 septembre 1849.
20 *Ibid.*
21 *Ibid.*

dans le paysage politique niçois. L'échec prouve une nouvelle fois la difficulté, au milieu du XIXe, de réunir les conditions humaines et matérielles nécessaires à la fondation d'un journal – ce qui souligne l'importance du travail réalisé par Auguste Carlone pour pérenniser l'institution de presse dont il est le principal directeur. Nonobstant son caractère succinct, cette polémique fait bien apparaître que la perte d'une maîtrise monopolistique de la parole publique journalistique est vécue par la rédaction de *L'Écho des Alpes maritimes* comme une atteinte à l'institution elle-même. Toutefois, elle permet aussi à cette dernière de constater la solidité des solidarités journalistiques nouées. En effet, le 7 octobre 1849, les directeurs du *Chat* de Chambéry publient un article de soutien à *L'Écho* pour attaquer, avec la satire qui caractérise ce journal, les positions cléricales exprimées dans le prospectus du *Courrier de Nice*.

La tentative échouée a montré qu'il existe à Nice une volonté de contrer *L'Écho* et ses positions anticléricales et démocrates. Elle a échoué en septembre 1849 mais est réitérée quelques mois plus tard, au printemps 1850. La vie politique niçoise prend un tournant lorsqu'arrive un nouvel organe, cette fois concrétisé et publié, au nom bien plus évocateur sur son positionnement politique, *La Sentinella cattolica* (*La Sentinelle catholique*). Rédigé en italien, pour toucher un public notabiliaire plus italophile, il se pose dès son prospectus en opposition avec les principes « du contrat social, des Droits de l'homme, de la liberté et de l'égalité, de la fraternité universelle et du peuple souverain », c'est-à-dire en rupture totale avec les idées des Lumières, de la Révolution française et tous les principes politiques démocratiques qui envahissent le champ de l'expression publique en France, en Italie ainsi que dans toute l'Europe du « printemps des peuples ». Ces idées conduiraient, selon les auteurs, aux pires excès en jetant sur le continent un « *diluvio di mali* » (déluge de maux)[22]. Ils n'auraient pu affirmer plus clairement leur appartenance aux tendances qui professent la nécessaire restauration d'un ordre moral, celles qu'incarnaient l'ex-gouverneur De Maistre à Nice avant d'avoir été démis de ses fonctions et qui renaissent à Nice, et plus généralement dans nombre de villes italiennes en ce début des années 1850 dans un contexte d'évolution réactionnaire du pouvoir.

La lutte première n'est pas politique et entre publicistes mais économique et entre imprimeurs. La publication régulière d'un

22 *La Sentinella cattolica*, Programme, avril 1850. « *Contratto sociale, dei Diritti dell'uomo, della libertà e uguaglianza, della fratellanza universale, del popolo sovrano* ».

journal représente un apport non négligeable. Au début du mois d'avril 1850 la production matérielle du nouveau journal est assurée par un concurrent direct de la société typographique Gilletta, l'imprimerie des frères Canis. L'entreprise est ancienne. Au début du XIXe siècle, elle imprimait déjà le *Messager des Alpes*, journal gouvernemental que faisait publier le préfet Dubouchage sous le Premier Empire. Plusieurs décennies se sont écoulées et, si elle a connu des évolutions, elle est encore en 1850 capable d'imprimer régulièrement une feuille de presse. Cela atteste bien du fait qu'il faut des entreprises typographiques solides, c'est-à-dire capables de prendre en charge la production matérielle d'une feuille de presse un tant soit peu régulière, pour construire un environnement culturel et économique favorable à l'émergence d'un paysage journalistique concurrentiel au sein d'une même ville.

Si le nouveau journal se concrétise, c'est aussi parce que les autorités ecclésiastiques s'investissent directement. C'est un abbé, Nicola Cotto, qui se charge de la majeure partie de la rédaction. Il devient, en quelque sorte, le pendant d'Auguste Carlone, alors que le gérant-responsable, homologue d'Hippolyte de Rangouse, est Casimiro Mari. Du fait de la force du parti pro-italien à Nice, comme on a pu le constater lors des événements de juin 1848 (la manifestation contre les bureaux de *L'Écho des Alpes maritimes*), le choix de cette langue aurait pu être un atout pour *La Sentinella cattolica*. Seulement, il n'est aucunement sur un *credo* libéral modéré et patriotique, la tendance politique dominante à Nice et dans les États sardes. Les positions cléricales qui y sont exprimés sont, à l'inverse, le fruit d'un rejet des idées libérales et attestent du fait que le journal est surtout une tentative menée par l'évêque, Monseigneur Galvano, qui a supervisé le choix de l'abbé Cotto, l'un de ses proches, pour organiser un « parti » conservateur local. Malgré ce soutien de poids, qui fait de *La Sentinella cattolica* la feuille quasi officielle de l'évêché, il est important de noter qu'elle ne dispose pas d'une organisation ni de structures assez pérennes pour envisager une publication quotidienne ou même trihebdomadaire comme *L'Écho des Alpes maritimes*. L'effet d'apparition, qui attire certainement l'œil curieux de lecteurs potentiels, est amoindri par le fait que les publications sont hebdomadaires et ne permettent pas d'alimenter régulièrement de vives polémiques tout en traitant de l'actualité. De plus, la défense d'un ordre moral rigoureux promue par le nouveau journal pose question, et lui soustrait un lectorat potentiel puisque les notables niçois sont majoritairement libéraux. Il est aussi construit sur un paradoxe, propre à toutes les forces conservatrices de l'Europe, à savoir l'appropriation d'un des moyens nouveaux de l'action politique par ceux qui, au départ, étaient opposés à l'autorisation de ceux-ci, à la liberté de la presse. Mais avant d'analyser les conséquences de cette appropriation qui nourrit une résurgence cléricale dans la ville de Nice, un panorama succinct sur la situation politique s'impose.

La province de Nice est un territoire où l'encadrement ecclésiastique est important. Comme l'a fait remarquer Roger Chartier, qui la choisit ainsi que la Savoie, à titre de comparaison pour mesurer la déchristianisation de la France à la fin du XVIIIe siècle, à cette époque, encore neuf testaments sur dix réclament la tenue de messes pour le repos de l'âme contre cinq sur dix en Provence[23]. Un demi-siècle plus tard, l'encadrement catholique est toujours important tant le bas clergé, notamment dans l'arrière-pays, est nombreux et présent quotidiennement auprès des populations. Dans les espaces ruraux éloignés, ceux que l'on tend à appeler les curés de campagne sont souvent recrutés parmi les classes populaires[24]. Ceux-ci se trouvent donc à la fois personnellement dans une situation sociale qui n'a rien de confortable et confrontés à celle plus dégradée encore des autres habitants des sociétés villageoises dans lesquelles ils officient. Le contexte diffère dans la capitale provinciale où se trouvent des abbés et l'évêque, Monseigneur Galvano, dont l'origine et la situation sociales n'ont rien de comparable. Alors même que l'Église tend à perdre la charge institutionnelle de la gestion de la pauvreté et de l'enseignement, ou du moins à se faire remplacer en partie, les chiffres témoignent du fait qu'elle représente une dépense d'ampleur pour la ville de Nice, puisqu'André Compan estime les frais du culte à environ 23 %, près d'un quart du budget municipal[25]. Ainsi naissent des critiques anticléricales, émises par Auguste Carlone et ses collaborateurs à partir de 1848 ; elles ne sont pas seulement d'ordre politico-religieux,

23 Roger Chartier, *Les origines culturelles de la Révolution française*, Seuil, Paris, 2000, p. 121-122.

24 Paul Gonnet, « Capitale d'un monde clos (1814-1860) », dans Maurice Bordes (dir.), *op. cit.*, p. 266.

25 André Compan, *Histoire de Nice et de son Comté*, *op. cit.*, p. 363.

sur les positions réactionnaires et dogmatiques des prélats comme Monseigneur Galvano, mais relèvent aussi de la critique sociale. Dans les colonnes de *L'Écho des Alpes maritimes* des tribunes sont accordées aux curés des villages pour faire remonter leurs doléances auprès de l'intendance générale de la division ainsi que de l'évêché, et nourrir une critique du sommet de la hiérarchie ecclésiastique. Celle-ci est affermie par d'autres publications attentives à la condition dégradée de cet « obscur rez-de-chaussée de l'Église qu'on appelle le bas clergé » comme l'écrivait Victor Hugo[26]. Au début de l'année 1850, dans les numéros des 9 et 11 janvier, les publicistes niçois retranscrivent une longue analyse de Louis Blanc qui fait l'apologie du « curé de campagne » selon le titre donné à l'article publié dans sa nouvelle revue, le *Nouveau Monde*. Le texte est autant un pamphlet contre le haut clergé qu'hommage au bas clergé :

> Quelle humilité, quelle abnégation de toutes les heures ! Que de veilles, de sollicitudes, de fatigues noblement supportables ! En eux seuls je vois les ministres désintéressés du Dieu des pauvres et des faibles, les serviteurs de ce Christ qui naquit dans une étable [...]. Tout est admirable et digne de respect dans la vie des curés de campagne [...]. Mais au-dessus de ce clergé, il en est un autre chez qui, sauf d'honorables exceptions, tout n'est qu'arrogance, activité inquiète, ambition et vanité mondaines, faste et corruption. Ce clergé-là, c'est particulièrement celui de la capitale, celui des grandes villes ; c'est le haut clergé[27].

L'analyse fait transparaître une certaine vision, répandue au milieu XIXe siècle dans les courants démocrates, de retour au christianisme des Évangiles. Elle oppose un clergé urbain enrichi à un clergé rural pauvre et modeste. Louis Blanc insiste sur la différence de considération, de rémunération et les écarts de train de vie qui contribuent à créer des situations parfois mal acceptées par les prêtres des villages, comme l'on peut en trouver dans l'arrière-pays niçois, territoire marqué par le paupérisme. Les publicistes de *L'Écho des Alpes maritimes* reprennent l'analyse à leur compte. Auparavant, ils avaient déjà reproduit le 11 juin 1849 un article du *Peuple souverain*, organe du canut lyonnais Pierre Charnier, dans lequel un curé de village de la région s'adressait à son évêque pour

---

26 Victor Hugo, *Quatrevingt-treize*, Paris, Garnier Flammarion, 1967, p. 124.
27 *L'Écho des Alpes maritimes*, 9 janvier 1850.

se défendre après avoir été mis en accusation pour son soutien à des candidatures républicaines aux élections :

> À moi pauvre desservant qui n'avais qu'un salaire insuffisant, comme tous les prolétaires de ce monde, elle [la République] accorde un supplément annuel de 400 francs. Ce n'est rien pour vous, monseigneur, qui avez un beau palais et un gros traitement ; mais c'est beaucoup pour les pauvres de ma commune[28].

Le choix des publications est fait pour promouvoir une critique sociale du clergé en suivant un anticléricalisme particulier dont le fil rouge, comme l'a écrit René Rémond, est une opposition de classe entre le bas clergé, qui partage la vie des paroissiens, et le haut clergé, dont les journaux radicaux brocardent la vie aristocratique[29]. Cette première critique se double d'une autre qui fustige le cléricalisme de ce haut clergé, sa proximité avec les pouvoirs (il est dans les grandes villes et les capitales comme l'écrit Louis Blanc). Son interventionnisme politique, notamment pour soutenir les courants conservateurs ou réactionnaires, est vivement mis en cause par un anticléricalisme libéral, voire radical, qui veut limiter l'action du clergé à la seule sphère du religieux et agir pour l'acceptation par l'Église des principes des Droits de l'homme et de la modernité politique. Ceux que l'on désigne de plus en plus comme anticléricaux se perçoivent comme des rationalistes attachés à la pensée des Lumières, des partisans de la séparation de l'Église et de l'État. Leurs publications se veulent aussi une lutte politique contre toutes les forces jugées cléricales, comme ce fut le cas contre les jésuites au début de l'année 1848, et comme ça l'est encore lorsqu'il s'agit de combattre les feuilles officieuses de prélats, telle *La Sentinella cattolica* à Nice, qui ne se résignent pas à voir l'Église perdre de son influence et entrer dans la modernité politique.

Au-delà de la dimension politique, c'est un ordre moral qui est rejeté ; Auguste Carlone et ses collaborateurs ont défendu dès le début de l'année 1848, contre l'action du gouverneur De Maistre, le droit à l'ouverture des cafés et autres boutiques durant les jours fériés catholiques. De la même manière, durant l'hiver 1849-1850, investi dans la promotion touristique de leur territoire, ils prennent fait et cause pour l'ouverture d'un établissement de jeux de hasard à Nice proposé par la municipalité,

28 *L'Écho des Alpes maritimes*, 11 juin 1849.

29 René Rémond, *L'anticléricalisme en France*, *op. cit.*, p. 21-23.

dans laquelle le principal directeur de *L'Écho des Alpes maritimes* est le premier adjoint du maire. L'opposition du clergé urbain local à l'initiative au nom de la morale est largement critiquée dans un feuilleton publié le 12 décembre 1849. « C'est de cette sorte d'incubation fâcheuse du plaisir sur les vieilles cervelles que naît ce bonnet de nuit vulgairement appelé "morale" » fustige Auguste Carlone, dans une rhétorique qui n'est pas sans faire une nouvelle référence à la symbolique de la nuit (contre les Lumières) déjà mobilisée pour décrire le monde obscurantiste du gouverneur Rodolphe de Maistre. Ils accusent les partisans d'un ordre moral de « se permett[re] de s'introduire dans toutes les maisons pour y faire la police *ad majorem Dei gloriam* [pour la plus grande gloire de Dieu][30] ». L'expression n'est pas utilisée de manière anodine car il s'agit de la devise des jésuites, ce qui permet aux publicistes niçois de dénoncer une nouvelle fois un jésuitisme, assez vague et large, qui comprend toutes les tendances cléricales et dénigre toutes les initiatives politiques de contrôle des activités sociales et des mœurs. À travers cette lutte sur les pratiques sociales et leur interdiction, l'on perçoit bien que l'ordre qu'incarnait Rodolphe de Maistre satisfaisait nombre de clercs, qui s'appuient sur leurs positions de pouvoir – comme le fait l'évêque Monseigneur Galvano – pour ressusciter une force politique qui porte une certaine morale publique à travers *La Sentinella cattolica*.

En 1849 et 1850, dans la péninsule italienne l'Église tend à s'affirmer comme une institution de réaction contre les conquêtes politiques libérales du *Quarantotto*. La lutte est âpre car en réponse les publicistes libéraux prennent pour cible les prélats et l'institution. Ainsi, à Nice, l'évêque est identifié comme un adversaire politique par la rédaction de *L'Écho des Alpes maritimes* tant il œuvre pour imposer un refus des idées libérales[31]. La référence aux jésuites n'est jamais loin dans cette bataille politique qui n'a rien de local, ni même de proprement italien, puisqu'elle se joue au niveau européen. Ainsi, les publicistes niçois, imprégnés par la vie politique française, n'hésitent pas à qualifier le comte de Montalembert, chef d'un puissant courant catholique, de « premier jésuite de France » en visant son ultramontanisme dans un pamphlet publié le 29 mai 1850[32].

---

30 *L'Écho des Alpes maritimes*, 12 décembre 1849.

31 Simonetta Tombaccini-Villefranque, « Nice et sa province à la veille de l'annexion », art. cité, p. 283.

32 *L'Écho des Alpes maritimes*, 29 mai 1850.

Dans un jeu d'échelles perpétuel qui permet une nouvelle fois de voir le caractère multiscalaire de la vie politique, les attaques contre ceux que les libéraux niçois identifient à un « parti » local de l'ordre moral côtoient celles sur les protagonistes de même tendance politique plus réputés nationalement ou internationalement. Parfois les deux se mêlent lorsque les seconds se rendent à Nice en tant qu'hivernants, ce qui se passe à la fin du mois de novembre 1849 lors de la venue du comte de Falloux. Le parti a été pris par Auguste Carlone et ses collaborateurs de l'attaquer publiquement et de jeter sur lui une déconsidération publique d'autant plus vigoureuse que l'antagonisme était personnel :

> Des renseignements positifs nous mettent à même d'affirmer que depuis avant-hier soir nous possédons dans nos murs l'auteur du rapport qui conclut à la dissolution immédiate des ateliers nationaux et au renvoi sur le champ de cent mille ouvriers sans pain ; actes dont les conséquences furent les sanglantes journées de Juin. L'auteur de la violation de la Constitution et de la criminelle expédition de Rome. L'un des auteurs de l'interdiction en France de *L'Écho des Alpes maritimes*. Enfin, l'auteur d'une série d'ouvrages, de discours et d'actes radicalement jésuitiques et réactionnaires[33].

En vacances dans une villa mentonnaise, le comte de Falloux se rend souvent à Nice dans les divers lieux de la sociabilité mondaine, ce qui lui attire l'hostilité des publicistes républicains et démocrates. C'est un bilan aussi bref que critique de son action politique qui est dressé, accusé qu'il est d'avoir eu une responsabilité majeure dans les « sanglantes journées de Juin 1848 » (il avait demandé la suppression des ateliers nationaux comme député), d'avoir participé à la politique autoritaire de Louis-Napoléon Bonaparte dont il a été un ministre de l'Instruction publique et des cultes, ainsi que d'être l'un des instigateurs de l'expédition contre la République romaine pour rétablir le pape dans les États pontificaux au début de l'été 1849, le tout sur un fond d'accusation de jésuitisme. Alfred de Falloux vient des milieux légitimistes, et en 1848 il a été l'un des chefs de file du parti de l'Ordre, avec Charles de Montalembert cité précédemment, dont il est politiquement proche dans ses positions cléricales. Ensemble, ils œuvrent notamment pour promouvoir la loi de mars 1850 sur la liberté de l'enseignement qui porte d'ailleurs le nom de loi Falloux ; un texte qui intervient après

33 *Ibid.*

une décennie de débats au cours de laquelle les anticléricaux accusaient les défenseurs de ladite liberté de jésuitisme (le livre de Jules Michelet et Edgar Quinet de 1843, *Des jésuites*, l'atteste bien).

Le comte De Falloux est un de ces personnages qui, dans le tournant réactionnaire du long « printemps des peuples », sont des cibles privilégiées pour les démocrates. Le débat déborde de beaucoup la situation niçoise mais il est intéressant de constater la forme qu'il prend localement. La présence d'Alfred de Falloux à Nice donne une occasion unique à une feuille de presse régionale d'avoir un écho certain dans de grands journaux français, républicains et démocrates. Il est donc aussi question de maîtrise des mécanismes multiscalaires de la presse par les publicistes niçois, novices en 1848 mais déjà bien aguerris dans l'exercice de leurs fonctions deux années plus tard. Cependant, la chose est délicate car prendre violemment et de manière récurrente à parti le désormais ancien ministre de Louis-Napoléon Bonaparte (il ne l'est plus depuis la fin du mois d'octobre 1849) alors même qu'il se trouve en villégiature pourrait donner l'image d'une ville hostile à certains hivernants étrangers à rebours, comme on l'a vu, de la publicité touristique que s'échinent à réaliser Auguste Carlone et ses collaborateurs depuis la création de leur journal. C'est le dilemme du politique et de l'économique : faut-il prendre le risque de sacrifier une certaine image de la ville pour rester fidèle à ses convictions et aux luttes politiques menées ? Le tourisme hivernant en pleine expansion est une opportunité économique pour une région très pauvre. « Respectons les lois de l'hospitalité, même envers nos plus cruels ennemis qui ont passé leur vie à proscrire et à tuer les patriotes » tranche Carlone dans *L'Écho des Alpes maritimes* du 23 novembre 1849[34]. Ainsi, avec ses collaborateurs, ils n'osent se lancer pleinement dans une offensive. L'affaire nous apprend que cette question très contemporaine de l'organisation pour une ville d'une image publique attrayante afin de favoriser l'activité économique liée à sa fréquentation touristique est déjà posée au milieu du XIXe siècle. C'est un travail mené de concert entre l'administration municipale et le principal journal, *L'Écho des Alpes maritimes*, les pivots de cette double action étant bien sûr Auguste Carlone et Victor Juge, publicistes et élus. Dans leur première fonction, ils n'hésitent pas à attaquer tous les journaux qui, en France,

34 *L'Écho des Alpes maritimes*, 23 novembre 1849.

publient des articles pour dénoncer le mauvais accueil qui aurait été fait au comte de Falloux et selon lesquels un charivari aurait au lieu contre ce dernier. Ainsi, ils attaquent de front une feuille lyonnaise, le *Salut Public*, qui est la première à relayer la rumeur. Les publicistes de *L'Écho* s'attèlent à défendre publiquement l'image de leur ville. Leur adversaire dans cette dispute à distance est qualifié de « canard légitimiste, jésuitique et réactionnaire » dans un article du 12 décembre 1849, qualificatifs similaires à ceux utilisés pour décrire l'ancien ministre de Louis-Napoléon[35]. L'administration municipale, contrôlée par le syndic Dominique Galli, ami d'Auguste Carlone qui l'assiste dans sa tâche en tant que vice-syndic, fait publier au nom de la municipalité, dans *L'Écho des Alpes maritimes* qui est son journal officiel, un article « contre une accusation odieuse trop légèrement répandue et qui ne repose sur aucun fait réel[36] ». Les autorités locales luttent pour insérer la ville de Nice dans un marché européen des stations touristiques naissant mais de plus en plus concurrentiel en ce milieu du XIXe siècle. Ainsi, la lutte politique est neutralisée, l'affrontement limité à quelques articles. Mais cette position est difficile à tenir, tant les publicistes sont aussi devenus au fil du temps de fervents polémistes. En attestent par exemple les mots utilisés dans un article du même numéro du 12 décembre 1849 qui ne visent pas seulement le comte De Falloux, mais tous les partisans d'une réaction autoritaire après le temps libéral du long « printemps des peuples » :

> Voilà bien le langage des *honnêtes et modérés*, de ces fanatiques de *l'ordre*, ennemis de toute liberté, amis de tous les mensonges et de toutes les turpitudes ! Après s'être donné la féroce joie d'égorger et de traîner dans le sang la République romaine, ils veulent se procurer le plaisir de tuer lâchement, avec le poignard de la calomnie, une ville-frontière bien connue par son amour pour la France républicaine, et par son mépris envers les suppôts de la réaction jésuitique et monarchienne qui répandent la discorde et le poison sur leur patrie[37].

C'est un « parti » de l'ordre qui est visé – du nom qu'il a pris en 1848 en France. Il est l'avatar le plus organisé d'un courant européen plus général, plus ou moins réactionnaire et clérical selon les endroits.

35 *L'Écho des Alpes maritimes*, 12 décembre 1849.
36 *Ibid.*
37 *Ibid.*

Il tend à s'organiser dans le royaume de Sardaigne, et même plus localement à Nice et est fervemment combattu par publicistes de *L'Écho* qui réaffirment à longueur de page dans leur journal leurs positions libérales et anticléricales et mettent en accusation les autorités ecclésiastiques. C'est bien toute cette hostilité exprimée avec une vigueur renouvelée à partir de la fin de l'année 1849 qui est à l'origine de l'organisation d'une double réaction de la part de l'évêché : la première, déjà évoquée, est journalistique et met plusieurs mois à se concrétiser avec la création de *La Sentinella cattolica* au printemps 1850 ; la seconde porte sur un terrain nouveau pour *L'Écho des Alpes maritimes*, car elle judiciaire et se traduit par des poursuites menées de manière inédite contre le journal en accord avec une partie de la magistrature locale très hostile à cet organe de presse démocrate et républicain.

SAISIES, PROCÈS DE PRESSE ET POLÉMIQUES JOURNALISTIQUES Un journal démocrate face à la réaction cléricale de 1850

DES PROCÉDURES JUDICIAIRES HOSTILES : LE RETOUR D'UNE STRICTE CENSURE ?

Au début du mois de février 1850, Désiré Laverdant, provisoirement intégré à la rédaction de *L'Écho des Alpes maritimes* depuis son arrivée à Nice, adresse une brochure à Auguste Carlone. Celle-ci, dont le brouillon est encore présent dans les papiers personnels de ce dernier, contient une analyse philosophique d'un des éléments fondamentaux de la religion catholique : l'enfer[38]. La tribune laissée à ce nouveau collaborateur est d'une longueur exceptionnelle, huit pages de supplément, alors que ceux-ci n'avaient jamais dépassé les quatre pages[39]. C'est d'autant plus conséquent que l'introduction de l'article est insérée en Une assortie de quelques éléments de contextualisation rédigés par Auguste Carlone.

---

38 ADAM, Fonds Carlone 7 J 35. Brouillons d'articles divers, dont celui écrit par Désiré Laverdant et transmis à Auguste Carlone.

39 Supplément de *L'Écho des Alpes maritimes*, 13 février 1850.

La thèse principale de cette réflexion soumise aux lecteurs du journal est que le dogme de l'enfer éternel ne peut que susciter la crainte parmi les fidèles alors que, selon Désiré Laverdant, c'est l'amour de Dieu qui doit réunir tous les hommes pour vivre dans l'Harmonie éternelle, dans une réinterprétation toute chrétienne de la pensée fouriériste. Dans une rétrospective critique de l'histoire du christianisme, il s'en prend à tous les inquisiteurs, ces « massacreurs » qui ont imposé aux peuples « le grand empire de l'échafaud », tout en agrémentant régulièrement son développement de citation bibliques ou d'exemples situationnels qu'il réinterprète selon une glose différente de celle, officielle, de l'Église[40]. Les pamphlets anticléricaux de cette époque, comme le souligne René Rémond, sont souvent agrémentés de citation des Saintes Écritures pour décrédibiliser le haut clergé en prouvant qu'il n'est pas fidèle au texte[41]. Cependant, une telle interprétation ne peut être tolérée par l'Église ; elle s'apparente à une hérésie. En effet, en fouriériste convaincu, le correspondant niçois de *La Démocratie pacifique* refuse des croyances pourtant centrales dans le culte catholique, comme l'enfer, qui lui paraît une invention discutable[42]. De la même manière que les fondateurs de *L'Écho des Alpes maritimes*, Laverdant ne peut concevoir l'existence d'une punition divine éternelle pour un homme – une opinion répandue chez les libéraux de l'époque. « Nous concevons avec lui qu'il y ait un Dieu unique qui punisse les crimes restés impunis sur cette terre, mais nous ne concevrons jamais un Dieu qui se venge ; or l'enfer éternel serait une atroce vengeance » ajoute Auguste Carlone[43]. De manière provocatrice, la contribution de Désiré Laverdant en supplément est présentée comme une supplique à l'évêque de Nice, autrement dit une demande de revenir sur un des fondements du culte.

Une telle initiative est intéressante par ce qu'elle dit de l'indépendance de la presse, de sa capacité de critique des institutions, dont est l'Église. Celle-ci dépend non de la loi en tant que telle, mais de son application plus ou moins stricte, ainsi que, chose qui est peu souvent peu mise en avant dans les études sur la presse, de la solidité des entreprises journalistiques.

40 *Ibid.*

41 René Rémond, *L'anticléricalisme en France*, *op. cit.*, p. 19.

42 Paul Bénichou, *op. cit.*, p. 243-245.

43 *L'Écho des Alpes maritimes*, 13 février 1850.

Publier une telle tribune est un gros risque pris par les directeurs de *L'Écho des Alpes maritimes*. Ne renonçant pas à leurs opinions, ils s'en prennent directement à l'évêché, donc à un pouvoir localement fort avec lequel les relations étaient déjà conflictuelles. Monseigneur Galvano est directement interpellé par Désiré Laverdant. Maurice Agulhon a particulièrement bien décrit l'esprit dans lequel les quarante-huitards se placent lorsqu'ils livrent des réflexions philosophiques sur le catholicisme : ils sont nourris de « syncrétismes républicains où Jésus-Christ [est] prolétaire et où Dieu couronn[e] l'édifice métaphysique » dans des déismes qui font horreur à l'Église[44]. Ainsi, les rédactions journalistiques comme celle de *L'Écho des Alpes maritimes* s'attirent les foudres de l'institution ecclésiale, d'autant qu'elles n'hésitent pas à faire valoir des positions anticléricales. Les critiques contre le haut clergé, le refus d'une certaine morale dogmatique ainsi que l'utilisation de références religieuses pour justifier des positions politiques plus ou moins radicales, tout cela procède d'une rupture avec le culte officiel. Les autorités, pas seulement ecclésiastiques, tolèrent parfois mal ces interprétations personnelles de la religion comme en atteste la persistance d'une censure dans la loi sarde sur la presse de mars 1848 pour tout ce qui relève d'interprétations religieuses perçues comme hérétiques. Un jeu de pouvoir s'engage alors, sur fond d'interprétation de cette loi qui n'a pas été appliquée strictement dans le royaume de Sardaigne. Tout dépend alors du jeu politique local et de la volonté de la magistrature de nuire à un journal.

Certain de l'hostilité des fonctionnaires et magistrats locaux, fidèles à la Couronne, à l'égard d'un organe de presse qui avance des positions radicales, républicaines et pro-françaises, l'évêque de Nice, au fait de la loi, demande à ce que soient saisis tous les exemplaires de *L'Écho des Alpes maritimes* le 13 février 1850. La machine judiciaire est pour la première fois lancée contre le journal. Auguste Carlone, Victor Juge et leurs associés réagissent vivement à cette première saisie, rendue publique le 15 février 1850 :

> SAISIE DU N° 315 DE *L'ÉCHO DES ALPES MARITIMES*
>
> Hier à midi, M. l'avocat J. Emmanuel Ghersi, juge-instructeur près le tribunal de première instance de Nice, sur la réquisition du ministère public, a procédé, en employant d'ailleurs tous les égards compatibles à cette pénible mission,

44 Maurice Agulhon, *1848 ou l'apprentissage de la République*, *op. cit.*, p. 246-247.

> à une visite domiciliaire, dans les ateliers de la société typographique, dans les bureaux de *L'Écho des Alpes maritimes* et à la poste, à l'effet de saisir tous les numéros du 13 février, pour tous effets et fins déterminés par la loi. Cette saisie a été opérée sans qu'on nous ait fait connaître le motif pour lequel elle avait été ordonnée et en vertu de quel article de la loi on agissait [...]. S'il est question de poursuivre un prétendu délit de presse, il ne faut que les criailleries de quelques jésuites pour que la justice ordonne des descentes dans le domicile des citoyens et y opère des séquestres. Décidément, on nous ramène au grand galop vers les paternelles douceurs du *buon governo* et de l'inquisition ; heureux notre pays d'être replacé sous ces bienfaisantes influences[45] !

L'on comprend à la lueur de ce récit à quel point l'obligation imposée par la loi de mentionner les adresses des bureaux du journal et de l'imprimeur sont des mesures de contrôle pour le pouvoir, en prévision d'une éventuelle saisie. La production journalistique ne peut se trouver qu'à une de ces deux adresses, ou dans les postes. En face de la machine judiciaire, la rédaction n'a d'autres moyens que l'encre et le papier pour protester, dans le numéro suivant du journal (du moins lorsque, comme ici, la saisie n'est pas suspensive). Auguste Carlone prend la plume pour attaquer vigoureusement non la justice mais bien ceux qu'il estime être derrière la dénonciation et qui, selon lui, fait revivre, à Nice et dans le royaume de Sardaigne, un ordre moral, mal défini mais qu'il aime à qualifier de « jésuitique » et l'ordre politique autoritaire (*buon governo*) de la Restauration sarde. La rapidité de la saisie ainsi que l'absence de signification aux directeurs de *L'Écho* des causes celle-ci leur apparaissent comme le signe d'une action arbitraire et despotique. De manière sous-jacente, c'est l'évêque et les clercs locaux qui l'entourent qu'attaque le publiciste niçois lorsqu'il évoque les « criailleries de quelques jésuites ».

L'action des autorités de censure est très codifiée dans la loi sarde : une fois le journal imprimé, le premier exemplaire doit être déposé auprès de l'avocat fiscal qui peut ordonner une saisie, qu'effectue alors le tribunal de première instance de la ville[46]. Le choix de saisir revient à ce fonctionnaire particulier et dépend surtout des plaintes qu'il a reçues puisqu'il est en charge de la Commission provinciale de contrôle de la presse. Si tout citoyen a le droit de réclamer la saisie du journal pour un article jugé non conforme aux lois, c'est à lui que revient la décision

---

45 *L'Écho des Alpes maritimes*, 15 février 1850.

46 Sylvain Milbach, *Entre Piémont et France : la Savoie déroutée*, *op. cit.*, p. 122-123.

finale. Cela le rend d'autant plus susceptible de subir des pressions, notamment de personnages de pouvoir comme l'évêque, que même pour une publication d'abord validée, il peut faire ordonner *a posteriori* une saisie en cas de plaintes jugées recevables – d'où le retard d'un jour dans la procédure contre *L'Écho des Alpes maritimes*. Le juge-instructeur du tribunal de première instance n'a d'autre choix que de se plier à la décision et de lancer la procédure. Les fonctionnaires locaux ne doivent donc en aucun cas attendre un ordre supérieur des pouvoirs turinois qui ne gèrent pas les affaires de presse en dehors de la capitale, hormis pour l'interdiction définitive d'un journal qui ne peut être décidée qu'à Turin. Cela corrobore bien l'idée, déjà avancée par Sandro Landi dans ses travaux, que les relations entre les autorités de censure et la société sont trop souvent abordées sous le seul angle des ordres donnés par les hautes sphères de l'État ou de l'Église aux organes de censure locaux[47]. Certes, les lois et les directives dépendent de ces pouvoirs, mais dans un système où la possibilité est donnée à chaque citoyen de dénoncer des publications jugées non conformes à la loi sur la liberté de la presse, le fonctionnement local est essentiel. Si l'évêque a un certain pouvoir auprès de la magistrature et de bonnes relations avec elle, il peut agir à sa guise car la loi permet qu'un acte de censure ait une motivation politique mais aussi religieuse, même s'il n'y a officiellement plus d'intervention de l'Église dans le processus censorial depuis les lois d'octobre 1847. Ceci donne une capacité d'action au pouvoir ecclésiastique local qui peut s'insérer dans le jeu politique.

La saisie de *L'Écho des Alpes maritimes* porte un rude coup au journal, même si, en attendant la fin de l'instruction, les publications peuvent se poursuivre. Dans les coulisses, Auguste Carlone, Victor Juge et Hippolyte de Rangouse s'activent pour préparer la défense de leur journal. Dans le numéro du 18 février 1850, une phrase permet de comprendre leur état d'esprit : « n'en déplaise aux robes noires nous préférons le carnaval au carême[48] ». La provocation est caractéristique du vocabulaire anticlérical de l'époque qui assimile le « parti » clérical aux jésuites et à la couleur noire de la soutane, élevée au rang de symbole de l'obscurantisme. La préférence exprimée pour le carnaval, c'est-à-dire pour la période festive

47 Sandro Landi, « Censure et culture politique en Italie au XVIIIe siècle. Le cas du grand-duché de Toscane », *Revue d'histoire moderne & contemporaine*, n° 45, 1998, p. 117-119.

48 *L'Écho des Alpes maritimes*, 18 février 1850.

qui marque l'entrée dans le carême, n'est pas anodine, tant cette festivité populaire est à Nice un moment de relâchement des mœurs et de laisser-aller dans les rues de la ville. Elle est mise en avant par rapport au carême lui-même comme une manière d'affirmer un certain mode de vie, qui rejoint finalement la lutte contre la fermeture des débits de boisson le jour des fêtes catholiques ou contre l'interdiction des jeux de hasard. Il s'agit de défaire l'influence de l'Église sur les mœurs dans un temps où le continent européen connaît une certaine déchristianisation, plus ou moins ancienne et avancée selon les sociétés, qui remet en cause la prétention des autorités ecclésiastiques au contrôle social. C'est une position libérale contre un ordre moral, celui de la Restauration, qui tend à se réaffirmer à la faveur de l'émergence de forces politiques cléricales.

Le 18 février 1850, Auguste Carlone et ses collaborateurs ripostent contre Monseigneur Galvano en mettant en cause publiquement l'intendant général – le personnage politique le plus important à l'échelle d'une province du royaume de Sardaigne. Alessandro Radicati di Marmorito est accusé d'être manipulé par l'évêque. La vigueur du soutien qu'il apporte à la démarche de ce dernier pour faire saisir les exemplaires de *L'Écho des Alpes maritimes* et enclencher la procédure de perquisition apparaît aux journalistes comme une confirmation éclatante de cette subordination. Cette coordination entre l'intendant et l'évêque prouve toutefois que les autorités locales ne voient pas d'un mauvais œil la disparition du journal des démocrates niçois. La contre-offensive est lancée par Auguste Carlone, ce qui montre que les publicistes entendent engager une épreuve de force avec les autorités. Elle est d'abord journalistique. Désiré Laverdant publie un nouvel article en première page, avec l'accord de la rédaction. « Puisse Dieu délivrer l'Église de la protection des Césars, l'âme de l'oppression, le verbe libre du bâillon et la presse des saisies » écrit-il dans un texte dont les directeurs de *L'Écho* savent qu'il sera reçu comme une déclaration de guerre politique[49]. L'auteur raconte une scène cocasse qui se serait produite sur le *Corso* où il aurait eu maille à partir avec des prêtres dominicains, installés à la place Saint-Dominique, à quelques dizaines de mètres des bureaux du journal, qui, tels qu'il les décrit, paraissaient se réjouir des déboires judiciaires de la rédaction niçoise. La scène n'est aucunement confirmée

49 *Ibid.*

par des archives mais elle n'est pas impossible tant l'hostilité envers l'institution journalistique est réelle parmi le clergé urbain.

Les publicistes niçois veulent mobiliser leur lectorat pour susciter un soutien un tant soit peu populaire et peser sur les autorités. Pour ce faire, ils ne doivent pas apparaître comme des ennemis de la religion, mais seulement d'une partie du clergé. Ainsi, l'article sur « l'enfer éternel » est décrit comme un « cantique à la miséricorde de Dieu » qui a mal été interprété par des prêtres « qui veulent que Dieu soit terrible et implacable » et ont initié « une saisie flanquée d'exploits d'huissiers[50] ». Ils jouent la carte de la victimisation. Néanmoins, alors que les publications continuent, l'affaire suit son cours judiciairement et le procès se prépare au tribunal de première instance de Nice. L'avocat fiscal général représente le ministère public ; il est assisté de deux substituts et de huit assesseurs dont trois huissiers, précisément ceux qui ont procédé à la saisie sur ordre du juge instructeur du tribunal de première instance. L'affaire est jugée par le tribunal qui possède le premier degré de compétence judiciaire pour le civil. La stratégie adoptée consiste, par un choix fait par Désiré Laverdant, de faire en sorte que lui seul soit reconnu coupable. Il réclame publiquement que l'institution journalistique ne soit pas mise en cause dans son entièreté pour la tribune publique qui lui a été offerte. Toutefois, cette tentative est inutile car la convocation du tribunal s'adresse bien à Hippolyte de Rangouse, le gérant-responsable, donc celui qui selon la loi sarde sur la presse se doit d'assumer judiciairement les publications. Le procès s'engage le matin du 25 février. Il est présidé par Dominique Cassini, président du tribunal de première instance, alors que le réquisitoire contre le périodique niçois est mené par l'avocat fiscal en personne. La sanction prononcée ne peut donner droit à un appel devant le Sénat, qui n'est plus une cour souveraine depuis les réformes de 1848, que si la peine proclamée est supérieure à quinze jours de prison et 300 francs d'amende[51].

Quelle que soit l'issue du procès, cette épreuve confirme une nouvelle fois la réussite d'Auguste Carlone qui a su réunir pour son journal des hommes de confiance qui ne font pas défection devant les difficultés et

50 *Ibid.*

51 Ugo Bellagamba, « Les mutations de la justice administrative à Nice durant la Restauration sarde : le cas du tribunal de préfecture (1822-1842) », dans Marc Ortolani, Olivier Vernier (dir.), *La justice administrative à Nice (1800-1953)*, *op. cit.*, p. 38.

s'investissent dans la riposte judiciaire. Le choix des avocats prouve la capacité de réaction des publicistes qui s'entourent de juristes locaux reconnus. Le premier, Louis Lubonis, futur gouverneur de Nice au moment de l'annexion à la France en 1860, puis député et président du Conseil général des Alpes-Maritimes, est plutôt au début de sa carrière, même s'il a pu accéder au poste d'avocat des pauvres la même année, en 1850, à la faveur de plaidoiries reconnues[52]. Le second jouit d'une reconnaissance plus grande ; il s'agit de Jean de Foresta, futur sénateur et ministre du royaume de Sardaigne dans les années 1850, qui est une connaissance d'Auguste Carlone et un homme impliqué dans la vie politique locale. Il a été candidat aux élections législatives de 1849 dans la province de Nice avec le soutien de *L'Écho des Alpes maritimes* et donc accepte en retour de défendre le journal devant la justice. Plusieurs années après l'événement, Auguste Carlone décrit en ces termes ce choix :

> De Foresta avait été très jalousé et très détesté par ses collègues du barreau de Nice. Pour leur faire pièce, il fut heureux des procès de presse qu'on nous fit pour s'établir notre défenseur ordinaire[53].

Si le choix de Jean de Foresta est délibéré, celui de Louis Lubonis ne s'est imposé que dans un second temps. Ce ne sont pas ses qualités qui sont en cause, mais il n'est pas particulièrement un proche de la rédaction et Auguste Carlone voulait que ce soit son ami d'enfance, avec lequel il a fait ses études de droit à Paris, Étienne Bonafons, fondateur-actionnaire du journal, qui assure la défense de *L'Écho*. Ce dernier, éloigné de Nice au moment de la saisie du journal, a formulé une demande officielle auprès de l'avocat général pour une mise sous huitaine afin d'avoir le temps de rentrer pour le procès, mais celle-ci a été refusée. Rien n'est épargné à la rédaction journalistique car au-delà de l'évêché, les magistrats et fonctionnaires ont développé une hostilité à l'égard de ce journal dont les opinions séparatistes pro-françaises, démocrates et républicaines entrent fortement en contradiction avec les leurs. Les magistrats, même ceux n'ayant aucune accointance avec les positions

52 Léo Imbert, « Louis Lubonis, gouverneur provisoire de la province de Nice », *Nice Historique*, *Numéro spécial du centenaire*, janvier-décembre 1960, p. 144.

53 Paul Messié, « Albin Mazon, Notes inédites, suivies des commentaires d'Auguste Carlone », art. cité, p. 211.

cléricales de l'évêque, ne sont pas mécontents des déboires de *L'Écho des Alpes maritimes*, un journal qui remet en cause la fidélité du comté de Nice à la dynastie.

L'affaire est jugée le 25 février 1850. Le compte-rendu complet du procès est traduit de l'italien, langue de la justice, dans le numéro du 27 du même mois. Cette publication est une source précieuse pour explorer le fonctionnement d'une justice qui statue sur un cas de censure de la presse, et il permet de comprendre que si les autorités étatiques sardes sont globalement plus libérales dans l'application de la loi que celles des autres États italiens, la souplesse dépend beaucoup de configurations locales. Les autorités policières et judiciaires locales ont une certaine autonomie dans leur fonctionnement. L'avocat fiscal Rodi mène un réquisitoire vigoureux contre Auguste Carlone et ses collaborateurs, en les accusant d'avoir attaqué un des dogmes fondamentaux de l'Église catholique et donc l'État lui-même puisque le catholicisme est demeuré la religion officielle dans le *Statuto* de mars 1848. Il s'empresse de requérir la peine maximale contre Hippolyte de Rangouse, à savoir un an de prison et 2 000 francs d'amende, une sanction extrêmement sévère qui représenterait plus de 15 % du budget annuel du journal dans un temps où chaque centaine de francs perdue peut pousser une feuille de presse à la faillite. Le gérant-responsable de *L'Écho des Alpes maritimes* prend alors la parole et accuse l'avocat fiscal général d'avoir subi l'influence de l'évêque avant d'exposer plus en détail les dessous de l'affaire :

> L'article incriminé a passé sous mes yeux avant l'impression ; je l'ai lu, et savez-vous le mot qui m'est échappé après cette lecture : « C'est un sermon », dis-je à un de mes collègues, et je le livrai aux imprimeurs en me disant que si jamais j'avais maille à partir avec vous, ce ne serait pas à cause de cet écrit que je regardais comme un cantique à la louange de Dieu [...]. L'article est imprimé, je signe le journal sans arrière-pensée, l'envoi en est fait à M. l'avocat-général, la distribution en ville a lieu, les courriers partent sans encombre, sans opposition de la part de l'autorité ; ce n'est que le lendemain, après incertitude, après hésitation sans doute, qu'on fait une saisie vaine et illusoire et qu'on commence à procéder contre moi. Il y a plus, messieurs, *L'Écho des Alpes maritimes*, dont je suis le gérant, a une direction dont les membres sont assez de mes amis pour ne pas vouloir me compromettre légèrement, une direction sur laquelle, dans tous les cas, pèsent les sacrifices ; eh bien ! je vous affirme que tous ont vu et lu ce jour-là même, comme moi,

> l'article dont il s'agit et que pas un d'eux n'a eu le moindre pressentiment des poursuites que l'on exerce[54].

L'extrait dévoile publiquement les coulisses de l'institution de presse – sans toutefois que ne soient cités les noms d'Auguste Carlone et de Victor Juge. L'implication d'Hippolyte de Rangouse dans la rédaction, au-delà même de sa seule fonction de gérant-responsable, apparaît, ainsi que la solidarité et la confiance qui règnent entre les membres de la rédaction et qui ne sont pas la moindre des explications de la solidité de l'institution de presse. Si le gérant doit assumer judiciairement les publications, il est pleinement soutenu durant le procès. Au-delà des informations sur les coulisses de la rédaction, un autre élément du plaidoyer d'Hippolyte de Rangouse interpelle ; il affirme que, dans un premier temps, l'écrit n'a pas subi de censure et que la saisie n'est intervenue que dans un second temps, ce qui renforce l'accusation faite à l'encontre de l'évêque d'une immixtion dans le processus de contrôle de la presse. C'est une mise en cause de l'évêque qui touche aussi l'avocat fiscal général qui aurait cédé à la pression du prélat. Celui-ci prend alors la parole pour nier en bloc ces allégations avant que les avocats de la défense, Louis Lubonis et Jean de Foresta, ne puissent intervenir. Ils reprennent la stratégie déjà choisie avant le procès : faire en sorte que les poursuites judiciaires se concentrent sur Désiré Laverdant, puisqu'il l'a lui-même réclamé dans une demande formulée expressément à l'attention de l'avocat fiscal général. La plaidoirie est une semi-réussite. Si cette demande est refusée, elle a tout de même contribué à faire alléger la peine réclamée par l'avocat fiscal général : le président Cassini inflige 300 francs d'amende et un mois d'emprisonnement à l'encontre d'Hippolyte de Rangouse[55]. Bien que réduite par rapport aux réquisitions, elle demeure assez sévère pour avoir la possibilité d'interjeter appel, ce que les publicistes et le gérant-responsable ne se privent pas de faire, d'autant que cela pourrait, en cas de victoire, installer une sorte de jurisprudence locale favorable à leur journal.

Dans cette lutte contre les autorités, les solidarités journalistiques se ravivent. La rédaction niçoise reçoit plusieurs soutiens, dont le premier est exprimé par le plus réputé des Niçois installés à Turin, Jean-Baptiste

54 *L'Écho des Alpes maritimes*, 27 février 1850.
55 *Ibid.*

Bottero, rédacteur en chef de la *Gazzetta del popolo*, un nouvel organe qui s'est imposé comme incontournable dans le champ journalistique du royaume de Sardaigne où il est le plus diffusé et l'un des premiers à se vendre au numéro pour quelques centimes[56]. Cependant, les soutiens demeurent peu nombreux car, à la même époque, beaucoup de journaux subissent (ou ont subi de manière fatale) des saisies, des procès et des interdictions, dans le royaume de Sardaigne comme en France, les deux aires où le périodique niçois a noué des relations journalistiques poussées. De plus, par leurs opinions démocrates, républicaines et francophiles, Auguste Carlone et ses collaborateurs se sont attiré une inimitié dans une grande partie de la presse turinoise et génoise. Toutefois, ils peuvent compter sur la solidarité sans faille des journaux aux opinions similaires qui se publient en Savoie avec lesquels les relations de presse perdurent. Le 2 mars 1850, quelques jours seulement après le premier procès, la rédaction du *Patriote savoisien* publie un premier article inquiet :

> Nous sommes sans nouvelles du procès de *L'Écho des Alpes maritimes*, celui de tous nos confrères auquel nous nous intéressons le plus vivement comme représentant à Nice la mission démocratique et nationale que nous défendons en Savoie[57].

La circulation des publications a dû être interrompue si bien que les numéros du périodique niçois n'arrivent plus chez leurs confrères savoisiens. Mais une réponse immédiate est formulée dans *L'Écho* le 6 mars :

> Merci au *Patriote* pour les sympathies fraternelles qu'il nous témoigne ; en retour, il peut compter sur l'identité de nos sentiments et de nos espérances[58].

Les soutiens dans les procès sont la marque d'une solidarité publique pour défendre une rédaction mais aussi plus généralement la liberté de publication. C'est une période cruciale pour la survie des institutions journalistiques. Pour l'affronter, outre les solidarités extérieures, Auguste Carlone et ses collaborateurs peuvent compter sur la solidité de l'entreprise journalistique qu'ils ont construite. Cela leur permet d'assumer simultanément le combat judiciaire et la lutte politique. Ainsi, malgré le procès, ils n'interrompent en rien leurs publications et,

56 Franco Della Peruta, *Il giornalismo italiano del Risorgimento*, *op. cit.*, p. 66.
57 *Le Patriote savoisien*, 2 mars 1850.
58 *L'Écho des Alpes maritimes*, 27 février 1850.

pour affirmer leur liberté, font même le choix provocateur, alors que le jugement en appel approche, de publier le 25 mars 1850 une nouvelle « supplique » écrite par Désiré Laverdant. Prétendant se fonder sur les Saintes Écritures, il entend dénoncer la prétention des prélats à posséder quelque pouvoir politique. Le choix est d'autant plus provocateur que le contexte est envenimé par le débat législatif au parlement de Turin sur la proposition législative du ministre de la Justice et des Affaires ecclésiastiques, Giuseppe Siccardi. Son objectif est de mieux contrôler les évêques en imposant la fin des privilèges pour les tribunaux judiciaires religieux auxquels revenaient certaines affaires concernant les clercs, mais également la nécessité pour les institutions ou associations religieuses de disposer d'une autorisation préalable des autorités pour la vente de biens ou la réception de dons[59]. La loi va dans la logique de la centralisation et la modernisation de l'État sarde qui implique un contrôle accru des institutions ecclésiastiques. L'on voit donc qu'au niveau étatique la tendance n'est pas nécessairement à une évolution cléricale du pouvoir contrairement à ce qui se déroule dans la province de Nice. Ainsi, alors qu'en mars 1850 le pape monte au créneau pour dénoncer officiellement le projet de loi, incitant les évêques à la combattre, la presse libérale et anticléricale du royaume de Sardaigne l'approuve publiquement. La rédaction de *L'Écho des Alpes maritimes* y voit une évolution qui participe à la laïcisation de la vie politique dans un moment où l'Église tend à passer politiquement à l'offensive.

C'est dans ce contexte qu'est publiée la deuxième « supplique » de Désiré Laverdant qui entraîne une nouvelle saisie le 25 mars 1850 et porte encore un rude coup à l'institution journalistique, quelques jours avant l'audience en appel du premier procès prévue le 2 avril. L'auteur annonce une nouvelle fois se sentir coupable de la situation et renoncer à traiter de la question du pouvoir temporel de l'Église afin de ne plus causer de tort à l'organe qui a accepté de lui donner une tribune – et c'est bien l'un des objectifs de ces saisies que de faire pression pour faire cesser ce type de publications. L'évêque et l'avocat fiscal général sont une nouvelle fois à la manœuvre, même si cette deuxième saisie n'insuffle aucun réflexe d'autocensure de la part d'Auguste Carlone et de ses associés, bien au contraire ; ils se montrent encore plus offensifs

59 Jean-Claude Lescure, « Italie », dans André Guillaume, Jean-Claude Lescure, Stéphane Michonneau, *L'Europe des nationalismes aux nations : Italie, Espagne, Irlande*, *op. cit.*, p. 29.

à l'égard des fonctionnaires ou prélats locaux comme on peut le lire le 27 mars 1850 :

> Encore une saisie ! Encore une persécution ! Est-ce donc la fureur, le délire ou la bêtise qui poussent nos ennemis ?...Que nous veulent-ils donc ces fanatiques paladins de l'Église, ces prétendus vengeurs de Dieu, qui s'érigent en inquisiteurs de la pensée et de la parole, et qui pèsent dans les plateaux de leur balance le dogme d'une religion qu'ils ne comprennent pas ? Ce qu'ils nous veulent ces misérables suppôts de la réaction jésuitique, nous le savons depuis longtemps : ils veulent détruire le seul organe de publicité du pays, ils veulent se défaire du mors qui les gêne dans leurs allures arbitraires, ils veulent bâillonner la bouche du pays pour en étouffer la plainte, ils veulent abuser des vices de la loi sur la presse pour ne pas comparaître devant un jury dont ils ont peur, ils veulent enfin, sous un masque religieux, cacher leurs vengeances politiques et déguiser lâchement leur haine à notre religion démocratique [...]. Au nom de la liberté, au nom de la Constitution, au nom du droit d'hommes libres, tous les membres de la rédaction de *L'Écho des Alpes maritimes* protestent devant leur pays, leur tribunal d'honneur, contre les mesures odieuses dont ils sont victimes et ils élèvent leur voix jusqu'au Parlement pour demander la réforme d'une loi qui jure avec nos institutions afin que les délits de presse en matière de religion rentrent désormais dans la compétence d'un jury[60].

La plume anticléricale aiguisée des rédacteurs de *L'Écho* transcrit les dénonciations véhémentes – désormais classiques – du jésuitisme qui s'accompagnent d'une analyse de la situation ainsi que d'une revendication. L'objectif politique de l'évêque – dont le nom n'est jamais directement mentionné – serait de nuire au « seul organe de publicité » de la province, celui qui peut affirmer des positions anticléricales. Contre ce qu'ils dénoncent comme une inquisition opérée par la « réaction jésuitique », ils revendiquent leur « religion démocratique », qui est une manière très quarante-huitarde de lier les idéaux démocrates à la revendication d'une religion moins dogmatique et plus proche du message des Évangiles. Il s'agit bien d'un de ces « syncrétismes républicains » ou démocrates comme les qualifie Maurice Agulhon, où les libertés et droits politiques sont pensés comme un progrès voulu par Dieu[61]. Ainsi, fidèles à cette pensée, ils se pensent bons catholiques en se faisant défenseurs des libertés politiques, au premier rang desquelles est celle

---

60 *L'Écho des Alpes maritimes*, 27 mars 1850.

61 Maurice Agulhon, *1848 ou l'apprentissage de la République*, *op. cit.*, p. 246-247.

de la presse, et en appelant à la promulgation d'une loi plus libérale que celle élaborée en mars 1848 qui, parce que le pouvoir ne voulait pas laisser tout loisir aux nouveaux journaux, contient des dispositifs de censure, notamment pour certains sujets comme la religion. Cependant, les concessions du gouvernement sarde aux revendications libérales du printemps 1848 ont fait qu'il est certaines questions qui sont traitées par des jurys indépendants. L'extension du domaine de compétence de ceux-ci, notamment aux questions religieuses, comme le revendiquent les publicistes niçois, leur laisserait une chance bien plus grande de parvenir à un acquittement qu'avec un tribunal local sur lequel l'évêque peut faire pression. Cette demande est légitimée par la logique politique de l'appel au « pays », aux citoyens, c'est-à-dire au tribunal de l'opinion publique qu'ils invoquent, cette fois pour protester contre les saisies qu'ils estiment allant contre le cours du progrès de leur époque.

Une nouvelle fois, ce sont des mécanismes du jeu politique qu'on a pu observer au cours de tout le présent ouvrage qui s'activent, avec une autoprésentation de la part d'Auguste Carlone et de ses associés qui repose sur leur pouvoir médiatique. Ils prétendent incarner l'écho de la province de Nice et être ceux qui expriment les plaintes de la population que leurs adversaires entendent « bâillonner ». Le procédé rhétorique sert à en appeler au soutien des citoyens contre ce qu'ils estiment être des manœuvres ecclésiastico-judiciaires. Le moment coïncide d'ailleurs avec une séquence d'appels aux dons au printemps 1850 pour permettre au journal de perdurer. L'appel à la solidarité comme la dénonciation des procédures judiciaires dont ils victimes mobilisent une même rhétorique fondée sur l'*ethos* journalistique. Il s'agit d'autoprésenter leur journal comme une œuvre de bien commun, arguant qu'ils représentent la seule voix politique indépendante et ancrée localement et qu'il n'est pas nécessaire d'épouser toutes leurs doctrines pour les appuyer contre les forces antilibérales qualifiées de « jésuitiques » ou « réactionnaires » selon les articles – d'autant qu'en cas d'interdiction, ou si le journal venait à péricliter financièrement, il ne resterait plus que la nouvelle feuille cléricale, appuyée par l'évêque, *La Sentinella cattolica*, dont le programme se publie au même moment, en avril 1850. Auguste Carlone et ses collaborateurs mesurent bien qu'il n'y a aucun hasard dans le fait que les procédures judiciaires entamées contre eux sont concomitantes de la préparation du nouveau journal. L'enjeu des procès est bien celui de l'évolution générale de la presse dans la province de Nice. Et c'est dans ce contexte que s'ouvre celui en appel le 2 avril 1850.

Le compte-rendu complet de son déroulement nous apprend la présence, non anodine, du comte De Falloux, qui se présente *de facto* comme un soutien public des autorités ecclésiastiques locales. Présent à Nice depuis près de cinq mois, l'ancien ministre français s'est familiarisé avec la vie politique locale et a eu vent des publications anticléricales du seul périodique existant dans la région. Sa présence n'a rien d'anodin, elle intervient comme un soutien pour l'évêque et confère une audience supplémentaire aux séances. La cours d'appel confirme l'amende de 300 francs ainsi que la peine d'emprisonnement d'un mois pour le gérant-responsable alors que l'avocat fiscal général, qui a procédé entre-temps à la deuxième saisie, a aussi interjeté appel, sans succès, pour que soit amplifiée la première condamnation – il réclamait encore 2 000 francs d'amende et un an de prison pour Hippolyte de Rangouse. Une confirmation de peine à laquelle s'attendaient Auguste Carlone et ses collaborateurs, qui avaient déjà prévu de se pourvoir en cassation afin de continuer une lutte qu'ils conçoivent comme un combat pour la préservation de la liberté de publication :

> La jurisprudence que nos tribunaux veulent établir en matière de discussion religieuse nous semble porter une grave atteinte à nos droits constitutionnels en comprimant l'expression de la pensée, comme cette jurisprudence nous ramènerait aux temps de l'intolérance religieuse, nous n'accepterons pas l'arrêt de la cour d'appel sans conteste ; nous épuiserons tous les degrés de juridiction[62].

L'affaire a des enjeux qui dépassent le simple verdict énoncé à l'encontre du gérant-responsable de *L'Écho des Alpes maritimes*. Il s'agit de la première condamnation de presse à Nice depuis les lois libérales de 1847 et 1848, et donc d'un premier retour en arrière concernant la liberté de publication. Et l'espoir de casser cette dynamique semble faible car il paraît difficilement envisageable que la Cour de cassation, institution mise en place par Charles-Albert lors des réformes de la fin du mois d'octobre 1847, favorise un organe de presse, qui plus est d'opposition, républicain, démocrate et séparatiste, aux dépens des magistrats provinciaux, d'autant que l'évolution vers un contrôle plus affirmé de la presse

62 *L'Écho des Alpes maritimes*, 4 avril 1850.

(par une application plus stricte des lois) est une tendance générale dans tout le royaume de Sardaigne.

Le « parti » organisé à Nice par monseigneur Galvano est appuyé sur des positions de pouvoir et peut multiplier les poursuites judiciaires contre *L'Écho*. Celles-ci se prolongent plusieurs mois durant en obligeant Auguste Carlone et ses collaborateurs à épuiser tous les recours possibles pour faire casser les condamnations ; le contexte est celui d'une progression de la bureaucratisation de la justice, avec des procédures modernes qui contiennent nombre d'étapes et paraissent interminables aux individus et groupes qui y sont confrontés. C'est l'évolution extrême de ce processus enclenché au XIXe siècle qu'a décrit dans son style caractéristique Franz Kafka dans *Le Procès*. La lutte judiciaire paraît interminable car les procès recommencent les uns après les autres pour la rédaction niçoise, ce qui est une stratégie pour l'affaiblir. Néanmoins, les faibles chances de victoire n'entament pas la volonté des publicistes niçois de mener la lutte judiciaire. L'audience devant la Cour de cassation à Turin est prévue pour la fin du mois de mai 1850[63]. Pour préparer leur défense, ils mobilisent les réseaux journalistiques qu'ils ont constitués au fil du temps et sollicitent et obtiennent l'aide de l'avocat Angelo Brofferio. Jouissant d'une grande réputation à Turin pour ses succès dans différents procès, ce dernier est aussi un patron de presse important et l'une des personnalités politiques les plus en vue du royaume de Sardaigne. Il est le leader du courant radical et démocrate organisé autour de son journal, *Il Messaggiere torinese*. Comme Auguste Carlone et ses collaborateurs, il a défendu les insurgés de la République romaine contre Pie IX pour lequel il ne cache pas une certaine aversion. Anticlérical, Angelo Brofferio s'est fait connaître comme un fervent défenseur de la liberté de la presse. Et, ce qui importe plus encore pour les publicistes niçois, il est loin de leur être inconnu puisque, en janvier 1848, il avait été l'un de leurs plus grands soutiens extérieurs dans la lutte contre le comte De Maistre, rédigeant une longue lettre contre le gouverneur reprise et publiée dans *L'Écho des Alpes maritimes*. Lorsque des agents du pouvoir agissent pour réduire, d'une manière ou d'une autre, la liberté de publication, Angelo Brofferio est de toutes les luttes. Ainsi, il accepte de plaider des causes comme celle d'Hippolyte de Rangouse. Toutefois, même avec

63 Olivier Vernier, « Les réformes institutionnelles de Charles-Albert (1847-1848) », *Nice Historique*, n° 1, 1997, p. 10.

un tel soutien, les victoires judiciaires sont rares pour les journaux ; et *L'Écho des Alpes maritimes* ne fait pas exception puisque sa condamnation définitive est prononcée le 24 mai 1850, jour de l'audience à laquelle assiste, à Turin, le gérant-responsable du journal. L'affaire a toutefois permis de renforcer les solidarités entre hommes de presse, jusque dans l'arène judiciaire, et la capacité des publicistes niçois, localement et au niveau étatique, à recueillir l'aide de personnalités reconnues pour leurs plaidoiries – Jean de Foresta pour l'audience à Nice et Angelo Brofferio pour celle de Turin. Malgré les défaites dans les différents procès, ils ont montré à leurs adversaires leur capacité à assumer la lutte judiciaire en poursuivant leurs publications et en obtenant que la condamnation prononcée ne soit pas fatale à leur journal, contrairement à ce qu'auraient voulu l'évêque et l'avocat fiscal général. Toutefois, ils perdent pour un temps leur gérant-responsable.

Le matin du 10 juin 1850, comme l'annonce le numéro du même jour, Hippolyte de Rangouse est contraint de se rendre à Villefranche pour effectuer sa peine de prison d'un mois dans le bagne de la ville. À la faveur des relations locales dont jouissent les notables publicistes, ce dernier est placé dans un des endroits les plus confortables de la prison, « une partie du logement affecté au général commandant le fort de Villefranche[64] ». Il y a reçu, outre les visites de soutien de ses collaborateurs, celles de personnalités extérieures à la rédaction, comme « M. Olivieri de Vernier, général de la division, M. le général Caravadossi et M. le colonel Verany » qui ont agi auprès du commandant du fort pour faire adoucir sa peine. Auguste Carlone s'est fait « un devoir » de solliciter son réseau relationnel notabiliaire pour qu'Hippolyte de Rangouse bénéficie d'un traitement de faveur. Il jouit d'un capital social et symbolique qui lui permet de telles sollicitations ; et la chose n'a rien de secret, elle est même rendue publique puisque le directeur du journal et ses associés restants tiennent à « exprimer publiquement [leur] part de reconnaissance pour les procédés dont ils [les gradés précités] ont usé envers [leur] collaborateur[65] ». Le but est aussi de montrer à leurs adversaires leur influence politique, alors que dans le même temps ils doivent continuer à assurer la régularité des publications et affronter une situation financière délicate que l'amende de 300 francs n'a pas

64 *L'Écho des Alpes maritimes*, 12 juin 1850.
65 *Ibid.*

arrangée. Il leur est aussi indispensable de remplacer dans ses fonctions le gérant-responsable emprisonné, ce que permet la bonne organisation de la rédaction puisqu'une solution interne est trouvée : c'est le comptable, Louis Antoine Spinelli, qui se dévoue pour assumer cette tâche jusqu'à la libération d'Hippolyte de Rangouse annoncée en ces mots dans *L'Écho des Alpes maritimes* du 10 juillet 1850 : « les amis de la liberté de la presse apprendront que notre ancien gérant a quitté ce matin le fort de Villefranche et se trouve en ce moment parmi nous[66] ». La formulation de la nouvelle les place à nouveau dans le rôle qu'ils essaient d'incarner depuis la création du journal, celui de premiers défenseurs des libertés politiques nouvelles dans le pays niçois. La perpétuation des publications durant cette difficile période a été un succès qui leur a permis de garder une position de choix. Néanmoins, des changements internes se sont opérés ; l'ancien gérant-responsable, ne voulant plus assumer le risque d'un emprisonnement, ne reprend finalement pas ses fonctions. Toutefois, il continue de contribuer à la production du journal, ce qui satisfait grandement Auguste Carlone et ses autres associés, car, en plus des procédures judiciaires, ils doivent aussi affronter l'hostilité de la nouvelle feuille de l'évêché, *La Sentinella cattolica*, désormais concrétisée et qui tente de s'installer dans la vie politique locale.

UN PREMIER PLURALISME JOURNALISTIQUE

Des procédures judiciaires et la création d'un journal, telle est la double offensive que mène l'évêque contre *L'Écho des Alpes maritimes*. C'est une reprise en main politique de la province qu'il s'applique à réaliser. Ainsi, un pluralisme journalistique s'installe à Nice. Il contient un certain paradoxe car il met en jeu deux rédactions qui ne verraient pas d'un mauvais œil la disparition de son concurrent. Celles-ci se livrent une lutte politique féroce. D'emblée, lors de la publication du programme de *La Sentinella cattolica*, les polémiques sont vives ; ses directeurs se revendiquent ouvertement comme un anti-*Écho*, c'est-à-dire un organe de lutte contre les idées démocrates, républicaines, francophiles et anticléricales. Les antagonismes, qui ne sont qu'une configuration locale d'affrontements politiques italiens, français et même plus largement européens, installent une tension dans la ville. Pour saisir le contexte,

66 *L'Écho des Alpes maritimes*, 10 juillet 1850.

il y a malheureusement très peu d'archives qui permettent d'explorer les coulisses de cette nouvelle institution de presse – ce qui est la norme pour les journaux de l'époque, la riche documentation conservée par Auguste Carlone pour *L'Écho* étant plutôt une exception. Néanmoins, plusieurs numéros de *La Sentinella cattolica* ont été conservés, ce qui permet tout de même de confronter les argumentaires et les points de vue et d'avoir une vision de ces débats publics qui ne soit pas dépendante des seules colonnes de *L'Écho des Alpes maritimes.*

Le 1er mai 1850, l'abbé Nicola Cotto, principal rédacteur de *La Sentinella*, publie un feuilleton entièrement élaboré pour dénoncer les positions politiques de ses adversaires – ce qui dit bien le but réel de ce nouveau journal. Dès avant la publication du programme de leurs adversaires, Auguste Carlone, Victor Juge et Hippolyte de Rangouse avaient dénoncé *La Sentinella* comme un organe de presse appelé à voir le jour pour « aider la police de l'évêque[67] ». Désormais les publications sont régulières et les échanges plus directs qu'une polémique de presse à distance comme en ont connu auparavant les publicistes de *L'Écho des Alpes maritimes.* La présence physique dans la même ville donne toujours un caractère particulier à la lutte politique, même si les échanges demeurent uniquement sous une forme journalistique. Les journaux diffusent une certaine atmosphère dans l'espace urbain, nourrissant les discussions des lieux de sociabilité plus ou moins mondains.

Dans les accusations réciproques que se lancent les publicistes, l'ironie et la satire, armes rhétoriques particulièrement adaptées à ce type de dispute publique, sont maniées avec application. La rédaction de *L'Écho*, bien qu'en proie à des poursuites judiciaires, est toutefois bien mieux organisée, plus habituée aux joutes politiques et donc plus capable de passer à l'offensive. Elle entend cibler prioritairement l'évêque de Nice en tentant de susciter un débat contre le prélat par la publication d'articles incriminant l'accaparement de la richesse de l'Église par le haut clergé. Monseigneur Galvano aurait organisé grâce à sa fortune, jugée illégitime eu égard à la situation financière difficile du bas clergé, la publication d'une feuille de presse dont, insinuent-ils, l'un des objectifs principaux est de défendre les privilèges des prélats. La réponse ne se fait pas attendre ; le 8 mai 1850, le directeur de *La Sentinella* entend livrer une

67 *L'Écho des Alpes maritimes*, 20 mars 1850.

contestation chiffrée des arguments avancés par Auguste Carlone et ses collaborateurs. L'abbé Cotto affirme que, loin des sommes folles qu'on leur prête et qui alimenterait un goût de l'argent, les rémunérations des pasteurs ne dépassent pas les 600 francs annuels dans le diocèse de Nice[68]. La réponse est aussi une manière de rassurer publiquement le bas clergé dans lequel se trouvent des lecteurs de *L'Écho des Alpes maritimes*. L'initiative témoigne d'une volonté de reprise en main de la partie la plus modeste du clergé dont certains membres, particulièrement durant le « printemps des peuples », ont eu la tentation de se laisser séduire par les opinions radicales. À Nice, les colonnes du seul périodique de la province, démocrate et républicain, ont été ouvertes depuis 1848 aux doléances des curés de village. Pour accentuer cette influence, à la fin du mois de mai 1850, alors qu'ils attendent leur pourvoi en cassation, les publicistes de *L'Écho des Alpes maritimes* soutiennent Angelo Brofferio, leur avocat, non pour ce rôle, ni pour celui de publiciste, mais dans son action de député influent à la Chambre qui propose une loi sur la vente des biens ecclésiastiques au profit d'une amélioration de la condition du bas clergé. La proposition est soutenue par toute la presse radicale du royaume de Sardaigne. Elle se veut une mise en acte du discours de défense de la condition matérielle des curés les plus modestes, ainsi qu'un pied de nez aux prélats auxquels il est publiquement proposé d'abandonner leurs privilèges pour une cause noble. Refuser reviendrait finalement pour eux à confirmer l'image diffusée dans la presse, et notamment dans *L'Écho des Alpes maritimes*, d'un haut clergé plus préoccupé par la défense de ses prébendes que par la bonne marche de l'Église. Ceux-ci reçoivent le soutien du ministre de l'Intérieur, Filippo Galvagno, qui s'oppose aux propositions d'Angelo Brofferio et se retrouve décrit, sous plume des publicistes de *L'Écho*, comme venant « au secours » des cléricaux. Pour sa part, l'abbé Nicola Cotto récupère et applique à ses adversaires locaux les accusations de socialisme proférées par le ministre de l'Intérieur à l'encontre de l'avocat piémontais afin de décrédibiliser l'idée d'une spoliation partielle des évêques. C'est bien cette vie politique multiscalaire décrite tout au long de l'ouvrage que l'on peut une nouvelle fois observer.

68 *La Sentinella cattolica*, 8 mai 1850. « *Siamo in dovere di rettificare alcune asserzioni dell'*Écho des Alpes maritimes, *la cui inesattezza attribuiamo volontieri a inavvertenza o a difetto di sufficienti cognizioni nella materia* ».

Les liens ne se font pas qu'avec la capitale, car la vie politico-journalistique niçoise est aussi particulièrement liée avec celle des villes de Savoie du fait des solidarités journalistiques entre *L'Écho des Alpes maritimes* et *Le Patriote savoisien*, *Le Chat* et *Le National savoisien*. Ces derniers combattent aussi les publications jugées cléricales de journaux de la même tendance que *La Sentinella*. Des débats publics à distance se nouent. Dans un article du 29 mai 1850, l'abbé Cotto invective vivement les rédacteurs du *Patriote* tout en exprimant un fort soutien à son plus fervent adversaire, *Le Courrier des Alpes*, un organe conservateur qui défend l'évêque de Maurienne, Monseigneur Vibert. Dans les deux cas, la configuration et le contexte politiques donnent à voir une offensive coordonnée des autorités ecclésiastiques. Les deux évêques signent d'ailleurs en commun, avec d'autres prélats, une adresse de soutien de « l'épiscopat subalpin au souverain pontife » pour le féliciter de son retour à Rome après la disparition de la République romaine. La lettre est reproduite dans *Le Courrier des Alpes* le 4 juin 1850[69], ce qui lui vaut d'être qualifié de « digne confrère de *La Sentinella* » par la rédaction de *L'Écho des Alpes maritimes*. De la même manière, les attaques à l'encontre des démocrates francophiles de Chambéry formulées par l'abbé Nicola Cotto ont été reprises dans *Le Courrier des Alpes*. L'on constate bien, du fait de la circulation des journaux, la distance physique n'est pas un obstacle à l'émergence de « partis » transprovinciaux dont l'existence se fonde sur la publication de journaux et l'existence de solidarités journalistiques entre Nice et la Savoie. En tant que support écrit, il est un moyen de nouer et d'entretenir des liens entre des groupes politiquement proches mais spatialement éloignés de centaines de kilomètres, permettant ainsi une ouverture de la vie politique locale sur l'extérieur.

Dans ces luttes politico-journalistiques, l'objectif est toujours de décrédibiliser ou de déshonorer l'adversaire, de lui forger une image publique qui corresponde à des pratiques ou attitudes dont on pense qu'elles ne peuvent qu'être jugées détestables par une majorité de citoyens. L'un des artifices rhétoriques les plus utilisés est d'essayer de faire passer le journal adverse pour une feuille contenant des publications violentes. Ainsi, dans leur contre-attaque, les rédacteurs de *L'Écho des Alpes maritimes* rapportent avoir entendu dire par un « camarade de

---

69 *Le Courrier des Alpes*, 4 juin 1850.

La Sentinella » un propos affirmant qu'« on devrait [leur] arracher la langue et [leur] couper le poignet[70] ». Une telle affirmation se fondant sur de vagues « on dit » a pour but de susciter des rumeurs, de faire des réputations et de jeter un anathème. De telles attaques virulentes sont généralement concomitantes d'écrits plus argumentés ayant pour but de contrer les idées de l'adversaire. Ainsi, le 7 juin 1850, un article de soutien au *Patriote savoisien* est publié dans *L'Écho* pour contrer la double-attaque menée contre ce journal par *Le Courrier des Alpes* et *La Sentinella cattolica*. Encore une fois la solidarité perdure entre les organes francophiles de Nice et de Savoie alors qu'une autre se noue entre les feuilles qui leur sont politiquement opposées. L'on est bien dans ce jeu d'association et d'affrontements entre les institutions de presse qui fait la substance du champ journalistique et anime le jeu politique, comme cela peut se vérifier lorsqu'arrivent à l'été 1850, dans ce contexte de tension, les élections aux conseils municipal, provincial et divisionnaire, les premières depuis que *L'Écho* est concurrencé par un nouveau journal.

Les démocrates niçois ont déjà une certaine expérience des campagnes électorales, les ayant menées depuis plus de deux années au travers de leur institution journalistique. Ils ont aussi l'avantage non négligeable d'être lus au-delà de la ville de Nice, par les notables et curés des villages de l'arrière-pays, aussi parce qu'ils ont construit pendant plus de deux années une feuille journalistique régulière qui n'a souffert d'aucune interruption, ce qui est plus l'exception que la norme pour les journaux du milieu du XIXe siècle. De plus, leurs actions philanthropiques leur ont valu les faveurs de notables villageois. Leurs nouveaux adversaires ont donc la lourde tâche de contrer leur influence. Pour faire connaître leurs candidats, ils mènent une campagne de publicité à travers une opération d'envoi massif de tracts au tout début du mois de juillet 1850. La réaction des rédacteurs de *L'Écho des Alpes maritimes* contre cette initiative est immédiate :

> Nous venons d'apprendre que le parti réactionnaire, à l'aide du véhicule de *La Sentinella cattolica*, vient de répandre dans nos communes une averse de bulletins imprimés proposant des candidats provinciaux et divisionnaires en odeur de sainteté dans leur congrégation. Il est à espérer que les électeurs

70 *L'Écho des Alpes maritimes*, 7 juin 1850.

> libéraux et indépendants se réuniront et s'entendront pour contrebalancer l'influence rétrograde des hommes du passé[71].

C'est un classique du jeu électoral que cet appel à tous les libéraux, malgré des divergences politiques, notamment sur la question du patriotisme, pour réaliser l'unité derrière leur journal contre un ennemi commun, celui qui aurait pour ambition de ramener l'ordre autoritaire du temps de la Restauration. Il s'agit de contrer tous les candidats « en odeur de sainteté », c'est à dire soutenus par l'évêque. Les élections contribuent à figer le jeu politique en une opposition entre deux « partis » dotés chacun d'un organe de presse. Les adversaires des démocrates niçois n'ont plus autant de postes de pouvoir qu'avant les réformes, du temps où le comte De Maistre était gouverneur ; ils sont contraints d'user des armes de la modernité politique qu'ils combattent, qu'elles soient journalistiques ou électorales.

La campagne se lance rapidement. Pour réagir à la diffusion massive de tracts de la part de la rédaction de *La Sentinella cattolica*, Auguste Carlone et ses associés organisent un comité électoral pour réunir « tous ceux qui s'attachent aux intérêts spéciaux et généraux du pays[72] ». Les citoyens qui remplissent les conditions de cens sont invités le 3 juillet 1850 à une réunion organisée le lendemain dans les locaux de *L'Écho des Alpes maritimes* dans le but de former des listes afin de « proposer à temps aux nombreuses communes de la montagne les candidats aux conseils de province et de division[73] ». Le 5 juillet est publiée une « adresse aux électeurs de Nice et de la province » dont le but est bien de faire du lectorat de *L'Écho* un électorat[74]. Auguste Carlone et Victor Juge s'engagent personnellement. Exercer un mandat municipal ne nécessite pas une présence à Turin, donc un abandon de leur journal ; de même pour les élections concomitantes du conseil provincial (qui a des prérogatives administratives sur toute la province) et divisionnaire (qui a des compétences sur un territoire incluant aussi les deux autres provinces qui font la division de Nice, celles d'Oneille et de Sanremo). Auguste Carlone est désigné candidat pour le premier et Victor Juge pour le second. Au total, les membres de la rédaction représentent

71 *L'Écho des Alpes maritimes*, 3 juillet 1850.
72 *Ibid.*
73 *Ibid.*
74 *L'Écho des Alpes maritimes*, 5 juillet 1850.

près de la moitié des candidats présentés le 5 juillet comme ayant été « choisis parmi les citoyens les plus indépendants par leur position et par leur caractère, qui connaissent le mieux les conditions et les besoins de [leur] province laissée dans l'oubli[75] ». Ils se présentent explicitement comme des défenseurs de l'intérêt général comme ils le font au même moment en tant que publicistes dans une campagne d'abonnement, tout en cachant publiquement cette double activité. Auguste Carlone est dit « propriétaire » et Victor Juge « ingénieur des mines[76] ». Une nouvelle fois, cette mécanique de l'anonymat se met en place pour servir des candidatures personnelles. Cette stratégie journalistique en appelle une autre, plus propre aux périodes électorales : l'appel au rassemblement lancé en direction des « électeurs intelligents et progressistes » derrière cette liste pour ne pas « disséminer les suffrages et donner ainsi gain de cause au parti rétrograde[77] ». Si les moyens sont parfois artisanaux, les stratégies électorales sont extrêmement modernes ; elles sont telles qu'on les trouve encore dans nos démocraties occidentales contemporaines avec des comités électoraux, des tracts, des appels la mobilisation de l'électorat contre l'abstention et contre la dissémination des voix sur diverses candidatures de tendances proches. La presse joue déjà un rôle important, et dans ce contexte le grand avantage de *L'Écho* par rapport à son concurrent journalistique est son rythme de publication, trois fois plus important que celui de *La Sentinella*, ce qui est précieux dans une période électorale où il faut multiplier la publicité en faveur des candidats et réagir à l'actualité.

Les « partis » ne sont pas vraiment structurés mais ils tentent de s'organiser. Lorsqu'ils ne peuvent générer des candidatures, ils s'approprient celles qui sont menées par des notables qui ne sont pas exactement sur la même ligne politique qu'eux mais qui ne sont pas identifiés comme des adversaires. La rédaction de *L'Écho des Alpes maritimes* a fait de cette pratique une forme privilégiée d'investissement des échéances électorales. Le champ politique est très mouvant ; tantôt une feuille de presse peut imposer ses candidats, tantôt elle se plie à ceux qui, sans être trop opposés à ses positions, sont dans la meilleure position pour gagner l'élection. Cependant, cela donne parfois lieu à

75 *Ibid.*
76 *Ibid.*
77 *Ibid.*

des confusions. Ainsi, au début de l'été 1850 à Nice, la candidature d'un ingénieur de la ville, Thomas Fricero, se retrouve finalement promue par les deux journaux opposés, *L'Écho des Alpes maritimes* et *La Sentinella cattolica*. Auguste Carlone et ses associés ont fait le choix de le soutenir lors du comité électoral du 4 juillet. Cependant, apprenant le soutien de leurs adversaires, ils font volte-face en présentant dans leur numéro du lendemain le candidat comme décrédibilisé du fait du soutien public qu'il a reçu de la part de l'abbé Nicola Cotto. Le 8 juillet 1850, l'ingénieur, lecteur régulier de *L'Écho*, écrit, dans une lettre adressée à ses directeurs, qu'ils s'empressent de publier, ne « pas avoir recherché le patronage de *La Sentinella cattolica* » mais également ne pas être « tenu ni à l'accepter ni à le désavouer[78] ». Une réponse jugée insuffisante par les publicistes démocrates qui retirent immédiatement leur soutien en qualifiant l'écrit de « pensée neutre et incolore » qui « ne peut satisfaire personne[79] ». La réponse de l'hebdomadaire, *La Sentinella*, n'intervient que quelques jours plus tard, dans le numéro hebdomadaire du 10 juillet, alors qu'entre-temps les directeurs de *L'Écho des Alpes maritimes* ont déjà réussi à impulser une candidature concurrente. Nicola Cotto profite du refus de Thomas Fricero de se plier aux exigences de Victor Juge et Auguste Carlone, qui a fait l'effet d'une contestation de leur pouvoir journalistique, pour donner paradoxalement à son journal une posture plus démocratique et libérale que celle de son adversaire :

> *L'Écho des Alpes maritimes fa alla* Sentinella, *che chiama gratuitamente giornale della reazione, un quasi delitto di aver prestato il suo veicolo per la diffusione nella provincia di un bullettino portante i nomi dei candidati più in favore per le imminenti elezioni dei membri mancanti ai consigli divisionale e provinciale.* La Sentinella *non è giornale d'alcun partito; la moderazione ed un spirito di libertà furono e saranno sempre la sua divisa.*
>
> « *L'Écho des Alpes maritimes* fait à *La Sentinella*, qu'il appelle gratuitement journal de la réaction, un quasi-délit d'avoir agi en faveur de la diffusion dans la province d'un bulletin portant les noms des candidats ayant ses faveurs pour les élections imminentes des membres manquants aux conseils divisionnaire et provincial. *La Sentinella* n'est le journal d'aucun parti ; la modération et un esprit de liberté furent et seront toujours sa devise[80]. »

---

78 *L'Écho des Alpes maritimes*, 8 juillet 1850.

79 *Ibid.*

80 *La Sentinella cattolica*, 10 juillet 1850.

La réponse est habile, il s'agit de nier les accusations portées par l'adversaire en se présentant comme au-dessus de tous les « partis » existants, stratégie électorale qui relève déjà au milieu du XIXe siècle d'une pratique répandue alors que l'existence même d'un journal repose sur le fait de donner une expression publique à un courant d'opinion. La formule finale se veut consensuelle, évoquant la modération et la défense de la liberté, ce qui a l'avantage d'être assez flou et large d'interprétation, de pouvoir séduire un certain électorat, mais qui se trouve contradictoire avec le programme politique d'origine de *La Sentinella* publié avril 1850 et dans lequel l'abbé Cotto écrivait que la ligne éditoriale de ce nouveau journal était de s'opposer fermement aux Droits de l'homme, à la liberté et à l'égalité. Mais les rédacteurs de *La Sentinella cattolica* sont désormais assez familiers du jeu politique local pour savoir qu'ils ne peuvent se présenter comme des publicistes au service de l'évêché. Leur but est surtout de déranger un paysage politique local contrôlé par les directeurs de *L'Écho des Alpes maritimes*. Les publicistes – et ce n'est pas propre à *La Sentinella* –, pour des besoins rhétoriques et pour bouleverser à leur profit le champ journalistique, publient des articles parfois contradictoires, de même qu'ils n'hésitent pas à figer les positions de leurs adversaires pour tenter de les décrédibiliser et de les marginaliser. L'abbé Cotto confirme par cette publication sa volonté de troubler le jeu politique et revendique le fait qu'il « ne cessera de le faire à chaque fois qu'il sera question de prêter un concours courtois à toute œuvre d'utilité publique et de progrès social[81] ». Une formulation qui reflète bien cet *ethos* journalistique qu'on a pu identifier déjà dans le discours d'Auguste Carlone et de ses collaborateurs et qui caractérise la presse. Un même principe général, énoncé rhétoriquement, régit les publications des deux journaux mais pour servir des idées politiques opposées. Chacun revendique une position de représentant de l'opinion publique.

Pour l'élection municipale de l'été 1850, la stratégie semble avoir en partie fonctionnée pour l'abbé Cotto. Ainsi, il peut féliciter au nom du bien public la « haute intelligence et l'intégrité de monsieur Fricero » pour avoir su garder son indépendance[82]. Cependant, le succès

---

81 *Ibid.* « *Non cesserà di farlo ogni qualvolta trattasi di prestare cortese concorso a qualunque opera di pubblica utilità e di sociale progresso* ».

82 *Ibid.* « *La alta intelligenza ed integrità del signor Fricero* ».

est relatif : si, comme l'annonce *L'Écho des Alpes maritimes* du 17 juillet, Thomas Fricero a finalement été élu, sur les cinq candidatures portées par Auguste Carlone et Victor Juge, dont les leurs personnelles, c'est leur seul échec et il s'explique en grande partie par le fait qu'il a fallu remplacer au dernier moment la candidature choisie initialement. La victoire électorale est sans appel pour les libéraux et démocrates, leur laissant une marge de manœuvre importante pour combattre les actions électorales, journalistiques et judiciaires de l'évêque. De plus, depuis le 10 juillet 1850, Hippolyte de Rangouse est à nouveau libre et a pu revenir renforcer la rédaction. L'institution journalistique n'a jamais autant été en position de force au cours de l'année, après avoir résolu des problèmes financiers, surmonté des procès de presse, supporté une concurrence journalistique et gagné une grande bataille politique. L'heure n'est donc pas à l'autocensure. L'offensive anticléricale reprend de plus belle le 22 juillet 1850 à travers la publication de l'éditorial d'une feuille de Pise, *L'Italia*, contenant attaque véhémente contre l'Église. Le journal a été fondé à la faveur des réformes de juin 1847 en Toscane par Giuseppe Montanelli, l'un des leaders du mouvement politique républicain et démocrates dans le grand-duché[83]. Il est une figure-type de ces notables publicistes trentenaires – il est de la même génération qu'Auguste Carlone. Dans la péninsule italienne, il est une plume relativement lue, au-delà de Pise et de la Toscane, s'imposant comme un fervent critique de tous les adversaires du « parti national » comme il l'a nommé dans un ouvrage de 1856, au rang desquels il range le pape[84]. Son éditorial dans *L'Italia*, sobrement intitulé « L'Église », est un pamphlet anticlérical virulent :

> Le Christ fonda son Église universelle, appelant à en faire partie les Hébreux, les Gentils, les riches, les pauvres, les prêtres et les centurions sans distinction de grade, de race, d'opinion, de foi, pourvu qu'ils promissent d'aimer Dieu et le prochain, de faire aux autres ce qu'ils voudraient qui leur fût fait [...]. Pendant quelques siècles, l'Église chrétienne suivit ce chemin. On choisissait les meilleurs d'entre les fidèles que l'on envoyait ensuite baptiser les nouveaux croyants et prêcher l'Évangile [...]. Alors la confession n'était pas obligatoire, les prêtres avaient femme et enfants et quand le peuple avait besoin d'un évêque il prenait le plus honnête homme [...]. Mais les choses

83 Christopher Duggan, *La forza del destino*, *op. cit.*, p. 190-191.

84 Giuseppe Montanelli, *Il partito nazionale italiano, le sue vicende e le sue speranze*, Turin, Steffenone-Camandona, 1856.

> changèrent bientôt. L'Église ne fut plus l'Église, le pape s'entendit avec les évêques, et les évêques s'entendirent avec les gouvernants ; ils n'eurent plus dès lors l'esprit de Dieu mais celui de la police. Le pape-roi devint le premier commissaire de tous les rois, les prêtres furent séparés du peuple [...] obligés à fuir la société, à renoncer à la famille, à parler une langue spéciale et non comprise des fidèles, à revêtir l'uniforme des soldats pour être réellement les soldats du pape et les sbires de sa police [...]. Quelques rares privilégiés, ou plus fourbes ou plus ladres que les autres, eurent les grades, les honneurs, la pourpre et l'or. La République chrétienne devint une aristocratie féroce au service de toutes les oppressions[85].

Repris en première page de *L'Écho des Alpes maritimes* du 22 juillet, ce texte expose une interprétation particulièrement critique de l'histoire de l'Église. Elle est présentée comme ayant connu une grande décadence au fil du temps jusqu'à former une caste dirigée d'une main de fer par le souverain pontife. Le pouvoir, l'argent et la séparation des clercs de la société auraient dévoyé le sens premier de l'institution. Le texte illustre parfaitement une certaine vision, très répandue au XIXe parmi les démocrates européens, qui revendiquent, en en appelant aux Évangiles, une forme de retour à ce qu'ils se représentent comme la pureté et à la simplicité de l'Église des origines. Au-delà de la dénonciation de la cupidité du pape et des prélats, l'institution est accusée de s'être associée à tous les ordres absolutistes et antidémocratiques dans l'histoire. Des critiques virulentes qui se répandent à travers la presse dans la péninsule italienne à partir de 1848. Le pouvoir de l'Église y est remis en cause avec un surcroît d'hostilité depuis le renoncement du pape à la guerre patriotique contre l'Autriche en avril 1848, et plus encore avec le rétablissement autoritaire de son pouvoir par les forces françaises envoyées par Louis-Napoléon Bonaparte contre la République romaine en 1849. Néanmoins, les autorités ecclésiastiques tolèrent peu ces attaques et jouent de leur influence politique pour poursuivre judiciairement les journaux qui les répercutent.

Après la publication de cet article dans *L'Écho*, la réaction de l'évêque de Nice est immédiate. Elle se veut journalistique et judiciaire. Dans *La Sentinella* du 31 juillet 1850, une réfutation complète est publiée sur pas moins de trois pages. L'abbé Cotto dénonce les « passions révolutionnaires » exposées par ses adversaires qu'il dit animés par une

85 *L'Écho des Alpes maritimes*, 22 juillet 1850.

« démagogie protestante[86] ». L'accusation de protestantisme, déjà formulée à leur encontre deux années et demie auparavant par le comte De Maistre, est un *topos* dans le vocabulaire politique des catholiques engagés contre les forces anticléricales. Cependant, elle n'a que peu d'effet. Si offensive et soigneusement préparée qu'elle fût, la réaction journalistique n'a pas une grande incidence pour les publicistes de *L'Écho des Alpes maritimes*, assurés qu'ils sont de la solidité de leur institution, désormais débarrassée de ses déboires financiers du printemps. Cependant, elle s'accompagne d'une nouvelle offensive judiciaire, bien plus préjudiciable. En effet, l'évêque de Nice réclame à l'avocat fiscal général, qui avait déjà fait procéder à deux saisies, une nouvelle action contre leur journal. Ainsi, le 23 juillet, lendemain de la publication de l'article de *L'Italia*, les exemplaires sont saisis pour la troisième fois en cinq mois. Comme le veut la loi, les publications suivantes ne cessent pas automatiquement et ainsi ils peuvent encore se défendre contre ce qu'ils estiment être une nouvelle atteinte à la liberté de la presse dans un long bandeau écrit en gras inséré en Une :

> Le dernier numéro de *L'Écho des Alpes maritimes* a été saisi hier dans nos bureaux pour avoir reproduit l'article intitulé « l'Église » extrait du journal *L'Italia* qui n'a été l'objet d'aucune poursuite à Gênes. En face des persécutions systématiques exercées contre nous par un dévot maniaque sous l'influence d'une administration qui se venge lâchement de ce que nous avons fait éclater au jour son ineptie, *L'Écho des Alpes maritimes* suspend ses publications. Nous déclarons en même temps qu'avertis par les leçons du passé, et nous refusant désormais à jouer un rôle dans les parades judiciaires qu'on appelle « procès de presse », nous nous abstiendrons de toute défense et nous laisserons agir contre nous les humbles valets des bourreaux de nos libertés publiques[87].

La nouvelle saisie est un coup rude. Elle apparaît à ses directeurs comme la marque de l'acharnement d'un appareil judiciaire contre lequel ils sont impuissants malgré tous les recours déjà utilisés lors des procès précédents (appels et pourvoi en cassation). Dans cette nouvelle affaire, se confirme aussi l'idée que dans les opérations de censure, les contextes locaux ont leur importance, puisque l'article du journal de Pise repris aussi dans des feuilles de presse de Gênes, où les forces démocrates sont bien plus fortes politiquement, n'y a pas été censuré.

86 *La Sentinella cattolica*, 31 juillet 1850.
87 *L'Écho des Alpes maritimes*, 24 juillet 1850.

L'on remarque également une condamnation publique des affinités entre administration et évêché pour lutter contre l'influence de leur journal qui heurte l'une et l'autre par ses positions séparatistes et anticléricales. Plusieurs années après les faits, Auguste Carlone décrit en ces mots le contexte de l'été 1850 : « l'intendance et le parquet de Nice, toute la gent fonctionnaire, s'étaient jurés de faire disparaître le journal à force de persécutions et d'injustices[88] ». Outre les premières saisies et procès, une autre affaire permet de constater cela, celle du remboursement du cautionnement du journal. Il a fallu plus d'une année aux directeurs de *L'Écho* pour que cette mesure, prévue par la loi sarde, soit localement mise en œuvre en leur faveur. Depuis le printemps 1850, se sont ajoutés de multiples procès et maintenant une nouvelle saisie. Celle-ci est la troisième ce qui veut dire que l'avocat fiscal général de la province a obligation de porter l'affaire devant la Commission supérieure de contrôle de la presse à Turin. L'enjeu n'est plus une condamnation judiciaire mais l'existence même de l'institution journalistique puisque ladite Commission statue sur les interdictions de journaux. Le texte reflète le pessimisme des directeurs de *L'Écho* face à la procédure qui s'engage. Il est une marque de résignation dont attestent le choix de s'abstenir de constituer une défense solide et de suspendre provisoirement les publications. Cependant, cette position publique des publicistes niçois est une posture politique, pour se positionner en victimes de l'arbitraire ; car, dans les coulisses, la réalité est tout autre.

Dans l'attente du procès, Auguste Carlone mobilise son réseau relationnel pour essayer d'influencer la décision en haut-lieu. Le lendemain de la publication du 24 juillet, il écrit une lettre à Teodoro Derossi di Santa Rosa, ancien intendant général de la division de Nice entre novembre 1848 et mai 1849 et député d'Utelle depuis décembre de la même année. Il est un homme d'une famille bien insérée dans la vie politique turinoise donc une connaissance susceptible d'évoquer la situation de l'organe niçois auprès du ministre de la Justice en personne, Giuseppe Siccardi, l'auteur des lois de mars contre les privilèges ecclésiastiques. Il est le fils du comte Santorre Derossi di Santa Rosa, militaire de carrière qui avait soutenu, en tant que ministre de la Guerre de la nouvelle junte formée, la tentative ratée conduite par Charles-Albert pour la promulgation

88 Paul Messie, « Albin Mazon, Notes inédites, suivies des commentaires d'Auguste Carlone », art. cité, p. 211.

d'une constitution en 1821 avant de fuir le royaume de Sardaigne face à la répression une fois l'échec avéré[89]. Tout comme son père, il choisit la voie du libéralisme et devient un patriote engagé dans la lutte pour l'unité nationale italienne. Ami du comte de Cavour, qu'il a côtoyé un temps, il est nommé, en 1848, intendant général de la division de Nice, tâche qu'il prend à cœur et dans laquelle il engage beaucoup d'efforts afin de désenclaver le territoire et de lutter contre la marginalisation et le paupérisme. Cet investissement lui vaut l'amitié du directeur du journal engagé dans ce même combat, Auguste Carlone, que Teodoro Derossi di Santa Rosa rencontre de nombreuses fois dans les lieux de la sociabilité mondaine du *Corso*. S'il s'oppose aux positions francophiles des publicistes niçois, puisqu'il pense que la ville n'a pas vocation à devenir française, il se fait tout de même un point d'honneur à relayer auprès du pouvoir central de Turin les plaintes relatives l'état de pauvreté de la province de Nice énoncées dans maints articles par Auguste Carlone et ses collaborateurs. Durant cette période, des affinités se nouent entre deux hommes qui se témoignent un respect mutuel, d'autant que le notable niçois a pu compter sur l'écoute attentive de l'intendant Santa Rosa et, en échange, a soutenu à travers son journal sa candidature à la députation d'Utelle en décembre 1849[90]. Les publicistes font confiance à cet homme soucieux de son territoire d'élection et dont l'influence à Turin n'est pas négligeable. S'étant remis de sa santé défaillante qui l'avait obligé à quitter prématurément son poste d'intendant et la ville de Nice, Teodoro di Santa Rosa n'a eu de cesse de continuer à défendre cette province périphérique lors des sessions de la Chambre des députés[91]. En mai 1850, alors que se profilait, pour Auguste Carlone et ses associés, le pourvoi en cassation de leur première affaire judiciaire, Santa Rosa a relayé au Parlement turinois une pétition des habitants de la Vésubie pour achever la construction d'une route reliant la vallée à sa capitale provinciale, Nice. Ainsi, deux mois plus tard il apparaît aux directeurs de *L'Écho des Alpes maritimes* comme le personnage idéal pour plaider officieusement leur cause auprès du gouvernement. Sollicité par Auguste

89 Jean-Bernard Lacroix, « Santa Rosa et Carlone deux visions du destin niçois (1848-1860) », *Nice Historique*, n° 4, 2009, p. 226.

90 Jean-Bernard Lacroix, « La correspondance de Teodoro di Santa Rosa à Auguste Carlone, 1re partie 1850-1853 : le député d'Utelle », *Recherches Régionales*, 2009, n° 194, p. 17-18.

91 Jean-Bernard Lacroix, « Santa Rosa et Carlone deux visions du destin niçois (1848-1860) », art. cité, p. 231.

Carlone, alors qu'il est en vacances dans les montagnes de Savoie, il lui répond prestement par une lettre datée du 29 juillet, soit sept jours à peine après la dernière saisie :

> Monsieur,
>
> Je suis avec ma famille dans ces montagnes pour y passer le temps des fortes chaleurs. Ne pouvant ainsi parler de vos affaires au ministre de la Justice, je me suis empressé de lui écrire ce matin même pour lui recommander la demande dont s'agit en votre honorable lettre du 25 de ce mois. Je désire que votre journal puisse avoir du succès. Je me permettrais de vous donner le conseil à ne pas le rédiger exclusivement en langue française. Cela choque des susceptibilités et peut vous faire éloigner des abonnés. Je regrette que *L'Écho des Alpes maritimes* ait fait la guerre à mon successeur. Tachez par vos conseils de l'éviter en le nouveau journal que vos amis vont fonder maintenant. Je voudrais être encore à Nice, je saisirais cette circonstance pour tâcher d'aider l'établissement d'un bon journal qui, conservant son indépendance, puisse amener la connaissance et la discussion des intérêts de la division, écarter les questions d'individualité et instruire la population des campagnes dans ses droits et ses devoirs depuis que le pays a un gouvernement représentatif. Vous me trouverez toujours disposé à marcher sur cette ligne avec énergie, conviction et désintéressement. Je saisis avec empressement cette circonstance pour vous renouveler l'assurance de mon estime très distinguée.
>
> Votre dévoué serviteur, Th. di Santa Rosa[92].

L'ancien intendant général se montre extrêmement réceptif à la demande d'Auguste Carlone. Il s'est empressé de transmettre à Giuseppe Siccardi une lettre pour intercéder non pour sauver le journal existant, nous apprend-il, mais pour agir en faveur d'une nouvelle feuille de presse dont la création se prépare dans les coulisses. Teodoro di Santa Rosa profite toutefois de l'occasion pour formuler quelques conseils et critiques, en suggérant qu'un journal publié à Nice, ville où les notabilités italophiles dominent, gagnerait à inclure des articles en italien pour toucher un public plus large. Il connaît les positions fermement francophiles d'Auguste Carlone, Victor Juge et Hippolyte de Rangouse, et sait quelles inimitiés politiques elles peuvent susciter dans la ville, comme on a pu l'observer en plusieurs occasions, notamment lors de la manifestation patriotique contre le journal en juin 1848 ou à travers la

92 ADAM, Fonds Carlone, 7 J 36, Lettre de Teodoro Derossi di Santa Rosa à Auguste Carlone, 29 juillet 1850.

polémique avec Giuseppe Garibaldi en février et mars 1849. Du point de vue de l'extension du lectorat, et pour réconcilier la rédaction avec les notables libéraux patriotes italiens, le conseil est bien avisé ; cependant, comme on l'a vu, dans ce contexte local de lutte entre le « parti » italien et le « parti » français, que la rédaction de *L'Écho* incarne, la langue de rédaction du journal est devenue un élément d'affirmation de leurs idées francophiles. De plus, elle n'est pas le seul obstacle, car les idées républicaines et démocrates véhiculées dans le journal contribuent aussi à en restreindre le lectorat, et le bilinguisme rédactionnel devrait inévitablement s'accompagner d'une évolution de la ligne éditoriale, ce qu'Auguste Carlone se refuse à faire – la question s'était déjà posée au moment de la scission du comité fondateur en mai 1848. Le nouveau journal qu'il entend fonder sera la continuation parfaite du précédent ou ne sera pas.

Quelques jours plus tard, comme cela était attendu par la rédaction niçoise, la sentence de la suppression du journal tombe. Auguste Carlone et Victor Juge y répondent dans un dernier numéro publié le 10 août 1850 qui sonne, tel que le formule le feuilleton en première page, comme le « dernier adieu de *L'Écho* ». Avant ce dernier numéro, les abonnés ne savaient encore rien des manœuvres élaborées depuis plus de dix jours en coulisses pour concrétiser une nouvelle feuille de presse. Le 10 août, elle est pour la première fois publiquement annoncée comme en bonne voie – grâce à l'aide de Santa Rosa. Ainsi, ceux-ci sont assurés de ne pas perdre l'argent investi dans un abonnement puisque les abonnés à *L'Écho des Alpes maritimes* en recevront les exemplaires sans accomplir aucune démarche. Mais avant la nouvelle publication, Auguste Carlone et Victor Juge tiennent à exposer leur amertume et leur mécontentement de la décision d'interdiction qu'ils imputent à une évolution autoritaire du pouvoir :

> La presse indépendante a pour mission de signaler au pays la conduite des fonctionnaires publics quand ils manquent aux devoirs de leur charge [...]. À ne parler que pour nous, Nice est livrée à ce qu'il y a de plus ignare et de plus inepte dans les hautes régions de la magistrature et de l'administration ; en revanche, ces hommes sont à la discrétion des associations religieuses et de la faction cléricale [...]. La faction cléricale et les évêques n'ont combattu le jésuitisme que pour se mettre en son lieu et place [...]. Le jésuitisme et la faction cléricale ne sont qu'une seule et même chose ; notez que nous disons la faction cléricale et non le clergé, car nous ne voulons parler ici que de ces

> intrigants qui ne font du sacerdoce qu'un manteau pour leurs manœuvres [...]. Le jésuitisme est une abominable peste qui ravage notre société depuis trois siècles, une plaie qu'elle s'efforce de fermer et qui se rouvre toujours, [...] rendons grâces au gouvernement piémontais d'avoir ramené le jésuitisme chez nous à l'aide des fonctionnaires de son choix[93].

Tout dans cet article résume leurs positions anticléricales. Le style est offensif, le temps du ton consensuel du premier prospectus du journal en janvier 1848 semble loin – et l'on comprend les hostilités qu'ont pu ainsi s'attirer les publicistes en deux années et demie de publication. Fonctionnaires et magistrats locaux sont attaqués vivement et désignés comme servant les intérêts d'une « faction cléricale », conduite à Nice par l'évêché qui serait à l'origine d'un « croc-en-jambe qui a fait mortellement trébucher sa bête noire, *L'Écho des Alpes maritimes*[94] ». L'analyse est généralisée au fil de l'article à tout le royaume de Sardaigne. La réaction selon eux en cours est décrite comme une phase de retour autoritaire à l'ordre ancien appuyé par une sorte d'alliance *de facto* entre l'administration, la magistrature et les évêques – avec à nouveau cette opposition entre le haut clergé, celui des prélats qui influencent le pouvoir, et le bas clergé, finalement le clergé véritable, celui qui n'organise pas la « faction cléricale » et qui vit avec la population loin des manœuvres politiques et du lucre des premiers. Cette alliance serait appuyée par Victor-Emmanuel II, jugé plus hostile aux libertés politiques que son père. Le gouvernement est d'ailleurs qualifié de piémontais, pour souligner son extériorité et renforcer la critique, et est rendu responsable du climat autoritaire qui règne contre la presse. L'accusation mobilise une nouvelle fois un *topos* de la presse libérale, le « jésuitisme », « parti » clérical dont le roi et le gouvernement auraient favorisé le retour, puisque Victor Juge et Auguste Carlone jugent qu'il avait été chassé de Nice deux ans et demi plus tôt lors du mouvement contre le comte De Maistre. Toutes les autorités instituées, politiques, judiciaires et religieuses, à différentes échelles, sont mises en accusation. Le ton offensif cache mal une forme de désenchantement ; les enthousiasmes de l'hiver 1847 et 1848 et du printemps suivant ne sont plus de mise.

---

93 *L'Écho des Alpes maritimes*, 10 août 1850.
94 *Ibid.*

Le pouvoir est l'objet des attaques formulées par les journaux démocrates qui jugent la période propice à un retour à l'ordre moral et au pouvoir despotique d'avant 1848. Pour les publicistes niçois, celui-ci peut aussi se constater avec la publication, simultanée aux attaques contre la presse, d'un manifeste placardé au début du mois d'août pour interdire l'ouverture des cafés le dimanche, jour de l'office, mesure de l'intendant général qui rappelle celles prises par Rodolphe de Maistre lors de son gouvernorat. Une décision elle aussi dénoncée vigoureusement dans le même dernier numéro du 10 août 1850 comme une nouvelle marque de retour à un certain ordre moral. Auguste Carlone et ses collaborateurs se félicitent de la résistance des cafetiers à cette nouvelle ordonnance publiée par Alessandro Radicati di Marmorito, qui, par ailleurs, est jugée illégitime car il s'agit d'une tâche dévolue au syndic et non à l'intendant général. Ils évoquent même « un manifeste dictatorial éclos du cervelet de l'intendant général[95] ». Le ton très offensif à l'encontre du principal administrateur de la province de Nice rappelle la vigueur des attaques formulées contre le gouverneur De Maistre en janvier 1848. Dans le feuilleton du 10 août 1850, il est imaginé une discussion entre les cafetiers de la ville et l'intendant général qui les a convoqués pour leur demander de fermer leurs établissements. L'un d'eux se fait leur porte-parole pour opposer un refus catégorique au fonctionnaire et l'accuser de vouloir ressusciter le « jésuitisme » avant de s'offusquer, selon le scénario imaginé par les directeurs de *L'Écho*, qu'on puisse lui offrir de servir de mouchard pour l'intendance générale. Il est précisé aussi que dans le même temps *La Sentinella cattolica* a « aspergé de ses bénédictions le manifeste de l'intendant[96] ». Même si la scène est fictive, la résistance des cafetiers est réelle dans la ville et apparaît de fait comme un soutien au journal niçois dans une commune résistance au retour de pratiques autoritaires de contrôle de la vie sociale.

Ce combat est le dernier du journal *L'Écho des Alpes maritimes*, mais certainement pas celui de sa rédaction. Attachés aux causes politiques qu'ils ont mis tant d'ardeur à défendre durant près de deux années et demie, Auguste Carlone, Victor Juge et tous leurs associés continuent la lutte. Et, malgré un contexte défavorable pour la presse, ils le peuvent car le *Statuto* perdure, contrairement aux autres États italiens – ce qui

95 *Ibid.*
96 *Ibid.*

tendrait à prouver que le gouvernement n'est pas si hostile à la liberté de la presse, ou du moins que, après des hésitations, Victor-Emmanuel II a craint de provoquer une trop forte opposition en revenant totalement sur la liberté de la presse. Les publicistes niçois ont même obtenu une autorisation pour leur nouveau journal :

> *L'Écho des Alpes maritimes* termine définitivement ses publications par celle de ce jour. Œuvre essentiellement consacrée aux intérêts de notre pays, quoi qu'en aient pu dire la malveillance et la mauvaise foi, nous y avons apporté toute la chaleur et toute l'énergie que nous avons trouvées dans nos convictions ; œuvre contraire aux intérêts de quelques autres pays et à quelques vues personnelles, elle a rencontré une opposition aussi vive que l'attaque, et elle a eu des ennemis acharnés. Parmi ceux-ci, il en est qui ont salué de leurs applaudissements la suspension de notre travail ; nous nous en félicitons et nous nous en faisons un titre d'honneur. Toutefois, ne l'acceptant point pour nous seuls, nous rendrons hautement la part qui en revient à nos amis politiques dont le concours a puissamment aidé dans la lutte. Cette lutte n'est point terminée, [...] nous n'abandonnerons ni notre drapeau, ni la cause populaire, et on nous trouvera toujours prêts à les défendre avec ce que nous aurons de force et de vie, en tout temps et en toute occasion, quel que puisse être le poste à nous assigné dans le camp de la démocratie[97].

L'objectif est bien de couper court à la satisfaction de leurs adversaires, les publicistes de *La Sentinella cattolica* ainsi que l'intendant général, l'évêque et une grande partie de la magistrature et de l'administration, qui ont pu se féliciter de l'interdiction de *L'Écho*, qu'ils ont cherché à provoquer depuis le printemps 1850. Auguste Carlone et ses associés entendent reconstruire à l'identique leur position journalistique perdue. Ils le font aussi en opposition à des journaux turinois comme *L'Opinione*, dont le directeur Aurelio Bianchi-Giovini s'est félicité de la suppression de *L'Écho des Alpes maritimes*, l'accusant d'« antipiémontaisisme », selon le mot rapporté dans le numéro du 10 août 1850, du fait de ses publications séparatistes favorables à l'intégration de Nice dans la nation française. Pour affronter cette hostilité, Auguste Carlone et ses collaborateurs peuvent une nouvelle fois compter sur leurs alliés démocrates de Savoie. En effet, dans son numéro du 17 août, le *Patriote savoisien* non seulement reproduit entièrement le « dernier adieu de *L'Écho* », mais annonce aussi avec enthousiasme l'arrivée du nouveau journal. Le dernier numéro

97 *Ibid.*

avait d'ailleurs été pensé par les publicistes niçois pour s'adresser à leurs soutiens journalistiques ainsi qu'à leurs abonnés et annoncer que la suppresion de leur journal n'est pas le terme de leur lutte, en campant une nouvelle fois cette position de défenseurs des intérêts généraux de leur province et de la liberté de la presse à Nice.

Dans les coulisses, le lancement d'une campagne d'abonnement est en train de s'organiser. Rôdé à l'activité journalistique, dont il est devenu un quasi-professionnel, récupérant toutes les structures qu'il a élaborées avec ses collaborateurs durant plus de deux années et demie, Auguste Carlone se pose à nouveau comme le métronome du nouvel organe de presse. Il élabore le prospectus publié le 14 août 1850, seulement quatre jours après la fin définitive de *L'Écho des Alpes maritimes*, ce qui atteste de la préparation bien en amont d'une telle publication. Les bureaux, les hommes, les prix pour l'abonnement ou l'insertion des annonces sont identiques, de même que les orientations politiques, les partenariats pour l'impression (société typographique Gilletta) et la diffusion (société Gilletta et librairie Visconti), la périodicité et les différentes rubriques qui organisent la physionomie du journal. Seule l'identité légale d'enregistrement auprès des autorités a changé, c'est-à-dire essentiellement le titre, qui est désormais *L'Avenir de Nice*, pour le faire coïncider avec les souhaits exprimés par Auguste Carlone et Victor Juge ainsi que leurs fidèles associés de s'inscrire, et pour de longues années encore, dans le paysage politique niçois et façonner leur vision de cet avenir (qu'ils veulent démocratique, républicain et français). Changer le nom du journal, sa « marque », contribue à donner une certaine virginité politique à une institution de presse quand bien même elle serait en tout point similaire à une précédente. Le premier numéro du nouveau journal publié le 19 août 1850 marque, en quelque sorte, la palingénésie du journal, sa renaissance après sa mort administrative, un phénomène courant dans la presse de l'époque. *L'Avenir de Nice* débute alors une très longue série de publications qui s'étend sur un temps qui avoisine la décennie, entre 1850 et 1860, date à laquelle Auguste Carlone et Victor Juge se retirent de l'activité journalistique après avoir réussi à faire prospérer cette nouvelle feuille devenue petit à petit quotidienne et qui ne disparaît qu'une fois l'un des objectifs premiers de ses créateurs réalisé : l'annexion de Nice à la France en 1860.

CONCLUSION

Quelques années après les Cinq journées révolutionnaires de Milan de la mi-mars 1848, Giovanni Visconti Venosta, un aristocrate ayant embrassé les idées libérales et patriotiques, décrivait ainsi son expérience du *Quarantotto* :

> À partir de ce moment, tout a rapidement changé, dans nos habitudes familiales comme dans la vie urbaine, dans nos coutumes et dans nos pensées[1].

Ces mots énoncent un sentiment qui a prévalu chez nombre de ceux qui ont vécu les événements révolutionnaires européens du milieu du XIXe siècle. L'impression de vivre un moment historique est notamment passée par une évolution majeure dont les conséquences dépassent de beaucoup le seul domaine politique : la conquête de la liberté de publication durant les années 1847 et 1848. Celle-ci a bouleversé le fonctionnement du pouvoir ; elle a permis aux bourgeoisies urbaines, enthousiastes vis-à-vis de la progression des idées libérales, de prendre une part essentielle dans la nouvelle vie politique. Dans le royaume de Sardaigne, l'évolution a été un bouleversement, et pas seulement dans la capitale, Turin. Dans les provinces, les notables libéraux engagés contre l'ordre de la Restauration se sont emparés de ce droit nouveau et révolutionnaire. Bien des aventures ont été éphémères, mais il en est, bien organisées, qui ont perduré pour se transformer en de véritables institutions de presse, à l'image de *L'Écho des Alpes maritimes* à Nice. Tous ces journaux ont eu un rôle crucial pour faire du « printemps des peuples » un moment historique particulier. Cependant, ils demeurent encore sibyllins pour les historiens. Leur influence, leur fonctionnement, leur financement, leurs rédactions et tous les hommes et parfois les femmes

1 Cité dans : Simonetta Soldani, « Approaching Europe in the Name of the Nation. The Italian Revolution, 1846-1849 », art. cité, p. 59-60 ; Giovanni Visconti Venosta, *Ricordi di gioventu. Cose vedute o sapute, 1847-1860*, Milan 1904.

(imprimeurs, actionnaires, libraires) qui ont participé au processus de leur publication, et ont donc eu un rôle majeur dans l'avènement d'une nouvelle culture de l'imprimé périodique et dans l'émergence d'une civilisation du journal, sont encore largement méconnus. Contribuer à combler ce grand vide historiographique, tel a donc été l'objectif du présent ouvrage.

À la faveur d'une multitude de documents d'archives, l'étude a eu pour but d'apporter une compréhension complète de ce qu'a pu signifier publier un journal dans le contexte révolutionnaire du « printemps des peuples ». Aucun des aspects (politiques, culturels, matériels, économiques et sociaux) n'a été négligé car, comme l'écrivait Alexis de Tocqueville, qui avait une conscience claire, dès les années 1830, du bouleversement provoqué dans une société par une telle évolution, une liberté de publication nouvelle « ne fait pas seulement sentir son pouvoir sur les opinions politiques, mais encore sur toutes les opinions des hommes. Elle ne modifie pas seulement les lois, mais les mœurs[2] ». En effet, les journaux ne sont pas de simples outils politiques, mais des organes de médiation dans tous les domaines de la vie sociale. C'est bien ainsi qu'il a fallu envisager l'action d'Auguste Carlone et ses collaborateurs, les principaux protagonistes de cette étude, entre 1847 et 1850 à Nice. En élaborant une véritable institution de presse, *L'Écho des Alpes maritimes*, ils ont construit un instrument incontournable de médiation qui s'est imposé dans un territoire, le pays niçois, encore marqué par une faible alphabétisation. L'approche monographique, l'étude de cette rédaction particulière, a été un formidable laboratoire pour appréhender des phénomènes généraux qui ont fortement marqué ce moment crucial pour l'émergence d'une presse moderne en Europe qu'a été le milieu du XIXe siècle.

Le développement inédit des journaux a signifié dans nombre de territoire l'entrée dans une ère moderne de la politique. Dans le royaume de Sardaigne, comme dans les autres États italiens, c'est l'ordre de la Restauration issu de la période post-napoléonienne qui a été battu en brèche par la conquête de la liberté de la presse à la fin du mois d'octobre 1847. Une évolution qui ne s'est pas faite sans luttes entre les défenseurs des idées libérales et les gardiens de l'ordre ancien, dont l'un des types idéaux dans la présente étude a été le gouverneur de Nice,

2 Alexis de Tocqueville, *De la démocratie en Amérique*, *op. cit.*, p. 183.

Rodolphe de Maistre. Il incarne bien les nombreux agents de pouvoir qui défendent et essaient d'imposer les idées théorisées par son propre père, Joseph de Maistre, et les philosophes de la contre-révolution. Devant l'apparition d'une liberté nouvelle qu'il abhorre, le gouverneur de Nice use des prérogatives de sa charge militaro-politique pour défendre de manière autoritaire sa position sociale, ses idées et l'ordre auquel elles sont attachées. Il affronte de manière inédite de nouvelles armes politiques, désormais tolérées, comme les journaux dont les rédactions, composées essentiellement de notables libéraux, mobilisent un principe révolutionnaire, celui de la publication politique, sous la forme d'articles ou de caricatures. La particularité des groupes rédactionnels nouveaux est que, du fait de leur captation de la médiation politique à travers la possession de journaux, ils sont les mieux placés pour solliciter d'autres moyens de l'action collective, comme la manifestation, que les pouvoirs ne sont pas toujours en mesure de contrôler. Il en est une fondamentale qui se déroule contre le gouverneur, qui est alors l'administrateur le plus puissant à l'échelle régionale, à l'appel du journal *L'Écho des Alpes maritimes* le 6 février 1848 à Nice. Elle est un modèle du genre de l'époque et contribue, avec les caricatures et les articles, à une lutte qui s'inscrit dans les dynamiques politiques de la péninsule italienne et même de l'Europe. Les phénomènes ne sont en rien locaux. Les notables libéraux s'engagent pour la défense du droit de publication, et plus généralement pour l'advenue de droits politiques nouveaux, plus ou moins démocratiques selon les tendances, qu'ils veulent faire garantir par la conquête de textes constitutionnels. Dans le royaume de Sardaigne, cela se concrétise à travers le *Statuto* qui est conquis en mars 1848 par la presse libérale. Étudier *L'Écho des Alpes maritimes* a donc été un moyen de comprendre comment les journaux, à la faveur d'un contexte politique favorable, deviennent des outils fondamentaux pour faire triompher des principes et des idées qui ont été mis par écrit plus d'un demi-siècle auparavant dans la Déclaration des Droits de l'Homme et du Citoyen de 1789.

Publier durant le « printemps des peuples » a donc été un enjeu politique de premier ordre. La publication a d'emblée un statut spécial car les journaux, par leur pouvoir de médiation, façonnent la vie politique. Il n'est pas étonnant de constater que celle-ci s'épanouit dans la péninsule italienne à partir des premières lois sur la liberté de la presse de 1847. Car si elle est une arme politique, une feuille journalistique est aussi un outil pour investir les autres moyens de l'action ; elle organise et nourrit l'activité des associations, elle suscite et encourage des manifestations, des banquets et autres célébrations, elle permet l'organisation de candidatures électorales et fait sortir l'activité parlementaire des Chambres. La presse sert à organiser des groupes politiques parfois déjà nommés « partis » dans les années 1830 et 1840, sans que le mot ne désigne les grandes organisations qui naissent au tournant des XIXe et XXe siècles, mais plutôt des groupes plus informels organisés le plus souvent autour d'un journal, comme avec *L'Écho des Alpes maritimes* à Nice. Toutes les institutions de presse tendent à s'affirmer comme des *media*, au sens de moyens à la disposition de ceux qui les détiennent pour imposer dans le monde social et dans les sphères de pouvoir une vision particulière de la société et de l'État. Ce pouvoir symbolique permet aussi de faire émerger des débats publics, ce qui induit une certaine capacité de la part des hommes de presse à définir ce qui, selon eux, se doit d'être discuté publiquement. Néanmoins, pour que tout cela se mette en place, pour que les journaux perdurent, il a fallu à leurs fondateurs dépasser de nombreux obstacles. En effet, les lois sur la presse concédées par les souverains, notamment celles qui entrent en vigueur dans les États italiens, conservent des barrières financières, économiques et sociales censées restreindre l'extension démocratique du droit de publication et donner aux pouvoirs un meilleur contrôle sur les journaux. Ainsi, la liberté de la presse est un droit réservé aux élites notabiliaires. La figure du notable bourgeois de province, qu'incarne parfaitement Auguste Carlone, est alors un type social important dans le développement de la presse, car il a les capacités de surmonter les barrières susmentionées en mobilisant des capitaux, des réseaux relationnels et une réputation sociale. C'est ainsi que s'est nouée l'histoire de la rédaction de *L'Écho des Alpes maritimes* à partir de la fin de l'année 1847, et l'entrée de la ville de Nice dans la civilisation du journal du XIXe siècle. Cette histoire, en plus d'être sociale, est aussi économique et matérielle.

En effet, publier un journal, c'est créer une véritable entreprise de presse. La particularité du « printemps des peuples » est que les moyens sont parfois rudimentaires, et les initiatives journalistiques encore artisanales. Celles-ci, comme on a pu le voir avec *L'Écho*, ne sont pas toutes égales, elles ont rayon d'action et d'influence qui diverge. Mais toutes insèrent leur production dans un marché de la presse, naissant en Italie en 1848, et forment un champ journalistique nouveau dans lequel se fixent des règles et des principes, ainsi qu'une hiérarchie entre les journaux, de l'organe le plus modeste à la feuille soutenue par un actionnariat riche et nombreux. La presse régionale naissante, faite par des notables provinciaux, nécessite de la part de ces derniers un investissement (en temps et en argent) sans lequel tout périodique périclite, parfois même avant d'exister. Car les nouveaux droits sont limités et la liberté de la presse soumise à de nombreux obstacles, que l'on retrouve un peu partout en Europe (l'autorisation, le cautionnement et le timbre). Malgré ces contraintes, de véritables institutions journalistiques naissent et prospèrent pendant les révolutions européennes de 1848, tel *L'Écho des Alpes maritimes*. Celui-ci, comme tous les organes régionaux comparables, ne perdure que grâce à la mise en œuvre de savoir-faire acquis par ses principaux directeurs au fil de leur découverte de l'activité journalistique. Il ne s'est pas seulement agi pour Auguste Carlone et ses collaborateurs d'organiser une rédaction mais aussi de fonder une société par actions pour financer le journal, d'insérer leur production dans un marché journalistique, d'organiser une véritable division des tâches au sein de l'entreprise de presse (en mobilisant même un salariat journalistique naissant), nombre d'actions décisives pour la vie d'un journal. Tous ces éléments de professionnalisation sont encore fondus dans un contexte artisanal de la production ; pour beaucoup de journaux des années 1840 ou 1850, il existe encore un fort mélange entre le formel et l'informel. Ainsi, à Nice, les directeurs de *L'Écho des Alpes maritimes*, rédacteurs et gestionnaires, cultivent une certaine intrication entre leurs ressources privées et celles l'entreprise de presse et exercent leur activité de manière bénévole, ce qui est une nécessité tant les entreprises de presse sont modestes. Publier, c'est donc se lancer dans une activité peu ou pas rémunératrice qui demande un engagement de plein temps. Cet investissement permet à ceux qui peuvent le consentir d'entrer de plain-pied dans le milieu de la presse et, au fil du temps, d'acquérir des savoir-faire journalistiques, ce qui est d'autant plus intéressant à étudier lorsqu'il s'agit de néo-publicistes, comme Auguste Carlone et Victor Juge, ou d'imprimeurs, telle l'entreprise Gilletta, qui n'avaient jamais participé à une entreprise de presse. C'est bien un processus social et culturel qui est à l'œuvre pour rendre possible des bouleversements politiques. Ce temps d'apprentissage que suivent Auguste Carlone et Victor Juge leur a permis de devenir au fil du temps des hommes de presse expérimentés, capables d'élaborer une véritable institution à l'échelle du pays niçois, ce que confirme la longévité de leur journal qui perdure sous différents noms pendant plus d'une décennie. Cela a impliqué une organisation matérielle et financière permise par la condition notabiliaire, et qui a eu un caractère essentiellement masculin. Être un directeur de presse dans les États italiens au milieu du XIXe siècle, comme pour toutes les activités politiques naissante, c'est être un homme aisé. Cependant, cette conclusion est incomplète, car des exceptions qui ne sont pas simplement périphériques existent. En effet, les entreprises journalistiques, dans le royaume de Sardaigne comme ailleurs en Europe, n'ont pas totalement exclu les femmes, dans la rédaction (à laquelle participe par exemple Louise Delatreille de manière occasionnelle pour *L'Écho des Alpes maritimes*), mais aussi, fait encore plus méconnu des historiens, dans le processus de production. Ainsi, à Nice entre 1847 et 1850, c'est Clarisse Gilletta, femme du propriétaire de l'entreprise typographique éponyme, qui imprime le journal (dont son mari est aussi actionnaire). Les archives montrent qu'elle a joué un rôle majeur pour l'existence d'une première institution de presse à Nice, en donnant une grande rigueur à l'entreprise naissante par la régularité des paiements pour les impressions qu'elle impose à son patron, Auguste Carlone, qui est contact direct avec elle. La mise en lumière de son rôle rappelle tout le travail qu'il reste à faire aux historiens pour comprendre à la fois la dynamique de professionnalisation de la presse, des publicistes ou directeurs de journaux mais aussi des gens du monde des librairies ou de l'imprimerie, ainsi que l'implication qu'ont pu avoir des femmes dans l'émergence d'une civilisation du journal, et pas seulement comme auteures de feuilleton. Guy de Maupassant a bien saisi tous ces enjeux dans son roman *Bel-Ami*, qui décrit les coulisses d'un journal des années 1880, un temps qui est déjà celui d'une presse de masse. Novice dans le journalisme, son héros, Georges Duroy, rencontre des difficultés pour acquérir le savoir-faire de l'écriture journalistique, et suivre la cadence de la production d'articles imposée par la périodicité du journal. Il est ainsi contraint de réclamer l'aide de Mme Forestier, la femme de l'ami publiciste qui l'a fait rentrer dans la rédaction, qui est une rédactrice chevronnée sans toutefois avoir de position officielle au journal. La situation dit bien le rôle important mais invisibilisé des femmes, ainsi que l'apprentissage de savoir-faire que requiert l'activité journalistique. Même à une époque où la presse est bien plus avancée dans sa professionnalisation que durant le « printemps des peuples », les métiers journalistiques en devenir ne s'apprennent pas selon un cursus réglé, mais par la pratique et l'expérience. Et le présent ouvrage a permis de constater que, un demi-siècle avant l'œuvre de Maupassant, l'activité de presse nécessitait déjà un véritable apprentissage et que le fait d'être journaliste était déjà « un métier à apprendre comme tous les métiers[3] ». L'écriture journalistique, dans son style et dans son rythme, de même que l'organisation d'une rédaction ou bien encore la gestion des finances d'un journal sont bien des activités qui s'apprennent selon un processus fondé sur l'expérience qui, à terme, sépare le publiciste aguerri du profane. Cette coupure est bien une marque de professionnalisation. *L'Écho des Alpes maritimes* est en cela caractéristique de son époque, tant sa publication, de la récolte des informations à sa production finale et à sa distribution, est bien la mise en œuvre d'un processus d'acquisition et d'accumulation d'un savoir-faire journalistique multiforme de la part de personnes novices dans le milieu de la presse. Une dynamique qui n'est pas seulement individuelle car la solidité des journaux régionaux repose aussi sur une composante fondamentale : la sociabilité. Une entreprise de presse, même lorsqu'elle est modeste et de portée régionale, peut parfois impliquer, déjà au milieu du XIXe siècle, des dizaines de personnes (un ou des directeurs, des rédacteurs, des correspondants, un actionnariat varié, des partenaires pour l'impression et la diffusion du journal). Ainsi, à Nice, Auguste Carlone a dû mobiliser tous ses réseaux notabiliaires pour construire et pérenniser *L'Écho des Alpes maritimes*. Il a sollicité une bourgeoisie et une petite noblesse provinciales, c'est-à-dire des groupes sociaux, liés par une sociabilité mondaine coutumière, comme on en trouve dans les villes moyennes de l'Europe qui ne sont pas des grands centres industriels et commerciaux ou des capitales. Leurs relations privées assurent de manière sous-jacente le développement des journaux ; car publier une feuille périodique au milieu du XIXe signifie réussir, comme l'a fait Auguste Carlone à Nice à partir de la fin de l'année 1847, à créer un collectif à partir de sociabilités préexistantes, personnelles ou familiales. Dans une période où la majorité des journaux ne sont qu'éphémères, le

3 Guy de Maupassant, *Bel-Ami*, Paris, Gallimard, 1973, p. 71.

processus de transformation des relations privées en un collectif cohérent est fondamental pour faire perdurer une institution de presse dans le temps.

Publier, c'est donc organiser un collectif pour faire vivre une entreprise de presse. Celle-ci peut alors réaliser sa production, qui se fait plus en plus commune. En effet, l'épanouissement de la presse signifie aussi que les journaux deviennent des objets familiers pour des publics plus amples. Ils sont également des productions de plus en plus standardisées aux niveaux de la typographie et de la physionomie. Il a été important d'explorer cette dimension matérielle, à laquelle renvoie historiquement le terme de presse qui désigne bien l'action d'imprimer l'encre sur le papier. Une histoire matérielle qui a pris la forme d'une analyse précise des savoir-faire mobilisés dans la production journalistique (et de leur historicité) ainsi que de l'accès aux techniques de l'imprimerie pour les gens de presse. Elle a aussi comporté une étude de la physionomie des journaux, des productions qui s'insèrent dans un marché de la presse et doivent en adopter les codes qui tendent à devenir partout similaires en Europe et font entrer les feuilles journalistiques dans une dynamique d'uniformisation. Celle-ci concerne les Unes, les prix, les formats mais aussi les rubriques ou bien encore l'agencement des colonnes. Toutes ces dimensions relèvent d'une histoire culturelle de la diffusion et de la maîtrise de savoirs et de pratiques qui sont désormais identifiés comme étant inséparables de l'activité journalistique. *L'Écho des Alpes maritimes* a été de ce point de vue un formidable objet d'étude, en tant que production matérielle caractéristique de son époque qui s'assimile fortement, dans sa forme, sa conception et sa production, aux journaux qui lui sont contemporains.

Mener une étude matérielle de la production journalistique a aussi nécessité de considérer la question de la diffusion. Publier un journal, c'est produire un objet aisément transportable. Si un exemplaire est une production qui perd vite sa valeur sur le marché de la presse, sans cesse inondé de nouveaux numéros, tout journal est, au moment de sa publication, une marchandise encore relativement chère au milieu du XIXe siècle, donc réservée aux élites urbaines aisées. Cependant, comme le montre bien l'étude de *L'Écho des Alpes maritimes*, si la diffusion journalistique ne permet *a priori* de ne toucher directement qu'un public notabiliaire urbain, celle-ci pénètre tout de même de plus en plus les campagnes, atteint les notables villageois et est relayée par la diffusion orale qui donne aux journaux une influence qui déborde de beaucoup leur seul lectorat aisé urbain. Pour paraphraser Maurice Agulhon, la presse est au village. Les notables patrons de presse ont conscience que la réussite de leur journal dépend de son ancrage local. Ils œuvrent pour se construire une véritable « influence sociale », bien au-delà du seul champ politique, qui s'exerce sur différents pans de la société, en ville comme dans les campagnes. Car publier un journal, c'est s'adresser à une multiplicité de publics. Ainsi, alors qu'il apparaît comme une feuille de référence pour la bourgeoisie commerçante urbaine de Nice, *L'Écho des Alpes maritimes* joue sur plusieurs tableaux ; il se veut dans le même temps un guide pour les riches hivernants présents parfois plusieurs mois dans la ville entre les mois d'octobre et d'avril et, dans un registre différent, un organe ouvert aux élites villageoises de l'arrière-pays niçois. Publier, c'est s'immiscer dans divers pans de la société, c'est construire un pouvoir de médiation que les hommes de presse s'évertuent sans cesse à renforcer, qu'ils veulent le plus large possible, c'est-à-dire effectif sur des portions toujours plus amples et diverses du corps social, du paysan de l'arrière-pays niçois, qui reçoit bien souvent le journal par l'oralité, à travers l'entremise des notables villageois, au riche hivernant présent à Nice qui en fait son guide mondain dans la ville. Cet élargissement des publics journalistiques observé avec *L'Écho des Alpes maritimes* est un élément caractéristique de l'époque qui est lié à l'approfondissement démocratique de la presse. À la faveur d'un contexte politique propice, tel que l'est le « printemps des peuples », l'épanouissement des feuilles politiques accompagne une intensification de la distribution des journaux, donc aussi de la circulation des informations et des idées, ainsi que des savoir-faire journalistiques. Publier un journal, c'est contribuer à la circulation d'un objet qui n'est pas nouveau mais qui est de plus en plus familier pour les populations européennes. La civilisation de la presse qui s'épanouit de manière inédite au milieu du XIXe siècle implique la construction progressive d'un nouveau rapport à l'espace, par la démocratisation de l'information à distance et la diffusion de représentations, ainsi que d'un nouveau rapport au temps, avec l'avènement de l'actualité médiatique. Dans un moment, les années 1840, où les agences de presse n'en sont qu'à leur linéament, leurs principes s'imposent déjà aux journaux. Les directeurs de presse, comme Auguste Carlone, se doivent de mettre en place des réseaux journalistiques pour réunir des informations, obtenues selon une temporalité de plus en plus réduite puis diffusées plus ou moins rapidement et amplement. Pénétrer dans les coulisses d'une institution de presse, c'est comprendre le processus de construction et de diffusion de ces informations. Ces dernières circulent de manière inédite – des nouvelles de toute l'Europe, et même d'Amérique ou d'Afrique, pénètrent le contenu d'une feuille régionale telle que *L'Écho des Alpes maritimes* et se diffusent jusque dans l'arrière-pays niçois. Car la presse contribue aussi à un processus de mise en contact du monde et d'élaboration de représentations à distance.

Publier un journal durant le « printemps des peuples », c'est avoir un rôle de médiation incontournable entre le monde extérieur et un territoire, le plus souvent une ville et sa province environnante, dans lequel les directeurs des journaux essaient toujours d'ancrer durablement leurs publications. C'est une révolution culturelle et politique qui s'accomplit par l'encre et le papier. Il s'agit de faire intervenir de nouvelles médiations qui intègrent un territoire dans un ensemble plus vaste, par le fait que le journal, plus que des idées, diffuse aussi des représentations du monde qui se trouvent non seulement dans son contenu mais aussi dans la forme même dans laquelle il est organisé. Ainsi, publier un journal durant le « printemps des peuples », c'est introduire un principe politique et culturel structurant qui tend à s'imposer sur le continent européen grâce à la presse, celui de la division du monde en nationalités. En s'immisçant dans les productions journalistiques, comme *L'Écho des Alpes maritimes* à Nice, il est possible de constater une uniformisation dans la manière d'ordonner l'information qui est vectrice de représentations : la division nationale des rubriques. Les hommes de presse contribuent à universaliser cette vision du monde en nationalités qu'ils se sont appropriés. Les lecteurs s'imprègnent alors d'informations classées selon des rubriques nationales, pour des nationalités constituées en États (France, Angleterre) ou non (Allemagne, Italie, Pologne), ce qui dans le second cas contribue à légitimer la lutte pour l'unification nationale. Partout les publications périodiques contribuent à faire exister des communautés nationales imaginées par des liens à distance, en cultivant les sentiments d'appartenance. L'un des enjeux du temps pour les notables libéraux est l'intégration de ce qu'ils considèrent être leur « petite » patrie dans une entité nationale plus grande, formée ou en formation. Le processus n'est pas sans créer de fortes tensions, notamment dans les territoires frontaliers, comme Nice ou la Savoie, influencés par plusieurs cultures, où les sentiments d'appartenance peuvent entrer en contradiction. Dans ces luttes, les journaux jouent encore un rôle prégnant, comme on a pu le voir à travers l'organisation d'un « parti » autour de *L'Écho des Alpes maritimes* qui s'est voulu, pour reprendre les mots d'Auguste Carlone, celui du « drapeau français à Nice[4] ». La lutte pour la détermination nationale de leur territoire est un enjeu politique de premier plan pour les bourgeoisies européennes de l'époque, qui s'accomplit dans les États italiens notamment grâce à un épanouissement journalistique inédit entre 1847 et 1850. La presse joue un rôle fondamental dans la mise en œuvre du principe des nationalités et dans les mouvements patriotiques de l'Europe du milieu du XIXe siècle.

Le « militantisme » national et les oppositions qu'il peut engendrer, comme on a pu en observer à Nice et en Savoie, met en jeu des institutions nouvelles (garde nationale, parlement) et des moyens modernes de la politique (presse, associations, manifestations). Et, s'il existe des oppositions parfois frontales, ainsi qu'on l'a observé entre Giuseppe Garibaldi et les patriotes italiens de Nice et le « parti » français réuni autour d'Auguste Carlone et son journal, tous s'affirment comme des « militants » de la nation et se rejoignent dans l'adhésion au même principe des nationalités. Si cela fait émerger des luttes, notamment dans les territoires frontaliers, cela rend aussi possible le fait que le « printemps des peuples » soit, en plus d'un « printemps des nationalités », un « printemps de la fraternité » entre les peuples. Les rédactions journalistiques jouent encore une fois un grand rôle dans cette dynamique. Publier un journal, notamment dans les milieux démocrates européens, c'est aussi promouvoir l'idée de fraternité et se servir de cet outil nouveau pour impulser des relations fraternitaires à distance, comme le sont les liens entre les directeurs des journaux démocrates de Savoie (*Le Chat*, *Le Patriote savoisien* et *Le National savoisien*) et ceux de *L'Écho des Alpes maritimes* à Nice. Les relations journalistiques sont une des formes que prend ce « printemps de la fraternité », car les journaux sont les outils par excellence pour susciter et entretenir des liens à distance, ce qui permet aussi de faire exister des initiatives diverses, à toutes les échelles. Ainsi,

4 Paul Messié, « Albin Mazon, Notes inédites, suivies des commentaires d'Auguste Carlone », *op. cit.*, p. 186 et 220.

alors qu'Auguste Carlone et ses associés ont contribué à faire émerger dans leur ville un Cercle de la Fraternité, en sollicitant une forme associative nouvelle, déjà très répandue en France, ils s'impliquent aussi dans des initiatives à portée continentale. Ils soutiennent le grand événement fraternitaire de 1849, le Congrès des Amis de la paix universelle, ouvert par Victor Hugo, qui réunit de grandes figures européennes de la politique ou de la littérature, et ne doit son existence et sa médiatisation qu'au développement de la presse initiée un peu partout en Europe en 1848. À travers les journaux, une idée-force de l'époque se diffuse dans des territoires divers et éloignés, ce qui atteste de la mise en place d'un paysage médiatique à l'échelle continentale. Car publier, c'est participer aux grands mouvements des idées du temps. Comme l'exprimait le même Victor Hugo dans un discours à la Chambre en 1850, en pleine période de réaction européenne des pouvoirs contre les droits démocratiques conquis depuis 1847 et 1848, la presse est pensée par ceux qui la font ou qui en défendent sa liberté comme une « formidable locomotive de la pensée universelle[5] ». Une référence qui n'est pas sans rappeler celle de François-René de Chateaubriand sur la machine à vapeur dans la citation placée en exergue du présent ouvrage. Les comparaisons disent bien combien les contemporains pensent le développement de la presse comme une chose aussi inévitable que le développement de l'industrie (alors que le lien entre les deux est en train de se nouer). Cependant, cette formidable « locomotive » des idées, si elle est bien connue pour ce rôle par les historiens, elle est encore un objet bien méconnu dans son fonctionnement.

Étudier l'action journalistique d'Auguste Carlone, Victor Juge et leurs collaborateurs a donc été une manière d'entrer dans tous les mécanismes complexes de cette locomotive des idées et de la pensée qu'est la presse. Le prisme monographique n'a été qu'un prétexte pour construire une compréhension générale de ce que publier un journal a pu signifier dans une période d'épanouissement sans précédent de la presse comme l'ont été les révolutions européennes du milieu du XIXe siècle. Le principal apport du présent ouvrage, par l'exploitation d'archives aussi précieuses qu'inédites, est donc de dépasser le prisme politique en explorant les processus matériels, culturels, économiques et sociaux à l'œuvre dans la presse, à une époque qui précède l'entrée dans l'ère médiatique

5 Victor Hugo, *Actes et paroles*, Édition augmentée, Arvensa éditions, 2014, p. 232.

des journaux de masse que l'on peut situer dans la seconde moitié du XIXe siècle. L'ouvrage est donc une modeste contribution au comblement d'un grand vide historiographique, celui de l'étude des réseaux relationnels qui soutiennent les entreprises journalistiques, de la dynamique naissante de professionnalisation de l'activité de presse et du processus de diffusion des journaux, objets de plus en plus communs qui entrent aussi dans une logique d'uniformisation générale (dans leur typographie, leurs formats, leurs prix et leurs rubriques). L'histoire réalisée, parfois au ras du sol à travers les quartiers de la ville de Nice, a été concentrée sur un contexte local tout en étant extrêmement attentive aux jeux d'échelles. Elle s'est voulue exhaustive pour pénétrer dans les coulisses de la production journalistique et, par ce prisme, entrer de plain-pied dans l'étude de grands processus à l'œuvre dans l'épanouissement d'une véritable civilisation du journal au milieu du XIXe siècle.

ANNEXE N° 1

Autorisation officielle de *L'Écho des Alpes maritimes* délivrée par Charles-Albert Ier le 15 décembre 1847, traduction[1]

« Le secrétariat d'État, pour les affaires intérieures.

À la suite de la demande de Monsieur Hippolyte de Rangouse, dans l'objectif d'obtenir l'autorisation de fonder et de publier trois fois par semaine, sous sa direction, un journal politique, commercial et littéraire, en langue française, dans la cité de Nice, avec le titre *L'Écho des Alpes maritimes.*

Le conseil d'État a admis la conformité de la demande avec l'article 4 des patentes royales du 30 octobre 1847. Suivant les ordres pris par Sa Majesté le 14 du mois courant, Elle autorise Monsieur Hippolyte de Rangouse à fonder et à publier sous sa direction et sa responsabilité, dans la susdite ville de Nice, ce journal politique, littéraire et commercial avec le titre *L'Écho des Alpes maritimes*, à travers le dépôt de la somme de deux mille lires qui doit se faire à la Caisse des dépôts et des consignations en conformité à l'article déjà cité des patentes royales, et l'accomplissement des conditions imposées, à savoir :

Ne pourra être rendue possible la publication de ce journal sans son enregistrement préalable dans le registre de la commission provinciale.

Dans le cas où le journal, pour quelque raison que ce soit, cesserait ses publications, ce secrétariat d'État devra en être prévenu préalablement.

Turin, le 15 décembre 1847,

Le premier secrétaire d'État, premier officier.

Le secrétaire d'État chef de division ».

---

1 Archives départementales des Alpes maritimes, Archives privées, Fonds Carlone, 7 J 34.

ANNEXE N° 2

Les statuts de la société par actions fondée pour exploiter *L'Écho des Alpes maritimes*[1]

« Par la présente écriture faite à double original entre MM. Gonzague Arson, Jules Avigdor, Edouard Borelly, Etienne Bonafons, Auguste Carlone, Victor Juge, Charles Laurenti-Roubaudi, Romain Roux et Henri Verani-Masin domiciliés dans cette ville d'une part, et de l'autre M. Hippolyte de Rangouse natif d'Agen en France, demeurant également dans cette ville, il a été posé en fait :

Que les susdits M.M. Arson, Avigdor, Borelly, Bonafons, Carlone, Juge, Laurenti-Roubaudi, Roux et Verani-Masin auraient fondé une société à l'effet de former et de publier un journal en cette ville, et proposé à M. de Rangouse d'en solliciter et obtenir l'autorisation du gouvernement en qualité de gérant-responsable, moyennant les pactes et conditions dont il sera parlé ci-après :

Que cette proposition ayant été agréée par Monsieur de Rangouse, il aurait, de concert avec les sociétaires susdits, fait les démarches nécessaires auprès des autorités compétentes, et obtenu sous la date du 15 du mois un brevet du ministère de l'Intérieur portant autorisation de publier en cette ville trois fois par semaine le journal projeté sous le titre *L'Écho des Alpes maritimes.*

Que cette autorisation remplissant le vœu des sociétaires, et le but qu'ils s'étaient proposés, et désirant en conséquence réduire par écrit les conventions verbales entre eux et M. de Rangouse arrêtées, ils ont définitivement convenu ce qui suit :

1 : Monsieur de Rangouse déclare que l'autorisation ministérielle par lui personnellement demandée, et obtenue, de publier *L'Écho des Alpes maritimes* sera pour le compte et dans l'intérêt des sociétaires auxquels appartiendra en conséquence le droit d'exploitation dudit journal, comme

1 Archives départementales des Alpes maritimes, Archives privées, Fonds Carlone, 7 J 35.

seuls propriétaires de cette feuille, ainsi que les profits et les pertes qui pourront résulter de sa publication, et la qualité de gérant-responsable, et de directeur conférée à M. de Rangouse, n'aura d'autres effets que de lui imposer les charges et les devoirs inhérents à cette qualité, soit vis-à-vis du gouvernement, soit à l'égard du public, sans qu'il puisse en aucun temps n'exercer aucun droit de propriété sur le journal autorisé, ni prétendre de régler par soi-même la publication, et l'administration de cette feuille, ni participer au profit de cette entreprise, sauf par la rétribution et l'indemnité ci-après.

2 : En conséquence de cette déclaration, MM. les sociétaires susnommés, promettent et s'obligent de fournir le cautionnement de deux mille francs nécessaire pour la publication du journal susdit, laquelle somme s'entendra à être et appartenir à MM. les sociétaires ou à la personne qui dans l'intérêt commun en fera le versement à la caisse des dépôts et des consignations.

3 : Monsieur de Rangouse, en sa qualité de Gérant responsable et de rédacteur principal du journal devra, ainsi qu'il promet et s'y oblige, faire paraître aux jours indiqués par le programme les numéros du journal, en apportant à sa publication régulière toute la sollicitude convenable, sous peine de tous frais dommages et intérêts, et des amendes, que par suite, de sa faute ou de sa négligence, il peut encourir.

4 : MM. les sociétaires susdits se réservent le droit de nommer un comité d'administration, et un comité de rédaction dudit journal, et les membres de ce dernier coopèreront à la rédaction des articles du journal, sans toutefois s'obliger à un travail régulier et suivi et sans que le défaut de cette collaboration puisse jamais relever M. de Rangouse des charges personnelles qu'il a comme rédacteur principal, et qui l'obligent d'avoir toujours prêts les articles nécessaires pour la composition et la publication du journal.

5 : Chaque numéro du journal devra, avant sa composition, être soumis au comité susdit pour l'examen des articles qui y seront insérés et ne pourra être publié sans leur autorisation.

6 : MM. les sociétaires susnommés promettent et s'obligent de payer à M. de Rangouse à titre d'honoraire la somme de 1 200 francs par an et en outre de lui allouer un cinquième sur les bénéfices nets de la société.

7 : M. de Rangouse pourra se démettre de ses fonctions en donnant avis de la détermination à la société six mois à l'avance et le même droit

est référé à la société dans le cas qu'elle crût bon de devoir renoncer à sa collaboration, et dans l'un et l'autre cas, M. de Rangouse devra prêter toujours son appui et sa coopération pour la publication régulière du journal et faire au besoin tous les actes et publications nécessaires pour investir la société, ou qui pour elle de la propriété apparente dudit journal pour obtenir une seconde autorisation du ministère et mettre la société à même de continuer cette publication.

8 : Dans le cas de maladie ou d'empêchement quelconque, l'indemnité à payer à la personne qui remplacera M. de Rangouse sera à la charge de celui-ci. Il est entendu que ce ne serait que dans le cas d'un empêchement de longue durée.

En foi de quoi toutes les parties ont signé.

Nice le 24 décembre 1847. Signatures : Avigdor, Rangouse, Carlone, Laurenti-Roubaudi, Borelly, Arson, Roux, Bonafons, Verani-Masin. »

ANNEXE N° 3

Les actionnaires et directeurs de *L'Écho des Alpes maritimes* au moment de sa création en décembre 1847

Nom	Actions de 100 en francs	Activité	Banquet du 11 novembre 1847	Rôle dans le journal
Hippolyte de Rangouse		Professeur	Absent	Gérant-responsable
Gonzague Arson	Une	Avocat	Présent	Directeur-fondateur, actionnaire
Jules Avigdor	Deux	Banquier	Présent	Directeur-fondateur, actionnaire
Etienne Bonafons	Une	Avocat	Absent	Directeur-fondateur, actionnaire
Edouard Borelly	Une	Négociant	Absent	Directeur-fondateur, actionnaire
Auguste Carlone	Une	Banquier	Présent	Directeur-fondateur, actionnaire
Victor Juge	Deux	Ingénieur	Absent	Directeur-fondateur, actionnaire
Charles Laurenti-Roubaudi	Une	Avocat	Présent	Directeur-fondateur, actionnaire

Romain Roux	Une	Militaire	Présent	Directeur-fondateur, actionnaire
Henri Verani-Masin	Une	Fonctionnaire	Présent	Directeur-fondateur, actionnaire
André Gilletta	Une	Imprimeur	Présent	Actionnaire et imprimeur
Alfred Gilletta	Une	Imprimeur	Absent	Actionnaire et imprimeur
Benoît Visconti	Une	Libraire	Présent	Actionnaire et diffuseur
Eugène Abbo	Une	Négociant	Présent	Actionnaire
François Ardoin	Une	Médecin	Présent	Actionnaire
Nephtali Avigdor	Une	Banquier	Présent	Actionnaire
Joseph Ciaudo	Une	Ébéniste	Présent	Actionnaire
Ange Dalmas	Une	Pharmacien	Présent	Actionnaire
Joseph Fricero	Une	Peintre	Présent	Actionnaire
Paul Gautier	Une	Négociant	Présent	Actionnaire
Honoré Gent	Une	Commerçant	Présent	Actionnaire
Isidore Jaume	Une	Rentier	Absent	Actionnaire
Paul Laurenti	Une	Négociant	Absent	Actionnaire
Jacques Nicolas	Une	Rentier	Présent	Actionnaire
Joseph Pollan	Une	Rentier	Présent	Actionnaire
Joseph Pollan (fils)	Une	Rentier	Absent	Actionnaire
Désiré Pollonais	Une	Commerçant	Présent	Actionnaire
Camille Tiranty	Une	Rentier	Absent	Actionnaire
Victor Tiranty	Une	Négociant	Présent	Actionnaire

ANNEXE N° 4

Lettre du comte De Maistre aux rédacteurs de *L'Écho des Alpes maritimes*, publiée dans le numéro du 23 janvier 1848

À MM. les Collaborateurs de *L'Écho des Alpes maritimes,*

Quand un voyageur part, s'il prend un chemin diamétralement opposé au but qu'il veut atteindre, c'est charité de l'en prévenir. Voilà pourquoi je m'adresse à vous, Messieurs, pour vous avertir que vous faites fausse route : votre but loyal et légitime est sans doute la religion et la liberté ; or, vous marchez directement à l'impiété et au despotisme, en un mot au radicalisme.

Vous débutez par insérer une lettre de M. Gioberti contre les Jésuites ; je ne veux faire ni l'apologie des uns, ni la critique de l'autre : une lettre ne peut être un livre ; je vous observerai seulement que M. Gioberti condamne ce que le pape approuve, et approuve ce que le pape condamne. Ainsi, il n'est plus catholique, ni lui, ni ceux qui auraient les mêmes opinions que lui, car l'essence du catholicisme est l'approbation de ce que le pape approuve et la condamnation de ce qu'il condamne. Un homme qui ose appeler *secte* un ordre religieux légalement reçu dans l'Église catholique et à qui le souverain pontife a donné, il y a peu de jours, les plus justes éloges, sera tout ce qu'il voudra, mais il ne peut en conscience se donner le titre de catholique, en attendant qu'il s'enfonce dans le bourbier où ont péri Lamennais et bien d'autres. Examinons l'insertion de cette lettre sous le point de vue de liberté.

Je suis comme vous citoyen et catholique, je ne sais si je partage avec vous mes autres qualités de propriétaire, de père de famille et de militaire ; en tout cas cependant, il est de toute justice de me laisser jouir, tout comme vous, de ma pleine liberté dans l'exercice de mes droits civils et religieux. Or, comme citoyen, j'ai le droit de choisir le médecin dont je veux avoir les conseils pour la santé de mon corps, et comme catholique, j'ai le droit de choisir le prêtre dont je veux suivre la direction pour la santé de mon âme ; comme propriétaire, j'ai le droit de choisir l'intendant qui doit surveiller la culture de mes terres, et comme père de famille, j'ai le droit de choisir les instituteurs auxquels je veux confier l'éducation de mes enfants. Eh bien ! Comme catholique, je veux choisir un jésuite pour directeur, et comme père, des jésuites pour instituteurs de mes fils : je n'aurai pas besoin d'en donner aucune raison, cela me plaît, il suffit, je suis dans l'exercice légitime de mes droits, mais je veux bien vous donner un des motifs de ma conduite. C'est qu'après avoir bien lu tout ce qu'on a écrit contre les jésuites, je me suis trouvé parfaitement d'accord avec le Baron Stark ministre protestant et prédicateur de la cour de Hesse-Darmstadt ; il avait coutume de dire « de tout ce qu'on a dit au sujet des jésuites, il n'y a de bien prouvé *que le bien qu'ils ont fait* ». Gentils prêcheurs de concorde, vous me parlez de liberté en me présentant des fers ; arrière, je ne veux pas de vos entraves, si la liberté n'est pour tous, elle n'est pour personne.

Mais en voici bien d'une autre : des fidèles sont rassemblés dans une église pour adorer le saint sacrement et faire, autant qu'il est en eux, amende honorable des injures qu'il y reçoit : vous les accusez de ne pas prier suivant vos intentions, et vous voulez les faire taire ! Comment, vous qui réclamez la liberté de la pensée, vous refusez aux chrétiens la liberté de la prière ? Quoi ! Nous ne pourrons plus verser aux pieds des autels nos craintes, nos espérances, nos désirs et nos regrets, sans vous avoir demandé si tous ces sentiments sont bien conformes aux vôtres ? Eh ! L'Église n'est-elle pas ouverte ? Venez, agenouillés sur le pavé sacré, priez aussi ; priez pour que les arrêtés de la Diète Helvétique soient étendus à toute la catholicité et pour que Ochsenbein soit chargé de présider partout à leur exécution ; priez pour votre saint-père Gioberti, pour l'exaltation de votre sainte-mère la secte giobertienne, et pour l'extirpation de la Compagnie de Jésus ; priez, et Dieu, dans sa justice infinie, pèsera quelles sont les prières les plus justes et les plus conformes à sa volonté sainte ; mais vouloir vous placer entre Dieu et celui qui prie, prescrire jusqu'aux soupirs des cœurs qui se taisent, croyez-moi, pauvres despotillons, c'est sauvage, c'est ignoble, c'est pire encore, c'est ridicule. J'irai à cette église pour me venger de vos prétentions stupides, j'y prierai Dieu de vous faire chrétiens, pour que vous puissiez comprendre la liberté.

Je n'ai pas vidé mon sac ; ainsi pour peu que ma correspondance vous intéresse, c'est sans adieu.

Comte De Maistre.

ANNEXE N° 5

Réponse des rédacteurs de *L'Écho des Alpes maritimes* à la lettre du comte De Maistre, publiée dans le numéro du 26 janvier 1848

Monsieur le Comte,

Vous nous tendez charitablement la main pour nous ramener, dites-vous, vers le but auquel nous voulons atteindre ; mais avant d'accepter un secours si généreux, nous avons dû nous demander s'il nous venait d'un ami ou d'un ennemi. Sur cette question, le doute ne peut point tarder à se résoudre ; acceptons donc franchement nos positions, et puisque c'est un adversaire que nous avons en vous, permettez-nous de répondre tout d'abord à votre offre par le prudent adage : *Timeo Danaos et dona ferentes.* Toutefois si nous avons accepté le combat singulier auquel vous nous appelez, ne croyez point que nous nous y soyons précipités tête baissée, et sans reconnaître les avantages que vous nous donnez sur vous. Nous nous refuserons à voir dans votre lettre une provocation dangereuse et le désir de nous amener sur un terrain périlleux, nous n'y verrons que ce qu'il y a réellement, malgré votre dire : l'apologie des jésuites et la critique de Gioberti, toutes choses qui vous servent de prétexte pour nous attaquer sur l'orthodoxie de nos doctrines religieuses, et sur nos principes de liberté politique. Nous répondons à une lettre, et comme vous, nous nous maintiendrons dans ses limites. Vous ne vous êtes sûrement pas attendu à trouver en nous de profonds théologiens ; il faut l'avouer, nous ne savons en fait de théologie que ce qu'il en faut au commun des martyrs. Il paraît même que vous nous croyez à cet égard non seulement étrangers à cette matière, mais encore quelque peu dépourvus de bon sens. Toutefois, quelque juste que puisse être cette appréciation, il nous semble qu'il ne nous en faudra pas faire une bien grande dépense pour combattre le raisonnement que vous nous opposez.

Gioberti, dites-vous, désapprouve ce qu'approuve le pape, il n'est *donc* pas catholique et ceux qui partagent ses sentiments le sont tout aussi peu que lui ; *donc* Gioberti et nous, nous sommes des impies. Nous n'hésitons pas à vous dire que nous nous sentons immensément flattés d'être condamnés en si bonne compagnie, mais ce qui nous désole, c'est de l'être en vertu d'un si mauvais syllogisme. Non seulement votre raisonnement est en pleine révolte contre toutes les règles de la logique, non seulement il est faux dans son principe, faux dans ses conséquences, mais il contient le plus étrange abus de mots, la plus étrange confusion de toutes choses. Procédons un peu plus méthodiquement. Le pape représente deux personnes bien distinctes : dans l'une nous reconnaissons le chef de l'Église, dans l'autre le souverain temporel. Comme chef temporel, il donne des lois à ses sujets etc. etc. Comme chef de l'Église, ses attributions sont complexes et se divisent en deux parties dont l'une est relative à la discipline ecclésiastique et l'autre au dogme. Ce n'est qu'à ce dernier égard, vous le savez aussi bien que nous, que l'infaillibilité du pape est admise par les catholiques, et encore faut-il faire ici des restrictions. Le pape, comme docteur, est sujet à l'erreur tout autant qu'un autre. Pourtant ses décrets ont pour nous l'autorité qui résulte d'un sentiment de respect. Dans le cas seulement où, en sa qualité de chef suprême de l'Église, il présente un dogme comme un article de foi, tous les chrétiens doivent l'accepter et celui-là seul qui s'obstinerait sciemment à ne pas s'y soumettre, serait retranché du nombre des fidèles et deviendrait non catholique, c'est-à-dire hérétique. Nous n'avons pas à nous occuper ici des réserves de l'Église gallicane qui restreignent bien plus encore l'infaillibilité du pape. Tels sont les principes admis par nos théologiens, et c'est une fort vieille erreur que celle que veulent faire triompher les jésuites en soutenant l'infaillibilité absolue. Nous croyons vous faire plaisir en ne parlant pas du but de cette doctrine, tel qu'on le présume peu charitablement, et nous nous dispenserons de faire l'historique des débats qui ont été soutenus sur cette matière. Revenons à notre véritable question. Dans le dissentiment qui s'est élevé entre le pape et Gioberti, tout se résume dans la Diète, le *Sonderbund* et les Jésuites. Or, comme il ne s'agit point ici de la doctrine de la Compagnie de Jésus, mais de la doctrine de l'Église, après les distinctions que nous avons déjà énoncées nous ne voyons pas ce que dans le cas présent il peut y avoir de commun avec nos articles de foi. Gioberti a condamné le *Sonderbund* et les Jésuites, nous nous en réjouissons, et ne vous en déplaise, nous ne nous en croyons pas moins bons catholiques ; nous nous disons *catholiques* dans la véritable acception du mot et nous faisons cette réserve parce que le *parti* jésuitique, auquel vous appartenez, a l'incroyable audace de mettre son catholicisme au-dessus du pape, et que de cette hauteur, il se croit fondé à accuser d'impiété et à condamner au feu éternel, faute de pouvoir rallumer les bûchers de l'inquisition. Il est véritablement fort à regretter pour votre charitable parti qu'il ne dispose plus de ce moyen de conviction, et croyez que si vos arguments pouvaient en être étayés ils en prendraient une force irrésistible. Vous avez déjà remarqué qu'en parlant des jésuites, nous avons dit un *parti*, et vous seriez mal fondé à vous récrier contre l'emploi de ce mot, puisqu'étant militaire, vous ne sauriez être ni prêtre, ni moine, et que cependant vous êtes jésuite. Gioberti a appelé le jésuitisme une *secte*, et il a pu le faire à bon droit, puisque le jésuitisme a des doctrines et des intérêts évidemment distincts du catholicisme. Nous dirons nous, qu'il est un *parti* parce qu'il constitue une association politique reconnaissant un centre d'action, agissant avec simultanéité d'efforts et poursuivant un but commun, l'occupation du pouvoir. L'occupation du pouvoir tel est ici le vrai le seul mot de la question. À qui espère-t-on faire prendre le change, en nous parlant d'impiété ? Mais on peut être protestant et même musulman, et ne pas être impie. Ce n'est donc encore ici qu'un abus de ce mot qui couronne un abus de raisonnement. Vous voudriez nous faire croire que votre cause est celle du ciel : mais dans la cause du ciel, ni vous ni d'autres ne peuvent pas grand-chose, rapportons-nous en là-dessus à un pouvoir autrement haut-placé que celui des hommes, accomplissons nos devoirs envers Dieu, et n'outrageons pas son saint nom en le faisant servir de drapeau pour les intérêts d'un parti fort terrestre, parti terrestre s'il en fût jamais Ceci nous conduit naturellement au second objet de votre lettre nos doctrines en fait de liberté politique. La liberté est le droit absolu de parler, de penser et d'agir. La liberté politique n'est que ce même droit modifié et restreint par la loi sociale. Un peuple peut avoir plus ou moins de liberté politique, mais aucun peuple ne doit être considéré comme politiquement libre, si la loi qui le régit ne reconnaît l'égalité des droits de tous les citoyens. Or, quand nous avons dit que l'Italie entrait dans une ère de liberté, nous avons implicitement admis l'égalité des personnes devant la loi.

Votre lettre porte une adhésion à ces principes, et nous en prenons acte ; c'est sur eux que vous fondez vos droits comme citoyen, comme propriétaire et comme père de famille. À ces qualités vous ajoutez celle de militaire, mais elle n'a que faire dans la question. Ceci étant dit en passant, et seulement pour vous prouver l'attention avec laquelle nous avons lu votre lettre ; nous continuons :

Vous entendez jouir de ces droits, rien de mieux ; mais de ce qu'un citoyen, dans le libre exercice qu'il en fait, pourra se déterminer pour telle ou telle autre chose, faudra-t-il en inférer que toute discussion sur ses déterminations doit être étouffée ? Ce serait absurde, et vous voulez rire. De la même manière que vous avez le droit de prendre des jésuites pour instituteurs de vos fils, pour médecins de votre âme, nous avons le droit de vous dire que nous, nous ferions un autre choix. Vous avez le droit de nous donner pour cause déterminante de votre volonté des raisons bonnes et mauvaises, nous avons le droit de ne pas nous y rendre. Ainsi aimez les jésuites parce qu'un ministre protestant vous a dit qu'il n'avait vu dans tout ce qui a été écrit sur eux que le bien qu'ils ont fait ; ne sommes-nous pas maîtres de penser et de dire de ce ministre protestant, qu'il ne voyait les choses que par le beau côté. Mais à côté de l'opinion qu'il exprimait, le baron Starck aurait-il trouvé commode de prouver que les évêques et les universités qui se sont déclarés contre les jésuites depuis l'approbation de l'ordre par Paul III et jusqu'à nos jours (et le nombre en est grand) n'ont eu pour mobile qu'une haine aveugle, que leur vive opposition n'était pas fondée. Nous désirerions qu'on nous expliquât convenablement l'histoire des RR. PP. Malagrida, Guignard et quelques autres qu'on pût infirmer les arrêts qui ont chassé les jésuites de France en 1594 et en 1762, qu'on expliquât bien certaines pages de l'histoire d'Espagne, de Portugal et de Naples ; qu'on nous prouvât que la France a eu tort de les expulser en 1828, et que dernièrement encore les Chambres françaises ont mal apprécié le caractère de la Compagnie, qu'elles l'ont calomniée.

Pour réhabiliter l'ordre, il faut plus que de simples assertions d'un prédicateur de Hesse-Darmstadt, il faut un livre tout entier, un livre nouveau, nous l'attendons encore. Faites-le, M. le comte, nous ne vous en disputerons jamais le droit. D'ici là, faites sonner les cloches, priez pour les morts, nul ne pensera à en détourner ni vous, ni les autres. Mais si vous assemblez le peuple, en lui disant de prier pour le *Sonderbund*, nous userons de notre droit, en lui disant que le *Sonderbund* était le parti qui soutenait les jésuites en Suisse, et que ce parti était en état de rébellion envers le gouvernement du pays.

Nous ne voulons ni restreindre votre liberté, ni violenter votre conscience. Il vous plaît de nous supposer des intentions que nous n'avons pas, et que nous ne pouvons pas avoir. N'intervertissez pas les rôles et sachez bien que nous voulons la liberté pour tous, même pour ceux qui ne la voudraient pas pour nous. Mais sachez aussi que nous emploierons tout ce que nous aurons de forces pour ne pas permettre de répandre des calomnies, de pousser les catholiques contre les protestants en inventant des historiettes de persécutions. Ce que nous désapprouvons, c'est qu'on fasse de la chaire une tribune politique, où le prêtre pourrait à son gré dénaturer l'esprit et le sens de nos institutions c'est qu'on vienne mentir aux fidèles assemblés en leur disant que les lois de l'État sont faites pour les riches et non pour les pauvres. Et si votre prédicateur n'a été que l'organe ignorant d'un parti qui répétait ici des manœuvres pratiquées sur d'autres points des États de S. M. alors ce n'est plus seulement un droit c'est un devoir pour nous d'arrêter cette licence et de pénétrer par nos réclamations jusque dans l'Église pour ramener le prêtre à son véritable caractère.

Nous désapprouvons hautement les prédications politiques, parce qu'elles ne peuvent jamais tourner au profit de la religion et qu'elles peuvent nuire à la société. Le prédicateur parle au nom de Dieu, il ne doit pas chercher à irriter les passions humaines, mais à les calmer. Demander ces choses au prêtre, ce n'est pas défendre aux fidèles d'aller à l'église, ce n'est pas vouloir leur imposer une formule de prière et prescrire les soupirs des cœurs. Pour se tromper si grossièrement sur nos sentiments, il fallait vouloir faire sortir de faits mal interprétés une accusation d'impiété. En la repoussant, nous ne dirons pas comme vous qu'elle est ou sauvage, ou ignoble, nous nous bornerons à la trouver ridicule. Et maintenant M. le Comte veuillez ne point oublier qu'il y a des paroles dont en certaine position on devrait s'abstenir ; les injures sont pour vous un jeu peu dangereux, mais elles ne prouvent rien, contre nous videz votre sac, et faites en sorte que le fond vaille mieux que le commencement. Parlez un peu moins de radicalisme et de despotisme, parlez-nous souvent de liberté quant à nous nous usons du droit de discussion, et il ne nous est jamais arrivé, gentils prêcheurs et pauvres despotillons que nous sommes, de violer la liberté individuelle, de faire sans droit incarcérer des citoyens, et de voir nos sentences arbitraires cassées par le sénat.

ANNEXE N° 6

Brouillon de la lettre envoyée par Victor Juge à Adolphe Blanqui pour solliciter son soutien à *L'Écho des Alpes maritimes*[1]

Monsieur le député,

Les membres du comité de rédaction de *L'Écho des Alpes maritimes* ont l'honneur de vous prier de vouloir bien honorer leur journal de votre adhésion, et de soutenir leur entreprise par le concours bienveillant de votre collaboration et de vos conseils.

Le but qu'ils se proposent en fondant un journal, est de faire connaître leur pays comme il mérite de l'être et surtout de répandre dans les montagnes du comté des principes de libéralisme et de progrès qui peut-être un jour porteront leur fruit.

Ils purent atteindre leur but d'autant plus aisément que vous leur prêterez la célébrité de votre nom en prenant part à leur œuvre patriotique.

Ils s'adressent à vous en toute confiance comme à un véritable ami pour qui la vallée du Var a été votre berceau et quoique vous appartenez maintenant à la Grande Nation, ils ne doutent pas que vous ayez gardé dans votre cœur le souvenir de votre première patrie où vous attendent de nombreuses sympathies.

Vous avez l'honneur d'être…

1 Archives départementales des Alpes maritimes, Archives privées, Fonds Carlone, 7 J 35.

ANNEXE N° 7

Lettre d'Adolphe Blanqui en réponse à la sollicitation des rédacteurs de *L'Écho des Alpes maritimes* publiée dans le numéro du 19 janvier 1848

Mon cher Monsieur,

J'ai reçu le prospectus que vous m'avez fait l'honneur de m'envoyer, de *L'Écho des Alpes maritimes*, avec l'invitation de concourir à sa rédaction naissante. En ma qualité d'enfant des Alpes, j'accepte avec empressement cette proposition, et je me ferai un vrai plaisir de répondre au désir que vous m'avez exprimé, autant que mes nombreux travaux me le permettront. Permettez-moi, à mon tour, de vous féliciter de l'heureuse idée que vous avez eue de fonder un journal dans cette noble et gracieuse ville de Nice qui joint comme un trait d'union la patrie française à la patrie italienne, en les rappelant toutes deux par le caractère et l'esprit de ses habitants. Il était temps que l'on donnât à votre pensée, à vos besoins, à vos cœurs un organe digne d'être entendu. J'applaudis de toutes mes forces à ce présent de votre roi, comme à un gage certain de ses sentiments pour vous, et de vos sentiments pour lui. C'est par de tels échanges que les princes s'honorent de nos jours, et s'assurent l'attachement des peuples.

Courage donc, mon cher Monsieur ; vous et vos honorables collaborateurs, persévérez dans la grande tâche que vous avez entreprise. Instruisez, éclairez, encouragez les populations généreuses que le sublime cri parti de la chaire de Saint Pierre appelle à des destinées nouvelles. Vous aurez bien des difficultés à vaincre, une grande mesure à garder, mais de salutaires avis à donner, des doctrines libérales à faire prévaloir. Courage ! Dieu, votre roi et votre pays sont avec vous : qui pourrait désormais arrêter votre marche ? Tous les hommes de cœur vous doivent le tribut de leur concours dans cette œuvre sainte de régénération de la grande patrie italienne, notre première patrie à tous, savants, artistes, publicistes, historiens, économistes, tous tant que nous sommes, de quelque pays que nous soyons !

Je vous dois quelque chose de plus, Messieurs, en ma qualité d'ancien élève du Lycée de Nice, et je vous offre mon faible concours littéraire, comme un hommage de cœur à la ville qui m'a vu naître. Heureux si je pouvais voir avant de mourir, les bons habitants des Alpes maritimes, trop longtemps oubliés, s'inspirer de vos lumières, ci appelés enfin à la vie politique qui leur manque et dont ils sont si dignes !

Je vous prie d'agréer l'expression de mes sentiments les plus distingués.

Paris, 12 janvier 1848.

Blanqui

ANNEXE N° 8

Lettre du 28 mai 1848 rédigée par Jules Avigdor au nom des sept collaborateurs mettant fin à leur participation à *L'Écho des Alpes maritimes*[1]

Nice le 28 mai 1848,

Monsieur de Rangouse,

Gérant de *L'Écho des Alpes maritimes* à Nice,

Monsieur,

D'après notre lettre du 15 de ce mois où nous vous déclarions que nous cessions, dès le même jour, de faire partie de la direction de *L'Écho des Alpes maritimes*, nous venons vous prier, Monsieur, de vouloir bien annoncer nominativement notre retraite, dans le plus prochain numéro de votre journal.

Nous espérons, Monsieur le gérant, que vous ferez droit à notre juste demande, et vous présentons nos salutations empressées.

Jules Avigdor, H. Verani-Masin, E. Borelly, C. Verani-Masin pour M. Roux Romain, E. Bonnafons, Gonzague Arson et pour Laurenti-Roubaudi.

1 Archives départementales des Alpes maritimes, Archives privées, Fonds Carlone, 7 J 34.

ANNEXE N° 9

« Adresse aux Niçois » de Giuseppe Garibaldi (avec les commentaires d'Auguste Carlone) et la réponse rédigée par Auguste Carlone (*L'Écho des Alpes maritimes*, 5 mars 1849)

Niçois !

Mon âme profondément émue du spectacle imposant de Rome républicaine se sent attirée par un besoin naturel vers ces êtres qui lui sont attachés par les liens de l'amitié, de la naissance et un amour particulier, et vous êtes au nombre de ces êtres, mes compatriotes bienaimés ; trop heureux si je pouvais faire passer dans votre cœur toute la joie de la rédemption italienne et mourir avec la satisfaction d'avoir toujours travaillé pour le bien de mon pays. En habitant tes airs embaumés, ô ma belle terre de Nice, j'ai senti naître en moi une plus forte volonté d'action, des haines et des amours immenses, et il m'a semblé que le sacrifice de la vie elle-même ne suffisait pas pour la patrie. Lorsque je combattais dans mes contrées lointaines en faveur des opprimés, et que la renommée donnait à mes batailles plus de prix qu'elles n'en méritaient, mon seul désir était que leur bruit parvint jusqu'à toi. Je te les consacrais, ô ma terre natale, avec tout le dévouement d'un fils ; et je fus pénétré d'un noble orgueil en apprenant avec quel intérêt tu revendiquais pour moi le titre de mère qu'un autre voulait t'enlever, non par désaffection, mais afin de pouvoir me considérer encore plus comme Italien[1].

Oui, c'était moi qui ambitionnais de t'appartenir, c'était moi qui avais soif des applaudissements de tes nobles et courageux enfants ; et lorsque de mes lèvres sortait le cri de guerre et de liberté, mon âme n'a

1 Nous engageons nos lecteurs à réfléchir sur cette phrase qui est un coup d'épée pour nos italianissimes. Le texte dit : *ma per credermi maggiormente Italiano*, la version littérale serait celle-ci : « mais pour me croire davantage Italien », nous ne pouvions en conscience adopter une pareille version, mais de quelque manière qu'on interprète le texte, il en résulte qu'en Italie on ne considère pas les Niçois comme de *véritables Italiens*.

jamais pu séparer Nice de l'Italie, jamais pu faire tomber d'une couronne un de ses joyaux précieux. La terre qui me rappelait les jeux de mon enfance, qui a soutenu mes premiers pas dans la vie, et dont chaque pierre m'est plus chère que moi-même, cette terre, par Dieu !… je la voulais incarnée comme un élément naturel dans la pensée italienne. C'était là que je me plaisais à croire, et ce que je demandais à Dieu en le priant de défendre de la puissance de son bras la sainte cause du peuple. Et cependant, ô Niçois, il existe un journal, *L'Écho*, qui répand une grande amertume par son obstination gallicane sur ces biens que vous prodigue l'heureuse situation politique de votre pays. Ce journal[2] arrive parmi nous comme une malédiction, parce qu'en nous blâmant de la part que nous avons prise à la fortune, aux joies et aux douleurs de l'Italie, il voudrait nous séparer d'elle ; peut-être parce qu'un Français qui a reçu l'hospitalité sur notre terre veut en faire la conquête à force de sophismes et de sollicitations inutiles[3]. Qu'il poursuive l'apostolat démocratique qu'il a entrepris et nous le saluerons comme frère. Nous hommes libres, nous fraternisons avec tous les peuples, et les temps où les Italiens conquirent et dominèrent pendant des siècles la patrie du rédacteur de *L'Écho* sont passés, aussi bien que ceux où ses pères obéissant à un chef italien, subjuguèrent la nôtre. La nation française n'a pas besoin de nous pour être grande, mais il faut à l'Italie toutes ses

---

2 Malheureux journal ! pauvres Italiens ! et cependant ce coupable *Écho*, qui abreuve de tant d'amertumes l'âme sensible du héros, a toujours aimé et servi la cause italienne avec un dévouement, non pas aveugle, *cela est vrai*, mais éclairé. Évidemment, son seul tort est de ne pas croire que *la situation politique de notre pays soit pour nous une source inépuisable de biens* ; mais personne ici ne le croit, pas même, nous en sommes sûrs, l'auteur de l'adresse qui rêve pour nous un autre bonheur que celui dont nous jouissons, ainsi qu'il va bientôt nous le dire. Garibaldi se montre d'ailleurs d'une noire ingratitude envers notre pauvre journal qui a brûlé pourtant assez de son encens démocratique pour le héros *futur* de l'Italie Comme les anciens, nous avons quelquefois sacrifié aux dieux inconnus.

3 L'illustre général connaît fort peu ses compatriotes, s'il les croit capables de se laisser séduire par des sophismes, et s'il veut les convertir à la foi italienne ; il y parviendra plus facilement par une réfutation de nos prétendus sophismes que par des lamentations et des déclamations ridicules qui ne prouvent rien. Nous lui apprendrons aussi, puisqu'il lui *plaît de l'ignorer* que la rédaction de *L'Écho* n'est pas seulement confiée à un Français, mais à des véritables Niçois dont l'origine n'est point *ligurienne* et dont les opinions connues leur ont mérité l'honneur d'être choisis par leurs concitoyens pour les représenter dans notre Conseil municipal. L'administration de notre Ville est confiée à l'un d'eux ; il est bon que M. Garibaldi le sache, afin qu'il cesse de croire qu'un Français a l'ambition de vouloir conquérir Nice, et qu'il se persuade que la majorité est *incarnée dans la pensée française comme un élément naturel*. Ce sera une grande douleur pour son âme italienne, mais *par Dieu !* c'est ainsi.

forces pour se reconstituer. Nous ne répondrons pas à toutes les inepties mises en avant par cette feuille périodique pour nous prouver que nous sommes Français[4], seulement si l'on me demande ce que nous devons à la France, je répondrai en montrant les ruines du Château[5].

Que le rédacteur de *L'Écho* qui ne connaît pas l'histoire de Nice apprenne du moins que son plus bel épisode est un fait que l'histoire de son pays voudrait voir effacé[6]. L'armée française alliée à l'armée turque assiégeaient Nice, et l'Italien Doria les dispersa dans le golfe de Saint-Hospice et délivra la ville qui ne voulait être ni turque ni française.

L'Écho va disant que Nice est fille de Marseille ; je voudrais savoir si tous les pays du littoral italien où les Grecs s'établirent sont encore grecs aujourd'hui, et si les Phocéens qui se fixèrent sur la côte de Marseille ne se sont pas fondus dans la population indigène française[7]. Et *L'Écho* ajoute que l'horizon de l'Italie fait présager de grands malheurs à ses peuples.

Cette prévoyance pusillanime est un sentiment étrange chez le rédacteur de *L'Écho*, et l'on connaît bien que son âme n'émane pas d'une nature généreuse et constante comme la nôtre. Qu'il continue de participer à la fortune de ceux qui sont heureux si cela le satisfait, et

---

4 C'est là une méthode on ne peut plus commode. Nous serions cependant fort curieux de savoir ce que l'auteur entend par ces inepties auxquelles il dédaigne de répondre. Nous n'avons jamais écrit de son style, ni emprunté ses magnifiques pensées vides de sens. Nous sommes attachés à démontrer par des raisonnements assez concluants et qu'on n'a pas encore détruits, que les Alpes étaient les frontières naturelles de la France, et Nice en deçà des Alpes ; nous avons prouvé, par des chiffres, que notre prospérité serait beaucoup plus grande si nous étions réunis à la France, et lorsque M. Garibaldi voudra discuter sérieusement ces questions nous sommes prêts. Il est fort possible que toutes ces considérations *mesquines* d'intérêt matériel paraissent des inepties à des esprits ardents qui se passionnent pour les aventures ; mais fort heureusement la plupart des hommes aiment à vivre paisiblement et honnêtement de leur travail et à retirer de ce travail honorable la plus grande utilité possible.

5 Les ruines du Château ! quel crime irrémissible et quel argument admirable ! Ah ! MM. de Catinat et Berwick qu'avez-vous fait ?

6 Les rédacteurs de *L'Écho* croient connaître quelque peu l'histoire de Nice, ils savent la date de son union à la Savoie et les conditions de ce contrat ; ils savent la date du vote des populations de la province, vote qui motiva le décret de la Convention nationale par lequel Nice fut rendu à la France ; ils savent qu'en 1814 le peuple ne fut pas consulté, mais ce qu'il n'est pas permis d'ignorer à un démocrate comme Garibaldi, c'est qu'à l'époque dont il parle les peuples ne comptaient pas, ils n'étaient que des instruments passifs de l'ambition et de la tyrannie des princes. Il n'y a cependant pas assez longtemps que cet état des choses n'est plus, pour qu'un républicain en ait perdu la mémoire.

7 Cette fusion s'est opérée parce qu'elle était naturelle ; la nôtre avec l'Italie n'a pu encore s'opérer, après tant de siècle, parce qu'elle ne l'est pas. Méditez ces deux faits et vous en conclurez forcément que Nice n'a jamais et ne peut jamais être véritablement italienne.

qu'il sache que par ce seul et unique motif que l'Italie est malheureuse les intrépides enfants de Nice lui demeurent plus fermement attachés[8].

« Les Italiens n'ont d'autres partisans que les hommes de robe, fonctionnaires publics[9]...... »

Assez de sarcasme et d'injure. N'étaient-ils pas nos partisans, les partisans de l'Italie, les Anfonssi, les Castelli et un millier de Niçois qui ont versé, et qui versent encore leur sang pour elle[10] ?

Que le rédacteur de *L'Écho* vienne connaître une nation qui mérite d'être rachetée. La France n'est pas seule au monde ; qu'il vienne à Florence et à Rome apprendre un peu à prononcer dans cette belle langue le grand nom de Masséna, qui naguère sortait ses lèvres avec un ton dégoûtant[11].

Si je ne devais apporter mon concours à d'autres affaires il me serait facile de répondre à toutes les fausses assertions de *L'Écho*[12] ; mais je me contenterai d'annoncer à mes concitoyens que la révolution italienne pour laquelle nous donnons la vie est une révolution de liberté, d'autonomie ;

8 Tout journaliste est libre d'apprécier la situation d'un pays et bien aveugle serait l'Italien qui ne verrait pas les dangers qui menacent sa patrie. Quant à l'appréciation de la générosité de nos sentiments nous renvoyons l'auteur de l'adresse à la lecture un peu plus attentive de notre journal et surtout de notre dernier numéro.

9 Ce passage est extrait d'un de nos articles où la question italienne était traitée sous le point de vue purement économique. Il aurait mieux valu le réfuter par des arguments solides que de se prétendre insulté. Mais nous doutons que l'auteur nous ait jamais lus.

10 N'oublions pas qu'il s'agit pour nos adversaires de prouver que Nice est véritablement italienne ; que les Alpes ne sont pas les frontières naturelles de la France et que nos intérêts matériels et politiques ne nous poussent pas vers la France. Nous sommes, nous aussi, partisans de l'indépendance italienne, mais nous ne sommes pas plus Italiens pour cela que les Savoisiens, ou que les Français qui sont venus généreusement combattre dans les plaines de Lombardie ne le sont ; pas plus Italiens que Garibaldi n'était Montevidéen lorsqu'il avait offert ses services à Montevideo, pas plus Italiens que les hommes courageux qui ont combattu pour la résurrection de la Grèce n'étaient Grecs.

11 Le général Garibaldi nous calomnie et nous devons lui faire observer, le plus poliment du monde, qu'il ne sait ce qu'il avance, nous le mettons au défi d'en rapporter la preuve. Mais si par hasard il voulait faire allusion à quelqu'un de ces pompeux discours qu'on lui a prodigués au fameux banquet de l'Hôtel d'York et au peu d'estime qu'un de ces orateurs complaisants a montré pour Masséna en le comparant à lui Garibaldi, nous trouverions qu'il a raison. Seulement il faut bien qu'il sache que cet orateur n'avait rien et n'a rien de commun avec la rédaction de *L'Écho des Alpes maritimes*, qui assistait au banquet, mais qui n'a pas ouvert la bouche pour parler et à laquelle, par conséquent, on ne peut reprocher cette comparaison hardie.

12 Eh ! mon dieu ! Vous venez de divaguer pendant plus de deux heures ; il vous eut été bien plus facile et bien plus profitable à la bonne cause de répondre une fois pour toutes à ces « fausse assertions » que vous ne pouvez même pas préciser.

elle ne tend pas seulement à absorber et à enchaîner les droits spéciaux de tout État italien, mais elle aspire à garantir l'indépendance municipale. Et Nice ne sera pas certainement un village de la Ligurie ou de la Provence, où un proconsul de Turin ou de Paris, ignorant de l'histoire et des mœurs de ce pays viendrait exercer une puissance anti-démocratique, mais elle sera l'égale de Rome, de Florence et de Naples, ayant un chargé d'affaires sans son propre territoire qui la gouverne, et un autre à Rome qui la représente, l'un et l'autre élus par tout le peuple niçois[13]. Ainsi donc, mes frères, annoncez au rédacteur de *L'Écho* qu'il cesse de gallicaniser avec autant d'obstination, et de rendre amère l'existence de celui qui combat pour l'émancipation de la patrie[14] ! La guerre finie, il nous sera facile de lui prouver que la Provence est véritablement italienne et que le Rhône la sépare de la France plus que le Var de l'Italie[15].

Nice, 5 mars

Adresse de Garibaldi aux Niçois

Le parti *Italianissime* à Nice est bien malade et pour le sauver il a besoin d'un grand docteur, d'un médecin introuvable jusqu'à ce jour.

Vainement le fameux Garibaldi est descendu des hauteurs du Capitole pour accourir à son secours, armé cette fois, non point de sa vaillante épée, mais de sa plume qui n'est pas à beaucoup près aussi vaillante ni aussi victorieuse. « L'Adresse aux Niçois » n'aurait servi qu'à enterrer ce parti un jour plus tôt si le ridicule pouvait tuer quelqu'un dans notre pays.

Depuis les temps du grand roi David, jamais guerrier illustre n'avait soupiré une prose plus élégiaque et plus pindarique à la fois, et ne s'était lamenté en des accents plus naïvement plaintifs. Mais pourquoi cette

13 Ce sont là de magnifiques promesses et nous serons bien heureux lorsque la République italienne sera proclamée, et ce chargé d'affaires dont vous devinez le nom nous gouvernera. Seulement il est à regretter que l'illustre général n'ait pas eu quelques moments de plus pour nous expliquer cette République italienne, et surtout les moyens qu'il a trouvés pour la faire éclore au premier jour.

14 Cruel *Écho* ! Barbare *Écho* ! pourras-tu résister à une tirade aussi attendrissante ? Et pourtant, j'ai eu peur, tu mourras dans l'impénitence finale.

15 Nous attendons, et pour le moment nous n'avons rien à répondre, si ce n'est que probablement la République italienne supprimera les Alpes, et que la France n'a qu'à bien se tenir.

douleur amère et ces soupirs profonds, qui s'échappent de la poitrine émue du soldat républicain au milieu de l'ivresse du peuple romain ?… Hélas ! trois fois hélas ! c'est *L'Écho* qui est la cause de cette abominable affliction ; c'est *L'Écho* qui abreuve de chagrins l'âme héroïque et sensible du preux chevalier. Qui jamais aurait pu s'en douter si Garibaldi n'avait pris la peine de nous le dire lui-même ? Et pourtant ce n'est qu'à cause de nous que le député à la Constituante, que le futur sauveur de l'Italie, a pris la plume, pour faire savoir à ses concitoyens qu'en habitant « les airs embaumés de la belle terre de Nice son âme avait retrouvé une énergie plus grande », mais que les iniquités françaises de *L'Écho* le plongeaient dans l'affliction la plus noire, qu'il « voulait » que la « terre qui lui rappelle les jeux de son enfance fût incarnée à la pensée italienne » ; et que « chaque pierre de son pays lui étaient plus précieuse qu'à la vie », il ne pardonnait pas à la France d'avoir « ruiné le Château de Nice », lequel château, comme tout le monde sait, devait être une des merveilles de l'univers.

Tout cela est passablement divertissant, et comme on le voit le général Garibaldi a fort bien fait d'oublier un instant les Autrichiens pour s'occuper de nous. Il est à regretter qu'il n'ait « pas le temps » de répondre à toutes les « inepties de *L'Écho* » et qu'il s'amuse à nous raconter une histoire ancienne où Doria joue un rôle et où il oublie Ségurane, l'héroïne niçoise. Le Ligurien d'origine, Niçois par le hasard de la naissance, prétend nous apprendre l'histoire de notre pays ; nous voulons lui prouver, en lui citant ce nom, que nous ne l'ignorons pas, et nous lui dirons en outre qu'à l'époque dont il parle nous n'avions pas de patrie, car un peuple qui est esclave ne peut en avoir.

La fin de cette merveilleuse proclamation aux Niçois n'est pas moins réjouissante que le commencement et le milieu ; elle est rédigée en style de pastorale démocratique, c'est l'évangile, l'heureuse nouvelle de la République italienne que l'apôtre charge ses « chers frères » d'annoncer à *L'Écho* en l'invitant à cesses ses prédications gallicanes et à ne plus rendre la vie amère à ceux qui combattent pour l'émancipation de la patrie. Après la guerre il nous prouvera que les limites de l'Italie sont au Rhône !

C'est là, il faut l'avouer, de la part du futur Léonidas de l'Italie, député de la Constituante, un temps précieux mal dépensé à écrire des niaiseries pompeusement ridicules. Que quelques imbéciles trouvent admirable ce pathos d'écolier, cela n'est pas surprenant ; c'est pour ces gens-là qu'on a dit depuis longtemps : « un sot trouve toujours un plus sot qui l'admire », mais tous ceux qui aiment Garibaldi conviendront sans difficulté qu'il aurait mieux fait de se taire, que de venir à nous psalmodiant en prose une poésie héroï-comique qui ne prouve rien ni en faveur de sa cause, ni en faveur de son mérite littéraire ou de son bon sens.

Que s'il avait cru devoir intervenir dans cette guerre d'opinion, il avait un rôle plus beau et plus noble à remplir en se présentant comme conciliateur. Il aurait pu nous dire ainsi qu'une femme de cœur [Cristina Trivulzio de Belgiojoso] et d'esprit nous le disait il y a quelques jours : « l'Italie est en péril, oubliez un instant votre ancienne patrie pour ne penser qu'aux dangers que court la patrie d'adoption de vos pères. Lorsque l'Italie sera délivrée de ses oppresseurs, il sera temps d'agiter et de vider la question de votre nationalité particulière, et le vœu du plus grand nombre décidera paisiblement du sort de tous ». Ce langage aurait honoré un démocrate qui ne peut méconnaître que la volonté des peuples est une loi souveraine et que, quel que soit d'ailleurs son passé, une nation est libre de disposer de son présent comme elle le juge à propos.

Mais Garibaldi a plus écouté la passion que la raison : il a interprété faussement nos sentiments et nos paroles ; il a même été injuste envers nous, et oublieux de ce qu'il doit à lui-même, jusqu'au point de nous calomnier en nous accusant d'avoir prononcé avec mépris le nom de Masséna, assertion fausse et contre laquelle nous protestons de toutes nos forces. Et puisque ce nom glorieux a été prononcé, nous dirons à notre compatriote que si ce Niçois *vraiment illustre* vivait encore, il marcherait dans nos rangs et sous notre drapeau, car Masséna toute sa vie n'a reconnu d'autre patrie que la France. Enfant, il se hâta de « dépiémontiser », pour nous servir de l'expression d'Alfieri que Garibaldi doit aimer comme l'auteur du *Misogallo*. Si le très jeune émule de Masséna n'a pas les mêmes affections, nous ne l'estimons et ne l'aimons pas moins pour cela, car nous respectons, nous libéraux et démocrates, conséquents avec nos principes, toutes les opinions et tous les dévouements ; et pour lui prouver jusqu'où va notre attachement à l'Italie et notre affection particulière pour lui Garibaldi, nous lui désirons ardemment quelque grand fait d'armes qui puisse servir de pendant à la bataille de Zurich, au siège de Gênes, à Rivoli, à Essling et même aux moindres actions de celui qu'on surnomma « l'enfant chéri de la victoire ».

En attendant, pour prouver une fois de plus à nos amis et à nos ennemis que, s'il est des attaques et des insultes auxquelles nous ne répondons que par un silence méprisant, nous ne reculons devant aucune discussion sérieuse, sinon pour le fond du moins par le nom de l'adversaire ; pour prouver une fois de plus que bien loin de chercher à étouffer la vérité nous n'avons d'autre désir que de la faire briller aux yeux de tous, nous reproduisons textuellement la merveilleuse proclamation de Garibaldi aux Niçois, en l'accompagnant de notes que nous aurions pu multiplier si nous n'avions craint de fatiguer nos lecteurs.

BIBLIOGRAPHIE ET SOURCES

SOURCES MANUSCRITES

Archives départementales des Alpes maritimes

Série FS : Fonds sarde (1814-1860)

1FS : Fonds de l'intendance générale de Nice

425 : Correspondance concernant la restitution de la caution de *L'Écho des Alpes maritimes* demandée par Auguste Carlone et Victor Juge, du 10/12/1849 au 28/05/1850.

1 342 : Rapport de l'intendant général de la division de Nice au ministre de l'Intérieur concernant la fondation du Cercle de la Fraternité, 31 mai 1848, images 360-363.

Série J : Archives privées

7 J : Fonds Carlone

07 : Correspondance entre Auguste Carlone et son beau-frère Edouard Borelly, 1846-1850.

12 : Correspondances entre Auguste Carlone et Etienne Bonafons, 1831 à 1851.

26 : Documents et reçus d'Auguste Carlone.

30 : Documents financiers sur les recettes et dépenses d'Auguste Carlone. Comptabilité pour le journal *L'Écho des Alpes maritimes.*

34 : Lettre du 28 mai 1848 pour le retrait du journal *L'Écho des Alpes maritimes*, rédigée par Jules Avigdor et signée par six autres collaborateurs (Arson, Borelly, Bonafons, Laurenti-Roubaudi, Roux, Verani-Masin) et adressée à Hippolyte de Rangouse.

34 : Reçus concernant le financement de *L'Écho des Alpes maritimes.*

34 : Lettre donnant l'accord officiel du roi Charles-Albert Ier pour la création puis la publication du journal *L'Écho des Alpes maritimes*, 15 décembre 1847.

34 : Brouillons d'articles pour le journal *L'Écho des Alpes maritimes*, 1848.
34 : Lettre d'Hippolyte de Rangouse à Auguste Carlone, 1848-1850.
35 : Correspondances pour des articles au journal *L'Écho des Alpes maritimes* et pour des annonces.
35 : Brouillons d'articles pour le journal *L'Écho des Alpes maritimes*, 1848-1850.
35 : Lettres d'Henri Verani-Masin à Auguste Carlone, 1849.
35 : Lettres de Jules Avigdor à Auguste Carlone, (s.d.).
35 : Lettres de Madame Delatreille à Auguste Carlone, 1848.
36 : Lettre de Victor Tiranty à Auguste Carlone, 15 avril 1848.
36 : Correspondances de Charles Laurenti-Robaudi avec Auguste Carlone (1847-1851).
36 : Correspondances de Dominique Galli (Syndic) avec Auguste Carlone (1848).
36 : Lettres de Jean de Foresta à Auguste Carlone, 1849.

Série Z : Consulat de France
Z 11-114 : Correspondances avec les autorités et les particuliers (1814-1860)

20 : Correspondances avec le ministère des Affaires étrangères (1841-1852)

SOURCES IMPRIMÉES

ARCHIVES DÉPARTEMENTALES DES ALPES MARITIMES

Série FS : Fonds sarde (1814-1860)
1FS : Fonds de l'intendance générale de Nice

39-42 : Chronologie des actes du gouvernement sarde, juillet 1847-décembre 1850.
415 : Statistiques électorales et tableaux récapitulatifs des différents mandements de l'arrondissement de Nice, 1847 à 1850.

Série J : Archives privées
6 J : Documentation de Joseph Levrot sur l'histoire du département

21 : XIXe et XXe siècles. Documents sur les forces politiques. Liste des participants au banquet civique du 11 novembre 1847.

Série T : Enseignement, affaires culturelles, sport

2T : Fonds de la préfecture des Alpes maritimes : imprimerie, librairie et presse

5T : Documents sur les états statistiques de la presse (1828-1880).

Série Pr : Périodiques

Sentinella Cattolica (La) : Journal politique et religieux fondé à Nice en avril 1850 par l'abbé Nicola Cotto. Collection possédée : numéros 1 à 37, 17/04/1850 au 18/12/1850, Pr 0856.

BIBLIOTHÈQUE ROMAIN GARY

MS 89 : Manuscrit n° 89 écrit par Auguste Carlone durant les années 1830.

BIBLIOTHÈQUE DE CESSOLE,
CENTRE DE DOCUMENTATION DU MUSÉE MASSÉNA

Caricatures réalisées par les libéraux contre le comte De Maistre, lithographies non signées, datées de janvier 1848 :

MAH-1669 : Caricature représentant le comte De Maistre en Don Quichotte chargeant le moulin à vent de ses opposants libéraux.
MAH-2372 : Caricature représentant l'échec de la charge du comte De Maistre et sa chute.
MAH-9696 : Caricature représentant le comte De Maistre chassé de Nice par Auguste Carlone et ses collaborateurs de *L'Écho des Alpes maritimes* (janvier 1848).

ARCHIVES DE LA BIBLIOTHÈQUE UNIVERSITAIRE DE GÊNES

Giorn. 9 : *Il Corriere Mercantile* : Journal de Gênes, repris en janvier 1848 par Giovanni Antonio Papa. Collection possédée, 1848-1849.
Giorn. 46 : *Il Risorgimento* : Journal de Turin fondé par Camillo Benso di Cavour et Cesare Balbo en décembre 1847. Collection possédée, 1849-1850.
Giorn. 107 : *La Concordia* : Journal de Turin fondé en 1848 par Lorenzo Valerio. Collection possédée, 1848-1850.
Giorn. 236 : *Il Pensiero italiano* : Journal de Gênes, fondé en avril 1848 par Filippo Bettini. Collection possédée, 1848-1849.

SOURCES IMPRIMÉES NUMÉRISÉES

ARCHIVES DÉPARTEMENTALES DES ALPES MARITIMES

Almanach de la division de Nice et indicateur niçois pour l'année bissextile 1848, société typographique, 1848. Archives numérisées des Archives départementales des Alpes maritimes http://www.basesdocumentaires-cg06.fr/archives/ImageZoomViewerAN.php?an_id=4.

Écho des Alpes maritimes (L') : Journal d'Auguste Carlone, de Victor Juge et d'Hippolyte de Rangouse, en vente du 01/01/1848 au 10/08/1850. Archives numérisées des Archives départementales des Alpes maritimes : http://www.basesdocumentaires-cg06.fr/archives/indexPA.php.

BIBLIOTHÈQUE NUMÉRIQUE DES ARCHIVES DÉPARTEMENTALES DES ALPES MARITIMES

Rubrique « Armoriaux et biographies » de la section « Sources imprimées » des Archives départementales des Alpes maritimes :

II740 :

TOSELLI Jean-Baptiste, *Biographie niçoise ancienne et moderne*, Marseille, Laffite, 1873, Vol. I, A à G, 384 p., vol. II, G à Z.

ARCHIVES DE LA RÉGION RHÔNE-ALPES

Le Chat : Journal satirique, humoristique et anticlérical de Savoie. Rédacteurs en chef Joseph Dessaix et Jean-Barthélémy Montmayeur, lithographies de Ferdinand Mermoz et Matraire. Conservé par les Archives départementales de Savoie, n° 1 (20 août 1848) – n° 38 (21 octobre 1849) [puis] n° 1 (7 juillet 1850) – n° 35 (4 mai 1851), numérisé par la Région Auvergne-Rhône-Alpes : https://www.lectura.plus/3019-le-chat.html.

Le Patriote Savoisien : Journal de Savoie fondé par Nicolas Parent. Conservé par les Archives départementales de Savoie, n° 1 (15 juin 1848) – n° 127 (1er juin 1895), numérisé par la Région Auvergne-Rhône-Alpes : https://www.lectura.plus/3043-le-patriote-savoisien.html.

BIBLIOTHÈQUE NATIONALE DE FRANCE,
PRESSE ANCIENNE NUMÉRISÉE

Démocratie Pacifique (La) : Journal de Paris fondé en 1843 par Victor Considerant. Périodiques numérisés, 1848-1850 : https://gallica.bnf.fr/ark:/12148/cb32755585p/date.

OUVRAGES OU ARTICLES À VALEUR DE SOURCES

AYMARD, Firmin, « Un peintre niçois : Joseph Fricero (1807-1870) », *Nice historique*, n° 13, 1905, p. 193-198.

BURNEL, Auguste, *Étude sur Nice*, Nice, 1856.

EMANUEL, Antoine Nicaeus, « L'administration sarde à Nice de 1814 à 1848 », *Nice Historique*, n° 6, 1913, p. 157-168.

SAPPIA, Henri, « Augustin Carlone », *Nice Historique*, n° 9, 1900, p. 129-132.

SUPPO, Joseph, « Augustin Théophile Carlone : 1812-1873 », *Armanac Nissart*, 1910, p. 1-26.

TOSELLI, Ernest, « La famille de Maistre et Nice », *Nice Historique*, n° 4-5, 1914, p. 309-312.

BIBLIOTHÈQUE DES ARCHIVES DÉPARTEMENTALES
DES ALPES MARITIMES

BBFP/0017 :

CESSOLE, Hilarion (de), *Réflexions sur le port-franc de Nice*, Nice, Société typographique, 1850.

BBFP/0065 :

Réponses à la lettre adressée par M. le comte De Maistre au journal L'Écho des Alpes Maritimes, Société typographique, Nice, 1848.

BBM3/0151 :

SANTA-ROSA, Théodore (de), *Les compensations ou le passé et l'avenir de la province de Nice, par M. Théodore Santa Rosa, député d'Utelle*, Nice, Canis Frères, 1852.

BBM3/1399 :

Toselli, Jean-Baptiste, *Précis historique de Nice : de sa fondation jusqu'en 1860*, Nice, C. Cauvin, vol. 4, *Depuis la Restauration jusqu'en 1860*, 1869.

BBM3/1516 :

Juge Victor, *Mémoire sur l'annexion du comté de Nice à la France*, Nice, Canis Frères, 1860.

USPERA 2 :

Brun François, « Pierre François Augustin Théophile Carlone : notice biographique », dans *Annales de la Société des Lettres, Sciences et Arts des Alpes maritimes*, Vol. II, 1873, p. 69-72.

BIBLIOGRAPHIE

HISTOIRE DE LA PRESSE

Agulhon, Maurice, « La diffusion d'un journal montagnard. *Le Démocrate du Var* sous la Deuxième République », *Provence Historique*, t. 10, n° 39, 1960, p. 11-27.

Albert, Pierre, « Bilan et perspective de l'histoire de la presse », *Presse, radio et histoire*, 113e congrès national des sociétés savantes, Paris, CTHS, 1989, p. 5-13.

Ambroise-Rendu, Anne-Claude, « Les journaux du printemps 1848 : une révolution médiatique en trompe-l'œil », *Revue d'histoire du XIXe siècle*, n° 19, 1999, p. 35-64.

Bellanger, Claude, Godechot, Jacques, Guiral, Pierre, Terrou, Fernand (dir.), *Histoire générale de la presse française*, t. II, *De 1815 à 1871*, Paris, Presses universitaires de France, 1969.

Bonet, Gérard, *L'Indépendant des Pyrénées-Orientales. Un siècle d'histoire d'un quotidien, 1846-1950. L'entreprise, le journal, la politique*, Perpignan, Publications de l'Olivier, 2004.

Castronovo, Valerio (dir.), *La nascita dell'opinione pubblica in Italia* : la *stampa nella Torino del Risorgimento e capitale d'Italia, 1848-1864*, Rome, Laterza, 2004.

Charle, Christophe, *Le siècle de la presse (1830-1939)*, Paris, Seuil, 2004.

Cherubini, Donatella, *Stampa periodica e Università nel Risorgimento. Giornali e giornalisti a Siena*, Milan, Franco Angeli, 2012.

DELLA PERUTA, Franco, *Il giornalismo italiano del Risorgimento. Dal 1847 all'Unita*, Milan, Franco Angeli, 2011 (1re éd., 1979).

ÉVENO, Patrick, *L'argent de la presse française des années 1820 à nos jours*, Paris, CTHS, 2003.

FEYEL, Gilles, « Un journal départemental et son budget, *Le Glaneur d'Eure-et-Loir* (1830-1851) », *Presse, radio et histoire, 113e congrès national des sociétés savantes*, Paris, CTHS, 1989, p. 59-84.

GILI, Jean-Antoine, SCHOR Ralph (dir.), *Hommes, idées, journaux : mélanges en l'honneur de Pierre Guiral*, Paris, Publications de la Sorbonne, 1988.

JEANNENEY, Jean-Noël, *Une histoire des médias, des origines à nos jours*, Paris, Seuil, 1996.

KALIFA, Dominique, « L'entrée de la France en régime "médiatique" : l'étape des années 1860 », dans MIGOZZI Jacques, *De l'écrit à l'écran. Littératures populaires : mutations génériques, mutations médiatiques*, Limoge, Presses Universitaires de Limoge, 2000, p. 39-52.

KALIFA, Dominique, RÉGNIER, Philippe, THÉRENTY, Marie-Ève, VAILLANT, Alain (dir.), *La Civilisation du journal. Histoire culturelle et littéraire de la presse française au XIXe siècle*, Paris, Le Nouveau Monde, 2011.

LAMBERT, Frédéric (dir.), *Figures de l'anonymat. Médias et société*, Paris, L'Harmattan, 2001.

MARTIN, Marc, *La presse régionale. Des affiches aux grands quotidiens*, Paris, Fayard, 2002.

PALMER, Michael B., *Des petits journaux aux grandes agences : naissance du journalisme moderne*, Paris, Aubier, coll. historique, 1983.

PINSON, Guillaume, *L'Imaginaire médiatique. Histoire et fiction du journal au XIXe siècle*, Paris, Garnier, 2012.

PONZO, Giovanni, *Le origini della libertà di stampa in Italia (1846-1852)*, Milan, Giuffrè, 1980.

POPKIN, Jeremy D., *Press, Revolution, and Social identities in France, 1830-1835*, Philadelphia, The Pennsylvania State University Press, 2002.

POPKIN, Jeremy D. (dir.), *Media and Revolution*, Lexington, The University Press of Kentucky, 1995.

ROMAGNANI, Gian Paolo, « La censura nel Regno di Sardegna, 1814-1859 », dans BRUNI, Domenico Maria (dir.), *Potere e circolazione delle idee : stampa, accademie e censura nel Risorgimento italiano*, Milan, Franco Angeli, 2007, p. 195-212.

HISTOIRE POLITIQUE DU XIXe SIÈCLE

AGULHON, Maurice, *La République au village. Les populations du Var de la Révolution à la Seconde République*, Paris, Plon, 1970.

APRILE, Sylvie, *La Révolution inachevée, 1815-1870*, Paris, Belin, 2010.

BENICHOU, Paul, *Le temps des prophètes, doctrines de l'âge romantique*, Paris, Gallimard, 1977.

BERSTEIN, Serge (dir.), *Les cultures politiques en France*, Paris, Seuil, 1999.

BERTRAND, Gilles, BRICE, Catherine, MONTÈGRE, Gilles (dir.), *Fraternité. Pour une histoire du concept*, Grenoble, CRHIPA, 2012.

BOURQUIN, Laurent, HAMON, Philippe (dir.), *La politisation*, Rennes, Presses Universitaires de Rennes, 2010.

CEFAI, Daniel (dir.), *Cultures politiques*, Paris, Presses Universitaires de France, 2001.

HOBSBAWM, Eric, *L'ère des révolutions, 1789-1848*, Paris, Fayard, 2011 (1re éd., 1962).

HOBSBAWM, Eric, *L'ère du capital, 1848-1875*, Paris, Fayard, 2008 (1re éd., 1975).

HUARD, Raymond, *La naissance du parti politique en France*, Paris, Fondation nationale des sciences politiques, 1996.

KOCKA, Jürgen (dir.), *Les bourgeoisies européennes au XIXe siècle*, Paris, Belin, 1996.

La politisation des campagnes au XIXe siècle. France, Italie, Espagne et Portugal. Actes du colloque international organisé par l'École française de Rome le 20-22 février 1997, Rome, École française de Rome, 2000.

LEROY, Michel, *Le mythe jésuite. De Béranger à Michelet*, Paris, Presses universitaires de France, 1992.

MAYER, Arno J., *La persistance de l'Ancien Régime. L'Europe de 1848 à la Grande Guerre*, Paris, Aubier, 2010.

PÉCOUT, Gilles, « Politisation et intégration nationale en Italie : les campagnes toscanes des années 1860 », *Revue historique*, n° 617, 2001, p. 83-108.

RÉMOND, René (dir.), *Pour une histoire politique*, Paris, Seuil, 1988.

RÉMOND, René, *L'anticléricalisme en France, de 1815 à nos jours*, Paris, Fayard, 1999 (1re éd., 1976).

TUDESQ, André-Jean, « Le concept de "notable" et les différentes dimensions de l'étude des notables », *Cahiers de la Méditerranée*, n° 46-47, 1993, p. 1-12.

VIGREUX, Jean, « Les campagnes françaises et la politique (1830-1914) », *Parlement[s], Revue d'histoire politique*, n° 5, 2006, p. 54-72.

VIVIER, Nadine, « La diffusion des idées progressistes dans le monde rural au XIXe siècle », dans *La diffusion des idées progressistes dans le monde rural. De la Révolution au XXe siècle*, Châteauroux, Centre de recherche, d'études et de documentation de l'Indre, 2000, p. 51-67.

WEBER, Max, *Le savant et le politique*, Paris, Éditions 10/18, 2002, (1re éd., 1959).

« PRINTEMPS DES PEUPLES » / RÉVOLUTIONS DE 1848

AGULHON, Maurice, *Les quarante-huitards*, Paris, Gallimard, coll. Folio Histoire, 1992 (1re éd., 1975).

AGULHON, Maurice, *1848 ou l'apprentissage de la République*, Paris, Seuil, 2002 (1re éd., 1973).

APRILE, Sylvie, HUARD, Raymond, LÉVÊQUE, Pierre, MOLLIER, Jean-Yves, *La Révolution de 1848 en France et en Europe*, Paris, Éditions Sociales, 1998.

CARON, Jean-Claude, *1848, le printemps des peuples*, Paris, Société éditrice du Monde, 2012.

CARON, Jean-Claude, « "Printemps des peuples" : pour une autre lecture des révolutions de 1848 », *Revue d'histoire du XIXe siècle*, n° 52, 2016, p. 31-45.

DAVID, Marcel, *Le printemps de la fraternité : genèse et vicissitudes, 1830-1851*, Paris, Aubier, 1992.

EVANS, Robert J. W., POGGE VON STRANDMANN, Hartmut (dir), *The Revolutions in Europe, 1848-1849 : From Reform to Reaction*, Oxford, Oxford University Press, 2000.

GODECHOT, Jacques, *Les révolutions de 1848*, Paris, Albin Michel, 1971.

GRIBAUDI, Maurizio, RIOT-SARCEY, Michèle, *1848 : la révolution oubliée*, Paris, La Découverte, 2008.

LALOUETTE, Jacqueline, *Les mots de 1848*, Toulouse, Presses universitaires du Mirail, 2008.

Les Révolutions de 1848 : l'Europe des images, Paris, Assemblée nationale, 2 vol., 1998.

MILBACH, Sylvain, « Les catholiques libéraux en révolution avant l'heure. Fin 1847 : Suisse – Italie – France », *Revue d'histoire du XIXe siècle*, n° 28, 2004, p. 59-78.

MAYAUD, Jean-Luc (dir.), *1848 : actes du colloque international du cent cinquantenaire, tenu à l'Assemblée nationale à Paris, les 2325 février 1998*, Paris, Créaphis, 2002.

PEYRARD, Christine, « La tradition révolutionnaire en 1848 », *Provence Historique*, « Cent cinquantenaire de 1848 », n° 194, t. 48, 1998, p. 385-408.

REVERSO, Laurent (dir.), *Constitutions, républiques, mémoires : 1849, entre Rome et la France*, Paris, L'Harmattan, 2011.

SPERBER, Jonathan, *The European Revolutions, 1848-1851*, Cambridge University Press, 1994.

PUBLIC, ESPACE PUBLIC ET OPINION PUBLIQUE

BAKER, Keith Michael, *Au tribunal de l'opinion. Essais sur l'imaginaire politique au XVIIIe siècle*, Paris, Payot, 1993.

BAKER, Keith Michael, « Politique et opinion publique sous l'Ancien Régime », *Annales. Économies, Sociétés, Civilisations*, n° 1, 1987, p. 41-71.

Blondiaux, Loïc, *La fabrique de l'opinion : une histoire sociale des sondages*, Paris, Seuil, 1998.

Boucheron, Patrick, « Espace public et lieux publics : approche en histoire urbaine », dans Boucheron Patrick, Offenstadt Nicolas (dir.), *L'espace public au Moyen Âge. Débats autour de Jürgen Habermas*, Paris, Presses Universitaires de France, p. 99-118.

Bourdieu, Pierre, « L'opinion publique n'existe pas », *Les Temps Modernes*, n° 378, janvier 1973, p. 1292-1309.

Bourdieu, Pierre, « Sur le pouvoir symbolique », *Annales ESC*, 32e année, n° 3, 1977, p. 405-411.

Bourdieu, Pierre, Fritsch, Philippe, *Propos sur le champ politique*, Lyon, Presses Universitaires de Lyon, 2000.

Bourdieu, Pierre, *Langage et pouvoir symbolique*, Paris, Seuil, 2001.

Champagne, Patrick, *Faire l'opinion. Le nouveau jeu politique*, Paris, Les Éditions de Minuit, 2015 (1re éd., 1990).

Chassin, Joëlle, Fernandez-Sebastian, Javier (dir.), *L'avènement de l'opinion publique : Europe et Amérique, XVIIIe-XIXe siècles*, Paris, L'Harmattan, 2004.

Del Corno, Nicola, *La formazione dell'opinione pubblica e la libertà di stampa nella pubblicistica reazionaria del Risorgimento (1831-1847)*, Florence, Le Monnier, 1997.

Farge, Arlette, *Dire et mal dire : l'opinion publique au XVIIIe siècle*, Paris, Seuil, 1992.

Foucault, Michel, « Qu'est-ce que les Lumières ? », dans Defert Daniel, Ewald François (dir.), *Dits et Écrits 1954-1988*, vol. IV : 1980-1988, Paris, Gallimard, 1994, p. 562-578.

Habermas, Jürgen, *L'espace public : archéologie de la publicité comme dimension constitutive de la société bourgeoise*, Paris, Payot, 1993 (1re éd., 1962).

Jauss, Hans Robert, *Pour une esthétique de la réception*, Paris, Gallimard, 1978.

Karila-Cohen, Pierre, *L'État des esprits : l'invention de l'enquête politique (1814-1848)*, Rennes, Presses universitaires de Rennes, 2008.

Koselleck, Reinhart, *Le règne de la critique*, Paris, Les Éditions de Minuit, 1979 (1re éd., 1959).

Landi, Sandro, *Naissance de l'opinion publique dans l'Italie moderne. Sagesse du peuple et savoir de gouvernement de Machiavel aux Lumières*, Rennes, Presses Universitaires de Rennes, 2006.

Landi, Sandro, « Opinion publique », dans Christin Olivier, *Dictionnaire des concepts nomades en Sciences Humaines*, Paris, Métailié, 2010, p. 363-382.

Tarde, Gabriel, *L'Opinion et la foule*, Londres, FV Éditions, 2012 (1re éd., 1901).

HISTOIRE SOCIALE ET DES SOCIABILITÉS

AGULHON, Maurice, *La vie sociale en Provence intérieure au lendemain de la Révolution*, Paris, Société des études robespierristes, 1970.

AGULHON, Maurice, *Le cercle dans la France bourgeoise : 1810-1848, étude d'une mutation de sociabilité*, Paris, Armand Colin, 1977.

BARRIERE, Jean-Paul, LEFEBVRE, Bernard, LEUWERS, Hervé (dir.), *Élites et sociabilité au XIX*e *siècle : héritages, identité, Histoire et littérature de l'Europe du Nord-Ouest*, n° 27, Villeneuve-d'Ascq, 2001.

BUTON, François, MARIOT, Nicolas, « Socio-histoire », *Dictionnaire des idées*, 2e volume de la collection des « Notionnaires » de l'*Encyclopaedia Universalis*, 2006, p. 731-733.

CHARLE, Christophe, *Histoire sociale de la France au XIX*e *siècle*, Paris, Seuil, 1991.

FRANÇOIS, Étienne (dir.), *Sociabilité et société bourgeoise en France, en Allemagne et en Suisse, 1750-1850*, Paris, Éditions Recherche sur les civilisations, 1986.

FRANÇOIS, Étienne, REICHARDT, Rolf, « Les formes de sociabilité en France du milieu du XVIIIe siècle au milieu du XIXe siècle », *Revue d'histoire moderne et contemporaine*, n° 3, 1987, p. 453-472.

HALBWACHS, Maurice, *Les cadres sociaux de la mémoire*, Paris, Albin Michel, 1994, (1re éd., 1925).

LEFERME-FALGUIERES Frédérique, VAN RENTERGHEM Vanessa, « Le concept d'élites. Approches historiographiques et méthodologiques », *Hypothèses*, n° 1, 2000, p. 55-67.

MAZA, Sarah, *The Myth of the French Bourgeoisie. An Essay on the Social Imaginary : 1750-1850*, Cambridge, Harvard University Press, 2003.

MAZA, Sarah, « Construire et déconstruire la bourgeoisie : discours politique et imaginaire social au début du XIXe siècle », *Revue d'histoire du XIX*e *siècle*, n° 34, 2007, p. 21-37.

MORINEAU, Michel, « La douceur d'être inclus », dans THELAMON, Françoise (dir.), *Sociabilité, pouvoir et société*, Rouen, Université de Rouen, 1983, p. 19-32.

NOIRIEL, Gérard, *Introduction à la socio-histoire*, Paris, La Découverte, 2006.

PINSON, Guillaume, « Travail et sociabilité. Une œuvre collective », dans KALIFA, Dominique, RÉGNIER, Philippe, THÉRENTY, Marie-Ève, VAILLANT, Alain (dir.), *La Civilisation du journal. Histoire culturelle et littéraire de la presse française au XIX*e *siècle*, Paris, Le Nouveau Monde, 2011, p. 653-666.

ROBERT, Vincent, *Le temps des banquets. Politique et symbolique d'une génération (1818-1848)*, Paris, Publications de la Sorbonne, 2010.

NATION ET NATIONALISME

ANDERSON, Benedict, *L'imaginaire national : réflexions sur l'origine et l'essor du nationalisme*, Paris, La Découverte, 2002 (1re éd., 1983).

CARON, Jean-Claude, VERNUS, Michel, *L'Europe au XIXe siècle, des nations aux nationalismes 1815-1914*, Paris, Armand Colin, 1996.

GELLNER, Ernest, *Nations et nationalisme*, Paris, Payot, 1994.

HOBSBAWM, Eric, *Nations et Nationalisme depuis 1780 : programme, mythe, réalité*, Paris, Gallimard, 1992.

MICHEL, Bernard, *Nations et nationalismes en Europe centrale, XIXe-XXe siècles*, Paris, Aubier, 1995.

NOIRIEL, Gérard, « La question nationale comme objet de l'histoire sociale », *Genèses*, nº 4, 1991, p. 72-94.

NOIRIEL, Gérard, « Socio-histoire d'un concept. Les usages du mot "nationalité" au XIXe siècle », *Genèses*, nº 20, 1995, p. 4-23.

NOIRIEL, Gérard, *État, nation et immigration. Vers une histoire du pouvoir*, Paris, Gallimard, coll. Folio histoire, 2005.

RENAN, Ernest, *Qu'est-ce qu'une nation*, Paris, Mille et une nuits, 2015 (1re éd., 1882).

SANTAMARIA, Yves, WACHÉ, Brigitte, *Du printemps des peuples à la Société des nations : nations, nationalités et nationalismes en Europe, 1850-1920*, Paris, La Découverte, 1996.

THIESSE, Anne-Marie, *La création des identités nationales. Europe XVIIIe-XXe siècle*, Paris, Seuil, 2001.

PRATIQUES DE L'ÉCRIT ET DE LA LECTURE

CHARTIER, Roger, CAVALLO, Guglielmo (dir.), *Histoire de la lecture dans le monde occidental*, Paris, Seuil, 1997.

FEYEL, Gilles, LENOBLE, Benoît, « Commercialisation et diffusion des journaux au XIXe siècle », dans KALIFA, Dominique, RÉGNIER, Philippe, THÉRENTY, Marie-Ève, VAILLANT, Alain (dir.), *La Civilisation du journal. Histoire culturelle et littéraire de la presse française au XIXe siècle*, Paris, Le Nouveau Monde, 2011, p. 181-212.

GARDEY, Delphine, *Écrire, calculer, classer. Comment une révolution de papier a transformé les sociétés contemporaines (1800-1940)*, Paris, La Découverte, 2008.

LYON-CAEN, Judith, *La lecture et la vie : les usages du roman au temps de Balzac*, Paris, Tallandier, 2006.

LYON-CAEN, Judith, « Lecteurs et lectures : les usages de la presse au XIXe siècle », dans KALIFA Dominique, RÉGNIER, Philippe, THÉRENTY, Marie-Ève, VAILLANT, Alain (dir.), *La Civilisation du journal. Histoire culturelle et littéraire de la presse française au XIXe siècle*, Paris, Le Nouveau Monde, 2011, p. 23-59.

PICHOIS, Claude, « Pour une sociologie des faits littéraires. Les cabinets de lecture à Paris durant la première moitié du XIXe siècle », *Annales. Économies, Sociétés, Civilisations*, vol. 14, n° 3, 1959, p. 521-534.

TWYMAN, Michael, *L'imprimerie : histoire et techniques*, Lyon, ENS, 2007.

ICONOGRAPHIE

DUPRAT, Annie, *Images et histoire : outils et méthodes d'analyse des documents iconographiques*, Paris, Belin, 2007.

DUPRAT, Annie, *Histoire de France par la caricature*, Paris, Larousse, 1999.

ERRE, Fabrice, *Le règne de la poire : caricatures de l'esprit bourgeois de Louis-Philippe à nos jours*, Seyssel, Champ Vallon, coll. La chose publique, 2011.

DELWART, Martine, JADOULLE, Jean-Louis, MASSON, Monique, *L'histoire au prisme de l'image*, Louvain, Université catholique de Louvain, t. I, 2002.

LE MEN, Ségolène, « Le "Michel-Ange de la caricature" », *Catalogue de l'exposition « Daumier »*, Paris, Bibliothèque nationale de France, 1999.

L'ITALIE DU *RISORGIMENTO*
ET PARTICULIÈREMENT LE *QUARANTOTTO*

BANTI, Alberto Mario, *La nazione del Risorgimento. Parentela, sanità e onore alle origini dell'Italia unita*, Turin, Einaudi, 2000.

BANTI, Alberto Mario, BIZZOCCHI, Roberto, *Immagini della nazione nell'Italia del Risorgimento*, Rome, Carocci, 2002.

BANTI, Alberto Mario, *Sublime Madre Nostra. La nazione italiana dal Risorgimento al fascismo*, Rome, Laterza, 2011.

BERTINI, Maria Barbara (dir.), *Ombre e luci della Restaurazione : trasformazioni e continuità istituzionali nei territori del Regno di Sardegna*, Actes du colloque de Turin, 21-24 octobre 1991, Rome, Ufficio centrale per i beni archivistici, 1997.

BERTRAND, Gilles (dir.), *Identité et cultures dans les mondes alpins et italiens (XVIIIe-XXe siècle)*, Paris, L'Harmattan, 2000.

BRICE, Catherine, PECOUT, Gilles (dir.), *L'Italie du Risorgimento. Relectures. Revue d'histoire du XIXe siècle*, n° 44, 2012.

BRICE, Catherine, « De quoi le *Risorgimento* est-il (vraiment) le nom ? », *Revue d'histoire du XIXe siècle*, n° 52, 2016, p. 65-79.

BRICE, Catherine (dir.), *Frères de sang, frères d'armes, frères ennemis. La fraternité en Italie (1820-1924)*, Rome, École française de Rome, 2017.

COPPINI, Romano Paolo (dir.), *Università, simboli, istituzioni* : note *sul '48 italiano*, Pise, Pacini, 2000.

DE FRANCESCO, Antonio, « La tradition républicaine de la Grande Révolution dans la naissance du mouvement démocratique italien », *Provence Historique*, « Cent cinquantenaire de 1848 », t. 48, 1998, nº 194, p. 397-408.

DELPU, Pierre-Marie, « Une religion politique. Les usages des martyrs révolutionnaires dans le royaume des Deux-Siciles (années 1820-années 1850) », *Revue d'histoire moderne et contemporaine*, nº 64, 2017, p. 7-31.

DELPU, Pierre-Marie, « Patriotisme libéral et nation catholique : les prêtres libéraux dans la révolution napolitaine de 1820-1821 », *Studi storici. Rivista trimestrale dell'Istituto Gramsci*, nº 58, 2017, p. 545-571.

DELPU, Pierre-Marie, « Les députés au Parlement national du royaume des Deux-Siciles (1848), des acteurs politiques napolitains ou italiens ? », *Cahiers de la Méditerranée*, nº 96, 2018, p. 137-149.

DUGGAN, Christopher, *La forza del destino : storia d'Italia dal 1796 a oggi*, Rome, Laterza, 2008.

FRANCIA, Enrico, *1848. La rivoluzione del Risorgimento*, Bologne, Il Mulino, 2012.

FRUCI, Gian Luca, « L'abito della festa dei candidati. Professioni di fede, lettere e programmi elettorali in Italia (e Francia) nel 1848-1849 », *Quaderni Storici*, nº 117, 3, 2004, p. 647-672.

FRUCI, Gian Luca, « "Il fuoco sacro della Concordia e della Fratellanza". Candidati e comitati elettorali nel primo voto a suffragio universale in Francia e in Italia (1848-1849) », dans VENTURINO, Fulvio (dir.), *Elezioni e personalizzazione della politica*, Roma, Aracne, 2005, p. 13-40.

FRUCI, Gian Luca, « Un sentiment en action : la fraternité combattante du long 1848 italien », dans Catherine Brice (dir.), *Frères de sang, frères d'armes, frères ennemis. La fraternité en Italie (1820-1924)*, Rome, École française de Rome, 2017, p. 99-128.

GENDRAT-CLAUDEL, Aurélie, LANFRANCHI, Stéphanie, MUSITELLI, PIERRE, PERDICHIZZI, Vincenza (dir.), *Laboratoire italien. Risorgimento delle Lettere : l'invention d'un paradigme*, Lyon, ENS Éditions, 2013.

GUEDJ, Jérémy, MARTIN, Luis P., PELLEGRINETTI, Jean-Paul (dir.), *La République en Méditerranée. Diffusions, espaces et cultures républicaines en France, Italie et Espagne (XVIIIe-XXe siècle)*, Actes du colloque des 1er et 2 octobre 2009 tenu au Centre de la Méditerranée Moderne et Contemporaine de l'Université de Nice-Sophia Antipolis, Paris, L'Harmattan, 2012.

ISNENGHI, Mario, *L'Italia in piazza : i luoghi della vita pubblica dal 1848 ai nostri giorni*, Bologne, Il Mulino, 2004.

ISNENGHI, Mario (dir.), *L'Italie par elle-même : lieux de mémoires italiens de 1848 à nos jours*, Paris, ENS, 2006.

LESCURE, Jean-Claude, « Italie », dans GUILLAUME, André, LESCURE, Jean-Claude, MICHONNEAU, Stéphane, *L'Europe des nationalismes aux nations : Italie, Espagne, Irlande*, Paris, Sedes, 1996, p. 9-285.

LEVRA, Umberto (dir.), *Il Piemonte alle soglie del 1848*, Actes du Congrès international de Turin du 7 au 10 octobre 1998, Turin, Carocci, 1999.

LEVRA, Umberto, ROCCIA, Rosana (dir.), *Milleottocentoquarantotto : Torino, L'Italia, L'Europa*, Turin, Archivio storico della città di Torino, 1998.

MACK SMITH, Denis, *Il Risorgimento italiano*, Rome, Laterza, 1999.

MILBACH, Sylvain, *L'éveil politique de la Savoie, 1848-1853 : conflits ordinaires et rivalités nouvelles*, Rennes, Presses universitaires de Rennes, 2008.

MILBACH, Sylvain, *Entre Piémont et France : la Savoie déroutée, 1848-1858*, Chambéry, Université de Savoie, Laboratoire Langages, Littératures, Sociétés, 2008.

ORTA, Daniela, *Le piazze d'Italia, 1846-1849*, Rome, Carocci, 2008.

PÉCOUT, Gilles, *Naissance de l'Italie contemporaine : 1770-1922*, Paris, Armand Colin, 2004 (1re éd., 1997).

REBUFFA, Giorgio, *Lo Statuto albertino*, Bologne, Il Mulino, 2003.

RIALL, Lucy, *The Italian Risorgimento. State, society and national unification*, London, Routledge, coll. Historical connections, 1994.

ROMANO, Sergio, *Storia d'Italia dal Risorgimento ai nostri giorni*, Milan, A. Mondadori, 1978.

ROMEO, Rosario, *Cavour e il suo tempo, 1842-1854*, t. II, Bari, Laterza, 1977.

RUGGIERO, Michele, *Storia del Piemonte*, Turin, Piemonte in Bancarella, 1979.

SOFFIETTI, Isidoro, « La Restauration dans le royaume de Sardaigne : un conflit de rémanences », *Bibliothèque de l'École des chartes*, n° 156, 1998, p. 107-115.

SOLDANI, Simonetta, « Contadini, operai e "popolo" nella rivoluzione del 1848-1849 », *Studi storici*, vol. XIV, n° 3, 1973, 557-613.

SOLDANI, Simonetta, TURI Gabriel (dir.), *Fare gli Italiani, scuola e cultura nell'Italia contemporanea*, Bologne, Il Mulino, 1993, 2 vol.

SOLDANI, Simonetta, « Il lungo Quarantotto degli Italiani », dans CHERUBINI, Giovani, DELLA PERUTA, Franco, MORI, Giorgio (dir.), *Storia della società italiana*, vol. 17, *Il movimento nazionale e il 1848*, Milan, Nicola Teti Editore, 1986, p. 259-343.

SOLDANI, Simonetta, « Approaching Europe in the Name of the Nation. The Italian Revolution, 1846-1849 », dans DOWE, Dieter, HAUPT, Heinz-Gerhard, HIGGINS, David, SPERBER, Jonathan (dir.), *Europe in 1848. Revolution and Reform*, Oxford, Berghahn Books, 2000, p. 59-88.

VECA, Ignazio, *Il mito di Pio IX. Storia di un Papa liberale e nazionale*, Rome, Viella, 2018.

OUVRAGES GÉNÉRAUX SUR L'HISTOIRE DE NICE

BARELLI, Hervé, ROCCA, Roger, *Histoire de l'identité niçoise*, Nice, Serre, 1995.

BORDES, Maurice (dir.), *Histoire de Nice*, Toulouse, Privat, 1976.

DERLANGE, Michel (dir.), *Les Niçois dans l'histoire*, Toulouse, Privat, 1988.

COMPAN, André, *Histoire de Nice et de son Comté*, Toulon, L'Astrado, coll. Bibliothèque d'art et d'histoire, 1973, 2 vol.

LATOUCHE, Robert, *Histoire de Nice*, Nice, Ville de Nice, 3 t., 1951-1955.

RUGGIERO, Alain (dir.) *Nouvelle histoire de Nice*, Toulouse, Privat, 2006.

SCHOR, Ralph (dir.), *Dictionnaire historique et biographique du comté de Nice : hommes et* événements, droits et institutions, art et culture, lieux de mémoire, Nice, Serre, 2002.

OUVRAGES ISSUS DE COLLOQUES
SUR L'HISTOIRE DE NICE ET DES ALPES MARITIMES

BOTTIN, Michel, ORTOLANI, Marc, VERNIER, Olivier (dir.), *Pouvoirs et territoires dans les États de Savoie*, Actes du colloque international organisé par le Centre d'histoire du droit de l'Université de Nice Sophia-Antipolis, 29 novembre-1er décembre 2007, Nice, Serre, 2010.

Cahiers de la Méditerranée : L'identité niçoise, Actes du colloque des 12 et 13 juin 1991, Nice, Centre de la Méditerranée moderne et contemporaine, n° 43, Décembre 1991.

CARLIN, Marie-Louise, MALAUSSÉNA, Paul-Louis, VERNIER, Olivier (dir.), *Du comté de Nice aux Alpes maritimes : les représentations d'un espace politique et culturel dans l'histoire*, Actes du colloque organisé par le Centre d'histoire du droit de l'Université de Nice Sophia-Antipolis, 16-17 avril 1999, Nice, Serre, 2000.

COURRIÈRE, Henri, SCHOR Ralph (dir.), *Le comté de Nice, la France et l'Italie : regards sur le rattachement de 1860*, Actes du colloque organisé à l'Université de Nice Sophia-Antipolis le 23 avril 2010, Nice, Serre, 2011.

GIAUME, Jean-Marc, MAGAIL, Jérôme (dir.), *Le comté de Nice. De la Savoie à l'Europe. Identité, mémoire et devenir*, Actes du colloque organisé à Nice les 24-27 avril 2002, *Nice*, Serre, 2006.

Nice au XIXe siècle. Mutations institutionnelles et changements de souveraineté, Actes du colloque organisé par le Centre d'histoire du droit de l'Université de Nice Sophia-Antipolis en 1985, Nice, Centre d'histoire du droit, 1985.

ORTOLANI, Marc, VERNIER, Olivier (dir.), *La justice administrative à Nice (1800-1953) : du conseil de préfecture au tribunal administratif*, Actes de la journée d'étude organisée par l'Université de Nice Sophia-Antipolis le 25 novembre 2005, Nice, Serre, 2006.

HISTOIRE CONTEMPORAINE DU PAYS NIÇOIS

BARELLI, Hervé, « Les premières élections législatives dans la province de Nice, 1848-1850 », *Nice Historique*, n° 1, 1997, p. 14-32.

BARELLI, Hervé, « Joseph Garibaldi à Nice, 21-26 juin 1848 », *Nice Historique*, nº 2, 2007, p. 107-120.

BETTI, Steve, « L'éveil d'une conscience politique : discours, odes, libelles et pamphlets niçois du Printemps des peuples », *Nice Historique*, nº 1, 1997, p. 32-50.

BONNET, Jean-Louis, *La situation politique à Nice de 1814 à 1848 d'après la correspondance des consuls de France à Nice*, Université de Nice Sophia-Antipolis, Mémoire de maîtrise en droit, 1970, 80 fº.

BONIFACE, Léonce, HILDESHEIMER, Ernest, « La condition ouvrière à Nice en 1848 », *Nice Historique*, nº 1, 1959, p. 22-30.

BOTTIN, Michel, « Du Var aux Alpes maritimes, le comté de Nice entre deux frontières (1388-1860) », *Nice Historique*, 1988, nº 3, p. 101-110.

BOTTIN, Michel, « Le Roi, la Constitution, l'Unité. Les événements de 1848 vus par *L'Écho des Alpes maritimes* », *Nice Historique*, nº 1, 1997, p. 2-8.

BOTTIN, Michel, « Les évolutions institutionnelles du département des Alpes maritimes. Considérations sur l'organisation administrative d'une marche », *La célébration des mythes identitaires / Les Alpes maritimes*, *Cahiers de la Méditerranée*, Nice, Centre de la Méditerranée Moderne et Contemporaine, nº 77, 2008, p. 137-150.

BOTTIN, Michel, « *L'Avenir de Nice* en débat », *Nice Historique*, nº 4, 2009, p. 225.

BOTTIN, Michel, « Le "parti français" après l'annexion. Chronique de la vie politique niçoise d'après la correspondance d'Auguste Carlone (juin-décembre 1860) », *Nice Historique*, nº 1, 2, 3, 2010, p. 190-241.

BOVIS-AIMAR, Nadine, « Les débuts de la presse en langue française dans le comté de Nice et les Alpes maritimes », *Nice Historique*, nº 2, 1992, p. 91-97.

BOVIS-AIMAR, Nadine, MALAUSSENA, Paul-Louis, « La correspondance d'affaires de la banque Carlone 1858-1861 », *Nice Historique*, nº 3, 1998, p. 51-159.

CANE, André, « David Désiré Pollonnais, premier conseiller général du Canton de Villefranche après le rattachement du comté de Nice à la France (1860-1902), ancien maire de Villefranche (1874-1900) », *Nice Historique*, nº 29, 1978, p. 159-167.

CERVERA, Suzanne, « L'imprimerie à Nice de 1860 à la guerre de 1914-1918 », *Recherches Régionales*, nº 198, 2011, p. 50-84.

CLEYET-MICHAUD, Rosine, ELEUCHE-SANTINI, Viviane, ETIENNE, Geneviève, SCHOR, Ralph, *Catalogue de l'exposition Cent-cinquante ans d'histoire de la presse dans les Alpes maritimes*, Nice, Archives départementales des Alpes maritimes, 1985.

COMPAN, André, « La révolution de 1848, ses répercussions dans l'ancien comté de Nice », *Nice Historique*, nº 2, 1949, p. 43-47.

COMPAN, André, « La presse dialectale niçoise au XIXᵉ siècle : I. La période sarde », *Nice Historique*, nº 1, 1954, p. 23-40.

COMPAN, André, HILDESHEIMER, Ernest, MICHELIS, René, *La presse dans le Comté de Nice et les Alpes maritimes : catalogue de l'exposition, 17-25 mars 1956*, Nice, 1956.

COMPAN, André, « La société niçoise en 1860 », *Nice Historique*, 1960, Janvier-Décembre, Numéro spécial du centenaire, p. 53-72.

COMPAN, André, « Le milieu rural dans le comté de Nice en 1860 », *Nice historique*, n° 3, Juillet-Septembre 1961, p. 30-67.

COMPAN, André, « Aperçus sur la vie économique niçoise sous la restauration sarde (1814-1848) : Première partie, les problèmes de la forêt », *Nice Historique*, n° 4, 1982, p. 136-148.

COMPAN, André, « Aperçus sur la vie économique niçoise sous la restauration sarde (1814-1848) : Deuxième partie, la production et le commerce de l'huile », *Nice Historique*, n° 1, 1983, p. 2-21.

COMPAN, André, « Aperçus sur la vie économique niçoise sous la restauration sarde (1814-1848) : Troisième partie, céréales, morues et fruits », *Nice Historique*, n° 2, 1983, p. 45-58.

COURRIÈRE, Henri, « Fêtes et changement de souveraineté à Nice en 1860 », *La célébration des mythes identitaires / Les Alpes maritimes. Cahiers de la Méditerranée*, Nice, Centre de la Méditerranée Moderne et Contemporaine, n° 77, 2008, p. 77-93.

COURRIÈRE, Henri, « Les enjeux d'un discours. Particularisme et politique à Nice de 1860 à 1900 », *La célébration des mythes identitaires / Les Alpes maritimes. Cahiers de la Méditerranée*, Nice, Centre de la Méditerranée Moderne et Contemporaine, n° 77, 2008, p. 185-200

COURRIÈRE, Henri, *L'État, la nation et la petite patrie : la vie politique à Nice et dans les Alpes maritimes de 1860 à 1898*, Université de Nice-Sophia Antipolis, Thèse de doctorat en histoire sous la direction de Ralph Schor, 2008, 1390 f°.

COURRIÈRE, Henri, *Le comté de Nice et la France. Histoire politique d'une intégration, 1860-1879*, Presses universitaires de Rennes, 2014.

DEMOUGEOT, Antoine, « Les origines de la presse à Nice », *Nice Historique*, n° 3, 1959, p. 97-112.

ESCRIBE, Dominique, « Nice au temps des frères Gautier (1825-1910) », *Nice historique*, n° 2-3, 1994, p. 67-70.

GALLO, Max, « Pour une étude de la santé publique sous l'administration sarde. Enquête sur le choléra à Nice en 1835 », *Recherches Régionales*, n° 6, 1965, p. 27-35.

GONNET, Paul, « La presse et l'opinion à Nice en 1848 », *Provence Historique*, t. X, n° 39, 1960, p. 5-10.

GONNET, Paul, « L'identité niçoise. La prise de conscience à travers les opinions politiques : 1792-1889 », *L'identité niçoise. Cahiers de la Méditerranée*, Actes du colloque des 12 et 13 juin 1991 à Nice, Nice, Centre de la Méditerranée Moderne et Contemporaine, n° 43, Décembre 1991, p. 33-51.

GONNET, Paul, « Le retard idéologique de la bourgeoisie nissarde au XIXe siècle », *Mélanges Michel Vovelle. Sociétés, mentalités, culture. France XVe-XXe siècle*, Aix-en-Provence, Publications de l'Université de Provence, 1997, p. 229-235.

GONNET, Paul, *La réunion de Nice à la France*, Breil-sur-Roya, Éditions du Cabri, 2003.

GUEDJ, Jérémy, « La place des juifs à Nice au XIXe siècle : aspects d'une histoire paradoxale », *Recherches régionales*, n° 193, 2009, p. 28-47.

HEYRIÈS, Hubert, « Entre identité provinciale et identité nationale. Le cas des militaire savoyards et niçois au moment de l'Unité (1848-1871) », dans BERTRAND, Gilles (dir.), *Identité et cultures dans_les_mondes alpin et italien (XVIIIe-XXe siècle)*, Actes de la journée d'étude du 26 mars 1998, Paris, L'Harmattan, 2000, p. 71-92.

HILDESHEIMER, Ernest, « La réunion de Nice à la France, vue à travers la correspondance du Ministère français des Affaires étrangères », *Nice Historique*, 1960, Janvier-Décembre, Numéro spécial du centenaire, p. 91-140.

HILDESHEIMER, Ernest, « La réunion de Nice à la France, vue des départements voisins (1859-1860) », *Nice Historique*, 1961, n° 3, p. 17-25.

HILDESHEIMER, Ernest, « Un artisan de la réunion de Nice à la France : Auguste Carlone », *Annales de la société des Lettres, Sciences et Arts des Alpes maritimes*, t. 52, 1960-1961, p. 119-131.

IMBERT, Gaston, « La situation économique du département des Alpes maritimes lors de sa constitution en 1860 », *Provence Historique*, t. XI, 1961, p. 68-81.

IMBERT, Léo, « Formation et organisation du département des Alpes maritimes en 1860 », *Nice Historique*, 1940, n° 3-4, p. 97-118.

IMBERT, Léo, « Les communications dans l'ancien comté de Nice sous la restauration sarde. La naissance des routes de vallée », *Nice Historique*, 1954, n° 1, p. 3-22.

LATOUCHE, Robert, « Un des artisans de la réunion de Nice à la France, Albin Mazon », *Nice Historique*, 1961, n° 1, p. 13-17.

LACROIX, Jean-Bernard, « Santa Rosa et Carlone deux visions du destin niçois (1848-1860) », *Nice Historique*, 2009, n° 4, p. 226-267.

LACROIX, Jean-Bernard, « La correspondance de Teodoro di Santa Rosa à Auguste Carlone, 1re partie 1850-1853 : le député d'Utelle », *Recherches Régionales*, 2009, n° 194, p. 16-54.

MALAUSSENA, Paul-Louis, « Pour une histoire de l'imprimerie niçoise », *Nice historique*, 1992, n° 2, p. 57-58.

MAISTRE-PETIT, Anne (de), *Rodolphe de Maistre et les siens*, Mémoire de maîtrise d'histoire soutenu à l'Université de Nice sous la direction de Francis Pomponi, 1993.

MESSIÉ, Paul, « Albin Mazon, Notes inédites, suivies des commentaires d'Auguste Carlone », *Nice Historique*, 1960, Janvier-Décembre, Numéro spécial du centenaire, p. 183-221.

ORTOLANI, Marc, « Les Alpes maritimes entre France et Italie à travers le discours politique local (1860-1914) », *La célébration des mythes identitaires / Les Alpes maritimes. Cahiers de la Méditerranée*, Nice, Centre de la Méditerranée Moderne et Contemporaine, n° 77, 2008, p. 201-228.

POTRON, Jean-Paul, « La librairie Visconti », *Nice Historique*, n° 3, 1997, p. 123-133.

POTRON, Jean-Paul, « Les séjours du peintre Paul Delaroche au quartier Carabacel, 1848-1854 », *Nice Historique*, 2001, n° 1, p. 31-42.

ROMAIN, Serge, « Joseph Fricero, peintre de Nice (1807-1870) », *Nice historique*, n° 1, 1988, p. 3-20.

ROMAIN, Serge, *Joseph Fricero 1807-1870. Ses voyages*, Nice, Saint-Pétersbourg, la cour de Nicolas Ier, Paris, J. Ferrand, 1993.

RUGGIERO, Alain, « La bourgeoisie niçoise au milieu du XIXe. Essai de caractérisation », *Bourgeoisies et notables en Méditerranée (XVIIIe-XXe siècle). Cahiers de la Méditerranée*, n° 46-47, juin-décembre 1993, p. 85-95.

RUGGIERO, Alain, « 1848-1872 : une période d'incertitudes », dans RUGGIERO Alain (dir.) *Nouvelle histoire de Nice*, Toulouse, Privat, 2006, p. 171-189.

TOMBACCINI-VILLEFRANQUE, Simonetta, « Pères et fils en pays niçois sous la Restauration », *Recherches Régionales*, n° 169, octobre-novembre 2003, p. 46-58.

TOMBACCINI-VILLEFRANQUE, Simonetta, « Nice et sa province à la veille de l'annexion », *Nice Historique*, 2009, n° 4, p. 268-304.

TOMBACCINI, Simonetta, *La vie de la noblesse niçoise : 1814-1860*, Nice, Academia Nissarda, 2010.

TRESSE, René, « La censure de la presse française à Nice », *Provence historique*, t. XVIII, n° 73, 1968, p. 340-356.

TRESSE, René, « Un Niçois francophile, Victor Juge (1817-1886) », *Actes du 96e congrès national des sociétés savantes (Toulouse 1971). Section d'histoire moderne et contemporaine*, Paris, Bibliothèque nationale, 1976, p. 207-226.

VERNIER, Olivier, « Nice et la représentation parlementaire de son comté à Turin, 1848-1860 », *Recherches Régionales*, n° 111, Avril-Juin 1990, p. 2-11.

VERNIER, Olivier, « Un Beuillois au service de l'économie politique nationale, Joseph Garnier (1813-1881) », *Nice historique*, n° 4, 1994, p. 230-236.

VERNIER, Olivier, « Les réformes institutionnelles de Charles-Albert (1847-1848) », *Nice Historique*, n° 1, 1997, p. 9-13.

INDEX DES NOMS

ABBO, Eugène : 97, 167, 454-455, 680
ARDOIN, François : 95, 280, 506, 556, 680
ARSON, Gonzague : 72-75, 88, 89, 164, 224, 227, 230-231, 236, 253, 280, 283-284, 380, 456, 675, 677, 679, 693, 703
ARSON, Pierre-Joseph : 73-74, 340
AVIGDOR, Jules : 75-76, 88-89, 94, 163, 246-247, 280, 283-284, 317-318, 380, 395, 405, 599, 675, 677, 679, 693, 703-704
AVIGDOR, Nephtali : 94, 246, 680

BALBO, Cesare : 52, 55, 115, 122-123, 173, 187, 194, 222, 230, 232, 254, 368, 434, 442, 461, 476, 705
BALZAC, Honoré (de) : 10, 13, 74, 127, 429, 435-436, 439-440, 480
BARBERI, Paul-Émile : 95, 129, 318
BEM, Joseph : 593-594
BIANCHI-GIOVINI, Aurelio : 316, 386, 441, 656
BLANC, Louis : 414, 520-521, 527, 541-542, 547, 615-616
BLANQUI, Adolphe : 344, 527, 552, 600, 689, 691-692
BLANQUI, Auguste : 344
BLANQUI, Jean-Dominique : 344
BLUM, Robert : 521, 592-594
BOCCARDO, Gerolamo : 313
BONAFONS, Étienne : 72, 77-78, 88-89, 280, 283, 285, 314, 322, 343, 408, 454-456, 628, 675, 677, 679, 703
BONALD, Louis (de) : 48, 127, 130
BORELLY, Édouard : 73, 78, 88-89, 94, 99, 280, 283, 285, 294-295, 314, 342, 385-386, 413-416, 456, 542, 675, 677, 679, 693, 703
BONAPARTE, Louis-Napoléon : 333, 410, 528-529, 572-573, 576-578, 584, 604-605, 618-619, 648
BONAPARTE, Napoléon : 45, 70, 128, 267, 339
BROFFERIO, Angelo : 52, 114, 173-176, 178, 183, 225, 521, 558-559, 636-637, 640
BRUNIER, Léon : 307, 309, 470

CATTANEO, Carlo : 258, 521
CAVOUR, Camillo Benso (di) : 9, 52, 55, 114-115, 123, 173, 187, 194, 205-206, 222, 229, 265-266, 303, 316, 319, 352, 368-369, 476, 502, 528, 651, 705
CERVANTÈS, Miguel (de) : 156-158
CESSOLE, Hilarion (de) : 51, 314, 707
CHARLES-EMMANUEL III de Sardaigne : 45, 128
CHARLES-FÉLIX Ier de Sardaigne : 15, 49, 73-74, 97, 128-129, 318, 341, 500
CHARNIER, Pierre : 606, 615
CHATEAUBRIAND, François-René (de) : 13-14, 30-31, 38, 136, 242, 373, 443, 670
CHENAL, Joseph : 309, 470
CIAUDO, Joseph : 96-97, 680
CLAUSEWITZ, Carl (von) : 251
CONSIDERANT, Victor : 306, 333, 442, 529, 542, 586, 603-605, 707
Consiglio d'Ornato : 99, 167, 509, 536

COTTO, Nicolà : 613, 639-641, 645-646, 648, 705

DABRAY, Joseph : 158
DALMAS, Ange : 95, 680
DALMAS, Thomas : 456, 474
DAMETH, Henri : 405-406, 523, 558, 574, 603
D'AZEGLIO, Massimo : 52, 55-56, 186, 188, 225, 230, 232, 238, 254, 259
DELAROCHE, Paul : 102, 506
DELATREILLE : 10, 343, 385-387, 389, 416, 437, 441, 444, 563, 581-583, 586, 606, 664, 704
DEROIN, Jeanne : 63, 606
DIDEROT, Denis : 150-151
DUBIEF, Eugène : 37, 449, 490
DURANTE, Louis : 274, 315

FALLOUX, Alfred (de) : 513, 580, 604-605, 618-620, 635
FERDINAND II DES DEUX-SICILES : 15, 53, 195, 202, 264, 323, 571, 573
FORESTA, Adolphe (de) : 94, 506, 512
FORESTA, Jean (de) : 388, 628, 630, 637, 704
FOURIER, Charles : 521, 604, 608-609
FRICERO, Joseph : 64, 94-95, 102, 155, 506, 680
FRICERO, Thomas : 645-647

GALLI, Dominique : 86-87, 92, 326, 467, 471-475, 620, 704
GALVANO, Dominique (Mgr) : 201, 613-615, 617, 623, 626, 636, 639
GARIBALDI, Anita : 272, 457, 459
GARIBALDI, Giuseppe : 21, 50, 191, 229, 231, 243-244, 267-268, 272-273, 275, 322-332, 334-335, 337-338, 343, 352-353, 457-459, 521, 564-565, 571, 577, 594, 602, 653, 669, 696-702
GAUTIER, Paul : 97, 280, 680
GERBAIS DE SONNAZ, Hippolyte : 180, 279
GILLETTA, Alfred : 98, 155, 680
GILLETTA, André : 98, 155, 421, 680
GILLETTA, Clarisse : 10, 98, 370-372, 418, 606, 664
GILLETTA (société typographique) : 10, 17, 99, 102, 112, 183-184, 369-370, 374-375, 381, 390, 417-419, 423, 498, 613, 657, 663
GIOBERTI, Vincenzo : 52-53, 140-145, 149, 152, 168, 179, 187, 229-232, 241, 255, 263, 316, 464, 681-685
GIOFFREDO, Pietro (abbé) : 83
GIORGI, Eugenio : 175-178, 184, 349, 365, 413, 569
GIRARDIN, Émile (de) : 368, 374, 599
GUÉRIN, Vincent : 408-409, 485, 585
GUISOL, François : 61-62, 191, 246, 268-269, 457

HABSBOURG (famille) : 128, 146, 242, 253, 255, 257, 261, 270-271, 589, 593-594
HATIN, Eugène : 85, 357, 430
HAUSSMANN, Georges Eugène : 581
HUGO, Victor : 46, 349, 516, 518, 520, 525, 533, 558, 589, 596-599, 603, 615, 670

KANT, Emmanuel : 31, 107, 110, 119, 595-596, 599
KOSSUTH, Lajos : 522, 576, 594

LAMARTINE, Alphonse (de) : 61, 125, 267, 520, 554, 558, 576
LAMENNAIS, Félicité (de) : 362, 427, 599, 682
LAROUSSE, Pierre : 43, 119, 400, 559
LAURENTI, Paul : 556, 680
LAURENTI, Vitalin : 73, 75, 345
LAURENTI-ROUBAUDI, Charles : 72-73, 75, 83, 88-89, 160, 200, 280, 283-284, 328, 345-346, 380, 675, 677, 679, 693, 703-704

LAVERDANT, Désiré : 603-605, 607-609, 621-623, 626-627, 630, 632
LE PRESTRE DE CHÂTEAUGIRON, Hippolyte : 61, 130, 133, 197, 279, 286, 566
LEDRU-ROLLIN, Alexandre : 175, 385, 520-522, 558, 560, 572-573, 577, 586
LÉOPOLD II DE TOSCANE : 53, 175, 202, 242, 252, 262, 264

MAISTRE, Joseph (de) : 11, 127, 661, 127-128, 130-131, 136, 149, 193, 661
MAISTRE, Rodolphe (de) : 11, 53, 57, 67, 126-140, 143-159, 161-166, 168, 170-174, 178-185, 190, 192-193, 196-197, 208, 249, 261, 279, 281, 289-290, 346, 354, 366, 457, 465, 481, 489-490, 505, 569, 601-602, 610-612, 616-617, 636, 643, 649, 654-655, 661, 681-683, 705, 707
MAMELI, Goffredo : 141, 251, 253, 259, 560, 577
MANIN, Daniele : 192, 257, 521, 570
MARIN, Scipion : 388-389, 404-405, 423, 576
MASSÉNA, André : 343, 348, 698, 701
MAZZINI, Giuseppe : 21, 50, 57, 130, 139, 141, 187, 216, 226, 228-231, 235, 254, 267, 272, 323, 521-522, 558, 566, 571, 574, 588-590, 602
METTERNICH, Klemens Wenzel (von) : 45, 146, 242, 253, 255, 257, 265, 593
MICHELET, Jules : 142, 233, 589, 619
MICKIEWICZ, Adam : 521, 589-590
MONARCHIE DE JUILLET : 63, 72, 190, 206, 229, 344, 436, 521
MONTANELLI, Giuseppe : 20, 176, 241, 248, 521, 647
MONTMAYEUR, Jean-Barthélémy : 302, 304, 330, 706

NIBOYET, Eugénie : 63, 606
NICOLAS, Jacques : 92, 280, 556, 680

O'CONNELL, Daniel : 288

PAPA, Giovanni Antonio : 171-172, 705
PARENT, Nicolas : 300-301, 304, 308, 706
PIE IX : 21, 52, 57, 135-136, 141, 144, 196, 202, 240-244, 252, 260-264, 303, 322, 410, 571-573, 577, 599, 636
POLLONAIS, Désiré : 96, 680

RADETZKY, Joseph : 179, 249, 257, 271, 275
RADICATI DI MARMORITO, Alessandro : 474, 626, 655
RENAN, Ernest : 218, 230-231, 234, 240, 252, 312, 347
ROUBAUDI, François : 73, 75, 375
ROUX, Romain : 76, 88-89, 95, 283-284, 675-676, 680, 693, 703

SAINTS-MAURICE-ET-LAZARE (ordre) : 67, 72, 74, 128, 284, 340, 345, 466
SANTA ROSA, Teodoro (di) : 21, 318, 650-653, 707
SÉGURANE, Catherine : 268-269, 327, 700
SEMERIA, Charles : 191, 269
SOLARO DELLA MARGARITA, Clemente : 54, 132, 181
Sonderbund : 142,-143, 145-146, 684-687
SPINELLI, Louis Antoine : 389, 416, 445, 486, 556, 638

THAON DE REVEL, Octave : 74, 309, 319, 464-470
TIRANTY, Camille : 93, 680
TIRANTY, Victor (aîné) : 93-94
TIRANTY, Victor (jeune) : 92-94, 280, 343, 388, 474-475, 680, 704
THIERS, Adolphe : 130, 429
TOCQUEVILLE, Alexis (de) : 14, 16, 55, 117-118, 126, 153, 276, 451, 497, 660
TOSELLI, Jean-Baptiste : 288, 292-293, 295, 297, 483
TRIVULZIO DI BELGIOJOSO, Cristina :

224, 259, 323, 331-334, 336, 371, 571, 602, 605, 701
VALERIO, Lorenzo : 52, 114-115, 134, 136, 171-173, 176, 188, 194, 242, 298, 313, 329, 382, 412, 442, 469, 593, 705
VANNUCCI, Atto : 348-349
VERANI-MASIN, Henri : 72, 75-76, 83, 88-89, 280, 283-284, 458, 468, 565, 675, 677, 680, 693, 703-704
VICTOR-EMMANUEL Ier DE SARDAIGNE : 15, 46, 48-49, 129, 180
VICTOR-EMMANUEL II DE SARDAIGNE : 218, 279, 307, 601, 654, 656
VISCONTI, Benoît : 10, 95, 98, 102-103, 118, 165, 167, 183, 244, 375, 411-413, 423, 495-499, 541, 657, 680

INDEX DES LIEUX

Alpes-Maritimes (département 1793-1814) : 247, 344
Alexandrie : 128
Allemagne (États allemands) : 18, 29, 213, 252 430, 499, 521, 527, 588, 591-592, 598, 600, 668
Angleterre : 364, 499, 507, 520-521, 526, 528, 598, 668
Annecy : 300-301, 309, 329, 429, 590, 610
Ascros : 487

Belvédère : 487
Berlin : 405, 411, 521, 592
Beuil : 487, 522
Bonson : 487

Chambéry : 11, 19, 47, 112, 127, 164, 208, 300-302, 304, 309, 329-330, 428, 492, 573, 590, 610, 612, 641
Cimiez (Nice) : 93, 340
Collège royal (Nice) : 47, 135, 145, 179
Clans : 202
Cologne : 411
Croix-de-Marbre (Nice) : 93, 280, 498, 501, 537
Custozza (bataille) : 275
Cuneo : 135, 181, 408, 507

Deux-Siciles (royaume) : 15, 53, 112, 195, 202, 245, 249, 253, 264, 270, 323, 571

Empire d'Autriche : 15, 29-30, 49-50, 179, 209, 213, 239, 244, 251, 254-257, 259-262, 264-265, 267-268, 270-272, 276, 281, 299, 303, 309, 315-316, 323, 328-330, 332, 335-336, 343, 403, 430, 457, 460, 464, 518, 570, 573, 576, 588-589, 591-592, 600, 648
Empire russe : 128, 588
Entraunes : 202, 487

Florence : 70, 176, 187, 224, 258, 302, 327, 346, 411, 419-420, 427, 429, 439, 471, 698-699
Fontan : 488
Francfort : 410-411, 521-522, 591-593, 597

Gênes : 8, 11, 15-16, 19, 45, 50, 53, 58, 66, 96, 112, 133, 139, 167, 175, 187, 242, 250, 263, 272, 287-288, 298, 303, 312, 314, 316, 324, 336, 353, 359, 411, 419, 427, 430, 470, 493, 649, 702, 705
Guillaumes : 202, 462

Hôtel d'York (Nice) : 423, 453-456, 458, 505, 552, 698

Ilonse : 487

La Bollène : 487
La Brigue : 488
Lantosque : 201, 466, 487
Levens : 93-94, 318, 433, 462
Lombardie : 14, 146, 179, 226, 250, 253-256, 258, 261, 263, 265-267, 271, 273, 279-281, 299-300, 315, 317, 329-330,

332, 355, 403, 518, 562-565, 568, 571, 582, 589, 698
Londres : 51, 76, 96, 129, 364, 405, 411, 502, 522, 528, 577, 597
Lyon : 40-41, 101, 300-301, 331, 405, 411-412, 427, 429, 440, 548, 583-584, 606
Lucques : 19, 76, 167, 175-177, 365, 411, 413, 569, 590

Madrid : 411
Marseille : 70, 77, 94, 102, 181, 295, 314-315, 322, 327, 331, 342, 385-386, 405, 411-413, 415-416, 511-512, 527, 542, 563, 581, 697
Menton : 97, 219, 278, 408, 443, 476, 513
Milan : 19, 111, 179, 227, 249, 256-258, 275, 300, 331, 341, 411, 417, 496, 521, 562-563, 576, 582, 660
Monaco : 19, 97, 219, 278, 408, 417, 420, 431, 443, 476
Montevideo : 244, 272, 330, 698

Naples : 19, 86, 112, 142, 151, 209, 224, 227, 258, 264, 270, 303, 327, 346, 411, 686, 699
Novare : 573

Oneille : 48, 474, 643

Palerme : 19, 112, 167, 411, 419-420
Paillon (fleuve) : 93, 462, 486, 489
Pesio (Chartreuse) : 507-508
Piémont : 275, 279, 287, 316-317, 336, 342, 346, 407, 579 584
Pierlas : 487
Pise : 176, 240, 647, 649
Pô : 265, 273
Prusse : 76, 128, 405, 588, 591
Puget-Théniers : 201, 319-320, 344, 462, 467

Rhin : 507, 527
Rome : 19, 21, 60, 112, 141, 167, 187, 202, 226, 231-232, 235, 244, 258, 260, 262-263, 303, 322-324, 327, 333, 346, 410-411, 431, 500, 521, 570-571, 573-578, 591, 618, 641, 695, 698-699
Roquebillière : 73, 201, 346
Roubion : 487
Roya : 489, 508
Royaume-Uni : 29, 288, 520
Rusca (caserne, Nice) : 133

Saint-Dalmas-de-Tende : 77, 418, 473, 508, 579, 585
Saint-Dominique (place, Nice) : 57, 95, 133, 167, 280, 292, 423, 454, 499, 626
Saint-François (place, Nice) : 78, 199
Saint-François-de-Paule (rue, Nice) : 96, 165, 168, 198, 227, 230, 444, 499-501
Saint-Étienne-de-Tinée : 201, 248, 462
Saint-Laurent-du-Var : 409
Saint-Martin-de-Lantosque : 202, 462, 487
Salasco (armistice) : 275
Saorge : 487, 508
Sanremo : 48, 201, 474, 643
Sienne : 19, 38, 167, 277
Sigalle : 201, 462, 487
Sospel : 462
Suisse : 29, 142-146, 507, 567, 687

Tende : 407, 462, 488, 508
« Terrasse » (*Corso*, Nice) : 58, 61-63, 71, 87, 166, 168, 291, 455, 457
Toscane (grand-duché) : 8, 15, 38, 77, 112,-113, 133, 175-177, 186-187, 202, 223, 242, 253, 262, 264, 277, 365, 413-414, 439, 483, 569, 625, 647
Toulon : 319, 331, 411, 502, 579, 590
Tourette-Revest : 487

Utelle : 201, 309, 318-319, 462, 464-467, 469, 650-651

Var (fleuve) : 83, 286, 312, 321, 348, 409, 486, 511, 544, 689, 699

Var (département) : 19, 286, 330, 408, 485, 579, 581, 585, 604
Vénétie : 14, 146, 253-254, 256, 263, 281
Venise : 19, 257-258, 521, 570, 577
Vienne : 14, 45, 256, 265, 405, 411, 521, 567, 594, 594
Villars-sur-Var : 201, 462, 487
Villefranche : 97, 201, 339, 341, 462, 637-638

INDEX DES PÉRIODIQUES

22 Marzo (Il) : 563

Alba (L') : 187, 348, 427
Arlecchino (L') : 302
Ausonio (L') : 224, 332
Avenir de Nice (L') : 282, 284, 350, 383, 392, 397, 405, 416, 441, 523, 603, 657

Bien public (Le) : 125, 412
Bilancia (La) : 187

Censeur de Lyon (Le) : 412, 583-584
Chat (Le) : 164, 302-306, 330-331, 412, 428, 470, 573, 590, 612, 641, 669, 706
Concordia (La) : 115, 134-136, 171-173, 175, 187-188, 194, 298, 306, 313, 329, 381, 412, 427, 442, 469, 491, 493, 593, 705
Contemporaneo (Il) : 187, 243
Corriere mercantile (Il) : 114, 171-172, 175, 187, 312-313, 353, 359, 412, 427, 511, 705
Costituzionale subalpino (Il) : 412
Courrier de Marseille (Le) : 412
Courrier de Nice (Le) : 586, 610-612
Courrier des Alpes (Le) : 301, 427, 610, 641-642
Crociato (Il) : 259, 332

Daily News : 412
Démocrate du Var (Le) : 579-581, 587, 590
Démocratie Pacifique : 306, 333, 335 ; 405-406, 412, 427, 442, 529-531, 542, 558, 571, 586, 592-593, 596, 603-605, 609, 622, 707
Democrazia italiana (La) : 412, 467-468
Don Pirlone (Il) : 303

Écho de la fabrique (L') : 427, 429, 548
Écho du Mont-Blanc (L') : 429, 610
Émancipation de Toulouse (L') : 406, 427

Fischietto (Il) : 164, 303

Galignani's Messenger : 412, 503-504
Gazette du Midi : 181-183, 193
Gazzetta del popolo (La) : 491, 631
Gazzetta piemontese : 273
Glaneur d'Eure-et-Loir (Le) : 36, 362

Indépendant des Pyrénées-Orientales (L') : 36, 362, 385, 404
Italia (L') : 176, 226, 248, 521, 647, 649

Lega Italiana : 242, 262
Letture di Famiglia : 52, 115
Letture popolari : 115, 242
Lombardo (Il) : 123, 160

Messager des Alpes (Le) : 613
Messaggiere torinese (Il) : 52, 114, 173, 175, 184, 187, 521, 558-559, 636
Morning Herald : 412

National (Le) : 77, 429, 513, 579
National savoisien (Le) : 301-302, 305-307, 309, 329-330, 412, 429, 470, 573, 590, 641, 669

Nazionale (Il) : 302, 412, 429, 439
Neue Rheinische Zeitung : 594-595
New York Herald : 102
Nouveau Monde (Le) : 412, 527, 541, 615

Opinione (L') : 316, 369, 381, 386, 441, 656

Patria (La) : 176, 187, 302, 427, 439-440, 471
Patriote savoisien (Le) : 300-305, 307-308, 412, 427, 470, 492, 573, 590, 631, 641-642, 656, 669, 706
Pensiero italiano (Il) : 324, 493, 563, 705
Pesti Hirlap : 594
Peuple constituant (Le) : 362, 427
Peuple souverain (Le) : 412, 606, 615
Presse (La) : 367, 374, 599
Progrès social (Le) : 414, 542

Réforme (La) : 175, 385, 521, 579, 585-587
Républicain du Loir-et-Cher (Le) : 545
Républicain du Vaucluse (Le) : 563, 580-581, 583, 586-587, 590
Revue des Deux Mondes : 102, 225, 333
Riforma di Lucca (La) : 175-178, 184, 264, 349, 365, 413, 569, 590
Risorgimento (Il) : 9, 18, 36, 98, 115, 122, 173, 175, 187, 222, 232, 265, 359, 368, 381, 412, 427, 434, 442, 476, 491, 493, 563, 705

Schematore (Lo) : 383
Sentinella Cattolica (La) : 612-613, 616-617, 621, 634, 638-646, 648-649, 655-656, 705
Siècle (Le) : 102, 306, 367, 412-413, 426, 428, 436, 492, 494, 558, 579, 584, 587, 594, 597

Times (The) : 359, 367, 403, 425-426
Tribune des Peuples (La) : 412, 590

Voix des Femmes (La) : 606

TABLE DES MATIÈRES

PRÉFACE 7

INTRODUCTION 13

UN TEMPS NOUVEAU
La conquête de la liberté de la presse
et sa mise en œuvre dans le contexte révolutionnaire
du « printemps des peuples » 45

Le « *buon governo* ».
Le paradoxe d'un pouvoir restauré
entre ruptures et continuités 47

La Restauration sarde : modernisation administrative
et contrôle politique et social 47

« Une révolution avec un roi » ? 52

Les conditions sociales de l'émergence
d'un espace politique nouveau 57

Un événement fondateur :
le banquet civique du 11 novembre 1847 58

L'indispensable définition des groupes sociaux 64

Les coulisses de la création d'un journal.
Quand le notable se fait patron de presse 68

Réunir un comité fondateur
en mobilisant un capital social notabiliaire 69

De l'informel au formel :
l'officialisation de *L'Écho des Alpes maritimes* 80

Pérenniser une institution journalistique.
Stratégies actionnariales et partenariales 90

La société par actions :
élément fondamental d'une entreprise de presse 91
Organiser l'impression
et la diffusion d'une feuille de presse nouvelle 98

LA NAISSANCE D'UN ESPACE POLITIQUE MULTISCALAIRE
À TRAVERS LA LIBERTÉ DE LA PRESSE 105

Faire l'opinion, le premier des enjeux
du nouveau jeu politique 105
L'émergence d'un espace de la lutte politique
dans le royaume de Sardaigne 106
Principes de production
et de captation de l'opinion publique 116

La liberté de publication comme matrice de la vie politique.
Les notables libéraux contre le gouverneur
Rodolphe de Maistre 126
Un homme en son époque : le gouverneur De Maistre ... 127
Un contre-pouvoir d'encre et de papier :
publier contre l'ordre politique en place 132
La caricature comme arme politique 154
De la place « célébrante » à la place conflictuelle :
le journal comme moyen de mobilisation 165

Les journaux, éléments structurants
d'une vie politique multiscalaire 169
Une campagne de presse qui dépasse ses enjeux locaux ... 170
La presse et le mouvement constitutionnel
dans le royaume de Sardaigne 186

LA CONSTRUCTION D'UN DÉBAT PUBLIC
La détermination nationale de Nice entre France et Italie 211

Les fondements culturels et les formes
de l'expression d'une revendication nationale 220
« Un héritage qui n'est précédé d'aucun testament » 221
Singuliers pluriels : le principe des nationalités
lors du « printemps des peuples » 228

Le journal, vecteur privilégié
de la diffusion d'un affect national 236
Le *Quarantotto*, une communion patriotique ? 240
Le « mythe » du pape libéral et patriote 240
Religion, citoyenneté et nation 245
« La guerre est la continuation
de la politique par d'autres moyens » 251
Un territoire national et un ennemi commun 252
Une « croisade » nationale ? 259
Une guerre nationale ou dynastique ? 265
Le printemps 1848 à Nice,
la naissance d'une lutte publique
entre affects nationaux divergents 276
Ancrer localement la nation à travers
de nouvelles institutions : la garde nationale
ou « l'opinion publique légalement armée » 276
Un principe de division du monde qui divise :
luttes physiques et symboliques pour la détermination
nationale d'une « petite » patrie 281
La détermination nationale de Nice et de la Savoie.
Une lutte politique multiscalaire 299
Les fondements d'une solidarité journalistique
entre Nice et la Savoie 299
Partager à distance un même affect national 303
Intérêt national et intérêt général du pays niçois 310
Une lutte à distance
pour la détermination nationale de Nice :
Giuseppe Garibaldi contre *L'Écho des Alpes maritimes* 322
Une promesse pour Nice et la Savoie :
la lettre de Cristina Trivulzio di Belgiojoso 331
Une explication socio-historique des affects nationaux 337
Des affects nationaux concurrents
mais une même logique explicative :
expériences personnelles et mémoire familiale 338
La langue, un vecteur de l'affect national ? 346

LE JOURNAL, UNE ENTREPRISE PARTICULIÈRE
Entre gestion financière et division du travail journalistique 357
Organiser une publication dans environnement économique et financier contraignant 361
Dépasser de multiples contraintes pour « jouir du droit de parler » 362
La gestion économique et financière d'un journal régional du milieu du XIXe siècle 376
Division du travail et fabrique de l'objet journal 398
Élaborer un journal : la construction des numéros de *L'Écho des Alpes maritimes* 400
Une œuvre en son époque : la « physionomie » de *L'Écho des Alpes maritimes* 424
Des vocations journalistiques : la naissance d'une profession ? 434

UNE « INFLUENCE SOCIALE » QUI DÉPASSE LA SEULE DIMENSION POLITIQUE
Le journal comme institution de médiation 449
Un acteur incontournable de la vie politique locale 450
Le journal comme arme politique et vecteur de politisation 451
Une œuvre notabiliaire organisatrice de la vie sociale
Publics et modes de diffusion de *L'Écho des Alpes maritimes* . . . 477
Un public urbain et un public rural ? 478
L'Écho des Alpes maritimes, un organe de presse des élites urbaines 494

FRATERNITÉ MULTIPLE
Polysémie d'une idée-force du « printemps des peuples » 515
Une fraternité sociale, entre assistance et contrôle 519
L'idéal fraternitaire et la concorde sociale 525
La construction d'une société fraternelle et ses paradoxes : répression, assistance et développement de l'instruction 534

Des idéaux mobilisateurs.
Fraternité patriotique, fraternité
entre les peuples et paix universelle 559
La fraternité patriotique et ses paradoxes 560
Une fraternité journalistique au-delà des frontières 567
La « sainte alliance des peuples
contre la Sainte-Alliance des puissances conservatrices » . . 587
Une expérience quarante-huitarde originale :
le Congrès des amis de la paix universelle 595

LA LIBERTÉ DE LA PRESSE, MOYEN ET ENJEU
DE LA LUTTE POLITIQUE DURANT LE TOURNANT
RÉACTIONNAIRE DU « PRINTEMPS DES PEUPLES » 601
La (re)naissance d'un « parti » de la réaction à Nice 601
Un journal pérenne, condition nécessaire
d'une expression journalistique critique
dans un contexte politique hostile 602
Modernité politique et réaction cléricale :
une lutte journal contre journal 610
Saisies, procès de presse et polémiques journalistiques.
Un journal démocrate face à la réaction cléricale de 1850 621
Des procédures judiciaires hostiles :
le retour d'une stricte censure ? 621
Un premier pluralisme journalistique 638

CONCLUSION 659

ANNEXE N° 1
Autorisation officielle de *L'Écho des Alpes maritimes*
délivrée par Charles-Albert Ier le 15 décembre 1847, traduction . 673

ANNEXE N° 2
Les statuts de la société par actions
fondée pour exploiter *L'Écho des Alpes maritimes* 675

ANNEXE N° 3
Les actionnaires et directeurs de *L'Écho des Alpes maritimes*
au moment de sa création en décembre 1847 679

ANNEXE N° 4
Lettre du comte De Maistre aux rédacteurs
de *L'Écho des Alpes maritimes*,
publiée dans le numéro du 23 janvier 1848 681

ANNEXE N° 5
Réponse des rédacteurs de *L'Écho des Alpes maritimes*
à la lettre du comte De Maistre, publiée
dans le numéro du 26 janvier 1848 683

ANNEXE N° 6
Brouillon de la lettre envoyée par Victor Juge
à Adolphe Blanqui pour solliciter son soutien
à *L'Écho des Alpes maritimes* 689

ANNEXE N° 7
Lettre d'Adolphe Blanqui en réponse à la sollicitation
des rédacteurs de *L'Écho des Alpes maritimes*
publiée dans le numéro du 19 janvier 1848 691

ANNEXE N° 8
Lettre du 28 mai 1848 rédigée par Jules Avigdor
au nom des sept collaborateurs mettant fin
à leur participation à *L'Écho des Alpes maritimes* 693

ANNEXE N° 9
« Adresse aux Niçois » de Giuseppe Garibaldi
(avec les commentaires d'Auguste Carlone)
et la réponse rédigée par Auguste Carlone
(*L'Écho des Alpes maritimes*, 5 mars 1849) 695

BIBLIOGRAPHIE ET SOURCES 703

INDEX DES NOMS 723

INDEX DES LIEUX 727

INDEX DES PÉRIODIQUES 731

IMPRIM'VERT®

Achevé d'imprimer par Corlet,
Condé-en-Normandie (Calvados), en mai 2021
N° d'impression : 21050223 - dépôt légal : mai 2021
Imprimé en France